L'ÉPURATION SAUVAGE

collection tempus

Philippe BOURDREL

L'ÉPURATION SAUVAGE

1944-1945

PERRIN
www.editions-perrin.fr

© Perrin, 2002
et 2008 pour la présente édition
ISBN : 978-2-262-02834-3

tempus est une collection des éditions Perrin.

1.

UNE GUERRE CIVILE
DANS LA GUERRE

De 1941 à 1945 [1], la France a été déchirée par une guerre civile dont on ne semble pas avoir mesuré l'ampleur. On a trop oublié que la période de l'Occupation, l'une des plus sombres de notre histoire, est également, dans le fracas des armes de la Seconde Guerre mondiale, celle de luttes intestines impitoyables. Guerre civile d'idéologies, elle hérite des guerres de Religion la violence aveugle. De l'ancien holocauste intérieur – mais celui-ci s'étendit sur trois siècles... – elle ravive, ici et là, des foyers mal éteints de haines tenaces et toujours présentes malgré le passage des siècles. Elle explose et se déchaîne sous le choc de la défaite, sous le regard et avec la complicité de l'occupant, mais à qui observe les années de la IIIᵉ République apparaît cette évidence d'une sorte de fatalité, d'une longue accumulation de drames et d'affrontements internes, d'une violence partiellement contenue, fractures successives de l'unité nationale, secousses annonciatrices d'un séisme d'envergure, de l'affaire Dreyfus au printemps 1936 en passant par le 6 février 1934. On pourra contester le repère de 1936. L'année du Front populaire fut sans conteste riche en victoires pour toute une classe. Pour l'autre, elle est ressentie comme une

---

1. Avec, il est vrai, une recrudescence marquée à dater de 1943.

révolution. Et 1936 marque aussi le début de la guerre d'Espagne.

Dès juin 1940, les deux camps sont formés, à cette réserve près, et elle est d'importance, qu'on ne saurait les définir sous les formes simplistes, pour l'un, du refus de la défaite, et pour l'autre de son acceptation sans recours. Car il existe en 1940, parmi l'immense majorité des Français qui suivent le maréchal Pétain, des hommes, et non des moindres, civils et militaires, qui n'ont pas perdu l'espoir de la « revanche » et dont les premiers gestes sont d'en poser les jalons, avant de s'unir à la Résistance.

On a tout dit et tout écrit sur les événements de novembre 1942 – débarquement en Afrique du Nord, occupation de la zone libre, sabordage de la flotte de Toulon – et de l'occasion manquée qui s'offrit au maréchal Pétain, dont la popularité était encore pratiquement intacte, de rallier le camp de la liberté. En choisissant de demeurer coûte que coûte sur le sol national, « bouclier » protecteur alors qu'à Londres le général de Gaulle tenait l'épée et personnifiait la poursuite du combat aux côtés des Alliés, le Maréchal, dont la claire conscience des événements était de moins en moins évidente, et sur qui les influences se révélaient de plus en plus déterminantes, s'engageait sur la voie des compromissions et d'une vassalisation définitive.

Mais à regarder de près le comportement de l'opinion on ne décèle guère d'étonnement devant la poignée de main du maréchal Pétain et de Hitler à Montoire (le 24 octobre 1940), pas plus qu'au lendemain des lois de ségrégation qui, toujours en octobre 1940, puis en juin 1941, excluent les Juifs d'un grand nombre de professions, et cela en dehors de toute pression allemande, par de libres décisions du gouvernement de Vichy. Il faudra attendre des mesures aussi spectaculaires que la « grande rafle » du Vélodrome d'Hiver, les 16 et 17 juillet 1942, pour que s'éveillent les consciences, que l'on entende la sourde protestation de l'opinion, que s'élèvent les voix de certains prélats d'une Église qui forme l'un des premiers soutiens au régime.

Dans d'autres domaines, les initiatives des alliés de la France, ou tout au moins de la Grande-Bretagne, entretiennent des rancœurs que les événements de mai-juin 1940 avaient fait naître. L'attaque de la flotte française basée à Mers el-Kébir, le 3 juillet de la même année, alors même que la métropole est plongée dans les souffrances et la stupeur de la débâcle, réveille l'anglophobie à peine assoupie de la marine et latente dans le reste de l'armée et l'opinion. Bien des positions se déterminent à partir de cette attaque – quels que soient les motifs stratégiques invoqués, les sommations lancées à l'amiral Gensoul ne lui laissant d'autre choix que de répliquer – contre des unités prises au piège et dont la plupart sont incapables de se défendre. La propagande allemande saura en tirer les bénéfices, l'amiral Darlan des conclusions en faveur de la collaboration. Pour tout compliquer, une force gaulliste essuie un échec cuisant lorsqu'elle tente de rallier à la France libre les territoires de l'A.-O.F. en se présentant, en septembre, devant Dakar.

Le drame de la baie d'Oran, qui avait provoqué la mort de 1 300 marins français, rappelait de douloureux et tout proches souvenirs. L'anglophobie dont nous parlions avait notamment resurgi à l'occasion du réembarquement des forces encerclées dans la poche de Dunkerque, fin mai et début juin, et l'image de l'officier anglais, empêchant, le revolver au poing, des soldats français de monter dans les bateaux a un effet déplorable sur l'opinion qui s'interroge sur les raisons de la défaite.

Mais au fond, la « guerre franco-française » avait-elle besoin de détonateurs pour se déclarer ? N'était-elle pas inscrite dans une longue évolution à laquelle 1940 imprimait une accélération brutale ? Pourquoi la révolution n'avait-elle pas commencé plus tôt, car c'est bel et bien d'une révolution qu'il s'agissait, alors que tous les symptômes en semblaient réunis : crise permanente du parlementarisme, formation de puissantes ligues antirépublicaines, complots, noyaux fascistes activistes encouragés par les exemples nazi et fasciste, fractures idéologiques aux dimensions internationales et élargies par la guerre d'Espagne qui divise profondément la France.

Tout concourait pour que l'embrasement de l'Espagne traversât les Pyrénées. Les similitudes des situations étaient aveuglantes. Sans doute doit-on au vieux fond de « sagesse » du peuple français, mais plus encore à sa lassitude et à l'hémorragie de la Première Guerre mondiale dont il n'est pas encore relevé, qu'il se soit abstenu du pire. Mais pour un court moment seulement.

La défaite à peine consommée, les règlements de comptes commencent, le terrorisme s'installe, qui n'auront de cesse jusqu'en 1945 d'ensanglanter le pays, l'épuration sauvage marquant la phase finale de quatre années d'affrontements fratricides. Les attentats contre des individus isolés sont les plus fréquents ; ils frappent dans les deux camps. Nous en relèverons les principaux, sur le plan national, jusqu'à la Libération, avant de pénétrer plus avant dans les régions.

Ce n'est probablement pas un hasard si la première victime, du moins la plus connue, de la guerre entre les deux France porte le nom d'un ancien ministre, socialiste, titulaire de l'Intérieur pendant les gouvernements du Front populaire de Léon Blum et de Camille Chautemps. Marx Dormoy est assassiné le 25 juillet 1941 à Montélimar, à l'hôtel du *Relais de l'Empereur* où il a été mis en résidence surveillée sur ordre du gouvernement de Vichy après avoir été interné au camp de Pellevoisin, près de Châteauroux, puis à Vals-les-Bains, en Ardèche. Au début de juillet arrive à l'hôtel une jeune femme qui cherche à lier connaissance avec l'ancien ministre, se renseigne sur ses habitudes, s'absente et revient, le 24, en compagnie de trois hommes qui descendent dans un hôtel proche du *Relais*.

Intrigué par les manigances de l'inconnue, et ayant remarqué qu'elle s'intéressait spécialement à sa chambre, Marx Dormoy a recommandé à sa sœur, qui l'a rejoint récemment, de se méfier de ses indiscrétions. Un soir, l'ancien ministre s'est étonné d'entendre dans sa chambre des bruits étranges qu'il a mis sur le compte des cigales... Il s'agit, en réalité, du mécanisme d'horlogerie d'une bombe, qui, déposée à l'intérieur du lit, explose à 2 heures du matin. Marx Dormoy est retrouvé décapité, la matière cérébrale projetée sur les murs et le plafond.

Le gouvernement de Vichy réagit vivement à l'assassinat et, à la demande personnelle du maréchal Pétain inquiet d'une éventuelle contagion des exécutions sommaires, ordonna une enquête sans complaisance. Le directeur de la Sûreté nationale, Mondanel, prit l'affaire en main. Une autre explosion, le 14 août suivant, mit la police sur la trace des assassins... Trois hommes qui, près de la Promenade des Anglais, à Nice, manipulaient un engin, venaient d'être tués en déclenchant le mécanisme. Ils furent identifiés comme les complices de ceux de Montélimar et la police obtint la preuve qu'ils préparaient d'autres attentats contre des hommes politiques de gauche, dont probablement Vincent Auriol.

Imputé pendant longtemps à d'anciens cagoulards qui auraient fait « payer » à Marx Dormoy la découverte du complot de l'organisation clandestine, en novembre 1937, l'assassinat du 25 juillet 1941 sera définitivement porté au compte d'éléments du Parti populaire français. Jacques Doriot n'avait pas pardonné à Dormoy, ministre de l'Intérieur, d'avoir signé le décret le destituant de ses fonctions de maire de Saint-Denis, le 25 mai 1937.

Cet été 1941 se révèle encore plus décisif par l'entrée en lice du Parti communiste français qui inaugure à la fois contre l'occupant et contre certains de ses transfuges des méthodes d'action directe. La propagande allemande aura tôt fait de les ranger sous la rubrique du « terrorisme ». Et c'est ainsi que seront qualifiées toutes les actions de la Résistance.

Frappé de dissolution le 27 septembre 1939 par le gouvernement Daladier après la signature du pacte germano-soviétique (23 août), le parti de Maurice Thorez a rejoint une clandestinité qui lui est familière. Jusqu'à l'entrée en guerre de l'Allemagne contre la Russie (le 22 juin 1941) il n'a ménagé ni ses critiques contre le général de Gaulle et les Anglo-Saxons ni ses tentatives pour établir avec les autorités allemandes des relations de bonne cohabitation, en sollicitant notamment la reparution de *L'Humanité*.

Le parti communiste se précipite donc dans la résistance violente en conformité avec les intérêts de l'Union soviétique. Franchissant tous les degrés de la provocation, il adopte une attitude calculée dans le déclenchement d'une confrontation sanglante dont la répression est l'inévitable aboutissement... Le 21 août, l'un de ses militants, Pierre Georges, le futur « Colonel Fabien », abat d'un coup de revolver l'aspirant Moser à la station Barbès-Roche-chouart.

Cet attentat inaugure une longue série d'opérations contre des militaires allemands dans la région parisienne. Jusqu'au 15 septembre suivant, six d'entre eux, simples soldats ou officiers, sont tués par l'Organisation spéciale du P.C[1].

L'occupant réagit, comme prévu. Huit jours après l'exécution de l'aspirant Moser, le lieutenant de vaisseau Honoré Estienne d'Orves et ses deux compagnons de captivité, Maurice Barlier et Yan Doornik sont fusillés. Embarqué sur le *Duquesne*, Estienne d'Orves a été affecté à l'état-major de l'amiral Godfroy commandant de la force X chargée d'épauler la flotte britannique en Méditerranée orientale peu de temps avant l'entrée en guerre de l'Italie. Après la signature de l'armistice, l'amiral Godfroy négocie avec les Anglais l'immobilisation à Alexandrie de ses unités, évitant ainsi le renouvellement de la catastrophe de Mers el-Kébir. Mais refusant cet état de fait, Estienne d'Orves quitte son poste à l'état-major de l'amiral Godfroy et rejoint les Forces navales françaises libres dont il assume, à Londres, la direction du 2e Bureau, celui des renseignements. Il est arrêté dans la nuit du 21 au 22 janvier 1941 au cours d'une mission en France occupée et interné à la prison du Cherche-Midi.

En exécution d'une ordonnance, datée du 22 août 1941, du *Militärbefehlshaber in Frankreich*, transformant en otages les citoyens français en état d'arrestation, dix personnes sont extraites des prisons, fusillées le 16 septembre, et douze autres quatre jours plus tard. Mais la situation devient plus dramatique encore au mois d'octobre avec l'exécution de deux Allemands de haut rang à Nantes et à Bordeaux.

---

1. L'O.S., qui vient tout juste d'être créée, se transformera en T.P. – Travail particulier. Suivront, au début de 1942, les F.T.P. – Francs-tireurs et Partisans, qui deviendront bientôt les F.T.P.F. – Francs-tireurs et Partisans français.

À Nantes, le 19, le lieutenant-colonel et Feldkommandant Karl Hotz est abattu rue du Roi-Albert, en début de matinée, alors qu'il se rendait, sans protection, à son bureau. Dans la soirée du surlendemain, c'est le « conseiller de Guerre » Reimers qui, à Bordeaux, boulevard George-V, tombe sous les balles de ceux que les Allemands désignent désormais comme les « terroristes ».

La réplique, une fois de plus, ne se fait pas attendre : à Nantes, couvre-feu immédiat, arrestation du préfet et de plusieurs officiers de gendarmerie, décision de fusiller sur-le-champ cinquante otages et d'infliger le même sort à cinq autres si les responsables ne sont pas arrêtés le 23 octobre à minuit. À Bordeaux, rafles massives et avertissement au maire de la ville, Adrien Marquet[1] et au préfet de la Gironde, Pierre Alype, que « le chef de l'administration militaire en France a tout d'abord décrété de fusiller cinquante otages » et que « l'exécution aura lieu dans le courant de la journée de demain », 24 octobre. Enfin, « au cas où les coupables ne seront pas arrêtés dans le plus bref délai, il faudra compter, comme dans le cas de Nantes, avec d'autres mesures... ».

On connaît la suite atroce, l'intervention du secrétaire d'État à l'Intérieur du gouvernement de Vichy, Pierre Pucheu, qui, mis en présence d'une liste de cent noms par les autorités allemandes, songe d'abord à sauver les anciens combattants emprisonnés et retient essentiellement des communistes dont la plupart ont été arrêtés dans la région parisienne. Ils seront trente-trois parmi les quarante-huit fusillés du 22 octobre à Nantes et à Châteaubriant le lendemain. Cinquante autres Français tomberont à Bordeaux, le 24, sous les balles allemandes, on l'a sans doute trop facilement oublié en « privilégiant » au regard de l'histoire les victimes de la Loire-Atlantique.

---

1. Adrien Marquet était ministre de l'Intérieur dans le gouvernement formé par Pierre Laval le 12 juillet 1940. Il sera remplacé par Marcel Peyrouton le 6 septembre, date de la constitution du second gouvernement Laval.

Un peu plus d'un an après le début de l'Occupation, la France est donc prise dans le fatal engrenage. Le maréchal Pétain qui, le 22 octobre, a dans une allocution à la radio condamné les attentats, souscrit au texte d'une lettre qui lui est soumise et qui doit être adressée à Hitler : « ... Il ne m'est pas possible de laisser verser le sang de ceux qui n'ont pas pris part à ces attentats... Si, refusant d'entendre ma voix, il vous faut encore des otages et des victimes, me voici. Je me présenterai aujourd'hui à la ligne de démarcation de Moulins et me rendrai à Versailles, où, en attendant votre décision, je me considérerai comme votre prisonnier. »

La lettre du maréchal à Hitler ne partira pas.

Le lendemain de l'allocution radiophonique du maréchal Pétain, le 23 octobre, le général de Gaulle parle à la B.B.C. Lui aussi évoque les attentats. C'est, lui aussi, pour les condamner, mais dans une optique différente ; il en conteste présentement l'opportunité. « Il y a une tactique à la guerre, observe le Général. La guerre doit être conduite par ceux qui en ont la charge... Actuellement, la consigne que je donne pour le territoire occupé, c'est de ne pas y tuer d'Allemands. Cela pour une seule raison : c'est qu'il est en ce moment trop facile à l'ennemi de riposter par le massacre de nos combattants, momentanément désarmés. Au contraire, dès que nous serons en mesure de passer à l'attaque, les ordres voulus seront donnés... »

Ainsi éclatent, dès l'origine, des divergences fondamentales entre le chef de la France libre et les communistes sur les méthodes à suivre dans la lutte contre l'occupant.

L'Organisation spéciale du parti communiste ne limite pas ses actions à l'occupant allemand et dirige ses coups vers des transfuges de l'avant-guerre qui avaient rejoint, en particulier, le Parti populaire français de Jacques Doriot. C'est ainsi qu'elle abat le 4 septembre, au moment même où elle commettait une série d'attentats individuels contre des militaires allemands, le « traître » Marcel Gitton[1]. Le 22 janvier

---

1. Ex-secrétaire du P.C.F., Gitton était le cosignataire d'une « Lettre ouverte aux ouvriers communistes » qui sera publiée dans les quotidiens parisiens le 6 septembre. Cette démarche, à laquelle

1942, elle organise à Paris une attaque contre la permanence du Rassemblement national populaire, mouvement
pro-collaborationniste fondé en 1941 par Marcel Déat. Le
2 juin de la même année suit l'exécution d'un ancien militant syndicaliste, Albert Clément, rédacteur en chef, jusqu'en 1939, de *La Vie ouvrière*, passé depuis lors au P.P.F.
de Doriot qui avait accueilli sa signature dans le journal du
mouvement, *Le Cri du Peuple*. Clément tombera sous les
balles d'un commando de l'O.S. au moment où il finissait sa
journée de travail, rue Vivienne à Paris.

On évaluera à une dizaine le nombre d'anciens communistes « liquidés » par l'organisation clandestine du Parti
entre décembre 1941 et le printemps 1942.

La généralisation des attentats contre des Français expliquera, en partie, la création de la Milice française, d'une
police supplétive plus spécialement chargée de lutter contre
le « terrorisme ». Hitler lui-même demandera à Pierre Laval,
le 19 décembre 1942, la mise sur pied d'une organisation
qui veillera au maintien de l'ordre intérieur dans un
contexte général de plus en plus dangereux pour l'occupant.

Bien que la filiation ne soit pas absolument évidente entre
la Milice et les mouvements qui l'ont précédée, le gouvernement de Vichy avait souhaité, dès 1940, la fondation d'un
rassemblement des énergies nationales qui devînt, en
quelque sorte, le soutien du nouveau régime. C'est dans
cette perspective que sera créée, le 29 août de cette année,
la Légion des combattants qui fédérera les associations des
anciens de la Première Guerre mondiale et que présidera
Xavier Vallat[1].

Nulle tendance pro-collaborationniste dans cette légion
– certains de ses dirigeants vont s'illustrer dans la Résistance –, mais une référence évidente à l'antiparlementa-

---

souscrivent vingt-neuf personnalités du Parti, bien que certaines
d'entre elles aient affirmé que l'on avait abusé de leur signature,
est un appel à peine déguisé en faveur de la collaboration.
1. Nous évoquerons la personnalité de Xavier Vallat dans le
chapitre consacré à l'épuration en Ardèche.

risme, aux valeurs traditionnelles de la droite nationale qui trouve dans Vichy l'aboutissement de ses aspirations antérieures. Ces anciens combattants, dont beaucoup se sont couverts de gloire sur les champs de bataille, vénèrent dans le maréchal Pétain le chef militaire prestigieux devenu chef de l'État. On y découvre un ex-P.S.F. comme François Valentin, l'ancien chef de cabinet du Maréchal à l'époque où celui-ci était ministre de la Guerre, le commandant Loustaunau-Lacau, mais également, aux échelons régionaux, des hommes réputés pour leur activisme militant, parfois engagés dans la Cagoule : Joseph Darnand et Jean Bassompierre, dans les Alpes-Maritimes.

Certains de ces hommes vont former les cadres des G.P. – groupes de protection – du colonel Groussard. C'est la cohorte d'élite du gouvernement de Vichy, une police parallèle à la dévotion exclusive du Maréchal. Ce sont des G.P. – les cagoulards Méténier, le fameux Dr Martin – qui, le 13 décembre 1940, arrêtent Pierre Laval à la demande de Pétain.

L'inflexion est déjà sensible avec l'apparition du Service d'ordre légionnaire (S.O.L.), dans les Alpes-Maritimes, à l'instigation du noyau très dur formé autour de Joseph Darnand, Jean Bassompierre, Pierre Gallet et Marcel Gombert.

Cette initiative locale – en août 1941 – s'étend bientôt à toute la zone non occupée. Le S.O.L. groupera quelque 50 000 hommes (éléments actifs et sympathisants), anciens combattants, pour beaucoup, mais également jeunes militants tentés par une expérience de type autoritaire, voire fasciste.

On imagine un uniforme : béret des chasseurs, chemise kaki, cravate noire. On trace un insigne : casque gaulois, bouclier et épée. On compose un hymne, *Le Chant des cohortes*. Le sixième couplet, et le dernier, est à lui seul toute une orientation : « S.O.L., faisons la France pure, Bolcheviks, francs-maçons ennemis,/Israël, ignoble pourriture,/Écœurée, la France vous vomit. »

Le serment des « 21 points » met en opposition rejets et choix du légionnaire : « Contre l'anonymat des trusts, pour la noblesse du métier ; contre le capitalisme international, pour le corporatisme français ; contre la tutelle de l'argent, pour la primauté du travail ; contre la condition proléta- rienne, pour la justice sociale ; contre la dissidence gaulliste, pour l'unité française ; contre le bolchevisme, pour le natio- nalisme ; contre la lèpre juive, pour la pureté française ; contre la franc-maçonnerie païenne, pour la civilisation chrétienne... »

Le S.O.L. tend à s'arroger des pouvoirs qui l'assimilent à une force de police supplétive en marge de la police offi-. cielle. Les « Niçois », particulièrement, organisent des expé- ditions punitives qui évoquent le mauvais souvenir des manifestations contre les opposants politiques sous les régimes nazi et fasciste, avant la guerre. Toutefois, il n'est pas armé.

Mais les manifestations du S.O.L. ne sont que peu de chose à côté du climat de violence permanent qu'entretient le Parti populaire français de Jacques Doriot dans la capitale des Alpes-Maritimes et sur la côte provençale. Si Toulon et le Var ne sont pas épargnés, Marseille, véritable place forte du P.P.F., détient le record des exactions en tout genre[1].

Dans le reste de la zone libre, les incidents imputables au P.P.F. se multiplient dès les premiers mois de 1942 à Montpellier, Perpignan, Béziers, Mende et Carcassonne.

En août 1941, la synagogue de Vichy était à son tour endommagée par un engin explosif.

Un peu partout, et toujours dans la zone non occupée, sont signalées des perquisitions abusives dues à l'initiative de groupes extrémistes échappant à l'autorité du gouverne- ment de Vichy, comme à Nîmes ou Aix-en-Provence.

La zone occupée n'est pas en reste. Regroupés avec l'en- couragement des autorités allemandes, les fanatiques de l'antisémitisme qui ont fondé *Au Pilori* sur le modèle du trop célèbre *Stürmer* de Julius Streicher, se sont livrés à divers actes de violence. À l'instigation d'un journaliste passable- ment illuminé, Pierre Clementi, fondateur entre les deux guerres mondiales d'un parti français national-communiste qui se transformera en Parti français national-collectiviste,

---

1. Voir les chapitres 3 et 4 du présent ouvrage.

par ailleurs animateur du *Pays libre*, des commandos de
« Gardes français » et de « Jeune Front », ont, les 3, 7 et
20 août 1940, organisé des Journées de Cristal à la française. Se répandant sur les Champs-Élysées aux airs de « À
bas les Juifs ! », ils ont jeté des briques enveloppées dans
des journaux sur les devantures de magasins appartenant à
des Israélites.

Il n'est guère de mouvements pro-collaborationnistes qui
échappent à la tentation de la violence, qui ne saisissent
l'occasion d'inscrire dans les faits – malgré les autorités d'occupation elles-mêmes – les passions antiracistes longuement
entretenues avant la guerre.

Dans la nuit du 2 au 3 octobre 1941, sept attentats sont
commis contre les synagogues de Paris. De violentes explosions causent des dégâts importants. À 2 h 05, une déflagra-
tion se produit à proximité de la synagogue de l'avenue de
Montespan qui est endommagée. Jusqu'à 4 h 15, de nouvelles explosions troublent la tranquillité de la nuit : à 2 h
15, devant la synagogue de la rue des Tournelles ; un quart
d'heure plus tard, rue Copernic (!). Puis à 3 h 30, rue Saint-
Isaure ; dix minutes après rue Notre-Dame-de-Nazareth ; là
les dégâts sont spécialement graves : le porche d'entrée du
temple israélite est très endommagé, de nombreuses vitres
des immeubles voisins ont été brisées.

La dernière explosion de la nuit – à 4 h 15 – est tout aussi
dommageable : elle vise la plus importante synagogue de
Paris – celle du Consistoire israélite, rue des Victoires –, qui
subit de sévères dégâts. Partout alentour, les vitres ont volé
en éclats sous le souffle de l'explosion.

La vérité sur ces attentats sera connue grâce aux archives
allemandes : les attentats contre les synagogues avaient été
mis au point par des éléments de la Sûreté allemande et du
S.D. agissant en collaboration avec un groupe de Français
anciens cagoulards membres du Mouvement social révolutionnaire.

Dans l'est de la France, cela devient une épidémie. En
Alsace surtout, on ne compte plus le nombre des temples
de la foi détruits ou endommagés, les cimetières israélites
profanés, les pierres tombales renversées ou brisées.

Le maximalisme grandissant du S.O.L. en zone libre crée un malaise et inspire aux dirigeants modérés de la Légion une méfiance qui risque de déboucher sur un affrontement déclaré. On en a une démonstration éclairante lors de la cérémonie du serment S.O.L. des Alpes-Maritimes, le 22 février 1942.

Pressentant l'évolution de l'aile activiste de la Légion, François Valentin, qui assiste à la manifestation comme président, s'efforce de prévenir les erreurs de ses camarades, celles d'un Joseph Darnand, le chef du S.O.L., qui, héros des deux guerres mondiales, a un évident pouvoir d'entraînement : « Il ne s'agit pas pour vous d'être la troupe de choc d'un parti, lance-t-il aux légionnaires rassemblés dans les arènes de Cimiez, mais au contraire l'avant-garde d'une cohorte immense qui doit dans toute son action épauler celle de notre chef, le Maréchal... »

Mais Darnand résume dans sa réponse les buts qu'il entend assigner à son action ; tout son avenir, le destin des légionnaires qui le suivront s'y trouvent dessinés :

— Savez-vous quelle sera votre lutte ? leur demande-t-il. Elle ne sera pas le combat de la Nation défendant sa vie sur ses frontières, mais le combat des meilleurs fils de France contre les fautes et les crimes de ceux qui sont les causes de nos malheurs...

L'ennemi désigné est donc celui de l'intérieur. C'est un nouveau signal de la guerre civile. François Valentin démissionne de la présidence après le retour de Laval à la tête du gouvernement, en avril 1942. Le 22 juin, Laval prononce la phrase célèbre qui l'engage sans retour sur le chemin de la collaboration : « Je souhaite la victoire de l'Allemagne, sinon le bolchevisme demain s'installera partout... »

Le 31 janvier 1943 est publiée au *Journal officiel* de l'État la loi n° 63, signée par Pierre Laval, instituant la Milice française.

Les événements sont allés très vite depuis que Joseph Darnand et François Valentin ont défendu aux arènes de Cimiez deux conceptions différentes, assigné au Service d'ordre légionnaire deux missions inconciliables. La France est désormais totalement occupée. Les forces de la Wehrmacht ont, le 11 novembre 1942, franchi la ligne de démarcation, décision inévitable après le débarquement allié en Afrique du Nord trois jours auparavant. À Vichy siège un gouvernement désormais totalement amputé de sa liberté et dont la politique est orientée par Laval vers la collaboration intégrale. Le pouvoir exécutif est aux mains de Pierre Laval. Avec le sabordage de la flotte de Toulon, le 27, Vichy a perdu le dernier atout de sa puissance, la France écarté sa dernière chance de pouvoir peser sur les choix de ses alliés au moment de la libération.

Vichy est tenu de donner des gages de plus en plus nombreux de sa bonne volonté au Reich. La collaboration sans réserve passe par des mesures de « maintien de l'ordre » que nécessite le développement accru des actes de résistance. Otto Abetz, le représentant officiel allemand auprès du gouvernement français, chiffrera ainsi le nombre des attentats meurtriers imputés au « terrorisme » de janvier à septembre 1943 : 543, dont « 281 dirigés contre des soldats de la Wehrmacht, 79 contre des fonctionnaires de la police française et 174 contre des Français collaborateurs... ».

La loi du 30 janvier – publiée le lendemain – prescrit en son article 2 que « le chef du gouvernement est le chef de la Milice française » et qu'« elle est administrée et dirigée par un secrétaire général [ce sera Joseph Darnand] nommé par le chef du gouvernement... ». La dépendance est donc totale à l'égard du pouvoir qui aura ainsi les moyens de son action. Non seulement pour faire pièce à l'agitation permanente et à la démagogie ultra-collaborationniste de mouvements comme le P.P.F. de Jacques Doriot – l'intention n'est pas affichée et pourtant elle ne trompe personne – mais, précise l'article 2 des statuts de la Milice, pour « concourir au maintien de l'ordre ».

C'est vers un S.O.L. rénové, mais dont les « 21 points » restent le catéchisme du nouveau mouvement, que l'on s'achemine. Ce 31 janvier 1943, à Vichy, Joseph Darnand trace, au cours d'une cérémonie inaugurale, les lignes de force de la mission de la Milice. Regrets d'abord pour les atermoiements et la réticence manifeste de certains compagnons de route devant la radicalisation des choix... Constat d'un « pourrissement » de la situation qui exige des mesures plus sévères, car « les agents à la solde de l'Angleterre, de l'Amérique et de la Russie militent, recrutent et arment, affirme Darnand. À la faveur de la misère et de la souffrance, une foule abusée est prête à suivre les meneurs associés du gaullisme... ». « Sélectionnés parmi les miliciens, poursuit Darnand, les jeunes hommes âgés de 18 à 45 ans constitueront un corps d'élite appelé la Franc-garde... Cette Franc-garde, constituée en unités hiérarchisées, instruites techniquement, préparées au combat, sera toujours prête à assurer le maintien de l'ordre. Le repérage des foyers de propagande adverse, la recherche et la poursuite des meneurs de forces hostiles, la répression des menées et des manifestations antigouvernementales seront les activités habituelles de la Franc-garde. »

Le gouvernement de Vichy se dote ainsi de l'arme de la guerre civile par excellence. Les motivations de l'engagement des quelque 30 000 Français et Françaises qui serviront dans les rangs de la Milice[1] iront du désintéressement sincère, de la volonté de détruire l'ennemi intérieur, fourrier du communisme bolchevique dont une propagande massive, simpliste mais habile, très talentueuse lorsqu'elle sera portée par la voix d'un Philippe Henriot, dénoncera les périls... jusqu'à l'opportunisme alimentaire, l'attirance pour l'aventure sous tous ses aspects.

Pour toute une jeunesse – en tout cas pour celle que la promptitude de la défaite a sevrée d'actions d'éclat et qui continue de rêver d'une épopée où elle découvrirait le surpassement –, les choix sont en définitive moins simples qu'on ne pense. Pourquoi Vichy pour l'un et Londres pour l'autre ? Pétain pour Joseph Darnand et de Gaulle pour l'un de ses anciens camarades de la Cagoule, Maurice Duclos ? Ce n'est pas qu'affaire de patriotisme, ou jugement sur l'ave-

---

1. Tous inscrits confondus, la Franc-garde ne représentant que quelque 5 000 hommes. Le chiffre de 30 000 comprend beaucoup de gens qui ne participeront pas à l'action : bureaux, ouvriers sociaux, membres honorifiques, etc.

nir, mais souvent l'occasion, le hasard qui déterminent le choix. L'un des chefs historiques de la Résistance devenu personnalité politique éminente de la IVe et de la Ve République, confiera un jour devant l'auteur ce que sa jeunesse, un peu « inconsciente », son goût du risque et le jeu des circonstances firent pour son engagement aux côtés du général de Gaulle.

Deux semaines après la Milice, le 15 février 1943, est décidée la création d'un Service du travail obligatoire (en Allemagne) d'une durée de deux ans pour les jeunes gens nés entre le 1er janvier 1920 et le 31 décembre 1922, soit dans les tranches d'âge de 21 à 23 ans. Cette mesure crée dans la jeunesse un choc dont ni Vichy ni les Allemands ne semblent avoir prévu l'ampleur. Le S.T.O. devient, principalement dans les régions montagneuses et de relief accidenté, le grand pourvoyeur des maquis. Les déchets de recrutement sont importants et les résultats décevants[1]. Dans le département de la Côte-d'Or, par exemple, le préfet régional signalera que sur 8 200 requis, en chiffres arrondis, 3 800 ont effectivement répondu à l'appel. En Ardèche, nous le verrons, les deux tiers des recensés seulement souscrivent à l'obligation... Dans des départements comme l'Isère, c'est, si l'on peut dire, une fuite éperdue vers la montagne...

Comme il était prévisible, l'année 1943 se signale par une intensification de la guerre intestine. Les deux camps opposés s'y emploient par toutes sortes d'initiatives dont nous retiendrons les plus spectaculaires. La violence croissante ne se développe pas seulement sur le terrain des sanglants règlements de comptes, la propagande y tient sa place, qui appelle en permanence aux meurtres politiques. De part et d'autre de la Manche, la radio, arme de combat dont les années précédant la guerre avaient révélé l'efficacité magique, désigne les hommes à abattre, tantôt de Paris, les « terroristes » – « communistes », « judéo-maçons », agents stipendiés des Anglo-Saxons –, aux coups des forces

---

1. Ce qui n'empêchera pas que plus de 600 000 jeunes Français partiront travailler outre-Rhin.

du « maintien de l'ordre », tantôt, venant de Londres, les prochaines victimes de l'épuration officielle et sauvage. « Miliciens, assassins, fusillés de demain ! » s'écriera dans une apostrophe célèbre Maurice Schumann, le porte-parole le plus prestigieux de la France combattante... La presse de la Résistance, relayée par les communiqués et les tracts, trace la voie à suivre.

Dans ses « bulletins de guerre », *L'Humanité* clandestine, par exemple, mentionne les collaborateurs exécutés dans la liste des opérations des Francs-tireurs et Partisans. « Le communiqué n° 30 des F.T.P. (zone Sud) publié par *France d'abord*, affirmera le numéro spécial de janvier 1944, signale 14 déraillements de trains ennemis ; 19 locomotives et 127 wagons détruits ou gravement endommagés, ainsi que 15 locomotives et deux grues de cinquante tonnes dans les dépôts ou ateliers. Dans ces actions contre les convois ennemis, 354 boches furent tués ou blessés, poursuit *L'Humanité*. 20 entreprises travaillant pour les boches furent très sérieusement sabotées, dont les Aciéries d'Ugine et l'Usine d'aluminium d'Albertville... 18 boches tués et 37 blessés dans des attaques de leurs détachements ou locaux. *24 traîtres exécutés* [1]. Bravo les F.T.P. ! »

L'Avant-Garde, « journal libre des jeunes Français ; organe de la Fédération des Jeunesses communistes de France, zone Sud », consacre son numéro spécial de janvier 1944 aux revendications des mineurs et appelle à la grève générale. Ces revendications d'ordre salarial et alimentaire – s'agissant des quotas d'attribution – se doublent de slogans politiques tels que l'incitation à refuser le recensement lié au Service du travail obligatoire et à soutenir les réfractaires. L'insurrection – six mois avant le débarquement allié en Normandie – y est également présentée comme un devoir primordial : « Jeunes mineurs des bassins de la Loire, du Gard, de l'Aveyron, de La Mure [2], des Bouches-du-Rhône, prenez votre carte syndicale 1944. Aux côtés de vos aînés, exigez la tenue d'assemblées générales. Chassez les diri-

---

1. Souligné par l'auteur.
2. Dans l'Isère, arrondissement de Grenoble.

geants traîtres ou attentistes. Élisez les camarades décidés à entreprendre l'action... Instruits par l'expérience des derniers mouvements, vous occuperez les mines. Au coude à coude sous la direction de vos comités de grève, vous lutterez jusqu'à la satisfaction complète et s'il le faut vous vous battrez par tous les moyens contre les boches et les embochés. EN AVANT ! JEUNES MINEURS ! VERS LA GRÈVE GÉNÉRALE ! EN AVANT POUR LA LIBÉRATION DE LA FRANCE ! »

Les « traîtres et les attentistes » sont nommément cités. L'un d'entre eux, annonce *L'Avant-Garde*, « a expié » : « Ce vendu de la pire espèce n'aura pas survécu longtemps à ses agissements pour diviser les mineurs de la Loire pendant la grève de novembre dernier[1]. Les mineurs l'avaient condamné à la peine capitale, les héroïques Francs-tireurs et Partisans l'ont exécuté. »

Avis aux autres « traîtres usurpateurs », dont les patronymes suivent.

L'appel à l'insurrection nationale qui se réfère constamment aux paroles mêmes du général de Gaulle[2] est contenu dans des documents de mouvements étrangers au parti communiste. Un communiqué du 15 octobre 1943 portant les mentions « secrétariat général des M.U.R.[3], référence insurrection, LE COMITÉ CENTRAL DES MOUVEMENTS DE RÉSISTANCE FRANÇAIS zone Nord et zone Sud », anticipe sur l'épuration et désigne, dès les premières lignes, les objectifs prioritaires : « ... Il est entendu que, dans la suite de cet exposé, précise ce document, nous désignerons par jour J la crise décisive qui doit amener non seulement la libération du territoire mais *encore* et *surtout*[4] la disparition et le châtiment du régime de Vichy et de ses complices [...]. Il n'y a pas de libération sans insurrection... On peut fort bien imaginer [...] une hypothèse dans laquelle il n'y aurait guère de possi-

---

1. Du 12 au 19.
2. « La Libération nationale est inséparable de l'insurrection nationale. »
3. Mouvements unis de Résistance, créés en mars 1943 pour la zone Sud du regroupement de Combat, Franc-Tireur et Libération.
4. Souligné dans le texte.

bilités d'action d'arrière-garde contre l'ennemi (repli straté-
gique ultra-rapide), ni lutte pour la prise du pouvoir
(écroulement du gouvernement Pétain-Laval, désistement
des autorités de Vichy avec complicité des forces policières),
*ceci ne doit en aucune manière signifier un renoncement quel-
conque, de notre part, à l'insurrection* [1], c'est-à-dire à la manifestation éclatante d'une volonté authentiquement populaire
sous la conduite des mouvements de résistance alliés à
toutes les forces vives du pays. L'insurrection doit s'insérer
dans un court espace de temps qui se placera entre le départ
des Allemands (ou leur affaiblissement décisif) et l'arrivée
des Anglo-Saxons. »

Le document des M.U.R. poursuit : « L'insurrection a en
effet pour but [...] de garantir, en quelques heures, la *répression révolutionnaire* [2] de la trahison, conforme aux légitimes
aspirations de *représailles* des militants de la Résistance [...],
d'engager le C.F.L.N. [3] à s'inspirer de la volonté nationale et
non pas de considérations diplomatiques, et d'*imposer au
Gouvernement provisoire* des mesures immédiates, *révolutionnaires* au point de vue social, économique, etc. » »

Les moyens de la prise du pouvoir sont longuement énumérés, et on lit sous le titre « Action politique ou action de
masse » : « Il serait d'une criminelle naïveté de supposer, un
seul instant, qu'un plan militaire et un plan technique de
mainmise sur l'appareil administratif puissent suffire à
garantir le succès de l'insurrection et donner à celle-ci son
sens national et international.

« En effet :

« Si même les conditions, du fait de la libération, étaient
telles que, par l'écroulement spontané de Vichy, la transmission des pouvoirs puisse se faire sans aucune violence de
celui-ci au C.F.L.N. et au Gouvernement provisoire, il serait
absurde et outrageant pour le peuple français, d'imaginer
l'absence de tout soulèvement de masse, armé d'une juste
volonté de *vengeance*. Par ailleurs, une éventuelle passivité

---

1. Souligné par l'auteur.
2. Ce passage et les suivants sont soulignés par l'auteur.
3. Comité français de libération nationale.

des masses, se contentant de manifestations d'allégresse et d'arcs de triomphe à l'arrivée des libérateurs, ne présagerait rien de bon quant à l'indépendance future de notre pays... »

La presse retient, notamment, l'attention dans les projets de l'épuration future et le communiqué commence par cette affirmation lapidaire : « Tous les journaux, à des degrés plus ou moins nets, ont trahi... » Puis : « Empêcher leur parution est une œuvre de salubrité publique, sinon on assisterait aux retournements immédiats les plus scandaleux. Cette question sera réglée sur le plan national et la publication d'un statut de la presse sera l'un des premiers actes du Gouvernement provisoire. Cependant pour la période insurrectionnelle il faut prévoir l'occupation des imprimeries des quotidiens et la publication, par des moyens de fortune, d'un journal provisoire de la Résistance. »

Le document des dirigeants des Mouvements unis de Résistance à l'intention de ses correspondants s'achève par un chapitre consacré aux « exécutions sommaires » qui sont prévues dans le plan de l'insurrection et de l'action révolutionnaire : « Toute la période précédant l'insurrection devra être marquée par une intensification progressive des exécutions des traîtres... »

On ne s'attarde pas sur la définition du « traître », en laissant apparemment aux chefs de Régions une large latitude d'appréciation, mais « la question se pose de savoir s'il est souhaitable que l'insurrection triomphante soit marquée par des exécutions sans jugement. Les avis sont partagés. Nous vous proposons la méthode suivante, qui s'efforce de tenir compte du légitime besoin de vengeance des Français opprimés et d'éviter des troubles trop sanglants. Elle a, en outre, l'avantage d'assurer une certaine justice dans la répression sommaire. Dès maintenant, dans chaque département, on dressera une liste des traîtres les plus notoires dont l'exécution sommaire serait considérée par toute la population comme un acte de justice (bien se référer à l'opinion publique, en général, et non à celle, plus radicale, des militants de la Résistance) ».

Dans quelle mesure l'« opinion publique » sera-t-elle à même de désigner les traîtres promus aux pelotons d'exécution ? On peut s'interroger sur le bien-fondé des choix d'une justice populaire promue en institution ; en tout cas, « ces listes avec exposé des motifs seraient adressées par l'intermédiaire des Régions aux Centres respectifs pour accord. Après accord, et au jour J, les incriminés seront immédiatement arrêtés et exécutés, mais les affiches apposées partout annonceront leur exécution sur condamnation du Comité de Libération. Il sera sans doute difficile d'éviter des actes individuels, mais cette liste sera limitative et les actes individuels resteront interdits. »

Par principe, mais dans les faits... L'essentiel du drame des exécutions sommaires est là.

Les attentats connaissent une flambée spectaculaire au printemps 1943, la guerre civile gagne tout le pays. Et les hommes de Joseph Darnand qui, à l'origine, n'étaient pas armés, sont les premiers visés[1]. On ne s'étonnera pas que des représailles s'ensuivent, selon la loi du talion qui devient la règle de sang.

Le 24 avril, c'est le chef adjoint de la Milice des Bouches-du-Rhône, Paul de Gassovski, qui tombe sous les balles des « terroristes ». Le 21 novembre, un commando F.T.P. ouvre le feu à Thônes, en Haute-Savoie, sur le chef départemental Jacquemin et son adjoint Roger Franc, et les tue sur le coup. Le surlendemain, six personnes de la région sont tuées à leur tour soit parce qu'elles appartenaient notoirement à la Résistance, pour deux d'entre elles, soit en raison de leurs origines israélites ou de leur affiliation à la franc-maçonnerie.

L'assassinat de Maurice Sarraut, le directeur de *La Dépêche de Toulouse*, ouvre une série de règlements de comptes sanglants qui visent des personnalités de grande notoriété entre les deux guerres mondiales. Sarraut est ainsi victime de la haine recuite d'une extrême droite qui vient de la réchauffer à la faveur de la défaite. L'histoire de l'Occupation est ainsi jonchée des querelles perpétuées et des vengeances assouvies.

---

1. La Milice ne sera armée qu'à partir de novembre 1943. 70 miliciens ont été abattus entre février et novembre 1943.

Dans son fief du Sud-Ouest, Maurice Sarraut a incarné le radicalisme triomphant et une tradition républicaine qui s'est maintenue tout au long des années de pouvoir. C'est en soi une tare que les nouveaux détenteurs de pouvoir ne lui pardonnent pas. Mais Maurice Sarraut paie aussi le tribut de la loi du talion, lui comme bien d'autres sacrifiés, expiant la mort de miliciens exécutés par la Résistance, un mois avant sa propre mort, le 2 décembre.

Il y aura beaucoup de protagonistes dans le meurtre du directeur de *La Dépêche de Toulouse*, chacun, des Allemands aux Français ultras y trouvant son compte. Vichy resta apparemment en dehors et diligenta une enquête qui amena à l'arrestation d'un homme de main qui avoua avoir agi avec la complicité des miliciens. Tous payèrent leur crime à la Libération.

Victor Basch, ancien président de la Ligue des droits de l'homme, franc-maçon, l'un des fondateurs du Rassemblement populaire, le regroupement de la gauche qui précède dans la terminologie le Front populaire, vit avec sa femme dans un quartier de Lyon où ils ont trouvé un fragile refuge. Basch cumule, en quelque sorte, les caractéristiques qui désignent alors un homme aux revolvers des tueurs de la collaboration. Il est juif, de surcroît. Son âge – il a quatre-vingts ans, sa femme soixante-dix-neuf – peut le mettre à l'abri. Mais c'est se faire beaucoup d'illusions sur les chances pour un octogénaire d'inspirer de la pitié dans une période impitoyable. Découverts en janvier 1944, arrêtés, Victor Basch et son épouse sont emmenés, le 10 du même mois, par un groupe de policiers allemands de Lyon et de miliciens et assassinés au bord d'une petite route, près de Neyron.

Le jour même de l'assassinat de M. et Mme Basch, Joseph Darnand, le secrétaire général au maintien de l'ordre depuis le 30 décembre, était investi par le gouvernement Laval de l'autorité complète sur toutes les forces assurant la sécurité publique et la sûreté intérieure de l'État. La loi du 20 janvier instaurait enfin les cours martiales : « Sont déférés aux cours martiales les individus agissant isolément ou en groupes, arrêtés en flagrant délit d'assassinat ou de meurtre, commis au moyen d'armes ou d'explosifs, pour favoriser une activité terroriste. Les cours martiales se composent de trois membres, désignés par arrêté du secrétaire général au maintien de l'ordre. L'application des lois sur l'instruction criminelle est suspendue à l'égard des individus déférés aux cours martiales. Les coupables [ou jugés tels par les membres des cours martiales, et ne disposant d'aucun moyen de défense] sont immédiatement passés par les armes. »

Coup pour coup, crime contre crime... À Voiron, dans l'Isère, le chef de centre de la Milice, Jourdan, est assassiné, chez lui, le 20 avril 1944, avec deux de ses hommes, sa femme, sa mère âgée de quatre-vingt-deux ans, son fils et sa fille... âgée de quinze mois. Ce massacre aura un retentissement considérable.

Le débarquement du 6 juin sur les côtes de Normandie ne freine en rien le rythme de la violence. Dans la plupart des cas, en réaction contre le harcèlement des forces du maquis, les troupes allemandes, notamment celles qui « remontent » pour aller faire face aux Alliés en Normandie, commettent des actes criminels et des pillages. Des populations entières ou de simples particuliers, parce qu'ils sont suspectés d'être complices des « terroristes », ou parce qu'ils vivent dans des régions où ont été commis des attentats, ou dressées des embuscades, sont victimes de la barbarie nazie. Les « troupes d'élite » sont avant tout responsables de ce long martyrologe, Waffen SS politiquement endoctrinés et qui agissent parfois avec la complicité de Français dévoyés.

C'est le Sud-Ouest qui est le plus durement frappé, dans un vaste territoire qui englobe la région de Toulouse, la Montagne noire, le Rouergue, la Dordogne et le Limousin (Haute-Vienne, Corrèze).

Les maquis ont réussi à contrôler cette zone, rendant aléatoires les communications pour les troupes allemandes dont des unités tombent régulièrement dans des embuscades. Sous le commandement du général Heinz Lammerding, la division SS Das Reich, dont l'état-major s'est installé à Montauban, a reçu mission d'assurer la sécurité de la circulation entre la Méditerranée et l'Atlantique. Elle va s'y employer, avec férocité et une expérience acquise sur le front russe, avant de remplir la seconde mission qui lui sera assignée après le 6 juin : monter en renfort sur le front de Normandie. Elle n'y parviendra qu'au prix de nombreux affrontements avec la Résistance, multipliant les itinéraires pour ses forces morcelées et répondant aux attaques.

On ne compte plus les « expéditions punitives » des éléments de la division Das Reich, et en particulier du régiment Der Führer, bien avant le 6 juin, d'avril à mai. 200 personnes sont alors exécutées dans plusieurs localités, dont 50 à Brantôme, au nord-ouest de Périgueux.

Mais les représailles sanglantes redoublent lorsque plusieurs unités de la Das Reich font mouvement vers le nord à compter du 7 juin. Accrochée par une compagnie de l'Armée secrète de Basse-Corrèze, sur la nationale 140, une colonne se dirigeant vers Brive-la-Gaillarde et Tulle réplique, le 8, par un massacre de la population du hameau de Rouffillac. 6 femmes et 5 fillettes, qui, affolées par le bruit du proche combat, s'étaient réfugiées dans un restaurant, sont rassemblées par les SS qui les alignent sur le bord de la route sous prétexte de vérifier leur identité, puis refoulées dans la salle du café. Là, les SS ouvrent le feu, puis recouvrent d'essence les corps sans se soucier des blessées, avant de provoquer l'incendie.

Le lendemain, 9 juin, Tulle, chef-lieu de la Corrèze, est le théâtre d'une boucherie aussi macabre qu'atroce, l'une des plus tristement mémorables des derniers mois de la Libération. Après que les maquisards F.T.P. se furent partiellement rendus maîtres de la ville en engageant le combat contre la garnison de la Wehrmacht – le 7 juin – une colonne SS intervient, procède à une prise d'otages massive et à la pendaison de 99 hommes aux arbres, aux lampadaires et aux balcons. 300 autres otages seront transférés à Limoges, dont la moitié seront déportés à Dachau, dans les premiers jours de juillet. 50 d'entre eux seulement en reviendront.

Tandis que se déroulaient les pendaisons de Tulle, un groupe de résistants F.T.P. prenait d'assaut un important convoi d'essence allemand bloqué en gare d'Argenton-sur-Creuse, à trente kilomètres au sud de Châteauroux, et parve-

nait à désarmer les gardes d'escorte du train. Arrivés en renfort – l'alerte ayant été donnée à Limoges – des éléments de
la Das Reich commençaient, selon une méthode constamment renouvelée au cours des opérations de représailles, par
exécuter des villageois isolés, délivraient les hommes de l'escorte et rassemblaient une centaine d'otages. 6 d'entre eux
étaient fusillés, 10 autres emmenés dans des carrières, près
de Limoges, où ils étaient tués.

50 morts furent dénombrés un peu partout dans la ville
d'Argenton après le départ de la colonne infernale. Parmi
eux, des voyageurs d'un train qui était resté bloqué depuis
plusieurs jours. On évaluera ainsi à quelque 80 les victimes
des représailles des SS à Argenton-sur-Creuse.

Le lendemain encore, 10 juin, les actes de barbarie se succèdent à un rythme quotidien ; c'est Oradour-sur-Glane, à
vingt-deux kilomètres au nord-ouest de Limoges. Après l'enlèvement par des maquisards du Sturmbannführer Kämpfe,
une opération de représailles est conduite contre Oradour-
sur-Glane que les Allemands ont peut-être confondu avec
Oradour-sur-Vayre, au sud de Saint-Junien, où des accrochages se sont produits avec des éléments de la Résistance.
Rassemblée, la population subit alors le pire des massacres,
symbole pour la France entière de la barbarie nazie. Tandis
que les hommes sont répartis dans cinq endroits différents
– 60 d'entre eux sont fauchés par des mitrailleuses, dans un
hangar, les blessés achevés et le feu répandu –, 241 femmes
et 200 enfants regroupés dans l'église connaissent le même
sort. Après quoi, une à une, les maisons d'Oradour sont
livrées à la soldatesque qui pille tout ce qui se révèle d'un
certain prix et sera aisément transportable, tout ce qui
pourra servir à la prochaine ripaille. L'essence est répandue
à profusion... Oradour flambe et, telle l'île de Chio, n'est
plus qu'un spectre de ruines et de deuil.

La violence est partout en ce mois de juin 1944. Par le
fait des troupes allemandes, certes, mais également imputable aux Français des deux camps qui s'entre-tuent sans
désemparer. La presse de la collaboration tient une rubrique
quotidienne des attentats contre les personnes et les biens.
Le 20 juin, quatorze jours après le débarquement, Jean Zay

est la nouvelle victime de la survivance des passions d'avant
la guerre.

Comme Marx Dormoy, Maurice Sarraut ou Victor Basch,
Jean Zay est représentatif de toute une classe politique. Il
est juif. Il avait été le ministre de l'Éducation nationale du
Front populaire. Dans sa jeunesse gauchiste, il avait écrit sur
le drapeau français un texte particulièrement insultant que
L'Étudiant français, l'un des journaux du mouvement de
Charles Maurras, exhuma et qui, régulièrement rappelé, servit aux attaques dirigées contre le premier gouvernement
Léon Blum. Accusé de toutes les turpitudes, Blum ajoutera
celle d'avoir confié « l'éducation de la jeunesse » à un
contempteur ordurier des trois couleurs.

L'ancien ministre s'était embarqué avec d'autres hommes
politiques de la IIIe République, dont Pierre Mendès France
et Georges Mandel, sur le paquebot *Massilia* à destination de
l'Afrique du Nord et dans l'intention de poursuivre la lutte.
L'odyssée du *Massilia* s'acheva à Casablanca où Jean Zay et
ses compagnons furent arrêtés et transférés en Métropole.
Là, le destin des trois hommes politiques se sépara, Pierre
Mendès France ayant réussi à gagner la France libre après
s'être évadé de la prison de Clermont-Ferrand, tandis que
Jean Zay et Georges Mandel demeuraient, jusqu'en 1944,
dans les geôles de Vichy.

Le 20 juin, trois miliciens agissant sur les ordres de
Raymond Clémoz, le chef de cabinet de Darnand, se présentent à la prison de Riom, où Jean Zay est alors interné, sous
prétexte de le transférer dans la Seine. Le dossier de sortie
est en apparence en règle puisque Clémoz a pris soin de
communiquer la décision au directeur de l'administration
pénitentiaire qui l'a lui-même transmise à son subordonné
de Clermont-Ferrand.

Jean Zay part donc en voiture avec les trois « miliciens »
qui le « rassurent » en lui racontant que, résistants, ils n'ont
pas trouvé d'autres moyens pour le libérer sans risques, et
qu'ils vont le mettre en contact avec des éléments du
maquis. La traction avant Citroën roule un moment dans la
campagne et s'arrête à la hauteur d'un accident de terrain,
la faille dite du Puits du Diable. Les quatre hommes sortent,

et tandis que les miliciens font mine de guider l'ancien ministre vers le lieu du rendez-vous, l'un d'eux l'abat d'une rafale de mitraillette. Après l'avoir dévêtu, les tueurs précipitent le corps dans la faille qu'ils obstruent en faisant sauter un rocher à la dynamite. Un chasseur l'y découvrit, en septembre 1946.

Il apparut que tout avait été monté en dehors de Pierre Laval qui eut d'ailleurs à s'expliquer sur le meurtre de Jean Zay lors de son procès, au mois d'août 1945. Laval racontera devant ses juges que recevant, à sa demande, Mme Jean Zay, celle-ci lui transmit la version officielle qui lui avait été donnée de la mort de son mari : la voiture avait été attaquée par des résistants après le départ de Riom et Jean Zay blessé au cours d'un échange de coups de feu ; il était en cours de traitement dans un hôpital de Melun.

Sceptique sur cette version des faits, le chef du gouvernement de Vichy demande une enquête : on lui fournit des pièces justificatives d'une crédibilité douteuse. Le véhicule avait été intercepté par des membres de la Résistance sur la route de Bourges, Jean Zay avait bien été blessé, indiquait le rapport des Renseignements généraux, mais on avançait, cette fois, l'hypothèse que l'ancien ministre avait disparu avec les maquisards. Laval demanda alors une enquête... qui n'aboutit jamais.

Le 28 juin, la balance de la justice expéditive et des exécutions individuelles penche du côté opposé. Philippe Henriot est tué à Paris par des résistants. Nul ne personnifie mieux le régime de Vichy dans sa phase ultime que Philippe Henriot.

Henriot était-il un fasciste authentique, comme on l'a écrit ? L'objectivité incite à la nuance. Le fascisme selon le modèle mussolinien, revêtait, entre les deux guerres mondiales, des formes assez diverses qui expliquaient aussi bien l'allégeance directe – symboles, style, uniforme – que la référence à un style nouveau de philosophie politique.

L'engagement jusqu'aux extrêmes pendant l'occupation d'un Philippe Henriot n'était pas fatalement inscrit dans ses choix antérieurs. Ses origines – son père était officier d'active – le portaient assurément à privilégier les régimes d'ordre. Mais le désordre de la IIIe République pouvait justifier ses options en faveur d'un régime qui en supprimerait les méfaits.

Philippe Henriot était catholique traditionaliste, mais il n'était alors, à l'exception du Sillon, très minoritaire, d'autre façon d'être catholique. Licencié ès lettres, il avait choisi l'enseignement libre et c'est à ce titre qu'il avait été appelé à rejoindre la puissante Fédération nationale catholique, fondée en 1925 par le général de Castelnau. Aux côtés d'un abbé Bergey, il en deviendra l'un des plus talentueux orateurs.

En 1932, il était élu dans la quatrième circonscription de Bordeaux, alors que la gauche revenait au pouvoir après le long intermède de l'expérience Poincaré. Mais il siégeait, à la Chambre, sur les bancs de la sage Fédération républicaine de Louis Marin – l'homme à la célèbre lavallière à pois – groupe parlementaire dont il sera le vice-président. Louis Marin n'est, en effet, ni Jacques Doriot et son P.P.F., ni Marcel Bucard et son Parti franciste, ni même le colonel de La Rocque et le Parti social français.

En 1934, Henriot s'illustre à la tribune de la Chambre des députés par de violentes philippiques où il dénonce les scandales. Mais qui ne les dénonce alors, et même dans certains milieux de gauche, dans certains journaux de gauche, comme *Le Canard enchaîné*...

Il vote, en 1938, en faveur des accords de Munich... On ne saurait oublier l'accueil populaire qui leur fut réservé, et que la Chambre consacra par un vote massif de 535 voix... contre 75, dont 73 communistes.

Philippe Henriot se rallie à la Révolution nationale. Mais le 10 juillet 1940, il ne s'est trouvé que 80 parlementaires, députés et sénateurs réunis, pour refuser au maréchal Pétain les pouvoirs constituants.

Là où certains hésitent, choisissent la voix médiane d'une fidélité au Maréchal qui se veut distante de la collaboration avec l'occupant, là où d'autres, dans le camp de la droite, rejoignent, peu à peu, de Gaulle et la Résistance, Philippe Henriot franchit carrément le pas, s'accrochant au mythe aberrant... d'un libre engagement de la France aux côtés de l'Allemagne nazie. Comme pour tant d'autres, sans doute, l'obsession du « péril bolchevique » explique l'option sans retour... ainsi que la chimère lavaliste d'une Europe nouvelle dans laquelle la France, alliée de l'Allemagne, occuperait une place de choix.

Orateur de grand talent, Philippe Henriot est investi le 1er janvier 1944, alors que le doute n'est plus permis sur les orientations du gouvernement de Vichy désormais sous le contrôle de Pierre Laval, de responsabilités à sa mesure : le secrétariat d'État à l'Information et – le mot est de rigueur à l'époque – à la Propagande. Il avait adhéré, avant sa nomination, à la Milice, dont il portera l'uniforme avec ostentation. Milicien de choc, en effet, Henriot marche de concert avec Darnand, qui est entré au gouvernement le même jour que lui. Darnand se reprendra, essaiera de nouer avec Londres, se verra opposer un refus, mais Philippe Henriot, lui, n'hésitera pas un instant, jusqu'à la mort.

Henriot entretient une polémique quotidienne, à la radio, avec les Français de la B.B.C., interpelle les gouvernements anglo-saxons, dresse le spectre de la menace communiste, celle de l'extérieur et de l'intérieur à travers les « terroristes » du maquis, pour lui bandits de grand chemin ou jeunes détournés de leur devoir par les appels de la « dissidence ». Voix convaincante, envoûtante, qui exercera sur toute une partie de la jeunesse, pour la détourner de la Résistance, ou l'engager dans la croisade militante, active, de la collaboration, une attraction incontestable.

Les dernières interventions officielles de Philippe Henriot révèlent, s'il en était besoin, le niveau de sa propre détermination. Arrivé le 5 juin à Berlin, à la veille du débarquement, il déclare à l'intention des Français requis par le S.T.O. : « Votre travail constitue la pierre angulaire sur laquelle notre pays se reconstruira... »

Le débarquement en Normandie – dont bien des indices permettaient d'ailleurs de prédire l'imminence – le trouve dans le même état d'esprit. Il n'y voit qu'une occasion supplémentaire de surenchérir et répond, le 6 juin, au « correspondant de guerre des Waffen SS français » venu l'interviewer pour *Le Matin* : « Dites-leur de ma part, au moment où j'apprends sur le territoire allemand la première tentative d'invasion, que ma pensée de Français se porte immédiatement vers ceux de nos amis et de nos camarades qui portent l'uniforme de la Waffen SS. À la minute décisive qui va fixer pour des siècles le destin de l'Europe, c'est avec une ferveur particulière que je songe à ceux qui ont décidé de prendre rang parmi les artisans officiels de la victoire... »

Le lendemain, 7 juin, Philippe Henriot est reçu par Goebbels, ministre de la Propagande du Reich. L'entretien, selon les journaux, durera plusieurs heures. Le ministre français donne ensuite une conférence de presse, ce qui constitue une grande première, aucun membre du gouvernement de Vichy ne s'étant encore adressé à des journalistes sur le territoire allemand. C'est, pour Henriot, une nouvelle occasion d'enfoncer le clou :

« En saluant, aujourd'hui, sur le sol de l'Allemagne, la grande bataille définitive qui s'engage, déclare-t-il, j'espère pouvoir avoir la joie de saluer, sur le sol de France, la victoire définitive... »

À Weimar, le 8 juin, Henriot parle devant un auditoire de travailleurs requis :

« Quand nous négocierons [avec le Reich vainqueur], après la guerre, leur dit-il, on devra mettre dans le plateau de la balance les 700 000 Français qui ont apporté leurs bras à l'Europe en même temps que le sang sur les fronts lointains où, grâce à eux, nos trois couleurs sont présentes... »

Au même moment, la presse collaborationniste s'en prend aux « raids criminels des "libérateurs" », exploitant au maximum le nombre de victimes élevé des bombardements alliés. Le bombardement de Marseille, le 27 mai, avait fait près de 1 700 morts et provoqué de la part de Mgr Delay, évêque de la cité phocéenne, une prise de position que les journaux pro-allemands s'étaient empressés de mettre en exergue : « Pourquoi ce travail satanique accompli par ceux qui furent nos alliés ? s'était écrié Mgr Delay ; ils agissent comme s'ils étaient nos plus cruels ennemis... »

Philippe Henriot est rentré de Vichy, au matin du 27 juin, pour assister à Paris à un Conseil des ministres au cours duquel Pierre Laval aura à affronter les représentants les plus résolus d'une collaboration... qu'ils jugent insuffisante. Il ne s'agit de rien de moins, dans leur esprit, que d'engager la France... trois semaines après le débarquement en Normandie, dans un conflit ouvert avec les Alliés concrétisé par une déclaration de guerre officielle. Laval, qui sait désormais à quoi s'en tenir sur l'issue du conflit, entend s'opposer à une initiative aussi grotesque que suicidaire et compte sur Darnand et Henriot pour l'épauler.

Henriot est solidaire du chef du gouvernement, et comme il n'est pas homme à se défiler, il décide de venir participer à la discussion. Comme chaque jour, ce 27 juin, le ministre de l'Information parle à la radio, ne voulant pas manquer le rendez-vous avec son auditoire – il est de plus en plus rare compte tenu de l'évolution des événements – mais également avec ses adversaires qui, par la voix d'un Maurice Schumann, d'un Pierre Bourdan, d'un Henri Benazet ou d'un Pierre Dac, le vouent régulièrement au poteau d'exécution avec ses compagnons de route.

Henriot sait le sort qui, tôt ou tard, l'attend. Il le dit à ses proches et, comme éprouvant l'intuition du dénouement imminent, lance, ce 27 juin : « Injuriez donc, couvrez-moi de vos outrages, je ne répondrai plus ; s'il y a du sang entre nous, c'est vous qui l'aurez versé... »

La réunion avec Laval terminée, Philippe Henriot rentre, dans la soirée, au ministère de l'Information avec sa femme pour y passer la nuit. La sonnerie du téléphone retentit, à plusieurs reprises, mais personne ne répond au bout du fil. L'avertissement est clair. Mme Henriot s'inquiète, conseille à son mari d'alerter la police, mais celui-ci n'en a cure. Chacun s'accorde à lui reconnaître sang-froid et courage ; il a l'habitude des menaces et peut-être est-il mû par le sentiment d'une sorte de fatalité, d'acceptation du sort qui lui a été promis.

À 5 h 30, au matin du 28, plusieurs voitures s'arrêtent en un premier temps devant un immeuble de la rue de Lille, tout près du ministère ; leurs occupants, armés de mitraillettes, en sortent et obligent deux agents de police qui effectuaient une ronde à les suivre. Agents et agresseurs remontent dans les véhicules qui se dirigent alors vers la porte du ministère donnant sur la rue de l'Université. Là, un factionnaire est désarmé à son tour. Tous repartent, vers la rue de Solferino où est l'entrée principale. Nouvelle opération du côté de l'homme de garde ; puis les résistants – ils appartiennent aux groupes francs du Mouvement de libération nationale – se présentent au concierge avec de fausses cartes de miliciens et lui expliquent qu'ils sont chargés de venir assurer la protection du ministre. Celui-ci est menacé d'un enlèvement, expliquent-ils, il faut donc leur ouvrir la porte.

Sceptique, le concierge refuse... Au moins pourrait-on lui laisser le temps d'aller se renseigner auprès de Philippe Henriot. Des mitraillettes braquées sur lui finissent par le convaincre. Les hommes des groupes francs lui demandent de le conduire vers la chambre du ministre.

Les résistants se présentent devant la chambre de Philippe Henriot, frappent, renouvellent les explications, bien peu plausibles, qu'ils avaient données au concierge.

Henriot se lève et, sourd à l'appel de sa femme qui lui crie : « N'ouvre pas ! » – ce qui est d'élémentaire prudence, après les alertes téléphoniques de la nuit – se dirige vers la porte et l'entrebâille. On pourrait croire qu'il a au moins saisi une arme. Mais non. Il s'offre ainsi, les mains nues, sans méfiance apparente. Apercevant les armes tendues dans sa direction, il esquisse un geste de défense, tente de refermer la porte. Trop tard. Un bref combat s'engage... Philippe Henriot cède, les résistants font irruption dans la pièce. Mme Henriot se jette sur le premier des hommes, celui qui s'apprête à tirer. Les coups de feu partent malgré tout. Henriot, touché de sept balles, succombe immédiatement. Mais son épouse est épargnée[1].

Mort étrange, mort presque volontaire, en tout cas mort environnée d'un halo de fatalisme, que celle du plus talentueux du dernier carré des ministres de Vichy. Cette mort est celle d'un régime à l'agonie, et elle en annonce beaucoup

---

1. Selon certaines sources, il aurait d'abord été envisagé d'enlever Philippe Henriot. Quant au déroulement précis de l'opération, les témoignages sont parfois en contradiction.

d'autres, sommairement accomplies ou décrétées par les cours martiales, les cours de justice ou les tribunaux militaires de l'épuration.

Un faste mortuaire entoure la dépouille de Philippe Henriot, veillé par des miliciens dont certains, peut-être, le suivront bientôt dans la tombe. Les Parisiens sont appelés à lui rendre un dernier hommage. On dépose des bouquets à Notre-Dame, dont les portes sont toujours ouvertes pour les cérémonies du régime pendant l'occupation et d'où partiront, dans quelques mois, des coups de feu en direction du général de Gaulle.

Le 28 juin, Pierre Laval parle à la radio à l'heure même où Philippe Henriot avait l'habitude de donner son éditorial quotidien : « Faute de pouvoir lui fermer la bouche, déclare Laval, on lui a fermé les yeux. Philippe Henriot s'était dressé devant ceux qui veulent précipiter la France dans la guerre civile ; ils ne lui pardonnaient pas de les dénoncer et de stigmatiser leurs actes. Ils ne lui pardonnaient pas d'avoir arraché au maquis, par la force persuasive de sa parole, des milliers de jeunes hommes égarés... »

Le maréchal Pétain adresse à Mme Henriot un télégramme de condoléances quelque peu formaliste. Une affiche d'un remarquable effet visuel est placardée sur les murs des villes : « Il disait la vérité – Ils l'ont tué... » Le gouvernement propose une récompense de vingt millions à qui permettra de découvrir les coupables.

De Berlin, Goebbels cautionne la version de ses amis parisiens qui imputent la mort d'Henriot à l'Intelligence Service : « N'ayant pu faire taire la grande voix de ce pionnier de l'Europe, déclare-t-il, l'Angleterre n'a trouvé qu'une réponse : le crime et l'assassinat... »

La réponse à l'assassinat de Philippe Henriot ne tarde pas. Les miliciens et d'autres mouvements pro-collaborationnistes procèdent à des exécutions sommaires. Dans la nuit du 30 juin au 1er juillet, notamment, le Centre d'études nationales-socialistes fait assassiner, à Rennes, le secrétaire général de la mairie, le greffier en chef de la cour d'appel et un libraire de la ville. Le 7 juillet, Georges Mandel ajoute son nom à la longue liste des victimes de la guerre civile française.

Mandel est juif, mais contrairement à d'autres personnalités qui ont payé de leur vie leur rôle pendant la IIIe République – un Marx Dormoy, au ministère de l'Intérieur du Front populaire, un Victor Basch, à la Ligue des droits de l'homme, un Jean Zay à l'Éducation nationale du premier gouvernement Léon Blum –, il n'a rien assumé, du moins jusqu'en 1940, qui le désigne à la vindicte des tueurs chargés de liquider dans le sang le contentieux des querelles intestines. Il personnifie au contraire l'homme de gauche indépendant des partis classiques. De tendance radicale, et sans plus. Et de surcroît, un homme à poigne, un organisateur qui, arrivant au ministère des P.T.T., n'a pas hésité à affronter le mécontentement de sa propre administration et a remarquablement modernisé ce service public. On pourrait également lui savoir gré d'avoir été, en pleine guerre, le chef de cabinet du « Père de la Victoire », Georges Clemenceau, cet autre homme de gauche qui sut, plus que tout autre, se convertir, avec quel courage et quelle efficacité !, à l'exercice de l'autorité.

On en reste là pour l'« actif », car Georges Mandel a commis le crime impardonnable, au regard de ses juges, d'avoir appartenu, en 1940, à l'aube de la défaite, au cabinet Paul Reynaud. Ce ne serait pas une tare sans remède – après tout, le vice-président du Conseil s'appelait alors Philippe Pétain – si Mandel ne s'était signalé, comme ministre de l'Intérieur, en faisant arrêter plusieurs personnalités d'extrême droite soupçonnées d'activités antinationales. Il se range résolument aux côtés de Paul Reynaud pour refuser l'armistice. Il fait partie des parlementaires qui s'embarquent sur le *Massilia*. L'ancien chef de cabinet de Clemenceau est alors arrêté à Casablanca, comme Pierre Mendès France et Jean Zay, et, comme eux, ramené en Métropole.

Commence alors une détention au trop célèbre fort du Portalet, dans les Pyrénées. Il y restera pendant deux années dans une cellule étroite aux murs suintant d'humidité. Lorsque les Allemands envahissent la zone libre, en novembre 1942, des proches de Georges Mandel, craignant pour lui de nouvelles représailles, interviennent auprès de Pierre Laval pour lui demander sa libération. Laval, d'après ce que l'on sait, refuse, mais s'engage à faire en sorte que l'ancien ministre ne soit pas livré à l'occupant.

Mais le 22 novembre, Georges Mandel tombe aux mains des nazis qui le transfèrent à Buchenwald où il retrouve Léon Blum.

En juin 1944, les Allemands proposent au gouvernement Laval de lui « retourner » plusieurs prisonniers politiques détenus dans les camps du Reich, et notamment Léon Blum, Georges Mandel et Paul Reynaud. Cette proposition n'est pas innocente dans le climat de vendetta sanglante où la France est plongée. On offre ainsi des victimes aux coups des exécuteurs, au moment précis où un homme de la célébrité de Philippe Henriot vient de tomber sous les balles de la Résistance. Laval, qui n'a guère apprécié les initiatives de la Milice dans l'affaire Jean Zay, comme dans d'autres cas d'ailleurs, flaire, en Auvergnat rusé, le piège qui lui est tendu. Et il est le premier embarrassé d'apprendre, dans les premiers jours de juillet, que Georges Mandel est à Paris. Un curieux dialogue s'engage alors entre les services allemands et le ministère français de l'Intérieur, les premiers tenant absolument à livrer à la préfecture de police Georges Mandel, dont le second ne veut à aucun prix.

Laval essaie de refuser, de gagner du temps, selon son habitude, envisage le transfert de Georges Mandel au château des Brosses, près de Vichy, mais il est pris de court. L'ancien chef de cabinet de Clemenceau vient d'entrer à la Santé. Il ne lui reste plus désormais aucune chance d'échapper aux tueurs. Le 7 juillet, en fin d'après-midi, Max Knipping, délégué général au Maintien de l'ordre en zone Nord, et par conséquent collaborateur de Joseph Darnand au plus haut niveau, se présente à la prison de la Santé pour demander que l'on mette Georges Mandel à sa disposition.

Trois voitures s'ébranlent, Georges Mandel a pris place dans l'une d'entre elles, encadré par des miliciens. Mais celle qui transporte Max Knipping se sépare rapidement du convoi, ce qui pourra laisser supposer que Knipping lui-même n'était pas au courant de ce qui allait se passer[1]. On prend la direction du sud, mais les récents bombardements obligent à un premier arrêt. Les véhicules repartent, franchissent le carrefour de l'Obélisque en forêt de Fontainebleau. Brusquement, et à hauteur du croisement de la route nationale avec celle de Nemours et de Montargis, le conducteur de la première voiture, celle qui transporte Georges Mandel, l'engage sur un chemin de terre et l'arrête en prétextant d'un ennui dans la carburation[2]. L'un des deux autres miliciens quitte alors le véhicule, ouvre le capot et se dirige vers le coffre pour y prendre un outil.

Mandel descend à son tour, accompagné du troisième milicien. Ils marchent côte à côte pendant quelques mètres lorsque le conducteur, saisissant une mitraillette, tire dans leur direction, presque à bout portant et avec une telle précipitation qu'il est à deux doigts de toucher son camarade. Mais c'est Georges Mandel qui est touché, de plusieurs balles, avant de recevoir le coup de grâce. Le conducteur-tireur vide ensuite son chargeur sur la voiture, pour accréditer la thèse d'une agression.

Le corps de Georges Mandel sera transporté par ses assassins à Versailles et déposé à l'hôpital de la ville.

Les exemples que nous avons cités ne rendent que partiellement compte de la terreur qui, permanente pendant la période de l'occupation, s'amplifie au moment du débarquement. On ne peut pas ne pas rappeler les victimes des conseils de guerre allemands et des cours martiales françaises. Toute une légion de résistants connaîtront les affres de la torture... Les crimes du nazisme s'expliquaient par sa logique implacable. Ceux d'une fraction de la Résistance ou d'éléments qui s'en réclamaient ne méritaient en revanche aucune forme d'indulgence. Pour la raison d'une élémen-

---

1. Chacun cherchant, bien entendu, à dégager sa responsabilité.

2. Les pannes simulées avaient décidément la faveur des activistes de l'époque : la méthode avait déjà été utilisée par la Cagoule dont des agents avaient exécuté les antifascistes Carlo et Nello Rosselli près de Bagnoles-de-l'Orne, le 9 juin 1937.

taire évidence : à savoir que sous couvert de la lutte pour la liberté leurs auteurs se fourvoyaient dans les pires méthodes de l'oppresseur.

Ces crimes, nous en retrouverons les traces au cours de cet ouvrage. Ils furent tantôt les signes d'une volonté révolutionnaire d'élimination d'une classe sociale, tantôt liés à l'occupation elle-même.

C'est au nom du gouvernement provisoire du général de Gaulle que l'épuration se met en place dans la France progressivement libérée. C'est au nom du Comité français de libération nationale formé conjointement par les généraux de Gaulle et Giraud, et dont la première réunion avait eu lieu le 4 juin 1943 à Alger, que les premières mesures d'épuration ont été prononcées.

En ce mois de juin 1943, de Gaulle, qui n'est que depuis le 30 mai sur la terre algérienne, n'est pas encore maître du jeu. Le principe de la réunion d'une assemblée consultative ne sera retenu que le 17 août. Mais la composition du Comité où les gaullistes se sont assuré la majorité est déjà éclairante pour l'avenir. Les deux généraux agissent en principe sur un pied d'égalité. En réalité, la prédominance de l'un sur l'autre ne va cesser de s'affirmer. Le 31 juillet, après une nouvelle réunion du C.F.L.N., Giraud est quasiment privé de tout pouvoir politique, son rôle se limitant à entériner, par sa signature, les ordonnances et décrets préparés par le Conseil en la seule présence de De Gaulle.

Giraud est assurément, depuis le 4 août, commandant en chef des Forces françaises. Ce titre consacre la libération de la Tunisie, qui est son œuvre, et qui a été conduite alors que le général de Gaulle n'a pas rejoint Alger. La libération de la Corse, du 13 septembre au 4 octobre, effectuée sans que de Gaulle et le Comité y aient été associés scelle le destin du général Giraud, non point seulement sur le plan militaire – ce qui sera fait un peu plus tard –, mais désormais, et de manière irréversible, dans le domaine politique puisqu'une ordonnance, datée du 2 octobre, prescrit que le Comité français de libération nationale n'aura plus à sa tête qu'un seul président. C'est la fin de la dyarchie politique dont on avait pressenti qu'elle ne survivrait pas aux « grandes manœuvres » au sein du C.F.L.N. en juillet. Il n'y avait plus de place que pour un seul. Comme le « monarque » serait élu par le Comité, il ne fallait pas être grand clerc pour prévoir qui en serait le bénéficiaire...

Le 8 avril 1944 se jouait la phase finale : Giraud était pratiquement dépossédé de toutes ses responsabilités militaires.

Dans le domaine de l'épuration, l'élimination du général Giraud ouvre la voie aux solutions radicales. En Tunisie, la tolérance dont il avait fait preuve à l'égard des représentants du gouvernement de Vichy – l'amiral Esteva, Résident général, l'amiral Derrien et le général Barré – ne résiste pas à la politique instaurée par le pouvoir gaulliste. Une commission spéciale d'enquête est créée pour la Régence le 5 août. Dans le courant du même mois des commissions d'épuration sont chargées, tant pour la Tunisie que pour l'Algérie, de diligenter les enquêtes et ont pouvoir de sanctionner les élus, mais encore les membres de diverses professions tels que les avocats, les médecins et les journalistes.

Ainsi s'échafaude en Afrique du Nord l'organisation de la répression contre les détenteurs de l'autorité déléguée par le gouvernement de Vichy avant d'atteindre les personnes coupables de collaboration. Un premier décret, en date du 23 juillet 1943, avait créé un Tribunal militaire d'armée qu'une ordonnance transformait le 20 octobre en Tribunal militaire d'armée de compétence particulière. Une nouvelle ordonnance étendait, le lendemain, les compétences de ce tribunal aux « crimes et délits contre la sûreté de l'État », commis par les membres ou anciens membres de « l'organisme de fait se disant gouvernement de l'État », auxquels on adjoignait les gouverneurs généraux, les hauts fonctionnaires, les généraux et les membres des groupements antinationaux.

C'est devant cette instance – la seule existante tant que le nouveau pouvoir siégera à Alger – que vont comparaître les premiers inculpés. Le procès de Pierre Pucheu devient à ce titre exemplaire. À travers l'ancien ministre de Vichy, c'est bien le régime lui-même que l'on entend frapper. Sa condamnation est un avertissement. Elle est le signe, et le plus important, des intentions du Comité français de libération nationale et de son chef sur l'épuration. C'est la raison pour laquelle nous devons y revenir.

Âgé de quarante-cinq ans en 1944, Pierre Pucheu est sorti du rang avant d'entreprendre une carrière qui, de l'industrie où il assumera les plus hautes responsabilités, jusqu'au gouvernement de Vichy, s'achèvera devant un peloton d'exécution à Hussein-Dey, le 20 mars 1944. D'origine paysanne, boursier pour ses études secondaires, mobilisé en 1918, Pucheu entre à l'École normale supérieure ; à sa sortie, il opte pour les affaires, entre à Pont-à-Mousson, devient président du Comptoir sidérurgique puis des établissements Japy. C'est un organisateur et un homme d'autorité, un technocrate avant l'heure. Les événements du 6 février 1934 l'éveillent à la vie politique. Rejoignant le colonel de La Rocque, il est l'un des animateurs des Volontaires nationaux, l'organisation de jeunesse des Croix-de-Feu. L'attentisme du colonel l'incite à rejoindre le P.P.F. de Jacques Doriot. Pour lui, comme pour beaucoup d'autres, la défaite de 1940 annonce des choix majeurs. Pucheu s'intègre au cercle de réflexion qui rassemble des personnalités aussi diverses, et parfois aussi brillantes, qu'un François Lehideux, président du Comité d'organisation de l'Industrie automobile, Jacques Barnaud, haut fonctionnaire de l'Économie nationale, Gabriel et Jacques Le Roy Ladurie, le premier banquier et le second spécialiste des questions paysannes, Jacques Benoist-Méchin, Drieu La Rochelle, Paul Marion...

La formation du gouvernement en février 1941, après le départ de Pierre Laval, et l'accession massive, au gré des remaniements qu'il connaîtra, des « technocrates » dits de la Banque Worms[1] à des postes clefs, alimentent la rumeur de la formation d'une synarchie, maîtresse occulte du pouvoir.

---

1. Dont sont effectivement issus Gabriel Le Roy Ladurie et Barnaud. « Le restaurant de la Banque, déclarera un ancien ministre de Vichy à l'auteur, était notre lieu de rencontre... De là à en déduire que nous préparions un complot de mainmise sur l'économie française à la faveur de la défaite... »

Il ne s'agit, en fait, que d'une provocation fomentée par la presse ultra-collaborationniste de Paris avec la complicité de l'ambassade d'Allemagne pour déconsidérer la nouvelle équipe. Pucheu est d'abord secrétaire d'État à la Production industrielle. Le 18 juillet, il quitte ce poste, où il est remplacé par François Lehideux, pour le secrétariat d'État à l'Intérieur. Le 11 août, il a rang de ministre. C'est, dans la situation de l'époque, un cadeau empoisonné.

Pucheu devient en effet responsable du maintien de l'ordre au moment précis où commence la vague des attentats antiallemands imputables au parti communiste. L'occupant – nous l'avons vu – réplique par la prise d'otages et des exécutions. Après la double affaire de Nantes et de Bordeaux, le ministre est directement et dramatiquement impliqué : les autorités allemandes lui soumettent une liste de cent otages. Sur cette liste figurent quarante anciens combattants. Pucheu demande qu'ils soient épargnés. Les Allemands reviennent à la charge, pour ne retenir, en grande majorité, que des communistes.

Pierre Pucheu laisse faire. Il y a 33 communistes parmi les 48 otages qui tombent sous les balles des pelotons d'exécution, à Nantes puis à Châteaubriant. Ce jour-là, le ministre de l'Intérieur de l'amiral Darlan a signé son arrêt de mort.

Remords de son choix ou conscience lucide de l'issue des événements, Pierre Pucheu a pourtant amorcé un revirement qui le conduit à se désolidariser des membres du gouvernement engagés sans réserve dans la politique de collaboration. Benoist-Méchin n'hésite pas à mettre cette évolution sur le compte d'un froid opportunisme : « L'essentiel étant de se retrouver du côté du gagnant, note le secrétaire d'État à la présidence du Conseil, et le gagnant ne pouvant plus être, à ses yeux, que les États-Unis, Pucheu pensait, comme la plupart des Français moyens, qu'il fallait se détacher progressivement de l'Allemagne, pour se rapprocher de l'Amérique. À l'entendre, le Reich était en train [en avril 1942] de s'user rapidement dans sa lutte contre les Soviets. Cet épuisement concomitant des deux adversaires était tout à notre bénéfice. Nous n'avions qu'à regarder le match, en attendant le moment où les deux pugilistes seraient à terre. À ce moment, la France serait l'arbitre de la situation[1]... »

Laval ayant succédé à Darlan, le 18 avril, Pucheu refuse le ministère des Colonies qui lui est proposé. Après un court passage à l'ambassade de France à Berne, il soumet, au cours de l'été, à Pétain et à Darlan un plan d'engagement aux côtés des Alliés[2]. La solution est jugée « enfantine » par le premier, et « prématurée » par le second.

Dès lors, libéré de toutes hésitations, Pucheu, qui s'est retiré de la vie politique, décide, après le débarquement en Afrique du Nord, de prendre langue avec le général Giraud. Il gagne clandestinement l'Espagne et de Barcelone lui écrit pour se mettre à sa disposition, en l'occurrence pour reprendre du service avec le grade de capitaine, qui est le sien dans la réserve.

Dans sa réponse du 15 février 1943, Giraud ne cache pas à Pucheu les problèmes que posera sa venue à Alger ; on ne dira pas que l'ancien ministre n'a pas été dûment averti... Giraud, cependant, donne le feu vert, sous réserve que Pierre Pucheu apparaisse sous un pseudonyme. Il se présente en mai à Casablanca ; on l'affecte à Rabat, dans une division blindée en cours de formation. Mais il est interpellé le 12 mai et transféré par avion dans le Sud algérien, à Ksar-es-Souk. Stupéfait, et on le serait à moins, Pierre Pucheu s'adresse au général. Sans résultat. Jusqu'au jour où il intervient directement auprès du général de Gaulle qui, depuis son incarcération, est arrivé à Alger. L'argumentation de Pucheu tient dans les points suivants : s'il est venu au Maroc, c'est avec l'accord du commandant en chef, le général Giraud ; il ne recherche rien d'autre qu'à servir sous l'uniforme, et prend l'engagement formel de « ne jamais dire un mot de politique » dans sa nouvelle position ; cependant il se déclare prêt à répondre de son action devant une juridiction habilitée, si cela se révèle nécessaire.

---

1. Jacques Benoist-Méchin, *De la défaite au désastre*, t. I, Albin Michel, 1984.

2. Selon Robert Aron, *Les Grands Dossiers de l'Histoire contemporaine*, Librairie Académique Perrin, 1975.

Et c'est bien ce qui se produit. Le Tribunal d'armée est saisi de son dossier. Les débats commencent le 4 mars 1944. Le jury est composé de deux civils – le président Verin et le conseiller Fuler – et de trois généraux : Chadebec de Lavalade, Cochet et Schmidt. Au banc du commissaire du gouvernement, le général d'aviation Weiss, procureur impitoyable. Les griefs de l'accusation sont simples : c'est l'ancien ministère du gouvernement de Vichy que l'on juge, de surcroît l'ancien ministre de l'Intérieur qui a laissé fusiller les martyrs de Nantes et de Châteaubriant. On va plus loin : qui a délibérément désigné des communistes aux Allemands. Argument de poids, quand on sait l'influence dont les représentants de ce parti disposent désormais à Alger. Les témoins sont exclusivement d'anciens résistants. Parmi eux, le communiste Fernand Grenier, se fait, avec virulence, l'interprète de cette accusation. Soutenu par ses avocats, Pucheu la nie. Ils réclament les preuves. « Nous en sommes convaincus », rétorque Grenier, qui s'attire cette réponse de Me Buttin :

— Je ne doute pas de votre conviction, mais comment pouvez-vous le prouver ?

Fernand Grenier :

— Il n'y a évidemment pas de procès-verbal. Mais nous le pensons...

Me Buttin :

— Nous sommes fixés...

Mais dès l'origine, Pierre Pucheu a placé le débat sur le plan de la légalité. Le gouvernement dont il a fait partie, affirme-t-il, était le seul légitime :

— Je tiens à souligner, sans vouloir porter atteinte au respect dû aux membres du tribunal, que je ne reconnais aucune valeur juridique au procès qui commence...

C'est ignorer, ou vouloir ignorer, que les hommes auxquels il s'adresse, que le Comité français de libération nationale, dénient toute légitimité au régime de Vichy, que c'est en fonction de cette « usurpation » qu'ils entendent en condamner les hommes et les actes, que la seule autorité légitime est à leurs yeux celle qui s'exerce, désormais, à Alger. Pucheu et ses défenseurs ont beau jeu de s'étonner de la manière dont a été menée l'instruction qui, non contente d'accumuler les témoignages à charge, a notamment négligé de solliciter celui d'un ancien directeur de la Sûreté générale alors à Londres, et qui servit sous les ordres de l'ancien ministre de l'Intérieur.

Mais Pucheu doit « payer » pour l'exemple. Il sera condamné pour des événements remontant à l'automne 1941. Combien, parmi ceux qui le vouent à la mort, au printemps 1944, avaient-ils alors rompu avec le maréchal Pétain et son gouvernement, rejoint la Résistance et le général de Gaulle ?

Pierre Pucheu avait été ministre de l'Intérieur en 1941, mais depuis il y avait eu la Milice, les cours martiales, la lutte contre la Résistance et le maquis, la guerre fratricide qui exigeaient qu'au moment où la France allait être libérée Pierre Pucheu expiât pour et avant les autres.

Le jugement intervient le 17 mars dans la matinée. Pucheu est condamné à mort pour collaboration avec l'Allemagne et intelligence avec l'ennemi. La sentence était accompagnée de la confiscation de ses biens. L'exécution a lieu à l'aube du 20. Souvent racontées, les circonstances de l'exécution sont tout empreintes du courage du condamné : « Ordre » à l'adjudant qui doit donner le signe du « feu » de lui laisser l'initiative du commandement, geste de « pardon » à l'égard des soldats du peloton, dont certains ne se retiendront pas de pleurer.

La veille, 19 mars, deux des avocats de Pierre Pucheu, Mᵉ Gouttebaron et Mᵉ Trappe, avaient sollicité une audience du général de Gaulle afin de lui présenter le recours en grâce. Initiative officielle qui rejoignait les démarches individuelles de plusieurs personnalités qui, tel le président du tribunal, Verin, avaient demandé au chef de la France libre d'épargner la vie de Pierre Pucheu.

Voici la réponse du Général à Mᵉ Gouttebaron et à Mᵉ Trappe, telle que la rapporte Robert Aron :

— Je garde mon estime à M. Pucheu : faites-lui savoir que je suis persuadé que ses intentions étaient bonnes, qu'il était sincère. Mais dans le drame que nous vivons, que la

France vit, quand tout le monde souffre, nos personnes ne comptent pas, notre seul guide doit être la raison d'État...

« Je voudrais que vous ajoutiez ceci encore : dites à M. Pucheu, dites-lui bien que si un jour je vais en France, je lui donne l'assurance la plus formelle sur mon honneur, j'en prends l'engagement devant vous deux : j'ai des enfants, M. Pucheu en a[1], que je ferai personnellement, j'insiste personnellement, tout ce que je pourrai humainement faire pour assurer leur éducation physique et morale ; je ferai tout pour qu'ils n'aient pas à souffrir trop de la décision que je peux être amené à prendre. »

Que l'ex-ministre de l'Intérieur eût été frappé de la peine capitale pour des faits remontant à deux ans et demi, et que de surcroît cette condamnation eût sanctionné le geste d'un homme qui, dix-huit mois auparavant, avait rejoint la « dissidence[2] » donnait de quoi réfléchir à ceux qui, d'une manière ou d'une autre, avaient continué à servir le régime de Vichy. Et plus encore les activités de la collaboration. Non, les ultras ne s'y trompèrent pas, ceux du P.P.F. au premier rang. Le 5 avril était placardée sur les murs de la capitale une convocation des Parisiens à une réunion publique, rédigée en ces termes : « Après l'exécution de Pucheu par les communistes, à qui le tour ? Les orateurs du P.P.F. répondront à cette question salle Wagram [suivaient la date et l'heure]. Prendront la parole sous la présidence de Victor Barthélemy, secrétaire général du P.P.F., Jean-Hérold Paquis, de Radio-Paris, Henri Queyrat, secrétaire de la Fédération Paris-ville du P.P.F., Maurice-Ivan Sicard, secrétaire du P.P.F. à la propagande et à la presse. » Et le texte de l'affiche s'achevait ainsi : « Français, n'oubliez jamais que la trahison ne paie pas et que la lâcheté ne sauve rien ! »

Si le Tribunal militaire d'armée a été appelé à connaître des agissements des représentants du gouvernement de Vichy en Afrique du Nord, le Gouvernement provisoire

---

1. Pierre Pucheu était père de quatre enfants.
2. Selon l'expression favorite de la presse et de la propagande pro-collaborationnistes pour désigner les gaullistes.

entend disposer des moyens de réprimer les faits de collaboration en métropole. Constatant que l'appareil judiciaire
existant se révélerait inapte à assumer les problèmes de
l'épuration, il édifie de toutes pièces un ensemble de juridictions exceptionnelles.

Mise au point par le Commissariat à la justice du Gouvernement provisoire sous la direction de François de Menthon,
l'ordonnance du 26 juin 1944 – qui sera publiée le 6 juillet –
forme la « charte » de la répression des actes taxés de collaboration. Elle pose en postulat le principe de l'illégitimité du
régime de Vichy, en déduit que l'obéissance aux directives
de son gouvernement ne saurait constituer un motif absolu-
toire aux faits de collaboration et se réfère aux articles 75 à
83 du Code pénal, en fait des décrets-lois dus au gouvernement Édouard Daladier promulgués en juillet 1939, à la
veille de la Seconde Guerre mondiale. C'est l'article 75 qui
constituera l'arme essentielle de la répression anticollaborationniste, article qui précise notamment :

« Sera coupable de trahison et puni de mort :

« 4°. Tout Français qui, en temps de guerre, provoquera
des militaires ou des marins, à passer au service d'une puissance étrangère [...]

« 5°. Tout Français qui, en temps de guerre, entretiendra
des intelligences avec une puissance étrangère ou avec ses
agents, en vue de favoriser les entreprises de cette puissance
contre la France. »

L'article 79 vise spécialement celui qui « enrôlera des soldats pour le compte d'une puissance étrangère... », ce qui,
dans le contexte de 1944, concernait spécialement les responsables de la Légion des volontaires français contre le bolchevisme.

Trois formes de juridictions officielles ont pour mission de
statuer sur les faits de collaboration : les cours de justice,
dans le cadre des départements ; les chambres civiques
– une chambre civique pour une cour de justice, chargées
des cas les moins graves[1] ; la Haute Cour de justice qui, sur

_____

1. Comme, par exemple, l'appartenance à un mouvement pro-
collaborationniste, par simple inscription et sans engagement
effectif.

le plan national, jugera les membres du gouvernement de Vichy et ses représentants aux niveaux les plus élevés : hauts fonctionnaires, amiraux, anciens résidents généraux, diplomates.

Ces juridictions n'entreront dans l'ensemble en fonctions que dans la première quinzaine d'octobre 1944, l'installation du garde des Sceaux du Gouvernement provisoire, François de Menthon, datant du 5 septembre. Le désordre indescriptible qui règne sur l'ensemble du territoire et les difficultés de transmission expliquent la lenteur avec laquelle s'instaure l'épuration officielle. Mais une « justice » populaire et spontanée assure une sorte de transition par l'intermédiaire de tribunaux d'exception – « cours martiales » ou « tribunaux militaires » – qui décrètent des milliers de condamnations et font procéder à des exécutions en dehors des normes de la plus élémentaire légalité. Certains sont assurément installés par les préfets nouvellement désignés – le plus souvent dans la précipitation. Une telle juridiction peut contribuer à atténuer les effets des initiatives individuelles, mais combien prononcent leurs sentences sans preuves, sur de simples dénonciations, en obéissant à des passions personnelles...

Les problèmes de l'épuration incomberont en priorité aux commissaires de la République et, par délégation, aux préfets, dont le choix avait été confié à un jeune conseiller d'État de trente ans, ancien collaborateur de Paul Reynaud au ministère des Finances en 1938, Michel Debré, *alias* « Jacquier » puis « Turquant » dans la Résistance[1]. La préoccupation du Comité français de libération nationale est, en juillet 1943, au moment où Michel Debré est investi de cette responsabilité par l'envoyé spécial du général de Gaulle, Claude Bouchinet-Serreules, *alias* « Pelletier », de préparer la relève complète de l'administration de Vichy, du moins aux niveaux les plus élevés.

---

1. Michel Debré est l'un des animateurs du Comité général d'études qui élabore dans la clandestinité les réformes de structure prévues par le Comité français de libération nationale.

Dix-sept postes de commissaires doivent être créés, dont l'autorité couvrira, en gros, l'espace territorial des préfets régionaux au moment de la Libération. Nommés, selon l'ordonnance du 10 janvier 1944 du Comité français de libération nationale – ordonnance qui ne sera publiée que le 6 juillet[1] – « par décret rendu [pour chacun d'entre eux] sur la proposition du commissaire à l'Intérieur », ils seront les représentants du pouvoir central et « constituent un corps administratif provisoire ». Mais encore faudra-t-il tenir compte non seulement de la personnalité intrinsèque des futurs commissaires et des nouveaux préfets, mais de la nécessité d'un dosage entre les divers courants de la Résistance. La tâche ne sera pas aisée. Certains commissaires désignés mourront avant d'entrer en fonctions, d'autres les assumeront dans des régions en cours de libération, chefs des maquis qui n'avaient pas cessé le combat, d'autres enfin au milieu de l'anarchie ambiante ou après des quiproquos résultant d'une dualité d'investitures.

En tout cas, la première tâche des commissaires de la République est de rétablir l'ordre, ou plutôt de mettre un peu d'ordre dans le désordre généralisé, en s'appuyant sur des éléments disparates, jaillis de l'ombre, parfois s'autodésignant, peu avares de libres initiatives, anticipant sur les décisions, accaparant un pouvoir disponible, précipitant les mesures d'épuration en multipliant les arrestations et en s'érigeant en justiciers. Il n'y a pas d'autre explication à la prolifération des cours martiales et des tribunaux qui n'ont de militaires que le nom.

Les pouvoirs qui sont dévolus aux commissaires de la République sont considérables :

« ... 1. Suspendre, précise l'article 4 de l'ordonnance du 10 janvier 1944, tous textes législatifs ou réglementaires en vigueur à charge d'en référer au commissaire à l'Intérieur dès que possible.

---

1. Ce retard s'explique par le souci du C.F.L.N. de ne pas révéler ses intentions aux Alliés, au moment où les Américains n'ont pas renoncé à leur projet de confier l'administration du territoire libéré à un corps provisoire issu de leurs forces armées.

« 2. Ordonner toutes mesures et prendre toutes décisions nécessaires pour assurer le maintien de l'ordre, le fonctionnement des administrations et services publics, des *entreprises privées*[1], ainsi que la sécurité des armées françaises et alliées.

« 3. Suspendre de leurs fonctions tous élus et tous fonctionnaires ou agents des administrations, collectivités, régies, services publics ou d'intérêt public, contrôlés ou subventionnés, et leur désigner des intérimaires.

« 4. Suspendre l'application et les effets de toutes sanctions judiciaires.

« 5. Procéder ou faire procéder à toutes opérations de police judiciaire dans les conditions prévues à l'article 10 du code d'instruction criminelle.

« 6. *Bloquer tous comptes privés*[2].

« 7. Employer toutes personnes ou ressources et réquisitionner tous biens ou services dans les conditions prévues par la loi du 11 juillet 1938 sur l'organisation de la nation en temps de guerre.

« Le commissaire de la République peut déléguer tout ou partie de ses pouvoirs aux préfets départementaux, à l'exception de ceux prévus au paragraphe 1 de l'article 4 ci-dessus. »

L'article 6 de l'ordonnance prévoit : « Les décisions des commissaires régionaux prennent la forme d'arrêtés. Ces arrêtés sont rendus exécutoires par voie de publication d'affichage ou de notification individuelle. »

Nous citerons quelques-uns de ces arrêtés pour ce qui concerne l'épuration.

Maintien de l'ordre, donc, suspensions, recours aux opérations de police, blocage des comptes privés, réquisitions, autant de pouvoirs « régaliens », mais l'ordonnance du 10 janvier 1944 ne délègue aux commissaires de la République aucune part du pouvoir judiciaire, aucune mention n'est faite de tribunaux d'exception. Préoccupation de se soumettre à la séparation des pouvoirs chère à Montes-

---

1. Souligné par l'auteur.
2. Souligné par l'auteur.

quieu ? On verra, dans ce cas, qu'il n'en fut rien dans les faits, que dans l'exercice premier de leurs fonctions les commissaires de la République et les préfets tantôt avalisèrent la création des cours martiales, tantôt même les suscitèrent, sans attendre que les cours de justice eussent commencé à siéger.

Autre source du pouvoir : les Comités départementaux de la libération... Il est utile d'en connaître la « composition » et la « mission », telles qu'elles sont définies par le Comité français de libération nationale[1], car leur action sera déterminante dans l'épuration, tant officielle que parallèle.

S'agissant de la composition des C.D.L., l'article 2 de ce qui deviendra leurs statuts précise :

« Les comités départementaux de la libération unissent, pour l'action et dans l'action, l'ensemble des forces résistantes du département. Ils sont composés des représentants des mouvements de Résistance, de ceux des grandes organisations ouvrières résistantes, des représentants résistants des grandes tendances politiques locales ou des Partis, et éventuellement des personnalités locales non engagées dans un mouvement ou un parti, mais dont l'attitude politique est irréprochable... »

La répartition des sièges donnera lieu fréquemment à des échanges assez vifs ou à des débats houleux entre les tendances politiques lorsque seront posés les problèmes de l'épuration parallèle.

L'article 4 délimitait la mission des C.D.L. en ces termes :

« 1° Dans la période clandestine – Coordonner l'action immédiate contre l'ennemi et ses *complices*[2], préparer l'insurrection nationale est la tâche des pouvoirs publics pour le jour de la Libération.

« 2° Dans la période insurrectionnelle – Entraîner et coordonner l'action des patriotes pour la dislocation des forces allemandes et *l'anéantissement des agents de l'ennemi*[3]. Faciliter l'établissement des nouveaux pouvoirs publics,

---

1. Notamment par la circulaire du 23 mars 1944.
2. Souligné par l'auteur.
3. Souligné par l'auteur.

notamment des représentants du pouvoir central. [Commissaires de la République et préfets.]

« 3° Après l'installation des nouvelles autorités – Être la représentation provisoire de la population du département auprès des autorités désignées par le pouvoir central, et aider celles-ci dans leur tâche. »

Ces divers aspects de la mission des comités départementaux de la libération sont développés dans les articles suivants, et notamment à propos de l'épuration : « ... Ils [les C.D.L.] préparent les mesures immédiates d'épuration et la liquidation des traîtres. Ils prennent les dispositions nécessaires pour le remplacement des fonctionnaires indignes... » (article 5). Et dans l'article 6 : « ... Ils sont chargés, si besoin est, de faciliter la mise en place de nouvelles autorités, dont ils doivent appuyer l'action, d'arrêter les traîtres et les suspects... »

Ainsi, pas plus que les commissaires de la République, les comités départementaux de libération ne se voient investis d'un pouvoir judiciaire. Le rôle des C.D.L. est limité aux arrestations et aux « liquidations ». Par quels moyens ? Les textes sont muets. Il paraît aller de soi que les Forces françaises de l'intérieur fourniront le « bras séculier » de l'entreprise dans chaque département ; les F.F.I., mais encore ? Comment les reconnaîtra-t-on ? Comment choisira-t-on entre les éléments réguliers et les autres ? Comment pourrat-on empêcher que tel ou tel groupe parallèle procède de lui-même aux interpellations sur l'initiative de commandants d'occasion dont les titres de Résistance ne seront pas toujours évidents ?

Dans certains cas, les prises de position des comités départementaux de libération déboucheront sur d'embarrassantes conclusions et contradictions. Ainsi Jacques Bounin, commissaire de la République à Montpellier, Région 3, sera mis en cause et menacé de sanctions... par le C.D.L. des Alpes-Maritimes pour ses antécédents politiques – il avait appartenu au Parti social français du colonel de La Rocque – alors qu'il avait rallié, dans la Résistance, le Front national à majorité communiste.

Un examen global de la situation dans les diverses régions où les commissaires prennent leurs fonctions met en évidence le climat de violence dans lequel s'installe l'épuration. Pratiquement toutes les régions sont touchées. Il est bien difficile d'établir des tendances, mais on peut retenir comme règle générale que l'agitation sera proportionnelle aux déchaînements de la répression pendant l'occupation et, surtout, que les régions « autolibérées » par les maquis seront spécialement touchées. Cette observation mérite d'ailleurs d'être tempérée. Nous constaterons à plusieurs occasions que la présence des troupes alliées – françaises ou américaines – ne sera pas toujours une garantie suffisante contre les excès, soit qu'elles s'interdisent d'intervenir, soit que leurs chefs aient été priés de ne pas s'immiscer dans ces affaires.

2.

TOLÉRANCE EN NORMANDIE
DRAMES CLANDESTINS À PARIS

Ce 15 août 1944, première date repère de la libération de Paris, est également, ne l'oublions pas, celle du débarquement sur les côtes de Provence. Paris et sa région regardent cependant en priorité vers la proche Normandie, où les combats qui se déroulent depuis le 6 juin mettent en jeu directement leur avenir. Or, le 8 août, soit une semaine avant la première manifestation de l'insurrection parisienne, deux mois et deux jours après que la 1re armée américaine et la 2e armée britannique ont jeté leurs têtes de pont sur les côtes de la Manche et du Calvados, la ligne des combats ne dépasse pas du nord au sud Cagny, Thury-Harcourt, Vire et Mortain. Le 21 août, alors que les combats de rues reprennent de plus belle dans Paris et que le pire est encore à redouter de la part de la garnison allemande, Argentan forme l'un des points les plus avancés du théâtre des opérations à près de trois cents kilomètres de la capitale. C'est alors que le général Leclerc, au risque d'un désaveu de ses supérieurs américains, lance vers Paris un détachement dont l'intervention, d'une grande valeur symbolique, écarte les risques d'une anarchie généralisée.

Ce problème de l'autorité s'est posé en terre normande, dès les premiers jours du débarquement, les événements préfigurant ou accompagnant ceux de la capitale. On doit toutefois se garder de comparaisons excessives car si l'enjeu pour de Gaulle et son gouvernement provisoire est de prendre en main dans les délais les plus courts une situation fluctuante, les obstacles qui se dressent devant eux ne sont pas de même nature. Le premier impératif est d'écarter le risque d'un contrôle direct de l'administration des territoires occupés, libérés par un corps spécial d'officiers dits des Affaires civiles qui, bien que recrutés en Afrique du Nord, assumeraient une autorité et un rôle d'autant plus dangereux au regard du chef de la France libre qu'ils contracteraient un engagement dans l'armée américaine. En définitive, cette adaptation à la française de l'A.M.G.O.T. – Allied Military Government of Occupied Territory (Gouvernement militaire allié en territoire occupé) –, organisé en 1943 à l'initiative des Américains qui l'expérimenteront lors de la campagne de Sicile, se traduira, après diverses tractations, par la création d'un contingent d'officiers de liaison dont le rôle se limitera à des actions techniques d'assistance dans des domaines où la désorganisation ambiante rendait nécessaire l'intervention de spécialistes. Le dernier mot restait donc au politique, en l'occurrence aux commissaires de la République qui, corps administratif provisoire, auront notamment, et théoriquement, en charge l'épuration [1].

Le 14 juin, François Coulet prend possession de son poste à Bayeux, exerçant le premier les fonctions officielles de commissaire régional sur une partie du territoire libéré. Cette nomination par de Gaulle de son ancien chef de cabinet en 1941-1942, puis secrétaire général de la préfecture de la Corse de septembre à novembre 1943, prend de court la Résistance intérieure qui avait fait son propre choix dans la personne d'un avocat parisien, Henry Bourdeau de Fontenay. Celui-ci, membre du comité directeur de Ceux de la Résistance, et du Comité parisien de Libération, avait commencé ses activités au mois de mai. Alexandre Parodi, délégué général du Gouvernement provisoire en place à Paris, est lui-même mis devant le fait accompli. Ce ne sera qu'un des aspects des relations conflictuelles du chef de la

---

1. Nous avons rappelé les fonctions des commissaires de la République, p. 46 et suiv.

France libre et des mouvements de la Résistance. Or, pour ne s'en tenir qu'aux impératifs du maintien de l'ordre et à l'accueil de la population, le choix de François Coulet se révèle judicieux.

Le nombre des victimes et l'ampleur des destructions consécutifs aux bombardements et aux combats atteignent des proportions considérables. Des millions de personnes ont été tuées dans les cinq départements normands. 385 000 immeubles sont détruits. Lieu de combats acharnés, Saint-Lô a été ravagé par le feu. Caen, ville martyre entre toutes, a subi trente-deux jours de bombardements ininterrompus. La bataille pour la possession de la ville a duré soixante-treize jours. On ne parviendra jamais à chiffrer exactement le nombre des morts dont l'identité de beaucoup demeurera inconnue, l'évaluation oscillant entre 3 000 et 5 000 – 3 500 tués et 3 800 blessés, selon les services de la Défense Passive du Calvados dont les évaluations n'étaient que provisoires.

10 000 logements détruits ; moins de 400 ont été épargnés. Dès le deuxième jour des bombardements, tous les pompiers ont été tués en service commandé ou ensevelis sous leur caserne, un grand nombre de postes de défense passive détruits avant même que les sauveteurs aient eu le temps d'intervenir. Évacué par la plus grande partie de ses pensionnaires, l'asile du Bon-Sauveur, transformé en hôpital, recevra quelque 2 000 blessés. Les ambulances deviennent très rapidement insuffisantes, les brancards manquent, ce qui oblige les sauveteurs à conduire les victimes dans des lieux d'accueil et de soins improvisés, avec des brouettes, des charrettes à bras ou en les couchant sur des volets. Opérant sans relâche – certains pendant trente-huit heures sans s'arrêter... – les chirurgiens sont débordés par la tâche.

Cet aperçu des événements et des souffrances endurées par la population d'une ville comme Caen explique en partie que les règlements de comptes politiques et l'épuration, surtout violente, n'aient pas constitué l'essentiel de ses préoccupations. On comprend – cette observation pouvant être étendue à l'ensemble des départements normands – que des hommes et des femmes qui émergeaient des champs de ruines et des jours de cauchemar aient été plus tentés de relever le défi de la reconstruction que de dresser des poteaux d'exécution.

Les exécutions sommaires seront, à la Libération, le fait d'un ou deux maquis isolés et de quelques bandes de pillards et de tueurs agissant en milieu rural, ou dans des petites localités, les uns poursuivant un combat commencé pendant l'Occupation, les autres saisissant l'occasion que portent en elles toutes les périodes révolutionnaires. Le malheur est que, pour les paysans et les ruraux normands, ces deux visages de la Libération s'inscrivirent sur les deux faces d'une même médaille.

Cette terre vit, d'ailleurs, sous le signe de la modération. Aux élections du printemps 1936, le parti communiste réalisa en Basse-Normandie – Manche, Calvados et Orne – l'un de ses plus mauvais scores à l'échelle nationale, soit une moyenne de 5 % des voix. L'ensemble des partis rassemblés dans le Front populaire ne fut guère plus avantagé. Et si la Haute-Normandie – Seine-Maritime[1] et Eure – apporte environ 40 % des suffrages au Front populaire – de toute manière au-dessous du niveau général –, ce n'est pas grâce à l'apport de l'extrême gauche. Mieux placé en Seine-Maritime, le parti communiste plafonne dans l'Eure à la hauteur des trois départements de Basse-Normandie.

Relativement bien implantés dans la région de Caen et à Rouen, les mouvements pro-collaborationnistes se révéleront pratiquement inexistants dans la Manche et dans l'Eure.

Généralement sélective et limitée dans son ampleur, l'épuration avant la Libération vise dans les cinq départements normands des personnalités qui se sont dans la plupart des cas signalées par leurs choix manifestement collaborationnistes ou se sont compromises dans des besognes de délation sans motivations idéologiques particulières.

Un commando exécute, en février 1944, près de Vire, Fernand Margueritte, délégué du P.P.F. et ami du docteur Grimm. Louis Laplanche, autre personnalité de la collaboration et responsable du R.N.P. à Trouville, sera grièvement

---

1. Dite alors Seine-Inférieure.

blessé dans un attentat. Il mourra en 1946, peu de temps avant son procès. Laplanche affichait dans son hôtel les portraits de Pétain et de Hitler et les soldats allemands avaient l'habitude d'appeler *Mutti* (« Maman ») la maîtresse des lieux.

Le cas de Lucien Brière est plus grave. Doté d'un passé déjà très chargé, marchand forain, il se met, en 1942, à l'âge de trente ans, au service de la Gestapo dont il devient l'un des agents les plus redoutables dans la région caennaise. On lui impute au moins quarante arrestations de réfractaires au S.T.O. ou de résistants. Il se flatte de son appartenance policière et n'hésite pas à contrôler les papiers des passants dans les rues. Ce qui lui vaut bien entendu d'être repéré et condamné à mort par la Résistance. C'est un réseau parisien – le réseau Arc-en-Ciel – qui prend l'affaire en charge et décide de l'exécution du « rouquin ». Celui-ci est abattu le 3 mai 1944, en début d'après-midi, rue des Fossés-du-Château, par des résistants, au moment où il sortait de son domicile.

Dans l'Orne, sont assassinés un dirigeant du Parti franciste, le docteur Zaepfel, de Briouze, puis à Forges-les-Eaux le colonel Danloux, après son enlèvement, et le secrétaire général du P.P.F., Lechat. Le S.D., très actif dans la région, répliquera par des arrestations nombreuses. Le département de l'Orne viendra en deuxième position des cinq départements pour le nombre des fusillés et des déportés et le premier dans l'ordre des déportés pour faits de Résistance.

Ce sont des motifs tout différents qui inspirent l'assassinat de la femme d'un pharmacien du Grand-Quevilly, dans l'agglomération rouennaise.

Le 25 janvier 1943, à 18 h 50, un homme s'introduit dans l'officine de M. Robert Ricou et tire deux coups de feu dans la direction de son épouse, qui était derrière la caisse. L'homme réussit à s'enfuir, tandis que Mme Ricou s'affaisse, gravement atteinte au bas-ventre. Ayant reçu les premiers soins dans la pharmacie, Mme Ricou est dirigée vers une clinique rouennaise, où elle succombera à ses blessures, le lendemain matin. On apprendra que quelques mois auparavant, et alors qu'elle était institutrice à l'école Marie-Curie du Grand-Quevilly, Mme Ricou s'était prise de querelle avec une femme qui distribuait, à la sortie des classes, des tracts d'origine communiste, hostiles à la « Relève[1] ». Appréhendée, la militante avait été condamnée à huit ans de réclusion. Se sachant menacée, Mme Ricou s'était pendant longtemps cachée dans l'appréhension d'une vengeance.

D'un genre tout différent, l'affaire Violette Morris se situe dans les derniers mois de l'Occupation.

Violette Morris mérite une place à part dans la galerie des agents criminels de l'Allemagne nazie. Elle a quarante-sept ans en 1940, au moment de la défaite de la France et de la victoire – il est vrai provisoire – de ses amis nazis. Car cette grande sportive, qui brille dans plusieurs disciplines – lancement du poids et du disque, rallyes automobiles... –, a choisi son camp dès l'avant-guerre, en devenant un agent rémunéré de l'espionnage allemand. L'Occupation arrivant, elle noue tout naturellement contact avec les dirigeants de la police du Reich en France, Helmuth Knochen et Karl Oberg[2]. Ses services n'ayant pas apparemment donné toute satisfaction – on lui reproche notamment d'être trop connue pour être vraiment efficace –, on la destine à la bande de Bonny-Lafont, rue Lauriston, où elle ne tarde pas à faire

---

1. Devant la pression des Allemands et du « planificateur général pour le recrutement de la main-d'œuvre », Fritz Sauckel, qui avait exigé, au printemps 1942, la livraison de 250 000 travailleurs, Pierre Laval avait proposé au Reich une compensation sous la forme d'un prisonnier libéré pour un ouvrier. Il dut se contenter d'un pour trois. Devant l'échec de la formule, l'occupant décida des mesures coercitives. Le 15 février 1943 était institué le Service du travail obligatoire.
2. Knochen avait inauguré ses activités en France, à la tête d'un *Sonder-Kommando* chargé, dès les premiers jours de l'Occupation, de conduire des investigations contre les adversaires privilégiés du national-socialisme, émigrés allemands, communistes, juifs et francs-maçons. Oberg prend les fonctions de chef suprême des S.S. et de la police en France occupée en mai 1942 et nomme Knochen chef de l'ensemble des services de sécurité. Le quatrième de ces services, ou Amt n° 4, connu sous le nom de Gestapo, assure les missions de recherche et de répression.

figure de diva au milieu de la fine fleur de la canaille et du crime. Active, elle participe aux tortures contre les résistants et se spécialise dans le « traitement » des femmes.

Ce n'est pourtant qu'une partie des services qu'elle rend à l'occupant. Le goût du renseignement reprenant le dessus, elle forme un réseau d'indicateurs qui couvre la Seine-et-Oise, l'Eure-et-Loir, la Sarthe, l'Orne et le Calvados. Son travail porte ses fruits puisque certains de ses agents réussissent à infiltrer des groupes de résistance. Les résultats qu'elle obtient inquiètent. À trois reprises, à Chaignes, Rouvres et près de Mardilly, entre novembre 1943 et avril 1944, elle échappe à des attentats. Mais, cette fois, l'ordre vient des plus hauts niveaux de Londres. Le 12 avril, un message prescrit d'« abattre immédiatement et par tous les moyens l'espionne Violette Morris... ». La mission en est confiée à un important groupe de résistance, très opérationnel et bien armé, par ailleurs très actif dans la région, le groupe Surcouf, que commande Robert Leblanc. Le jour de l'action est fixé au 26 avril ; le lieu sur la départementale 27, au lieu-dit la Côte-du-Vert, à quelque quinze kilomètres au sud-ouest de Pont-Audemer, entre Épaignes et Lieurey.

Pourquoi cette date et cet endroit ?

Parce que Robert Leblanc a été informé que, venant de Neuilly-sur-Seine, Violette Morris est attendue dans la matinée du 26 à Beuzeville, aux limites de l'Eure et du Calvados, où elle retrouvera ses amis, les charcutiers B., avant de les ramener avec leur gendre et leurs enfants dans la région parisienne. Or le chef de Surcouf sait aussi que Violette Morris a l'habitude d'emprunter cet itinéraire lorsqu'elle se rend à Beuzeville.

Ce 26 avril, à 7 heures du matin, une section du maquis Surcouf se poste, en deux groupes, le long de la côte dans le sens de la montée, l'un composé de cinq hommes – tous sont armés d'une mitraillette – qui se dissimulent derrière un talus bordant un champ, l'autre plus haut, formé de trois hommes, chargés d'intervenir au cas où le premier groupe manquerait la cible. Perché et bien dissimulé en haut d'un arbre d'où il dispose d'une excellente perspective en direction de Lieurey, un guetteur agitera un mouchoir blanc à l'attention du chef de section, lui-même blotti au creux d'une haie, lorsqu'il verra surgir la puissante traction avant 15 CV Citroën. Le chef de section – qui est le seul à apercevoir le guetteur – donnera le signal par un coup de feu. Quelques secondes plus tard, Violette Morris entrera dans le champ de tir au volant de son bolide.

Il n'y a guère de circulation, à cette époque, sur la départementale 27. Peu de risques, par conséquent, pour les maquisards, d'être repérés. Mais l'heure tourne. Violette Morris tarde. On apprendra qu'ayant quitté Neuilly à l'heure convenue – 7 heures –, elle avait fait un long arrêt à Pacy-sur-Eure où elle avait rencontré un de ses informateurs. Toujours est-il qu'engourdi par l'attente, le guetteur lance le signal quelques secondes trop tard... La voiture de Violette Morris n'offrira plus une cible suffisante au moment où le chef de section donnera l'ordre de tirer. Il préfère donc s'abstenir. L'opération est annulée et remise à l'après-midi, lorsque Violette Morris empruntera la route en sens inverse, si du moins elle ne modifie pas ses intentions. Une seconde embuscade est dressée, au même endroit, mais en plaçant les tireurs de l'autre côté de la route et en tenant compte d'une difficulté non négligeable : la 15 CV abordant la côte en descente sera entraînée par la vitesse et les risques de la manquer multipliés... Il convient donc d'imaginer un moyen de la stopper, mais un moyen mobile. Un arbre, disposé sur la route, une simulation de panne ou d'accident de la route, vieille méthode des « terroristes » sous toutes les latitudes, donneraient inévitablement l'alerte. Il est donc décidé de faire circuler une charrette attelée qui, effectuant une large courbe sur la route, obligera la voiture à stopper.

Tout se passe comme prévu... À 18 h 30, ce 26 avril 1944, la 15 CV s'engage dans la descente, signalée par un coup de feu du guetteur. La charrette s'est avancée et oblige Violette Morris à freiner avec une telle force que le véhicule est déporté vers la droite avant de s'immobiliser. Le chef de section a donné le signal du feu. Plusieurs mitraillettes se libèrent de leurs charges en direction de la traction avant qui est criblée de balles. Suit un lourd silence. Le chef de section s'approche alors du véhicule. Violette Morris en descend, un revolver au poing. Un bref moment, elle et le chef de section du maquis Surcouf sont face à face, mais à peine a-t-elle esquissé un mouvement qu'une rafale la couche sur le capot de la voiture.

Rien ne bouge désormais à l'intérieur de la 15 CV Citroën. Rien, car il y avait, quelques instants auparavant, cinq passagers vivants : B., sa femme, leurs deux enfants et leur gendre qui étaient montés à Beuzeville. Ce sera, en effet, la version que donneront les hommes du maquis : tous, hormis Violette Morris, ont été tués sur le coup. Une explication qui fermait la voie à l'hypothèse d'exécutions sommaires d'un ou de plusieurs passagers vivants voire d'un ou de plusieurs blessés.

Sur la Côte-du-Vert, le commando du maquis achève son travail sans être inquiété. Tandis que la charrette continue son chemin, comme si rien ne s'était passé, un des maquisards prend le volant de la 15 CV et, avec son macabre chargement, se dirige vers la commune du Pin, à six kilomètres de Cormeilles. Là, à la ferme Morin, trois résistants dressent l'inventaire des papiers qui ont été retrouvés sur les victimes. Du côté de Violette Morris, les découvertes sont spécialement intéressantes : « Un carnet d'adresses où figurent un grand nombre de ses relations et agents, précise Raymond Ruffin[1], deux lettres adressées au colonel du S.D. Kraus, dénonçant nominativement plusieurs personnes accusées d'être "terroristes", ainsi que deux réfractaires de Beuzeville, un brouillon de rapport sur les activités antiallemandes de plusieurs habitants de Pacy-sur-Eure, avec l'adresse d'une cache et un plan sommaire, enfin une somme de 80 000 francs... »

Il n'en fallait pas tant pour se convaincre du bien-fondé de l'action dirigée contre Violette Morris. Elle transportait sur elle des pièces qui eussent convaincu la plus indulgente des juridictions sommaires. Les époux B., si l'on avait pu douter quelque peu de leur culpabilité, en apportaient, très opportunément, la preuve sous la forme de « cartes d'affiliation à un organisme franco-allemand de police... ». Aucun

---

1. Dans *Les Lucioles de la nuit*, Presses de la Cité, 1976.

indice, cependant, en ce qui concernait leur gendre et bien entendu les enfants.

« Toutes les victimes furent enterrées avec leurs bijoux, et la nuit était tombée lorsque les maquisards finirent d'égaliser le terrain. » Les choses avaient été tellement bien faites que les Allemands ne relevèrent aucune trace lorsqu'ils vinrent, en représailles, incendier la ferme Morin.

Exerçant ses responsabilités dans la « tête de pont » à compter du 14 juin, le commissaire de la République François Coulet a créé « l'embryon d'une administration » dans cette petite mais symbolique portion de la France libérée. Cela se traduit par la nomination, le 15 juin, d'un chef de sécurité du territoire, le général Legentilhomme, et de plusieurs chargés de mission qui assurent la liaison avec Londres et affrontent les tâches d'un service public sur un modèle réduit. Interviennent les premières nominations et surgissent les premières difficultés inhérentes à la succession d'un ordre par un autre. L'épuration en découle. Du moins s'annonce-t-elle sage et plutôt limitée dans les premiers territoires libérés. Raymond Triboulet, membre du Comité départemental de libération clandestin du Calvados, s'installe à la place du sous-préfet de Vichy qui, d'ailleurs, n'a pas attendu qu'on le remercie pour s'en aller. À Caen, libéré entre le 9 et le 18 juillet, la suspension d'un homme aussi courageux que Michel Cacaud, préfet du Calvados, est ressentie par beaucoup comme une profonde injustice. À l'image de nombre de ses confrères et dans un pays aussi bouleversé que la France en cet été 1944, et plus qu'aucun d'entre eux sans doute, Michel Cacaud a tenu bon pendant l'énorme tempête et s'est acquis la reconnaissance de ses concitoyens.

4 284 personnes seront internées administrativement dans les cinq départements normands pendant les premiers mois de la Libération. La Seine-Inférieure vient en tête avec 1 991 internements, le Calvados suivant avec 1 196, l'Orne avec 678, la Manche, 660, l'Eure, 459. Les camps de Sully, près de Bayeux, et de Tourlaville, dans la Manche, reçoivent la plus grande partie des personnes arrêtées, mais il se dit

que Tourlaville est une véritable « passoire » d'où l'on s'échappe aussi vite qu'on y entre...

Ce ne sont pas toujours les plus coupables que l'on parque dans des camps. Combien de petits collabos finiront, les uns assassinés au coin d'un bois, ou les autres dans un baraquement sordide, alors que de gros malins et des puissants non seulement passeront à travers les mailles du filet, mais encore recommenceront à échafauder carrières ou fortunes. Il vaut mieux avoir, en 1944, amassé beaucoup d'argent en travaillant comme entrepreneur à la construction du Mur de l'Atlantique que s'être engagé dans la Milice parce qu'on crevait de faim ou par esprit d'aventure. Bloqué dans quelque coin de la France, abandonné par ses chefs qui ont fait leurs valises, le « milico », lui, a toutes les chances d'être repéré et de passer un mauvais quart d'heure. Quant à l'entrepreneur enrichi, il refera surface grâce à la protection d'une personnalité politique de la IIIe République, membre important du Comité français de libération nationale, à côté duquel il... entreprendra – les années ayant passé – une carrière d'homme public qui s'achèvera avec un portefeuille de ministre et la mairie d'une grande ville de France.

Bien plus épargnés par l'épuration sauvage que d'autres régions de France qui avaient été soumises à des conditions d'existence et de subsistance similaires – en l'occurrence la Bretagne –, les départements normands n'échappent pas pour certains d'entre eux à une forme d'anarchie qui se traduit par les initiatives de groupements qui se substituent à l'autorité, procèdent à plusieurs exécutions et se livrent aux pillages, rançonnent et n'hésitent pas, dans plusieurs cas, il est vrai assez rares, à torturer les récalcitrants à leurs menaces. La Résistance éprouve d'ailleurs de sérieuses difficultés à séparer l'ivraie du bon grain et à se débarrasser des éléments troubles qui se réclament d'elle pour couvrir leurs forfaits.

« Dans la Manche, pendant plusieurs semaines, les Comités de libération installés dans chaque canton, quelquefois dans les mairies ou les écoles, ont pris les lieu et place des autorités légales, convoquant les gens, faisant des

enquêtes, envoyant les suspects au camp de Tourlaville [1]... »
Ces Comités de libération engagent des actions coercitives
contre des paysans accusés notamment, et pas toujours avec
des preuves tangibles, d'avoir fait du trafic avec l'occupant.

Ces débordements des autorités légales par les Comités
de libération de gauche et d'extrême gauche qui pratiquent
une épuration sauvage en dépit des représentants de l'administration du Gouvernement provisoire motivent les interrogations inquiètes du préfet de la Manche, M. Lebas, à ses
supérieurs. S'adressant au commissaire régional de la République, en septembre 1944, il paraît un peu plus tranquillisé
puisqu'il lui dit : « L'action des groupes de résistance tend à
se normaliser et à se cantonner dans la légalité. En règle
générale, les groupes se contentent maintenant de constituer des dossiers sans procéder à des arrestations et les relations avec mon service sont partout très bonnes, et je peux
maintenant obtenir communication de certains dossiers... »

Ce rapport optimiste est en fait l'aveu d'impuissance d'un
préfet qui considère comme un succès d'avoir obtenu de
l'autorité parallèle, qui menait l'épuration sans en référer,
communication des dossiers constitués par une instruction
qui n'en a que le nom. Peu de documents sont aussi révélateurs de l'absence du pouvoir pendant les semaines qui suivent la Libération. Les effets de cette carence sont d'autant
plus lourds que, dans une perspective insurrectionnelle nettement définie, les forces de la Résistance ont reçu la mission prioritaire de s'attaquer à tous les vestiges du vichysme.

---

1. Selon les communications recueillies par l'auteur qui doit à
des correspondants, dont certains furent des résistants très courageux, de nombreuses informations. Mentionnons également de
Marcel Baudot, *Libération de la Normandie*, Hachette, 1974 ; *Le
Calvados dans la guerre* de Jeanne Grall et *La Haute-Normandie
dans la guerre* de Catherine Gusel aux éditions Horvath ; de Georges Pailhès, *Rouen et sa région pendant la guerre 39-45*, édition
Dafontaine, Rouen ; l'ouvrage de Raymond Ruffin, déjà cité ; *Normandie 44, du débarquement à la Libération*, sous la direction de
François Bédarida, résultat d'un colloque publié aux éditions Albin
Michel avec le concours de l'université de Caen, en 1987.

« L'incident survenu à Granville, entre le commissaire de police et la Résistance est en voie d'apaisement, précise le préfet Lebas. Granville est un centre où la Résistance est loin d'être homogène et plusieurs tendances se combattent âprement ; M. Bernard, chef de la Résistance, a d'ailleurs donné sa démission, estimant n'avoir pas l'autorité nécessaire... »

Le samedi 26 août dans l'après-midi, un groupe de six résistants appartenant au groupe Marland[1], et armés de pistolets pour quatre d'entre eux, arrêtent un laitier de Granville pour des motifs obscurs, le conduisent au lycée de la ville, siège des mouvements de résistance, puis se rendent au commissariat. Là, le chef du groupe braque son arme sur le commissaire, M. Buzit. M. Buzit est un homme irréprochable, le seul grief qui pourrait lui être imputé se réduisant à une intervention dans une affaire de trafic de beurre en dehors du circuit des tickets d'alimentation.

Sa rigueur professionnelle risque de coûter cher au commissaire Buzit qui est dégagé par deux agents, les résistants n'acceptant de rengainer leurs armes qu'à la condition que M. Buzit les suive au collège de la ville. Encadré par les justicialistes, le commissaire comparaît donc, comme un vulgaire malfrat, ou le pire des « collabos », devant M. Bernard, qui le fait relâcher.

M. Buzit ne s'en tient pas là puisque, dès le lendemain, il ordonne l'arrestation des six jeunes gens pour « arrestation d'un magistrat dans l'exercice de ses fonctions... ». Informé, le préfet Lebas intervient et demande au commissaire d'élargir ses prisonniers. Pour éviter de nouveaux incidents... et donner satisfaction aux six résistants, M. Buzit sera muté en Seine-Maritime et bénéficiera d'une promotion.

Écœuré et, comme le mentionnait M. Lebas, « estimant n'avoir pas l'autorité nécessaire », M. Bernard remettait bientôt sa démission.

Le préfet, qui avait cédé sous la contrainte, revenait rapidement de son optimisme. On dispose des preuves des plaintes de particuliers qui, jusqu'en décembre 1944, seront

---

1. Nom d'un résistant normand.

convoqués illégalement par les Comités de libération, notamment aux Pieux. M. Baudot va plus loin encore dans le temps[1] : « M. Lebas préconisa dès mars 1945 la dissolution des Comìtés cantonaux de libération et des Comités locaux ; suspecté par le C.D.L. (Comité départemental de libération), il agit auprès du commissaire régional de la République pour que cet organisme n'exerce plus un rôle répressif et se contente d'être un organisme d'information et de surveillance du marché noir, selon les directives du préfet et en accord avec lui... »

Jusqu'en mars 1945 ? Décidément, l'épuration a longue vie dans la Manche.

M. Baudot dit encore, à propos de la Manche : « L'insertion dans les rangs de la Résistance, en septembre 44, de nombreux éléments douteux cherchant à se dédouaner ou à profiter de la situation pour assouvir des vengeances personnelles, les positions politiques avancées des dirigeants cherbourgeois et les ambitions de quelques autres n'ont pas tardé à créer un fossé entre la majorité de la paysannerie et la Résistance... »

C'est un peu trop facilement rejeter sur les illégaux et les fameux « résistants de septembre » la responsabilité exclusive des exactions de l'heure... En tout cas, un communiqué du 14 juillet 1944[2] portant l'en-tête du « Gouvernement provisoire de la République française » et signé du « colonel d'infanterie coloniale P. de Chevigné, commandant le groupe des subdivisions libérées du Front-Nord », porte mention d'un « extrait de jugements rendus par le tribunal militaire, siégeant en cour martiale à Cherbourg les 8 et 11 juillet 1944 ». Suivent six noms. Dans la colonne « nature de l'infraction », on lit « pillage en temps de guerre », et dans celle des « pénalités », les travaux forcés, pour des durées de cinq à quinze ans.

Pierre de Chevigné est en fait le chef de la région militaire pour le territoire libéré, mais il lui sera reproché, comme à bien des officiers d'active, de mépriser l'armée clandestine.

---

1. Marcel Baudot, *op. cit.*
2. Publié par *La Presse cherbourgeoise*.

Et sa trop grande sévérité face aux fauteurs de troubles. De nombreuses protestations s'élèvent contre « l'attribution à la justice militaire », dans les régions fraîchement libérées, « des affaires de collaboration »... En ce qui concerne les excès et exactions des épurateurs abusifs, la justice militaire sera généralement d'une grande sévérité. Le retour à l'ordre dans un pays qui avait tellement souffert de l'Occupation n'était-il pas l'une des priorités ?

Pierre de Chevigné sera remplacé par le général Legentilhomme, dont on était assuré qu'il saurait, lui au moins, établir le contact avec la Résistance, et sans doute se montrer plus indulgent à l'égard des brebis galeuses.

Quant à l'afflux des volontaires de la dernière heure, ce communiqué publié le 8 mars 1945[1] montre que le temps n'a pas atténué leurs ardeurs patriotiques : « Comité de libération. Le Comité cantonal de la libération à Carentan fait connaître qu'il est uniquement composé des membres dont les noms suivent... » Suivent effectivement les noms, et cette précision : « Aucune autre personne ne peut se prévaloir du titre de membre du Comité de libération de Carentan, seuls les membres dont les noms sont cités ci-dessus sont autorisés à recevoir les déclarations et dépositions faites dans le canton... »

Les pillards sont également à l'œuvre dans l'Eure où le chef du maquis Surcouf, Robert Leblanc, publie un « avertissement » en date du 3 juillet, annonçant que les sanctions contre leurs auteurs pourront aller « jusqu'à la peine de mort ». Douze individus sont ainsi passés par les armes dans les jours qui suivent. Parmi les affaires les plus connues et les plus spectaculaires, celle des époux Conard, à Saint-Martin-Saint-Firmin, qui sont rançonnés « au nom du maquis », après que la mère de l'un d'entre eux a été torturée « pour lui faire avouer l'emplacement des économies ». Les agresseurs seront arrêtés en 1949. Et également les auteurs de l'assassinat, « au nom de la Résistance », de M. Duval, maire de Saint-Jean-de-Léqueraye. Sur le point d'être appréhendé,

---

1. Dans *La Presse cherbourgeoise* également.

l'un des assassins se suicidera, mais ses complices n'échapperont pas à l'arrestation.

Le 20 juin 1944, un couple d'Italiens, entrepreneurs en maçonnerie, domiciliés à Saint-Pierre-de-Cormeilles, sont exécutés par des résistants qui s'étaient présentés comme des policiers d'une brigade antiterroriste. Les soi-disant policiers appartiennent en réalité au groupe de résistance G 35. Sur les deux victimes pesait l'accusation très grave d'une série de dénonciations.

Également répertoriée, l'action dirigée par des résistants de Blangy-sur-Bresle, le 20 juillet, contre M. et Mme R., accusés eux aussi de délations, et qui sont « abattus ».

On reste cependant beaucoup plus discret sur des cas – assez nombreux – d'exécutions sommaires qui ne se couvrent pas de couleurs patriotiques et qui n'entrent pas dans la catégorie quasiment officielle de la liquidation des « traîtres », des « pillards ». La vallée de la Risle, dans l'Eure, a pourtant connu une série d'exactions sanglantes pendant l'Occupation et jusqu'à la Libération, qui n'ont guère été ébruitées. Or les exemples sont là. On ne saura jamais ce qui fut reproché au curé de Toutainville, qui fut assassiné, sinon d'avoir « trop parlé ». À Saint-Étienne-l'Allice, le sacristain subit le même sort – on le découvre pendu au clocher. On le suspecte d'avoir trop parlé lui aussi.

À Saint-Paul-sur-Risle, un nommé Robert P. est arrêté pour vol par les gendarmes, au mois d'avril 1944. Il réussit à échapper à ses gardiens et ne fait plus parler de lui lorsqu'au mois d'octobre – après la Libération – le groupe des maquisards de Robert Leblanc l'aperçoit au Neubourg. Ils l'appréhendent et le conduisent à Bernay. Là, le lendemain de son arrestation, ils décident de le livrer aux autorités. Mais il disparaît curieusement au cours de son transfert. Sa femme et ses enfants ne le reverront jamais.

Bourneville, juillet 1944... Trois maquisards viennent s'attabler chez M. Gille, maire de la localité et restaurateur, en compagnie d'un « gars du pays », Marcel B. Le vin coule à flots et B. n'est pas le dernier à remplir les verres. S'étant bien restaurés, les résistants partent avec B. en direction de la mairie. Formant une cour martiale improvisée, les trois hommes accusent leur prisonnier d'avoir dénoncé des maquisards réfugiés à la ferme de l'Épinay et le condamnent à mort. À 15 heures, son cadavre se balance au lampadaire de la place.

C'est sur cette même place de Bourneville, quinze jours plus tard et toujours en juillet, que M. Roger Legras est « abattu » en plein jour. Les justicialistes avaient décidé de l'appréhender, mais ayant, déclarèrent-ils, vingt minutes de retard sur leur « programme », ils précipitèrent les choses et passèrent aux actes sur-le-champ. M. Legras était père de deux enfants.

Dans les environs de Corneville s'est installé un maquis plutôt tranquille, sans histoires graves, du moins dans le domaine des exécutions sommaires. C'est un maquis dit de liaison, où des hommes en mission arrivent et repartent. L'un d'entre eux se présente à plusieurs reprises... et ne tarde pas à laisser un macabre souvenir. « Il eut, dans la même journée, deux crimes à son actif, racontera un témoin. Le matin, sans raison apparente, peut-être un vague soupçon, il étrangle dans la cour de la maison une femme d'origine polonaise, Mme Schulz. Puis, le soir, il s'en prend à un nommé G, soupçonné d'être un indicateur, et le tue d'une balle de revolver.

« À la nuit tombée, raconte le même témoin, nous décidons de transporter les deux corps à la marnière. La Polonaise est étendue sur une bicyclette, l'autre encore chaud et perdant son sang couché dans une brouette... »

L'auteur de ce double meurtre déclarera en se frottant les mains : « Ça fait mon vingt-septième ! »

La découverte de cadavres dans des marnières de personnes de la région ouvrait des hypothèses sur les motifs de ces exécutions. Le 12 octobre 1945, onze cadavres étaient mis au jour dans une carrière de Fatouville. Parmi eux, un prisonnier allemand, nommé Hiltz. Celui-ci, qui s'était évadé avec un de ses camarades, du nom de Lots, avait été repris et les deux hommes avaient été transférés sur les lieux de leur exécution par trois camionneurs de Pont-Audemer qui les avaient chargés devant le café de l'hôtel de ville. Survivant à la tuerie, Lots fut retrouvé le lendemain dans l'ancien four de la briqueterie de Saint-Marc-de-Placarville.

La cour de justice de Caen prononça 43 condamnations à mort auxquelles il convient d'ajouter 39 par contumace. 8 furent suivies d'exécution. Dans la Seine-Inférieure, 31 personnes furent condamnées à mort et 78 par contumace, 9 de ces condamnés furent effectivement exécutés. Le tribunal militaire de Rouen prononça de son côté 9 condamnations à mort, et celui de Cherbourg 7, 3 condamnés à mort furent passés par les armes dans le ressort de la cour de justice de Cherbourg. Pour l'ensemble des départements normands, l'Eure se situait au plus bas niveau des condamnations à mort suivies d'exécution puisqu'on ne relevait qu'un seul cas, et l'Orne au plus haut avec le chiffre de 14.

35 condamnés à mort furent donc exécutés dans les cinq départements normands, chiffre qu'il est intéressant de rapprocher de celui des exécutions sommaires qui, de 1943 à 1945, s'élevaient à une centaine. On ne peut manquer d'observer également que c'est dans l'Eure, où l'on ne comptait qu'une exécution « officielle », que l'épuration parallèle s'était montrée la plus dure, et que dans l'Orne, tout au contraire, au nombre élevé d'exécutions résultant de jugements dûment prononcés ne correspondait qu'un chiffre d'exécutions sommaires relativement bas. Dans les départements normands, considérés comme les plus modérés sur le plan des exécutions sommaires, ces dernières représentaient cependant près de trois fois le nombre des exécutions consécutives aux jugements des cours de justice et des tribunaux militaires. Anticipant sur les verdicts des cours officiellement constituées, la justice sommaire avait donc effectué le plus important de l'œuvre épuratrice.

Le 23 août, aux premières heures de la matinée, la 2e D.B. fait mouvement vers Paris où les premiers combats de l'insurrection sont engagés depuis quatre jours dans un environnement d'inextricables péripéties.

En fin de journée, le 24, le capitaine Dronne et ses chars, éléments du fer de lance que Leclerc a pointé vers la capitale, se présentent à l'Hôtel de Ville tandis que le groupement Billotte progresse depuis la Croix-de-Berny.

Engageant les forces de la Wehrmacht, les soldats de Leclerc sont accueillis avec une chaleur spontanée et émerveillée par les populations libérées. Tenir cette liberté d'une armée française, de surcroît déjà revêtue d'une réputation de légende, ajoute la fierté à la joie.

C'est précisément un soldat de Leclerc, chef de char de la 2e D.B., qui découvre avec des yeux neufs et une sorte d'ahurissement la double réalité de la Libération [1].

« J'étais en tête du groupement tactique qui marchait sur Rambouillet. Nous venions de pénétrer dans une toute petite bourgade d'Eure-et-Loir, dont je veux taire le nom. La rue principale, qui était dans notre axe de progression, était envahie par les gens du pays qui nous acclamaient. Sur une petite place, devant la mairie du village, il y avait un attroupement plus nombreux, des cris et des gestes menaçants... Je fis donc approcher mon char, mais sans en descendre. Du haut de la tourelle, je pus voir une jeune femme de vingt-cinq à trente ans au maximum, blonde. Elle avait les mains attachées par une espèce de chaîne dont l'extrémité était tenue par un homme. Il me dit être le responsable F.F.I. de la localité. Il attendait la gendarmerie pour lui remettre cette « espionne » afin qu'elle fût jugée et fusillée. Il affirmait que c'était une collaboratrice originaire du nord de la France ; elle savait l'allemand et servait d'interprète lors des interrogatoires des paysans, elle faisait des travaux de secrétariat à la Kommandantur... »

Le soldat de la division Leclerc poursuit : « J'ai remarqué que c'était les femmes qui étaient les plus acharnées. S'il n'y avait pas eu des hommes pour la protéger, il est certain que la prisonnière n'aurait pas été en vie lors de notre apparition. Elle se tenait là, devant nous, tête baissée, mais nous jetant à la dérobée un regard de bête traquée, un regard que je ne pourrai jamais oublier... Je pris la décision de la soustraire aux passions déchaînées, je la remis entre les mains de notre capitaine qui venait de nous rejoindre en

---

1. Dans un témoignage communiqué à l'auteur.

Jeep. Il la prit à son bord et la conduisit vers l'arrière où se trouvait la prévôté[1]. Quant à moi, je repris ma progression, en me disant que la femme allait être jugée légalement par un tribunal militaire, certes, mais en bonne et due forme.

« Nous rencontrâmes un îlot de résistance ennemie qui nous força d'abord à stopper, puis à rebrousser chemin, afin de poursuivre notre avance par un autre itinéraire et de prendre l'obstacle à revers. Nous bivouaquâmes durant la nuit dans un coin de campagne et, le lendemain, en avant... Par le plus grand des hasards, nous traversâmes le même village où, la veille, j'avais arraché la malheureuse aux sévices de la population. Quelle ne fut pas ma stupéfaction de revoir la même victime, pantelante, attachée par de grosses cordes à un poteau télégraphique au bord de la route. Elle était inconsciente, dans un état physique effrayant. Elle avait les cheveux rasés, des touffes lui avaient été arrachées par poignées, elle saignait... à moins que ce ne fussent des traces de minium dont on l'avait badigeonnée ? Sa figure était noirâtre, mâchurée par les coups de poing et de griffes qu'elle avait reçus. Son corsage déchiré, elle avait les seins à nu, pleins de bleus et couverts de traînées sanguinolentes. Sa jupe n'était plus qu'un tissu sale, maculé, et la couvrant à peine. Elle avait dû être roulée dans la boue. J'avais principalement remarqué sa pauvre figure informe, enflée à force de coups reçus, couverte de crachats et d'ordures de toutes sortes. Elle avait déjà perdu connaissance... ou elle avait perdu la raison. Les gens du pays paraissaient totalement indifférents à son sort. Je n'ai pu savoir ce qui s'était produit depuis la veille où nous l'avions remise entre les mains de la prévôté. Je n'ai jamais pu oublier cet affreux souvenir... »

Ce qui s'était produit ? Rien d'autre que l'absence de toute réaction à l'explosion de la « colère populaire ».

La libération de Paris se joue sur plusieurs scènes à la fois, mais sur la toile de fond commune de l'abstention délibérée

---

1. La formation de la division plus spécialement chargée du maintien de l'ordre.

des principaux protagonistes, les états-majors américain et allemand. Ni l'un ni l'autre n'ont souhaité faire de la capitale l'enjeu de leur affrontement, ni l'un ni l'autre n'ont voulu courir le risque de tomber dans le piège de combats de rues meurtriers et stratégiquement inutiles.

Le danger de cette stratégie est de laisser aux seules forces de l'intérieur, en fait plus rivales entre elles que soudées contre l'ennemi, le soin de s'en libérer.

Conséquence des ordres personnels de Hitler, qui demande que toutes les forces aptes au combat soient dirigées vers le front de Normandie, la garnison de Paris a commencé dès le mois de juin son évacuation, le départ des services de l'état-major de la Wehrmacht, le 17 août, en constituant la dernière étape. Les quelque 20 000 hommes qui demeurent dans la place aux ordres du général von Choltitz, s'ils ne sont pas privés de moyens d'action – en particulier par l'appui de blindés – ne représentent en fait qu'une troupe assez peu résolue au combat, dans l'ensemble démoralisée, formée d'éléments très jeunes ou âgés. Sa puissance de destruction reste malgré tout redoutable. Les pertes qui lui seront infligées seront lourdes – mais Paris et ses habitants sont alors exposés à un plus grand péril que les réactions d'une armée harcelée par des partisans évoluant dans un centre urbain dont ils connaissent la moindre ruelle. La préservation de Paris demeurera comme le modèle et le triomphe de l'intelligence de quelques hommes, les von Choltitz – quelles qu'aient pu être les motivations profondes de son refus d'exécuter les destructions massives qui lui étaient ordonnées –, Rolf Nordling, le consul de Suède, Pierre Taittinger, le président du conseil municipal de Paris, à qui fut réservé un sort particulièrement injuste lors de l'épuration.

Lorsqu'il lance la proclamation de l'insurrection dans l'après-midi du 18 août par la voie d'une affiche, le colonel Rol-Tanguy, communiste, chef des F.F.I. de l'Île-de-France, bientôt relayé par le parti communiste, ne dispose que de moyens dérisoires : quelques milliers d'hommes armés de 500 à 800 fusils, démunis des moyens les plus élémentaires pour affronter des véhicules blindés.

L'initiative de Rol-Tanguy est en fait un geste soigneusement calculé et s'apparente à un défi lancé tant à de Gaulle qu'aux Alliés qui mesurent les risques d'une action dont il est prévisible qu'elle sera vouée à l'échec et qu'elle débouchera sur un bain de sang. Parée des couleurs d'un patriotisme qui renouait avec la tradition du Paris révolutionnaire hérissé de barricades, elle est à la fois l'aboutissement d'une sourde rivalité et d'une option sur le plus proche avenir. Rol-Tanguy, à qui l'on attribuera ces mots terribles : « Qu'importe s'il y a deux cent ou trois cent mille morts à Paris ! » – pourvu qu'éclate l'insurrection, est l'élément majeur de la stratégie du parti communiste.

Cette stratégie se développe selon un plan mûrement établi dont l'objectif est une prise du pouvoir pure et simple, ou, selon un scénario moins pessimiste, l'obtention d'un certain nombre d'avantages destinés à occuper une position de force incontournable lorsque se présenteront les échéances et le partage des rôles politiques. La première étape de cette offensive réside dans l'investissement du Conseil national de la Résistance, ébauché avec Jean Moulin, et poursuivi avec Georges Bidault, assurément libre d'allégeance à l'égard du parti clandestin, mais membre du Front national dont on connaît les liens avec les communistes. Élu par les membres du C.N.R. dont, écrit Henri Michel[1], les communistes forment le « noyau actif », Bidault n'a de compte à rendre qu'à ses mandants, et non pas au Comité français de libération nationale[2] et à son chef, le général de Gaulle. Et Henri Michel n'hésite pas à écrire : « Du haut de la citadelle qu'est le C.N.R., ils [les communistes] vont investir les autres éléments constitutifs de l'État clandestin... » Le président du Comité d'histoire de la Seconde Guerre mondiale, qu'il faudrait beaucoup d'imagination ou de mauvaise foi pour ranger dans la catégorie des « anticommunistes primaires », aurait pu ajouter sans risque qu'au-delà de « l'État clandestin », les communistes visent à préparer l'embargo sur l'État effectivement restauré.

---

1. Dans *Paris résistant*, Albin Michel, 1982.
2. Devenu Gouvernement provisoire depuis le 2 juin 1944.

Autre étape de cette avancée communiste, le remplacement au sein du C.O.M.A.C. (Commission d'action militaire du C.N.R.), de Maurice Chevance-Bertin par Maurice Kriegel-Valrimont. Kriegel-Valrimont siège comme représentant des Mouvements unis de Résistance (ou M.U.R.), mais il est connu comme un communiste affiché. Avec Pierre Villon, du Front national, il assure la majorité au P.C. qui dispose de deux sièges sur trois, le troisième étant tenu par le comte Jean de Vogüé qui, sous le nom de résistance de « Vaillant », représente les mouvements de la zone Nord. Villon est lui-même président du C.O.M.A.C. dont l'opposition au B.C.R.A. de Londres n'est un secret pour personne.

Lorsque le général Jussieu, chef d'état-major national des F.F.I., dont les F.T.P. forment d'ailleurs, et de beaucoup, la force la plus nombreuse et la plus apte au combat, est arrêté, les communistes imposent la nomination de l'un d'entre eux, Malleret-Joinville.

Contrôlant avec Rol-Tanguy les F.F.I. de l'Île-de-France, le parti communiste essaie une fois de plus d'avancer un pion important après l'arrestation d'un nouveau chef militaire de la Résistance, le commandant Lefaucheux, qui était à la tête des Forces françaises de l'intérieur de la Seine. Rol-Tanguy est chargé de mener l'opération, mais il échoue, le choix se portant sur le colonel de Margueritte, « Lizé ». Cependant Lizé se voit adjoindre le commandant Massiet-Dufresne qui, bien que n'appartenant pas apparemment au P.C., se situe dans sa mouvance et est étiqueté comme « d'extrême gauche ».

Au Comité parisien de libération (C.P.L.), dont le rôle se révélera considérable, les communistes disposent de la moitié des membres (trois sur six) mais André Tollet-Baudry, ancien dirigeant syndicaliste qui en assure la présidence, est un des leurs et s'opposera à l'entrée des socialistes dans le bureau directeur. Bientôt représenté dans chaque arrondissement de Paris, ramifié dans les communes du département de la Seine, le C.P.L. essaime sous la forme d'innombrables Comités locaux de libération – quelque 40 000... – qui pénètrent dans tous les milieux et « ratissent » très large en faisant appel aux « patriotes non encore engagés dans la Résistance... ».

Fort de cette implantation exceptionnelle qui leur permettra d'agir avec la plus grande efficacité – en particulier dans le domaine de l'épuration et des arrestations par le moyen des Milices patriotiques –, le C.P.L. a, dès le 6 août, manifesté ses intentions en affirmant sans complexe qu'il est « la seule autorité légale pour le département de la Seine », le « seul qualifié pour conduire l'insurrection nationale, recevoir les Alliés à Paris, installer des municipalités provisoires dans la banlieue et les arrondissements, le conseil municipal et le conseil général provisoire et, en attendant, assurer la reprise de la vie publique... ».

Tout est bien clair et rien n'est oublié. Comme prévisible, la liquidation des « traîtres » figure parmi les priorités que le C.P.L. s'est assignées puisqu'il lance des ordres pour que soient établies des listes « des serviteurs de Berlin et de Vichy et que soient préparés des dossiers pour les tribunaux populaires... ». Cinq jours avant la reddition du général von Choltitz à l'hôtel Meurice, l'épuration a commencé.

Tandis que Paris se couvre de barricades – les combats n'ont jamais vraiment cessé malgré la trêve –, les Comités de libération, suivant les instructions du C.P.L., se substituent aux maires et, s'appuyant sur les Milices patriotiques, décident des arrestations et lancent des réquisitions. Occupant le pouvoir de fait, le Comité parisien de libération qui n'attend d'ordres que de lui-même révoque qui bon lui plaît et n'hésite pas, alors même que le nouveau préfet de la Seine, Marcel Flouret, est en place depuis le 20, et qu'Alexandre Parodi, le délégué général du G.P.R.F., installe les secrétaires généraux des ministères – ou ministères provisoires –, à donner directement des ordres incendiaires aux fonctionnaires : « Interprétez les décisions, leur est-il demandé, détruisez les dossiers ! »

Il ne s'agit pas de ceux des épurés... Et c'est bien une épuration de type sauvage, révolutionnaire, en dehors de tout contrôle du Gouvernement provisoire dont les représentants en titre ne sont pas encore en fonction, qui s'instaure. Par le moyen des F.T.P. et des Milices patriotiques, le parti communiste, qui contrôle pratiquement tous les leviers de commande à Paris et dans la Seine, peut mener à sa guise l'arrestation des « suspects » et, sous prétexte d'éliminer les cadres de Vichy, se débarrasser de tout ce qui risque d'entraver ses ambitions. Il marque un nouveau point – et quel point... –, en obtenant, après de longues tractations, la nomination d'un de ses membres, l'avocat Marcel Willard, à la tête du secrétariat général à la Justice... Qui pourrait désormais lui faire obstacle sur le terrain de l'épuration ?

Des milliers de personnes seront arrêtées et internées pendant les trois premiers mois de la Libération[1], selon des listes établies par le C.P.L. ou au petit bonheur la chance (assurément pas celle des interpellés...), sur de simples présomptions, bien souvent pour répondre à des dénonciations (il n'en manque pas, hélas...), ou exercer une simple vengeance.

Mary Marquet a raconté[2] qu'elle avait été arrêtée sur la dénonciation d'un de ses collègues sociétaire de la Comédie-Française, son « camarade de dix-huit ans », dont le témoignage demeurera jusqu'au bout anonyme. En tout point très lucide, la comédienne saura marquer la différence entre les diverses catégories d'internés. Interrogée, pour la première fois trois semaines après son arrestation, elle surprendra ce dialogue terrible entre le juge d'instruction et son vis-à-vis : « Enfin, vous avouez avoir fait fusiller vingt-sept Français par la Gestapo... – Oui, je l'avoue. » « Et c'est côte à côte avec cette monstruosité criminelle qu'il va me falloir discuter un honneur que mon père m'a appris à conserver intact ! » observait-elle.

Il vaut mieux ne pas être emporté par la vague qui déferle entre la dernière semaine d'août et les deux premières de septembre. Sous le pseudonyme de Jean-Pierre Abel, René

---

1. Robert Aron cite le chiffre de 10 000 pour Paris dans son *Histoire de l'épuration*. Henri Michel avance le double dans *Paris résistant* et précise que 7 000 remises de peine intervinrent avant le 1er avril 1945.

2. Dans *Cellule 209*, ouvrage paru en 1949 aux éditions Fayard.

Chateau, l'un des témoins et victimes, nous a laissé les souvenirs les plus évocateurs[1] des méthodes utilisées par certains épurateurs pendant le *no man's land* politique des quelques semaines de la Libération.

René Chateau n'est pas un épuré de seconde zone. « Ancien condisciple de Robert Brasillach à l'École normale supérieure, notent Rémy Handourtzel et Cyril Buffet[2], conquis par l'enseignement de son maître Alain, cet agrégé de philosophie milite activement, dans les années 30, au sein du parti radical, de la Ligue des droits de l'homme et du Comité de vigilance des intellectuels antifascistes, sur une ligne ultra-pacifiste qui, à n'en pas douter, lui vaut son mandat de député de La Rochelle aux élections du printemps 1936. Proche de Gaston Bergery, il œuvre en faveur du vote des pleins pouvoirs au maréchal Pétain, le 10 juillet 1940. Après l'échec du parti unique, il suit Déat à Paris, écrit dans *L'Œuvre*, participe à la fondation du R.N.P., fréquente les salons du Lutetia, occupe finalement les fonctions de directeur politique de *La France socialiste*... » Il est exclu en 1943 du R.N.P. par Marcel Déat dont il critique les orientations de plus en plus fascisantes. Car René Chateau, ajoutent Handourtzel et Buffet, « veut occuper le créneau idéologique du socialisme républicain et pacifiste qui joue à fond la carte de l'entente franco-allemande... ».

Se présentant, en 1948, comme un ancien militant syndicaliste, « Jean-Pierre Abel » s'est rallié à la collaboration pour, affirme-t-il, rester dans la logique de ses convictions pacifistes de l'entre-deux-guerres. On peut s'en étonner, s'en indigner ou en sourire, mais il n'empêche que ce réflexe inspire l'adhésion d'un nombre non négligeable d'hommes sincères – que rien ne disposait à un tel choix – à un rapprochement franco-allemand pour régler un contentieux de trois guerres en soixante-dix années. L'erreur d'appréciation – assimilée à une forme de trahison – sera bien entendu considérable, qui... anticipait de quelques années en imagi-

---

1. Dans *L'Âge de Caïn*, Les Éditions Nouvelles, 1948.

2. Dans leur ouvrage *La Collaboration... à gauche aussi*, Perrin, 1989.

nant – sophisme monstrueux... – que les bases d'une paix durable pouvaient être établies avec le nazisme victorieux. Le chef de l'Allemagne ne s'appelait pas encore Adenauer.

Le 30 août 1944, vers midi, René Chateau est arrêté chez lui par une dizaine de F.T.P. qui se sont présentés sans mandat. La moyenne d'âge des « intervenants » se situe entre dix-huit et vingt ans, le plus jeune d'entre eux, un jeune Noir, se souviendra René Chateau, ne dépassant pas les quinze ans. Les hommes se livrent à des gestes d'intimidation classiques – mitraillette braquée sur le ventre ou revolver sur la nuque –, palabrent, menacent, puis décident que l'épouse de René Chateau devra se joindre à lui. Les F.T.P. consentent à laisser le jeune garçon du couple – il a treize ans – à la concierge. Ils se raviseront en le gardant, longuement, à leur disposition, lui tenant des discours « patriotiques », l'invitant à ne pas suivre l'exemple de son monstre de père, qui « a torturé des femmes et des enfants ».

Les deux prisonniers et leurs gardiens, armés jusqu'aux dents, prêts à tirer, prennent place dans des voitures. Le parc automobile est, en effet, bien fourni. Mais ils ont tenu à mener l'opération selon les critères du jour. La plupart des arrestations – aux premières heures de la Libération – sont inséparables de la mise à sac des appartements et des maisons de ceux ou de celles qui en sont l'objet. C'est une manière supplémentaire de faire payer les « collabos ». En province, l'explosion d'une bombe peut compléter la panoplie des mesures de punition. Après la leçon de « morale », des membres du commando qui sont intentionnellement restés sur place, dans l'appartement, illustrent leurs méthodes au moyen de travaux pratiques : « Jacques [le fils de "Jean-Pierre Abel"], au cours de l'après-midi, a vu sans relâche passer des valises, des malles pleines de linge, de vêtements, de livres, de tout... »

L'automobile qui transporte les deux prisonniers et leurs gardiens traverse les rues de la capitale où la liesse est encore visible, pour s'arrêter avenue de Choisy, devant l'Institut dentaire. Il y a de quoi intriguer l'ancien dirigeant syndicaliste qui s'attendait plutôt à aboutir dans une prison ou un commissariat. De style moderne et construit en brique rouge, fondé par un Américain du nom d'Eastman, l'Institut a formé des promotions de futurs dentistes.

Deux lieux de filtrage sont utilisés avant l'internement dans la prison clandestine. L'un fonctionne dans une boutique de chaussures de l'avenue d'Italie ; portant l'enseigne « À la grisette », elle est le siège d'un commando de gardiens de la paix ; l'autre au commissariat de la Maison-Blanche. En avant-première des traitements qui attendent les visiteurs de l'Institut dentaire, les responsables de ces deux lieux d'internement provisoire recourent à la manière forte et se conduisent parfois comme de parfaits gestapistes. Un ébéniste y sera assassiné après avoir eu les yeux et les tympans crevés.

C'est une étrange équipe que celle qui sévit à l'Institut dentaire... Le responsable en est le « capitaine Bernard » qui doit occuper une place suffisamment élevée dans la hiérarchie F.T.P. pour être appelé régulièrement auprès du colonel Rol-Tanguy, apprennent les prisonniers. Chargé de « l'accueil » et des interrogatoires, un autre gradé F.T.P. apparaît comme l'élément le plus modéré, seul Français, avec Bernard, à côté de quatre étrangers.

Le fameux Dr Petiot, l'homme aux vingt-six crimes recensés, est un produit exemplaire, bien que poussé à l'extrême, de ces quatre années sombres de notre histoire. Il aborde l'Occupation avec des antécédents qui le conduiront aux pires abominations : anciennement interné en hôpital psychiatrique pour « neurasthénie, dégénérescence mentale, dépressions mélancoliques, obsessions et phobie », cleptomane et voleur de ses clients, soupçonné de l'assassinat de sa servante et maîtresse à Villeneuve-sur-Yonne, où il s'est installé, et « faiseur d'anges » complaisant... Il ne manque plus au docteur que la consécration politique : conseiller municipal, conseiller général, et un fructueux mariage : il épouse la fille d'un riche charcutier d'Auxerre. Mais une affaire de vol met un terme à sa carrière de politicien, il est déchu de ses mandats électifs. La rumeur publique lui attribuant un double assassinat, c'en est trop pour qu'il puisse décemment continuer à exercer à Villeneuve. En

1933, il visse sa plaque rue Caumartin à Paris, succédant à un paisible généraliste de quartier, le Dr Valéry[1].

La pratique d'une médecine régulière et classique n'est pas du goût du Dr Marcel Petiot qui étale dans des prospectus publicitaires des spécialités charlatanesques sans que le conseil de l'ordre intervienne. Sa clientèle prospère, il devient riche, achète des immeubles à Auxerre et à Villeneuve-sur-Yonne. Mais, en 1936, il est surpris par un vendeur de la librairie Gibert, boulevard Saint-Michel, alors qu'il volait un livre à l'étalage. Poursuivi en justice, il exhibe pour sa défense les certificats d'aliénation mentale qui lui avaient permis d'être réformé en 1918. Interné dans une « maison de santé », il en ressort au bout de sept mois... et reprend ses activités. Mieux, il est nommé médecin de l'état civil du 9ᵉ arrondissement de Paris !

Non mobilisable en 1939, Petiot arrondit son magot. Il acquiert fin 1941, dans le quartier de l'Étoile, un hôtel particulier de grand style. Là, au 21, rue Lesueur, il imagine et met au point une monstrueuse machinerie d'escroqueries couplées avec l'assassinat de ses victimes. On en connaît le mécanisme : personnes en situation illégale, Juifs menacés d'arrestation, tous disposant d'importants moyens financiers, sont recrutés par le « réseau du Dr Eugène » qui leur assure une évasion vers l'Amérique du Sud moyennant le versement de fortes sommes. Les malheureux candidats au voyage sont invités à se munir de bijoux, de devises ou d'or pour faire face aux dépenses après leur arrivée. Sous prétexte de les vacciner en vue du voyage, Petiot leur injecte une dose mortelle d'un liquide toxique, puis dépèce méthodiquement les cadavres avant d'en brûler les morceaux dans les calorifères poussés au rouge et de les précipiter dans une fosse remplie de chaux vive.

Informés de l'existence d'une filière d'évasion dirigée par un certain « Dr Eugène », les services de la Gestapo remontent jusqu'au Dr Petiot qu'ils arrêtent. Il est interné à Fresnes

---

1. Jacques Delarue et Anne Manson ont relaté l'affaire Petiot dans un chapitre du *Roman vrai de la IVᵉ République*, Denoël, 1962.

où il partage la cellule de deux résistants. Comme il refuse de parler, on le torture et il montre un courage qui fait l'admiration de ses compagnons de captivité. Du moins met-il à profit son passage en prison pour recueillir, auprès des résistants, des informations qui lui permettront de s'édifier une légende et de jouer les patriotes. Sept mois après il est libéré, et ce n'est que le 11 mars 1944 que la police française découvre l'atelier macabre de la rue Lesueur, à la suite d'un appel d'un voisin intoxiqué par la fumée nauséabonde qui s'échappait de la cheminée.

Radio-Paris et plusieurs journaux de la collaboration se saisissent de l'événement pour affirmer que Petiot, le résistant, s'est enfui dans le maquis. On croit savoir qu'il a rejoint « les bandes terroristes de Haute-Savoie » où il servirait comme médecin-major. Des informations le situent dans l'Yonne, d'autres à l'étranger, selon certaines sources il se serait suicidé. Mille romans s'échafaudent ainsi autour du « docteur Satan », tandis que celui-ci, installé rue du Faubourg-Saint-Denis, à Paris, suit à travers les journaux les péripéties de sa fuite imaginaire.

La Libération arrivant, Petiot sort de l'ombre ; comme des milliers d'aigrefins, mais en ce qui le concerne avec le fruit de l'expérience et une science consommée, il s'introduit dans les milieux de la « Résistance ». La voie est grande ouverte aux aventuriers de toutes catégories dans ce Paris d'août 1944 en pleine ébullition. Il s'inscrit en même temps au parti communiste – le parti à la mode que rejoignent des milliers d'opportunistes en quête de blanchiment ou soucieux de réussite –, à l'association France-U.R.S.S. en prolongement, et se fait enrôler aux Milices patriotiques, arme privilégiée de l'épuration.

Car il faut beaucoup de monde pour arrêter, interroger, transférer, interner les René Chateau et leurs semblables. Petiot, à peu près sûr de n'être pas identifié au milieu de ce charivari, se présente, début septembre, à la caserne Valmy pour y contracter un engagement au 1er régiment de marche de Paris, sous le nom d'Henri Wetterwald, dit Henry Valéry. Marcel Petiot a d'ailleurs montré une fois de plus un fol aplomb et beaucoup d'astuce pour usurper cette identité.

S'inscrivant dans un premier temps aux Milices patriotiques, il a donné le nom de son prédécesseur au cabinet médical de la rue Caumartin, Valéry, puis il a rendu visite, dans l'uniforme qui lui a été remis, à la mère du docteur Wetterwald dont il a appris qu'il a été déporté. Petiot obtient de Mme Wetterwald qu'elle lui confie les papiers militaires de son fils afin de diligenter l'enquête sur les circonstances de son arrestation. Il lui suffit alors de remplacer la photographie du disparu par la sienne. Les hommes de la caserne Valmy n'en demandent pas tant pour accueillir cette nouvelle recrue : le « docteur Satan » est affecté au service de la Sécurité militaire à Reuilly, avec pour mission d'interroger les suspects. Il y fait merveille, s'acquittant de sa tâche, dira-t-on, avec beaucoup de calme. C'est en somme l'épurateur exemplaire, qui sait faire parler sans excès de paroles et de gestes. La secrétaire qu'on lui a adjoint est confondue d'admiration devant ses compétences, et le récit qu'il donne de ses exploits dans la clandestinité entretient autour de lui une aura prestigieuse : le criminel-rançonneur raconte qu'arrêté par les Allemands il s'est évadé avant de diriger le réseau de Résistance Fly-Tox (!) qui travaillait avec Pierre Brossolette. Ce réseau est le fruit de l'imagination de Petiot qui en reparlera lors de son procès. En attendant, il trompe bien son monde. Intarissable sur ses exploits, il en rajoute en évoquant son rôle sur les barricades. Engagé comme lieutenant, on le promeut capitaine, et il se sait assez sûr de lui pour solliciter une audience du procureur de la République Vassard à qui il donne des leçons sur la manière de rendre l'épuration plus efficace. Il en profite d'ailleurs pour lui demander de le faire assister de trois inspecteurs. Débordé par l'accumulation des dossiers, n'a-t-il pas besoin de renforts ?...

Mais le 31 octobre 1944 Petiot est arrêté par des hommes de la D.G.E.R. à la station de métro Saint-Mandé. Incarcéré à la Santé, il reconnaît, devant le juge d'instruction, avoir procédé à de nombreuses exécutions qu'il attribue à ses activités de résistant. L'un de ces résistants, qui partagea sa cellule à Fresnes et fut déporté à Auschwitz, ne viendra-t-il pas à la barre accréditer cette thèse à laquelle Petiot s'accrochera tout au long de son procès, en 1946 ?

Reconnu coupable de vingt-six assassinats, Marcel Petiot, médecin criminel, faux résistant et épurateur d'occasion, fut condamné à mort et guillotiné à l'aube du 25 mai 1946.

L'engagement d'un docteur Petiot à la Sécurité militaire chargée de l'épuration n'est pas le moindre des paradoxes et laisse planer quelques doutes sur les critères de recrutement et la qualité des agents d'exécution. Les méthodes en cours à la caserne de Reuilly où officiait Petiot ne passaient pas parmi les plus douces de la région parisienne – nous verrons que les actes de brutalité ou de torture couvraient une vaste surface géographique –, l'Institut dentaire occupant une place à part sur la liste noire.

En attendant d'être interrogés, René Chateau et son épouse assistent à une scène qui les éclaire sur les moyens qui prévalent au « P.C. Fabien » aux ordres du « commandant Bernard » :

« À un moment, écrit "Jean-Pierre Abel", Jeanne [son épouse] me serra le bras à me pincer, comme une folle. Car il venait un homme de cauchemar. Toute la tête était boursouflée comme une pomme de terre. Partout le sang, que des coups avaient tiré des vaisseaux éclatés, affleurait la peau, et virait au marron ou au noir. Les lèvres étaient d'énormes engelures à vif, un œil était fermé, grotesquement. L'autre, entre des chairs envahissantes, semblait petit et sans expression... » Il s'agissait, apprendront René Chateau et son épouse, d'un militant du P.P.F.

« Il passa aussi des prisonnières [...] encore peu marquées par la captivité [...]. Mais nous en vîmes, bientôt, dont on avait rasé les cheveux, jusqu'à la peau. Et d'autres auxquelles on avait peint une croix gammée sur le front ou sur les joues. J'en ai vu d'autres, plus tard, poursuit le témoin, à Drancy[1], qui avaient été marquées pareillement, mais au

---

1. Nous parlerons plus loin du camp de Drancy.

fer rouge. Et Jeanne en connut qui portaient ces marques de fer rouge sur les cuisses, sur le ventre... »

Le recours à des pratiques aussi ignobles est en quelque sorte attesté par le témoignage suivant qui fut transmis à l'auteur du présent ouvrage. Les faits se situent au mois de septembre 1944, soit à la même époque que ceux que mentionne René Chateau, et se révèlent plus graves, s'il est possible, lorsque l'on considère le lieu et les circonstances : « Externe des hôpitaux à Cochin, j'ai accueilli, un matin, une jeune femme d'environ vingt-cinq ans, d'allure convenable, très déprimée, coiffée du turban trop significatif, hélas, à cette époque [1], et venant consulter pour une brûlure du troisième degré à la joue gauche, due au marquage d'un fer rouge : une croix gammée entourée d'un cercle d'environ sept centimètres de diamètre et datant de quelques jours. L'ayant montré au "patron", celui-ci décréta brutalement qu'il n'y avait rien à faire et la renvoya sans traitement ; le Comité de libération et d'épuration de l'hôpital était alors aux mains des garçons de salle [...]. Inutile de préciser que, même actuellement [en 1988], une greffe de peau sur cette surface et à cet endroit ne donnerait que des résultats très aléatoires sur le plan esthétique... »

Les tortures, apprend René Chateau, ont lieu dans les caves et une chambre sourde du deuxième étage. Ce que lui rapporte un de ses codétenus le rassure et le glace d'effroi tout en même temps.

Ce détenu s'appelle Louis L'Hévéder, socialiste (de la tendance Paul Faure [2], une appartenance peu recommandable pour les maîtres de l'heure qui réservent le meilleur de leurs représailles aux anciens communistes ou aux ex-« frères ennemis » de la S.F.I.O. passés à la collaboration). Louis

---

1. Moyen couramment utilisé par les « femmes tondues » pour dissimuler leur disgrâce.
2. Secrétaire général du parti socialiste S.F.I.O., où il représenta le courant ultrapacifiste avant la Seconde Guerre mondiale, Paul Faure fut ministre d'État dans le premier et le second gouvernement Blum (1936 et 1938), et dans le gouvernement Chautemps (1937).

L'Hévéder avait été député de Lorient. « Vous avez de la chance, tous les deux, confie donc L'Hévéder à René Chateau, dis à ta femme qu'elle ne s'inquiète pas trop. Nous nous en tirerons, maintenant... Il faut simplement tenir... »

L'Hévéder fait connaître à Chateau un de leurs compagnons d'infortune, le journaliste François Janson « qui avait réussi à prendre des notes sur des bouts de papier... ». « Et voici ce que c'était avant, écrit "Jean-Pierre Abel", c'est assez simple, en somme. Ils avaient tué, tout simplement [...] sans manières, sans enquêtes, sans juges, sans avocats, sans faire attendre le client. Ils tuaient tout tranquillement, tout naturellement, tout bonnement, comme ils auraient fait autre chose, dans le commerce. Sans hésitation, sans remords d'aucune sorte. Ils riaient, paraît-il, en adossant leur "bonhomme" au mur, ils plaisantaient, ils le plaisantaient... Et il y avait des femmes de F.T.P. qui, de partout, venaient voir ça ! » « Et je jure au lecteur, écrit le rescapé de la maison des morts de l'épuration sauvage, qui se doute et redoute que son témoignage soit contesté, que je n'en rajoute pas. Je n'en ai pas envie. Crois-tu qu'un homme ait plaisir à savoir ça, à se souvenir de ça ? Mais il en a été comme ça. Et me l'ont conté, les uns après les autres, tous les prisonniers qui avaient entendu les rires, les chants, et les balles... »

« Les uns après les autres », passent les fantômes que ressuscite le souvenir ; souvenirs que nul ne saurait évoquer sans un sentiment de honte, en pensant que de tels faits se situaient dans un Paris ivre de liberté. Souvenir de cette femme dont l'auteur du récit ne saura jamais si elle simulait la folie ou si elle était en proie à une exaltation due à l'épreuve, au traumatisme provoqué par le spectacle de son mari « jeté sous un tank... ». On l'avait conduite à l'Institut dentaire, et là, « drôle de gaillarde, forte en gueule, et sans un atome de peur », elle n'avait eu de cesse d'interpeller ses geôliers, de leur rire au nez et de les traiter d'assassins. Remords vivant, témoin embarrassant, arrêtée avec son mari pour des motifs mal élucidés – on racontait qu'elle avait été surprise en compagnie de son époux sur un toit d'où partaient des coups de feu, d'autres qu'un émetteur suspect avait été trouvé à leur domicile –, elle fut frappée à coups de matraque, pour essayer de la faire taire. « Mais ils ne parvenaient pas à éteindre le rire, à éteindre cette voix... » Cette voix restera probablement pour toujours anonyme. Des prisonniers croyaient savoir que la malheureuse avait tenu un café, place d'Italie, mais « Jean-Pierre Abel » apprendra plus tard, à la police judiciaire, « que c'était la femme d'un chirurgien-dentiste... ».

La décision fut prise de l'exécuter. Le jour et le matin fixés, « il paraît [selon deux spectateurs de la scène] qu'elle riait encore... Ils lui ont lié les mains derrière le dos. Alors elle leur a tiré la langue pendant qu'ils visaient. Elle leur tirait encore la langue quand la salve a éclaté... »

Quelques jours plus tard, les responsables de l'Institut dentaire annonçaient, avec leurs regrets, que Mme X avait été exécutée par erreur.

Les internés de l'Institut dentaire se souviendront également de la fin du « petit Godard ». Il avait vingt ans et avait appartenu à la L.V.F. Torturé, au second étage, il avait cru échapper à la souffrance en se précipitant dans le vide. On l'avait ramassé, les jambes brisées. Jeté sur une paillasse, il fut laissé là, sans soins, pendant une nuit entière. Le lendemain matin, les tortionnaires vinrent le chercher pour l'exécuter et voulurent l'adosser au mur. Incapable naturellement de se tenir debout, il s'effondra. On le replaça sur le brancard que l'on avait utilisé pour l'amener et on le fusilla... allongé. Les responsables de l'épuration officielle n'agiront pas autrement lorsqu'ils permettront que Pierre Laval soit porté, mourant, au poteau d'exécution.

Un jeune homme de vingt ans, comme Godard, est également soumis au supplice... et dans quelles conditions. Il se nomme Laforge et on l'accuse d'avoir été Waffen S.S. Accusation ne vaut pas preuve. Cela importe peu, il faut faire de lui un symbole. Après l'ancien de la L.V.F., il complétera la galerie des « salauds ».

Laforge arrive à l'Institut dentaire le 7 septembre, déjà marqué par les sévices. Et son visage, méconnaissable, n'apparaîtra vraiment, dans sa réalité, à ses camarades de captivité, que lorsqu'il aura « fini de virer du noir au violet, du violet au jaune », réduit aux « dimensions d'une petite citrouille », en un mot quand il sera « revenu à des proportions humaines ». On a commencé par lui brûler la plante des pieds à la lampe à acétylène, puis avec une lampe à alcool. Puis, en présence des prisonniers que l'on avait en quelque sorte conviés au spectacle, il a été contraint de courir sur place, jusqu'à épuisement. « Ils l'ont fait mettre à genoux, sur un manche de pioche. Les pieds, déchaussés, reposaient sur un autre manche d'outil, et portaient sur le cou de pied, de manière que les plantes fussent bien en l'air... » Après quoi on l'obligeait, dans cette position, à tenir, à bout de bras, une mitraillette vide. Laforge, n'y tenant plus, lâchait prise ; alors on le rappelait à la réalité en le frappant sur la plante des pieds.

Abrégeons. La fin de la terrible aventure du supplicié de l'Institut dentaire mérite, elle, que l'on s'y arrête. Laforge échappa en effet au poteau d'exécution. Il ne fut pas conduit au mur des fusillés. Des témoins le retrouvèrent à Drancy, boitillant, au milieu des prisonniers. Faute de charges sérieuses, une décision d'élargissement fut prise en sa faveur. Libre, mais au prix de quelles souffrances...

Le journaliste Janson, dont nous parlions précédemment – et auquel il est reproché d'avoir collaboré à *Paris-Soir* et à *Aujourd'hui* pendant l'Occupation –, est soumis au supplice dit du « pas de l'oie ». L'épreuve consiste, pour une durée de vingt minutes à une demi-heure, à marcher en levant la jambe, aussi haut que possible, et au risque, si la démonstration n'est pas assez convaincante, de recevoir des coups de crosse sur les chevilles et les talons.

La démonstration achevée, son auteur bénéficie de quelques minutes de repos avant d'entreprendre la « course sur place », « spécialité de la maison ». Le « coureur » est placé entre deux F.T.P. munis d'une baïonnette, l'un agissant dans son dos, l'arme à quelques centimètres de ses fesses, et l'autre devant, la pointe dirigée vers le ventre. À l'ordre donné, l'homme doit commencer ses mouvements, à vive allure, et tout en évitant – prouesse quasiment impossible – le moindre écart, qui l'exposerait à se blesser. Ayant accompli ce marathon sans dommage, le coureur serait censé être récompensé de son habileté et de sa souplesse. Mais ce serait sous-estimer l'imagination des instigateurs de l'épreuve qui, en cas de ralentissement de la victime, enfoncent leur baïonnette dans les fesses, les cuisses, voire dans le ventre. « À l'Institut, écrit "Jean-Pierre Abel", il y avait, chaque matin, une dizaine de prisonniers qui allaient faire panser, à l'infirmerie, les plaies qu'ils avaient ainsi reçues, et pour lesquels s'asseoir était tout un problème... »

Exténués, la quasi-totalité des « coureurs » s'effondraient, « comme des tas », et étaient alors relevés à coups de crosse ou de pied. François Janson, lui, réussit l'exploit de tenir pendant plus d'une heure entre les baïonnettes, sans une égratignure. On le rappela quatre jours de suite sur les lieux de la course-supplice. Il tint bon, mais au bout du quatrième jour « il avait les chevilles à la taille de ses cuisses... ». Chaque matin, il allait, comme à l'ordinaire, faire, torse nu, sa culture physique, dans les W.-C. Et ses camarades prisonniers, qui s'étonnèrent au début d'un tel « cérémonial », percèrent rapidement le secret de son extraordinaire endurance. Quatre jours entiers de ce traitement, avec des pauses, mais sans être assuré de récupérer pendant la nuit... On le réveilla, une fois, en le tirant par les cheveux, pour le soumettre aux sempiternelles questions : « As-tu connu Déat ? – Quand as-tu quitté les Croix-de-Feu ? » ; en fait avant 1934... Quand il marquait un ralentissement dans la course, on lui assenait d'énormes gifles ou des coups de poing en lui épargnant – sans que l'on sache trop pourquoi – le recours à la baïonnette.

La résistance de Janson stupéfia ses geôliers qui imaginèrent une autre forme de supplice : la course, avec du sable dans les chaussures, et sans chaussettes, le comble du raffinement. Jean, l'organisateur et le cerveau de ces sinistres olympiades, finit, lui, par baisser les bras. Sans doute impressionné par son courage, il annonça à Janson, au cinquième jour, qu'on le laisserait en paix et ordonna qu'on lui remît une ration de tabac.

Une jeune femme, suspectée d'avoir été la maîtresse de Jean Hérold-Paquis, sera « abattue » alors qu'elle tentait de fuir, et un F.T.P. nommé Enckel exécuté. Il était accusé de double jeu, d'avoir renseigné les Allemands alors qu'il participait à plusieurs combats pendant les journées de la Libération, au sud de Paris. Il avait été arrêté par ses camarades, le 24 août, puis transféré à l'Institut dentaire.

Les prisonniers de l'Institut dentaire assistèrent également à la fin du calvaire de Mme Georges Albertini, le chef du cabinet de Marcel Déat qui, pour des raisons obscures, y avait été transférée.

Arrêtée, Mme Albertini avait d'abord subi un interrogatoire, les justicialistes cherchant à lui faire dire où était son mari. Comme elle refusait de parler, ils la mirent à demi nue et commencèrent à la frapper à coups de ceinturon en appliquant sur les parties blessées le bout enflammé de leurs cigarettes. Elle s'évanouissait, mais à peine avait-elle repris connaissance que les tortionnaires reprenaient leur besogne. Mme Albertini tenait bon. Les nervis la menacèrent alors de représailles contre son petit garçon, âgé de dix-huit mois. Elle donna une fausse adresse et obtint ainsi un sursis.

Le calvaire de Mme Georges Albertini dura un jour entier, après quoi elle fut abandonnée sur un matelas. Elle resta sans nouvelles de son petit garçon qui était tombé malade. Il fut confié à l'Assistance publique et mourut, faute de soins, sans qu'elle ait pu le revoir.

Mme Albertini ne sera libérée qu'après le jugement de son mari[1].

Le récit de René Chateau que nous avons résumé sera pour l'essentiel confirmé par la victime. Mme Albertini tiendra cependant à préciser[2] que, ce 26 août, les chefs F.T.P. l'avaient laissée aux mains d'une équipe de sous-ordres qui lui firent subir des sévices. Lorsqu'ils revinrent, les chefs des Francs-tireurs et Partisans qui avaient assisté au périple

---

1. Georges Albertini sera condamné à cinq ans de travaux forcés et à cinq ans d'interdiction de séjour mais, bénéficiant d'une remise de peine, il sera amnistié en application de l'article 9 de la loi du 5 janvier 1951. *Cf. L'Homme de l'ombre – Georges Albertini, 1911-1983*, de Laurent Lemire, Balland, 1989.
2. Confirmation et précisions communiquées à l'auteur.

mémorable du général de Gaulle à travers Paris[1] furent mis devant l'évidence et exprimèrent leurs regrets. Mais il était bien tard.

Le 5 septembre au soir se produit à l'Institut dentaire un étrange remue-ménage. Les prisonniers s'étonnent de n'avoir pas encore reçu à 19 heures leur maigre pitance, bouchée de pain et purée de pois, parce que, d'ordinaire, la distribution avait lieu à 6 h 30 du matin et 5 heures du soir. Bientôt rassemblés, ils assistent au spectacle étonnant de tout l'état-major de l'Institut arrivant, affairé, fébrile, suivi d'une dizaine de F.T.P. armés jusqu'aux dents. Une mitrailleuse, placée sur un trépied, est braquée en direction des prisonniers, tandis que d'autres hommes, mitraillette au poing et grenades à la ceinture, prennent position aux quatre coins de la salle.

Dans le silence revenu, Bernard s'explique, d'une voix sourde, sur ce déploiement de force. Une attaque de miliciens et de membres du P.P.F. est attendue dans la soirée, annonce-t-il ; les services de Darnand et de Doriot vont tenter de libérer leurs complices de l'Institut dentaire ; ceux qui tenteraient le moindre geste pour se sauver seraient fauchés par la mitraille.

L'attente dure deux heures. Terrorisés, les prisonniers, bouches sèches et estomacs noués, en oublient la faim qui les tenaillait. Aux regards traqués de certains de leurs gardiens, ils comprennent que le péril est bien réel et que le pire peut arriver, priant tous les dieux qu'aucun milicien ni aucun P.P.F. ne s'avisent de venir les délivrer.

Vers 21 heures, un coup de feu éclate, suivi d'un autre, puis du crépitement d'une mitraillette, du côté du jardin. La fusillade se fait infernale. Des grenades explosent, de plus en plus proches. Des femmes s'évanouissent. René Chateau ordonne à son épouse de se coucher sur le plancher, malgré les ordres qui leur avaient été donnés de rester debout, alors que lui-même se courbe – abri précaire – derrière un fauteuil.

---

1. De l'Arc de Triomphe à Notre-Dame.

L'explosion d'une dernière grenade, des coups de feu qui s'éloignent, des oreilles tendues pour capter des signes d'espoir, des nerfs qui retrouvent lentement leur calme et le cœur battant la chamade reprenant son rythme normal, la bataille est terminée. Les F.T.P. qui ont, affirment-ils, repoussé l'assaillant, reviennent en force dans la salle et se congratulent. Quant aux gardiens des prisonniers, ils confieront qu'ils avaient effectivement reçu l'ordre de les abattre si la menace s'était précisée, mais l'un d'entre eux ajoutera que, pendant toute la durée de l'affrontement, il avait été bouleversé par la perspective d'accomplir une telle tâche, à laquelle ses camarades et lui auraient été, de toute manière, incapables de se soustraire.

Cependant, la vérité commença à filtrer sur l'origine de l'attaque du 5 septembre. Elle n'était pas le fait de collaborateurs se lançant en desperados au secours de camarades captifs ; il n'y avait eu, pour se lancer à l'assaut de l'Institut dentaire, ni miliciens ni doriotistes, mais des policiers mandatés pour résorber un abcès inquiétant. Rol-Tanguy, selon le bruit qui courut alors, était intervenu en personne pour mettre un terme à la mascarade sanglante.

Le coup de semonce du 5 septembre au soir donné, le climat se modifie sensiblement et un premier tri commence à séparer les « durs » des « mous » parmi les prisonniers. René Chateau et son épouse ont l'avantage d'être rangés dans la deuxième catégorie. Les uns après les autres, les « mous » s'en vont : chaque jour, une dizaine d'entre eux sont pris en charge par des automobiles qui les déposeront, leur a-t-on dit, au commissariat de leur quartier où ils recouvreront la liberté après avoir rempli les « dernières formalités ». Pour eux, les portes de la liberté s'ouvrent en pleine lumière, et pour les « dangereux », les départs se déroulent dans les ténèbres de la fin du jour, vers d'autres lieux de pénitence, vers Fresnes ou le dépôt, de l'enfer au purgatoire.

Le 13 septembre, René Chateau et sa femme apprennent qu'ils sont libérés : « Nous avons eu seulement à rouler nos couvertures, à serrer des mains fraternelles tout autour, à promettre à untel ou untel que nous les reverrions [...]. Puis nous nous sommes trouvés dans la rue, devant l'automobile qui nous attendait... » Libres ? Pas encore. L'automobile les dépose au commissariat de leur quartier où « un fonctionnaire las et désabusé » leur annonce qu'il les inscrit pour un prochain départ au camp de Drancy. Et « Jean-Pierre Abel » de noter : « Les F.T.P. nous avaient fait un petit mensonge [...]. Le gouvernement n'a point voulu désobliger les F.T.P. et autres F.F.I. en libérant trop vite des dizaines de milliers d'innocents qu'ils avaient arrêtés au hasard... »

M. et Mme Chateau sont transférés d'un commissariat à l'autre où ils restent pendant deux jours sans nourriture. Le 15 septembre, enfin, on les fait monter dans un autobus qui, de commissariat en commissariat – ils ont l'impression que la « ronde » n'aura pas de fin... – prend en charge de nouveaux « voyageurs ». L'utilisation des autobus en septembre 1944 pour le transport des réprouvés de la Libération rappelle le douloureux souvenir du transfert massif des Juifs en 1942. Comme pour la suite de l'itinéraire des nouveaux captifs – Vélodrome d'Hiver, Drancy... – ne peut-on voir plus que le jeu du hasard, mais la volonté de marquer des jalons symboliques ? C'est, en tout cas, un moyen plus commode que les classiques « paniers à salade » de la police, trop peu nombreux et exigus pour transférer la masse des personnes arrêtées et qui avaient en outre l'inconvénient, en étant facilement reconnus, d'exposer les suspects à des représailles. « Car, à la fin août, écrit "Jean-Pierre Abel", il s'est produit des scènes atroces autour des "paniers à salade" de la police. La foule les reconnaissait, se pressait autour, hurlait à la mort, réclamant du sang. À l'entrée du Vélodrome d'Hiver, qui était devenu, à l'époque, une gigantesque prison, la police a, un jour, laissé une de ses voitures sans surveillance, pendant une demi-heure, avec son chargement de misérables. Et l'un d'eux m'a conté que, frénétiquement, des badauds avaient cherché, pendant tout ce temps, un moyen de les atteindre, crachant, jetant des pierres. Une femme poussait son ombrelle à travers le grillage. Un homme a cassé le piston de sa pompe à bicyclette, pour avoir un instrument qui pût blesser. Et quand la police, par bonheur, est revenue, deux ou trois furieux s'occupaient à mettre le feu à la voiture... »

L'autobus était donc le recours pour les personnes arrêtées. « Jean-Pierre Abel » raconte l'infortune d'un voyageur étourdi qui, croyant avoir à faire à un véhicule en service ordinaire, y était monté à un arrêt. S'étant aperçu de sa méprise, l'homme tenta de s'expliquer, demanda à être libéré et protesta autant qu'il put. Il y perdit son temps et ses forces. Débarqué avec les autres à Drancy, il y resta un bon moment avant que l'on se résolût à prendre son cas en considération !

Quelque 3 000 personnes interpellées par les F.F.I.-F.T.P. et les Milices patriotiques transiteront par le Vélodrome d'Hiver. Pour certaines d'entre elles, le cycle des internements a débuté par le Dépôt (le lieu de détention de la préfecture de police). La célèbre comédienne Mary Marquet y est passée, après avoir été conduite au commissariat de son quartier, tout comme Sacha Guitry, l'un des pensionnaires les plus prestigieux des geôles de la Libération.

Pierre Taittinger, également interné au Dépôt, se souviendra longtemps de l'apparition de Sacha qui venait d'expérimenter les méthodes des épurateurs parisiens, fin août 1944 : « Soudain, écrit-il[1], une silhouette ahurissante se dresse devant nos yeux et Sacha Guitry fait son "entrée" dans notre préau. Mais dans quelle tenue ! Sacha Guitry a sur la tête un panama. Il porte un pantalon de pyjama blanc et une chemise à ramages du plus éblouissant effet [...]. Il a les pieds nus dans des mules de cuir vert jade. Sacha a été cueilli chez lui par une troupe de F.F.I. particulièrement excités et emmené tel quel. Bien entendu, il n'a ni linge de rechange, ni savon, ni rasoir. Il a été délesté de son argent et de ses bijoux. Une collecte s'organise immédiatement en sa faveur : il a si souvent et si utilement tendu la main pour les autres qu'on est heureux de pouvoir faire quelque chose pour lui ! »

Sacha Guitry bénéficiera en août 1947 d'un non-lieu. Il avait fallu trois années pour s'apercevoir que le dossier

---

1. Dans l'ouvrage de ses souvenirs, *op. cit.*

ouvert contre lui n'était nourri que d'accusations sans fondement, de ragots, et surtout de jalousies d'aigris et de ratés
de la scène ou d'ailleurs. Certes, on l'avait beaucoup vu et
entendu pendant les quatre années d'Occupation, mais
n'est-ce pas parce qu'il était plus facilement remarquable
que beaucoup d'autres qui paraissaient tout autant sans
qu'on s'en aperçût ?... « Collaborateur, antisémite, pro-
allemand... Voilà bientôt trois ans, s'écria Sacha Guitry en
1947[1], que je mets au défi mes calomniateurs de me citer
un fait, une phrase, un mot qui semblerait seulement justifier cette accusation mensongère. Car elle n'est fondée sur
rien [...]. Me dire antisémite, alors qu'en 39 j'avais pour avocat Pierre Masse, pour médecin Wallich et pour producteur
Sandberg. Me dire antisémite alors qu'en somme je confiais
ma santé, mes intérêts et mon honneur à trois Juifs... »

Pro-allemand ? « J'ai fait jouer cent quatorze pièces,
répond Sacha, et j'ai toujours évité de les vendre à l'Allemagne [...]. J'ai fait le tour du monde en jouant la comédie,
mais je n'ai jamais consenti à m'arrêter chez les Germains
[...]. Je ne pense pas qu'un autre acteur ait jamais fait de
même [...]. Alors, plutôt que de me demander si j'avais une
voiture pendant l'Occupation, ne ferait-on pas mieux de
chercher à savoir qui étaient les deux individus immondes
qui, dans Le Pilori et La France au travail, prétendaient que
Lucien Guitry [le père de Sacha] s'appelait Wolf ?... »

Et Sacha de citer cet article paru dans La France au travail
le 31 décembre 1940 – alors que viennent d'être publiées
les premières lois et ordonnances sur le statut des Juifs émanant de la puissance occupante et du gouvernement de
Vichy. La loi du 3 octobre – due au gouvernement du maréchal Pétain – exclut les Juifs du journalisme, du cinéma, du
théâtre et de la radio.

« Vous connaissez tous ce bon M. Moâ, écrivait donc La
France au travail. Eh bien, il nous est revenu. Depuis plusieurs mois d'ailleurs. Vaguement inquiet au début. Il se ras-

---

1. Date de parution de son ouvrage *Quatre Ans d'occupations*,
aux éditions de l'Élan. Il sera suivi de *Soixante Jours de prison*,
chez Perrin, en 1949.

sura bien vite. Ils ignorent mes origines, confiait-il à son ami Lévy, avec un clignement d'œil complice. Parbleu : il ne s'en vante guère. Il eut même soin de les cacher tout récemment encore lorsqu'il dut fournir aux autorités les preuves de ses origines aryennes. Dans le questionnaire qu'il remplit n'inscrivait-il pas le nom de théâtre de son père à la place de son nom patronymique [...]. Il a de tout temps témoigné une vive sympathie envers les Juifs ses congénères [...]. Dans ses affaires, il réservait les meilleures places aux gens de sa race. »

Les conséquences de ce travail de cloportes de rédaction pouvaient être considérables : « Le théâtre fermé, ma maison au pillage et moi-même à Drancy », observe Sacha Guitry. De Drancy, il pourra se vanter de connaître les lieux, mais dans d'autres circonstances et sous des maîtres très différents.

Au reste, les délateurs zélés du « grand quotidien d'information au service du peuple français » – il ne dépassera pas les 90 000 exemplaires et disparaîtra en mai 1941 – ne se trompent qu'à demi dans le pronostic puisque Sacha Guitry interviendra en faveur d'un tragédien comme René Alexandre, de Tristan Bernard et de son épouse, dont il obtiendra la libération, manifestant son aide et sa solidarité discrète à de nombreux camarades alors qu'il était président de l'Association des artistes dramatiques. « Mon cher Sacha, lui écrivait, en août 1941, l'acteur et directeur de théâtre André Antoine, vous êtes un peu la providence de tout le monde et ceux qui sont dans la détresse pensent à vous... »

Cette même année 1941, alors que les chances d'une victoire allemande demeurent entières, Sacha Guitry refuse une collaboration régulière aux quotidiens *Le Petit Parisien* et *Paris-Soir* qui lui proposent successivement, et contre une forte rémunération, un « papier » : « ... sous la forme d'une éphéméride touchant des rappels historiques, interprétés dans un sens favorable à la collaboration... ». M. Louis Robin, agissant au nom du secrétariat de la Commission des journalistes professionnels, « siégeant en vertu de l'ordonnance du 2 mars 1945, sur l'épuration de la presse » attestera : « Dans le dépouillement de toute la presse collaborationniste auquel nous nous sommes astreints, en liaison avec le service des recherches de l'Information, nous n'avons jamais eu connaissance d'une activité politique quelconque de M. Guitry dans les journaux à la solde de l'ennemi... »

Le colonel Rémy déclarait de son côté avec le poids d'un des résistants les plus célèbres, mais non conformiste :

« Je suis bien d'accord sur la réalité des motifs qui ont conduit la procédure engagée contre M. Sacha Guitry. L'occasion a paru bonne à certains de se débarrasser d'un auteur trop applaudi [...].

« Pendant la clandestinité, j'ai, comme tout le monde, entendu formuler sur le compte de M. Sacha Guitry les propos les plus désobligeants. Comme il s'agissait de faits ressortissant au crime d'intelligence avec l'ennemi, j'ai prié ceux qui me les rapportaient de me citer des dates, des noms, des précisions. Je n'ai rien pu obtenir d'autre que des ragots.

« Je me suis refusé à me faire le colporteur de ceux-ci dans les courriers de mon réseau.

« J'ai pu vérifier par contre que M. Sacha Guitry avait constamment opposé une fin de non-recevoir aux offres pressantes des services de la Propagande allemande. À l'inverse de certains qui sont aujourd'hui blanchis, il a refusé d'aller en Allemagne comme de tourner des films pour le compte de la "Continental" [...].

« Un non-lieu n'est pas suffisant : une réparation éclatante et sans équivoque s'impose. J'ai déposé l'autre jour chez M. Raoul[1] et j'irai, en uniforme, le jour venu, donner mon sentiment sur cette affaire qui a pris une tournure déshonorante, sauf pour celui qu'elle met en cause. »

Des ragots amplifiés et des images déformantes de la réalité suffisent, au cours de l'été 1944, à nourrir des haines virulentes et à déchaîner les foudres d'une épuration anarchique qui se soucie peu d'établir les normes de la culpabi-

---

1. L'un des deux juges d'instruction chargés du dossier de Sacha Guitry.

lité. Une vedette de la scène et de l'écran comme Sacha
Guitry devient ainsi le symbole truqué de la collaboration.

« Sacha Guitry, note Pierre Taittinger, toujours attentif à
ce qui se passe au Dépôt, a eu une nuit mouvementée.
Toutes les deux heures, se livrant à des plaisanteries
macabres, ses gardiens venaient le faire lever, lui annonçant
qu'il allait être fusillé [...]. Chaque fois, Sacha, calmement,
s'est coiffé de son panama, a remis ses mules vert jade, s'est
défripé de son mieux, pour aller affronter le sinistre peloton ! Au bout de dix minutes, on lui disait d'attendre. [...] Il
revenait se coucher par terre et, deux heures après, le même
appel retentissait ! Il constata avec mélancolie, quand le jour
se leva, qu'il n'avait pas très bien dormi ! »

Le Dépôt regorge de monde et « on ne sait plus où empiler
les nouveaux arrivants », observe Taittinger. Paris étant
libéré, les prisonniers redoutent que les « insurgés »,
désœuvrés, ne se défoulent sur eux. La rumeur se propage
d'un prochain transfert au gymnase Huyghens, mais c'est
finalement le Vélodrome d'Hiver, de toute manière beaucoup plus vaste, qui est choisi. Les paniers à salade s'ébranlent, bourrés de prisonniers – « on ne peut se tenir ni debout
ni assis » –, la tôle surchauffée par le soleil qui tape depuis
le matin. Au Vél' d'Hiv', des meneurs entretiennent de la
voix l'excitation de la foule... qui n'en a pas besoin : « Vous
allez voir une bande de collaborateurs, de vendus aux
Boches et de traîtres », annoncent les orateurs. L'écho ne se
fait pas attendre, qui se traduit par des bordées d'injures, où
le politique se mêle au scatologique et autres particularités
sexuelles. Les plus énervés gesticulent, menaçants, les plus
actifs, comme le rappelait René Chateau, prennent ce qui
leur tombe sous la main, d'une ombrelle ou d'une pompe à
bicyclette font une arme, pour essayer d'atteindre des « collabos ».

L'exemple vient des gardiens eux-mêmes qui ont imaginé
un truc pour mettre les prisonniers en mauvaise posture à
leur arrivée au Vél' d'Hiv' : « Les agents ouvrent nos portes,
raconte Sacha Guitry, et, l'un après l'autre, nous sommes à
l'instant projetés par eux vers cette foule hurlante, menaçante – car il nous faut, bon gré, mal gré, sauter de la

voiture – à pieds joints même et dans le vide, puisqu'on a négligé, bien entendu, de déplier l'escalier métallique qui nous permettrait d'en descendre [...]. La [voiture] cellulaire est placée de telle sorte que nous avons à parcourir une vingtaine de mètres entre deux barrières qui maintiennent la foule [...]. Le malheureux qui me précède, un gros unijambiste sur béquilles, poussé par un agent, n'a pu retenir son équilibre, en arrivant au sol, qu'en s'appuyant de tout son poids sur la barrière de droite. Il est lardé de coups de canif par une femme. Et c'est à mon tour d'y passer. [Sacha oublie ou néglige de dire qu'il a été salué à son arrivée par les vociférations d'un gardien qui, citant son nom, a tenté d'ameuter les spectateurs contre lui...] Je reçois alors sur la nuque, poursuit-il, un coup de poing, et c'est un coup de pied qui me projette en avant. [...] J'évite par miracle un croc-en-jambe. [...] Je me retourne alors comme instinctivement, et je vois l'un de nos jeunes gardiens qui assène un abominable coup de matraque sur les cheveux blancs de M. Carcopino [1]. Projeté à son tour dans cette foule qui hurle à mort, il tombe dans mes bras, le visage inondé de sang. »

Pierre Taittinger, qui faisait partie de la même « fournée », donne pratiquement la même version de la scène qu'il complète par d'autres « choses vues » : « C'est le tour de notre ami Bouffet, "l'ex-préfet", comme le qualifie le bonimenteur, en l'accompagnant de coups si violents, pendant que d'autres l'assomment avec tant de brutalité que notre infortuné ami ne se remettra jamais de ses blessures et qu'il y succombera quelque temps plus tard. Mon ami Romazzotti descend sous une grêle de coups, ajoute Pierre Taittinger. Derrière lui j'emboîte le pas, mais avec une habitude

---

1. Professeur à la Sorbonne, directeur de l'École française de Rome, puis de l'École normale supérieure, Jérôme Carcopino fut un spécialiste éminent de l'Antiquité romaine à laquelle il consacra plusieurs ouvrages. Il fut secrétaire d'État à l'Éducation nationale dans le gouvernement formé le 25 février 1941 par l'amiral Darlan. Arrêté en 1944, interné, il sera inculpé pour « atteinte à la sûreté de l'État » et... bénéficiera d'un non-lieu, le 11 juillet 1947, pour faits de résistance.

contractée dans les mêlées de rugby, j'esquive de mon mieux et j'envoie quelques solides bourrades à ceux qui s'étaient donné pour tâche de m'"avoir" au passage. Je n'arrive malheureusement pas à esquiver tous les coups... »

Pendant ce temps, et un peu plus loin, le concierge du Vél' d'Hiv' frappe à bras raccourcis sur des détenus avec un acharnement qui ressemble fort à une manœuvre de dédouanement. Car l'homme, à l'époque faste de la collaboration, ne manquait aucun des meetings de ses ténors, un soir allant applaudir Déat, et un autre Doriot. Des témoins affirmeront qu'à 11 heures du soir le lâche continuait à frapper.

Les quelque mille personnes qui sont arrivées au cours de la première journée s'installent sur des chaises en fer ou sur les gradins : « Étrange entassement d'humanités diverses, note Taittinger, il y a de tout, des gens du monde, des ouvriers, des soldats qui ont la tenue des F.F.I., des nègres, et par fourgons entiers arrivent des cargaisons de femmes... » Beaucoup portent des traces de coups, sans qu'apparaisse le moindre secours de l'extérieur. Mais petit à petit, la solidarité s'organise, on apporte de l'eau pour les plus marqués, on déchire chemises et caleçons pour en faire des pansements. De nourriture, on ne dispose d'abord que de celle amenée en fraude et rares sont ceux qui, pour cette première nuit, auront le secours d'une couverture.

Quelques hommes de décision – dont Pierre Taittinger, l'ex-président du conseil municipal de Paris qui a l'habitude du commandement[1]... – prennent les choses en main et établissent avec le capitaine de gendarmerie, responsable de la garde du Vél' d'Hiv', un dialogue très utile. La mission confiée aux gendarmes, dont l'attitude est, depuis l'origine, très correcte[2], a été accueillie avec soulagement. Les

1. Pierre Taittinger était principalement connu comme le fondateur des Jeunesses patriotes. Homme de presse, il avait été notamment directeur du *National*.
2. « Le capitaine tient ses hommes en main, ce sont des soldats disciplinés [...] ils se conduisent vis-à-vis de nous comme ils se conduisaient vis-à-vis des hommes de la Résistance qu'ils devaient arrêter quelque temps auparavant », remarque avec un humour involontaire Pierre Taittinger.

internés obtiennent de pouvoir camper sur la piste et sur la
« pelouse ». Mais il est impossible de se laver et un service
d'ordre doit être organisé pour canaliser l'entrée aux W.C.
dont l'accès, dans la journée, nécessite jusqu'à deux heures
d'attente. Progressivement – et grâce à la préfecture de la
Seine qui n'a pas oublié les parias de la Libération... –, le
ravitaillement est acheminé. Ce ne sont pas seulement des
soutiers de la collaboration qui sont là, les femmes tondues
– Sacha Guitry admire au passage la gentillesse à leur égard
de celles qui en ont réchappé, et qui leur donnent des
mèches afin qu'elles les glissent sous les écharpes dont elles
se recouvrent la tête –, mais nombre de personnalités, à tous
les niveaux de l'échelle sociale : « ... Je retrouve à chaque
instant des physionomies de connaissance, écrit Pierre Taittinger ; maires de Paris ou maires de banlieue, arrêtés dans
leur hôtel de ville, industriels désignés par la vindicte de
certains de leurs ouvriers, et toujours le flot ininterrompu
de ceux qui ont été dénoncés par un voisin ou par leur
concierge... »

Le chaos humain commence à prendre quelque forme
– « blessés [...] soignés, ravitaillement équitablement
réparti, hygiène améliorée et moral maintenu... » – lorsque
l'ordre du départ est donné. La destination annoncée est
Drancy. Alors une énorme cohorte se forme, puis éclate en
autant de petits contingents, vers les autobus. À la sortie,
quelques groupes d'interpellateurs, plutôt clairsemés, s'efforcent de maintenir la flamme patriotique en proférant des
injures bien senties. C'est ainsi que Sacha Guitry se voit ranger par une pétroleuse du verbe dans la catégorie des « assassins »... et des « trahisseurs [1] ». La grosse dame, toute de
bienveillance, le fixe avec une telle intensité qu'il croit
qu'elle l'a identifié. Mais il lui faut revenir à plus de modes-
tie. À un voisin qui interroge : « Qui c'est, celui-là ? », en

---

1. Pierre Taittinger ajoute à l'anecdote que la commère s'étant
aperçue que les autobus portaient l'inscription « Ravitaillement »,
reprit son souffle pour lancer l'invective d'« affameurs ». L'un des
détenus la laissa sans voix en lui faisant remarquer qu'affichant un
tel volume elle n'avait certainement pas souffert de restrictions...

désignant Sacha du doigt, la harengère, très sûre d'elle-même, répond : « Mais c'est Raimu, voyons ! »

Pierre Taittinger a plus de chance, qui ne rencontre aucun opportun sur son chemin. Il relève même quelques signes de réconfort, après le tumultueux débordement de haine : « Nous sommes quarante-quatre par autobus. Aucun signe hostile au moment du départ [...]. Il n'y a plus d'agitateurs, et la population du quartier nous regarde partir sans colère, sans hostilité, et même avec commisération... »

Car la très grande majorité des Parisiens et des habitants de la banlieue restent dignes.

« Drancy Palace », selon l'expression de Mary Marquet, se présente sous la forme d'énormes constructions cubiques donnant sur une vaste cour. Inachevés, les bâtiments de béton avaient été primitivement destinés au logement de familles nombreuses, qui ne les occupèrent pas. On les réserva ensuite aux gardes mobiles. Mais l'endroit connut une triste célébrité lorsqu'il fut affecté à la détention des Juifs : 45 000 d'entre eux y transiteront, reclus dans des conditions épouvantables, avant d'être déportés.

Mary Marquet, débarquant à Fresnes au milieu des nouveaux réprouvés, est brutalement confrontée au souvenir de ceux qui les avaient précédés ; des étoiles jaunes jonchent le sol d'un coin obscur : « En vain, des noms se pressent sur mes lèvres, écrit-elle[1]. Aucune voix ne répondra à l'appel. Et les autres, les vivants ! Ceux-là qui m'ont donné leur temps, leur cœur, prêté sans compter leur argent : Lily Laskine, Margot Bernheim, Paul Abram, Vera Korène... »

Rien n'a changé, tout a empiré depuis que les Juifs sont passés là, et les fils de fer barbelés sont restés en place : « Presque plus de vitres aux fenêtres, note encore Mary Marquet, des morceaux de carton goudronné étanchent faiblement les courants d'air [...] la porte [de la salle commune] ne ferme pas, il n'y a qu'une ampoule au plafond

---

1. Mary Marquet, *op. cit.*

et dans ce cloaque immonde, cinquante-deux paillasses doivent être alignées... »

Sacha Guitry et Pierre Taittinger débarquent des autobus alors que Drancy est encore sous la surveillance des F.F.I.-F.T.P. Et Taittinger décrit sous les traits d'un « dompteur » le gradé qui se charge de les « accueillir » : « Il tient à la main une espèce de fouet. Il porte en bandoulière une mitraillette, autour de la taille un ceinturon muni d'un étui-revolver », cet arsenal ambulant sur fond de guêtres, de culotte de cheval kaki et de béret basque.

La détention à Drancy commence mal pour le président du conseil municipal de Paris, le « dompteur » le traitant de « sale Boche » et lui administrant un « violent coup de cravache sur la figure ». Taittinger réplique par un crochet à la mâchoire qui déstabilise son adversaire. Celui-ci a déjà empoigné sa mitraillette lorsqu'un autobus, suivant celui où Pierre Taittinger avait pris place, arrive droit sur les deux protagonistes et les oblige à se séparer. Des compagnons de Taittinger forment un écran protecteur contre une nouvelle incursion du « dompteur » qu'un officier supérieur ramènera finalement à la raison.

Pierre Taittinger a été affecté à la chambre 11 où se retrouvent la plupart des directeurs de la préfecture de la Seine. « La population du camp composait une étrange cour des Miracles. La promiscuité, la crasse, les poux, les punaises, la faim, la peur travaillaient à grignoter les anciennes différences, note René Chateau qui est arrivé avec son épouse le 15 septembre – le régime de Drancy commence alors à s'améliorer, les gendarmes remplaçant les F.F.I. L'escarpe, le souteneur se mêlaient très bien au groupe où conversaient [dans la grande cour] le ministre Ripert ou le général Herbillon. Pourtant, la plupart des ministres, députés, préfets, hauts fonctionnaires, chefs syndicaux, écrivains, journalistes, avaient été logés à part, au bloc III, où ils avaient la jouissance de quelques paillasses, dans des chambrées moins vastes et comme plus intimes. Le directeur, par je ne sais quelle coutume de servilité ancestrale, n'avait pu se tenir de marquer une différence entre les classes... » Et c'est en obéissant à un réflexe de misogynie tout aussi atavique, estime René Chateau, que la direction de Drancy avait mêlé dans la même chambrée la comtesse de Cossé-Brissac, la marquise de Polignac, ou Mary Marquet, avec des prostituées, des femmes des Halles ou la naine du cirque Médrano.

« Jean-Pierre Abel » qui, malgré tout, garde le sens de l'humour, ne peut s'empêcher de relever des scènes truculentes qui prouvaient que la vie reprenait ses droits après le départ des F.T.P.-F.F.I. : « Mais le grand problème, écrit-il, était le rapport des sexes. Et c'était encore une différence avec l'Institut dentaire où, tant il y avait d'épouvante et de faim, personne n'avait la force de penser à la bagatelle. À Drancy, on craignait moins et on mangeait mieux. Aussi la vigueur agitait-elle les jeunes mâles. Et les tentations ne leur manquaient point. Parmi les tondues et même parmi les autres, il était nombre de personnes plaisantes à voir, et de cuisse leste. Et les uns pourchassant, lutinant, culbutant les autres, le camp était comme un lupanar à la grande échelle. On forniquait un peu dans tous les coins. Les couples pressés, ou peu difficiles, se contentaient d'un coin de mur ou de la cage d'un escalier. D'autres se donnaient rendez-vous dans les caves, dans les greniers, et n'importe où. Les amoureux plus distingués pouvaient, s'ils avaient des relations, se rencontrer dans une salle d'infirmerie ou même, en l'absence de saint homme, dans une des chambres réservées à l'aumônier... »

Arrivant à Drancy à la mi-septembre, René Chateau avait échappé à la plus mauvaise période de l'internement. Auparavant, Drancy avait connu les brutalités et les sévices, voire les séances de torture dans un cachot d'où, affirme Pierre Taittinger, s'échappaient pendant la nuit des cris et des hurlements.

À l'appui d'un témoignage que l'on pourrait être tenté d'expliquer par la rancœur ou de taxer d'affabulation, on dispose d'un rapport précis établi par un médecin du camp de Drancy. Ce rapport concernait quarante-neuf personnes dont l'état avait exigé qu'elles fussent soignées à l'infirmerie, avant et depuis leur transfert, à l'exclusion de celles qui s'étaient prises elles-mêmes en charge. Voici donc quelques extraits de ce « bulletin de situation » :

B.
Date : 12 octobre.
Lieu : Commission 20 à Drancy, lors d'interrogatoires.
    Traîné par les cheveux. Coups de pied et gifles. Contusion de l'œil gauche. Pariétal et temporal criblés d'hématomes sous-périostés.

B.
Date : 9 au 10 septembre.
Lieu : locaux disciplinaires de Drancy (deux séances par F.F.I. et une par un sergent de ville).
    Coups de poing. Coups de pied ventre et poitrine. Coups de matraque sur la tête. Coups de tabouret (jeu de massacre). Coups de crosse au menton (cicatrice). Crachat dans la bouche. Reste endolori, en particulier au niveau du crâne.

D.
Date : nuit du 2 au 3 septembre.
Lieu : locaux disciplinaires de Drancy.
    Coups de poing sur la face. Trente coups de nerf de bœuf sur le dos.

K. (Lucien)
Date : 6 octobre.
Lieu : inspecteur de la Commission aux locaux disciplinaires.
    À genoux sur une règle, pendant très longtemps (dont plaie linéaire). Coups de poing sur la figure. Coups de règle sur les oreilles, trois formidables ecchymoses sur région abdominale antérieure, dont une à la région inguinale. Grosse ecchymose sur bras gauche.

F. (Louis)
Date : 2 septembre.
Lieu : locaux disciplinaires.

Coups de nerf de bœuf et boxé.
Date : 9 septembre.
Lieu : locaux disciplinaires.
Coups de crosse au front. Coups de pied aux bourses (quinze jours d'infirmerie).

F. (femme)
Date : 2 novembre.
Lieu : Commission 30 à Drancy.
Femme ayant eu un enfoncement du pariétal et une tré-pano-poncture d'une part, une otite double en août d'autre part. A reçu cet après-midi des coups de poing sur le sommet du crâne et sur les oreilles, des coups de règle, neuf gifles. Comme elle ne pleurait pas, on lui a tordu le nez. On lui a adressé les pires menaces pour sa comparution du lendemain.

À ces exemples de sévices subis au camp de Drancy s'ajoutent d'autres faits enregistrés en plusieurs points de Paris Et d'abord dans les lieux de détention que nous évoquions :

J. (Charles)
Date : 23 août.
Lieu : Dépôt.
Sévices exercés par un de ses anciens ouvriers venu pour l'interroger. Frappé à coups de barre de fer sur les épaules, les bras, la tête. Très nombreuses cicatrices existantes et récentes. Anesthésie du pouce et de l'index droits. On lui a fait sauter cinq dents de la mâchoire supérieure à coups de pied. Céphalées persistantes.

L. G. (Julien)
Date : 21 août.
Lieu : Vélodrome d'Hiver.
Passage à tabac à l'entrée du Vel' d'Hiv'. Coups de poing dans la figure, coups de matraque sur la nuque. Il chancelle. Coups de pied au ventre. On le piétine. Un hématome de la cuisse droite et un hématome du côté gauche du ventre pendant trois semaines. Reste à l'infirmerie jusqu'au

28 septembre. Séjour à l'Hôtel-Dieu à la salle Saint-Landry. Ponction lombaire et examen neurologique approfondi par Garcin qui parle de lésions rachidiennes.

Dans les commissariats de police :

P. (femme)
Date : du 17 septembre au 23.
Lieu : commissariat de la Plaine-Monceau.
Battue à coups de barre de fer sur le corps. Coups de poing sur la face avec symptômes méningétiques. Cheveux arrachés, plaies du cuir chevelu. Tentative d'arrachage d'ongles.

C. (femme)
Date : 25 août.
Lieu : commissariat du 1er arrondissement.
On lui rase la tête et le pubis. Coups de poing sur la figure. Une estafilade au rasoir sur la face antérieure du thorax à droite. Coups de casque sur la tête, sur les doigts (le médius droit est encore douloureux fin octobre, mais la radio ne montre rien). L'ongle de l'annulaire gauche est en voie de repousse.

Dans les centres des Milices patriotiques ou des F.F.I. :

P. (femme)
Date : la nuit du 2 au 3 octobre.
Lieu : un poste des Milices patriotiques.
S'est présentée à la visite le 8 octobre. Elle était fiancée à un officier allemand. Elle a été arrêtée le 2 octobre. Dans la nuit du 2 au 3, elle a été passée à tabac (trente coups de lanière de cuir, dont traces ecchymotiques rubanées), giflée (dont ecchymoses au niveau du maxillaire droit), et on lui a piqué les mollets à coups de pointe de baïonnette (vingt plaies étoilées sur un fond ecchymotique étendu à toute la face postérieure du mollet). Le lieutenant des Milices patriotiques lui a promis de témoigner pour elle, si elle portait plainte contre ses subordonnés.
Le 13 octobre, le tapis ecchymotique persiste.

N. (femme)
Date : 19 septembre.
Lieu : poste des Milices patriotiques d'Auteuil.
Électrisation vaginale et rectale prolongée avec une magnéto. Brûlure de la plante d'un pied.

I.
Date : 17 octobre.
Lieu : Milices patriotiques de Saint-Mandé.
Coups de pied, gifles, coups de cravache. On lui fait sauter les incisives supérieures.

Sous les dates « 19 et 20 octobre », le rapport mentionne « Villa Saïd ». Transférée dans un autre lieu, la victime a donc subi une nouvelle série de sévices, ainsi décrits : « Toutes les vingt minutes, nerf de bœuf ou coups de poing : face, tronc, face externe du bras (dont importantes ecchymoses persistant), creux de l'estomac (en souffrirait encore). Pseudo-pendaison dont il reste un cordon douloureux à la nuque. »

Un autre rapport a trait à des sévices à la Villa Saïd, et cela n'est pas un hasard. La Villa Saïd, qui appartenait à Pierre Laval et que les Allemands avaient transformée en repaire fortifié, fut à Paris l'un des lieux favoris des justicialistes tortionnaires :

C. (Roger)
Date : 16 septembre.
Lieu : Villa Saïd.
Coups de poing sur l'abdomen. Ingestion de quatre litres d'eau salée.

F. (femme)
Date : 26 août.
Lieu : près place Saint-Michel. F.F.I.

Marquée au fer rouge sur le front, dont cicatrice à tendance chéloïdienne. Coupé les cheveux, au cours d'un lynchage par la foule. Coups imposants au membre supérieur
gauche et flanc droit. Menaces de lui couper les bouts de
seins.

Le rapport situe les lieux des supplices endurés par cette
femme qui fut vraisemblablement internée dans trois
endroits différents, sans que les auteurs soient connus :

B. (femme)
Dates : 21 août (première fois).
         26 août (deuxième fois).
          2 septembre (troisième fois).
Lieu : place de l'Hôtel-de-Ville et toute la rue de Rivoli-
boulevard Sébastopol.
A eu les menottes pendant plusieurs jours. Mise à nu,
pieds nus (fragments de verre dans les pieds). Coups de
crosse de fusil sur les reins et membres inférieurs (hématu-
rie pendant cinq jours), deux coups de rasoir au poignet,
dont cicatrices linéaires chéloïdiennes, ce 25 octobre, qui
sont douloureuses et pour lesquelles elle vient consulter.

Un cas est signalé – mais fut-il le seul ? – au fort de
Bicêtre :

A.
Date : 10 octobre.
Lieu : fort de Bicêtre.
Coups de pied sur tout le corps (reste une induration des
fesses) et, surtout, brûlures à la cigarette : sept brûlures
comme pièces de 0,50 F en cicatrisation sous-cutanée à la
région scapulaire gauche et les plus étendues, plus profondes et suppurantes à la région scapulaire droite.

Plusieurs prisons clandestines fonctionnent dans Paris,
installées dans des immeubles ou des hôtels :

G. (femme)
Date : 13 octobre.
Lieu : F.F.I., rue de Gramont, dans un hôtel.
Coups de poing sur la face (dont masque ecchymotique total). Coups de pied dans les reins. Des femmes qui l'accusaient ont tenté de l'étrangler ; elle en conserve de la dysphagie. Un fort hématome sous-périosté à la partie inférieure du pariétal gauche. Bras tordus. Cheveux coupés partiellement.

Boulevard Suchet, des militaires en tenue interrogent « leurs » suspects en leur brûlant la plante des pieds, et des prisons clandestines où les victimes croupissent dans un état lamentable sont également découvertes boulevard Haussmann et boulevard de Courcelles.

Les informations relatives aux méthodes utilisées à Drancy et à l'existence d'un bon nombre de prisons clandestines à Paris ont pour origine deux membres de la Croix-Rouge, Mlle Simone Loucheur et le Dr Bernard Duhamel, qui, les premiers, donnent l'alerte aux personnalités en charge de l'autorité du Gouvernement provisoire. Au moment où les F.T.P. et les Milices patriotiques contrôlent à peu près totalement l'épuration, ces initiatives de personnes privées interviennent à point nommé. Mlle Loucheur et le Dr Duhamel se présentent à la fois au chef de cabinet du préfet de police fraîchement désigné, Edgard Pisani, et au révérend père Chaillet, résistant émérite, fondateur des *Cahiers du Témoignage chrétien* pendant l'Occupation, secrétaire général adjoint au ministère de la Santé, également en fonctions depuis la Libération. D'Edgard Pisani, les deux parlementaires de la Croix-Rouge obtiennent de pouvoir enquêter, avec une protection policière, sur les lieux d'internement clandestins, et du R.P. Chaillet qu'il se déplace à Drancy pour un constat.

Le R.P. Chaillet a été le plus difficile à convaincre. Il montra d'abord son scepticisme au récit des sévices en tous genres qui lui étaient rapportés : Drancy, l'une des étapes du calvaire des Juifs de France, verrait se dérouler des scènes imputables à des hommes qui se réclamaient de la Résistance ?

Le R.P. Chaillet accepte enfin d'écouter les arguments de ses interlocuteurs. Accompagné de plusieurs de ses collaborateurs et de Mlle Loucheur, qui connaît bien les lieux, il se rend à Drancy. Ils y sont accueillis par des gradés F.T.P. qui, gênés, ne disent mot et finissent par accepter qu'ils se rendent à l'infirmerie. Là, ils découvrent un blessé dont le ventre porte les traces de brûlures de cigarettes, et un autre de coups de baïonnettes. Le temps de rencontrer le responsable de l'infirmerie, d'interroger les infirmières, et le R.P. Chaillet, définitivement éclairé, obtient une intervention rapide et énergique. Trois jours après son déplacement à Drancy, les gardes F.T.P. sont remplacés par les gendarmes.

Les forces régulières qui reprenaient progressivement la situation en main renvoyèrent à leur destination première deux étrangers qui avaient exercé le commandement du camp pendant les premiers jours. Les menottes aux mains et encadrés de gendarmes, ils partaient... en prison pour des délits de droit commun.

3.

SITUATION MAÎTRISÉE EN ANJOU
FORTES TURBULENCES EN BRETAGNE

Dans la région d'Angers – Mayenne, Sarthe, Loire-Infé-rieure (aujourd'hui Loire-Atlantique), Maine-et-Loire, Indre-et-Loire –, le commissaire de la République Michel Debré bénéficie d'assez bonnes conditions bien que les troupes allemandes se retranchent dans la poche de Saint-Nazaire. Mais Michel Debré prend vite la mesure des difficultés qui l'attendent et des initiatives qu'il va devoir assumer : « Le gouvernement d'Alger, écrit-il dans ses *Mémoires*[1], a [...] pris des ordonnances le 26 juin 1944, l'une sur les sanctions des faits de collaboration, l'autre sur le délit nouveau d'indignité nationale. *Mais aucun de ces textes n'a pu être transmis aux commissaires de la République*[2]. Je dispose des avant-projets établis par le Comité général d'études que j'avais naguère diffusés... »

Coanimateur du Comité général d'études, le commissaire de la région d'Angers dispose donc de moyens d'apprécia-tion privilégiés, ce qui n'empêche qu'il est réduit, en matière d'épuration, à créer de toutes pièces un tribunal militaire en attendant la mise en place des cours de justice et de chambres civiques qui n'interviendra que plus tard. Michel Debré a l'avantage d'agir dans une région à peu près

---

1. *Trois Républiques pour une France*, t. I, Albin Michel.
2. Souligné par nous.

complètement libérée (si l'on excepte la poche de Saint-Nazaire qui ne sera résorbée que le 8 mai 1945), et de tradition modérée, qui se rallie au gaullisme après avoir fait allégeance au maréchal Pétain dans sa grande majorité. La région d'Angers n'échappe pas à la règle générale d'une société « atomisée ». Il n'existe plus aucune force réellement représentative, les partis politiques étant absents, décimés par l'Occupation, les comités de libération ne rassemblant que des personnalités isolées, tandis que l'Église, force de référence dans une région de tradition catholique, commence son purgatoire après avoir apporté sa caution au Maréchal.

Le tribunal qui siégera, selon la nécessité, en cour martiale, prononcera sept condamnations à mort, autant aux travaux forcés, dont une à perpétuité, une à la réclusion criminelle et trente-neuf à la prison à temps. Viendront ensuite les cours de justice et les chambres civiques qui d'octobre 1944 à avril 1945, date du départ du commissaire de la République, alourdiront ce bilan en prononçant quarante-cinq peines capitales, sans compter d'autres condamnations sur toute l'échelle des gravités.

Libérée sans accrocs majeurs, et l'une des premières – Le Mans et Alençon sont vides de tout occupant le 9 août –, la région d'Angers sera pourtant visitée par quelques prédateurs spécialisés dans l'épuration sauvage, mi-aventuriers, mi-bandits, dont certains ont servi l'occupant avant de se métamorphoser en résistants et en épurateurs. Tel est le cas d'un dénommé Le Coz qui, sévissant entre Tours et Loches, anime un faux maquis, rançonne et tue à la tête de son escadron de la mort. On lui impute plusieurs dizaines d'assassinats – on avancera même le chiffre de quarante victimes – dont celui du docteur Abribat, conseiller général, maire de Saint-Flovier, arrondissement de Loches, en Indre-et-Loire.

Informé des exactions de « la bande à Le Coz », le commissaire de la République donne des ordres en vue de l'arrestation de son chef. Ces instructions restent lettre morte et Le Coz, qui inspire la terreur et sait se concilier des amitiés, continue son sinistre office, en étalant de faux titres de résistance. Michel Debré prend alors, directement, la situation en main, en organisant une expédition spéciale contre l'individu. Parti d'Angers, le « commando » réussit à interpeller Le Coz. Jugé, il sera condamné et exécuté. C'est un cas assez rare pour être mentionné.

Plus complexe, plus difficile et beaucoup plus troublée est la situation dans la région bretonne. Les cinq départements – Îlle-et-Vilaine, Côtes-du-Nord, Finistère, Morbihan et Loire-Inférieure – ont recouvré la liberté dans un laps de temps exceptionnellement long, du 5 août 1944 – les soldats du général Patton font alors leur entrée dans Rennes – jusqu'aux 7 et 8 mai 1945, lorsque les poches de Lorient et de Saint-Nazaire sont définitivement résorbées. Entre-temps, le 18 septembre, Brest avait été débarrassé de l'occupant.

Ralliement majoritaire au gaullisme et à la résistance au nazisme incarnée par la Grande-Bretagne qui poursuit seule le combat, souffrances endurées du fait de la répression allemande contre les populations civiles aggravée par les conséquences de la construction du mur de l'Atlantique – où, cependant, certains trouveront de substantielles prébendes –, dureté de l'épuration qui, sous sa forme violente, est à l'origine de plusieurs centaines d'exécutions, tels sont les traits dominants des années 1940-1945 pour la Bretagne.

Quelques chiffres illustrent ces constats : on évalue à 1 700 le nombre de personnes exécutées par les Allemands, 60 000 Lorientais doivent abandonner leur ville que pilonne la Royal Air Force acharnée à atteindre la puissante base sous-marine. Dans certaines localités de la côte, par ailleurs interdite à la pêche, la moitié des habitants ont été réquisitionnés par l'organisation Todt ou requis par le S.T.O.

La Résistance a multiplié les attentats contre les lignes téléphoniques et les voies ferrées. Ils ont atteint un nombre impressionnant à l'approche du débarquement sur les côtes normandes : 227 en janvier 1944, 348 en mars, 552 en mai. La Bretagne se place ainsi au troisième rang des régions de France par les actions de la Résistance. Les départements du Morbihan, du Finistère et des Côtes-du-Nord se situent également dans une moyenne élevée par le nombre des exécutions sommaires.

Très active, la Résistance bretonne est également précoce. Les premiers maquis F.T.P. sont formés dans le Finistère dès le mois de mars 1942, un an avant la création du Service du travail obligatoire. Le préfet en exercice, Dupiech, laisse percer son inquiétude dans une note, en date du 1er octobre 1943, qui n'est pourtant qu'un demi-aveu de la réalité : « Le Finistère, écrit-il, doit être objectivement considéré comme en état de dissidence morale... » Ou en état de dissidence tout court à l'égard du régime en place ? De la dissidence pendant l'Occupation à l'insurrection, lors du débarquement, il n'y a que quelques pas à franchir vers une situation de type révolutionnaire qui, dans certaines régions – il convient de ne pas généraliser – tournera à l'anarchie.

C'est essentiellement dans les Côtes-du-Nord, le Finistère et le Morbihan que s'instaure la violence. C'est le cycle classique : résistance – répression allemande – exécutions sommaires et internements arbitraires.

« En juin-juillet, du débarquement au début de la Libération, commente M. Christian Bougeard[1], les Côtes-du-Nord sont en état d'insurrection généralisée [...]. Avec les actions de résistance (essentiellement F.T.P.), la répression allemande s'accentue : rafles, arrestations, pillages de fermes, exécutions sommaires qui accompagnent la chasse aux "terroristes" avec l'aide de miliciens, en particulier du P.N.B.[2], et de la Milice... »

Après une manifestation organisée par le maquis devant le monument aux morts, le 1er mai 1944, les Allemands déclenchent une vaste rafle dans la région de Saint-Nicolas-du-Pélem, et procèdent à l'exécution de 19 personnes. Le même jour est incendiée l'église de Plestin-les-Grèves. On dénombre, entre le 4 et le 18 juin, l'exécution ou la pendaison d'au moins 17 paysans, sans raisons apparentes. « Les vols dans les fermes pratiqués par des soldats allemands sont de plus en plus nombreux, précise encore

---

1. Dans une communication au 107e Congrès national des Sociétés savantes, Brest, 1972, *Histoire moderne et contemporaine*, t. II.
2. Parti national breton, dont nous reparlerons.

M. Bougeard », et, depuis la fin 1943, la terreur règne dans la région de Plancoët-Bourseul, car des soldats russes blancs sont stationnés dans de nombreuses communes, se livrant au viol et à diverses exactions.

« En juillet, des exécutions sommaires isolées par les Allemands continuent un peu partout, mais des massacres collectifs sont perpétrés. Le 3 juillet, 31 cadavres sont découverts dans des fosses de la forêt de Plestan, 55 résistants dont des maquisards de Plouguénast sont arrêtés, torturés, puis exécutés dans la forêt de l'Hermitage-Lorge, 18 autres dont plusieurs chefs de la Résistance sont abattus le 10 juillet dans la forêt de Malaunay [...]. Cette liste n'est malheureusement pas complète. Les rafles, opérations de police, incendies de fermes continuent en juillet tandis que les accrochages font des victimes dans les deux camps. »

De l'ensemble des départements bretons, le Morbihan vient en tête par l'accumulation des épreuves de toutes sortes. Le 27 septembre 1940. Lorient, l'une des principales cibles désignées aux actions de la Royal Air Force sur le territoire français en raison de la décision allemande d'y construire une puissante base sous-marine, subit son premier bombardement nocturne. Les attaques aériennes connaissent une intensité telle, entre le 14 janvier et le 16 février 1943, que « la destruction de Lorient peut désormais être considérée comme achevée », écrit M. Roger Leroux[1]. En un seul mois « la ville a reçu plus de 500 bombes explosives, dont la plupart à grande puissance, et environ 60 000 bombes incendiaires. Sur 5 000 immeubles, 3 500 sont totalement anéantis ! La plupart des autres sont inhabitables. Bien entendu, le téléphone, le télégraphe, l'eau, le gaz, l'électricité ont été coupés... » Cet acharnement s'explique par l'incapacité où se trouve l'aviation alliée de venir à bout des bunkers, construits en surface, qui servent de base aux submersibles pour leurs opérations dans l'Atlantique et au début de

---

1. Dans son ouvrage d'une qualité d'information très rare, *Le Morbihan en guerre, 1939-1945*, Imprimerie de la Manutention, Mayenne.

havres pour les réparations et le ravitaillement. Mis en service au début de novembre 1941, dans un temps record, les deux bunkers de Kéroman permettent de réparer douze sous-marins à la fois. Lorient sera détruit, en mars-avril 1943 et on doit se rendre à l'évidence : le formidable pilonnage de l'aviation alliée n'a pas réduit sérieusement les possibilités d'accueil de la base sous-marine. En février 1943, Lorient est devenu ville interdite ; 40 000 habitants ont déserté l'agglomération.

Le poids de la guerre est économiquement très lourd, comme dans les autres départements bretons. L'administration allemande, non contente de drainer vers l'organisation Todt et les chantiers du mur de l'Atlantique une main-d'œuvre qu'attirent des salaires élevés, procède à des réquisitions répétées et massives. Dans le Morbihan, Lorient absorbe une quantité croissante d'ouvriers. Ces ponctions se font au détriment de l'industrie française déjà handicapée par l'absence des hommes retenus dans les camps de prisonniers. Ici et ailleurs – dans les autres départements côtiers –, la limite de la zone de pêche, réduite par le manque de gas-oil, contraint à l'inactivité une proportion importante des bateaux à moteur, sans compter que thoniers et chalutiers sont pris à partie par les appareils et les sous-marins anglais.

La lutte contre le maquis et la Résistance à laquelle l'intervention des Forces françaises libres donne, dans le Morbihan, un relief très particulier, et l'entrée en lice, à compter de janvier 1943, de contingents de l'armée Vlassov, qui sont connus pour leur aptitude à rançonner et à détrousser lorsqu'ils ne se livrent pas à des exactions plus graves, tous ces éléments expliquent le rejet à peu près total de l'occupant et la très faible audience des partis de la collaboration. « En mai 1943, selon M. Marcel Baudot [1], à Rennes on note 85 % d'anglophiles, 12 % de germanophiles et 3 % d'autonomistes ; à Vannes, au collège [des jésuites] Saint-François-Xavier, 47 % de gaullistes, 25 % de pétainistes, 25 % d'apathiques, 3 % de partisans de la collaboration... » Ces pourcentages sont, il est vrai, relevés à une époque où la

---

1. Dans *Libération de la Bretagne*, Hachette, 1973.

défaite allemande est désormais considérée comme inévitable et la collaboration avec l'occupant comme un choix absurde et suicidaire.

M. Roger Leroux nuance ce verdict lorsqu'il écrit[1] : « De fait, l'anglophilie, dans le Morbihan, est née d'un réflexe patriotique qui, chez bien des gens, n'impliquait nulle hostilité de principe à Vichy. Le commissaire spécial de Lorient, dans un rapport au préfet [Piton], souligne bien que l'opinion n'est pas antigouvernementale, que la dissolution des sociétés secrètes [la franc-maçonnerie] a même été plutôt bien accueillie, mais que les anglophiles sont nombreux. On croit, dans certains milieux, et l'on croira encore longtemps, qu'on peut être à la fois pour Pétain et pour les Anglais... »

La création de la Milice et, surtout, l'instauration du S.T.O. vont faire basculer beaucoup d'hésitants. Les miliciens de Darnand sont l'objet d'attentats fréquents[2]. La Résistance qui les prend pour cibles ne tardera pas à les voir associés aux opérations de « maintien de l'ordre » aux côtés des Allemands. Intervenant contre le maquis, ils recourent aux pires méthodes de la répression.

Devant la recrudescence des actions de la Résistance bretonne et pour suppléer à l'incapacité des G.M.R. à y faire face – les Groupes mobiles de réserve se révélant d'ailleurs de moins en moins sûrs, à peu de temps du débarquement –, Joseph Darnand qui est investi depuis le 30 décembre 1943 des fonctions de secrétaire général au maintien de l'ordre, envoie en renfort 200 miliciens commandés par le chef Di Costanzo. Cette unité est complétée par des éléments d'Ille-et-Vilaine et recevra d'autres renforts. La date tardive de cette intervention de la Milice en terre bretonne – dans la dernière quinzaine de mai 1944 – entraîne l'annulation d'une opération d'envergure dans le Morbihan. Exécutions et tortures se multiplient un peu partout, mais c'est en Loire-Inférieure (aujourd'hui Loire-Atlantique) et dans les Côtes-du-Nord que miliciens et Allemands conduisent les actions les plus spectaculaires, que les massacres sont les plus

---

1. Roger Leroux, *op. cit.*
2. Nous en avons mentionné les plus notoires.

nombreux. Le 27 juin, les miliciens sont associés aux Waffen
S.S. dans une attaque contre un camp de maquisards à
Saffré, en Loire-Inférieure. Début juillet, en réponse à une
« sortie » des maquisards de Plougenast, près de Boubriac,
les Allemands, les Russes de Vlassov, des miliciens et des
« miliciens Perrot » procèdent à des arrestations multiples
sur un vaste secteur, et massacrent 55 de leurs prisonniers
dont certains ont subi d'horribles tortures.

La mention des « miliciens Perrot » mérite une explication
et un retour aux sources de l'autonomisme breton dont ce
groupuscule représente la forme exacerbée.

L'histoire du mouvement autonomiste breton est depuis
1940 celle d'une série d'échecs et de tentatives pitoyables
pour obtenir de l'occupant une reconnaissance que celui-ci,
soit pour ne pas envenimer ses relations avec Vichy, soit par
pur réalisme en raison de son caractère très minoritaire, se
refuse à lui concéder. « Le 17 juillet [1940], écrit Bertrand
Frelaut [1], l'O.K.W. [2] publie un décret selon lequel "pour des
raisons politiques, tout soutien à l'autonomisme breton par
les autorités allemandes doit être interdit...". Et le même
décret souligne l'isolement des autonomistes dans la population bretonne en mentionnant qu'ils ne représentent que
10 000 partisans au plus, alors que l'opposition est très vive
contre eux... » Réunis le 3 juillet à Pontivy pour la formation
d'un Conseil national breton dont Fransez (François) Debau-
vais est désigné comme président, ils doivent solliciter la
protection de la Wehrmacht pour échapper à un mauvais
sort. Par la voix du cardinal Roques, archevêque de Rennes
et de l'évêque de Quimper, Mgr Duparc, l'Église condamne
toute forme de séparatisme.

L'ostracisme général dont ils sont l'objet ne décourage pas
les autonomistes de poursuivre leur action. Ils disposent
d'un journal, L'Heure bretonne, dont le premier numéro
paraît le 14 juillet 1940, et ressuscitent de ses cendres, sous

---

1. Dans *Les Nationalistes bretons, de 1939 à 1945*, éd. Beltan,
1985.

2. Sigle de *Oberkommando der Wehrmacht* : Commandement
suprême des forces armées.

la direction de Raymond Delaporte, le Parti national breton (P.N.B.), qui avait été dissous par le décret du 20 octobre 1939. Très hiérarchisé, disposant de « près de 70 sections vraiment actives » qui regroupent quelque 3 000 adhérents – dont deux à trois cents permanents –, le P.N.B. axe sa propagande sur l'exaltation du sentiment national breton en opposition avec la décadence française. Ses revendications vont de l'enseignement du breton dans les écoles – revendication ancienne – à la création d'une Assemblée bretonne. Bien que la reconnaissance de la nation bretonne soit revendiquée, le P.N.B. infléchit sa doctrine en demandant la formation d'un État breton autonome dans le cadre de l'État français fédéral – rejetant ainsi la tentation séparatiste –, mais affirme que « le peuple breton doit entrer fièrement et avec honneur dans l'Europe nouvelle », sous l'égide de l'Allemagne. Hostiles au gouvernement de Vichy dont ils dénoncent les ambitions colonisatrices, les théoriciens du Parti national breton adhèrent à l'hostilité qui englobe tout en même temps gaullistes, marxistes, francs-maçons et Juifs.

Fin 1943, le P.N.B. est lâché par ses extrémistes. Célestin Lainé, l'incorrigible comploteur-activiste, l'organisateur du Service spécial – une petite unité de douze jeunes hommes très résolus, chargés des missions confidentielles et du renseignement –, entre en dissidence. Il choisit l'action directe et violente, à la tête d'une « Compagnie bretonne en guerre contre la France ». Son organisation va se mettre au service de l'Allemagne.

Le 4 septembre, Yann Bricler, administrateur depuis sa fondation de la revue *Stur* et cousin d'Olier Mordrel[1], est

---

1. Olier Mordrel est une figure historique de l'autonomisme breton. Né en 1901, fils d'un général de l'armée française, architecte, il devint en 1920 directeur du journal *Breiz Atao*. Militant très actif, il entretint des relations étroites avec les autonomistes alsaciens-lorrains, corses et flamands. Il participa en 1931 à la création du Parti national breton et fonda en 1934 la revue *Stur*. Il fut condamné à mort en 1940. Bien qu'il n'eût joué qu'un rôle peu important pendant l'Occupation, il se réfugia en Allemagne et rallia notamment le « Comité de Libération » de Jacques Doriot. Il commença une vie d'exil après une nouvelle condamnation à mort, en 1946, trouva refuge en Italie, au Vatican et en Amérique

abattu dans son bureau du 22, rue du Parc, à Quimper. Selon Mordrel lui-même, Bricler avait établi une liste de leurs « ennemis dans la région » et lui avait transmis ces renseignements. Le récit des obsèques de Yann Bricler sous la plume d'Olier Mordrel[1] est lourd de sens quant aux sentiments de la population bretonne en ce mois de septembre 1943 : « Je conserve un souvenir de cauchemar de cet enterrement, écrira-t-il. Arrivant de la rue du Palais, le cortège trouva la place du 118e bordée de monde et défila jusqu'à l'église Saint-Matthieu entre deux haies de gens qui ricanaient [...]. Des mères en coiffe, penchées sur leurs bambins, amenés là comme au spectacle, leur donnaient une leçon de français en leur apprenant à prononcer *traître* le mot *Breton*. Nous tous qui avions été élevés dans le respect inconditionnel des morts, nous tous qui avions si souvent été témoins de la trêve des sentiments hostiles autour d'un cercueil, ne nous sentions plus en Bretagne. Cet air suait la haine et la vengeance bibliques. La Kommandantur, craignant des incidents, avait placé de place en place un Feldgendarme avec la mitraillette en sautoir. Il est possible que sans leur présence le cortège eût été attaqué et, comme nous étions nombreux nous aussi, nous aurions perdu une bataille de rues qui aurait laissé du monde sur le carreau, car si d'un côté la malveillance était sans limites, de l'autre l'exaspération et le dégoût avaient atteint le point d'explosion. »

En novembre, un militant du P.N.B., membre du Service spécial de Lainé, Yves Kerhoas, est assassiné par des hommes du maquis dans les environs de Plonévez-du-Faou (Finistère). Kerhoas, qui avait reçu de nombreuses menaces, avait été victime d'un premier attentat. Blessé à la tête, il s'en était remis, mais avait recommencé à se montrer en public et n'avait pas hésité à se rendre dans un bal, près de Plonévez. Avertis de sa présence, trois maquisards vont sur les lieux et crient très fort leur intention de l'abattre. Les

---

du Sud, gagna l'Espagne et revint en Bretagne en 1972. Olier Mordrel est mort en 1985. Source : Bertrand Frelaut, *op. cit.*

1. Olier Mordrel, *Breiz. Atao ou Histoire du nationalisme breton*, Alain Moreau, 1973.

organisateurs du bal coupent le courant pour permettre à Kerhoas de fuir. Celui-ci refuse de profiter de l'occasion et, la lumière rétablie, fonce droit sur les hommes du maquis. Deux d'entre eux sont sérieusement malmenés, le troisième tire sur Yves Kerhoas et le tue.

Les autonomistes ou séparatistes bretons sont les premières victimes d'une épuration violente dont les signes avant-coureurs se manifestent dès 1943[1]. Le 12 décembre, une exécution sommaire défraye la chronique en raison de la personnalité de la victime : l'abbé Yann-Vari Perrot est assassiné dans les environs de sa propre paroisse de Scrignac, dans le Finistère. Cet assassinat, qui aura des conséquences sur l'engagement d'une fraction du Parti national breton, alimentera une polémique et soulèvera des interrogations dont on a relevé la persistance, écho des drames de l'Occupation. « En juillet 1985, écrit Thierry Guidet[2], deux militants bretons ont été condamnés à un an de prison ferme pour avoir fait sauter le monument aux morts de Scrignac [...]. Ces militants entendaient répondre à la profanation, quelques mois plus tôt, de la croix érigée sur les lieux de la mort de Yann-Vari Perrot. C'est là que, depuis 1954, tous les lundis de Pâques, se réunissent des pèlerins. Ils commémorent en même temps le début de la révolution irlandaise et l'assassinat de l'abbé Perrot, enterré à quelques kilomètres de là, à côté de la chapelle de Coat-Keo, qu'il avait relevée... »

L'assassinat de Yann-Vari Perrot et son souvenir avaient donné lieu à un autre épisode judiciaire puisque, en 1985 également, un spectacle en breton consacré aux circonstances de sa disparition avait incité les dirigeants de l'A.N.A.C.R.[3], qui apparemment ignoraient tout de son

---

1. Parmi les premiers visés, les nationalistes bretons ne représenteront en fait qu'un nombre relativement peu nombreux de l'ensemble des victimes de l'épuration sauvage : 32, de septembre 1943 à août 1944, selon Bertrand Frelaut.

2. Dans *Qui a tué Yann-Vari Perrot ? – Enquête sur une mort obscure*. éd. Beltan, 1986.

3. Association nationale des anciens combattants de la Résistance.

contenu, à entamer une procédure tendant à en interdire la représentation. L'A.N.A.C.R. fut déboutée de sa demande.

Rarement une exécution sommaire avait provoqué autant de remous ; rarement, elle avait eu d'aussi longs prolongements dans le temps.

Yann-Vari Perrot, nous apprend Thierry Guidet, était né le 3 septembre 1877 à Keramazé, en Plouarzel, dans le Léon, la région la plus catholique de Bretagne, la « terre des prêtres ». Nommé vicaire à Saint-Vougav (affectation qu'il lui a fallu attendre car, à l'époque, en 1904, les vocations sont si nombreuses, dans cette région, qu'il n'y a pas assez de « postes » disponibles pour y répondre), l'abbé Perrot révèle son attachement à la tradition bretonne par des initiatives telles que la collaboration à la revue *Feiz ha Breiz* dont il prendra la direction. En mars 1914, son évêque le destine à la paroisse de Saint-Thégonnec, mais, la guerre éclatant, il sollicite son engagement et part comme volontaire. Ambulancier, il reçoit la croix de guerre.

De retour du front, l'abbé Perrot remet en chantier son action régionaliste en donnant au mouvement *Bleun Brug*, dont il avait été l'initiateur, un nouvel essor. L'apparition d'un courant nettement séparatiste autour de *Breiz Atao*, avec lequel il entend montrer ses distances en raison de références marquées à l'héritage celtique et d'une propension très nette à l'agnosticisme, les déclarations d'intention de *Bleun Brug*, en faveur d'un « régime d'autonomie », mettent l'abbé Perrot et ses amis dans une position difficile et les exposent à de sérieux avertissements de la part de Mgr Duparc, évêque de Quimper. Il leur faut donc rendre les armes devant la hiérarchie. En 1930, Yann-Vari Perrot est muté à Scrignac. Certains assimilent cette nomination à une « mesure disciplinaire ». Dans la logique de l'Église de l'époque, elle pourrait être interprétée comme la volonté d'affecter un prêtre de combat à une « terre de mission ». Mais l'abbé Perrot ne conçoit pas ainsi la mission qui lui est dévolue. Il restera à Scrignac pendant treize ans, jusqu'à sa mort, inébranlable dans des convictions aussi solides que le granit breton, plus que jamais enraciné dans son attachement à la mouvance régionaliste, voire suspect de collusion avec *Breiz Atao*.

Scrignac, pour l'abbé Perrot, c'est la terre de l'exil et pour ce prêtre d'un catholicisme ultra-conservateur, l'anti-chambre du purgatoire. Du Léon attaché à la foi, le voici projeté dans une région très imprégnée de laïcisme. Du pays aux vastes cultures qui, par ses rias, ses *abers*, s'ouvre sur la mer, aux monts d'Arrée, couverts de forêts, de landes et de bruyères. D'une terre « blanche » à une terre « rouge »... Il n'y a que sept personnes pour l'accueillir lorsqu'il prend pos-session de son presbytère, alors qu'il y en avait eu plus de quarante pour l'accompagner en venant de sa précédente paroisse de Plouguerneau. Il s'attache cependant à son ministère avec passion, relève ou fait bâtir des chapelles, parcourt de nuit comme de jour des kilomètres à pied à tra-vers les chemins boueux pour apporter les derniers sacre-ments ou, en utilisant sa voiture, secourir simplement des malades. Mais il demeure plus que jamais attaché à ses convictions régionalistes, toujours actif au sein du *Bleun Brug*. Appelé comme témoin à décharge lors du procès des membres du Parti national breton poursuivis pour détériora-tion de monuments publics lors de la visite du président de la République, Albert Lebrun, il fait fi de toute prudence et, minimisant la gravité du geste des barbouilleurs, justifie « la résistance bretonne contre les efforts d'étouffement... ».

Le militant breton qu'est l'abbé Perrot ne semble pas accueillir la défaite de 1940 comme une catastrophe mais il reste étranger à l'alliance des plus extrémistes des autono-mistes avec les nazis. Thierry Guidet cite même une lettre écrite par lui, le 20 septembre 1943, dans laquelle il condamne les « groupements bretons tels que le groupement dit "Service spécial" [...] qui est nettement néopaïen [...]. Ces mouvements sont à fuir comme la peste... ». Et c'est, assure-t-il, en fonction des mêmes principes qu'il faut rejeter les doctrines nazies parce que « destructives de tout l'ordre chrétien ».

Plusieurs articles publiés par Yann-Vari Perrot dans sa revue *Feiz ha Breiz*, qui continue de paraître pendant l'Occu-pation, et sur laquelle l'évêque de Quimper exerce un contrôle vigilant, alimentent pourtant une hostilité sourde qui n'avait pas besoin de nouveaux prétextes dans une région où son catholicisme ardent lui avait attiré de nombreuses inimitiés. Militant breton, il devenait suspect, comme bien d'autres de ses compagnons, de collusion avec les Allemands et d'appartenance à la Cinquième colonne. Son antibolchevisme affiché, et renouvelé haut et fort, complétait le dossier déjà lourd de l'accusation que l'on formait contre lui. L'anticommunisme risquait alors de se payer très cher. *Dorn Moskov* – « La main de Moscou », *Karnel Katun* – « Le charnier de Katyn » –, les titres de *Feiz ha Breiz* sont évidemment sans ambiguïté. Ils n'ont pas échappé à Mgr Duparc qui ne s'est pas opposé à la publication. L'abbé Perrot a reçu plusieurs lettres de menaces. Son vicaire, l'abbé Quéguiner, l'encourage alors à la prudence. Mais le curé de Scrignac n'est pas homme à se laisser impressionner.

Le dimanche 12 décembre 1943, il est prévu qu'il ira dire la messe à la chapelle de Saint-Corentin, dont c'est la fête, à quatre kilomètres du bourg. Alors l'abbé Quéguiner intervient : « Je vous en prie, laissez-moi y aller, vous savez que vous vous exposez... » C'est exact. Chacun sait que plusieurs dizaines de maquisards traversent régulièrement les landes autour de Scrignac. Yann-Vari Perrot reste inébranlable. Rien ne l'empêchera de célébrer cette messe anniversaire dans une des chapelles qu'il a restaurées sur ses propres deniers. Il part donc avant le lever du jour, en compagnie d'un enfant de chœur, à travers les chemins déserts. Il atteint Saint-Corentin peu avant 8 heures. Puis il célèbre sa messe, comme prévu.

La lande est maintenant envahie des lueurs grises d'un matin de décembre, d'où émergent des formes échappées du mystère de la nuit bretonne. Le temps de casser la croûte chez le sacristain, et le recteur de Scrignac repart, toujours suivi de l'enfant de chœur. Ils passent par le chemin creux qui joint la Croix-Rouge au Moulin-du-Têr lorsqu'un coup de feu claque. La balle manque le prêtre qui s'arrête et interroge : « Mais qu'est-ce qu'il y a ? » Un deuxième coup de feu, une deuxième balle l'atteint à la tête. Il s'effondre. Son petit servant s'enfuit à toutes jambes vers Scrignac et il donne l'alerte. Des braconniers qui chassaient le lapin dans les parages et qui ont entendu les coups de feu accourent et aperçoivent un homme vêtu d'un bleu de chauffe et coiffé d'une casquette, qui s'enfuit. Ils commencent à le suivre, mais doivent y renoncer lorsqu'il braque son arme dans leur direction. Au lieu-dit Poull-Prî, ils le voient monter dans une voiture qui démarre en direction de Morlaix.

Le corps du recteur est ramené au presbytère de Scrignac où il mourra dans la soirée, sans avoir repris connaissance. Sa dépouille, revêtue des habits sacerdotaux, est alors exposée pour permettre à ses paroissiens et à ses amis de lui rendre hommage.

Les obsèques de Yann-Vari Perrot sont célébrées le 15 décembre, ce mois de « Kerzu », le mois « très noir » pour les Bretons, rappelle Thierry Guidet[1], en présence d'une faible assistance, la Résistance ayant annoncé que le parcours serait miné et que les participants seraient l'objet de représailles. Des soldats allemands assurent la protection des personnalités, dont le représentant du préfet et l'évêque de Quimper. Ce dernier prononce l'oraison funèbre, rendant hommage au « pasteur plein de zèle et d'intelligence » et déclarant dans un style d'authentique fidélité pétainiste – fin 1943 : « Sa mort tragique donne au pays tout entier une grande leçon : la leçon de l'union de tous les citoyens nécessaire pour le salut de la France. Les partisans de la guerre civile mèneraient aux abîmes. Unissons-nous donc autour du grand chef que le pays s'est donné et prions avec reconnaissance pour tous nos morts de la guerre... »

On connaîtra le nom de l'homme qui tua le recteur Perrot : Jean Thépaut ; on saura qu'il était né en 1923, qu'il était cheminot et qu'il avait adhéré à quinze ans aux Jeunesses communistes. Il servira en Indochine et en Algérie et terminera sa carrière avec le grade de capitaine.

Examinant toutes les hypothèses – dont celle d'une initiative du... B.C.R.A. – Thierry Guidet estime que « tout s'est passé *comme si* l'exécution de Yann-Vari Perrot avait été

---

1. Dont nous avons complété les informations au moyen d'un document qui nous a été transmis par un de nos lecteurs.

décidée pour effrayer une partie du mouvement breton, pour précipiter plus avant l'autre partie dans sa folle alliance avec le nazisme... ».

Pour Lainé qui, le 11 novembre 1943, a transformé son Service spécial en « Compagnie bretonne en guerre contre la France », la mort de l'abbé Perrot est le prétexte à un engagement sans réserve. Le jour des obsèques de l'abbé Perrot, Lainé, flanqué de quatre de ses compagnons, a renoué avec les rites funéraires de la tradition celtique, et après avoir accompli les gestes symboliques sur la dépouille du défunt, a fait ce serment : « La guerre est déclarée entre les ennemis de la Bretagne, où qu'ils se trouvent, et nous. Ils ont tiré les premiers... Nous sommes prêts : demain, nous prendrons les armes... »

Le 16 décembre est officiellement constitué le *Bezen Perrot*, ou « Formation Perrot ». Il n'était pas de pire manière de perpétuer la mémoire du recteur de Scrignac... D'abord utilisés à des tâches subalternes, les quelque 40 volontaires de la Formation qui ont revêtu l'uniforme allemand – on leur a refusé une tenue qui les eût distingués de la Wehrmacht – sont associés à des unités où ils côtoient Ukrainiens et Géorgiens pour des opérations de représailles contre les « terroristes ». Leur nom est associé à la lutte contre le maquis à Callac, Châteauneuf-du-Faou, Baud, Ploerdut, Guer, Sarzeau, Guémené-sur-Scorff, Saint-Nicolas-du-Pélem...

Les hommes du *Bezen Perrot* quittent la Bretagne devant la progression des troupes américaines entre le 31 juillet et le 4 août. Ils sont une trentaine à franchir le Rhin, le 27 novembre, après avoir passé un mois à Strasbourg, et rejoignent le gros des exilés de la collaboration. Les dirigeants du Parti national breton se sont, de leur côté, dispersés, non sans avoir détruit leurs archives.

Formés pour la plus grande part entre février et mai 1944 – à quelques mois et à la veille du débarquement – les maquis F.T.P., concentrés à l'ouest des Côtes-du-Nord, multiplient les exécutions sommaires et les expéditions punitives, du 6 juin à la Libération. Ceux de la région de Guingamp sont particulièrement agissants. On découvrira ainsi à Kerriot, en Lanrivain, quatre fosses contenant des cadavres de personnes assassinées. Les faits ne seront révélés que plusieurs années après la Libération, car la population de la région s'était réfugiée dans le silence. Des exactions et des crimes resteront ainsi, durant des mois, voire des années, dans plusieurs régions de France, à jamais ignorés, parce qu'on se refusait à parler... La vérité, pourtant, émergeait progressivement. Des journaux régionaux, parmi les plus importants, n'hésitaient pas à se faire l'écho de découvertes qui, petit à petit, et bien malaisément, formaient le bilan des victimes de l'épuration sommaire, collaborateurs reconnus ou innocents. Ainsi, dans son numéro du 13 juin 1950, *Le Télégramme de Brest* apportait ces informations : « Toute la population de Lanrivain savait que plusieurs corps de personnes fusillées par les maquisards étaient enterrés. Mais, soit négligence, soit peur, personne n'avait signalé la présence de ces sépultures aux autorités. Le maire lui-même, lorsque des chiens errants ou des renards avaient déterré des ossements, au lieu de prévenir les autorités, avait fait recouvrir la tombe par le fossoyeur de la commune. Le parquet de Guingamp s'est rendu sur les lieux. L'identification est évidemment difficile. Des rumeurs courent sur les noms des maquisards qui auraient participé aux exécutions. Le juge d'instruction a ouvert une information. On dit que ces cadavres ne seraient pas les seuls. »

47 personnes sont exécutées dans les Côtes-du-Nord avant le 6 juin. « Pendant l'insurrection, écrit M. Bougeard [1] à qui nous devons ces chiffres, elles sont nombreuses, 41 en juin, 98 en juillet, 44 en août dont quelques-unes après la Libération. Au total, ce sont 243 exécutions, dont 21 après la Libération, ce qui est assez exceptionnel, qui interviennent dans les Côtes-du-Nord. Certaines sont le fait des résistants et des maquisards, la majorité vraisemblablement, mais bon nombre sont des règlements de comptes ou des crimes de droit commun, et les rapports de gendarmerie ne nous permettent pas de trancher... »

---

1. Christian Bougeard, *op. cit.*

Cette réserve faite, M. Bougeard constate : « L'épuration fut précoce et massive, bien plus forte que dans le département voisin d'Ille-et-Vilaine. Parmi ceux qui furent touchés par cette répression extra-judiciaire, il y a 64,6 % d'hommes et 35,4 % de femmes... »

Le quadruple assassinat du Gourav retiendra particulièrement l'attention... Quatre personnes étaient frappées sans autre explication que leur rang social, sans qu'aucune compromission pro-collaborationniste puisse être invoquée et au moyen de « précautions » qui apportaient la preuve de la préméditation. Les quatre victimes sont le capitaine de vaisseau Le Mintier de La Motte-Basse et son épouse, père et mère de sept jeunes enfants, Mme de Pétigny de Saint-Romain, sœur de Mme Le Mintier, et mère de cinq enfants, et une employée à leur service. On les conduit en forêt de Hardouinais, en Merdrignac, puis on les tue, les uns après les autres, à coups de barre de fer. Leurs cadavres sont ensuite transportés au lieu-dit La Feuderie, où ils seront retrouvés, en ce mois de juillet 1944, enfouis dans une fosse commune. Ils reposeront quelque temps plus tard dans la chapelle du château de La Motte-Basse, au Gouray.

Les auteurs de ces quatre assassinats furent identifiés. Il s'agissait de cinq maquisards appartenant à une formation régulière F.F.I.-F.T.P.

C'est un autre cas bien douloureux et rare que celui du vicomte Alain de Lorgeril, maire de Hénon, également dans les Côtes-du-Nord. Arrêté le 4 août 1944, il est emmené vers une « destination inconnue ». Elle ne le restera pas longtemps puisque son corps sera retrouvé dans les bois de la commune de Quessoy. Or, son propre frère, Christian, sera torturé et assassiné un mois plus tard dans le Midi toulousain, à des centaines de kilomètres de là.

La situation est alarmante en plusieurs points des Côtes-du-Nord. Le nouveau préfet, Me Gabriel Gamblin, avocat au barreau de Saint-Brieuc, qui exerce ses fonctions depuis le 5 août – le département est définitivement libéré à compter du 17 –, mesure très rapidement l'insuffisance de ses pouvoirs devant les multiples foyers de troubles et le nombre recensé des exécutions sommaires. « ... Des régions entières lui échappent dans l'intérieur du département, notamment la région Rostrenen-Maël-Carhaix et la région de Jugon », écrit M. Bougeard[1]. Ces rapports au commissaire de la République Le Gorgeu sont autant de cris d'alarme : inquiétude des populations rurales devant les initiatives désordonnées des Comités de libération ou de personnes isolées qui procèdent à des arrestations selon des critères d'appréciation hasardeux ; 400 personnes sont internées à Plédéliac, dans un camp qui vient d'être aménagé et la prison de Saint-Brieuc reçoit deux fois plus de prisonniers qu'elle ne peut en contenir. Tout cela malgré le préfet et le commandant des F.F.I., le premier avouant son impuissance à endiguer la vague d'incarcérations.

L'inquiétude du préfet Gamblin culmine dans le rapport du 15 août : rien ne s'est amélioré sur le plan de la légalité, assure-t-il ; l'ordre ne sera pas rétabli tant que les F.F.I. et les F.T.P. ne seront pas tenus à la discipline et ne rentreront pas dans des casernes. Trop peu nombreux, les quelque 200 gendarmes du département se sentent pratiquement inutiles. « Des bandes armées créent un véritable régime de terreur », la « bande à Mimil » se distinguant dans la région de Loudéac et des exécutions sommaires étant encore signalées, notamment dans des régions côtières et en Cornouaille.

Dans un autre rapport du 13 novembre, le préfet Gamblin établit une sorte de bilan des problèmes auxquels il a été confronté, en un peu plus de trois mois d'activité. Une quarantaine d'exécutions sommaires – dont celle d'un instituteur de Saint-Quay – lui ont été signalées. C'est essentiellement dans l'arrondissement de Dinan et dans la partie orientale de l'arrondissement de Saint-Brieuc, indique M. Gamblin, que l'agitation s'est cristallisée. Et il n'hésite pas à employer le terme de « terreur » pour caractériser le climat ambiant dans ces secteurs du département, depuis son entrée en fonctions. Le préfet insiste sur les multiples exactions, vols à main armée, sévices divers, viols et assassinats commis par une bande de justicialistes, soi-disant résistants, à Loudéac. Le chef des F.F.I. de la région a réussi à

---

1. Christian Bougeard, *op. cit.*

neutraliser ces bandits de grand chemin, mais lorsqu'il a fait connaître aux autorités de Saint-Brieuc, commandant de la place et procureur de la République, son intention de les faire passer en jugement au plus vite, celles-ci ont été incapables de se mettre d'accord en se renvoyant la responsabilité de la décision. Le chef de bande a mis à profit ces atermoiements pour s'évader.

M. Gamblin observe que la situation a commencé à s'améliorer depuis la mi-octobre, mais il met en relief les difficultés qui subsistent dans ses rapports avec les organismes issus de la Résistance. Son témoignage est très révélateur des problèmes opposant les représentants du Gouvernement provisoire fraîchement installé et ceux qui ont émergé de la Résistance ou de l'insurrection. Les Comités locaux de libération s'installent en terrain conquis et n'hésitent pas à rivaliser d'autorité avec les municipalités.

« On n'hésite pas à m'écrire qu'entre le régime de la Gestapo et celui récemment installé, on ne voit pas la différence », signalait le préfet Gamblin dans son rapport du 25 août. On lui reprochera d'avoir trop facilement écouté les sirènes alarmistes et d'avoir privilégié les informations provenant des milieux « modérés ». Sans doute y avait-il une part d'exagération, d'affolement collectif, à l'origine des témoignages qui lui parvenaient, mais pourquoi ces appels de détresse devenaient-ils suspects lorsqu'ils émanaient de milieux que n'aveuglaient pas les passions du moment ?

Dans le Finistère voisin, comme dans le Morbihan, le maintien de l'ordre pose des problèmes également préoccupants aux autorités. Les exécutions sommaires se sont multipliées en juillet, 50 personnes sont « abattues » pendant le mois qui précède la Libération. 40 autres tombent encore en août. Plusieurs bandes, les « grandes compagnies » ajoutent à leurs crimes pillages et vols à main armée. Conscient des risques de débordement, et constatant la reprise de la violence, le chef départemental des F.F.I., Matthieu Donnard, avait, dès le 18 juin 1944, lancé cette mise en garde très ferme :

« Les F.F.I. ont antérieurement au 1er juin 1944 entrepris contre les biens ou les personnes de collaborateurs notoires des actions répressives ordonnées par le commandement après une enquête minutieuse. Ces actions étaient nécessaires quand l'Allemand était le maître ; elles n'ont eu lieu cependant qu'en nombre très limité et seulement à titre d'exemple ; actuellement ces actions n'ont plus leur raison d'être, bien au contraire. Les collaborateurs ne nous échapperont pas et nous avons pour l'heure d'autres chats à fouetter. Au surplus, des actions punitives, entreprises actuellement, risqueraient de nous faire confondre dans l'esprit des Français avec certaines bandes armées agissant pour leur propre compte. Ces bandits mettent à profit les circonstances pour piller, rançonner et terroriser les populations.

« Il faut que cela cesse. Nous ne sommes pas des terroristes, mais des soldats. Seuls doivent être châtiés désormais les traîtres et les bandits.

« J'ordonne à tous les soldats F.F.I. de s'opposer au besoin par les armes, à toutes tentatives de meurtre ou de pillage. Notre mission est à la fois de chasser le Boche et de maintenir l'ordre chez nous. Nous n'y faillirons pas. »

Or, force est de constater que les exécutions sommaires ne cessèrent pas, bien au contraire. Le commandant des F.F.I. finistériens donnait des ordres qui prouvaient de louables intentions, mais il était patent qu'il ne contrôlait pas la situation, voire que certaines des unités qui dépendaient de lui appliquaient leurs propres méthodes d'épuration. Comme le préfet Gamblin, dans les Côtes-du-Nord, il n'avait pas de pire adversaire devant lui que les résistants de la dernière heure qui, attentistes la veille, se réveillaient résistants et justicialistes le lendemain.

Le moins touché des départements bretons dans la dépendance du commissaire de la République Victor Le Gorgeu, l'Ille-et-Vilaine, connaîtra pourtant quelques exécutions spectaculaires, la personnalité des victimes ou l'atrocité des méthodes suppléant le nombre. M. Richer, ancien maire de Redon, sera assassiné avec son épouse. Mais c'est à Saint-Malo que les justicialistes se surpassèrent dans l'ignominie ou le grotesque. Le 17 septembre 1944, ils tuèrent trois personnes de la même famille : M. Thomassin, armateur et capitaine au long cours, sa femme et leur petite fille de quatre ans... Leurs fils, qui s'était engagé dans la L.V.F., échappa à la mort, mais il fut torturé avant d'être condamné à une peine de dix ans de travaux forcés. D'autres exécutions sommaires furent signalées à Saint-Malo et dans sa région – deux femmes furent pendues à Monterfil.

Certaines régions du Morbihan sont soumises, depuis l'automne 1943, à un régime d'incendies, de vols à main armée et de meurtres indépendants de la collaboration ou de la répression allemande[1].

Ces actions qui sont à mettre au compte de la Résistance ou de bandes de pillards expriment tout en même temps la volonté de punir des profiteurs, de rançonner des fermiers ou de châtier des « collaborateurs ». Roger Leroux recense plus de 34 attaques contre des particuliers dans les arrondissements de Pontivy et d'Hennebont pendant le mois de septembre 1943. Les incendies de fermes se multiplient, mais diminueront en octobre, la Résistance ayant constaté l'effet désastreux auprès de l'opinion qui ne comprend pas que l'on mette le feu à des récoltes... sous prétexte de chasser les Allemands. De novembre à mai 1943, on dénombre 52 exécutions sommaires – pour la plupart le fait de résistants – et 173 attaques de fermes. « Le banditisme, dont les victimes ne sont pas toujours des trafiquants du marché noir, retrouve des formes que l'on ne connaissait pas depuis le Directoire, écrit M. Leroux. Des femmes sont violées, des hommes torturés, le temps des "chauffeurs" est revenu... Le terrorisme est un phénomène né en 1943 d'une situation pré-insurrectionnelle où tout un potentiel de partisans reste inemployé, où les membres des groupes d'action sont insuffisamment encadrés. Il se constitue alors des bandes incontrôlées qui agissent pour leur propre compte sans nécessairement cesser d'appartenir aussi à la Résistance ».

---

1. M. Roger Leroux en établit un bilan impressionnant dans l'ouvrage que nous avons précédemment cité.

71 personnes seront victimes d'exécutions sommaires avant le débarquement. Le 3 avril 1944, notamment, M. Eugène Villet, président du syndicat de la boulangerie du Morbihan, réfugié de Lorient, est grièvement blessé à Baud. M. Marcel Le Paih est blessé à son tour pendant qu'il le conduisait dans une clinique de Vannes. L'un et l'autre mourront dans les jours suivants. Les F.T.P. de Bubry exécutent le secrétaire de mairie, M. Le Podellec, le 14 du même mois.

« Sans doute ces attentats, commente M. Leroux qui en relate d'autres, ne visent-ils pas tant les plus coupables que les plus faciles à trouver et la culpabilité des victimes ne mérite-t-elle pas en elle-même le châtiment suprême, mais les F.T.P. opposent à la terreur allemande la terreur de la Résistance. »

Bien que tardive – les premiers maquis s'organisent au cours de l'été 1943 – la Résistance communiste est en effet la plus active et la plus activiste, et le mot de « terreur » qu'utilise un historien aussi bien documenté et objectif que M. Leroux n'est pas vain. On discerne de plus en plus malaisément ce qui, dans les actions « terroristes » – l'expression revient, il est vrai, couramment dans la bouche et sous la plume des commentateurs allemands et de Vichy –, appartient aux gangsters ou aux hommes des maquis. Le vol des tickets d'alimentation dans les mairies est courant, et non moins fréquents les « braquages » contre les bureaux de poste ou les perceptions, selon des méthodes qui sont monnaie courante dans toutes les régions de France où se sont organisés les maquis qui trouvent sur le terrain les moyens d'assurer leur subsistance. On évalue à près de 15 millions de l'époque le montant des sommes dérobées dans le Morbihan d'août 1942 à début juin 1944, somme considérable si l'on sait que la moyenne mensuelle des salaires est alors de quelque 2 000 francs.

Épaulés par les volontaires de la milice Perrot qui, dans un premier temps, leur fournit des renseignements, les Allemands organisent des opérations répressives qui ne visent pas seulement les pilleurs de fermes et les incendiaires. Ils rendent coup pour coup aux F.T.P. de plus en plus efficaces

par leurs actions de harcèlement, l'intervention de soldats
géorgiens incorporés dans l'armée allemande ne faisant
qu'aggraver les mesures de représailles accompagnées de
vols et de pillages. La population rurale est ainsi prise dans
un étau, entraînée dans un cycle infernal, confrontée à une
double pression. Aussi lui faut-il beaucoup de discernement
pour distinguer une violence qui se veut libératrice de celle
de l'occupant. L'intervention des 500 hommes du 2e régiment de chasseurs parachutistes du commandant Bourgoin
à Saint-Marcel – la plus importante du genre dans la France
occupée –, dans la nuit du 9 au 10 juin 1944, place le Morbihan dans une situation particulière. À l'affrontement militaire – l'opération cherchant à épauler les F.F.I. de Bretagne
dont la mission sera de fixer les divisions allemandes – succède une « chasse à l'homme » des combattants malheureux
de Saint-Marcel et de leurs « complices » sur le terrain.
30 personnes sont massacrées du 19 au 22 juin ; 19 autres
seront fusillées plus tard ou déportées.

Dans ce contexte, les attentats contre les personnes à tort
ou à raison soupçonnées de connivence avec les Allemands
se multiplient. De 10 recensées dans la première décade de
juin, les exécutions sommaires passent à 63 – dont
27 femmes – en juillet. Dans ce nombre, un prêtre, l'abbé
Le Rallier, curé de Bienzy-Lanvaux, ajoute son nom à la liste
déjà longue des prêtres victimes de l'épuration sauvage. Il
est assassiné le 20.

« Les patriotes (?), rapporte M. Leroux, soupçonnent la
famille Baucher, de Silfiac, d'avoir dénoncé le maquis de
Kergoët. Le 13 juillet, "A." fait arrêter le mari et la femme
puis après les avoir interrogés très longuement (pendant six
heures) les remet en liberté, convaincu de leur innocence.
Deux jours plus tard, trois hommes du 5e F.F.I. décident de
les exécuter, ainsi que leurs deux fils. Au cours d'une scène
effroyable, Laurent, âgé de quinze ans, blessé à la nuque et
à un doigt, réussit à s'enfuir parce que le revolver qui devait
lui donner le coup de grâce s'est enrayé et que la lampe s'est
éteinte. Ses parents et son frère Amédée sont tués par trois
soudards qui violent en outre la fiancée d'Amédée. La cour

d'assises condamnera les assassins en décembre 1949 à cinq ans de travaux forcés. »

Ici et là et plus particulièrement dans la moitié orientale du Morbihan, poursuit M. Leroux, des individus armés de mitraillettes (mais de qui les tiennent-ils ?) menacent les paysans pour se faire remettre de l'argent, du linge, de l'eau-de-vie...

Comment réagissent les officiers des F.F.I. devant ces exactions ? Sans sévérité, précise M. Leroux, puisque « parfois ils récupèrent les coupables et les incorporent dans une formation du maquis ». Toutes les exécutions sommaires bien entendu, ne frappent pas que des innocents. Les atrocités allemandes expliquent une forme d'exaspération dont des prisonniers allemands font les frais : près du cimetière de Vannes, une quarantaine seront exécutés.

Autant les exécutions de personnes douteuses ou d'agents identifiés de l'ennemi laissent l'opinion indifférente, autant elle exprime sa réprobation des massacres. « Les exécutions de Plouay laisseront un mauvais souvenir, rapporte M. Leroux. Le 7 août, les F.T.P. rassemblent d'autorité plus de 500 personnes sur la place de l'église pour assister à l'exécution de quatre personnes : deux agents notoires de l'ennemi, un délateur et l'ex-maîtresse du colonel allemand qui commandait encore tout récemment à Plouay. La foule a pitié de la jeune femme qui n'a sans doute dénoncé personne et passe pour avoir influé sur son amant afin d'éviter des ennuis à la population. Elle ne comprend pas que les exécuteurs refusent aux suppliciés le secours d'un prêtre.

« Dans les villages qui environnent Plouay, les meurtres se succèdent : à Cunfio, deux amies des Allemands et un "collaborateur" sont abattus à la mitraillette ; à Coatfao, un Tchèque est tué et enterré au bord de la route ; on raconte qu'à Kerscoulan, les F.T.P. ont arrêté et exécuté un ancien légionnaire et sa concubine, qu'ils ont obligé celle-ci à danser nue puis l'ont enfermée dans un four à pain et lui ont coupé les seins avant de la tuer. »

La cour de justice du Morbihan ne prononça que deux condamnations à mort dont une seule fut suivie d'exécution.

La justice du Gouvernement provisoire atténuait par son extrême modération la rigueur d'une épuration sauvage qui avait accompli la plus grande partie de son travail... En effet, le chiffre des exécutions sommaires se situait entre 200 et 220. Elles avaient été plus nombreuses dans les Côtes-du-Nord : 229 selon M. Baudot[1]. M. Bougeard, correspondant de l'Institut d'histoire du temps présent, avance[2] un nombre supérieur : 243. Ce département se signalait également par la persistance de l'agitation et la multiplication des attentats bien après la Libération : treize bombes éclataient, en faisant plusieurs blessés, entre le 26 et le 27 décembre 1944. L'évêché était l'objet de deux attentats à l'explosif, apparemment en réaction contre les prises de position « pétainistes » de l'évêque, Mgr Serrand, dont la démission fut demandée par des organisations de résistance. Plus de 1 200 personnes furent arrêtées d'août 1944 à août 1945. Le Comité départemental de libération protestait néanmoins contre l'élargissement d'un trop grand nombre d'internés du camp de Langueux.

On évaluait officiellement à 120 les exécutions sommaires dans le Finistère, mais certaines sources avaient avancé un chiffre beaucoup plus important.

Le chiffre minimal des exécutions sommaires dans les départements des Côtes-de-Nord, du Finistère et du Morbihan était donc de 600 environ, soit nettement au-dessus de la moyenne nationale. 32 nationalistes bretons, rappelons-

---

1. Dans le bulletin trimestriel n° 25, septembre 1986, de l'Institut d'histoire du temps présent. On notera que dans son ouvrage *Libération de la Bretagne*, paru en 1977, auquel nous nous sommes fréquemment référé, M. Baudot ne faisait état (p. 205) que de 70 exécutions sommaires pour ce département, après avoir écrit que « les enquêtes officielles menées depuis 1948 sur la question ont permis de chiffrer *très exactement* le nombre d'exécutions sommaires dans les départements bretons ». Cette évolution de 70 à 229 pour les Côtes-du-Nord révèle une indiscutable fragilité des méthodes d'investigation. Nous montrerons dans la « conclusion » de cet ouvrage d'autres contradictions dans les chiffres à propos de plusieurs – et non des moindres – départements.

2. M. Bougeard, *op. cit.*

le, avaient été assassinés de septembre 1943 à août 1944[1] et pendant le même laps de temps trois membres de la formation Perrot avaient été tués. On est assez surpris de ces chiffres, mais bien davantage du nombre de femmes parmi les victimes de l'épuration violente, notamment près de 36 % dans les Côtes-du-Nord et dans le Morbihan.

Le nombre proportionnellement assez peu élevé de nationalistes bretons exécutés ne signifie pas que le phénomène nationaliste lui-même n'ait pas servi de cible ou de prétexte, le parti communiste, apôtre de l'internationalisme, redécouvrant les vertus du jacobinisme : « De septembre à novembre 1944, remarque M. Frelaut, des centaines d'arrestations visent tous ceux qui, de près ou de loin, ont eu quelque chose à voir avec la "matière de Bretagne"... L'amalgame fut rapide et poussé entre les joueurs de binious bretonnants ou simples sympathisants, et ceux qui avaient endossé l'uniforme allemand et abattu des résistants au nom du nationalisme breton... »

La modération des cours de justice relevée dans le Morbihan était confirmée dans les départements les plus touchés par l'épuration violente : 17 condamnations à mort dans les Côtes-du-Nord et 7 dans le Finistère. Par contre, 36 pour l'Ille-et-Vilaine où les condamnations par la cour de justice à la peine capitale, dans ce département où siégeait le commissariat de la République, excédaient les exécutions sommaires, évaluées à une vingtaine. La « compensation » entre exécutions sommaires et condamnations par les cours de justice était ainsi confirmée.

200 personnes, dont 110 contumaces, avaient été condamnées à mort dans les quatre départements et 32 exécutées. Sur les 3 768 qui avaient comparu devant les chambres civiques, 3 165 avaient été frappées d'indignité nationale. Comme ailleurs, la « dégradation nationale » s'accompagnait de la confiscation, généralement partielle, des biens.

---

1. Bertrand Frelaut, *op. cit.*

4.

DES PRISONS CLANDESTINES
DE MARSEILLE
AUX « FUSILLADES » DU VAUCLUSE

Le 15 août 1944, les forces alliées – dont l'armée B du
général de Lattre de Tassigny – ont débarqué sur les côtes
de Provence. Anticipant sur les plans américains qui prévoyaient l'action sur Toulon le 4 septembre et sur Marseille
vingt jours plus tard, de Lattre réussit à lancer ses éléments
avancés, le 21, jusqu'à La Valette-du-Var, dans les faubourgs
du grand port militaire. Toulon est définitivement libéré le
27 après une rude bataille et un échange d'artillerie meurtrier entre les navires alliés et les canonniers de l'amiral
Ruhfuss qui tiennent les forts. La population civile qui avait
déjà beaucoup souffert d'une longue suite de bombardements est de nouveau soumise à l'épreuve. Les pertes subies
par l'armée française disent la sévérité des combats :
2 700 tués ou blessés.

C'est ensuite le tour de Marseille, qui fut au centre des
discussions entre les dirigeants et stratèges alliés lorsque,
après les victoires en Italie, fut ouvert le débat sur le double
choix d'une percée vers l'Europe centrale destinée à devancer l'armée soviétique, ou d'un débarquement au sud de la
France, pour créer un nouveau front en réplique de celui du
nord. L'opinion du général Eisenhower a pesé le plus lourd
dans la balance en faveur de la seconde option, contre les
réticences de Winston Churchill partagées par le général
Juin.

La libération de Marseille est donc une pièce maîtresse dans la stratégie que Eisenhower a imposée : « Un débarquement dans le sud de la France est essentiel, a-t-il déclaré, non seulement pour y fixer les forces allemandes, mais parce que j'ai absolument besoin du grand port et de la voie de pénétration le long du Rhône, très riche en routes et en voies ferrées, pour soutenir les divisions avec lesquelles je devrai combattre l'armée de l'ennemi avant de pénétrer sur son territoire... »

La bataille de Toulon est à peine engagée que, le 21 août, les tirailleurs algériens et les tabors marocains atteignent Aubagne avec l'appui des chars. Cloués sur place par l'artillerie allemande, les blindés passent le relais aux troupes marocaines qui enlèvent une à une à la baïonnette, à la grenade et au couteau les redoutables obstacles antichars. Aubagne est occupé le 22 au soir et par la route nationale numéro 8 l'accès à Marseille est ouvert. Au même moment, les troupes américaines entrent à Aix-en-Provence.

Mais la prise de Marseille est l'objet d'une nouvelle discussion – voire d'un affrontement – entre de Lattre de Tassigny et le général de Monsabert, commandant de la 3e division d'infanterie algérienne dont le 7e régiment vient, aux côtés des tabors marocains du général Guillaume, de faire sauter le verrou d'Aubagne. Tandis que de Lattre incline à la prudence et opte en faveur d'un investissement de la cité phocéenne, une sorte de siège qui lui laisserait les mains libres pour foncer vers le nord et le mettrait en position privilégiée par rapport aux Américains, Monsabert défend une action immédiate et audacieuse sur la ville. Le raid qu'il envisage aurait pour lui l'avantage, en intervenant au cœur même du dispositif de l'ennemi, de le surprendre et de le contraindre à une capitulation rapide. Le commandant de la 3e D.I.A. avance les risques d'un affrontement de longue durée contre un adversaire qui dispose d'au moins 15 000 hommes et de quelque 200 canons établis dans des positions soigneusement retranchées. Il ajoute qu'une action prolongée exposerait la population marseillaise à des représailles de l'occupant. La solution Monsabert finira par l'emporter et le général de Lattre sera mis devant le fait accompli. Il avait craint en outre qu'une intervention brusquée ne jette les troupes françaises dans le chaudron en ébullition de l'insurrection intérieure et ne les mette dans une position délicate au milieu des règlements de comptes inévitables. On verra que le chef de l'armée B ne s'était pas complètement trompé dans son diagnostic pessimiste sur cet aspect de la Libération.

Ville turbulente et unique par son cosmopolitisme – près de dix pour cent d'étrangers, Italiens et originaires des pays de la Méditerranée orientale, ce qui explique de fortes poussées de xénophobie –, Marseille a été placée avant la Seconde Guerre mondiale sous un régime exceptionnel de tutelle. Le gouvernement de Vichy a encore durci ce régime par une loi qui confie au préfet des Bouches-du-Rhône l'administration de la cité, avant que le conseil municipal ne se voie substituer une « délégation spéciale » dont la désignation revient au ministère de l'Intérieur.

Tout au moins la grande cité phocéenne vit-elle, jusqu'au 12 novembre 1942, dans une sorte d'euphorie artificielle que lui valent sa situation en zone libre et sa dépendance d'une administration encore française. Sa population s'est gonflée d'une nouvelle vague d'immigration sélective attirée par une liberté en sursis. L'air de Marseille paraît bien léger en comparaison de l'atmosphère de la capitale soumise à la botte allemande. On se replie donc volontiers sur Marseille, en attendant, pour certains, de gagner de nouveaux refuges, comme dans le cas des Juifs. Exilés de Paris, des journaux reparaissent[1]. Organes et partis politiques s'y installent. Jacques Doriot et le P.P.F. qui s'appuient sur la puissante fédération locale de Simon Sabiani et publient *L'Émancipation nationale*. *Le Franciste* de Marcel Bucard, mais celui-ci a ouvert le siège de son mouvement non loin de là, à Aix-en-Provence. *Gringoire*, d'Horace de Carbuccia...

---

1. On ne compte plus les personnalités du monde littéraire qui se sont repliées à Marseille où paraissent plusieurs revues de grand prestige. Les Espagnols et les Italiens en rupture avec les régimes de leur pays d'origine tiennent une place importante dans la nouvelle immigration.

Les éléments d'une confrontation violente sont réunis bien avant l'occupation allemande. Car la gauche elle-même est fortement implantée dans l'ensemble des départements provençaux où elle a remporté une victoire écrasante lors des dernières élections législatives en date, celles d'avril et mai 1936, en enlevant dix-neuf sièges sur les vingt-trois à pourvoir. Dans les Bouches-du-Rhône, les socialistes et les communistes ont envoyé respectivement cinq et trois députés à la Chambre.

La fidélité à la personne du maréchal Pétain ne connaît guère d'exceptions jusqu'à l'occupation de la zone libre, mais les groupes activistes n'ont pas attendu la présence de la Wehrmacht pour se manifester tant à Marseille que sur l'ensemble de la côte méditerranéenne. Le P.P.F. de Doriot et de Sabiani y tient la vedette en se démarquant progressivement du gouvernement de Vichy et de la Révolution nationale, par une propagande intense en faveur de la Légion des volontaires français contre le bolchevisme, l'organisation de multiples meetings et conférences et des provocations et exactions dont les Juifs font les frais.

Le climat s'alourdit avec le débarquement des troupes américaines le 8 novembre en Afrique du Nord. L'invasion de la zone libre par la Wehrmacht paraît dès lors inévitable. Après avoir envisagé l'utilisation de l'« armée d'armistice » – quelque 100 000 hommes – le gouvernement de Vichy, du moins les éléments les plus disposés à la résistance, finit par basculer dans l'attentisme et par accepter le fait accompli. Dans la nuit du 10 au 11 novembre les unités allemandes franchissent la ligne de démarcation tandis que la faculté est donnée aux troupes de l'Axe de débarquer en Tunisie. Il n'y a plus d'État français. Il n'y a plus à Vichy qu'un gouvernement fantôme, non seulement privé de sa liberté d'agir, mais qui doit se résoudre à la perte des prolongements africains, l'Afrique-Occidentale française entrant au même moment en dissidence. Le 27, Vichy perd son dernier atout. Pour échapper à la mainmise de l'envahisseur, la flotte française se saborde à Toulon. Le même jour, l'armée d'armistice est dissoute.

Les Allemands ont fait leur entrée à Marseille le 12 en même temps qu'ils ont pris sous leur contrôle la côte provençale. Invités à partager les dépouilles, les Italiens occuperont une zone dont la ligne passe par Nantua, Vienne, Valence, Avignon, englobant de ce fait la Côte d'Azur et y ajoutant la Corse. Marseille n'a pas perdu que les derniers vestiges de sa liberté. La disparition des marchés africains va la conduire aux bords de l'asphyxie. Le 2 décembre ont lieu les premiers attentats : un engin explose devant l'hôtel Astoria, réquisitionné, endommageant plusieurs bicyclettes des troupes d'occupation. Plus tard, dans la soirée, un autre engin pulvérise une voiture radio stationnée devant l'hôtel de Rome et de Saint-Pierre. Les cibles changent de côté ou sont du moins désormais partagées, les attentats contre les Allemands répondant à ceux dont ont été l'objet les personnes, les monuments désignés par les activistes d'extrême droite.

Le 3 janvier 1943, le général Mylo, commandant la place de Marseille, ordonne l'état de siège après l'explosion de bombes dans une maison close fréquentée par des militaires allemands et dans le hall de l'hôtel Splendide, attentats qui ont fait plusieurs morts et blessés. Devant le refus du préfet Rivalland de désigner des otages et de placer sous son autorité la police française, Mylo en réfère au grand état-major qui répercute sur Oberg, chef des S.S. et de la police en France, les ordres personnels du Führer : « Le Vieux-Port de Marseille, qui est connu pour être un refuge de la pègre internationale, doit être immédiatement évacué par la population. En même temps qu'à l'évacuation, on procédera à une visite à fond pour y découvrir les passages souterrains et les dépôts d'armes. Après quoi, le quartier sera rasé par le génie de la Wehrmacht... »

L'opération commence le 22 janvier à 22 heures. Elle a été confiée à la police française, avec un grand renfort de gendarmes, gardes mobiles et inspecteurs amenés par trains spéciaux de Paris, Lyon, Toulouse et Vichy et après que Laval eut obtenu des Allemands une réduction du périmètre visé par la destruction et des personnes concernées – 25 000 environ contre 40 ou 50 000. Prétextant d'un attentat commis la veille dans un tramway, Oberg revient sur le protocole et décide de faire intervenir les S.S. 2 000 personnes sont arrêtées, transférées à la gare d'Arene et de là à Compiègne, dans des conditions atroces, avant d'être déportées. Le 24, la population du Vieux-Port est avertie par haut-parleurs d'avoir à évacuer les immeubles. Tandis que les policiers perquisitionnent, 30 000 personnes prennent à leur tour le chemin d'Arene. Là, après un tri sommaire, on procède à un nouveau transfert au camp militaire de Caïs *via* la gare de Fréjus. 600 autres suspects s'ajoutent aux 2 000 déjà retenus. Ils les rejoindront dans les camps de la mort.

Le 1er février, la première charge de dynamite explose dans la partie condamnée du Vieux-Port. Les démolitions se succéderont jusqu'au 17 février, rasant plus de 1 400 immeubles. Quelques édifices (tels que l'hôtel de ville, les bâtiments des anciennes douanes, l'église Saint-Laurent et plusieurs hôtels particuliers) ont été épargnés en raison de leur valeur artistique. Tandis que des légions de rats, de chats et de chiens abandonnés fuient le cataclysme déclenché par la main de l'homme, 27 000 personnes partent à la recherche d'un précaire abri.

On ne s'étonnera pas que, dans ces conditions, la Résistance active ait trouvé à Marseille un terrain favorable. Elle va d'abord se cristalliser autour des M.U.R. Marseille est désigné comme chef-lieu de la Région 2[1] qui englobe six départements. L'Armée secrète et les groupes francs en sont les deux formations paramilitaires. L'O.R.A. est également présente, mais elle reste très minoritaire. Plus tardive en zone Sud, l'implantation du Front national, d'obédience communiste, s'exprime non seulement à travers les F.T.P. mais également les Milices patriotiques dont le rôle, sans doute moins connu, sera déterminant dans l'épuration et qui déploieront le principal de leur activité après la Libération. Elles se transformeront ensuite en Forces républicaines de sécurité. Créées en février 1944, les Milices recevront leur

---

1. Avec Marseille comme chef-lieu : les Hautes-Alpes et les Basses-Alpes, les Alpes-Maritimes, le Var, le Vaucluse et les Bouches-du-Rhône.

consécration par l'ordonnance datée du 10 août 1944. « Placées sous la discipline des Forces françaises de l'intérieur » et des C.D.L., elles forment les réserves populaires de l'insurrection et « ont pour mission de discipliner, d'organiser, de prémunir, de protéger la population contre la terreur de l'ennemi et de ses complices », précise l'article XI de leurs statuts. Elles se doivent encore, ajoute l'article XIII, « ... d'agir pour liquider les autorités illégales imposées par l'ennemi et ses valets... ».

Groupes francs des M.U.R. et F.T.P. se relaient involontairement pour frapper l'occupant et ses collaborateurs. Pour certains d'entre eux la lutte se prolongera dans l'épuration sauvage. Le combat commun des F.T.P. et des militants clandestins de la M.O.I. [1] porte des fruits qui s'expliquent par l'origine même de ces derniers, républicains espagnols réfugiés de l'atroce guerre civile, rescapés des Brigades internationales qui avaient forgé leurs armes et leur détermination au contact des franquistes, Arméniens réunis à Marseille dans une communauté nombreuse et très entreprenante, exilés des pays danubiens et de l'Europe centrale, Roumains, Yougoslaves et Bulgares, quand ce ne sont pas des bannis de l'ordre hitlérien, après l'instauration du nazisme en Allemagne en 1933.

Les Allemands font, bien entendu, les frais des attentats, mais dans les mêmes proportions les membres et dirigeants des mouvements engagés à leurs côtés, ou les personnalités que leurs fonctions exposent à des représailles. Miliciens et P.P.F. sont spécialement visés par une justice expéditive qui n'aura pas attendu les tribunaux de l'épuration pour se

---

1. Ou Main-d'œuvre ouvrière immigrée, section étrangère, mais développant une activité parallèle, du Parti communiste français. Son rôle dans les attentats antiallemands fut considérable. Le fameux groupe Manouchian y fut le plus actif et elle compta des militants aussi célèbres qu'Artur London. Leopold Trepper, le non moins célèbre chef de l'Orchestre rouge, y avait également travaillé, avant la guerre, à l'époque où on la connaissait comme Main-d'œuvre immigrée.

manifester. Il en est ainsi, au mois de mai 1943, pour le docteur Bouysson, chef de la propagande de la Milice, qui est tué et pour son secrétaire départemental, Amalric, blessé en novembre. En septembre, Toussaint Manfredi avait payé de sa vie son appartenance au P.P.F.

Les expéditions punitives s'accélèrent en 1944, et à mesure que l'espoir de la libération se précise. Celles qui visent les hôtels, les établissements militaires allemands, voire des unités de la Wehrmacht, sont innombrables. Dès 1943, des commissariats de police français – ceux de la Blancarde et du Lycée – et la caserne de gendarmerie de l'avenue du Prado avaient été l'objet d'attaques en règle. En février 1944, le secrétaire du P.P.F., Tomasini, tombe à son tour sous les balles des résistants. En juin il est suivi de Pierre Vasserot, du même parti. Le 1er juillet est assassiné Adasech Agakian, président de la Légion arménienne, acquise à la politique du Maréchal, favorable à la collaboration et qui rassemble des effectifs aussi importants que ceux qui rejoindront la Résistance.

L'exemple de M. Henri Verdun est particulièrement spectaculaire. Président de la Section spéciale de la cour d'appel d'Aix, M. Verdun a été associé à des jugements relatifs à des affaires de résistance. Le 18 janvier, une équipe de la M.O.I. le tue en pleine rue alors qu'il se rendait du palais de justice à son domicile. Trois jours plus tard, Lucien Vivaldi, l'un des auteurs de l'attentat, est l'objet d'un contrôle d'identité avec d'autres passants dans une rue de Marseille où il a commis l'imprudence de s'aventurer. Se sentant pris, il fait feu sur l'agent qui venait de l'interpeller. Il se sauve, se réfugie dans un hôtel. Là, des inspecteurs de la Sûreté viennent l'arrêter. Jugé par la cour martiale d'Aix-en-Provence, le 25 janvier, condamné à mort, il sera exécuté le lendemain.

Les membres de la Gestapo ne sont pas non plus épargnés, tel Henri Brau en février – toujours en 1944 – et, en avril, Frochmann, chef de la même organisation à Aix-en-Provence. Celui-ci sera abattu, le 27, à la sortie d'un restaurant en même temps que le directeur du Bureau de placement allemand, Olivier, dit Hermann, et surnommé le Balafré.

C'est que la Gestapo et la police de sécurité allemande opèrent de terribles ravages dans la Résistance marseillaise. Installée 425, rue Paradis, la Gestapo a pour chefs Rolf Mühler, ancien professeur de français dans une université allemande, mais plus encore le redoutable Ernst Dunker qui se cachera sous le nom français de Delage. Coiffant à compter de janvier 1943 S.I.P.O. et S.D., homme de sac et de corde converti au renseignement, il régnera sur un millier d'agents, pénétrera les milieux résistants, récoltera un nombre impressionnant d'informations et réussira un exploit en « retournant » Jean Multon, *alias* Lunel, qui n'est autre que le secrétaire de Maurice Chevance, *alias* Bertin, chef régional des M.U.R. de la Région 2. Arrêté, Chevance réussira à s'évader mais les indications fournies par Multon permettront à la Gestapo d'opérer quelque 150 arrestations dont beaucoup seront suivies de déportations. On mesurera aux noms des futures victimes les « services » rendus par Multon à ses nouveaux maîtres, en dehors de Maurice Chevance rien de moins que Bertie Albrecht, adjointe de Henri Frenay le chef de l'Armée secrète, le général Delestraint et René Hardy dont l'arrestation sera, comme on le sait, au centre de l'affaire Jean Moulin.

La Résistance aborde la libération dans un état de faiblesse extrême. Privée de l'appui de maquis suffisamment nombreux dans l'environnement le plus proche, elle ne dispose à Marseille même que d'effectifs squelettiques, et de surcroît amputés de leur commandement : les chefs régionaux des Forces françaises de l'intérieur ont été successivement arrêtés, d'autres responsables également qui, au nombre de 38, ont été exécutés les 18 juillet et 12 août dans un endroit désert entre Le Camp et Signes, à trente kilomètres de Toulon. La découverte du « charnier de Signes » provoquera une intense émotion et, mise en exergue par la presse, alimentera la colère et justifiera, pour certains, la rigueur de l'épuration sauvage.

Les Allemands répondent à la nouvelle du débarquement par une série de mesures : ordre d'évacuer la ville pour « les personnes ne travaillant pas directement ou indirectement pour la Wehrmacht, ou dans l'intérêt allemand », décision qui ne sera pratiquement pas suivie d'effet..., destruction des quais et de navires dans le port. Le 19, est déclenchée la grève générale tandis que le Comité départemental de libération charge les F.F.I. de désarmer les policiers français et les Allemands dont ils devront gêner la retraite. Des barrières sont levées, des postes et des véhicules allemands attaqués. Annonçant le soulèvement et le succès de la grève, le C.D.L. décide de procéder à l'arrestation de M. Maljean, préfet régional... « Le pouvoir de Vichy n'existe plus, ajoute le communiqué : le C.D.L. détient tous les pouvoirs. En conséquence, il ordonne : tous les fonctionnaires doivent obéir à ses ordres, tous les policiers doivent mettre hors d'état de nuire les traîtres, miliciens, P.P.F. et tous autres agents de l'ennemi, tous les gros trafiquants du marché noir... »

L'épuration a donc effectivement commencé. Après avoir invoqué diverses obligations et tenté de se faire représenter, le préfet régional finit par accepter de se démettre en personne de son autorité. La foule marseillaise entre en scène dans l'après-midi et, prenant d'assaut la préfecture, intronise un comité insurrectionnel dans l'attente que le C.D.L. lui-même exerce ses fonctions.

Le déclenchement précipité de l'insurrection n'est certainement pas étranger à la décision du général de Monsabert de brûler les étapes malgré l'avis du général de Lattre. Au matin de ce 21 août, le commandant de la 3e division d'infanterie algérienne lance deux bataillons du 7e régiment en direction du nord de Marseille par le massif de l'Étoile alors même que l'engagement d'Aubagne est loin d'être conclu.

Après une progression très difficile en raison du relief, les tirailleurs arrivent à leurs fins. Le 22 août, dans la soirée, les troupes françaises contrôlent les faubourgs nord et nord-ouest de la ville. À 19 h 30, elles atteignent les Cinq Avenues. Leur chef, le colonel Chappuis, installe son poste de commandement au collège Michelet. Dans l'après-midi, le général de Monsabert prend possession de la préfecture sous la protection de ses chars. Il rencontre donc un pouvoir de fait qui préside à des arrestations multiples et anarchiques.

Les arrestations s'effectuent sans plan préétabli, au gré de l'inspiration des justiciers improvisés qui ont commencé leur travail en mettant la main au collet des collaborateurs affichés, mais également de simples suspects, d'adversaires politiques, maréchalistes convaincus, ou de personnalités qui avaient occupé des postes officiels sans pour autant se compromettre avec l'occupant, nombre d'entre elles s'étant contentées d'un rôle de gestion. Car il avait bien fallu que la deuxième ville et le plus grand port de France continue à subsister sous la botte allemande.

Monsabert arrive dans une préfecture où règne un beau désordre et où s'entasse, dans les caves, un monde hétéroclite. *La Marseillaise* qui reparaîtra le 23 août [1] – après s'être installé dans les locaux du *Petit Marseillais* [2] – signale le fait dans son premier numéro : « Nous avons des prisonniers, annonce le quotidien, dans les caves de la Préfecture occupée depuis le lundi 21 par les patriotes, dans des geôles improvisées... » Le quotidien aurait pu ajouter que les geôles improvisées ne se comptent plus désormais dans Marseille. Les nouvelles autorités devront assumer un véritable casse-tête lorsqu'elles entreprendront d'établir la liste des personnes arrêtées. Des semaines se passeront avant que ne s'effectue le recensement exact des prisons clandestines, et plus encore, par conséquent, des Marseillais interpellés. Chargée de cette besogne, la gendarmerie ne s'en acquittera qu'en dirigeant ses investigations, méthodiquement, quartier par quartier.

Dans les caves de la préfecture vont se côtoyer, dans une lumière crépusculaire, des personnalités aussi notoires que Vincent Delpuech, maire de Peynier, président-directeur général du *Petit Provençal* et du *Radical*, des trafiquants du marché noir et des victimes de dénonciations pour des

---

1. Sous l'étiquette d'« Organe régional du Front national ». D'obédience communiste, *La Marseillaise* avait publié douze numéros clandestins de décembre 1943 à août 1944.

2. Le directeur en était Jean Gaillard-Bourrageas. Le plus important par son tirage des quotidiens marseillais, il sera également le plus engagé dans la collaboration.

motifs multiples. Les violences y seront monnaie courante et seront attestées par les témoignages les plus dignes de foi. Des résistants, écœurés par des procédés qui rappelaient... de mauvais et récents souvenirs, s'en ouvriront à l'auteur.

Parmi les nouveaux pensionnaires figurent des résistants authentiques comme Jacques Méker qui avait participé à plusieurs opérations, dont la plus importante avait été la libération de douze détenus de la prison Chave [1], et dont le seul crime n'est alors que d'être suspect au regard du parti communiste. Le cas Méker, qui n'est pas isolé, n'est pas le moins curieux de cette épuration sauvage qui ne vise pas seulement les collaborateurs, ou suspects de collaboration, mais des compagnons de combat sur lesquels s'exerce une vengeance sans merci sous prétexte de « fractionnisme ». Les services les plus éminents rendus dans la lutte contre l'occupant s'effaceront devant la préoccupation de règlements de comptes, camouflés en éliminations de « traîtres » que l'on couvrira de tous les péchés du monde pour mieux les justifier.

La capitulation des troupes allemandes de Marseille, signée par le général Hans Schaefer, n'est intervenue que le 28 août. C'est que les combats ont été sévères – notamment pour la réduction d'un fort noyau d'opposition autour de Notre-Dame-de-la-Garde. Le lendemain a eu lieu le défilé de la victoire auquel a participé un important contingent des F.F.I. Sans chercher à minimiser le courage de nombre d'entre eux, ni leur utilité, lorsqu'ils ont, par exemple, facilité l'itinéraire des hommes de Monsabert à travers les rues

---

1. Le 12 mars 1944, les groupes francs de Marseille avaient libéré dans des conditions exceptionnellement difficiles douze résistants détenus à la prison Chave. Deux d'entre eux étaient condamnés à mort. Dans leur fuite, les communistes s'abstinrent d'ouvrir les portes des cellules de deux anarchistes (voir le témoignage de Charles Poli à Madeleine Baudoin *alias* Marianne Bardini dans *Histoire des groupes francs des Bouches-du-Rhône*, p. 119). Ce qui augurait de l'attitude du P.C. dans l'affaire Méker-Pastor, que nous évoquons plus loin.

de Marseille, sans oublier le sacrifice de ceux qui – une bonne centaine – ont donné leur vie pour la libération de la ville, comment ne pas se rendre à l'évidence de la brusque inflation des effectifs ? Selon des sources émanant du commandement régional des Forces françaises de l'intérieur : 2 000 pour les Bouches-du-Rhône avant la Libération, et 6 000 après. Pour la Région 2, le gonflement est dans les mêmes proportions, on passe du simple au triple : 8 000 avant la Libération et 25 000 après.

Les résistants de la dernière et de l'heure d'après, qui appartiennent au folklore de la Libération, montrent un empressement qui ne serait que risible s'il ne cachait, au-delà d'un opportunisme médiocre, un fond de lâcheté. Trop de brassards sont accrochés aux bras de couards ou de faux patriotes obnubilés par la perspective de la curée, l'occasion de satisfaire des instincts de vengeance. On les retrouvera dans tous les bas-fonds de l'épuration sauvage. Un sigle les définira à Marseille et ailleurs, dans les milieux de la Résistance authentique : les R.M.S., les « résistants du mois de septembre ».

La distribution des grades et des galons donne lieu à des initiatives saugrenues et à des compétitions serrées. Tel qui s'était généreusement attribué le grade de lieutenant, et qui exigeait, avec le plus grand sérieux, d'être salué par ses « inférieurs », tombera de très haut et n'osera plus reparaître lorsque, passant par l'école des cadres d'Aix-en-Provence dépendant du secrétariat d'État aux Forces armées[1], se retrouvera simple caporal. Tel autre, plus philosophe, subira néanmoins une déconvenue plus grave : lieutenant-colonel de quelques jours, il redeviendra sergent.

« Les marchands de galons, rapporte un témoin, n'arrivaient pas à satisfaire leurs clients. La confection de ceux de lieutenant-colonel posa un problème à Garcin- "Bayard"[2].

---

1. Sous la direction d'instructeurs venus, en majorité, des cadres de la Iʳᵉ armée, les F.F.I., « officiers à titre fictif », qui désiraient poursuivre une carrière dans les armes, subissaient un examen au terme d'un stage de deux mois.

2. Dont nous reparlerons plus loin. Inspecteur régional des Forces françaises de l'intérieur, commandant adjoint des Forces républicaines de sécurité.

Il y avait pénurie de galons blancs, pourtant indispensables. Que faire ? Bayard les fit fabriquer avec les bretelles du soutien-gorge de son amie... »

Les F.F.I. n'étaient pas les seuls en cause ; on sélectionna une autre catégorie parmi les résistants de la dernière heure : les « naphtalinards » : « Ils déambulaient, fiers, sur la Canebière. C'étaient des officiers de réserve sans fonctions précises. Ils portaient l'ancienne tenue de l'armée française : galons mordorés sur les manches, bandes marron au pantalon. Leurs uniformes vieillots avaient lutté contre la naphtaline depuis la débâcle ou depuis le dernier défilé de la Légion des combattants de Pétain. Le vert-de-gris avait disparu, le kaki revenait triomphant... »

Débarqué dans le sillage des armées de la Libération, le commissaire régional de la République Raymond Aubrac va devoir assumer des responsabilités redoutables dans un environnement de désordre absolu, les justiciers improvisés ne l'ayant pas attendu pour commencer leur travail. Les arrestations spontanées débouchent au mieux sur des incarcérations accompagnées, ici et là, de sévices, au pire sur un nombre, encore mal précisé, d'exécutions sommaires. Le lieu privilégié est le ruisseau du Jarret où sont conduits et froidement assassinés les prisonniers. On tue sans vergogne sur les bords du Jarret, aujourd'hui recouvert par les travaux d'aménagement de Marseille, les cadavres étant abandonnés au soleil cuisant et à la lourde chaleur du mois d'août. Là encore les témoignages abondent, venant de tous les horizons. La discussion ne peut porter que sur les chiffres, certaines informations donnant le chiffre de vingt par jour aux moments les plus critiques. Mais la bataille des nombres ne doit pas masquer la vraie question qui est celle des méthodes de l'épuration et des principes de la « sélection » des victimes.

Il n'y a d'ailleurs pas de principes. Il n'y a dans la plupart des cas que des vengeances qui s'exercent.

« Tout prétexte était bon, déclarera un avocat marseillais qui eut en charge les dossiers de quelque deux cents collaborateurs. On retrouvera, bien sûr, parmi les corps, d'anciens membres de mouvements ou organismes pro-allemands – miliciens, membres du P.P.F. – mais aussi des gens dont l'engagement politique n'était absolument pas notoire. Il suffisait d'une présomption pour mériter la mort. Il suffisait qu'un homme, muni d'une arme, dans la plupart des cas brandie au titre d'on ne savait quel mouvement de Résistance, eût à liquider quelque contentieux avec une personne pendant l'Occupation, pour que cet adversaire des mauvais jours se retrouvât réduit à l'état de cadavre... Le refus d'un commerçant d'accéder à une sollicitation, de livrer un produit sous le comptoir pouvait vous conduire tout droit sur les bords du Jarret... »

Le jeudi 24, Raymond Aubrac est accueilli par le Comité de libération et prend ainsi officiellement ses fonctions.

Raymond Aubrac n'est pas l'exception... Comme bien de ses compagnons, rien ne le prédisposait au rôle de commissaire de la République. Rien si l'on excepte, bien entendu, son rôle dans la Résistance. Il a trente ans en 1944. Ancien élève de l'École supérieure des ingénieurs civils des Ponts-et-Chaussées, il a poursuivi des études supérieures aux États-Unis avant de diriger de grands chantiers de travaux publics. On ne décèle guère d'appartenance politique dans sa jeunesse adolescente. Ni détenteur d'un mandat électif ni membre d'un cabinet ministériel, comme Jean Moulin auprès de Pierre Cot, au moment de la guerre d'Espagne. Il est d'origine juive. C'est peut-être un encouragement à ses engagements futurs, mais ce n'est pas un signe déterminant d'allégeance avant la Seconde Guerre mondiale. Sa famille se situerait plutôt à droite, bourgeoise, bien implantée, en un mot de tendances conservatrices. C'est en effet une simplification abusive que d'assimiler la communauté juive française de l'époque à la gauche. Réticente à épouser la cause du capitaine Dreyfus, par surenchère nationaliste, une partie d'entre elle – originaire d'Alsace-Lorraine – n'a-t-elle pas montré ses distances à l'égard de la récente immigration d'origine russe, polonaise à dominante prolétarienne ?

Officier en 1939, Raymond Aubrac est fait prisonnier à Sarrebourg. Il s'évade, rejoint très tôt la Résistance, est arrêté à Caluire aux côtés de Jean Moulin et réussit une nouvelle évasion, en octobre 1943, au cours de son transfert à Lyon.

Aubrac se situe dans la tendance du mouvement Libération Sud. Ses attaches avec le parti communiste n'ont alors rien d'évident. Siégeant à l'Assemblée consultative d'Alger en 1944, il est choisi pour représenter le C.F.L.N. dans le Massif central où il avait été envisagé de créer une zone de dissidence en vue d'une opération aéroportée. Ce projet abandonné, Raymond Aubrac est investi du titre de futur commissaire du gouvernement pour la région marseillaise. À Naples, où il rejoint les Américains, il comprend qu'il n'a rien à attendre d'eux pour que soit reconnue sa nouvelle autorité. Il gagne la Corse, fait équipe avec l'amiral Lemonnier, adjoint de l'amiral Hewitt, commandant de la Western Naval Task Force et prend pied à ses côtés dans le golfe de Saint-Tropez[1]. C'est alors que commence l'aventure provençale du commissaire de la République Raymond Aubrac.

Du 21 au 23 août, Aubrac signe de Saint-Tropez un certain nombre d'arrêtés qui stipulent les mesures immédiates qu'il entend voir appliquer. Il n'est pas indifférent d'apprendre que l'arrêté n° 2, signé le 22, porte la création de « Forces républicaines de sécurité » qui, dans le cadre régional, « seront utilisées notamment pour la recherche et l'arrestation des individus ayant collaboré avec l'ennemi ou l'usurpateur... »

« Les principes fondamentaux » qui inspirent la création et l'utilisation des F.R.S. seront encore plus explicites : « Les Forces républicaines de sécurité constituent des forces supplétives de l'intérieur qui sont à la disposition du commissaire de la République et des préfets pour coopérer à la sécurité du gouvernement de la République en luttant contre l'ennemi de l'intérieur... » On lit au chapitre 2, article 10 du titre III intitulé Mission des F.R.S. : « Lutter contre l'ennemi de l'intérieur. – Par la recherche, l'identification et l'arrestation des individus incontestablement connus pour avoir collaboré avec l'ennemi et avoir nui ou pouvant

---

1. Une flotte de trente-quatre navires de guerre français a participé aux opérations de débarquement.

nuire encore à la sécurité des patriotes, miliciens, P.P.F., collaborateurs notoires. – Par la recherche et l'identification des éléments douteux, français ou étrangers, suspectés de collaboration avec l'ennemi ou d'avoir gêné l'action de la Résistance. – Par la constitution des dossiers des intéressés et leur transmission aux services de police habilités à cet effet... »

L'épuration représente donc la priorité absolue. Les communistes ne se trompent pas sur l'opportunité qui se présente : ils auront tôt fait de s'enrôler dans la police du nouveau commissaire. On retiendra qu'il n'avait alors à sa disposition qu'une police largement compromise avec le régime de Vichy : ou « classique », ou « supplétive » dans le cas des Groupes mobiles de réserve (G.M.R.), utilisés pour le « maintien de l'ordre » avec tout ce que cette dénomination comprenait de répressif dans le contexte de l'époque. On ne mentionne même pas la Milice.

Mais il y a des termes qui parlent d'eux-mêmes : « La recherche et l'identification *d'éléments douteux, suspectés* de collaboration avec l'ennemi..., la *constitution des dossiers* des intéressés... » La désignation des suspects ouvre à tous les abus ; la constitution des dossiers laissée à la libre initiative des nouvelles recrues de l'ordre public jette un doute sérieux sur le bien-fondé de leur choix. Sur quelles bases désignera-t-on les suspects et établira-t-on les cahiers à charge de leur arrestation ?

Le général Guillot, de l'armée de l'air, connu pour son appartenance à la franc-maçonnerie, mis en disponibilité par Vichy et qui, retiré à Cabrières-d'Avignon s'est affilié à l'O.R.A., est nommé chef des F.R.S. régionales. Il a pour adjoint Jean Garcin, inspecteur régional des F.F.I. Ni l'un ni l'autre ne sont à proprement parler des extrémistes. L'un, donc, général de division aérienne, l'autre, fils d'un industriel en papier du Vaucluse, appartenant à une famille anciennement implantée dans sa région et de tradition profondément laïque et républicaine. Garcin, *alias* Bayard, a commandé dans ce secteur les groupes francs des M.U.R. Guillot et Garcin, dont le siège de commandement est au 9,

rue Arﻤény, recrutent les F.R.S. pour la plupart parmi les
F.F.I. Le lieu de cantonnement est à la caserne Audéoud.

Alerté par les rumeurs d'excès dans divers lieux de détention où sont rassemblés les suspects selon la mission impar-
tie aux F.R.S., Raymond Aubrac charge le général Guillot
d'une enquête qui est répercutée sur Jean Garcin. Celui-ci
en reviendra très certainement édifié sur les méthodes en
cours. Il lui a d'abord fallu recenser les geôles improvisées,
ce qui ne lui a pas été facile, puis se rendre compte des
motivations des arrestations et du sort réservé aux prisonniers. Nous parlerons plus tard des prisons de l'épuration
sauvage.

Mais Jean Garcin ne sera pas maintenu à son poste. On
lui préférera son propre adjoint, Gaudillat, *alias* Pelletier et
Dartois, ouvrier métallurgiste, communiste de vieille date,
F.T.P. et résistant en Ariège et à Lyon que le parti avait
affecté à Marseille en mai 1944. On assistera, comme par
hasard, à une mutation de même genre à Aix-en-Provence
où le socialiste Aimé Pontier sera remplacé, à la tête des
F.R.S., par son second, le communiste Jallabert.

Raymond Aubrac lui-même ne sera pas à l'abri de la
concurrence de ses compagnons de route. Il s'en tirera à
meilleur compte mais il devra ne pas l'oublier pour l'avenir.
Le nom de Gaston Monmousseau avait été prononcé pour le
commissariat de la Région 2. Monmousseau était un candidat de poids et eût représenté une pièce maîtresse pour le
parti communiste sur l'échiquier marseillais de la Libération
et de l'épuration. Syndicaliste chevronné de la C.G.T., élu
député en 1936, il siégera jusqu'à sa mort aux plus hauts
échelons du syndicat et du parti.

Gaston Monmousseau laissera la place à Raymond Aubrac
– un désintéressement sans aucun doute calculé. On se four-
voierait en mettant sur la personnalité du commissaire du
gouvernement l'étiquette d'un parti auquel il n'a jamais
appartenu. Mais on ne s'avancerait pas beaucoup en affirmant que les circonstances de sa nomination, et la bonne
volonté que l'on montra à la lui faciliter, furent assez lourdes
de conséquences. La liaison s'effectue par l'intermédiaire de
Jean Cristofol, député communiste également depuis 1936

et présidant du puissant comité régional de libération dont le vice-président est Max Juvénal, socialiste, ex-chef régional des M.U.R. Max Juvénal cumulera ces fonctions avec celles de président du Comité *départemental* de libération.

Nul doute, par ailleurs, que Raymond Aubrac ne doive ses fonctions à Emmanuel d'Astier de La Vigerie, commissaire puis ministre de l'Intérieur, dont il a été l'un des compagnons à Libération Sud. D'Astier, qui, comme Aubrac, a suivi le débarquement des armées alliées en Provence et est connu pour ses opinions « progressistes », a commencé en Provence une tournée qui le conduira le 25 août à Marseille. Il se rendra ensuite à Montpellier... Arrivant à Paris, le 31, il constatera la révolution de palais opérée en sa défaveur. Alexandre Parodi avait assumé l'Intérieur en son absence. Plus grave : le 9 septembre, Emmanuel d'Astier était purement et simplement remplacé par le socialiste Adrien Tixier à l'occasion du remaniement ministériel décidé par le général de Gaulle. Raymond Aubrac a donc perdu un puissant protecteur.

En attendant, la machine répressive est allégrement lancée.

Les formalités de l'internement provisoire dans l'établissement départemental sont confiées à un greffier qui ressemble davantage à un pirate à l'abordage qu'à un respectable membre de l'institution judiciaire. Amputé d'un bras et le moignon prolongé d'un crochet de fer, l'homme commence par délester ses visiteurs de leur argent, de leur montre et des objets qu'ils portent sur eux. Les suspects sont ensuite dirigés vers les caves, non sans avoir été triés en fonction de leur culpabilité. Les plus compromis, au choix des inquisiteurs, et au nombre d'une cinquantaine, sont rassemblés dans un local de trente mètres carrés où ils sont copieusement injuriés et giflés. Des femmes qui s'introduisent dans la pièce leur crachent au visage. Et le greffier apporte sa contribution en faisant de temps en temps irruption et en se transformant en procureur. Un procureur qui n'hésite pas à frapper ceux qui se montrent récalcitrants à parler.

Dans les étages supérieurs officient des fiers-à-bras qui montrent leurs pouvoirs à leur entourage féminin en faisant monter les prisonniers pour les interroger. Les coups ne sont pas rares, qui suivent les injures et les humiliations. Deux noms resteront célèbres dans les annales de l'épuration à la préfecture de Marseille, les commandants Coco et Chiffon[1], spécialistes de l'exhibitionnisme musclé, pour le plus grand plaisir de leurs admiratrices, respectivement garçon de café et tueur aux abattoirs.

Le commandant Coco a établi son quartier général dans le cabinet du préfet d'où il dirige les opérations, du moins jusqu'à une certaine heure de la journée... Adepte enthousiaste de Bacchus, il sacrifie volontiers à son culte, peut-être en raison de certaines habitudes contractées dans l'exercice de son métier, peut-être encore pour mieux faire face à ses nouvelles obligations, en tout cas lorsque arrive la fin de l'après-midi. Cette précision a son importance, pour les raisons que l'on va voir. Mais là s'arrête la plaisanterie allusive. La vie d'hommes est en jeu. Pour deux d'entre eux, l'arrestation s'achève dans la mort. Le troisième n'y échappera sans doute que par un concours de circonstances où l'on peut déceler le doigt de la Providence[2].

M. Arnoult et son fils sont, au moment de la Libération, enfermés dans leur usine située sur le chemin du Rouet. Me Henri Bergasse se retrouve, comme tant d'autres, dans les caves de la préfecture, après son arrestation. M. Arnoult a été président des Croix-de-Feu du colonel de La Rocque. Avocat, Me Bergasse deviendra, quelque temps plus tard, député, représentant du Parti républicain de la liberté,

---

1. Le recours à des sobriquets est fréquent chez les procureurs. Certains traduisent leurs origines populaires et ont été empruntés à la vie civile. Il peut être bien porté de se référer à un nom de guerre illustre, mais on rencontrera, par exemple, le nom de « Gandhi » accolé à celui d'un ancien avoué de Ruffec, commissaire du gouvernement à Limoges.

2. Nous évoquerons, bien entendu, dans ce chapitre d'autres cas individuels *à titre exemplaire*.

formation de la droite modérée très minoritaire (trente-cinq élus à l'Assemblée), à une époque où le collectivisme est de rigueur. Député libéral, donc, Me Bergasse sera ministre des Anciens Combattants. C'est dire qu'il s'agit de personnalités de premier plan. Et sur lesquelles ne pèse aucun grief sérieux. M. Arnoult a été un adversaire politique des nouveaux détenteurs ou usurpateurs du pouvoir. Me Bergasse doit son arrestation à une « sombre affaire » de vengeance personnelle dont on nous permettra de taire les détails.

Averti de cette triple détention, un avocat connu du barreau de Marseille, qui se dépensera sans compter en faveur des personnes indûment arrêtées dont les noms lui sont signalés – tâche difficile, ingrate, voire dangereuse aux heures de la Libération – décide de tenter l'impossible afin d'obtenir qu'il soit mis fin à cette situation. Ici intervient le commandant Coco, dont le penchant pour l'alcool et l'état d'esprit nébuleux, à partir d'une certaine heure, peuvent être, estime le défenseur, d'un précieux auxiliaire. L'avocat décide donc de faire rédiger, par sa secrétaire, deux ordres de libération. Il charge deux messagers d'aller les soumettre au commandant Coco en misant sur le manque de lucidité de celui-ci.

La première phase du stratagème réussit parfaitement. Les envoyés obtiennent du commandant Coco la signature des documents ordonnant la libération de M. Arnoult, de son fils et de Me Bergasse. Puis ils se rendent, l'un dans les caves de la préfecture, le second à l'usine des Arnoult. Dans les deux cas, les « formalités » ne se déroulent pas aussi aisément que prévu. M. Laffond, le propre chef de chantier des Arnoult, chargé de la libération de Me Bergasse – sans doute a-t-on estimé préférable de ne pas envoyer M. Laffond chez son propre patron pour ne pas éveiller les soupçons –, se heurte d'abord au refus du geôlier responsable. Mais M. Laffond a pris la précaution de s'armer jusqu'aux dents. L'exhibition de son arsenal a sur son interlocuteur un effet persuasif immédiat. Me Bergasse est extrait des caves de la préfecture d'où il rejoint le cabinet de l'avocat intercesseur. Il avait eu beaucoup de chance... Peu de temps après il rejoindra l'armée française au combat. Que l'on sache, ses anciens geôliers ne furent pas tellement empressés de suivre son exemple.

Les choses, hélas, évoluent d'une autre manière à l'usine des Arnoult. La présentation de l'ordre de libération, signé du commandant Coco, non seulement n'a aucun effet, mais les F.T.P. qui le reçoivent avertissent l'émissaire qu'ils entendent se renseigner sur les conditions dans lesquelles il a été délivré. Probablement parce qu'ils sont mieux avertis que quiconque des habitudes du commandant Coco. Que le garçon chargé de la mission ait manqué de « conviction », qu'il se soit montré... moins persuasif que M. Laffond, ne change rien à l'affaire. La tâche n'était guère aisée lorsqu'on a connu et vécu l'atmosphère des journées de la Libération, exaltantes sur bien des aspects, mais redoutables pour les victimes de l'épuration.

Le lendemain, les F.T.P. occupants de l'usine des Arnoult délèguent deux de leurs camarades auprès du commandant Coco. Celui-ci – la visite se déroule dans la matinée, et cela a son importance – leur déclare que la signature portée sur l'ordre de libération est bien la sienne, mais qu'il n'avait pas voulu prendre une telle décision. Forts de cette réponse, les F.T.P. reviennent à l'usine. Quelque temps plus tard, M. Arnoult et son fils sont conduits dans la « Traverse des Juifs », non loin du chemin du Rouet, et lâchement abattus.

La préfecture est en fait le lieu de transit avant le transfert vers d'autres lieux de détention. Certains, comme Me Bergasse, ont la chance de ne pas aller plus loin, grâce à l'intervention d'amis ou de résistants lucides et dignes d'en revendiquer le titre. La plupart des prisonniers, trop heureux de s'en tirer à si bon compte, oublient volontairement... de réclamer ce qu'on leur avait confisqué.

Il y a des jours mémorables dans les transferts des internés. Ce 26 août, plusieurs d'entre eux doivent gagner la prison Saint-Pierre. Les spectateurs, nombreux, poussent des cris de mort et de vengeance... « La haine monte, plus violente, par grandes clameurs, quand paraissent les exploiteurs, les ventres dorés, les enrichis du travail des autres, commentera *La Marseillaise* du lendemain. La foule veut lyncher les Prax[1] et les Delpuech[2]. »

La danse du scalp commence alors. On improvise des gestes symboliques. Delpuech se voit arracher sa Légion d'honneur « dans un silence chargé de sens. Tous sont blêmes en montant dans le camion, note le reporter. Fini de crâner ! Finie la bonne vie ! Il faut maintenant payer ! ». Le journaliste aurait pu ajouter qu'à mesure qu'ils montent dans le camion les propriétaires des « ventres dorés » reçoivent un magistral coup de pied dans la partie postérieure de leur individu...

Les « ventres mous » jetés aux oubliettes, les nouveaux maîtres commencent, pour certains, de brillantes carrières. L'ascension d'un Gaston Defferre revêt un caractère fulgurant. Il est loin d'être le seul ; bon nombre d'anciens résistants, et notamment les commissaires de la République, accéderont aux plus hautes responsabilités, non seulement en politique, mais dans l'administration.

Héritier d'une famille calviniste des Cévennes, né à Marsillargues, dans l'Hérault, licencié en droit et diplômé de sciences politiques, Gaston Defferre retrouve probablement la tradition ancestrale en adhérant à l'âge de vingt-trois ans – il a trente-quatre ans en 1944 – au parti socialiste S.F.I.O. Inscrit au barreau de Marseille, il exerce sa profession jusqu'en 1940. C'est ensuite l'aventure de la Résistance, son engagement dans le réseau Froment, puis il prend la tête du réseau Brutus, siège au comité exécutif du parti socialiste

---

1. Ancien président de la chambre de commerce de Marseille. Nous reviendrons sur les internements administratifs.

2. Ce qui n'empêchera pas Vincent Delpuech de recommencer une belle carrière comme conseiller de l'Union française et sénateur. Très proche au parti radical de Henri Queuille, André Morice et Léon Martinaud-Déplat, il sera l'un des animateurs du courant antimendésiste. On le retrouvera également président de la puissante Fédération de la presse hebdomadaire et périodique sur le plan national.

clandestin pour la zone Sud, enfin au comité directeur du Mouvement de libération nationale [1].

Les démêlés entre les groupes francs des M.U.R. à propos de l'affaire Méker et le parti communiste, dont nous parlons plus loin, enveniment les rapports avec les socialistes qui constatent la volonté du P.C. de les éliminer des organismes dirigeants de la zone Sud. Le cas Méker – on le verra également – ne troublera pas outre mesure la conscience des socialistes lors du grand règlement de comptes de la Libération et de l'épuration sauvage à l'intérieur du parti communiste. Toutefois, édifiés par les ambitions hégémoniques de leurs « frères ennemis », ils ont estimé nécessaire de créer leurs propres « milices » qui se tiendront soigneusement à l'écart des F.T.P., de la M.O.I. et des Milices patriotiques, ces dernières devant former une police supplétive spécialisée dans la répression anticollaborationniste.

La méfiance des socialistes marseillais ira plus loin puisqu'un certain nombre d'entre eux refuseront – et ils seront un exemple unique en zone Sud – de rejoindre l'un des trois mouvements constitutifs des M.U.R. et d'intégrer leurs groupes d'action à l'Armée secrète, leur émanation « militaire ». Refus d'autant plus significatif que cet ordre portait la griffe... du général de Gaulle.

La guerre entre communistes et socialistes marseillais ne faisait que commencer, en attendant leurs retrouvailles sous la houlette de l'« union de la gauche ». Lorsque Gaston Defferre proposera au Comité départemental de libération d'enrôler ses « miliciens » dans les Forces françaises de l'intérieur, on lui renverra la balle en lui opposant un refus... Quoi qu'il en soit, Defferre pousse sur d'autres plans ses avantages. Le 28, il conquiert le poste envié de président de la Délégation municipale, c'est-à-dire de maire provisoire, anticipant sur ses fonctions électives en 1953. Dès lors il ne quittera plus la mairie, tout en réussissant une remarquable

---

1. Formé, fin 1943-début 1944, par la fusion des M.U.R. et de plusieurs mouvements de la zone Nord, Résistance, Défense de la France, destiné à faire contrepoids à l'influence du Front national d'obédience communiste.

percée sur le plan politique : délégué à l'Assemblée consultative, député jusqu'en 1958, plusieurs fois ministre, il est notamment, en 1946, secrétaire d'État à la présidence du Conseil[1] chargé de l'Information.

C'est à ce moment précis que Gaston Defferre commence à édifier son empire de presse autour du *Provençal*... dans les meubles du *Petit Provençal* de Vincent Delpuech. Un commando s'est présenté un matin, mitraillettes en main, et a pris possession des lieux. Dans ces temps d'exception, la force crée le droit. Que l'on sache, en effet, les auteurs de l'opération ne disposent d'aucun mandat. On discutera plus tard, et Vincent Delpuech réussira, après moult péripéties, discussions, arrangements, à préserver une partie de ses acquis.

Cette forme d'épuration sauvage se multipliera à travers la France, mais c'est là une autre phase de l'histoire...

Les démonstrations populaires débouchent sur les inévitables représailles contre les femmes accusées de « collaboration horizontale ». On en signale un peu partout à Marseille et dans la région provençale. Plus grave est ce qui se passe dans les prisons d'une épuration qui n'a pas attendu les ordres officiels pour commencer à sévir. Il est d'ailleurs des plus malaisé de distinguer entre ce qui est officiel et ce qui ne l'est pas, le justicialisme se manifestant aussi bien dans les lieux tenus par les forces régulières, issues de la Résistance, que dans des officines dont les occupants n'ont d'autres références que des délits de droit commun.

Nous avons parlé précédemment de la prison Saint-Pierre... C'est un lieu de détention reconnu par les autorités. On y a conduit les suspects les plus notoires, anciens collaborateurs ou communistes déclarés dissidents, jetés dans le rebut des « vipères lubriques ». Là s'entassent quelque 1 500 personnes dans des dortoirs qui accueillent cinq fois plus de candidats qu'ils n'en peuvent contenir, et dans des

---

1. Dans le gouvernement Félix Gouin, formé après le départ du général de Gaulle.

cellules qui, prévues pour trois personnes, en reçoivent sept ou huit.

Passons sur l'atmosphère tumultueuse qui règne dans l'énorme prison : cris, interpellations, injures, brutalités gratuites... Les « vainqueurs » du jour, résistants d'occasion, se libèrent contre les prisonniers de leurs refoulements de faux durs. « Casser du collabo » est un sport qui rassure, un rite qui donne accès au temple des héros, une carte d'entrée pour le banquet des futurs nantis, ou un certificat de bonne conduite pour malfrats mal blanchis.

Une prison comme Saint-Pierre est un peu tout cela en même temps. Et plus, la chance inespérée pour quelques sadiques d'exercer leurs talents. Deux brutes, un brigadier de police dit Fleur bleue et un sous-brigadier, membre d'une section préfectorale sous Vichy, pratiquent la méthode des « aveux spontanés ».

Il y a également le scandale des « casernes » qui n'apparaîtra clairement que plusieurs années après la Libération, après des enquêtes difficiles et lorsque les témoins et victimes se décideront à parler. C'est qu'il n'était pas conseillé de présenter des doléances dans un climat postrévolutionnaire. Les crimes commis par l'occupant et ses complices soulevaient une telle horreur qu'il était mal venu de lever le voile sur des pratiques imputables à des groupes qui se réclamaient de la Résistance. On aurait crié à la provocation. On ne se priva point, lorsque la vérité commença à se faire jour, d'accuser les accusateurs de chercher à salir l'honneur des combattants de la liberté. Pourtant, l'héroïsme des uns ne devait pas masquer la lâcheté des autres.

La caserne des Présentines fut un des points chauds de l'épuration sauvage à Marseille. D'anciens résistants marseillais que nous avons interrogés, et qui demeurèrent totalement étrangers à ces actes, nous répondront qu'aux Présentines et ailleurs les responsables ne pouvaient tout savoir de ce qui se passait dans le ressort de leur commandement. Cet argument n'est pas valable, et l'on ne répétera jamais assez qu'il fut écarté lorsque les dirigeants de Vichy eurent à s'expliquer et qu'il ne les mit pas à l'abri de la condamnation à mort.

Les faits que nous allons relater ont été l'objet d'une enquête du Parquet de Marseille et sur plainte de plusieurs des victimes. Dans le premier des cas, l'aboutissement de l'épuration sauvage a pour cadre les bords du ruisseau du Jarret.

Le 20 septembre 1944 au matin, trois corps, portant la marque de blessures atroces, y sont découverts. L'une des victimes exhale encore un souffle de vie. On la transporte et on essaie de la sauver. Son agonie durera quarante jours. Suffisamment pour qu'elle ait le temps de parler. Pour permettre au juge d'instruction Michel de la 9ᵉ brigade mobile de mener ses investigations. C'est une jeune fille de quinze ans. Elle se nomme Josette Garnier. La veille au soir, 19 septembre, elle a été « abattue » avec sa mère, née Marie Trotebas, et son frère, Auguste, âgé de vingt-trois ans qui, eux, n'ont pas échappé à la tuerie.

Les Garnier sont jardiniers et vivent sans histoire dans une « campagne », La Rieuse, située à La Milière dans la banlieue de Marseille. Lorsque, le 21 août, les troupes algériennes et marocaines de l'armée de Lattre engagent le dur combat d'Aubagne pour faire sauter le verrou d'accès à la cité phocéenne, les Allemands s'installent dans la propriété des Garnier qu'ils transforment en poste de résistance. Ils amènent avec eux plusieurs membres des F.F.I. Ils les enferment dans une pièce de La Rieuse, alors que les propriétaires se sont réfugiés dans la cave.

Le 22 août, à 8 heures du matin, Mme Garnier et ses deux enfants reçoivent, par un moyen qui n'a pas été éclairci et en l'absence de M. Garnier qui assure le ravitaillement d'autres personnes dissimulées dans des abris, un message d'un des jeunes F.F.I. arrêtés. Il se nomme Raftakis et il est étudiant. « Prévenez Q. au 3, boulevard Central, à Marseille », demande le jeune homme.

M. Garnier, revenu de sa tournée, s'acquitte de la commission et rencontre M. Antoine Q. qui lui apprend que Raftakis est son cousin. Remarquons que pour un coupable en puissance M. Garnier montre un louable dévouement. Il est plutôt antivichyssois et son fils, Auguste, fait partie d'un groupe de résistants qui a son point d'attache à la rue Gillibert.

Membre des Chantiers de Jeunesse, il avait été transféré à Vienne, avec ses camarades. Mais il était revenu en France, avant de s'engager dans la Résistance [1].

Deux jours après qu'il eut transmis le message de l'étudiant Raftakis, M. Garnier est arrêté et accusé de l'avoir dénoncé aux Allemands. Lui a la chance – apparemment paradoxale, mais réelle – d'être transféré à la prison Saint-Pierre. C'est qu'en dépit du climat qui y règne et des abus et violences qui y sont commis, le régime imposé aux prisonniers est tout de même plus supportable que dans les casernes et autres prisons clandestines où sévissent trop de truands travestis en résistants.

Il n'est pas inutile, s'agissant de la prison Saint-Pierre, d'ouvrir une parenthèse. Afin de mentionner le comportement de celui qui en assuma la direction, quelque temps après la Libération, ainsi que des prisons Chave et des Baumettes. On le connut sous le nom de « lieutenant Didier ». Âgé de vingt-six ans au moment des événements, d'origine polonaise, homme d'action, intelligent, il proposa ses services au commandant Antomarchi, chef de la Sécurité militaire.

Contrairement à ce que l'on pourrait imaginer, ce n'est pas le pire, bien au contraire, qui arriva. Car s'il eut le plus grand mal à remettre de l'ordre à Saint-Pierre, où d'autres avaient pris le contrôle de la situation avant qu'il ne fût nommé, du moins obtint-il qu'à Chave et aux Baumettes les prisonniers politiques fussent correctement traités. Le lieutenant Didier reçut plus tard le titre de directeur régional des prisons. Il s'acquitta de sa mission avec discernement et humanité, tant vis-à-vis des droits communs que des politiques qui se cotisèrent pour acheter une couronne lors de ses obsèques, en 1947. On murmura alors que cette mort était suspecte et que certains ne lui avaient pas pardonné

---

1. Les membres des Chantiers de Jeunesse et, plus spécialement pour le Sud-Est de Jeunesse et Montagne, furent alors confrontés au dilemme du départ en Allemagne ou en Autriche, pour se conformer aux ordres de leurs chefs, ou du passage dans la clandestinité.

d'avoir ruiné leurs entreprises. Quoi qu'il en soit, le comportement du lieutenant Didier fut à l'époque assez rare pour mériter une mention spéciale.

L'exemple du lieutenant Didier témoigne du rôle modérateur que pouvaient tenir les responsables de l'épuration quand ils en avaient la volonté.

M. Garnier aura la vie sauve grâce à son internement à la prison Saint-Pierre. Sans que l'on sache pourquoi, son épouse, sa fille et son fils, arrêtés comme lui, sont dirigés vers la caserne des Présentines. Ils y sont interrogés sur l'arrestation du jeune Raftakis. Aucune preuve n'étant reconnue contre eux, la commission d'épuration qui siège dans les lieux décide de les libérer. C'est alors qu'intervient la « belle Irène », pétroleuse enragée qui dicte sa loi au « commandant F. », responsable du comité : les Garnier, ordonne-t-elle, resteront internés !

Ils regagnent leurs cellules... Au soir du 19, la belle Irène se présente à la caserne, flanquée de deux compagnons. Affirmant agir par ordre supérieur, ils exigent du gardien que les trois prisonniers leur soient livrés. Mme Garnier, Josette et Auguste disparaissent dans la voiture. On découvrira le lendemain leurs corps sur les bords du Jarret.

D'autres cas sont à mettre au compte des exécuteurs des Présentines. Ainsi en est-il de deux Strabourgeois, Roger Millius et son beau-frère, André Weingarden.

Les deux jeunes hommes – ils ont respectivement trente-cinq et trente-deux ans au moment des événements – se sont réfugiés à Marseille pour fuir l'occupation allemande et échapper au sort de nombreux de leurs compatriotes. Roger Millius travaille comme représentant à la société Palmolive ; André Weingarden comme employé dans un bureau d'études fiscales. Ils mènent pendant de longs mois une existence sans complications. Mais, le 5 mai 1944, Millius, qui a eu un contact avec un responsable, Juif, de la Résistance, entre, sur son conseil, aux services marseillais du Service du travail obligatoire. Il pourra fournir d'utiles renseignements. Et de fait il remplit au mieux sa mission. La date de son engagement est au reste significative : un mois avant le débarquement en Normandie, et alors que l'effondrement de l'Axe s'annonce comme inéluctable, on ne voit pas quel intérêt aurait Millius à choisir le camp de l'occupant.

Arrivent le débarquement de Provence et la Libération... L'épuration commence. On arrête un peu partout. Roger Millius et André Weingarden sont considérés comme suspects. Le 28 août, un groupe se présentant comme membres des F.F.I. les interpelle à Gémenos, à cinq kilomètres de Marseille.

Que les deux hommes soient suspects, ce n'est pas cela qui étonne ; on a pu se méprendre sur le rôle de Millius. Que lui et son beau-frère soient arrêtés, ce n'est pas non plus, à la rigueur, étonnant en ces moments troublés. Mais on ne les arrête pas par mesure de sauvegarde, pour qu'ils aient, un jour, des comptes à rendre à la justice... On les conduit aux Présentines. Ils comparaissent devant la « commission d'épuration », qui les interroge à sa manière. C'est un interrogatoire-accusation : collaboration avec l'occupant et, le pas est vite franchi, avec la Gestapo. Rapidement les coups pleuvent. Les deux hommes ont le visage couvert de sang. Lorsqu'ils ont été bien malmenés, ils reviennent devant le commandant F. qui s'obstine à leur arracher des aveux. Mais eux s'obstinent à crier leur bonne foi : ils n'ont rien à se reprocher.

Les grands moyens sont donc employés. Appel est fait à l'exécuteur des basses œuvres, un Noir, grand, athlétique, gonflé de muscles, le nommé P., qui, avant de prêter sa force aux pseudo-résistants, avait servi dans la Milice. Une manière de se racheter. On pousse Millius et Weingarden dans une cellule. Là commence l'épreuve du tourniquet : complètement nus, ils doivent courir, sans s'arrêter, tandis que P. leur assène régulièrement des coups de cravache.

La scène dure pendant des heures, jusqu'au moment où André Weingarden s'effondre, terrassé par une crise cardiaque, et pour ne plus jamais se relever. Plus résistant, Roger Millius tient bon, physiquement, mais les coups finissent par avoir raison de sa volonté ; il demande qu'on arrête le supplice, qu'on le conduise au commandant F. Celui-ci enregistre sa « déposition » : il a bien appartenu à la

Gestapo. L'aveu n'empêche pas la punition. Puisqu'il a reconnu son affiliation à la Gestapo, il doit payer. On l'insulte copieusement, et la rossée recommence.

Inquiet de l'état de Weingarden, dont il n'a pas jusque-là soupçonné la gravité, le commandant F. appelle un médecin. Celui-ci constate le décès. F., craignant brusquement pour le sort de Millius, ordonne qu'on arrête de le frapper. C'est une loque humaine mais, vivant, il deviendra dangereux pour ses tortionnaires qui n'oseront ou ne pourront l'empêcher de parler au moment de l'enquête.

Cette enquête dévoile d'autres scandales meurtriers, comme le sort qui fut réservé à une famille d'origine italienne, les Pugi.

M. Pugi, ses deux fils, Gino et Fiorenzo et sa fille Hébé animent à Menpenti (quartier de Marseille) une usine de céramique d'art qui a conquis une réputation internationale. Cette réussite professionnelle des Pugi leur a attiré des jalousies. Leur fabrique éveille des convoitises. Sous prétexte de collaboration économique, s'échafaude tout un plan d'expropriation venant d'épurateurs qui ne sont pas guidés que par la préoccupation de sacrifier à la justice. D'après ce que l'on croit savoir, ces rapaces, attirés par le butin, s'acoquinent à la bande des Présentines et lui promettent une substantielle commission s'ils leur permettent de se débarrasser des Pugi. L'opération est rapidement menée. M. Pugi dépose en ces termes devant le juge d'instruction Michel[1] :

« Monsieur le Juge,

« Ayant appris que vous êtes saisi d'une plainte contre les nommés F., Q. et autres, je tiens à vous informer des faits suivants :

« Le dimanche 10 septembre 1944, pendant que j'étais à table avec ma famille, trois ou quatre F.F.I. sont entrés dans la maison et, en même temps que ma fille Hébé et mes fils Gino et Fiorenzo, m'ont ordonné de les suivre et m'ont conduit à la prison des Présentines.

---

1. M. Pugi cite en toutes lettres les noms des personnes impliquées. Ce sont ceux que nous avons mentionnés précédemment par leurs initiales.

« Après une attente de trois heures, on m'a appelé dans un bureau. Il y avait là un officier en civil que j'ai su, par la suite, s'appeler F., une dactylo dont j'ignore le nom et une femme que je sais s'appeler Irène Q. Cette femme avait l'air d'un véritable démon et semblait être la véritable "commandante" du lieu.

« N'ayant rien à me reprocher, je ne me faisais aucun souci. Pendant que l'officier m'interrogeait, elle déclara soudain : "Appelez P. ! Il lui apprendra à répondre aux questions !"

« Je demeurais impassible. Alors elle se fâcha et avant que j'aie eu le temps de me mettre en garde, elle me donna un grand coup de poing dans l'oreille. Je suis resté étourdi et j'ai dit : "Ce n'est pas humain de frapper un homme de presque quatre-vingts ans !" J'ai été enfermé dans une chambre à côté du bureau.

« Ensuite, ça a été le tour de mon fils Fiorenzo. Mon fils était interrogé depuis dix minutes environ lorsque je l'ai entendu pousser des cris terribles. On l'avait déshabillé et un homme et le nègre P. le frappaient à coups de poing et de nerf de bœuf. Au bout d'un certain temps, la porte de la pièce où j'étais enfermé s'est ouverte et mon fils, soutenu par ses bourreaux, est entré. Il avait le dos couvert de plaies. Irène l'avait également frappé. Son cœur, déjà malade, n'a pas résisté à ces violences puisqu'il devait mourir quelques mois plus tard à la suite d'une hémoptysie cardiaque plus violente que les autres.

« La troisième victime a été mon fils Gino qui a subi le même traitement, et plus dur encore, car après avoir subi la flagellation il a été accompagné au cachot par Irène et P. qui le frappaient sans arrêt. Le nègre lui porta deux coups violents : l'un à l'oreille (qui fut la cause d'une surdité qui s'est avérée incurable depuis), l'autre en plein visage, ce qui brisa les lunettes et blessa le malheureux.

« Enfin ma fille Hébé – elle pesait alors trente-huit kilos – fut appelée. Ils l'ont battue de la même façon que mes deux fils. Elle fut conduite au cachot dans un état lamentable.

« Personnellement, et à cause de mon grand âge, j'étais à bout. Je demandais un verre d'eau, mais il me fut refusé.

« À l'aube, le nègre P. et un secrétaire sont venus m'informer que mes deux fils avaient été condamnés à mort et qu'ils seraient fusillés aux premières heures de la matinée.

« Je perdis connaissance pendant un temps assez long et, en revenant à moi, je pleurai longuement. Vers 11 heures, on vint me chercher pour me conduire dans une grande pièce et j'eus la joie de retrouver mes deux fils vivants.

« Voilà ce qui s'était passé : les dispositions pour l'exécution de mes deux enfants étaient déjà prises lorsque F. avait décidé d'une dernière tentative pour les faire avouer : la baignoire électrique et l'arrachage des ongles.

« Mon fils Gino, le plus âgé, était à nouveau dans le bureau de F. qui avait donné l'ordre de le frapper à P. La sinistre épreuve de la baignoire allait commencer, sous la menace constante du revolver de F., lorsque soudain – il était exactement 9 heures et quart, précisa-t-on par la suite – le capitaine G. entra dans la pièce et, s'adressant à F. en brandissant un papier, lui cria : "Arrête ! Arrête !" Ils partirent tous les deux dans la pièce d'à côté. Quelques instants plus tard, G. et F. revinrent avec le document : c'était la copie d'un télégramme du général de Gaulle, parvenu à la préfecture le dimanche 10 ou le lundi 11 septembre, dans lequel le Général donnait l'ordre de suspendre toute exécution sans jugement régulier[1]. Heureuse circonstance qui a sauvé la vie de mes deux fils... En gesticulant, avec le papier à la main, F. répétait comme un refrain : "Et maintenant, qu'est-ce que je vais faire ?" Puis, s'adressant à l'un de mes deux fils, il lui dit : "Ne te fais pas d'illusions. Tu seras fusillé quand même, car l'accusation d'Anstaedt[2] est terrible pour toi et pour toute ta famille."

« On nous transporta aux Baumettes, recommandés au directeur de la prison comme des êtres dangereux à placer dans des cellules isolées.

« Notre détention ne fut pourtant pas de longue durée, l'état physique dans lequel nous étions ayant obligé le méde-

---

1. On ne discerne pas l'ordre du général de Gaulle auquel il est fait allusion.

2. Nous en parlerons plus loin.

cin de la prison à nous envoyer à l'hôpital de la Timone où nous sommes restés six mois.

« J'insiste sur le fait que la survie de mes deux fils est indépendante de F. qui était bien décidé à les assassiner. Seule l'arrivée du capitaine G., porteur du télégramme, a évité leur exécution.

« Fiorenzo, lui, est mort quand même, son cœur n'ayant pu tenir. Il laisse quatre enfants mineurs.

« Tels sont les faits. Ils n'ont eu aucune suite. Mais quelqu'un avait envie de notre usine de céramique. Je suis à votre disposition pour tous renseignements complémentaires », conclut M. Pugi.

L'« accusation d'Anstaedt », pour reprendre l'expression de M. Pugi, et qui sert l'alibi à son arrestation et à celle de ses trois enfants, est en fait la déclaration d'un ancien gardien allemand de la prison Saint-Pierre. Prises à la lettre, les accusations de Charles Anstaedt sont très graves pour la famille italienne :

« Je connais les deux frères Pugi, Fiorenzo et Gino, qui travaillaient à la Gestapo avec MM. Grosser, Delage et Weber, affirme Anstaedt dans la déclaration qu'il signe le 10 septembre.

« Ils ont perquisitionné chez six Polonais aux domiciles desquels des armes ont été trouvées.

« Martin Désiré avec lequel je me trouvais à Saint-Pierre m'a fait connaître que les deux frères Pugi l'avaient dénoncé.

« J'ai vu plusieurs fois les frères Pugi au 425, rue Paradis [1], et le père une fois. Ils venaient faire des interrogatoires à la prison Saint-Pierre. Je n'ai jamais vu la fille.

« J'ai vu une demande de liberté adressée à la Gestapo concernant un de ces Polonais. Pugi Gino est intervenu en répondant qu'il ne pouvait être libéré. »

Or, le 16 mars 1945, Charles Anstaedt revient sur ses affirmations et donne une version toute différente au cours de la confrontation organisée par le juge Michel entre les Pugi et lui :

---

1. Siège de la Gestapo à Marseille.

« La déclaration que j'ai faite est entièrement fausse. J'ai été frappé pour dire que je connaissais les personnes sur une liste qu'on me présentait. Je n'ai pu me rétracter que le 29 septembre 1944 car j'étais accompagné d'un F.F.I. et je craignais d'être à nouveau l'objet de sévices. Je n'ai jamais connu les membres de la famille Pugi.

« J'étais présent lorsque les frères Pugi ont été roués de coups par un nègre ; cela se passait aux Présentines, un dimanche, à une date que je puis préciser[1].

« Je tiens encore à signaler qu'au même moment un homme nommé Weingarden a été frappé à mort aux Présentines.

« Tout ce que j'ai déclaré m'a été soufflé par les personnes qui m'interrogeaient et je ne puis indiquer leurs noms.

« Il m'a été dit que les frères Pugi avaient été vus au 425, rue Paradis, qu'ils faisaient partie de la Gestapo et qu'ils avaient fait des dénonciations... »

Le juge Michel insistant pour connaître le nom de la personne qui procédait à son interrogatoire, Anstaedt finit par déclarer :

« C'est le commandant F... »

Le « commandant F. » était donc désigné comme l'instigateur de toute l'affaire.

Et puis les subordonnés du « commandant » et de la « belle Irène » finiront eux aussi par parler. Souvent de braves garçons, tout heureux de servir dans une Résistance assurément tardive, mais croyant se rendre utiles et découvrant la véritable personnalité de ceux qui les dirigeaient :

« Irène était la maîtresse du commandant et, en fait, c'était elle la patronne, témoigneront-ils. C'était Nicolas [Nicolas Q., le mari d'Irène] qui amenait les suspects, à la tête d'une équipe spéciale de types plus ou moins louches et solidement armés. Ils écumaient le quartier compris entre la Canebière, la rue de la Grande-Armée jusqu'à la hauteur de la gare. Des fournées d'hommes et de femmes étaient enfermées dans les cellules des Présentines. On les dépouillait de

---

1. Charles Anstaedt situera les événements un dimanche, comme M. Pugi.

leur argent et de leurs bijoux. Ceux qui pouvaient le faire payaient pour échapper aux complications. La plupart n'avaient pas de grosses sommes. Quand on les relâchait, ils s'enfuyaient, pour la plus grande partie d'entre eux à toutes jambes, trop heureux de s'en tirer à si bon compte... »

Les accusations se feront plus graves :

« La belle Irène n'oubliait pas son activité pendant l'Occupation. Ceux qui auraient pu la reconnaître comme étant une auxiliaire de la Gestapo devaient disparaître... »

Résistante, et à ce titre décorée de la croix de guerre, collaboratrice de l'occupant sous la forme la plus abjecte... Le cas de la belle Irène n'est pas unique dans les annales des années sombres des Janus de l'engagement politique.

C'est à un inspecteur de police que l'on doit la constitution du dossier qui a permis de révéler le rôle, des plus probables, de l'amazone des Présentines. Cet inspecteur avait juré de démasquer la coupable. Son enquête fut longue et difficile. Ses conclusions – établies en 1946 – furent accablantes.

Assistante sociale employée à la rue Sylvabelle – une assistante sociale vraiment spéciale en raison d'un casier judiciaire chargé – Irène Q. a eu à s'occuper de nombreux cas de Juifs dont elle a acquis la confiance. Elle effectue alors de fréquents voyages entre Marseille et les frontières suisse et italienne, probablement pour faciliter l'évasion de certains d'entre eux et procurer de fausses cartes d'identité à ses protégés afin de les mettre à l'abri des arrestations. Seulement, ses services ne sont pas bénévoles. Les fausses cartes sont délivrées à raison de 5 à 10 000 francs l'unité.

Les investigations de l'inspecteur ne s'arrêtent pas là puisqu'il découvre qu'Irène Q. ne serait autre que la dénommée « Anne-Marie » dont il trouve la trace d'un séjour à Nice, du 12 septembre à la fin décembre 1943, à l'hôtel Hermitage, siège de la Gestapo. Entre Anne-Marie et la belle Irène le lien paraît indiscutable. Irène a été la principale collaboratrice de celui qui a créé à Marseille le « Service André ». « André » Bass organise en mars 1942, en collaboration avec le père de Parceval, prieur des dominicains, puis le père

Marie-Benoît, capucin, un « groupe d'action contre la déportation » des Juifs. Des centaines d'entre eux sont ainsi acheminés vers des lieux de refuge. Lorsqu'en novembre 1942 les Allemands occupent la zone libre, Bass se replie à Nice, sous contrôle italien, où il continue, avec succès, son activité.

Après la signature de l'armistice entre les Alliés et le gouvernement du maréchal Badoglio, le 3 septembre 1943, les autorités allemandes ont mis au point les dispositions d'occupation de la zone italienne, dispositions qui prévoient notamment l'arrestation des juifs « avec les membres de leur famille... ». Le 8 septembre, la Wehrmacht commence à prendre possession de Nice que les Italiens évacuent à la hâte. Aidés par des complices français, les nervis du Hauptsturmführer Brunner[1] fouillent les établissements, barrent les rues, contrôlent les identités, obligent les « suspects » à se dévêtir pour savoir s'ils sont circoncis, arrêtent des centaines de Juifs, se livrent à des tortures, avant leur transfert à Drancy et leur déportation.

La présence de ladite Anne-Marie à Nice à cette époque, et au siège de la répression, n'est pas fortuite. Mais existe-t-il un rapport entre elle et la belle Irène ? L'inspecteur le croit fermement à l'époque où il mène son enquête. Nous allons voir ce qui le conduit à cette certitude. Depuis lors les témoignages se sont accumulés, et ils proviennent des milieux de la Résistance niçoise. Que nous apprennent-ils ? Que la belle Irène est à l'origine de l'arrestation d'André Bass, à Nice, en novembre 1943, par les sbires de la Gestapo.

L'inspecteur, pour sa part, obtient, après la Libération, qu'un prisonnier soit introduit dans la cellule de l'adjudant Schultz, l'un des factotums de la Gestapo niçoise.

Celui-ci s'ouvre volontiers à son compagnon de captivité... des confidences que lui a faites la belle Irène. En dehors de l'arrestation d'André Bass et d'autres personnes, on la retrouve dans diverses opérations contre les Juifs de Nice en septembre 1943, dont l'horrible sac de la pouponnière de l'avenue Georges-Clemenceau.

---

1. Voir le chapitre 5.

L'inspecteur demande le transfert de Schultz à Marseille où il se rend à son tour, muni d'un ordre de mission du chef de la section judiciaire de Nice. Il sait qu'Irène tient un restaurant, le *Cyrnos*, rue Thubaneau, où il pourra la contacter. Ce qu'il fait, non sans avoir obtenu l'autorisation du commandant Pagès, juge d'instruction près le tribunal militaire. Il déjeune au *Cyrnos*, engage la conversation avec Irène qui lui parle de ses exploits dans la Résistance et exhibe sa croix de guerre... L'inspecteur explique alors à son interlocutrice qu'elle pourrait l'aider à identifier un dangereux agent des Allemands, actuellement détenu, qu'il serait utile qu'elle le voie et, sur son accord, prend rendez-vous avec elle pour le lendemain, à 15 heures, au restaurant où il viendra la chercher.

L'inspecteur se présente donc au *Cyrnos* au jour et à l'heure convenus. Irène se laisse d'abord conduire, sans réagir, à la voiture du policier. Celui-ci s'étonne que tout se passe aussi bien. Mais cela ne dure pas longtemps. Au moment où elle va franchir la porte du véhicule, la femme se met à crier, à demander de l'aide, à prendre à partie les passants que l'on est « en train d'arrêter une résistante ». L'inspecteur, sentant que l'incident risque de mal tourner, s'assure qu'il a bien son revolver dans sa poche lorsque quatre hommes se dirigent vers lui, l'arme au poing. À son tour de sortir son revolver... Il montre son insigne de police ; les quatre hommes en font autant, et parmi eux il y a un commissaire. L'inspecteur est alors conduit, sous bonne escorte, à la brigade mobile. De là il demande à appeler son supérieur pour recueillir ses instructions. Celui-ci lui répond qu'il ne doit « pas insister » et qu'il lui faut mettre un terme à sa mission.

L'inspecteur rentre à Nice et rédige son rapport. Il apprendra qu'Irène, décidément bien protégée, avait pris la fuite. On finit par la rattraper. Confrontée à Alfred Schultz, celui-ci la désigne parmi quatre femmes de même âge et de semblable corpulence comme l'une des responsables des arrestations des Juifs de Nice, ce qui est confirmé par un agent de la Gestapo, Alice Mackert, dite Alice la Blonde [1].

---

1. Dite encore la Panthère rouge, autre *pasionaria* délatrice de Nice ; voir chapitre 5.

Traduite devant le tribunal militaire, Irène Q. bénéficiera d'un non-lieu.

L'instruction n'est pas pour autant terminée concernant les affaires des Présentines. Le 9 février 1949 – plus de quatre ans après les événements – le commandant F. et Antoine Q., le mari d'Irène, sont à ce titre arrêtés. Cette dernière les rejoint, neuf jours plus tard, venant de Corse par avion, en se constituant prisonnière. Mais Irène échappera une fois de plus à la rigueur de la justice.

Le cas de Ramon G., est à rapprocher de celui de la belle Irène. Il s'agit d'un chef de bande doublé d'un exécuteur sanglant. À la faveur de la Libération, Ramon G. règne en despote sur le quartier de Saint-Just. Son comportement pendant l'Occupation est des plus troubles. On peut même penser qu'il s'est alors compromis, et que la victoire changeant de camp il s'est précipité du côté des vainqueurs pour se faire pardonner d'être allé trop loin dans la collaboration. Rien ne sera plus dangereux que ce genre d'individu, qu'un collabo brusquement converti à la résistance de la dernière heure. Nul n'est plus zélé dans la répression, plus cruel dans les méthodes, plus imaginatif dans les initiatives.

« C'est dans les premiers jours de la Libération qu'un transporteur me remit un brassard tricolore et qu'un agent me donna un revolver », déclarera Ramon G.

Il ajoutera qu'avec cette arme il fut chargé de monter la garde à des points sensibles. Mais l'enquête menée par le juge chargé de l'instruction de son dossier – car l'affaire eut heureusement des suites sur le plan judiciaire – mettra en lumière que G. ne s'était pas contenté de jouer les plantons, et qu'il n'avait pas moins de onze crimes sur la conscience.

Le 23 août 1944, onze corps sont retrouvés dans le Jarret. Onze de plus, hélas, mais pour une seule découverte le nombre est impressionnant. Sur le moment, on n'y prend pas garde, dans l'euphorie de la Libération. Marseille est à la joie de sa liberté reconquise, qu'importe qu'à l'ombre des défilés et des célébrations prospère le pandémonium d'une épuration sauvage où s'affairent de sinistres justiciers. Ils n'ont rien à voir avec la vraie Résistance, mais ils en usurpent les titres. Ils sont trop nombreux pour qu'il soit possible de les détecter. On les croit sur parole, on les embrigade sans se méfier, on leur distribue des armes sans trop savoir ce qu'ils en feront. Livrés à eux-mêmes, ils deviennent terriblement dangereux. Des brassards, quelques fusils, un local, et le tour est joué.

Ramon G., lui, a installé son poste de commandement au 85, rue Alphonse-Daudet. Il s'est mis quatre galons sur les épaulettes. Il a recruté quelques complices. Et là, dans le quartier de Saint-Just, il est le patron de l'épuration. Sans qu'apparemment on s'inquiète en haut lieu de cet état de fait. Une liste de suspects est dressée. Une quinzaine d'agents d'exécution sont lancés à leurs trousses. On les arrête, on les traîne jusqu'au 85 de la rue Alphonse-Daudet. Des simulacres d'interrogatoires sont organisés. Les prisonniers sont frappés. Pour onze d'entre eux, le « jugement » sera la mort.

Le juge d'instruction Fournier recueillera des témoignages éloquents. Ceux de deux femmes qui avaient été arrêtées et qui échapperont miraculeusement à l'exécution :

« On les roua de coups, diront-elles en parlant des futures victimes, et on entendit G. proférer des ordres d'une mise à mort prochaine. Le lendemain, nous avons vu partir les malheureux, menottes aux mains, vers le supplice... »

Un autre témoignage, celui de M. Paul Trompette[1]. Il a vu Ramon G. opérant à la tête de sa troupe. Apprenant qu'un de ses amis, M. Auguste Aéro-Ricci, avait été arrêté, il est allé voir le « chef » dans son « quartier général » ; mais G. est demeuré intraitable :

« Si vous insistez, a-t-il été répondu à M. Trompette, vous subirez le même sort que lui ! »

Domicilié aux Chutes-Lavie, âgé de trente-neuf ans, M. Aéro-Ricci sera assassiné sur les bords du Jarret. Trois de ses malheureux compagnons seront également identifiés : M. Jean Paradon, cinquante-six ans au moment des événements, habitant traverse Montéault, dans le quartier de

---

1. Chef des Milices socialistes de Marseille dont nous avons rappelé le rôle dans la Résistance et à la Libération.

Saint-Just ; M. Marc Cocca, soixante-douze ans, 19, rue du Bosquet ; M. Philippe Canaveggia, vingt-quatre ans, 28, rue Croix-de-Régnier. Ce dernier était étudiant en médecine et fils d'un commissaire de police.

Cinq jours après les onze crimes, le 28 août 1944, Ramon G. partit en expédition avec trois membres de son équipe pour rançonner le consulat d'Espagne à Marseille. Il exigea, sans être inquiété, qu'on lui ouvre les portes et s'empara de bijoux et d'argent. Il fut identifié par un diplomate qui témoignera contre lui.

Il est également question de la caserne Busserade où le régiment des F.T.P.F. la Marseillaise cantonne depuis le jour de sa formation, le 22 août 1944.

Les activités des époux Ciamossi qui avaient été arrêtés par les hommes de la caserne Busserade n'avaient assurément rien d'angélique. Il y a de tout parmi les victimes de l'épuration sauvage, du complice de l'occupant tortionnaire, à l'innocent intégral mais pétainiste affiché, en passant par toute la gamme des petits miliciens peu dangereux, des enrichis du marché noir, des dénoncés par jalousie (ou pour éteindre une dette), des compromis(es) avec les Allemands pour des raisons de promiscuités d'alcôves ou de lupanars.

Les Ciamossi appartiennent à cette catégorie et ont gagné confortablement leur vie en poursuivant pendant l'Occupation un métier qui avait fait leur célébrité pendant la IIIᵉ République. Ils possèdent, rue Ventura, à Marseille, une maison close, la « Mère Coste », fort appréciée d'une clientèle considérée comme sélecte. Les Allemands arrivant annexent la maison. L'endroit est idéal pour le repos du guerrier. On comprend l'indignation de beaucoup : s'enrichir d'un commerce inavouable mérite déjà une condamnation morale, mais ne pas reculer devant l'argent de l'Allemand, et dans de telles conditions, c'en est trop !

Si l'on suit ce dernier raisonnement, on en conclut que les Ciamossi doivent « rembourser ». Ils sont donc arrêtés, le 21 septembre, à leur villa L'Oustalet, dans le quartier d'Endoume, par les hommes de la caserne Busserade qui en profitent pour piller le linge, les pièces d'or [1], les bijoux, et qui embarquent les meubles.

On ne s'arrête pas là en besogne... Quelques jours plus tard, les corps des époux Ciamossi sont retrouvés, celui de M. Ciamossi dans le quartier du Merlan, celui de sa femme à Saint-Just.

La police et la justice se mettent en branle – cela arrive, ne l'oublions pas, bien que peu d'enquêtes et d'instructions aboutissent devant les tribunaux –, les principaux responsables de la caserne Busserade, le commandant du régiment la Marseillaise et deux de ses adjoints qui avaient procédé à l'arrestation des Ciamossi sont interrogés. Tous trois se défendent d'avoir perpétré le double assassinat. Ils affirment que les époux Ciamossi étaient sortis libres et indemnes de la caserne. On retrouvera cependant chez les deux acolytes du commandant de la Marseillaise des objets ayant appartenu sans conteste aux victimes. Les deux hommes seront arrêtés, puis comme tant d'autres élargis.

Les époux Ciamossi avaient exercé des activités dont on aurait admis qu'elles eussent été frappées de sanctions. Mais de là à une exécution sommaire doublée d'un pillage ! Ainsi l'entreprise des justiciers devenait un assassinat et des actes de brigandage assimilables à des délits de droit commun.

Les méthodes employées à la caserne Audéoud à l'égard des personnes internées étaient du même ordre. Un avocat qui avait été appelé auprès d'un de ses clients se souviendra qu'il le trouva dans un « piteux état »...

L'épuration judiciaire se met en marche dès les premiers jours de septembre.

Le président désigné de la Cour est M. Couteaux – un nom prédestiné dans cette période guillotinière –, vice-président du tribunal, et plusieurs sections sont prévues. Cette désignation officielle a lieu au moment même où la presse régionale se fait l'écho d'arrestations multiples, non seulement sur le plan local, mais à l'échelon national.

---

1. L'or est alors une valeur refuge privilégiée. Dans certaines régions de France il rejoint les objets de prix dans les lessiveuses que l'on enterre dans les jardins.

À la date du 10 septembre, 1 200 personnes – chiffre *officiel*[1] – ont été interpellées dans la cité phocéenne. La première sentence de mort frappe l'Arménien Tcherpechikian, « membre du P.P.F., agent de la Gestapo », qui est exécuté le lendemain au Pharo par un peloton des Forces républicaines de sécurité. Le jugement est sans appel et l'exécution immédiate, à l'image des cours martiales du gouvernement de Vichy.

Le général de Gaulle se rend en visite à Marseille le 15. À 14 h 30, il s'adresse à la foule du balcon de la préfecture. Ce n'est pas, de la part du chef du Gouvernement provisoire, que démarche protocolaire. Marseille représente l'une des étapes de « reprise en main » d'un long périple qui le conduit dans les principales villes de France. Le Général entend asseoir son autorité dans une situation d'effervescence générale... ou d'anarchie. La manière dont évoluent les événements à Marseille ne doit pas poser d'objections de principe puisque la Provence, contrairement à d'autres régions de France, a été libérée par des troupes françaises régulières. Mais il y a loin des principes à la réalité... Tout investi qu'il soit des pouvoirs officiels, le commissariat général n'agit qu'au moyen d'instruments répressifs de son cru et largement imprégnés d'une idéologie politique qui, au demeurant, est loin de réaliser l'unanimité des forces de la Résistance.

Ce que le général de Gaulle livre de ses impressions de son voyage officiel est à cet égard lourd de sens : « Il flottait sur Marseille, confiera-t-il, un air de tension et presque d'oppression... Les communistes avaient établi à Marseille une dictature anonyme[2]... »

L'épuration est particulièrement sévère dans les rangs de la police marseillaise. Au 1er octobre, un commissaire divisionnaire, 12 commissaires, 47 autres gradés ont été suspendus. Soit trente pour cent des commissaires et la moitié des

---

1. Mais faux. Pour Marseille, Aix-en-Provence et Arles, on table sur 3 000 en novembre ; voir plus loin.
2. *Mémoires de guerre*, t. III, *Le Salut*, éd. Plon.

commandants de gardiens de la paix. Plusieurs policiers sont assassinés dont MM. Poggioli, Leuiller et Manefret.

Le premier était inspecteur des Ports. Il assurait la surveillance des marchandises entreposées sur les quais ou dans les hangars. Une besogne peu commode dans une période de pénurie et qui, en des temps ordinaires, n'est pas non plus de tout repos dans une ville comme Marseille. L'inspecteur Poggioli ne s'est pas fait que des amis à vouloir s'acquitter de sa tâche avec conscience. On l'arrête à son domicile avant de le faire comparaître devant une commission composée de F.T.P. à l'hôtel Saint-Louis, rue d'Aubagne. L'interrogatoire ne ménage rien du passé de l'inculpé et conclut à l'absence de griefs sérieux en matière de collaboration. M. Poggioli est donc relâché. On peut donc croire que la justice populaire a tranché avec équité, et il y a tout lieu de s'en féliciter.

Certains des juges improvisés ont peut-être eu des remords, ou les censeurs de M. Poggioli ont-ils été dépassés par plus ultras qu'eux-mêmes... Quatre jours après sa libération, l'inspecteur est de nouveau appréhendé à son domicile par un groupe d'hommes armés. Son corps sera retrouvé le lendemain au Canet. On avait sectionné l'annulaire de la main gauche, pour mieux s'emparer de l'alliance, et tenté d'arracher les dents en or.

M. Leuiller, secrétaire de police dans le quartier Saint-Louis, est tué dans les mêmes conditions. Il semble qu'on lui reproche son rôle au Service du travail obligatoire, mais il est établi qu'il n'a fait l'objet d'aucune investigation de la part du Comité départemental de libération. Les justiciers populaires ne s'embarrassent pas de ce genre de garanties, qui s'emparent de lui et l'assassinent dans une ruelle déserte.

Le commissaire Manefret, quartier Vauban, est apparemment appréhendé pour des motifs identiques, mais son assassinat est accompagné d'une mise en scène qui dénote un rare raffinement dans la cruauté. On le conduit dans une traverse, on le frappe puis on fait mine de le relâcher en l'assurant qu'il est libre. Trop content de s'en tirer à si bon compte, le commissaire part, à grandes enjambées et sans se retourner. C'est alors que ses ravisseurs – ils sont une vingtaine – tirent sur lui un chapelet de balles.

Mme Manefret retrouvera le corps de son mari déchiqueté. Au moment de la tuerie elle parlementait avec un officier F.F.I. et, répondant à la convocation qui lui avait été adressée et aux questions qui lui étaient posées, s'efforçait d'apporter les preuves de l'inanité des charges portées contre le commissaire. L'officier qui comprit aux premiers coups de feu ce qui se passait, et qui ne dépendait pas de lui, conseilla alors à Mme Manefret de s'adresser à des responsables plus haut placés que lui. Débordé par sa troupe qui montrait à assassiner un homme désarmé plus de courage qu'il ne leur en avait fallu pour prendre les armes contre les Allemands, il n'avait pas osé lui avouer la vérité.

La police marseillaise est ainsi, par les moyens officiels, ou officieux, en grande partie décapitée. Dans certaines régions, comme en Auvergne, on assiste à une telle crise des effectifs que les journaux locaux publient des articles pour faire appel aux volontaires et vanter les mérites d'une profession dont on oubliait volontairement... de signaler les risques. Les policiers en fonctions auraient-ils dû démissionner pour refuser l'obéissance au gouvernement de Vichy ? Mais pour se replier vers quelles professions ? Que l'on sache, les démissions seront l'extrême exception dans les corps administratifs chargés de l'application des mesures les plus contestées de l'ancien régime : forces du maintien de l'ordre et justice.

Il est vrai que tous les départements libérés n'auront pas la ressource d'une police supplétive comme dans les Bouches-du-Rhône, d'une « vraie police du peuple », selon l'expression du général Guillot, chef des F.R.S. régionales. Le comité départemental de libération rappelle à la date du 26 octobre que « sept secteurs de sécurité fonctionnent à Marseille en liaison avec les comités de quartiers – rue Nègre, boulevard Rabatau, rue de Crimée, à la caserne Audéoud, aux Présentines, à la Préfecture (boulevard du Muy), à la police de l'Hôtel de la Préfecture... ». Sans oublier, précise-t-on, dans les « entreprises ». « Le rôle [de ces secteurs] est de détecter toute personne ou toute cause

susceptibles de mettre en péril la sécurité républicaine... »
Précaution non superflue : « Seuls ces secteurs ont le droit
de délivrer des mandats d'amener, de perquisitionner, de
visites domiciliaires et de procéder aux arrestations... »

Les critères de la répression sont donc laissés à l'appréciation de la « police du peuple ». Le résultat est que les arrestations, avec ou sans mandat, se multiplient.

Le Provençal, non suspect de complicité... avec les suspects, s'en inquiète en ces termes dans son numéro du
29 septembre : « Si la justice promise n'est pas exercée
comme elle doit l'être, par en haut, il est à craindre qu'elle
se fasse par en bas et que certains, s'improvisant justiciers,
recourent à des vengeances personnelles. Cela, il faut l'éviter à tout prix, il faut bannir le sentiment de l'injustice qui
s'emparerait des esprits *si les choses continuaient à aller
comme elles vont*[1]... »

Il faut croire que les choses ne se sont guère améliorées
et que la « justice par en bas » a continué à prévaloir puisque
le quotidien socialiste renouvelle ses mises en garde deux
mois plus tard, le 1er décembre : « Il y a dans les prisons trop
de gens dont on ne sait exactement pourquoi ils y sont... Il
y a des gens qu'on arrête encore [trois mois après la Libéra-
tion] sur des plaintes qui, parfois, manquent de consistance
et qui ressemblent à des vengeances... »

Le Méridional, également issu de la Résistance et de tendance démocrate-chrétienne, n'hésite pas à lancer un cri
d'alarme : « On n'a pu capturer la Gestapo qui se disait française, alors qu'on s'acharne à *cuisiner*[2] les Vichyssois dans
l'espoir de leur faire avouer des crimes qu'ils n'ont pas
commis. Qu'on se hâte de les renvoyer chez eux, puisque
trois mois de prison sans sursis ont déjà constitué une erreur
de jugement... » (9 décembre).

L'arrêté 816 *bis* du commissaire régional de la République
n'est peut-être pas étranger au tout proche remaniement du
Gouvernement provisoire puisqu'il abroge l'article 6 de

---

1. Souligné par l'auteur.
2. Souligné dans le texte.

l'arrêté n° 46 du 6 septembre qui prévoyait, rappelons-le, la suspension des « pourvois en cassation contre les arrêts de la Cour de justice... ». Cependant, à la mi-décembre, quatre mois après la Libération, il y a encore, au bas mot, 3 000 personnes internées dans les prisons de Marseille, Aix-en-Provence et Arles. Le 9 novembre, le commissaire régional de la République avait fait savoir par M. Biage, son directeur de cabinet, qu'il avait « décidé de faire publier par les autorités civiles et militaires, qui ont fait procéder à des arrestations, la liste des personnes qu'elles ont fait appréhender et qui sont actuellement détenues... ». Cette initiative était bien tardive et les listes établies, et qui devaient être affichées à la préfecture, à la sous-préfecture et à la mairie, ne donnaient qu'une image très approximative du nombre des personnes arrêtées.

« Pendant toute cette période de l'affichage, ajoutait M. Biage, des plaintes pourront être déposées entre les mains du commissaire du Gouvernement près de la Cour de justice du lieu de détention. Seules les plaintes signées par leur auteur seront maintenues... » Une autre forme d'information s'ajoutait à la première, M. Aubrac insistant « sur le fait que les comités départementaux ou locaux de libération auront le droit de déposer ces plaintes... ».

Le nombre des personnes arrêtées ne suffit pas à rendre compte de l'ampleur de la « liquidation » entreprise à tous les échelons de l'appareil politique et économique. L'exemple de la chambre de commerce est à cet égard significatif. Dès le 25 août, son président, M. Émile Régis, son secrétaire général, M. François Ruggeri, et plusieurs de ses membres ont été arrêtés sans motivations précises et internés à la prison Saint-Pierre. Les moyens de défense leur sont refusés en conséquence de l'arrêté du 4 septembre. M. Régis verra sa détention se prolonger pendant quatre mois en dépit du respect dont il était unanimement entouré. Aucun grief de collaboration ne peut lui être imputé. Président en exercice pendant les jours sombres, il s'est au contraire employé, dans le cadre de ses responsabilités, à atténuer les effets de l'Occupation, se mesurant, à peu près seul, aux autorités allemandes pour la défense des commerçants, intervenant en faveur des Juifs, obtenant pour son personnel la dispense du Service du travail obligatoire, multipliant les démarches pour limiter le nombre et le volume des destructions du Vieux-Port. N'est-ce pas l'exemple typique d'une volonté et d'une action résistantes ?

Appelés à statuer sur des centaines de cas, les tribunaux administratifs et le Conseil d'État rendront, dans la très grande majorité, des décisions d'annulation. « Tous ceux que j'ai défendus, affirmera un avocat, obtiendront satisfaction, et cela sans grande difficulté... Reprenant "du service", les épurés d'hier bénéficieront d'un avancement normal, y compris un conseiller à la Cour qui reprendra ses fonctions comme président de chambre, ce qui n'était pas une moindre réparation... »

L'affaire Alexis et Wolff mérite également une attention particulière. Le commissaire du gouvernement Cellier en rend compte dans les termes suivants au cours de l'audience du 14 octobre 1947 du Conseil d'État :

« Les sieurs Alexis et Wolff sont respectivement président, directeur général de la Compagnie des docks et entrepôts de Marseille. Ils sont l'un et l'autre titulaire de la croix de guerre et officiers de la Légion d'honneur.

« Outre leur activité principale, ils occupent à Marseille des postes importants dans plusieurs affaires et exercent des fonctions publiques ou semi-publiques : M. Alexis était président du tribunal de commerce, M. Wolff administrateur de la caisse d'épargne et vice-président de l'Association des officiers de réserve. C'est dire qu'il s'agit de personnalités ayant donné, de leur honorabilité, de leur dévouement à l'intérêt public, de leur patriotisme, des témoignages éclatants.

« Le 5 octobre 1944, la Compagnie des docks et entrepôts de Marseille fut réquisitionnée par une décision du commissaire régional de la République. Cette décision a été annulée par un arrêt du Conseil d'État en date du 28 février 1947.

« Le 13 octobre 1944, les sieurs Alexis et Wolff furent avertis par l'administrateur provisoire de la société [1] que, sur

---

1. Ce qui rappelait les décisions du gouvernement de Vichy organisant la désignation d'administrateurs provisoires pour les biens juifs confisqués.

ordre du commissaire général de la République, ils étaient suspendus de leurs fonctions et privés de tout traitement. L'ordre de l'administrateur provisoire, portant cette décision à la connaissance du personnel, indiquait que cette mesure était prise en vertu d'une décision de la commission permanente d'épuration.

« Les deux requérants qui étaient ainsi révoqués par le ministre des Travaux publics les 6 et 7 octobre 1944, et qui, auparavant, avaient reçu de sa bouche des félicitations sur les travaux entrepris par eux pour la remise en état rapide des entrepôts frigorifiques des docks de Marseille, manifestèrent leur surprise de la mesure qui les frappait. Ils n'en purent obtenir aucune explication.

« Le 25 novembre 1944 [1], les sieurs Alexis et Wolff furent appréhendés à leur domicile par des hommes armés, porteurs d'une convocation pour interrogatoire, au cours duquel le sieur Alexis fut odieusement maltraité. Il reçut, en outre, des coups de pied dans le ventre.

« Ils furent ensuite retenus pendant plusieurs jours dans les locaux de la Préfecture, puis conduits à la prison des Baumettes.

« Enfin le 29 décembre 1944 ils furent transférés, à travers la ville, menottes aux mains, à la maison d'arrêt de Saint-Pierre.

« Pendant cette détention, le commissaire régional de la République fit insérer des avis dans la presse et lire des communiqués à la Radiodiffusion nationale, invitant toute personne susceptible de fournir des renseignements à leur sujet, à s'adresser à la Préfecture des Bouches-du-Rhône.

« Les renseignements et les témoignages affluèrent, en effet : ils étaient unanimement favorables aux requérants.

« Néanmoins une campagne d'affiches diffamatoires fut organisée contre eux, sans intervention ni de l'Administration ni du Parquet.

« Bien plus : les comptes en banque des intéressés furent bloqués par ordre du commissaire régional de la République.

---

1. Trois mois se sont écoulés depuis la Libération.

« À la demande du commissaire régional, le sieur Alexis fut suspendu de ses fonctions de président du tribunal de commerce... »

Après avoir mis en lumière les responsabilités de l'État dans l'affaire Alexis et Wolff, le commissaire du gouvernement développe plusieurs des aspects des abus de droit et de fait commis à l'égard des victimes. Et tout d'abord en matière de privation de liberté :

« Nous ne pensons pas, estime le commissaire Cellier, que la convocation devant la commission centrale de sécurité constitue une faute, même notifiée dans des conditions exceptionnellement discourtoises et comportant une publicité de mauvais aloi. L'émotion soulevée dans tout le pays par des actes de collaboration nous paraît suffisante pour expliquer, sinon complètement justifier moralement, les formes un peu brutales dans l'instruction des préventions.

« En revanche, en plaçant les deux requérants en état d'arrestation, après les avoir interrogés, et alors que, de l'aveu du ministre, aucune charge n'a pu être relevée contre eux, il nous paraît certain que l'Administration a commis une faute lourde.

« Peut-être appartenons-nous à une génération attardée, concède ironiquement le commissaire du gouvernement... Nous demeurons sénilement attachés à des conceptions périmées. Nous persistons à penser que le principe de l'*habeas corpus* demeure le fondement de la liberté républicaine qui doit toujours rester dominée par l'article 7 de la Déclaration des droits de l'homme : "Nul homme ne peut être accusé, arrêté ni détenu que dans les cas déterminés par la loi, et selon les formes qu'elle a prescrites."

« La loi avait prévu les cas et déterminé les formes de poursuites contre les collaborateurs. Elle avait même donné aux préfets et aux commissaires de la République le pouvoir de prononcer l'internement administratif de tout individu considéré comme dangereux. Mais ce pouvoir, si large, que pratiquement il échappe à tout contrôle contentieux, ce pouvoir exorbitant qui reconnaît à des fonctionnaires le droit de faire supprimer la liberté sans avoir à en indiquer le motif et sans en limiter la durée, ce pouvoir doit, du moins, respecter les règles de la compétence qui ne peut être reconnue qu'aux autorités auxquelles la loi l'a accordée.

« Ni le Comité régional de libération ni le Comité central de sécurité ne figurent parmi ces autorités. Ils ne pouvaient donc prescrire la détention des requérants, et puisque nous avons dit que leur faute lourde entraînait la responsabilité de l'État, celui-ci doit réparation du préjudice ainsi engagé.

« Le commissaire régional de la République a, lui aussi, commis une faute car il a été immédiatement informé de l'arrestation des sieurs Alexis et Wolff. Les affiches apposées dans Marseille, les communiqués donnés à la presse et à la Radiodiffusion ne nous permettent pas d'en douter.

« Chargé de rétablir avant tout la légalité républicaine, ce haut fonctionnaire avait le choix entre deux attitudes : ou bien régulariser la détention en prenant un arrêté d'internement qui aurait probablement été inattaquable, ou, s'il estimait cette détention injustifiée, la faire cesser. Il n'a pris ni l'un ni l'autre de ces deux partis. Il a laissé les deux requérants en détention jusqu'au 7 mars, soit plus de trois mois de détention qu'il savait injustifiée, puisqu'il ne voulait pas en prendre la responsabilité en signant un arrêté d'internement.

« Enfin, l'Administration pénitentiaire est elle-même coupable d'une faute lourde pour avoir écroué et maintenu sous les verrous deux citoyens, sur ordre verbal de fonctionnaires de la police qui n'avaient aucune qualité pour prononcer cette détention [1].

« Il est constant – et une attestation du procureur de la République le confirme – qu'aucune information judiciaire n'a jamais été ouverte contre les sieurs Alexis et Wolff.

« Il n'est pas moins constant qu'aucun arrêté d'internement administratif n'a été pris contre eux. Ils ont été conduits à la prison sans qu'aucun titre quelconque justifie leur détention. Le directeur de la prison, plus soucieux du bon ordre des documents que du respect des principes fondamentaux du droit, n'ignorait rien de cette situation

---

1. Mais pour nombre d'entre eux désireux de se racheter de leurs activités pendant l'Occupation.

puisque, sur le registre d'écrou, les noms des sieurs Alexis et Wolff figurent sous la rubrique spéciale : "Détenus en situation irrégulière."

« On croit rêver, poursuit le commissaire du gouvernement Cellier, quand on a constaté que de tels faits ont pu se produire dans la République française, un siècle et demi après la prise de la Bastille.

« Faut-il dire que la gravité même des fautes commises constitue leur meilleure excuse, parce qu'elle est un indice de la difficulté des circonstances auxquelles devait faire face l'Administration.

« Le ministre aurait peut-être pu soutenir que les autorités régulières de police n'avaient pas les moyens matériels d'empêcher de tels actes et qu'on ne peut leur faire grief de n'avoir pas empêché un commissaire de la République qui trouvait dans une opinion publique surexcitée d'invincibles appuis...

« Il ne le soutient pas, et nous pensons qu'il a raison, car c'est bien la machine administrative elle-même, le Comité régional de libération, organisme officiel créé par ordonnance, le commissaire régional de la République, fonctionnaire, les agents réguliers de l'administration pénitentiaire qui ont témoigné d'un surprenant mépris de la liberté individuelle. Nous pensons que l'incarcération des requérants et leur maintien sous les verrous, dans les conditions où ils sont intervenus, constituent des fautes lourdes engageant la responsabilité de l'État.

« Il en est, bien entendu, de même des odieux sévices subis par le sieur Alexis, conformément à une jurisprudence maintenant bien établie, qui peut trouver son application dans des cas absolument analogues. »

Le commissaire du gouvernement examine ensuite la « faute » du blocage des comptes en banque[1], telle qu'elle est relevée dans le recours de MM. Alexis et Wolff :

« Une telle mesure ne peut être prescrite par le commissaire de la République qu'en vertu des pouvoirs qui lui sont conférés par l'article 4, paragraphe 6 de l'ordonnance du

_____

1. Qui est une des particularités de l'épuration à Marseille.

10 janvier 1944. Ces pouvoirs ont pris fin à la date du rétablissement des communications entre Paris et le siège du commissaire de la République.

« Or les communications étaient rétablies entre la capitale et Marseille avant toutes les mesures qui ont atteint les requérants, notamment avant le blocage de leur compte en banque, puisque le ministre des Travaux publics avait pu venir en personne de Paris à Marseille, visiter les installations de la société et y rencontrer les requérants.

« La date limite à laquelle les communications peuvent être considérées comme rétablies et à laquelle le Gouvernement a informé, par circulaire, qu'il ne disposait plus des pouvoirs exceptionnels définis par l'ordonnance de janvier 1944, est du 14 octobre 1944.

« Or le blocage des comptes en banque dont la date n'est pas indiquée par le dossier, d'après la requête, est intervenu après l'arrestation des intéressés qui s'est produite le 25 novembre 1944, et en tout cas après leur suspension dans leurs fonctions professionnelles, suspension qui est du 13 octobre 1944.

« Le commissaire de la République ne disposait donc plus du pouvoir de prendre une telle décision, puisque l'ordonnance de janvier 1944, qui en serait la seule base légale, avait cessé d'être applicable à Marseille. Eût-il même disposé de ces pouvoirs exceptionnels, le commissaire régional de la République n'aurait pu en user qu'en vue d'un intérêt public. Un abus de ces pouvoirs exceptionnels, même s'ils ne constituaient pas un excès de pouvoir, pourrait constituer une faute de service.

« Tel serait le cas ici puisque le blocage des comptes en banque, d'après l'aveu du ministre, des requérants, était une brimade sans aucune justification.

« Ici encore, la responsabilité de l'État nous paraît engagée. »

Sur la publicité qui fut donnée par la presse et à la radio aux mesures prises contre les deux requérants...

« Cette faute nous paraît certaine, estime le commissaire du gouvernement. Même si les griefs étaient fondés, il n'appartenait pas à l'Administration de diffamer les personnes même qui ont été placées en détention et, *a fortiori*, naturellement, en l'absence de tout fondement aux griefs allégués, de toutes justifications des poursuites... »

Le 7 novembre 1947, le Conseil d'État condamnait l'État à verser à MM. Alexis et Wolff respectivement 750 000 et 700 000 francs à titre de réparations.

La justice et le temps avaient fait leur œuvre, et l'on était loin de cette apostrophe de *La Marseillaise* au mois de septembre 1944 : « Des gens, et parmi eux certains éléments de la Résistance, ont cherché à dédouaner des magistrats trop marqués ou compromis, et ce pour satisfaire des ambitions personnelles ou donner des places aux amis. Il y a des limites à tout. Pour la magistrature, le nettoyage doit être radicalement mené... »

Mais on ne répétera jamais assez que des membres de la haute Administration eurent au moins le courage de se manifester dans un contexte aussi difficile.

Le 28 octobre le nouveau Gouvernement provisoire de la République se décide à agir et à réagir. Adrien Tixier annonce que le Conseil des ministres a prononcé la dissolution des Milices patriotiques, auxquelles il est rendu hommage, que le maintien de l'ordre appartiendra désormais à la police régulière, que le port d'armes est interdit et que les délinquants seront arrêtés et poursuivis conformément à la loi.

La mesure du gouvernement provoque un beau tollé... Le comité régional de libération que préside, rappelons-le, le communiste Jean Cristofol, s'associe aux protestations du Comité national de la Résistance qui sollicite une entrevue du général de Gaulle. L'entretien ne donne aucun résultat et le parti communiste assume, à peu près seul, une campagne sur le thème d'une insulte à la Résistance. « Désarmez d'abord la 5e Colonne », s'exclame *La Marseillaise* du 31 octobre en écho à un meeting dont les orateurs dénoncent un défi lancé aux vrais patriotes.

Tout n'est pas perdu pour les nostalgiques de la « police du peuple » puisque les F.R.S. ouvrent leurs rangs aux « miliciens » en disponibilité. Et M. Raymond Aubrac est fier d'annoncer, lors de l'inauguration du foyer des Forces républicaines de sécurité, « la constitution pour toute la France de F.R.S. calquées sur l'organisation de Marseille... ».

Les initiatives de Marseille ont fait école à l'échelon national. C'est de cette « police du peuple » créée pour satisfaire aux exigences de l'épuration régionale que naîtront bientôt les Compagnies républicaines de sécurité, ou C.R.S.

En attendant, la dénonciation des « ennemis de l'intérieur » continue à entretenir la flamme, voire à justifier les excès. Dans les premiers jours de novembre on signale que de nombreuses plaintes parviennent encore à la Sécurité militaire sur des perquisitions et des arrestations effectuées en se réclamant de son autorité. Plus grave, à Aix-en-Provence on interroge les collabos en les torturant au poste de commandement F.T.P.F. situé à l'hôtel de la Mule noire ou à l'hôtel Sextia. Le 11 novembre – nous sommes toujours en 1944 – est pendu au lampadaire n° 55 du cours Mirabeau, en face de la brasserie Les Deux Garçons, un jeune maçon, René Dérouet, âgé de vingt-trois ans. L'exécution a eu lieu en pleine nuit et devant une foule qui applaudissait à la mort. Le responsable, André C., mécanicien, est inscrit aux F.T.P. sous le matricule n° 52 234. Communiste, il sera exclu du parti lors de l'« affaire Tillon », puis adhérera à la franc-maçonnerie. Quant au principal exécutant, Gabriel L., F.T.P.F. lui aussi, il est classé comme anarchiste et est appelé le Manchot. Deux camarades de Dérouet subiront le même sort.

Le « scénario » est à peu près le même à Arles. C'est dans un hôtel de la ville – l'hôtel Jules César – qu'officie une équipe composée d'un instituteur qui se fait appeler « colonel » – il deviendra directeur d'école communale à Marseille –, deux « capitaines », dont l'un est cantonnier, et un « sergent ». Le quarteron suit un itinéraire qui deviendra classique dans les méthodes de l'épuration sauvage. Les hommes procèdent à des arrestations arbitraires au domicile des suspects, les conduisent à l'hôtel, les détroussent et les descendent au sous-sol où ils sont soumis à un interrogatoire ponctué de coups et de bastonnades.

À Arles, toujours, et imputable à la même équipe, l'exécution de quatre personnes au champ de tir de la Croisière laissera un souvenir tenace dans la mémoire de ceux qui furent témoins des faits. Les quatre suspects furent d'abord exhibés au kiosque à musique, devant l'hôtel. La foule eut alors tout loisir de les frapper et de leur cracher dessus. On les traîna ensuite jusqu'au champ de tir. On leur montra, avant de les exécuter, les cercueils qui allaient contenir leurs restes. Il y avait parmi eux une jeune fille de seize ans.

Passant en cour de justice, les quatre victimes eussent très probablement encouru des condamnations. Dans certains cas, elles eussent probablement été sévères, mais au moins pour trois d'entre elles, pas jusqu'à la peine de mort.

Dans l'arrondissement, à Châteaurenard, de faux libérateurs, étrangers à la localité, font la loi au comité local de libération. Des commerçants sont rançonnés, les automobiles de plusieurs expéditeurs en fruits et légumes, de laitiers et de fermiers de la région sont réquisitionnées pour des motifs étrangers à la poursuite des hostilités. Sur la place publique, face au cinéma, trois hommes sont exécutés le premier jour de la Libération. L'une des trois victimes méritait, peut-être, son sort. Foin de tergiversations... Lorsque les cadavres jonchent le sol après l'exécution, des détrousseurs se précipitent sur eux et les délestent de leurs vêtements. Des témoins affirmeront qu'un pillard s'empara d'une paire de chaussures juste avant l'ensevelissement.

Des rumeurs inquiétantes courent alors sur les méthodes employées à l'égard des personnes internées à l'école libre de filles sise rue du Moulin. On parle de passages à tabac et l'on évoque la mort suspecte d'un détenu que l'on a retrouvé pendu : uniquement parce qu'il avait quelque fait grave à se reprocher, ou parce qu'il craignait de ne pas supporter un nouvel interrogatoire musclé ?

À Miramas, l'assassinat de M. Michel Vigne est exemplaire de trop d'exécutions à caractère politique et d'autant plus scandaleux que la victime fut un résistant authentique.

Mécanicien de la S.N.C.F. à la retraite, Michel Vigne, membre du parti socialiste S.F.I.O., s'est, pendant la période de son activité professionnelle, révélé un syndicaliste très efficace et très estimé par ses camarades. Lorsque le gouvernement Daladier décide des mesures de rétorsion contre le parti communiste, après la signature du pacte germano-soviétique, en août 1939[1], M. Vigne se voit offrir les responsabilités de secrétaire du syndicat des cheminots, à Miramas. Il accepte. Et cela ne lui sera pas pardonné.

Patriote, Michel Vigne choisit son camp pendant l'Occupation. Il s'intègre au réseau de résistance Gallia et est enregistré à Londres, le 1er mai 1943, sous le nom clandestin de Priam, matricule 25155. Il rend de précieux services. À la Libération, on le propose pour une haute distinction. On ne le laissera pas jouir de cet honneur. Le 27 septembre 1944, un groupe de F.T.P. se présente, en armes, à son domicile, et demande à lui parler. La personne qui les reçoit, en son absence, s'entend répondre que c'est « pour un renseignement »... – Où est-il ? – À Marseille, à la préfecture, où il doit régler une affaire le concernant...

Le département du Vaucluse est typique de l'impunité dont bénéficient certains éléments de la Résistance – en l'occurrence les Francs-tireurs et Partisans – pour mener à leur guise une épuration violente devant laquelle les autorités régionales nouvellement désignées, commissaire de la République et préfets, sont trop souvent désarmées. Seule force véritablement organisée, les F.T.P. de la région d'Avignon imposent pendant des semaines, voire jusqu'à la fin du mois de septembre 1944, leurs méthodes d'élimination de ce qui de près ou de loin avait représenté le régime de Vichy ou la politique de collaboration. On a de bonnes raisons de croire l'adjoint de Philippe Beyne, chef du maquis Ventoux, lorsqu'il décrivait ainsi la situation : « J'ai été en fait le véritable patron du département pendant cinq mois, et spécialement chargé de l'épuration dans le Vaucluse. Le préfet Charvet ne faisait pas grand-chose et, quand je faisais une proposition,

---

1. La dissolution du parti communiste est prononcée par décret, le 27 septembre 1939. Deux jours auparavant, la commission administrative de la C.G.T. avait décidé de rompre ses relations avec le P.C.

lui-même et les autorités militaires l'acceptaient sans discuter... »

Dans le Vaucluse, les « bandes » désignées sous le qualificatif de « bandes noires », qualificatif dont l'origine ne semble pas avoir été élucidée, opéraient en petites unités – une dizaine au total – de quelques hommes chacune qui recevaient directement leurs ordres d'une « autorité supérieure » haut placée dans l'état-major F.T.P. Vingt-six corps de personnes exécutées sommairement seront ainsi amenés au cimetière d'Avignon pendant les *six mois* qui suivront la Libération... mais on ne pourra mettre de noms précis sur douze d'entre eux. Ils iront rejoindre les victimes non identifiées de l'épuration violente.

S'arrêtera-t-on au chiffre d'une trentaine d'exécutions sommaires pour Avignon et sa région ? Nullement, nous sera-t-il précisé, « car toute l'histoire des faits divers prouve que les corps jetés dans le Rhône à cet endroit sont parfois repêchés beaucoup plus bas ! »

Toute l'histoire de l'épuration sauvage sera, hélas, semée de ce genre de précisions macabres. Il nous est arrivé et il nous arrivera encore d'en abréger la liste pour éviter à nos lecteurs une trop longue litanie d'atrocités.

C'est également dans le Vaucluse qu'était découverte, le 5 février 1945, à La Roche d'Espeils, entre Bonnieux et Lourmarin, une fosse commune contenant les corps de quatorze civils français, dont trois femmes, et de cinq soldats allemands. Parmi les corps identifiés, ceux du pasteur Noël Nougat, dit Noël Vesper, et de son épouse.

Les faits remontaient au mois d'août 1944... À cette époque, en effet, « les forces de la Résistance de la région[1] » procèdent à l'arrestation d'un certain nombre d'« otages en guise de représailles contre l'assassinat de plusieurs patriotes à Apt par les Allemands... ». Les otages sont fusillés après un jugement sommaire. Ces exécutions, affirmera-t-on, resteront « un sujet tabou dans toute la région ». Ce

---

1. Selon les termes d'un rapport du 19 juillet 1945, établi par le « secrétaire général pour la police », à Marseille, qui, avec d'autres documents, a nourri notre information.

n'était pas la première fois que l'on cherchait à enfouir dans l'oubli des actes de justice sommaire qui déshonoraient ceux qui les avaient commis. Dans le cas présent, outre le nombre des victimes, les exécutions revêtent un caractère d'autant plus retentissant qu'elles frappent le pasteur protestant de Lourmarin et sa femme.

Esprit d'une grande distinction intellectuelle et auteur d'ouvrages littéraires et philosophiques remarqués, le pasteur avait la réputation, plus ou moins justifiée, d'éprouver des sympathies « maurrassiennes » – ce qui n'était pas très fréquent dans les milieux protestants – et, en tout cas, selon ses plus proches amis, de faire preuve d'une « totale liberté d'esprit ». Ce non-conformisme ne lui avait pas valu que des admirateurs dans une paroisse où il exerçait depuis trente et un ans au moment de sa mort. Ancien combattant, il avait tiré du premier conflit mondial des conclusions toutes personnelles : « Après la guerre de 1914-1918, écrivait-il dans une lettre-testament, quatre jours avant son exécution, j'ai mis en garde contre les armements allemands ; on ne voulait pas m'entendre dans ce village [de Lourmarin], j'étais mal vu comme patriote et on me disait chauvin, belliciste ; en 1938, pourtant, je me suis opposé à la déclaration de guerre, comme l'a fait mon pays qui a acclamé ses représentants à Munich ; en 1939, je n'approuvais pas la déclaration parce que nous n'étions pas prêts et que nous étions poussés à la guerre malgré nous et malgré notre intérêt. Nous avons accepté l'armistice et nous désirions que tous les vingt ans les mères de France n'aient pas à envoyer leurs fils contre la jeunesse allemande... »

« Maurrassien », pacifiste, à contre-courant de l'opinion, cela ne sera pas oublié en 1944, d'autant qu'en 1940 le pasteur Nougat-Vesper rallie le maréchal Pétain et, surtout, qu'on lui met l'étiquette de « collaborateur ». On ne lui connaît pas d'engagement précis mais son épouse, elle, montre ses sentiments et on l'accuse de complicité avec la Milice. Ils sont enlevés par les maquisards le 20 août 1944... « Nous n'avons nui ni à notre pays ni à personne. Nous avons la conscience pure. Notre sang retombera sur la tête de ceux qui ont poussé à ce crime », écrivait encore le pasteur dans son dernier message.

Ce message portait la date du 20 août. Quatre jours plus tard, ils étaient exécutés avec les dix-sept autres condamnés de La Roche d'Espeils. On avait proposé à Noël Vesper de le libérer. Il rejeta cette offre en affirmant qu'il entendait accompagner son épouse dans la mort.

Arrêtée à Cavaillon, Cécile Bienkowski, dite Jeannine à la robe fleurie, est fusillée le 14 septembre 1944 à Gordes, face au monument aux morts sur ordre de « l'état-major F.F.I. ». On lui reproche d'avoir été impliquée dans des opérations contre la Résistance, mais aucune preuve n'a été apportée. La jeune femme n'a même pas eu droit à un simulacre de jugement.

« Nous avions reçu l'ordre d'Alger [?] d'arrêter cette femme qui était engagée aux Vignères[1] comme ouvrière agricole, témoignera Paul N., commandant du peloton d'exécution. Nous l'avons arrêtée en compagnie de son amant, négociant en bestiaux à Coustelet et conseiller d'arrondissement de Pétain.

« C'était, paraît-il, une femme qui donnait des renseignements à la Gestapo. Nous l'arrêtons donc, nous l'interrogeons en compagnie de Max F.[2] et B. Elle n'a rien avoué. Par la suite nous recevons de Londres [? ?] l'ordre de la relâcher puisque, selon notre rapport, nous la considérions seulement comme une fille légère. Une voiture de chez nous l'a raccompagnée sur la route pour qu'elle revienne chez sa patronne, aux Vignères... »

Le témoignage s'achève ainsi :

« Elle [Cécile Bienkowski] fait de l'auto-stop au Four-à-Chaux. Une voiture s'arrête, contenant des jeunes revêtus d'uniformes des Chantiers de Jeunesse. C'était la Gestapo de Cavaillon... On aurait pu penser qu'il s'agissait de maquisards car ces uniformes étaient souvent utilisés au maquis. Elle répondit qu'elle en venait et cracha le morceau.

---

1. Commune de Cavaillon.
2. Chef d'un maquis local.

« Le jour de l'attaque [contre le maquis], poursuit Paul N., elle accompagnait les Allemands, ainsi que le petit Max, d'environ dix-sept ans. Je ne me souviens plus de son nom. Il était juif.

« Le petit Max a été arrêté et fusillé à Sault[1], par des résistants, avant la Libération. Il avait été torturé avant de passer aux aveux. Au moment de son arrestation, il était habillé en maquisard... »

Le peloton qui exécuta Cécile Bienkowski était composé de six personnes. Parmi elles, André N., fils de Paul N. Il était âgé de... neuf ans et demi. Il avait fait feu au commandement de son père qui l'avait aidé à mettre en joue car il n'avait pas la force de soulever son fusil.

« Il reste dans le département des points névralgiques. Différents attentats prouvent qu'il y a encore dans le pays des haines vivaces et que certaines personnes n'hésitent pas à se servir de la force pour assouvir leurs querelles. Dans la région de Cavaillon, L'Isle-sur-Sorgue, il y a certainement des bandes organisées, qui se sont donné pour mission de pousser à fond l'épuration et ne dédaignent pas au passage les profits matériels. Je crains même qu'il n'y ait, en Avignon, des chefs qui dirigent et contrôlent ces bandes... »

Ce rapport, rédigé en novembre 1944, émane d'une personnalité particulièrement autorisée pour apprécier la situation dans le Vaucluse plusieurs mois après la Libération. Il émane du préfet, M. Charvet. Les exactions et crimes perpétrés dans le Vaucluse sont faits patents. Le préfet s'en inquiète. Et ce n'est pas par hasard. Sous couvert de la Résistance des bandes et des individus tuent et rançonnent.

La libération de Cavaillon s'est pourtant déroulée sans incidents majeurs. Après avoir vigoureusement résisté à l'avance des troupes américaines qui remontent la vallée du Rhône, les Allemands décrochent, et laissent la place à deux colonnes de F.F.I. venues de Pertuis et de Cadenet. Il n'y a plus d'autorité légale, mais une sorte de vide politique que les « résistants » de Cavaillon entendent mettre à profit en attendant l'arrivée de la 3e D.I., l'une des trois divisions sous

---

1. Arrondissement de Carpentras.

les ordres du général Patch. Les F.F.I. locaux instaurent donc leur pouvoir, de plus en plus nombreux au fil des heures et des jours, et commencent par procéder à de nombreuses arrestations. Quelque 300 personnes sont ainsi rassemblées dans un garage – le garage Mattei – transformé en prison, en attendant que le comité d'épuration, qui siégera au commissariat de police, se penche sur leur sort.

Il n'est pas rare que le nouvel interné soit soumis à un chantage et, accusé de collaboration économique, doive sa libération au versement d'une amende qui peut aller jusqu'à un million[1]. Pour ceux qui manquent de moyens, le sort commun est la série des vexations et des bastonnades. Certains recouvrent la liberté, d'autres sont transférés à Avignon. Tandis que le comité d'épuration se met en branle, un « commandant » installe, à la tête d'un groupe F.T.P., un autre centre dans un immeuble cossu du cours Bournissac surveillé par une garde prétorienne.

Aux compromis de l'ancien régime de « payer », aux riches de payer avant l'heure... l'impôt de solidarité. Comparativement à d'autres, ce sont des privilégiés du sort. On ne parle même pas de ceux qui eurent à comparaître devant la cour de justice d'Avignon, mais des victimes de l'épuration sauvage, des exécutions sommaires. Par exemple, celle de la famille d'un garde forestier, entre Mérindol et Cheval-Blanc. Soupçonné de sympathies pro-allemandes par les maquisards de la région, le garde est d'abord menacé, puis traqué par eux avant d'être blessé. Il réussit cependant à échapper à ses poursuivants. Il disparaît. Mais quelques jours avant la Libération, des hommes se présentent à sa petite maison et abattent sa femme, sa fille... et leur chien.

À Cavaillon même, un imprimeur, M. Sarnette, a travaillé pour les Allemands. Ils sont légion à avoir bénéficié, comme lui, de la présence de l'occupant. Devaient-ils fermer boutique, mettre un terme à leurs affaires, sous prétexte de refuser cette forme de collaboration ? On pourrait en discuter longuement... On pourrait comprendre que les profiteurs les plus importants aient été soumis à des amendes, à

---

1. Soit environ 50 000 francs 2001.

des confiscations, voire à des condamnations. Peut-être M. Sarnette méritait-il ce type de sanction. Son imprimerie est mise sous séquestre, ses stocks de papier saisis, le tout servant à éditer... au meilleur prix le journal, les tracts et les affiches du parti communiste.

S'il n'étaient pas allés au-delà, les justiciers de Cavaillon n'eussent été coupables que d'avoir commis des abus de droit et de fait qui leur eussent valu, dans des circonstances aussi troublées, une forme d'indulgence. Mais les justiciers de Cavaillon s'emparèrent de l'imprimeur Sarnette... et le passèrent par les armes.

M. Sarnette sera parmi les 17 fusillés de Cavaillon. À Tarascon, on évoquera pendant longtemps la mort de deux innocents, M. et Mme Caillet.

M. et Mme Caillet, libraires – ils exploitent eux-mêmes un fonds sur le cours et en ont mis un autre en gérance place de la Mairie – n'ont rien commis de blâmable. Sinon d'avoir manifesté, depuis longtemps, des opinions de droite et d'avoir refusé de vendre, avant la guerre, les journaux communistes.

Ce genre de « crime » ne s'oublie pas en 1944, puisqu'il est établi que les événements de la Libération servent fréquemment de prétexte à l'assouvissement de vengeances, à des règlements de comptes pour des raisons étrangères à la période de l'Occupation. Parce que les étiquettes et les querelles ont survécu aux journées sombres.

Le deuxième grief tient à l'attitude de M. et Mme Caillet lors du bombardement du 10 juin 1944. Ce jour-là, Tarascon est sévèrement touché par l'aviation alliée, les dommages sont importants, et les libraires sont parmi les sinistrés : ils ont échappé à la mort, mais leur demeure et leur commerce sont, sur le cours, pratiquement détruits. Ils ne se résignent pas facilement à la destruction du fruit de leur travail, et ils le disent, haut et fort, s'en prenant, imprudemment il est vrai, aux Américains. On leur connaît des imitateurs... par milliers. C'est que les bombardements ne sont pas populaires dans l'opinion qui reproche aux escadrilles des libérateurs – les Américains sont les plus visés – de frapper le plus souvent en manquant de précision. La propagande allemande et des ministres de Vichy, comme Philippe Henriot dans ses deux bulletins quotidiens, ne manquent pas une occasion de dénoncer des destructions assimilées à des actes de barbarie.

M. et Mme Caillet se sont pour l'heure repliés chez des amis, à Saint-Étienne-du-Grès, qui leur ont laissé la jouissance d'une partie de leur villa. M. Caillet est arrêté une première fois à la Libération, pour avoir « tenu des propos antifrançais », conduit devant un comité d'épuration, puis relâché, les motifs de son interpellation ayant été considérés comme insuffisants. Près de trois mois passent... En novembre, éclate une flambée de violence ; l'épuration sauvage resurgit. Un matin, vers quatre heures, les Caillet et leurs amis sont réveillés par des coups à la porte. Ils se mettent aux fenêtres, pour apercevoir une camionnette dont les feux sont allumés, et des silhouettes qui s'agitent.

Les hommes en bas – ils sont six – demandent à parler à M. Caillet. Celui-ci obtempère. C'est alors que son épouse reconnaît deux des individus qui avaient précédemment procédé à son arrestation. Elle descend, parlemente, demande qu'on la laisse au moins lui donner une couverture, si on doit l'emmener. Les hommes se montrent rassurants : M. Caillet n'aura pas à craindre le froid et elle peut, d'ailleurs, si elle a quelque chose à redouter, l'accompagner.

Mme Caillet suit le conseil et monte avec son mari dans la camionnette. Le véhicule démarre en trombe, empruntant le chemin du Petit Castellet en direction de Saint-Gabriel. On traverse un passage à niveau, puis on s'arrête un peu plus loin. M. Caillet reçoit l'ordre de descendre ; à peine a-t-il mis le pied à terre qu'une rafale de mitraillette l'abat. Le garde-barrière et sa femme, réveillés par les détonations, assistent alors à la suite de la scène, derrière leurs volets qu'ils n'osent ouvrir, glacés par la terreur. Mme Caillet est dehors à son tour, et ils l'entendent supplier qu'on l'épargne, en pensant uniquement à son « petit Pierrot », son fils qui vient d'avoir neuf ans. Rien n'y fait. Mme Caillet est abattue à son tour.

Les assassins allongent alors les deux corps côte à côte dans la camionnette. Celle-ci disparaît dans la nuit, en direction des berges du Rhône. Le lendemain, les amis des Caillet, avertis par le garde-barrière, partent à la recherche des cadavres, non sans avoir donné l'alerte. On retrouve des traces de sang près du fleuve. Les restes de Mme Caillet seront découverts quelques mois plus tard. Mais le corps de M. Caillet a disparu à jamais.

Une enquête fut diligentée par la police et un rapport établi. Les noms des tueurs seront connus et l'instigateur du crime, un fonctionnaire de la région, démasqué. La procédure en restera là. M. et Mme Caillet lâchement assassinés n'eurent même pas droit à la réparation du souvenir.

Des événements graves arrivent à point nommé pour que soit renforcée la vigilance et que l'épuration ne faiblisse pas. « Les Comités de libération des Bouches-du-Rhône ne sont pas satisfaits de l'épuration », annoncent précisément les journaux du 24 novembre.

Le lendemain se produit près de Pertuis, toujours dans le Vaucluse, un drame dont les échos sont entendus dans la France entière[1]. Une explosion ravage le château de la Simone où cantonnait la 9ᵉ compagnie des Forces françaises de l'intérieur. L'effet est d'autant plus saisissant que la catastrophe se produit en pleine nuit. 34 hommes sont tués et 20 autres blessés. À qui en imputer la responsabilité ? On en discutera longtemps... Dans un premier temps, le commissaire régional de la République semble hésiter à se déterminer, mais très rapidement l'hypothèse retenue est celle d'un attentat : une bombe au plastic aurait été déposée au premier étage et les auteurs désignés sont des membres de l'inévitable 5ᵉ Colonne, ou des miliciens entrés dans la clandestinité qui se seraient introduits dans le château pour y commettre leur forfait. Des récits avancent même que les saboteurs ont poussé la machination jusqu'à attirer les F.F.I. dans un guet-apens en se repliant à la faveur de la nuit.

Dans l'effervescence générale, le comité local de libération instaure un « tribunal du peuple » qui, siégeant à la mairie, en pleine nuit, prononce quatre condamnations à mort parmi les trente-sept suspects arrêtés. On ne surprendra pas

---

1. Le général de Gaulle évoque l'événement dans ses *Mémoires*.

en signalant que ces arrestations n'obéissent qu'à des critères d'une objectivité douteuse, les inquisiteurs désignant les « présumés coupables » dans le lot des personnes connues, ou plus exactement réputées pour leurs opinions pro-collaborationnistes. Il n'est pas exagéré d'imaginer que le « gros gibier » collaborationniste n'a pas attendu ces événements pour s'éclipser et que les activistes qui se seraient rendus coupables d'un tel attentat ont pris leurs précautions pour disparaître dans le maquis noir.

Les autorités réagissent, qui se rendent massivement sur place dans l'intention de calmer les esprits et parlementent avec le comité justicialiste, non seulement le préfet, M. Charvet, mais M. Biage, le chef de cabinet de Raymond Aubrac, le général Chadebec de Lavalade[1], Jean Cristofol.

La nouvelle de l'attaque dirigée contre le camp F.F.I. de Mérindol n'est pas faite pour ramener le calme. Le 16 novembre une information passe presque inaperçue : Maurice Thorez est arrivé avec sa femme et ses deux enfants à l'aérodrome d'Istres, venant d'U.R.S.S., *via* Téhéran. Thorez et sa famille gagnent immédiatement Paris.

On en sait un peu plus sur l'agression de Mérindol : les agresseurs sont venus en voiture et leurs tirs ont atteint un lieutenant F.F.I. qui a été blessé.

Le 27 novembre des membres des Forces françaises de l'intérieur se présentent à la prison de Digne et, sous la menace de leurs armes, exigent qu'on leur livre deux personnes récemment condamnées à mort par la cour de justice. On retrouvera leurs corps criblés de balles. La ville de Digne vit d'ailleurs des heures de troubles permanents. La suspicion est partout. Harcelés par des lettres émanant notamment d'un « comité secret d'action immédiate » qui les menacent de représailles, les avocats décident, en bloc, de ne plus paraître devant la cour.

Le 30, à Marseille, M. Victor Maymond, père de trois enfants, directeur commercial de la société Le Rhône, est

---

1. Commandant de la place de Marseille, le général Chadebec de Lavalade avait figuré dans le tribunal qui, à Alger, avait condamné à mort Pierre Pucheu.

enlevé à son domicile par des inconnus se réclamant d'un « mouvement patriotique » dont ils ont exhibé des cartes. M. Maymond sera assassiné dans un terrain vague, à Plombières.

A Manosque (Alpes-de-Haute-Provence), le 29, une explosion a secoué la coopérative oléicole que les F.F.I. étaient en train d'évacuer dans la perspective de la prochaine cueillette. Cinquante kilos de plastic y étaient entreposés. Peu habitués au maniement de l'explosif, les F.F.I. ont-ils malencontreusement manié l'amorçage ? 4 d'entre eux, en tout cas, ont été tués et, du coup, 30 suspects arrêtés.

Pendant ce temps, le calme est loin d'être revenu à Pertuis. Le « tribunal du peuple » demande que lui soient livrés 30 anciens miliciens détenus à Avignon pour qu'ils soient « immolés » – c'est le terme employé – à l'endroit de l'explosion. On parlemente... En fait, le « tribunal du peuple » ne dispose que des quatre « otages » reconnus pour avoir appartenu à la Milice de Darnand. La preuve de leur affiliation importe peu, pas plus que n'interviennent la place qu'ils ont tenue, le rôle qu'ils ont joué, les responsabilités qu'ils ont assumées.

Les autorités présentes suggèrent alors que les quatre hommes soient transférés à Avignon où leur procès pourrait être conduit. Mais la colère monte et l'on voit des femmes surgir, armées de mitraillettes, et menacer de faire justice elles-mêmes, d'autres se coucher devant les voitures officielles. Jean Cristofol promet : « Une cour martiale [1] viendra siéger à Pertuis... »

Il n'est pas besoin d'attendre la cour martiale annoncée par le président du Comité régional de libération. Un milicien est là, à disposition. Il se nomme Astruc. Le « tribunal » le condamne à la peine de mort et lui « accorde d'être fusillé ». C'est un honneur. Sans la clémence populaire, il

---

1. Il n'existe plus, officiellement, de cours martiales à cette époque. Pour la région provençale, les cours de justice ont en charge l'épuration depuis le 6 septembre 1944, date de parution de leurs attributions au *Bulletin officiel* du commissariat de la République.

serait voué à une mort infâme, pendu, sous les injures de la foule.

Pour l'heure, c'est le « crieur public » qui, à travers les rues, annonce : « Le chef milicien Astruc sera fusillé sur la place Mirabeau [1]... Le public est autorisé à assister à l'exécution... »

La nuit tombe – nuit de novembre, les platanes perdent leurs dernières feuilles – lorsque la foule se dirige vers la petite place. Astruc est mis contre le mur de l'église Saint-Nicolas. Un peloton de F.F.I. fait feu. Le condamné s'effondre. Trois mois après la Libération, la « justice populaire » continue donc à fonctionner.

Le 17 décembre, le commissaire régional de la République, dont les fonctions ne tarderont pas à s'achever, publie un communiqué qui constitue un appel à un surcroît de vigilance. Or quatre mois ont passé depuis la Libération... Il s'agit d'éviter que les personnes émargeant aux listes d'épuration dans les lieux publics qui ont été désignés pour les recevoir, n'échappent à la justice en cours à la faveur de l'oubli ou de la négligence.

« Certains ont cru, d'autres ont feint de croire, déclare donc M. Aubrac dans son communiqué, que ces personnes [incarcérées au titre de l'épuration, et dont les noms ont été affichés] seraient automatiquement relâchées après quinze jours de détention.

« Nous tenons à rappeler que seuls seront libérés dans ces conditions les détenus contre lesquels n'existe aucun dossier et qui n'ont fait l'objet d'aucune plainte dans un délai de quinze jours.

« Afin que les coupables ne puissent à la faveur de cette mesure échapper à un juste châtiment, nous demandons aux comités de libération, *comme aux simples citoyens* [2], de réunir sans délai les charges relevées contre les personnes arrêtées, en vue d'une constitution rapide de leur dossier. Il y va de

---

1. Pertuis est la ville natale de Victor Riqueti, marquis de Mirabeau.
2. Souligné par l'auteur.

la bonne marche de la justice républicaine, aussi sommes-nous sûrs que cet appel sera entendu... »

Il y a fort à parier que l'appel du commissaire régional a manqué son but et que la population a rechigné à se mobiliser pour accabler les ci-devant suspects puisque, par deux fois consécutives, les 4 et 8 janvier, la cour de justice n'a pu siéger, les jurés s'étant abstenus de se présenter.

Raymond Aubrac, de plus en plus critiqué, notamment – c'est un signe – par *Le Provençal* de Gaston Defferre, est remplacé le 23 janvier 1945 par Paul Haag. La carrière de celui-ci a été consacrée au service de l'État. Âgé de cinquante-quatre ans à la Libération, juriste, ses dernières responsabilités préfectorales l'ont conduit en Haute-Marne, en 1935, dans le Var, en 1938, dans la Seine-Inférieure[1] en 1944. Paul Haag quittera Marseille en 1946 pour les Alpes-Maritimes. Il sera nommé préfet de la Seine en 1950.

Avant de quitter son poste, le 28 janvier, le commissaire régional de la République dresse le bilan de son activité et relève que les cours de justice ont, sous son autorité, tenu 420 audiences, examiné 811 affaires et prononcé 71 condamnations à mort dont 41 ont été suivies d'exécutions.

L'un des procès les plus spectaculaires de cette période sera celui d'Albert Lejeune, directeur ou administrateur du *Petit Varois*, de *Lyon Républicain*, de *L'Auto*, de *La République du Var*, du *Petit Var*. Ses démêlés avec Jean Gaillard-Bourrageas, par ailleurs associé de Pierre Laval dans ses affaires de presse, ne l'empêcheront pas d'être condamné à mort, le 21 octobre 1944. La veille, Gaillard-Bourrageas et Laval avaient été frappés de la même peine, par contumace, par la cour de justice de Marseille. L'ancien chef du gouvernement de Vichy recevait ainsi sa première condamnation à mort d'une cour de justice française. La seconde sera exécutée dans des conditions, maintes fois relatées, qui couvriront ses responsables de déshonneur.

Albert Lejeune, dont l'exécution avait été différée à la suite des révélations qu'il avait annoncées – suprême effort

---

1. Aujourd'hui Seine-Maritime.

d'un condamné pour échapper à la mort – sera fusillé le 3 janvier 1945 à la « batterie » de la Malmousque.

D'autres grands procès – Lucien Mangaviaca, alter ego de Sabiani, a été condamné à mort le 14 octobre – se dérouleront sous le commissariat régional de M. Paul Haag. Simon Sabiani lui-même échappera de peu aux groupes francs avant de trouver refuge à Barcelone où il mourra en septembre 1956. Mais outre les comparutions de l'intendant de police Mathieu et de son adjoint Panebœuf, du truand Palmieri, de Dunker-Delage et de Mühler qui feront des salles pleines dans une atmosphère de vindicte populaire, d'insultes et de menaces proférées contre les avocats, les « petits accusés » fourniront la clientèle quotidienne des audiences. Quelques cas, parmi d'autres :

Novembre 1944 :
Edwin C., soixante ans, rentier, d'origine américaine, naturalisé français. Grief : a appartenu au groupement des Amis du Maréchal ; a répondu à l'ordre de mobilisation de la Milice. Peine : huit ans de travaux forcés.

Giovanni F., trente-huit ans, agriculteur à Sainte-Marguerite. Avait adhéré en janvier 1944 à la Milice. Employé comme planton. On lui reproche d'avoir accompagné des requis du S.T.O. à leur domicile où ils devaient prendre leurs effets avant d'être embarqués pour l'Allemagne. À reçu comme rémunération de ses « services » cinquante francs par jour et un paquet de tabac par semaine : vingt ans de travaux forcés.

Clément O., membre de la Milice depuis janvier 1944. Employé comme planton. Mobilisé pour des opérations à partir d'Annecy contre le maquis. S'est vanté de ses exploits contre les résistants alors qu'il n'a pratiquement rien fait et a cherché à abandonner ses camarades pour revenir à Marseille. C'est en tout cas ce qu'admet la cour de justice : travaux forcés à perpétuité.

Georges M., employé à l'Inscription maritime. S'est inscrit au S.O.L. puis à la Milice dont il a été un propagandiste : dix ans de travaux forcés.

Raphaël S., vingt-sept ans, milicien, a eu le tort et le désavantage d'avoir une femme qui, non contente de vivre en mésintelligence avec lui, l'a accusé d'avoir participé à une expédition contre les maquis de Corrèze. Cette mésentente conjugale et ce témoignage guidé par la rancœur valent à Raphaël S. d'être condamné.

Décembre 1944 :
Théodore R., comptable, ancien S.O.L. et milicien après avoir appartenu à la Légion. L'acte d'accusation retient principalement qu'il a « assisté à Nîmes à une conférence de Grimm[1]... » : dix ans de travaux forcés.
R.P., lui aussi S.O.L. et milicien, puis résistant, et comme tel a constitué un groupe de combat au quartier Perrier : acquitté.

Janvier 1945 :
A.C. a également et opportunément changé de voie au dernier moment : après avoir servi au Bureau de placement allemand pour échapper au S.T.O., a-t-il affirmé, s'est retrouvé F.F.I. : acquitté, comme le précédent.
André W. a travaillé comme chauffeur dans l'armée allemande : dix ans de travaux forcés.

Ces cinq premiers mois de liberté laisseront le souvenir d'abus ou de délits innombrables, d'initiatives de groupes isolés, des Milices patriotiques qui ont conservé leurs armes en dépit des instructions qui leur avaient été données, dans un climat justicialiste malgré la justice officielle. Mais ces cinq premiers mois de liberté laisseront également le souvenir d'une tentative de collectivisation par le biais d'une Commission permanente d'épuration et d'une Commission d'enquêtes et d'informations économiques sous influence

---

1. Le Dr Friedrich Grimm. Intellectuel national-socialiste, membre de l'ambassade du Reich à Paris, et propagandiste, avant même le début des hostilités, d'une « collaboration » franco-allemande.

communiste. Les dénonciations se multiplieront à l'occasion de la constitution des dossiers, témoignant davantage d'une volonté de mettre en cause la hiérarchie dans les entreprises visées que de dévoiler les compromissions avec l'occupant. Une quarantaine d'entreprises furent placées sous séquestre et un plan établi de nationalisation des transports maritimes et des constructions navales.

M. Paul Haag n'hérite donc pas d'une situation de tout repos. Il n'est de meilleure référence que celle du général de Gaulle qui l'a prévenu :

« Votre mission est de rétablir l'ordre républicain. Il faut rattacher à la France une région qui lui échappe complètement... »

Car l'épuration sauvage continue. Le 4 février 1945 un règlement de comptes sanglant est signalé à Gap (Hautes-Alpes). L'événement ne restera pas, cette fois, sans écho auprès des pouvoirs publics et du nouveau commissaire dont on semblera vouloir, de cette manière, saluer l'entrée en fonctions : celui-ci se rendra sur les lieux et décidera d'une enquête. Une enquête insolite en un moment où le légalisme n'est pas la préoccupation dominante des autorités en place.

C'est un dimanche au soir. Au centre de séjour surveillé de Gap, attenant à la caserne Reynier, une dizaine de collaborateurs ont commencé à purger les peines que leur a infligées la cour de justice. Justice a donc été faite, se traduisant par la condamnation d'anciens membres de la Milice et du P.P.F., à des sanctions diverses.

On assiste alors à une scène qui deviendra courante dans la France de l'épuration parallèle. Des hommes arrivent en voiture, armés, et neutralisent les gardiens. L'attitude de ces derniers – dans ce cas comme dans beaucoup d'autres – est exempte de toute détermination... quand elle n'est pas de simple complicité. Les visiteurs du soir se font remettre la liste des prisonniers. Douze d'entre eux sont désignés et appelés. On les regroupe, puis on les conduit dans deux camions.

Le cortège se met en branle dans la nuit et longe, sur plusieurs kilomètres, la Durance. Puis il s'arrête entre Remollon et Tallard. Les douze condamnés sont poussés hors des véhicules, alignés. Un feu d'enfer les abat. On découvrira, le lendemain, leurs corps « criblés de balles » et abandonnés dans le lit de la rivière. Une enquête sera ouverte, comme nous l'avons dit, mais elle ne donnera aucun résultat. Les noms des exécuteurs étaient pourtant connus à Gap. Comme dans d'autres affaires semblables, on se résoudra à fermer les yeux.

On oublierait un chapitre important de l'épuration à Marseille et dans la région provençale si l'on négligeait l'un de ses aspects les plus insolites, et sans doute l'un des moins connus : la liquidation par le parti communiste de plusieurs de ses agents. L'affaire Méker-Pastor est exemplaire des méthodes qui se perpétueront après la Libération et prendront pour cibles des dirigeants qu'il n'est pas exagéré de considérer comme « historiques » en raison de la place qu'ils occupèrent dans la Résistance et les combats antifascistes. On pense inévitablement à Charles Tillon et à André Marty. L'affaire Méker-Pastor, c'est en quelque sorte l'épuration à l'envers. C'est une raison supplémentaire pour lui réserver la place qu'elle mérite dans le récit d'événements trop mal éclairés de l'immédiat après-guerre.

Quelles sont donc les victimes d'une épuration sauvage qui frappa des résistants authentiques, activistes dans toute l'acception du terme, parfaitement assimilables à la définition de « terroristes » si l'on se réfère aux critères de la propagande allemande ?

Né en 1903, à Paris, employé dans l'industrie, Jacques Méker a adhéré au parti communiste en 1935 et s'est lié à Jean Cristofol, député, qui l'a recommandé à Émile Dutilleul, trésorier général du P.C.F. Militant de la guerre civile espagnole, arrêté en 1940 par le gouvernement français, évadé, de nouveau emprisonné, en 1941, à Marseille, pour propagande antinationale, il est condamné à dix ans de travaux forcés, recondamné deux fois, pensionnaire permanent des geôles de l'État français qui l'accueillent ensuite successivement à Toulon et à Montpellier. Il ne reste pas longtemps dans ce dernier lieu de détention puisqu'il surprend la vigilance de ses gardiens avant de disparaître une nouvelle fois dans la clandestinité. On le retrouve alors dans les actions les plus spectaculaires. Et, à la Libération, sous les ordres du colonel Cayrol, chef du détachement F.T.P.F. à Marseille et futur commandant du régiment la Marseillaise.

Cette allégeance à l'un des plus typiques chefs de la Résistance phocéenne ne met pas Jacques Méker à l'abri des difficultés. Ce qui l'oppose à ses propres amis devient un véritable roman de la vindicte, de la mise à l'index, en attendant mieux, c'est-à-dire le pire. Car ce militant valeureux est accusé de porter toutes les tares du déviationnisme et du trotskisme, cela dès juillet 1942, et dans une feuille aussi autorisée – si l'on peut dire – que *Rouge-Midi*, organe clandestin du Parti communiste français pour les Bouches-du-Rhône.

Le trotskisme serait le grief suprême si on ne lui ajoutait celui d'indicateur. Sans la moindre preuve. Car le parti communiste rejette les personnalités trop indépendantes et n'admet que des adhésions sans nuances. Que Jacques Méker soit relégué dans le ghetto des pestiférés du parti peut s'expliquer. C'est affaire intérieure et il ne sera pas le dernier à rejoindre le camp des bannis. Mais il est terriblement plus grave que, frappé par l'épuration dans son propre parti, il connaisse le sort des autres victimes de l'épuration et que les persécutions qui vont s'abattre sur lui rencontrent la complicité des alliés d'un jour du parti communiste. La Résistance marseillaise dans sa grande majorité marginalise Jacques Méker pour ne pas déplaire au P.C. On lui enlève le commandement des groupes francs tout en continuant paradoxalement à utiliser ses services. Du moins son remplaçant, Jean Comte, *alias* Lévis, sait-il se souvenir de ceux qu'il a rendus et ne l'abandonnera pas, contrairement à d'autres, lors des moments difficiles.

Les problèmes de Jacques Méker s'aggravent dès les premiers jours qui suivent la libération de Marseille. Sous prétexte qu'il a formé une « force armée anticommuniste » – accusation énorme et mensonge éhonté – il est purement et simplement arrêté par ordre de l'état-major des F.T.P. et appelé à comparaître, ainsi d'ailleurs que Lévis, devant les instances du comité départemental de libération, et enfermé dans les caves de la préfecture où s'entassent les collaborateurs.

Informés de l'incarcération de leur chef, les camarades de Méker entreprennent des démarches auprès du C.D.L. L'un d'eux, le cordonnier Georges Pétrou, est notamment reçu par le président, socialiste, Francis Leenhardt, dit Lionel, après lui avoir transmis une lettre, attendu deux heures qu'il veuille bien le recevoir, et fini par forcer sa porte.

Leenhardt, selon Georges Pétrou, lui fournit des réponses évasives. Pétrou remet au président du C.D.L. son brassard de F.F.I. en signe de protestation. Même accueil de Léon David, représentant du parti communiste au Comité départemental de libération. Georges Pétrou, en conclusion des souvenirs qu'il a laissés de ces entrevues, ne pourra s'empêcher de noter : « Les socialistes s'aplatissaient devant les communistes, qui étaient les plus forts ; les communistes marchaient avec les socialistes et se débarrassaient des communistes qui les gênaient, avec l'aide des socialistes... »

Mme Charlotte Munier, dite Mme Aucane, concierge, 3, boulevard Clemenceau, à Marseille, conservera également un souvenir... cuisant de l'épuration sauvage des trotskistes du groupe Méker.

Elle est arrêtée à son domicile avec son mari et un autre « mékeriste », Maurice Lelièvre, le 28 août, le jour même du défilé de la Libération. Trois hommes se sont cachés pour les attendre :

« Ils nous ont emmenés dehors, témoignera-t-elle ; il y avait là d'autres hommes. Mon mari et Maurice [Lelièvre] eurent les yeux bandés avec un torchon et à moi ils m'ont mis un foulard tricolore sur les yeux. J'avais le blanc du foulard juste devant les yeux et j'y voyais un peu. Ils nous ont charriés dans une belle voiture. Il y avait un drapeau tricolore sur le capot. On passe rue Georges, boulevard Chave, on tourne et on arrive au pont du Jarret. Mon mari a dit alors : "C'est fini, c'est le Jarret qui nous attend." Et il m'a embrassée... »

Les Aucane et Maurice Lelièvre échapperont aux tueries du Jarret. Mais on notera qu'en ce jour de la cérémonie de la Libération des communistes (fractionnistes) arrêtés par leurs anciens compagnons savent à quoi s'en tenir sur ce qui se passe sur les bords du ruisseau de la mort... Ils arrivent à l'hôtel de la Blancarde, 4, rue Émile-Duclaux, siège des états-majors interrégional et régional F.T.P.F. On les répartit dans plusieurs chambres et là les interrogatoires commencent sur leurs relations avec Jacques Méker et son groupe.

Charlotte Munier-Aucane ne fournissant pas les informations qu'ils attendaient d'elle, les F.T.P.F. emploient les moyens musclés :

« Ils m'ont entortillée dans une couverture marron et attachée avec du fil électrique. Ils ont commencé à me brûler avec une lampe à acétylène, qui avait un long bec flottant, le dessus du pied droit et les doigts du pied droit [...] Pendant tout le temps de l'interrogatoire, ils m'ont frappée sur les deux cuisses avec une matraque en caoutchouc [...] Un seul me frappait. Un autre m'a foutu un coup de poing dans l'œil, que j'ai eu au beurre noir. Celui qui m'a donné le coup de poing écrivait, et le troisième était sur le pas de la porte. Puis ils m'ont laissée... »

Les trois hommes reviennent :

« Ils m'ont dit : "On a tué ton mari..." [...] J'étais seule dans la chambre. J'ai eu le cafard, et même le délire : je voyais qu'on enfermait des gens dans une fosse et qu'ils mouraient là-dedans en criant. Dans mon délire, j'entendais qu'on sciait des doigts et qu'ils tombaient... »

Le calme revient pour les Aucane (Louis Aucane n'est pas mort, contrairement à ce que l'on avait dit à sa femme), et le lendemain ils quittent l'hôtel de la Blancarde.

Charlotte Munier-Aucane poursuit :

« ... On nous dit vers dix heures : "Préparez-vous, on vous emmène à la place Cadenat..." J'ai pensé dans ma tête : C'est le groupe de F.T.P. On nous a rebandé les yeux avant de sortir de l'hôtel. On nous a enlevé les bandeaux au niveau du boulevard Longchamp-boulevard Montricher. Nous sommes arrivés à la place Cadenat ; nos accompagnateurs nous ont fait entrer dans le couloir de l'école. Puis ils ont disparu. Deux plantons nous ont fait entrer dans une classe. Les gens qui étaient dehors quand on est arrivés nous ont traités de miliciens et moi de milicienne... »

Ce que relate alors Charlotte Munier-Aucane est typique de certains comportements de l'époque de la Libération. D'anciens collaborateurs, et parmi les plus engagés, tentent un retournement de la dernière heure :

« Derrière nous, il y avait une voiture de miliciens qui arrivait. Celui qui gueulait le plus fort contre nous [un des "résistants" qui avaient reçu les Aucane et Lelièvre à leur arrivée de la Blancarde] en était un que j'avais vu avant la Libération au rassemblement de la place Foch. Je l'ai dit, on l'a arrêté [...]. On nous a fait reposer dans une classe, près de l'entrée. Il y avait là une trentaine de personnes arrêtées. J'ai entendu qu'un type gueulait à vingt mètres, c'était peut-être le milicien que j'avais signalé. On devait lui foutre la rouste... »

Le trio est ensuite conduit à la préfecture où ils pénètrent les mains levées. Descendant dans la cave, ils ont le temps d'apercevoir Jacques Méker, avant de monter au quatrième étage. Là, ils essaient d'intéresser les résistants présents à leur cas... sans beaucoup de chances. Leur sort n'intéresse personne. On les regarde comme des pestiférés.

Charlotte Munier-Aucane poursuit :

« Un autre type est arrivé [dans le bureau]. C'était un socialiste, grand, au nez cassé. Il était de l'équipe de Manicacci[1], le socialiste. Je lui ai dit ce qu'on m'avait fait. Il m'a répondu : "Vous avez fait exprès de vous brûler pour venir à la préfecture voir ce qui s'y passe, pour espionner." Maurice a dit en retroussant ma jupe jusqu'aux cuisses : "Ça aussi, elle l'a fait exprès, n'est-ce pas ?" J'ai tiré ma jupe vers le bas et Maurice dans l'autre sens. Maurice a dit : "Montre-lui ton cul." L'homme au nez cassé a répondu d'un air méchant : "Ça va, foutez-moi le camp, descendez l'escalier qu'on ne vous voie plus..." J'ai répondu : "Je reviendrai demain pour me plaindre." Il nous a fait raccompagner jusqu'en bas par deux types avec des mitraillettes... Quelques jours après, je suis retournée à la préfecture pour me plaindre. J'avais un certificat du docteur Montet, avec des-

---

1. Horace Manicacci, l'un des organisateurs des Milices socialistes, membre du C.D.L.

sus un mot du docteur Veyron, pharmacien. J'ai revu l'homme au nez cassé, il m'a pris le certificat et m'a renvoyée... »

Le témoignage de Jacques Lelièvre corrobore celui de Mme Munier-Aucane :

« [...] J'ai raconté au chef de bureau notre aventure. Il m'a répondu : "Je n'ai pas le temps d'écouter des histoires de Far West !" Il faisait le matador. Alors, la Charlotte a mis son pied brûlé sur son bureau et a dit : "Et ça, c'est du Far West ?" Elle lui a fait voir ses cuisses et son ventre et a dit : "Et ça, c'est du cinéma ?" Là, on nous a vidés. Les types de la préfecture voulaient nous faire descendre avec des fusils dans le dos. Petit Louis [Louis Aucane] leur a lancé : "On connaît le chemin !" »

Cependant, le couple Aucane, peu rancunier, reprend du service dans un groupe F.T.P. à Malpassé. Des scènes pour le moins curieuses ont pour théâtre la campagne des Cèdres. On se reporte, là encore, au témoignage de Charlotte Munier-Aucane :

« [...] Un type dans le jardin criait : "Ce n'est pas moi, non, ce n'est pas moi !" J'ai entendu alors un coup de revolver, puis je n'ai plus rien entendu. J'ai pensé qu'on l'avait tué. Je n'ai pas su ce que ce type avait fait. Un homme du groupe m'a dit seulement : "Il est fini...", et rien d'autre... »

Et puis il y a l'affaire Pastor, l'énigme de la disparition d'un résistant communiste « pastoriste », Jean Folignani, que de minutieuses enquêtes n'ont jamais résolue, celle aussi de l'assassinat de Jean-Dominique Andréani.

Né en 1893 à Saleilles, dans les Pyrénées-Orientales, licencié ès sciences, ingénieur, Joseph Pastor a suivi un itinéraire comparable à celui de son camarade Jacques Méker. Il s'inscrit au parti dans les années 30. Pendant la Première Guerre mondiale, prisonnier, il a tenté plusieurs évasions qui lui ont valu, de décembre 1914 à décembre 1918, des internements en forteresse et en camps de représailles. De nouveau mobilisé en 1939, il est, comme d'autres communistes, placé sous surveillance. Libre en janvier 1940, il rejoint la clandestinité et réorganise le parti communiste dissous dans le secteur sud de Marseille, tout en participant à la parution et à la rédaction de *L'Humanité* régionale clandestine. Arrêté en septembre 1940, il est interné – classé comme « dangereux pour la sécurité de l'État » – au camp de Chibron, commune de Signes, dans le Var. Il s'en évade le mois suivant avec le concours de ses amis. C'est alors que s'annoncent ses démêlés avec le parti communiste. Libre, il devient suspect : c'est une règle au parti qui flaire dans toute évasion la possibilité d'une machination et d'une récupération policières. D'autant que Pastor lance une feuille clandestine – *Rouge-Midi* – concurrente de celle du P.C. qui porte le même titre. Crime impardonnable et qui explique en grande partie les persécutions à venir.

Rouge-Midi – version orthodoxe – lance une campagne dans laquelle sont associés les noms du « trotskiste Méker » et du « renégat Pastor » qui se voit plus tard accusé d'être... un « agent de la Gestapo ».

Dans son numéro 7 du 20 juin 1944, *La Marseillaise*, organe du Front national, dénonce en ces termes « un traître de marque » :

« L'exclu du parti communiste Julien [*sic*] Pastor a été, on ne l'a pas oublié, condamné à mort par contumace. Comme tel et comme membre actif d'une organisation de la Résistance – car Pastor est de la Résistance – il doit être activement recherché par la police française et par la Gestapo.

« Ces deux polices sœurs qui montrent tant de zèle lorsqu'il s'agit d'arrêter un simple militant de base font preuve de beaucoup de complaisance vis-à-vis du condamné à mort.

« Ce n'est pourtant un secret pour personne que Pastor se promène fréquemment à Marseille sous sa véritable identité. La Gestapo et sa filiale de Vichy seraient-elles seules à l'ignorer ?

« Pastor, il est vrai, a engagé une lutte à mort contre son ancien parti et chacun sait aujourd'hui qu'être anticommuniste est déjà une référence dont les hitlériens tiennent compte.

« Si à cela on ajoute les nombreuses arrestations qui se produisent parmi les lieutenants de Pastor (tout récemment celle d'un nommé Montcalm) et que ces arrestations ne touchent que des éléments sains de la Résistance, quelle conclusion en tirer ? Que Pastor serait une créature de la Gestapo.

« C'est du moins l'opinion du Front national qui pour confirmer son affirmation tient à rendre publiques les manœuvres dirigées contre lui par cet hitlérien et ses agents, manœuvres tendant à s'infiltrer dans nos rangs par tous les moyens.

« Contre de nouvelles tentatives de ce genre nous mettons en garde nos adhérents. De même à tous ceux qui approchent Pastor nous disons : "Attention, on ne joue pas avec le feu !" »

Les avertissements se succèdent contre la victime de l'épuration intérieure du parti communiste ; ainsi dans *Le Réveil des Tramways*, « organe clandestin des tramways de Marseille », dans son numéro de juillet 1944 :

« Le Comité départemental de la libération des Bouches-du-Rhône met en garde toutes les organisations de résistance contre les agissements du nommé Julien [*sic*] Pastor.

« Exclu du parti communiste, cet individu est condamné à mort par contumace. Mais les deux polices de Vichy ou de Berlin tolèrent qu'il se promène souvent dans les artères les plus fréquentées de notre cité, et qu'il fréquente toujours son ancien domicile connu d'elles.

« Il est vrai que son anticommunisme est une référence dont les hitlériens tiennent compte !

« Julien Pastor a à son actif l'arrestation de nombreux militants de la Résistance, avec lesquels ses "lieutenants" étaient entrés préalablement en contact.

« Le Comité départemental de la libération demande à tous les militants de cesser immédiatement tout contact de près ou de loin avec Julien Pastor ou les personnages de son entourage. Il y va de leur vie et de celles de leurs camarades. »

Pastor est effectivement introuvable : de 1940 à la Libération, il a échappé à quatre arrestations. Mais à la fin du mois d'août, c'est le commissaire de la République qui se manifeste en lançant contre lui un mandat d'arrêt. L'affaire s'enlise, mais la police du Gouvernement provisoire montre à persécuter l'ennemi numéro un du parti communiste une obstination complice : le 22 *décembre* 1944, Mme Pastor n'est-elle pas conviée à se présenter à la 9ᵉ brigade régionale de la Police de Sûreté de Marseille pour s'entendre demander où est son mari et conseiller de le décider à se présenter à son tour...

Joseph Pastor échappe à l'épuration physique par ses ex-camarades avec l'appui de leurs compagnons de route. Mais on restera pour toujours sans nouvelles d'un membre de son groupe, Adolphe Folignani, menuisier-ébéniste, né en 1902 à Villa Collemendina, en Italie. Une édition spéciale de *Rouge-Midi* datée de juillet 1942 le fait figurer sur la « liste noire rééditée et mise à jour... liste des traîtres, policiers, provocateurs, aventuriers ou lâches... ». La Libération passée, la vindicte se déchaîne contre lui. Mme Folignani témoigne :

« Mon mari a été arrêté le 19 septembre 1944, vers 20 heures, à la maison, pendant le souper, par des hommes en civil qui braquèrent sur lui des mitraillettes. Il ne peut se défendre. Ils l'emmenèrent dans un camion rempli de jeunes F.F.I. en uniforme. Le lendemain, je suis allée à l'hôtel Saint-Louis, au cours Saint-Louis, où se tenaient les F.T.P. [1]. À l'entrée j'ai demandé à un jeune en uniforme s'il avait vu Folignani. Il m'a répondu gentiment : "Oui, il est là-haut." J'ai demandé avec qui il était. Le jeune m'a répondu : "C'est celui qui a un doigt coupé qui l'interroge." À ce moment-là, j'ai dit que j'étais sa femme. Alors un homme avec des galons de capitaine s'avança vers moi tout d'un coup et, au milieu de la conversation avec le jeune, m'a dit d'un air méchant : "Vous n'avez rien à faire ici." Et il m'a chassée... »

Charlotte Munier-Aucane déclarera de son côté :

« Adolphe [Folignani], il était condamné à mort par le parti communiste, et Pétain l'avait condamné avant le parti. Un jour, quelques mois avant la Libération, la femme d'Adolphe est venue chez nous. Adolphe était là. Elle a dit à son mari : "Je viens t'annoncer une triste nouvelle. Le parti

---

1. L'hôtel Saint-Louis était effectivement le siège des états-majors F.T.P.F. interrégional et régional, précédemment à l'hôtel de la Blancarde, 4, rue Émile-Duclaux. Les F.F.I. dont il est question appartenaient au régiment la Marseillaise.

communiste t'a condamné à mort, toi, Pastor et Polastrini." Adolphe s'est effondré, et sa femme et lui se sont effondrés en pleurant... »

Pastor, apprenant l'arrestation de Folignani, quitte précipitamment son propre domicile en se souvenant de ce que son camarade lui avait confié pendant l'Occupation : « Si je suis arrêté un jour, quitte ta cachette immédiatement, je ne sais pas si je pourrai tenir... » Trois jours plus tard, on perquisitionne effectivement chez Pastor. Ses papiers et divers objets personnels sont enlevés. Et pour Joseph Pastor, aucun doute : l'homme, torturé, a fini par parler.

On ne retrouvera jamais Adolphe Folignani après son arrestation par les F.F.I. et son transfert au siège des F.T.P. Pastor donnera à cette disparition l'explication suivante : il aurait pu, comme Charlotte Munier-Aucane, devenir un témoin gênant.

Mme Folignani s'adressera alors, à deux reprises, à Jean Cristofol en s'appuyant sur la certitude et les preuves du passage de son mari à l'état-major F.T.P. : « Je vous demande, écrira-t-elle le 31 mai 1945, au nom de mon fils et du mien, de vouloir bien faire paraître dans *Rouge-Midi*, dont je suis une lectrice attirée, l'acte d'accusation dressé contre mon mari, et si son cas est déclaré coupable je m'inclinerai, car un traître doit recevoir un châtiment exemplaire [...] Par contre, s'il est innocent, sa mémoire doit être vengée... »

Rouge-Midi ne publiera pas de communiqué. Et le 31 mai, Jean Cristofol répondra qu'il avait tout ignoré de l'affaire.

Comme ne seront jamais mises au jour les raisons exactes de l'assassinat d'un autre communiste, Jean-Dominique Andréani, dont le bureau de l'état civil de Marseille rendait compte en ces termes – le ruisseau du Jarret était de nouveau le lieu du crime :

« Le quatre septembre mil neuf cent quarante-quatre, à une heure indéterminée, est décédé dans le Jarret, Jean-Dominique ANDRÉANI, né à Sartène (Corse), le quatorze janvier mil huit cent quatre-vingt-dix-huit, préposé des douanes, fils de Pierre Marie ANDRÉANI, et de Marie Adrienne NERI, époux de Jeanne TAFANELLI. Domicilié 19, rue Guérin.

Dressé le cinq janvier 1945, à seize heures quarante-cinq, sur la déclaration de Pierre Tafanelli, facteur, 19, rue Guérin. Lecture faite, Nous, Toussaint Taddei, officier de l'état civil par délégation, avons signé avec lui. »

Ce que l'on sait de Jean-Dominique Andréani permet de le situer à un échelon assez élevé dans la hiérarchie du parti communiste clandestin. Il est l'auteur d'un rapport sur l'activité du P.C. sur le plan régional. Ce rapport est saisi lorsque la police perquisitionne, en 1944, au domicile de Lafaurie qui a reçu la mission de réorganiser le parti communiste à Marseille et dans les Bouches-du-Rhône. Andréani est tout désigné pour subir les foudres de la police de Vichy. Arrêté, il comparaît avec cinquante de ses camarades devant le tribunal militaire de Marseille qui prononce un certain nombre de relaxes et de condamnations. Andréani figure parmi les condamnés : en ce qui le concerne, à deux ans de prison.

Sa peine purgée, il reprend son travail à la manufacture des tabacs où son activité de résistant ne paraît pas faire de doute. Mais le 30 août 1944, la cellule communiste de la manufacture demande, de sa propre initiative, ou à l'instigation d'autorités supérieures, qu'il comparaisse devant la « commission d'épuration des cadres » aux fins, dit-elle, de « se justifier ». On ne lui laisse pas le temps de se retourner, ou de disparaître, puisque le 3 septembre des hommes armés l'appréhendent à l'appartement où il est hébergé, celui qu'il occupait précédemment ayant été endommagé par les bombardements.

Jean-Dominique Andréani est alors conduit au siège du parti communiste du quartier Sainte-Marguerite. Là, il sollicite de pouvoir répondre de ses activités devant les dirigeants du parti. Au lieu de cela, on le transfère à l'école de la Timone, occupée par des F.T.P. Trois jours plus tard, des membres de sa famille, qui ont réussi à connaître le lieu de sa détention, se présentent à l'école. Ils s'enquièrent de son sort. On leur répond que quatre membres des F.F.I. sont venus le chercher pour l'emmener à la préfecture. On n'y découvre aucune trace de son passage. Mais le 5 septembre – le lendemain du constat de sa mort sur les bords du Jarret – son corps est identifié à la morgue.

La famille de Jean-Dominique Andréani déposera une plainte devant le parquet de Marseille, plainte qui demeurera sans suite...

Affaire classée...

Pour les survivants également. En dépit de multiples démarches, tant auprès du commissaire général de la République à Marseille qu'à tous les échelons de la hiérarchie du parti communiste – Joseph Pastor n'hésitera pas à écrire à Maurice Thorez – l'interdit ne sera pas levé.

5.

DES OMBRES SUR LA CÔTE D'AZUR

Dans le Var – Toulon est libre depuis le 27 septembre 1944 –, les excès de l'épuration incitent le nouveau préfet, Henri Sarie, ancien dirigeant du mouvement Combat, résistant on ne peut plus authentique, à convoquer Fernand Barrat, *alias* Jean, membre du Front national depuis 1941, F.T.P., et bientôt chef départemental des Milices patriotiques. C'est à ce titre que Barrat reçoit les admonestations du préfet qui lui intime l'ordre de ne plus procéder à des arrestations. L'injonction est plusieurs fois renouvelée, les précédentes interventions restant, de toute évidence, sans effet. D'ailleurs le commandant de la place, le colonel Gouzy, et le préfet maritime, amiral Lambert, sont obligés d'agir dans le même sens.

À Toulon, Fernand Barrat a confié à l'aspirant Élie Taramino la direction d'un « service de recherches et d'arrestations ». Les faits signalés à La Ciotat paraissent suffisamment graves aux F.R.S. de Marseille pour qu'ils se décident à intervenir *manu militari*. Dans la villa Les Tours, une unité s'est en effet constituée qui procède à des demandes de rançons, arrête sous n'importe quel prétexte et se livre à des tortures avec un matériel raffiné. Les Forces républicaines de sécurité doivent investir la propriété et appréhender les auteurs des délits.

À la villa Saint-Jacques, à Saint-Raphaël, s'était installé un gang qui pratiquait, dans les caves, la méthode des aveux spontanés auprès d'internés dont les domiciles étaient, tout en même temps, mis en coupe réglée. L'une des distractions favorites des geôliers consistait à faire défiler les prisonniers, de préférence le dimanche, devant les promeneurs. Il y eut cependant plus grave que ces exhibitions publiques... Cinq personnes ayant été tuées au cours de leur transfert, à la hauteur de La Motte – puisqu'un certain nombre de détenus étaient dirigés vers le camp de Caïs ou à Draguignan –, on affirma qu'elles avaient succombé au cours d'une attaque dirigée contre le convoi par des éléments « fascistes ». Une explication qui ne convainquit personne, les exécutions sommaires de prisonniers ou de condamnés au cours de leur transfert étant alors fréquentes dans la France entière.

Le colonel Xavier Halna de Frétay, qui s'honorait d'une très belle carrière militaire, figurait parmi les victimes de La Motte. Après son arrestation on l'avait contraint à nettoyer un égout sous les insultes et les coups.

Libéré de l'occupant sans incidents graves, Saint-Raphaël connut pourtant, dès le départ des Allemands, des moments agités. Les résistants de la dernière heure ne tardèrent pas à se manifester. On procéda aux inévitables arrestations. Les troupes américaines étaient à peine entrées dans la ville, le 16 août au soir, que quatre personnes détenues dans la prison de la ville furent conduites sur la place publique et exécutées.

L'épuration fut donc dans l'ensemble violente dans ce département du Var où le nombre des exécutions sommaires est, selon nos évaluations, proche de celui des Alpes-Maritimes. M. Hubert Carmagnolle, ancien député socialiste du Var, est arrêté à 20 h 30, le 28 septembre 1944, à Cotignac, dont il est maire. Il y a plus d'un mois que la région est libérée. Les hommes qui le prennent en charge – F.T.P., Milices patriotiques, « éléments incontrôlés », on ne sait, tellement est vaste l'éventail des candidats aux opérations policières... – lui annoncent qu'il doit être entendu par le Comité de libération siégeant à la préfecture du Var. M. Carmagnolle peut s'étonner de cette interpellation puisque le C.D.L. lui-même l'a confirmé dans ses fonctions de maire de la localité, une décision qui n'est pas à l'époque tellement fréquente. Il accepte cependant de suivre les inconnus, pas de tout le monde en tout cas, puisque les personnages seront identifiés et que l'on apprendra qu'ils étaient venus de Salernes, à quelques kilomètres de Cotignac. Mais le recours au terme « inconnus » est alors commode pour masquer les responsables d'exactions justicialistes. Le corps de M. Carmagnolle sera retrouvé le lendemain, portant la trace de nombreuses balles, à Entrecasteaux.

Une enquête est alors conduite par le commissaire Mattei, de la 8e brigade mobile, qui se heurte au mutisme de la population de Cotignac. On ne s'en étonnera pas quand on sait les réticences que, cinquante ans après les événements, des témoins montrent à se manifester. L'enquête conclura que l'ancien député socialiste avait été tué par erreur. M. Carmagnolle aurait en effet été suspecté d'avoir dénoncé le secrétaire de mairie de Cotignac, qui fut déporté, mais confondu avec un homonyme, cheminot deux fois révoqué. On avait ainsi exécuté un homme sans l'avoir entendu et sans la moindre preuve.

Retenant l'hypothèse d'une méprise, on ne pouvait oublier que M. Carmagnolle avait été député, qu'il était socialiste et que les relations entre les amis de Léon Blum et de Maurice Thorez n'étaient pas alors au beau fixe – nous l'avons vu – dans cette partie de la France, des Bouches-du-Rhône aux Alpes-Maritimes...

L'épuration violente n'avait pas épargné Fréjus où nous ont été signalées plusieurs exécutions sommaires et d'autres exactions moins graves. Le jour même de la Libération, le 16 août, furent exécutés M. Voullemin qui était inscrit à la Milice et le commandant Bléry qui avait eu l'imprudence de « trop parler », un travers qui, dans la France entière, devait souvent se payer très cher. Les corps des deux hommes furent découverts sur les bords de l'Argens où ils avaient été enterrés, les exécuteurs s'étant entourés de précautions qu'ils avaient imaginées entièrement sûres. Cette double exécution n'aurait rien eu que de très ordinaire – si l'on peut dire... – si elle n'avait été accompagnée d'un subterfuge supplémentaire pour tenter de la masquer. Des « permis d'inhumer » furent en effet retrouvés dans les archives

départementales du Var, accompagnés de la mention :
« Morts le 16 août 1944, victimes du débarquement ».

Le maire provisoire de Fréjus eut le mérite de s'opposer,
dans les débuts, aux manœuvres de ceux qui transformaient
l'édifice municipal en lieu de trafic, les personnes arrêtées
– coupables ou innocentes – étant fréquemment rançonnées.
Certains collecteurs de fonds eurent le scrupule de délivrer
des reçus mais dans la majorité des cas les versements
étaient passés sous silence et les souscripteurs récalcitrants
malmenés tant qu'ils n'avaient pas obtempéré. De guerre
lasse, le maire provisoire finit par s'incliner, mais les appétits
des rançonneurs butèrent, une fois au moins, sur une résistance imprévue, le dénouement de cette affaire apportant
une note drolatique dans le récit de ces actes criminels.

Arrêté à la Libération, et interné, M. Fernand Bouisson,
ancien président de la Chambre des députés, retrouva sa
propriété complètement pillée. Quelques mois passèrent
lorsque Mme Bouisson, par ailleurs femme d'autorité, reconnut, en pleine ville, le costume de son mari sur un habitant
de Fréjus. Forte de son droit, elle exigea de l'usurpateur qu'il
lui remît la veste et accepta de différer la restitution de la
culotte tant qu'il n'aurait pas un pantalon de substitution à
se mettre...

Après Cannes, Grasse et Antibes, le 24 août, Nice est définitivement libérée le 29 par les troupes américaines du
général Frederick avec l'appui des Corps francs de la libération et des Francs-tireurs et Partisans. Tout s'est en fait
décidé la veille, les Allemands s'étant retirés, harcelés par
les éléments de la Résistance dont vingt hommes ont été
tués au combat.

Le Comité départemental de libération s'installe, le 29, à
la préfecture dans les locaux du conseil général. Il émerge
d'une longue période de rivalités qui ne sont pas près de
s'estomper. L'épuration s'annonce très dure à Nice, en écho
à des affrontements politiques et à l'explosion des persécutions en tout genre qui ont tragiquement secoué la capitale
de la Côte d'Azur depuis 1940. Ce sont d'ailleurs des mots

trop faibles pour désigner le climat de terreur qui s'instaure à compter de septembre 1943.

Nice est de tradition politique modérée, à l'image de l'ensemble du département des Alpes-Maritimes. La droite et la gauche s'équilibrent au printemps 1936, les élus se réclamant du Front populaire représentant la moitié des sièges – trois sur six – avec, il est vrai, une nette prédominance des communistes qui ont deux députés pour un radical. Il n'y a pas de député socialiste.

Dans un contexte national favorable à la gauche, la résistance des modérés est, dans les Alpes-Maritimes, significative. L'élection en 1939 de Jacques Bounin, apparenté au Parti social français du colonel de La Rocque, annonce le très probable renversement de la majorité sur le plan national lors des élections législatives prévues pour 1940 et l'entrée en force à la Chambre des candidats P.S.F. Dans les coulisses de l'arène politicienne niçoise s'agitent les Chevaliers du glaive qui s'inspirent des momeries du Ku Klux Klan américain : serments yeux bandés sur le drapeau tricolore, engagements d'en découdre avec la démocratie et le communisme rythment les réunions secrètes de cette confrérie activiste qui est rattachée à la Cagoule. Une Cagoule dont les affiliés niçois portent des noms aussi prestigieux, pour l'instant, que celui de Joseph Darnand, héros de la guerre de 1914-1918, avant de l'être en 1940, et déménageur de profession qui met ses camions au service de la cause en allant prendre livraison, en Italie, des armes destinées à renverser la « gueuse ».

Les tendances politiques de l'assemblée départementale illustrent plus parfaitement encore l'ancrage à droite du département des Alpes-Maritimes. Sur trente conseillers généraux, il n'y a que six radicaux, et pas un seul communiste.

Dans ces conditions, on ne s'étonnera pas de trouver, en 1940, la ville de Nice rangée unanimement derrière le maréchal Pétain. Le nouveau préfet, Marcel Ribière, exerce en force son autorité ; le conseil municipal est remanié et Jean Médecin, par ailleurs sénateur, maintenu à sa tête. L'évêque, Mgr Rémond, se présente en partisan affiché du régime de

Vichy en attendant de déployer en faveur du sauvetage des Juifs persécutés des efforts très courageux et efficaces.

Mais les ultras de la Révolution nationale s'agitent et tiennent bientôt le haut du pavé. La Légion des combattants recrute et parade à l'appel du responsable départemental Joseph Darnand. Parallèlement, le Parti populaire français, très puissant, se manifeste par des initiatives nombreuses dans la Baie des Anges, dès les premiers temps qui suivent l'armistice. Les membres du P.P.F. se « spécialisent » dans les provocations antisémites que la police tente généralement de réprimer. Ce ne sont alors que des incidents. Lorsque les Alpes-Maritimes basculeront dans la zone allemande, les persécutions déboucheront sur les prémices du génocide. Installés à l'hôtel Columbia, à Nice, et au Cavendish de Cannes, les groupes d'action du P.P.F. – également connus sous le sigle de G.A.P.P.F. – formeront une véritable police parallèle, se livrant au contrôle des identités, à des arrestations, à des passages à tabac, sans compter les activités complémentaires de pillage.

Les Alpes-Maritimes, jusqu'alors en zone libre, passent sous contrôle italien lors de l'occupation totale du territoire, en novembre 1942, en même temps que sept autres départements[1]. Mieux vaut les troupes de Mussolini que celles de Hitler, entre deux maux, on préférera le fascisme au nazisme entre lesquels existent, qu'on le veuille ou non, et malgré les simplifications en usage, plus que des différences de nuances. Cela est vrai surtout dans le domaine racial où les occupants italiens montrent en esprit et dans les actes une tolérance qui inquiète non seulement les autorités allemandes, mais certains cercles du gouvernement de Vichy.

Dès le mois de décembre 1942, les Italiens s'opposent à une décision du préfet des Alpes-Maritimes qui décrète la déportation dans les départements de la Drôme et de l'Ardèche (l'Ardèche est sous occupation allemande), des Juifs étrangers de son ressort. Les œuvres juives exercent tranquillement leurs activités. À Nice fonctionne un centre d'ac-

---

1. Le Var, les Hautes-Alpes, les Basses-Alpes, l'Isère, la Drôme, la Savoie et la Haute-Savoie.

cueil, boulevard Dubouchage, qui reçoit les réfugiés de plus en plus nombreux[1]. Ces réfugiés, des Juifs étrangers, et par conséquent les plus exposés, obtiennent des papiers d'identité qui les mettent à l'abri des arrestations et en règle vis-à-vis des autorités italiennes qui ont donné leur consentement à l'établissement de ces documents.

De même, lorsque la police française entend exercer des contrôles d'identité, essaie de perquisitionner au centre du boulevard Dubouchage, ou d'effectuer des rafles à l'entrée des synagogues de la ville, les *Carabinieri* s'interposent et menacent d'arrestation les agents... français au cas où ils récidiveraient. Des écoles juives sont ouvertes et fonctionnent ; en un mot, les Juifs peuvent mener une existence proche de la normale.

Ce serait une erreur de conclure que les Italiens conduisent dans leur zone d'occupation, et dans les Alpes-Maritimes en particulier, une politique dénuée d'arrière-pensées et de toute forme de coercition. Ne serait-ce que par une volonté d'annexion qui s'est concrétisée par la création, dès l'armistice de 1940, d'un mouvement patriotique dit de la Marche sur Nice. On verra que ces irrédentistes, accusés de fomenter une 5e Colonne à l'italienne, paieront un important tribut à l'épuration sauvage... Dans la villa Lynwood, sur la colline de Cimiez, l'O.V.R.A.[2] met en œuvre des moyens qui n'ont rien à envier à la Gestapo.

En attendant de prendre des formes plus radicales, l'opposition aux prétentions italiennes part des niveaux les plus élevés et les plus officiels. Le 24 juillet 1943, Jean Médecin est démissionné en raison de sa résistance aux diktats de l'occupant. Arrêté à Annet en juin 1944, par la Milice, il sera ramené à Nice où il sera interrogé avant d'être conduit en détention à Belfort. De son côté, Mgr Rémond n'est pas en odeur de sainteté auprès des autorités transalpines.

---

1. Il y avait 8 000 personnes d'origine juive à Nice en 1940 ; on en compte le double en septembre 1942.

2. Œuvre volontaire pour la répression antifasciste.

Le 9 septembre 1943, les troupes allemandes entrent à Nice après la conclusion de l'armistice entre le maréchal Badoglio et les Alliés. Le régime de la terreur s'abat sur la ville. Arrivant en force, la Gestapo s'installe dans plusieurs hôtels, dont l'Excelsior où la section antijuive du Hauptsturmführer Brünner déclenche les mesures de répression. Brunner n'agit pas à l'aveuglette : les plans en avaient été préparés avant l'intervention des troupes allemandes. 6 000 Juifs seront déportés dans l'agglomération niçoise !

Venant d'abord de groupes, voire d'individus très isolés, les attentats ont commencé très tôt ; il n'est pas inutile d'en suivre les principales péripéties si l'on veut comprendre la violence de l'épuration.

Le 6 septembre 1942 – les Alpes-Maritimes appartiennent encore à la zone libre – une explosion à l'Office de placement allemand, 10, rue Paradis, inaugure une longue série d'opérations dont la plupart sont dirigées contre les personnes et les sièges des organisations les plus engagées du côté des partisans de Vichy ou les plus connues pour leurs sympathies pro-collaborationnistes. Le 13 septembre, c'est l'entreprise de Joseph Darnand, 56, rue Gioffredo, qui est visée. Le 11 octobre, le siège du P.P.F., 52, avenue de la Victoire. Huit jours plus tard, celui de la Légion tricolore[1], 11 *bis*, boulevard Raimbaldi. Le 6 novembre, le bureau du P.P.F. à Vallauris.

Les actions violentes redoublent au printemps 1943, qui englobent désormais les troupes d'occupation italienne : à Cagnes-sur-Mer, le 6 mars, une bombe explose dans un hôtel qu'elles occupent. Le 14, un nouvel attentat contre le siège du P.P.F. niçois fait un mort et quatre blessés. Explosion au Service d'ordre légionnaire, le 9 avril. Le 7 mai, c'est le mess des officiers italiens, 9, boulevard Victor-Hugo, qui est visé. Le 8 juillet, un soldat italien est tué et plusieurs autres sont blessés par l'explosion d'une grenade. Le 20, nouvel attentat meurtrier contre un restaurant fréquenté par

---

1. Créée le 22 juin 1942, et destinée à remplacer la Légion des volontaires français contre le bolchevisme – L.V.F. –, elle se solda par un échec total.

les occupants : un mort et quatre blessés. On n'en finirait pas d'énumérer les attentats dirigés contre les forces d'occupation italiennes... Ils vont frapper Allemands et collaborateurs avec une violence et une fréquence accrues jusqu'à la Libération. S'agissant des partisans de la collaboration, c'est l'épuration avant l'heure.

Le 24 novembre, le docteur Tourton, secrétaire fédéral du P.P.F., est abattu sur le perron de l'hôpital Pasteur, à Nice. Quatre jours plus tard, 5 miliciens sont tués et 7 grièvement blessés par une grenade lancée contre le restaurant de la Légion, rue Pertinax, après une réunion présidée par Philippe Henriot et Darnand.

En décembre et janvier (1944), ce sont les Allemands qui font les frais des attentats : le 2 décembre, à Saint-Jeannet, 2 morts. Le 25, au café Noailles, avenue de la Victoire, 2 morts, 9 blessés, mais également 11 victimes parmi les consommateurs civils. Le 16 janvier, une bombe tue cinq soldats allemands au cinéma Malausséna.

Les attentats redoublent en mars, visant notamment Serge Mojaroff, le chef du groupe des Russes blancs, agent d'exécution de Brunner. Mojaroff est tué, la boutique de l'antiquaire Alexandre détruite par une explosion. Du 22 au 30 du même mois, on compte pratiquement un attentat par jour contre des magasins niçois... C'est ensuite, pour revenir aux Russes blancs, le tour de Georges Karakaëff qui, attiré dans un guet-apens de l'Organisation juive de combat (O.J.C.), auteur des précédentes exécutions, est abattu sur le chemin du Bellet.

Les enlèvements et les assassinats de collaborateurs se comptent alors par dizaines ; tous, il est vrai, n'ont pas de « sang sur les mains », comme les sinistres habitués de l'Idéal, nervis stipendiés de Brunner. Le 12 juillet, par exemple, un homme est tué à Beuil, par des résistants ; le 24, un habitant de Lantosque, avec deux membres de sa famille ; le 4 août, nouvelle exécution sommaire à Daluis. Une semaine plus tard, deux jeunes filles sont exécutées à Roquebillière. À Péone, le 14, une femme connaît le même sort. L'exécution d'un habitant de Levens, le 15 août, jour du débarquement, attire de nouveau l'attention sur la vallée de la Vésubie. Et la reddition de la garnison allemande de Saint-Martin-Vésubie aux maquisards, le lendemain, montre les liens qui existent entre ces divers événements. Tandis que les Allemands rendent leurs armes, ceux que l'on accuse d'avoir été leurs alliés tombent sous les balles des résistants.

L'effervescence est alors générale dans les Alpes-Maritimes, les accrochages se multipliant un peu partout. Dès le mois de juin, la Wehrmacht avait encerclé la chaîne de Férion, entre Levens et l'Escarène, après les incidents qui eurent lieu à Contes. Aux harcèlements et embuscades du maquis répondent les ripostes des Allemands, de moins en moins sûrs d'eux-mêmes et de plus en plus portés aux représailles, selon un cycle d'une régularité immuable sur l'ensemble du territoire. Ainsi quinze résistants sont fusillés à Sospel, le 12 août, pour répliquer aux actions du maquis de la région.

Le jour du débarquement sur les côtes de Provence, la violence atteint son paroxysme : 2 soldats allemands sont tués en plein Nice tandis que 25 otages sont passés par les armes, et 9 autres à Cannes.

Stimulée par l'approche des forces alliées et la perspective d'une prompte libération, la Résistance multiplie les coups d'audace en divers points du département et contraint des garnisons allemandes à capituler – à Puget-Théniers, le 16, en même temps qu'à Saint-Martin-Vésubie, Bancairon, le 18, tandis qu'à Nice des grèves paralysent les communications. Le 24 août, un comité insurrectionnel est formé. Le 29, c'est la délivrance. Et l'épuration se met en branle, anarchique et impitoyable. Commencée bien avant, comme nous l'avons vu, elle se développe désormais dans une région débarrassée de l'ennemi et alors que s'installent les nouveaux pouvoirs.

L'évolution de la composition du Comité départemental de libération donne l'une des clefs de la rigueur de la répression anticollaborationniste. Mais ce n'est pas la seule. Nice, principalement, a été meurtrie par une occupation qui a connu tous les aspects de la terreur, des tortures à la traque et aux déportations massives. La population juive a beaucoup souffert depuis l'arrivée des Allemands, après avoir été longtemps favorisée par rapport à d'autres régions de France. Les partis fascistes et pro-allemands ont rencontré des succès de recrutement exceptionnels et déployé une présence dont on relève peu d'exemples. Ainsi, dans un rapport détaillé datant de 1942[1] le ministère de l'Intérieur de Vichy évalue à quelque 7 000 le nombre des membres et sympathisants du P.P.F. pour le seul département des Alpes-Maritimes, en précisant que « ceux-ci appartiennent aux milieux employés et ouvriers... ».

L'examen des tendances politiques au sein du comité départemental de libération aboutit d'autre part au constat d'une progression constante de l'influence communiste, sans rapport avec l'importance du parti dans la Résistance. Tandis qu'au mois de février 1944 le parti communiste et les membres qui lui sont apparentés par le biais du Front national, notamment, ne disposaient que d'un membre sur huit – en février, soit sept mois avant la Libération –, ils frôlent la majorité en juin, avec quatre représentants sur dix. La « circulaire n° 1 du Parti communiste français – Région des Alpes-Maritimes, 1er septembre 1944, aux responsables des services et cellules locales », avec la mention « confidentiel », ne mâchera pas ses mots, qui portera en tête de ses dix-huit instructions : « Veiller à avoir la majorité dans les Comités de libération... »

Recommandations à peine nécessaires... Le conflit engagé avec le socialiste Alex Roubert qui aboutira au retrait de celui-ci, et à ce qu'il faut bien appeler sa mise en accusation, est une des illustrations de la crise qui agite le comité départemental et de l'opposition entre les communistes et les membres les plus modérés. Le C.D.L. qui s'est réuni le 29 août est alors à forte dominante Front national-P.C.-C.G.T., le Mouvement de libération nationale, dont les groupes francs ont constitué l'une des premières forces

---

1. Dont nous avons retrouvé trace dans la communication que M. Tyler Thompson, chargé d'affaires par intérim, adresse de Vichy, le 14 août 1942, au secrétariat d'État américain. Ce rapport est très éloquent sur l'antisémitisme du parti de Jacques Doriot.

engagées contre les Allemands lorsqu'ils ont évacué Nice... ne disposant d'aucun représentant.

Le 31 août, on consentira à ouvrir une porte étroite au parti socialiste-S.F.I.O. dont le rôle dans la Résistance a été contesté, en la personne de M. Aimé Bermond, mais les deux membres de la tendance démocrate-chrétienne, Marcel Mouterde et l'abbé Giraud, qui avaient appartenu au C.D.L. dès l'origine, sont en même temps éliminés ! « Expulsés de la salle » des délibérations, précise même Jean-Louis Panicacci[1]. Comme il se doit, le président du comité, Sénèque Brunet, appartient au Front national.

La crise rebondit et se prolonge à l'occasion de la prise de fonctions du nouveau préfet, Maurice Moyon, désigné par le comité d'Alger. Frappé par les mesures d'épuration du corps préfectoral à l'instigation du gouvernement de Vichy, Moyon avait dû abandonner son poste en Corrèze. Ces antécédents qui devraient lui valoir un accueil favorable de ses partenaires ne lui facilitent pas la tâche. On lui reprochera notamment d'être trop autoritaire. Ce sont en fait ses opinions politiques qui font question – Moyon est anticommuniste, et il ne le cache pas, ce qui ne se pardonne pas en août 1944 –, ainsi que certaines initiatives comme de faire participer les troupes américaines au maintien de l'ordre afin de limiter les excès prévisibles de l'épuration.

C'est la levée de boucliers. Le C.D.L. qui n'accepte pas que les F.F.I. soient de quelque manière dépossédés de leurs responsabilités policières interviennent auprès de Raymond Aubrac, le commissaire régional de la République, qui se rend à Nice, le 2 septembre, écoute les doléances des plaignants et, par convictions personnelles, mais également pour apaiser les inquiétudes du C.D.L. et écarter les risques d'un rebondissement de la crise, en tout cas sans trop se faire prier, accepte le retrait de son représentant qu'il remplace par Paul Escande, fonctionnaire du cadre préfectoral. « Le C.D.L. obtint donc une victoire retentissante, commente

---

1. Dans « Le Comité départemental de libération des Alpes-Maritimes – 1944-1947 », in *Revue d'histoire de la Deuxième Guerre mondiale*, n° 127, 1982.

M. Panicacci, facilitée par les penchants personnels du commissaire de la République... »

Il n'y a donc plus d'obstacles à une épuration radicale que l'intervention américaine aurait risqué d'entraver. Les Forces françaises de l'intérieur vont s'en charger, épaulées par les résistants de la dernière heure qui, en leur sein ou par des initiatives parallèles, s'activent à la revanche.

Dans un ordre du jour n° 2 diffusé le 28 août les Francs-tireurs et partisans ont annoncé leur intention de « *faire une épuration énergique de tous les salopards connus...* ».

La promesse sera largement tenue. Mais Nice ne fera pas exception à la règle : les principaux responsables des services allemands et les dirigeants collaborationnistes s'étant éclipsés pendant les premiers jours qui ont suivi le débarquement, il ne reste plus à appréhender que les demi-soldes ou les petits collaborateurs, les membres les moins compromis des mouvements fascistes, sans compter la légion des bavards ou des « suspects » qui n'ont pas eu grand-chose à se reprocher.

Cela ne veut pas dire que tous les chefs échapperont à la justice de l'épuration. Ainsi, Honoré Goyenèche, ex-trésorier du P.P.F., qui sera arrêté à Dombasle-sur-Meurthe (Meurthe-et-Moselle), en juin 1945. D'abord condamné à mort par la cour de justice des Alpes-Maritimes, il aura sa peine commuée en vingt ans de travaux forcés. D'autres, et non des moindres, seront également rattrapés et auront, comme lui, la chance de bénéficier de verdicts plus cléments ou de remises de peine impossibles à imaginer dans le déferlement des passions de l'été 1944.

La Commission départementale d'épuration siège pour la première fois le 4 septembre. Présidée d'abord par le docteur Peraldi, elle laissera la place, en février 1945, et jusqu'en 1946, à une commission dite « consultative de sécurité publique » présidée par Laurent Spinelli, ancien instituteur, maire de Carros, communiste[1].

---

1. Le tribunal militaire, la Cour de justice et la chambre civique constituant les trois tribunaux ayant en charge l'épuration. Le tribunal militaire s'effacera d'ailleurs rapidement devant la Cour de justice.

Deux organismes émanant l'un des Forces françaises de l'intérieur, l'autre directement du Comité départemental de libération prennent en charge l'épuration policière, mais au mois d'octobre et à la suite de l'émotion que suscitent le nombre des arrestations arbitraires et les exécutions sommaires, en un mot pour remédier à l'anarchie, le C.D.L. officiel obtiendra que la commission d'épuration des F.F.I. lui soit annexée.

C'est que l'on arrête à tour de bras et fréquemment à l'aveuglette à Nice dans les premiers temps de la Libération. Les F.F.I., les F.T.P., les « F.T.P. étrangers », la 18e brigade mobile, la Sécurité militaire auxquels s'ajoute la police d'épuration du C.D.L. – mais quoi encore ? – ont chacun leur unité d'intervention. On évalue de source officielle à 2 000 le nombre des personnes arrêtées à Nice à la mi-septembre et à 2 500 dans l'ensemble du département à la fin du mois. Le préfet Escande lui-même avance le chiffre de 3 100 à la fin de décembre. Chiffre considérable, et qui place la capitale de la Côte d'Azur en tête des grandes villes de France par l'importance de ses internements.

Les personnes interpellées s'entassent aussi bien dans les casernes – Saint-Angély et Auvare – que dans les prisons improvisées – hôtel Scribe et hôtel Suisse, La Galinière –, dans des conditions d'hygiène lamentables, plus que mal nourries, les paillasses étant partagées à plusieurs. Cette situation a suscité l'intervention de Raymond Aubrac qui, se rendant à Nice pour la deuxième fois, le 26 octobre – mais il y a deux mois que Nice a été libérée – demandera que l'on se montre plus circonspect dans le choix des internements, que les dossiers soient réexaminés et que les « suspects », nombreux, qui n'en ont pas, soient libérés.

L'épuration sauvage a commencé à Nice, comme dans d'autres localités – nous l'avons vu à propos de la vallée de la Vésubie – avant le départ des Allemands ou dans le sillage de leur retraite. Elle est le fait de petits groupes qui exécutent en tirant une balle dans la nuque ou par le procédé tout aussi classique, quelle que soit l'origine des tueurs de l'époque, de la rafale de mitraillette.

Le 29 août, vingt corps sont disposés près de la patinoire, en signe d'avertissement. Certaines des victimes ont été choisies pour avoir participé directement à la répression contre la Résistance, d'autres sont identifiées pour s'être rendues coupables de collaboration, sans plus. Car il demeure toujours une part d'inconnu dans les motivations des justicialistes de l'heure.

Commençant notre enquête sur l'épuration sauvage dans cette région de France, baignée de douceur de vivre et de soleil, bien que la subsistance y fût très difficile, la pénurie alimentaire très douloureuse, nous étions loin d'imaginer qu'elle avait revêtu un caractère de violence égalant les départements les plus touchés. À l'hôtel Scribe, des membres de la police d'épuration – dite de la « commission P. » – injurient, frappent, se livrent à des sévices graves et à des chantages sur des personnes arrêtées selon le bon plaisir, en fonction des propres critères d'appréciation des tortionnaires.

Parmi les exécutants de ces basses œuvres figurent non seulement des résistants improvisés, les plus virulents et les plus acharnés, totalement inconnus des résistants authentiques, mais des individus ayant fait l'objet de condamnations pour des délits de droit commun. Une racaille, lie de l'humanité, trop heureuse de pouvoir exercer ses talents sur des hommes sans défense, déchus pour certains d'entre eux d'une autorité qui les désigne aux coups de ceux qui avaient eu des comptes à leur rendre.

Le préfet Escande a commencé à réagir dès le 10 septembre pour tenter de mettre un frein aux arrestations arbitraires. Il renouvellera ses mises en garde les 13, 14 et 15 suivants. On ne l'écoute guère : les lieux de détention continuent à se remplir. C'est que M. Escande n'a pas la tâche aisée, au même titre que les préfets de la Libération qui, prenant possession de leurs fonctions dans un contexte de désordre absolu, essaient, pour plusieurs d'entre eux, nous nous plaisons à le souligner, de calmer les passions et d'endiguer les excès.

Le C.D.L. s'inquiétera à son tour, non seulement de la multiplication des scènes de femmes tondues et exhibées en public, mais des informations qui lui parviennent sur les pratiques des « policiers » de l'hôtel Scribe. Il existe, en effet, au comité des hommes qui savent regarder la vérité en face et ne pas confondre, contrairement à d'autres, épuration et règlements de comptes permanents, justice et vengeance sociale, amour de la patrie et idéologie partisane. Qui n'acceptent pas que la Résistance se fourvoie dans les procédés qui avaient justifié son combat.

Trop de responsables ont alors entériné, par idéologie ou suivisme, des actes aveugles et dans certains cas criminels, avalisé ou toléré les débordements de l'épuration sauvage, pour que l'on néglige de rappeler l'attitude d'hommes de devoir et de conscience. Hésitants, bien souvent, par crainte du scandale, à peu près complètement dépourvus de moyens d'action sur l'événement, du moins tentaient-ils de l'infléchir.

Le C.D.L. débat de l'affaire de l'hôtel Scribe le 16 octobre, en même temps que des conditions d'existence des prisonniers et reçoit, le 18, une délégation de policiers qui insistent pour que les « tortionnaires » et les « repris de justice » – cinquante pour cent de la « commission P. », précisent-ils – soient éliminés. Le communiste Spinelli tente bien de défendre les accusés, mais sans emporter la conviction.

On se résout à l'épuration de l'épuration, mais bien tard. Le mal est fait. Le 1er décembre, les policiers issus de la Libération sont intégrés à la police officielle après une sélection destinée à éliminer les brebis galeuses. Six candidats sur... cinquante sont retenus. Certes, il n'y avait pas dans les exclus que des hommes de main ou des repris de justice, mais le déchet porte à réfléchir, alors que la police, durement frappée par l'épuration, avait grand besoin de renouveler ses effectifs.

Il faut également parler des rançonneurs, pègre de toutes les époques d'exception – l'occupation, est-il besoin de le rappeler, a eu la sienne, ignoble, et opérant sur la plus grande échelle – qui, sous couvert de titres et de galons usurpés, détrousse la proie à sa portée. D'aucuns arguent de la nécessité de faire rapidement justice et de réaliser l'épuration économique avant l'heure en confisquant les biens des collaborateurs. On joue avec les mots. En fait, on bondit sur l'occasion qui s'offre, et qui ne se représentera pas de sitôt, de se « remplir les poches ».

Les réactions de la fraction lucide du C.D.L. sont éclairantes. Le 22 septembre, M. Joseph Collignon, représentant le Mouvement national des prisonniers de guerre, intervient en ces termes (procès-verbal de séance) :

— La commission des F.F.I. a été saisie par le commandant R.[1] des Groupes francs de la Résistance, d'une lettre faisant connaître que pendant la période trouble qui a suivi la libération de Nice par les F.F.I., de très grosses sommes d'argent et des valeurs ont été « récupérées » tant par des hommes appartenant à différents groupes que par des isolés.

Dr Sapir, Front national :

— Je crois que le commandant R. est personnellement un homme très propre. Mais il y a dans son entourage de mauvais éléments. La commission des F.F.I. a statué sur le cas du commandant M. Elle a demandé son départ dans le maquis. Il y est reparti mais il en est revenu. Il a opéré dans la région de Monaco. Il a procédé à l'arrestation de personnes très riches et, comme par hasard, on n'a retrouvé en la possession de ces personnes, ni argent ni bijoux, alors qu'il est de notoriété publique que Mireille Balin[2], par exemple, possédait 20 millions de bijoux.

Dr Donat :

— Il faut que la commission militaire du C.D.L. aille mettre le commandant C. au courant de ces faits.

Dr Sapir :

— Il les connaît, mais il ne peut agir.

Dr Donat :

— Et nous non plus.

Mme Denise Delmon, avocate, représentant les « intellectuels » :

---

1. Le nom est bien entendu cité au cours du débat.
2. L'actrice Mireille Balin, qui vient d'être arrêtée sur la Côte d'Azur.

— Une enquête a été faite sur ses antécédents. Ce serait, paraît-il, un Hongrois.

Dr Sapir :

— Il faudrait, avant tout, demander au préfet son internement immédiat.

On procède à un échange de vues sur les moyens d'agir du préfet. Puis Mme Delmon déclare :

— Il est dangereux d'aborder la question M...

C'est là toute l'affaire. Le constat établi, l'assemblée se retranche derrière une attitude prudente. La conclusion du docteur Sapir donne définitivement le ton. Il abonde dans le sens de Mme Delmon :

— Si on fait de la publicité autour de cette affaire, et si nous nous en tenons aux demi-mesures, nous irons au désastre, car ces gens-là ne sont que des tueurs...

Le C.D.L., même quand sa majorité est aussi nette dans sa réprobation, est impuissant à agir. Et les voleurs- « tueurs » – le mot est en toutes lettres dans le compte rendu des débats – auront, eux, les mains libres.

Le 24 septembre s'est produit à Antibes l'un des événements les plus graves de l'épuration sauvage dans les Alpes-Maritimes et la région du Sud-Est.

Ce jour-là, des F.T.P. qui effectuent une patrouille dans le quartier de la Régence interpellent pour vérifications un passant qui déclare n'avoir pas de papiers. Il propose aux F.T.P. de le suivre chez lui où il pourra, leur affirme-t-il, prouver son identité. L'un des F.T.P. nommé Demiquelis l'accompagne donc. Les deux hommes pénètrent dans l'appartement où éclate un incident assez mal éclairci, mais qui déclenche le drame.

Il semble que Demiquelis qui portait un foulard lui dissimulant à demi le visage ait cru que son vis-à-vis cherchait à le démasquer. En tout cas, il fait feu sur lui et le tue sur le coup.

Dehors, les camarades de Demiquelis qui supposent qu'il est en danger brandissent leurs armes et tirent dans les volets. Demiquelis est tué ; deux parents du jeune interpellé tombent également sous les balles.

Quatre morts pour rien, quatre morts absurdes, et ce n'est pas fini...

Pour venger leur camarade, deux chefs F.T.P. ont alors décidé d'organiser une marche sur le fort Carré où sont détenus les « collaborateurs ». Ils se sont d'abord présentés à la tête d'une « meute hurlante » devant le fort d'où ils ont été repoussés par la sentinelle qui a menacé de faire usage de sa mitraillette. Découragés par ce geste de fermeté, les F.T.P. se sont repliés vers la mairie où siégeait le Comité local de libération. Un curieux dialogue s'est alors engagé entre eux et le président : « Nous voulons cinquante otages ! » ont-ils exigé... Le président du C.D.L., stupéfait, a tenté de résister, puis il a concédé – un peu plus tard, mais bien tard... il fera amende honorable – : « Alors, prenez-en dix ! »

« On en prend dix, qu'il n'est nullement question de juger. Parmi eux, Georges Borel, personnalité d'Antibes, qui, loin de "collaborer" s'est au contraire entremis, à plusieurs reprises, pour faire libérer des personnes arrêtées pendant l'Occupation et a caché des Juifs dans sa clinique ; un photographe, Biondo, étranger à la politique, et dont le seul crime est d'être italien ; un horloger, Aimar, auquel aucun acte répréhensible ne saurait non plus être imputé ; une jeune fille, Carmen Raveu, âgée de 17 ans, sur le compte de qui avaient couru des accusations sans preuves, et dont l'unique compromission était d'avoir vendu *Le Franciste*, le journal du mouvement de Marcel Bucard... »

Paul-Franz Namur décrit ensuite[1] les derniers moments des dix otages :

« On les pousse, battus, ensanglantés, semant la terreur parmi tous les prisonniers, à la vue de toutes ces faces devenues la plupart méconnaissables. Puis, c'est le bruit sinistre de rafales de mitraillettes... »

Le président du C.D.L. prendra l'initiative d'adresser... un faire-part aux familles des victimes en les informant qu'elles avaient été fusillées « en exécution d'un jugement rendu le

---

1. Dans ses souvenirs – il avait lui-même été interné au fort Carré – publiés sous le titre *J'ai choisi la prison*.

28 septembre... ». ». Ce qui sera démenti par le colonel Lanusse, commandant de la subdivision, qui détruisait ainsi le mensonge d'une prétendue légalité.

Le R.P. Donatien, interné, lui aussi, de nationalité belge, a béni les corps des suppliciés... Il n'avait rien à se reprocher sinon d'avoir, disait-on, tenu des propos « maréchalistes ». Mais le fort Carré recevra un « pensionnaire » d'un rang plus élevé encore dans la personne de l'abbé Henri Delors, curé-archiprêtre d'Antibes. Le grief : avoir accepté de célébrer une messe à la mémoire de Philippe Henriot. L'abbé Delors a la chance de n'être pas oublié par son évêque. Il est vrai que celui-ci s'appelle Mgr Rémond, qu'il a donné mille preuves de son courage en luttant contre la persécution des Juifs. Mgr Rémond se présente donc au fort Carré, au volant de sa minuscule Simca 5 et exige la libération immédiate du pasteur emprisonné. S'ensuivent moult délibérations et palabres. Toujours est-il que Mgr Rémond repartira avec « son » curé...

« Les abominables événements d'Antibes n'étaient justifiés par aucun "crime nazi" ou "collaborationniste[1]". Sous la sage administration de Jules Grec, directeur-fondateur de l'École régionale d'agriculture d'Antibes, adjoint depuis 1912 et maire "reconduit" par le maréchal Pétain, chef de l'État français, de 1935 à 1944, les seuls assassinats furent perpétrés par des "soldats de l'ombre" dans la nuit et dans le dos, contre la personne de M. Rismini, entrepreneur de maçonnerie, italien naturalisé français, et d'un Italien, marchand de fromages, marié à une Française, Romeo Pietrobelli. Les bobardiers l'accusaient évidemment de mille forfaits, mais on ne put jamais citer une de ses victimes. Il était membre du "Parti fasciste" apparemment depuis sa constitution par Mussolini. Il ne s'agissait donc, semble-t-il, que d'un délit d'opinion.

« Ces deux assassinats stupides eussent pu nous coûter, si les Allemands avaient été concernés, quelque dix ou vingt fusillés. Or, il n'y avait à Antibes – où la guerre ne faisait pas rage – qu'une cinquantaine de *feldgraue* armés. Mais la

---

1. Extrait d'un témoignage adressé à l'auteur.

Côte d'Azur, et donc la ville d'Antibes, avait d'abord été occupée par les Italiens[1]. Jules Grec, le maire d'Antibes, se rendit à deux reprises, après les assassinats de MM. Rismini et Pietrobelli, auprès du commandant italien car il voulait s'assurer qu'il n'y aurait pas de représailles. Ce qu'il obtint... » Deux arrestations cependant eurent lieu, dont celle d'un « résistant » que Jules Grec fit libérer et qui lui manifesta sa gratitude en organisant, après la Libération, l'exécution des dix otages du fort Carré.

« On ne le revit jamais, écrit Paul-Franz Namur de M. Corvetto, qui avait été enlevé à Cagnes, pas plus que le baron Reill-Soult, ce savant qui fournit à l'Angleterre des plans d'un viseur pour torpilles, emmené lui aussi pour... interrogatoire, le 17 octobre 1944.

« Pas plus de traces non plus, depuis septembre 1944, de M. Bianichi, de La Trinité-Victor, convoqué lui aussi par cinq individus qui l'emmenèrent dans sa 6725-BA 5, passée sans doute aux bonnes œuvres, elle aussi.

« Et c'est toujours en ce septembre tragique, que l'on retrouve dans la Vésubie, le corps du Dr Comès. On avait voulu le rançonner de 100 000 francs, toujours pour les bonnes œuvres, et le punir d'avoir été médecin du S.T.O. Il fut prouvé, par la suite, que cela lui permit de sauver, en 1943, 8 075 hommes que le directeur de l'office de placement voulait réquisitionner...

« C'est à Vence, où l'on retrouve, percé de 22 balles de mitraillette, étendu dans un buisson, le commissaire de police Ehrman, ancien officier, sorti de l'École polytechnique, qui avait été arrêté par la Gestapo pour n'avoir pas donné suite à nombre de mandats d'amener, dont celui de Me Cotta, par exemple, et avoir fourni de fausses cartes d'identité à des Juifs pour les sauver.

« Comme récompense, à la Libération, on le libère... de la vie ! »

---

1. Jusqu'aux premiers jours de septembre 1943.

Le Comité départemental de libération se saisit de l'affaire d'Antibes, dans un premier temps, le jour même de l'exécution, par la voix des docteurs Paul Marino – siégeant à titre de « personnalité » –, et Ange Pérès, du mouvement Combat. Le 27 septembre enfin, l'abbé Alfred Daumas, le docteur Maurice Donat, et Joseph Collignon :

M. l'abbé Daumas :

— ... Cette responsabilité, c'est nous qui l'avons.

M. Collignon :

— Ce qui est très grave, c'est que quelques membres F.F.I. se soient crus autorisés à faire eux-mêmes justice... Notre devoir, au C.D.L., est de protester contre de tels agissements et, d'abord, de demander une enquête extrêmement serrée pour savoir comment les otages ont été pris et ensuite livrés. Que des sanctions extrêmement sévères soient prises contre ceux qui ont osé se faire justice de cette manière-là.

« Nous demandons énergiquement au commandant des F.F.I. d'intervenir et d'interdire des faits aussi regrettables. Avec des actes comme celui-là, nous nous apparentons à des faits de la Gestapo. Nous les dépassons même. Les conclusions pourront être apportées à la presse. Mais il s'agit là d'un cas extrêmement douloureux que nous avons le devoir de vider en petit comité. »

M. Charles Andrieu, C.G.T. :

— Les F.F.I. ont en effet dépassé leurs droits, mais il ne faut pas oublier qu'il y a beaucoup de ressentiment. Cela n'empêche pas qu'il y a eu une erreur quand on a pris des otages au hasard. Je suis pleinement d'accord pour qu'on prenne des mesures pour désapprouver de tels actes.

Dr Donat :

— Je tiens à ce que les journaux disent que tout le C.D.L. désapprouve ce qui s'est passé à Antibes.

M. Collignon :

— On ne fait pas le procès de l'excitation populaire. À mon avis, il ne s'agit pas d'excitation populaire, mais de l'excitation des F.F.I. Si on avait fait appel au peuple, il n'aurait jamais voulu qu'on exécute dix personnes de cette façon. Il s'agit simplement de faire le procès de quelques F.F.I. Je trouve qu'il faudrait faire un exemple brutal car ce cas déshonore notre civilisation.

La condamnation était sans ambages, mais perceptible l'hésitation à lancer l'affaire sur la place publique. Elle était cependant trop importante pour qu'elle n'éclatât pas au grand jour.

Le comité d'épuration d'Antibes reconnut avoir commis un abus de pouvoir et fit amende honorable. Quant au capitaine F., responsable de l'exécution, il fut rétrogradé et intégré à l'armée régulière pour aller rejoindre les Forces françaises de l'intérieur engagées contre les Allemands.

D'autres événements sont fort éclairants sur le climat qui règne à Nice pendant les jours de la Libération ; M. l'abbé Alfred Daumas [1] en fut un acteur et un témoin privilégié.

Le passé de l'abbé Daumas n'est pas de ceux que l'on oublie aisément. Appartenant à une famille de tendance laïque, il est, adolescent, acquis aux idées socialistes de Jaurès et, dans une certaine mesure, de Péguy. Ordonné prêtre en 1933, il devient aumônier du lycée Sasserno et l'un des animateurs les plus actifs de la Jeunesse étudiante chrétienne. Mais les conceptions qu'il développe au cours de ses conférences et prédications lui valent une interdiction de l'évêque, Mgr Rémond, puis un « exil » à Lille à l'École des missionnaires du travail après une intervention au meeting du parti communiste à Nice, le 20 juin 1936, meeting que présidait... Maurice Thorez.

L'abbé Daumas se défend d'une adhésion quelconque au marxisme mais entend rappeler, au milieu du désordre économique et social qui précède la Seconde Guerre mondiale, les exigences de la doctrine de l'Église définie par les encycliques *Rerum Novarum* et *Quadragesimo Anno*. Il n'empêche que ce rapprochement spectaculaire et rare avec les thuriféraires du communisme athée provoque un énorme scandale. L'abbé Daumas récolte ainsi des inimitiés farouches et durables.

---

1. Par la suite, Mgr Daumas.

Revenu à Nice, l'abbé Daumas dispense des cours aux militants de la C.F.T.C. puis est nommé aumônier des associations paroissiales. Mobilisé, il prend ensuite, en 1940, la direction de la Bourse chrétienne du travail. Le rejet du syndicalisme unique et obligatoire instauré par le gouvernement de Vichy et la politique générale de celui-ci le conduisent à la Résistance. Il adhère successivement aux mouvements Franc-Tireur et Combat. Il s'engage surtout, et avec le plein accord de Mgr Rémond, qui y contribuera pour une part importante, dans la lutte contre la déportation massive des Juifs. La Gestapo l'arrête et l'interroge à l'hôtel Hermitage. De nouveau libre, il rejoint le Front national. Ce qui ne le dissuade pas d'intervenir, avec deux dirigeants de la C.G.T. clandestine, auprès de Me Émile Coutret, adjoint de Joseph Darnand, en faveur de résistants arrêtés.

Ce genre d'intervention qui peut apparaître comme une compromission n'est pas contradictoire chez un homme et un prêtre qu'obsèdent les impératifs de la justice à travers les développements de la violence. Mais c'est parler à des sourds que de rappeler à des partisans engagés dans un combat fratricide les règles élémentaires du respect de la personne humaine. Quand l'épuration se présentera, on le verra également s'efforcer d'apaiser les passions et de préserver des vies.

Devenu président du Front national, l'abbé Daumas ranime, bien entendu, autour de sa personne, des animosités anciennes. Serviteur de Dieu, et de surcroît à la tête d'un mouvement dont les attaches avec le parti communiste sont notoires, voilà qui confine à la provocation. Et qui pose une question à laquelle n'ont pas échappé les compagnons de route du P.C. : quel profit retirer de ce tête-à-tête avec les militants d'une cause qui n'infléchissent jamais leur ligne idéologique, en dépit de la lutte menée en commun ? Marché de dupes, énorme manœuvre de récupération, alliance de pure opportunité, les griefs sont connus... La Résistance avait paru justifier ce rapprochement. La guerre terminée, chacun retournera dans son camp.

Ces interrogations, un homme et un prêtre comme l'abbé Daumas les a faites siennes. Vice-président du conseil départemental de libération, il est au cœur des problèmes d'épuration, ce qui n'améliore en rien son « image de marque » auprès d'une partie de l'opinion qui se demande ce qui peut bien le pousser à s'embarquer dans cette galère. Et qui ne lui pardonne pas de persister dans une attitude de « main tendue » à l'égard d'un parti politique dont les ambitions hégémoniques éclatent plus que jamais au grand jour.

On serait bien inspiré, cependant, de ne pas négliger cette réalité : le Front national exerce une attraction qui dépasse largement l'audience du parti communiste et de ses apparentés ; des personnalités, venant des horizons les plus divers, l'ont rejoint. Cela a fait sa force, participé à son influence. Pour les Alpes-Maritimes, les ralliés se nomment Jacques Bounin, ancien député du Parti social français du colonel de La Rocque, et Jean Médecin, ni l'un ni l'autre réputés... pour leur appartenance à la gauche, et moins encore pour leurs sympathies à l'égard du Parti communiste français. Ce ralliement sera insuffisant à les protéger contre les embarras dans le cadre des activités du Comité départemental de libération. On aboutira ainsi au paradoxe d'un Jacques Bounin, nommé commissaire de la République, mis en cause par ses pairs de l'assemblée départementale !

S'agissant de Jean Médecin, le rapprochement ira assez loin pour justifier, avant les prochaines brouilles, ce communiqué publié dans *Le Patriote*, organe du P.C., dans son numéro du 17 août 1945, soit un an après la libération de Nice : « M. Jean Médecin, sénateur des Alpes-Maritimes, et M. Virgile Barel, mandaté par le bureau fédéral du P.C.F., se sont rencontrés. Ils ont ensemble abordé l'étude des grands problèmes de l'heure. Ils ont reconnu la nécessité d'une politique d'union de tous les éléments sains du pays, républicains et démocrates, pour l'accomplissement des grandes tâches que posent après la guerre la reconstruction et la renaissance de la France. Signé : V. Barel-J. Médecin. »

Cela avant que « notre ami Jean Médecin », selon *Le Patriote* du 12 septembre 1944, ne redevienne l'ennemi politique numéro un lors des échéances électorales.

... Cependant l'abbé Daumas, l'« abbé rouge », est pris dans la tourmente de l'épuration sauvage ; elle gagne de quartier en quartier, emportant avec elle les vestiges humains de la complicité franco-allemande ou les suspects que chaque révolution désigne à la vindicte populaire. Mais laissons parler l'abbé Daumas :

« La réputation dont je jouissais alors était celle d'un dur toujours armé d'un revolver tenu de la main droite et qui n'avait pas craint de descendre, le matin de la Libération, l'avenue de la Victoire [à Nice, bien entendu], entouré d'une bande d'étudiants, pénétrant dans les permanences de la Légion et d'autres associations vichyssoises, décrochant le portrait du Maréchal, le déchirant et le foulant aux pieds. Or, il n'y avait rien de vrai dans cette histoire. L'ecclésiastique auteur de ces inutiles outrances était un jeune prêtre qui n'avait rien fait dans la Résistance. Quant au revolver de l'homme qui n'avait pas froid aux yeux, ce n'était que l'étui de mes lunettes de soleil[1]...

« Oui, ai-je déclaré, je sais que vous avez confiance en moi et votre attitude m'honore grandement. J'avoue que j'en ai bien besoin pour accomplir une tâche difficile. Cependant, si vous pensez que je suis un héros, vous êtes vraiment très généreux ; vous croyez, par exemple, que j'ai mis à sac des permanences, déchiré les portraits du Maréchal... »

La foule applaudit, mais l'abbé Daumas poursuit lorsque les hourras se sont tus :

« Oui, je comprends votre ardeur, mais je vous respecte trop pour accepter des applaudissements immérités, pour ne pas vous rendre compte de la plus stricte vérité. Ce n'est pas moi l'auteur de ces exploits.

« Ce fut le silence. J'enchaînai aussitôt : "Vous me connaissez suffisamment pour savoir dans quel esprit j'ai mené ce que j'ai cru, de toute mon âme, être le bon combat. Un prêtre de chez nous, un prêtre tel que vous les aimez n'est pas un homme, quelles que soient ses convictions politiques, à déchirer le portrait d'un vieillard et à cracher sur

---

1. Mgr Daumas, *Du Front populaire à la Libération*, cité par Alain Tarico, dans *Un prêtre dans la mêlée de son temps, 1936-1945*, mémoire de maîtrise d'histoire, Nice, 1986.

les morceaux..." J'avais rétabli la vérité, mais la foule m'applaudit plus longtemps encore... »

Preuve, s'il en faut encore une, de la versatilité des masses. Et ce qui démontre aussi que la voix de la raison a des chances d'être entendue lorsqu'elle sait dominer le tumulte.

Second exemple des mentalités à l'époque de la Libération... C'est de nouveau l'abbé Daumas qui témoigne :

« Les représentants de la Résistance [d'un important village des Alpes-Maritimes] voulaient écarter un élu de grande et vieille influence. Je montai donc avec Aimé Bermond, socialiste, et Henri Paoli, communiste. La population nous attendait sur la place, curé en tête. Celui-ci, très saint prêtre, me prit à part pour me vanter les mérites du maire. Je lui répondis que je n'en doutais pas, mais que son intervention *coram populo*[1] risquait de gêner ma mission plus que de l'aider. Des villageois s'approchèrent pour me clamer : "Nous sommes de très bons Français, Monsieur le Maire nous a toujours dit de payer l'impôt métal[2]..." La situation était comique. Ces braves gens usaient avec quelle bonne foi du seul argument qu'ils auraient dû taire. Mes deux collègues riaient et me dirent : "Daumas, on n'a rien entendu[3]..." »

Fidèles à leur maire pendant l'Occupation, ces braves gens, point héros mais de bon sens, ne l'abandonnaient pas dans l'épreuve. Ils se montraient solidaires contre les prétentions de justicialistes excités. Que fût devenu l'édile sans l'appui de ses compatriotes ? Sans doute un gibier d'épuration sauvage. L'intervention de résistants pondérés fit le reste. Édifiante, cette histoire est pourtant authentique, et il est bien dommage que ce scénario n'ait pas servi de modèle dans tous les villages de France.

---

1. « En public ».
2. Allusion aux mesures de réquisition de cuivre et de bronze décrétées par les Allemands.
3. Mgr Daumas, *op. cit.*

La communauté italienne de Nice fait les frais de l'épuration officielle et parallèle, en relation avec les proches événements de l'Occupation. Il n'est guère rassurant d'être d'origine italienne dans la capitale de la Côte d'Azur et dans l'ensemble du département, pendant l'été 1944, et bien au-delà. Car la vindicte a la vie longue. Les règlements de comptes se perpétueront comme traînée de poudre pendant toute l'année 1945.

Le 29 août, l'abbé Daumas aperçoit un attroupement devant la préfecture. Il s'approche. Pour constater qu'un prêtre risque, lui, de subir les foudres de la colère populaire. Ce n'est pas un prêtre comme les autres. Il s'appelle Biancho, il a été l'aumônier des troupes italiennes d'occupation. Ce titre est en soi très gênant à Nice, le jour de la Libération, et puis le père Biancho n'a jamais caché son admiration pour Mussolini et son régime. On reproche à l'aumônier de choc d'avoir fait le coup de feu sur la foule du haut du clocher de l'église Sainte-Rita, dans la vieille ville. « Absurde, pense l'abbé Daumas, le père Biancho serait certainement incapable d'un tel geste. L'aurait-il voulu que la configuration du clocher l'en eût empêché... » L'abbé Daumas convainc les représentants de la Résistance de laisser le père Biancho en paix, et ceux de Mgr Rémond de l'éloigner de Nice.

Des femmes sont tondues dans les Alpes-Maritimes, comme ailleurs... Mais à Nice les initiatives des scalpeurs improvisés prennent un aspect d'autant plus lamentable qu'ils veulent s'en prendre aux sœurs italiennes de Sainte-Anne et les promener dans les rues de la ville... dans leur plus simple appareil.

On reproche aux religieuses d'avoir collaboré avec l'occupant italien. C'est un grief grotesque puisqu'elles sont italiennes. Informé par un résistant communiste, l'abbé Daumas intervient et avertit qu'il n'hésitera pas à quitter le C.D.L. si la menace est mise à exécution. Il n'est pas trop de la propre intervention de Mgr Rémond pour éviter le pire ; celui-ci déclarera que les religieuses italiennes quitteront Nice lorsque les conditions de passage à la frontière seront normalisées. Les sœurs resteront donc à Nice, au-delà même des délais prévus.

L'hebdomadaire *L'Ergot*[1] qui s'intitule lui-même un « organe [qui] n'est ni vendu ni à vendre », acquiert une forme de spécialité dans la chasse aux sorcières d'origine transalpine. Et la place très particulière de cette feuille dans la vie politique de la Côte d'Azur durant les mois de l'après-Libération justifie que l'on ouvre une parenthèse sur les origines de sa création.

Les fondateurs et animateurs de *L'Ergot* appartiennent au groupe de résistance André Verdy *alias* Georges Lenoir qui est devenu directeur du journal. Le « groupe Lenoir » dont le noyau a été formé de policiers, et qui assure avoir compté 1 700 membres en 1942, a notamment occupé l'hôtel de ville de Nice le 28 août. Mieux, son fondateur revendique l'appartenance à la Résistance depuis... 1936, probablement en référence aux débuts de la guerre d'Espagne et à la lutte antifasciste.

Quoi qu'il en soit, le groupe Lenoir perpétue son action par le moyen de *L'Ergot* que certains dénoncent comme un organe de « chantage policier », mais qui a le don d'embarrasser les autorités. Son interdiction pure et simple sera demandée par des membres du C.D.L. au printemps 1945. Il est vrai que ces anciens résistants et soi-disant combattants de la liberté témoignent d'une conception de la liberté de la presse dans la plus belle tradition guillotinière. Nous y reviendrons, car après tout les problèmes du droit à l'expression ont leur place dans une histoire de l'épuration sauvage.

L'Ergot gêne. Ses procédés sont dénoncés comme indignes au moment où la presse française se veut neuve, pure, épurée, renouvelée après l'Occupation. *L'Ergot* est-il un cas ? Sans doute. Mais ce n'est pas l'exception si on le compare à d'autres journaux qui – on l'a dit – n'hésitent pas à signaler en toutes lettres et au fil des numéros les suspects qui ont jusqu'alors échappé aux foudres de l'épuration.

---

1. Il n'existe pratiquement plus de collections complètes de ce journal, assez rare dans son genre, et il nous a été dit que certains numéros restants se sont achetés à des prix élevés.

Tous ergots dehors, le journal du groupe Lenoir fond sur les œuvres encore vivantes de l'irrédentisme en terre niçoise. C'est une de ses proies privilégiées. Il publie dans le numéro du 30 octobre la première liste – alphabétique – des membres du Mouvement patriotique italien en vue de la récupération par le fascisme italien de *Nizza Nostra*. Mais l'hebdomadaire juge bon de préciser, après avoir ainsi montré de l'ergot les acteurs de cette conspiration qui tendait à la récupération des dépouilles du « vaincu », et les avoir offerts à l'attention des activistes de la pseudo-Résistance : « *L'Ergot* ayant été l'objet de visites et de propositions intéressées [on devine lesquelles...], de la part de personnes susceptibles de figurer sur la liste ci-contre, nous prévenons ces individus que cette liste a été déposée entre les mains du Comité d'épuration et qu'elle sera publiée *in extenso*... »

La campagne se poursuit de numéro en numéro ; ainsi dans celui du 13 novembre : « Les étrangers reconnus indésirables devront repasser la frontière après l'armistice. *Nous les aiderons* ! » s'exclame le rédacteur anonyme qui a pris soin de souligner la dernière phrase. Et cet avertissement complémentaire : « Parce que son nom avait paru dans *L'Ergot*, un Italien indésirable est allé demander un certificat de civisme. Il a obtenu un billet d'écrou... »

Ces excès de plume dans les colonnes d'un *Ergot* de plus en plus courroucé et qui entretient des passions latentes dans la population, contribuent à la création d'un curieux Comité de défense des intérêts français des classes mobilisables, qui s'oppose au Comité d'action et de défense des immigrés, ou C.A.D.I. Le premier demande, notamment, la « création d'un service du travail obligatoire [!] pour les étrangers inaptes au port d'armes », après l'« incorporation de tous les étrangers mobilisables ».

Nous sommes en mars 1945. Et il y a plus de six mois que Nice a été libérée... Le 26, cet extrait d'un article du journal du groupe Lenoir montre que la vigilance des ultras de la lutte contre les intérêts italiens n'a pas faibli. Du moins l'acharnement des « journalistes-policiers » a-t-il porté ses fruits. On se félicite des résultats obtenus, mais on veut aller plus loin : « Nous apprenons qu'un bataillon volontaire immigré, composé principalement d'Italiens, se bat actuellement sur le front des Alpes. D'autre part, cent ouvriers italiens se mettent bénévolement tous les dimanches à la disposition de la mairie de la ville de Nice pour le déblaiement des quartiers bombardés. C'est bien, mais nous attendons mieux... »

Les événements de ce mois de mars 1945 comblent-ils l'attente des chroniqueurs de *L'Ergot* ? Cela est vraisemblable. En tout cas, il est impossible de les détacher de la campagne de l'hebdomadaire. Celui-ci a semé le vent, il récolte la tempête, bien qu'il ne soit pas le seul à avoir joué les apprentis sorciers. Des bombes éclatent un peu partout dans les Alpes-Maritimes, bombes de l'épuration sauvage à retardement, dans les magasins, boutiques d'alimentation, boulangeries et boucheries, appartenant surtout à des Italiens.

Les attentats ont commencé en décembre 1944. Du 8 février au 23 juin 1945, on en recense plus de quatre-vingts. Pour la seule journée du 8 mars, exactement quatorze. Le 14 février, le coiffeur Franceschini est assassiné rue Aristide-Briand, à Antibes, point chaud de l'épuration sauvage. Arrêté et interné au fort Carré, à la Libération, Franceschini avait été libéré, un mois auparavant.

Les ressortissants italiens tiennent la vedette des séances de la cour de justice, de concert avec les anciens du P.P.F. Il arrive que les juges ne suivent pas les ressentiments populaires et refusent d'avaliser des dénonciations qui avaient conduit des suspects au banc des accusés.

Très révélatrice, cette information du quotidien socialiste *L'Espoir*, le 24 février 1945 : « Marie M. [patronyme en toutes lettres, comme de coutume], épouse B., d'origine italienne, est fleuriste rue Saint-François-de-Paule et a réalisé de bonnes affaires ces dernières années. En période d'occupation, elle aurait, affirme certains concurrents [!], tenu des propos élogieux pour les Italiens. De nombreuses personnes ont témoigné en faveur de l'accusée dont le fils combat dans les rangs de l'armée française. Il semble que l'on se trouve en présence d'une vengeance personnelle et d'une animosité commerciale. C'est ce que font valoir Me Reynier et Me Pecout... La Cour acquitte la prévenue... »

« Vengeance personnelle », « animosité commerciale », tout est dit en peu de mots. C'est le ressort d'innombrables dénonciations, avant et après la Libération.

Le 27 février, trois personnes sont acquittées par la chambre civique après avoir été dénoncées, également par une lettre anonyme... Mais *L'Espoir,* qui publie cette nouvelle, l'accompagne de cette précision pour le moins bizarre : « Accusés d'être communistes, ils se défendent en faisant référence à leur appartenance au S.O.L.... »

Le 1er mars, des hommes armés et masqués se présentent au domicile d'un cultivateur-grossiste, d'origine italienne, M. Charles Calza, à Lingostière. Ils forcent la porte. Alertés, les deux fils de M. Calza se retranchent dans leur chambre et tirent sur les agresseurs. M. Calza est tué. Les hommes en cagoule se retirent. Ils ne seront jamais inquiétés. Comme le coiffeur Franceschini, la victime avait été appréhendée à la Libération, mais on l'avait relâchée, parce qu'on n'avait rien trouvé à lui reprocher.

M.G.H. a plus de chance. Et *L'Espoir* rend compte en ces termes de la méprise qui aurait pu lui coûter cher : « Nous avons dit, avant-hier, que M. Gustave H. avait été arrêté par deux inspecteurs et qu'il était recherché par le Parquet de Lyon. Précisons que M. H. a été relâché et n'est pas inquiété. Il est, en effet, chargé de mission bénévole auprès du ravitaillement et, de plus, il a déclaré que s'il avait appartenu au groupe Collaboration à Lyon, c'est parce qu'il était israélite et avait agi ainsi pour échapper à la Gestapo et être utile à la Résistance. Dont acte... »

Une version quelque peu cousue de fil blanc...

La femme d'un boucher niçois a eu moins de chance... M. S. a appartenu aux groupes d'action du P.P.F. et s'est fait remarquer par son militantisme très actif. Circulant en ville, avec son fils, aux heures interdites par l'occupant, Mme S. a été arrêtée. Ses explications n'ayant pas convaincu les policiers allemands, elle est déportée, en compagnie de son fils. Pour eux deux, la terrible méprise débouche donc dans le drame. Il ne s'achève pas là. Débarquant l'un et l'autre d'un

convoi de déportés, le 5 juin, en gare de Nice, ils sont reconnus... et de nouveau arrêtés, mais par les résistants cette
fois.

L'Ergot poursuit pendant ce temps sa campagne anti-ita-
lienne et s'intéresse, pendant ce mois de juin, aux « cadis-
tes », les adhérents du Comité d'action et de défense des
immigrés, dont nous avons déjà parlé : « Sous cette étiquette, lit-on dans le journal du groupe Lenoir, le complot
contre la France continue à la "maison maudite". On danse
à la *Casa d'Italia* entre maîtres chanteurs, faussaires et rescapés de la 5ᵉ Colonne... »

Ce Comité de défense des immigrés, dans le contexte que
nous connaissons, est une provocation que l'on ne manque
pas de relever. On désigne la *Casa d'Italia* à la fureur de
ceux qui n'ont pas oublié l'Occupation.

Mais la campagne de *L'Ergot* s'est développée depuis des
mois dans d'autres directions, les collaborateurs français
représentant, cela va de soi, un objectif privilégié. L'organe
du groupe Lenoir tiendra ainsi un rôle important dans une
épuration officielle ou parallèle qui, un peu partout en
France, reçoit des renforts journalistiques pour étendre ses
filets. *L'Ergot* est loin d'être un exemple unique. Cela ressort
très clairement de notre enquête. Rares seront les départements qui n'auront pas une feuille spécialisée dans la dénonciation.

Les noms de personnalités ayant peu ou prou collaboré
avec l'ancien régime sont ainsi jetés en pâture. Dans le
numéro du 6 novembre 1944 de *L'Ergot*, c'est celui du maire
de La Trinité-Victor – qui se voit appliquer l'épithète de
« tyrannicide » – et qui « aujourd'hui en fuite », précise le
journal à l'attention de ceux qui pourraient fournir des informations à son sujet, « pendant quatre ans... mena ses administrés à la cravache... ».

L'Ergot tombe volontiers dans le ragot : « M. C. père
accuse un camarade de son fils de délation... » Il importe
peu que l'information ne repose que sur des bases assez fragiles, qu'aucune enquête ne soit ouverte. Le lecteur connaîtra le patronyme de chacun des acteurs de cette affaire, ou

soi-disant telle. Il « saura » que le fils de M. C. avait été dénoncé par un de ses condisciples « de 1ʳᵉ A au lycée de Nice... ». Gaulliste, distributeur de tracts, le jeune résistant avait appartenu aux Corps francs de la Libération et avait été exécuté, avec plusieurs de ses camarades, à Saint-Julien. Mort héroïque, certes, mais où étaient les preuves de la dénonciation ? Pas dans le journal qui lançait l'accusation, assurément.

L'ancien président du Secours national[1] ferait bien de se souvenir de ses antécédents : « En 1940, signale *L'Ergot*, le général G. [nom en toutes lettres, bien entendu] demandait la cour martiale pour les dissidents. En 1944, il préside l'Entraide française de la Libération... » Jurera-t-on qu'il y restera après cette dénonciation ?

Parfois la photographie accompagne le *curriculum vitae* de la personnalité pro-collaborationniste. Toujours dans le numéro du 6 novembre : « Qui nous dira [avis donc aux informateurs...] où se cache aujourd'hui S., chef du service départemental de la Milice française, qui paradait naguère avec tant de superbe ? »

Le numéro du 13 novembre fournit la liste détaillée de tous les membres des « groupes d'action du P.P.F. de Nice et de Cannes », celui du 14 décembre s'en prend au colonel E., « maire de Vence ». Et les tourne-veste ne sont pas oubliés. Certains – on ne le contestera pas à *L'Ergot* – ont fait preuve d'une belle audace en passant brutalement de la collaboration active à la Résistance. Ces transfuges montreront un zèle proportionnel à la gravité de leurs précédents engagements... En tout cas, ce converti de fraîche date aura peu de chances de passer inaperçu après la publication de cette

---

1. Le Secours national avait pris naissance pendant le gouvernement Daladier avec pour mission, au moment où commençait la Seconde Guerre mondiale, de coordonner le financement des œuvres d'entraide officielles. Le gouvernement de Vichy développa son action et il fut incontestablement une œuvre efficace dans le soulagement des épreuves matérielles de la population, tant du fait de la pénurie que des bombardements.

information : « Le P.P.F. Georges G., agent de la Gestapo et faux policier à Nice, était devenu F.F.I. à Cannes... »

Multipliant ses coups de projecteurs dans les sphères de la fausse Résistance, *L'Ergot* trace le portrait précis, selon lui, d'un maître dans l'art de l'escroquerie patriotique : « Héros des deux guerres, prisonnier évadé, fondateur de trois maquis, le capitaine L. organisait des Milices patriotiques [dont il dilapidait les fonds, affirme le journal]. L'on a fini par découvrir que c'était un déserteur, un escroc et un policier de l'organisation... » (24 février 1945). On n'ignore rien, comme à l'accoutumée, du patronyme de l'usurpateur.

Dans quel registre classer cette « nouvelle » en date du 3 mars ? : « Il reste un boche à La Trinité-Victor... C'est le chien du commandant des troupes allemandes qui occupaient la charmante localité de la vallée du Paillon... »

Plus sérieuse, plus grave et plus lourde de conséquences la publication dans le numéro du 26 mars de la « liste d'individus chargés à Nice de retrouver les permissionnaires du Service du travail obligatoire qui, leur congé terminé, n'avaient pas rejoint l'Allemagne... » Et *L'Ergot* annonce : « À suivre... » !

2 juillet 1945, titre : « Comment se fait-il ? », et le texte : « ... que M. R., S.O.L., ancien chef départemental de la Légion, président de la section de Massoins, dont il était maire, enfermé puis relâché après la Libération, soit devenu juge suppléant à la justice de paix de Villars ? »

Il est encore plus scandaleux qu'une personne accusée de collaboration ait retrouvé une activité professionnelle près d'un an après la Libération : « Les services de renseignement [!] du groupe Lenoir communiquent qu'un certain A.P. habitant 12, rue Shakespeare, après avoir été chef du personnel de la Todt, est actuellement directeur du Post-Exchange de la rue de France à Nice... »

On aurait tort d'imaginer que l'agressivité de *L'Ergot* s'émousse avec le temps. Il ne paraît guère de numéro qui ne rappelle le rôle de tel ou tel pendant l'Occupation, où ne soient publiées des listes de suspects que l'on souhaiterait voir la corde au cou ou les menottes aux poignets. Appuyé par une autre feuille locale, *Combat*, dont les articles sont des modèles de xénophobie, le journal du groupe Lenoir use de la méthode de la photographie qu'accompagne un titre accrocheur : « Les reconnaissez-vous ? » Et cela, rappelons-le, un an après la Libération. On connaît désormais les noms des sept cents adhérents du groupe Collaboration. Au cas où l'oubli aurait commencé à faire son œuvre...

Des noms ! Les pages de *L'Ergot* en regorgent, et venant de tous les bords. Des informations comme celle-ci ont leur poids de vérité explosive : « Juré à la Cour de justice, Isabelle C. avait fait assassiner son mari par la Gestapo... » (2 décembre 1945...). Un comble, en effet !

Tel collaborateur connu vient de bénéficier de la clémence d'un des tribunaux de l'épuration. C'en est trop. On mêle le ton badin à l'accusation, et pour réparer cette erreur, on prend le relais de la justice officielle. Le cas est fréquent ; il n'est pas le privilège des Alpes-Maritimes. Ainsi : « Nous avons rencontré, avec le plus grand plaisir, M.H., ex-chef de la propagande de la Milice niçoise qui vient d'être acquitté, sans doute avec les félicitations de la Cour civique. Il semble jouir d'une excellente santé ; nous en sommes heureux pour ses nombreux amis et admirateurs... »

Les hommes, mais également les établissements, lieux de rencontre des ex-collaborateurs. On y ajoute les noms de leurs gérants : « Pendant deux ans repaire de fascistes notoires, la Brasserie G. se trouve actuellement gérée par Henri M., dont on s'étonne que le dossier ait été aisément classé par la Cour de justice... » (9 décembre 1945).

« ... Qu'est devenue Manuela del R., danseuse espagnole, espionne de Franco ? » interroge encore *L'Ergot* du 27 janvier... 1946.

Le 10 mars, il est encore question des « salopards de la semaine », une rubrique parmi d'autres. Car il faut bien soutenir l'ardeur xénophobe du « peuple » au cas où il aurait l'intention de s'endormir.

Mais l'épuration parallèle a connu des rebondissements plus graves. Dans les Alpes-Maritimes, et en dehors des actes que nous avons cités précédemment, des cas exemplaires continueront à émerger au fil du temps. On parlera ouvertement de « disparitions troublantes ». On citera des noms. Et

l'on reviendra sur le fameux hôtel Scribe sans crainte de
parler d'assassinats. À propos par exemple de la mort d'un
membre du P.P.F., M. German. Arrêté, il subit un chantage :
500 000 francs de l'époque contre sa liberté. Refusant le
marché, il est donc interné ; huit jours plus tard, on retrouve
son corps sur la véranda de l'hôtel.

La disparition de M. Luemberger, propriétaire de la
Taverne alsacienne, posera également question. Les investigations conduites au sujet de l'assassinat du propriétaire du
Chic Hôtel, M. Chamard, et d'un de ses clients, M. Sarr,
démontreront l'implication formelle de deux « résistants »
dont les noms seront connus et d'ailleurs publiés. Mais les
recherches seront suspendues.

Treize cadavres sont découverts, au mois de septembre
1944, immergés, un poids noué autour du cou, au large de
la baie de Villefranche. Les indices sont clairs : il s'agit bien
d'exécutions sommaires de collaborateurs. L'enquête s'arrê-
tera là, et le quotidien socialiste *L'Espoir de Nice* en donne
naïvement l'explication dans son numéro du 8 : « Là, *comme
à Nice* [c'est nous qui soulignons] force fut à la police de se
montrer compréhensive. Les plus brillants représentants de
la Résistance opposaient un argument solide à toute interrogation... »

« Argument solide », refus de toute forme d'explication,
les agents de l'épuration sauvage – la « seconde justice »,
comme l'appelle si bien *L'Espoir* – n'ont de comptes à rendre
à personne. Les complices des nazis assassinaient sans vergogne. En vertu de quels principes les jugera-t-on et les
condamnera-t-on si l'on ferme les yeux sur des méthodes qui
s'apparentent à leurs crimes ?

Dans cette conspiration du silence, l'« autorité militaire »
fait figure de gêneuse. Elle entend maintenir le sens de
l'honneur, prend des initiatives de salubrité, rejette la confusion entre épuration et vendetta. De quoi se mêle-t-on au
juste... Elle récolte les preuves, instruit, aussi bien qu'elle
peut. Mais les affaires s'arrêtent en route, ou si peu aboutissent...

Dans quel guêpier l'« autorité militaire » met-elle les pieds
lorsqu'elle décide l'arrestation, au mois de novembre 1944,

du commandant L., le chef de sa propre Sécurité dont les services siègent à la villa Trianon, dans le quartier de Cimiez... Ce qui est reproché au commandant L. est très grave. On l'accuse d'avoir « couvert » des actes de pillage et des exécutions dans le maquis d'Allos, dans les Basses-Alpes. Le 14 août – c'est la veille du débarquement – des paysans découvrent sept cadavres que dissimule à peine une mince couche de terre.

On identifie, dans ce charnier, un jeune Niçois. Il était âgé de vingt et un ans. Il avait voulu, au mois de juillet, rejoindre la Résistance et dans ce but il avait dû obtenir un *ausweis*, un laissez-passer allemand. Il n'a pas cru devoir s'en débarrasser. Traître, espion, imagine-t-on qu'il l'eût conservé ? Il a confiance, il s'explique ; on le voit crier sa bonne foi... Et puis tomber sous des balles françaises, au moment où il venait se battre pour la Libération.

Cet exemple du jeune Niçois conduit à évoquer les exécutions sommaires de résistants par les résistants eux-mêmes. Les motifs de ces « liquidations » intérieures sont le plus souvent obscurs. Rivalités de personnes, certes, guerres de tendances, mais le plus souvent épuration d'éléments catalogués comme peu sûrs, voire accusés de trahison ou de déviationnisme. L'élimination du groupe Méker-Pastor à Marseille a laissé des traces particulièrement spectaculaires.

Plusieurs résistants de Nice et des Alpes-Maritimes seront exécutés par leurs compagnons de lutte. Le fait n'est pas contestable. La difficulté commence lorsque l'on veut passer de l'affirmation générale à l'exemple précis. Dans le cas de Maurice Charton, le doute n'est pas permis.

C'est au mois de septembre 1944 qu'est découvert le corps de Maurice Charton, dans le vallon des Sabattiers, au lieu-dit La Costières. La victime est assez rapidement identifiée. On relève même son adresse précise : 8, rue Gubernatis, à Nice. On reconstitue les étapes de l'existence de Maurice Charton depuis la Seconde Guerre mondiale, on apprend qu'il s'est engagé dans l'aviation en 1939, qu'il a été démobilisé en 1940 et qu'il a rejoint la Résistance en juin 1943. C'est à ce titre qu'il est arrêté par les Italiens, puis interrogé à la villa Lynwood, siège de l'O.V.R.A., dont nous avons déjà parlé. Les interrogatoires sont réputés pour y être musclés.

Les activités de Maurice Charton ont dû se révéler suffisamment dangereuses pour que les autorités italiennes le déportent au camp de Savone, sur le golfe de Gênes. On pense qu'il s'en échappe puisqu'il est de nouveau recherché, par la Gestapo. Rejoignant les Forces françaises de l'intérieur, il sert au 2e Bureau. Il est assassiné par des résistants. Pourquoi ? La réponse est généralement : « Parce qu'il était devenu un témoin gênant... » On ne saura sans doute jamais ce que Maurice Charton avait vu ou entendu qui posât question. Mais quand on se souvient de ce que révélaient les débats du Comité départemental de libération sur les agissements des pillards-profiteurs qui s'étaient signalés dans certains milieux de la pseudo-Résistance, on peut trouver une explication.

Une enquête fut amorcée sur les circonstances de la mort de Maurice Charton. Mais la loi du silence joua à plein, une fois encore : « Les partisans consultés [il faut entendre par "partisans", des "résistants"] se montrèrent d'une discrétion totale... »

Les auteurs de la plupart des exécutions sommaires sont soit inconnus, soit le plus souvent bénéficiaires d'une « discrétion » complice. Retenons quelques cas. Et d'abord, et en raison du caractère atroce de leur mort, celui des époux Baroni, assassinés au mont Boron. Ils sont tués au couteau. Leurs cris ameutent les voisins, qui n'osent se manifester. Le mobile du crime ? On l'ignore.

Pourquoi M. Mahoux, fonctionnaire des P.T.T., a-t-il été, lui aussi, assassiné, à la villa Louisette, avenue Neuscheller ? Pourquoi ? Certainement pas parce qu'il était un « homme de gauche », ni en raison de ses sympathies pour la Résistance à laquelle on affirmera même qu'il avait appartenu... Mais M. Mahoux avait, dira-t-on, des « ennemis ». Il avait reçu des « menaces ». Il exerçait son métier avec rigueur, peut-être avec un excès de sévérité. Cela ne lui sera pas pardonné.

Quatre cadavres sont retrouvés dans une propriété, route de Gairant. Parmi les victimes, un ancien contremaître de l'organisation Todt.

M. Ledoux est assassiné parce qu'il avait travaillé à l'Office de placement allemand. Il aurait certes mieux fait de s'en abstenir, mais cette faute manifeste, devait-il la « payer » de sa vie, et cette mort ne devient-elle pas suspecte lorsqu'on apprend que les hommes qui l'ont tué l'avait auparavant rançonné ?

Jacques Aber-Aber était P.P.F. Son engagement l'exposait au pire. Le pire arrive : on le prend pour cible, il s'effondre. On le transporte à l'hôpital Saint-Roch, avec douze balles dans le corps. C'est un sportif, il résiste à la mort. Mais on vient l'achever, d'une balle dans la tête, sur son lit de blessé et en présence de sa fiancée. Ce n'est pas, hélas, l'exception.

Quant aux attentats au plastic, on commence, au cours de l'été 1945, à en savoir davantage sur leurs auteurs. Le choix des victimes – italiennes en grande majorité – orientait les recherches du côté du groupe Lenoir, en partant de ce principe qu'« on ne prête qu'aux riches » et que les animateurs de *L'Ergot* étaient tout désignés pour porter la responsabilité d'expéditions punitives contre une communauté régulièrement clouée au pilori.

Or la piste semble fausse. Les démentis de *L'Ergot* sont formels. Ces cris d'indignation ne font pas preuve, ce qui n'empêche que l'on revient aux « manipulateurs » de l'hôtel Scribe : « ... policiers auxiliaires, précise le journal, individus tarés, interlopes, besogneux [?], aventuriers sans scrupule, qui, le jour de la Libération, prirent à leur compte les basses méthodes de la Gestapo pour entreprendre l'épuration à leur façon, que ces hommes de sac et de corde aient pu impunément faire partie de la police d'épuration du C.D.L.... qu'ils aient transformé l'hôtel Scribe en succursale de la villa Lynwood, de l'hôtel Hermitage ou de la villa Trianon[1], qu'ils aient installé une vaste officine de chantage, voilà qui dépasse l'entendement... ».

Les arrestations se multiplient effectivement pendant tout le mois de juin. Un gang spécialisé dans l'épuration sauvage accompagnée de demandes de rançons est découvert. Parmi ces maîtres chanteurs, un ancien « inspecteur » de la Brigade

---

1. La villa Trianon est également l'un des sièges de la Gestapo.

d'épuration de l'hôtel Scribe, domicilié 19, rue Neuve, dont l'un des complices avait obtenu d'être versé... dans la police officielle.

D'autres indices font réfléchir. En juin 1945, André B., revendeur au marché de Nice, est tué par la bombe qu'il allait déposer. Or, André B. est connu pour son appartenance aux F.T.P.

La mort de cet artificier pour le moins malchanceux avait eu un précédent à Nice, le 14 août 1941. Mais ce jour-là les trois victimes de leur propre manipulation étaient des activistes d'extrême droite qui s'apprêtaient à commettre un nouvel attentat après avoir participé à l'assassinat de Marx Dormoy, ancien ministre de l'Intérieur du gouvernement de Front populaire, le 25 juillet précédent, à Montélimar.

Dans le courant du mois de juin 1945, sont découverts les cadavres de trois miliciens dans un chemin muletier de la forêt de Turini. L'enquête menée par la Sécurité militaire permet de reconstituer les circonstances de cette triple exécution. D'abord repliés en Allemagne, les miliciens ont gagné l'Italie où ils ont été capturés par des partisans, près de Turin. Ces derniers les remettent à la délégation française de Savone. Selon une version légèrement différente, c'est de leur propre gré que les trois miliciens se présentent aux autorités françaises.

Toujours est-il que, pris en charge par le « lieutenant » H. et deux autres « officiers » français, ils sont conduits à San Remo qu'ils quittent le 5 juin dans la nuit, à bord de deux voitures. Le convoi s'engage dans le massif montagneux. Là, les trois hommes – auxquels on aurait joint un autre collaborateur, au départ de San Remo – sont extraits des véhicules et abattus à la mitraillette. L'exécution sommaire se double d'un crime crapuleux. Car les trois miliciens transportaient avec eux une somme de dix millions qu'ils ramenaient de leur exil. La Sécurité militaire de Nice poursuivant ses investigations s'aperçoit que le « lieutenant » H. était un ancien membre des groupes d'action du P.P.F., condamné par contumace, et qui avait repris du service... dans le camp adverse.

Au mois d'août 1945, la rubrique « Épuration » tient toujours la vedette dans la presse. La « traque » des collaborateurs continue. Dans son numéro du 8, *L'Espoir* rappelle aux bons citoyens leurs obligations : « Que tous ceux qui sont susceptibles de fournir des renseignements ou de faire des déclarations sur les fascistes, miliciens et agents de la Gestapo, lit-on dans les colonnes du quotidien, s'adressent au service que le Mouvement de libération nationale vient d'ouvrir, 14, boulevard Mac-Mahon à Nice – "La Résistance au service de la Justice". »

De toute manière, un certain nombre de collaborateurs parmi les plus criminels ont déjà rendu des comptes. Nice, surtout, en raison du drame de l'arrestation et de la déportation des Juifs, mais également d'autres grandes villes de la Côte d'Azur, ont connu et enduré les sinistres figures des délateurs et des tortionnaires liés à la Gestapo.

Le tribunal militaire, siégeant le 25 septembre, a condamné à mort César Fiorucci accusé de complicité d'assassinat des deux résistants Grassi et Torrin. Aucun avocat n'a accepté de défendre Fiorucci et le bâtonnier, Me Brès, a dû se désigner lui-même. Le condamné est fusillé, le 27 septembre, sur la Promenade des Anglais, par un peloton de F.F.I. Il y a foule pour assister à l'exécution. La foule est toujours là, curieuse et excitée, participant activement à ces vêpres sanglantes.

C'est également Rose Duclos, la « donneuse », « terreur du quartier de la Buffa », condamnée à mort le 7 novembre par la cour de justice, de Richard Held, le « gestapiste » de l'hôtel Montfleury de Cannes, condamné le 22 mars, exécuté le 19 avril.

Certains meurent avec cran, imitant le geste des résistants qui refusaient de tomber sous les balles les yeux bandés, telle Yvonne Davaine. Jeune et jolie, elle s'est avancée sans broncher vers le peloton d'exécution. À sa droite, l'aumônier qui l'assiste ; son époux est là qui l'étreint et elle déclare avant la salve finale :

« Cela me fait plaisir de voir la nouvelle armée française avant de partir pour l'autre monde... »

Interminable est la liste des fourriers de la terreur nazie. Ils défilent au long des jours sur l'avant-scène d'une actualité qui n'en finit pas de se nourrir de la guerre. Astres noirs de la période maudite, leurs noms et leurs activités sont une révélation pour ceux qui ignoraient les drames qui s'étaient noués dans l'ombre.

L'arrestation d'une Alice Mackert, au mois de décembre 1945, fait grand bruit. Elle était connue pour sa rare élégance... et sa férocité. La « grande Alice », « Alice la blonde », dite encore la « Panthère rouge », le « bourreau féminin de l'hôtel Hermitage », siège de la Gestapo, rejoint dans les geôles de la Libération son âme damnée, le « fameux » sergent Schultz.

La cour de justice avait clos ses audiences le 31 juillet précédent. Elle avait prononcé vingt-deux condamnations à mort. Six condamnés avaient été exécutés. Le chiffre n'était pas en soi considérable et on reprochera à cette juridiction, dans certains milieux de la Résistance, d'avoir manifesté trop d'indulgence, d'avoir escamoté certaines affaires et de s'être prêtée à des jugements à huis clos, notamment à la demande de l'autorité militaire. Mais ce que la cour avait négligé, d'autres s'en occupèrent. Des dizaines et des dizaines de personnes – pas loin d'une centaine, pour le moins – tombèrent sous les balles de justiciers anonymes couverts par l'impunité.

L'une des exécutions les plus spectaculaires se produit le 8 octobre 1946, plus de deux ans après la Libération. On relève peu de cas, dans la France entière, d'une exécution sommaire accomplie si longtemps après le rétablissement d'une justice sereine.

La personnalité visée et abattue est, il est vrai, de tout premier plan. Son nom est associé à la plus impitoyable répression pendant les derniers mois de l'Occupation. Il s'agit du docteur Meysenc, « l'homme à la cravache ». Ainsi le nomme-t-on dans la presse de la Libération. Il a succédé au docteur Tourton à la tête de la Fédération départementale du P.P.F. après l'assassinat de ce dernier, dans des circonstances que nous avons évoquées. Meysenc était jusqu'alors en poste, avec des responsabilités équivalentes,

en Seine-et-Marne, et c'est à la demande des hautes instances du P.P.F. qu'il avait été affecté à Nice.

Au moment du débarquement, le docteur Meysenc se
réfugie en Italie, puis en Allemagne où il est arrêté. On le
transfère à Nice. Il comparaît le 25 juin 1946 devant la quatrième section de la cour de justice qui le condamne à mort.
Cependant, il bénéficie d'une mesure de grâce. Sa peine est
commuée en travaux forcés à perpétuité. Cette mesure s'explique en partie par la date tardive de la comparution et de
la condamnation. On jugera plus sereinement lorsque les
événements auront commencé à s'estomper dans le souvenir.

Meysenc doit être transféré de Nice à Marseille, le 21 septembre 1946, pour des raisons de sécurité, et sans doute
parce que la police a été informée des intentions de certains
groupes de résistants qui, eux, n'ont pas oublié. Au jour dit,
à l'aube, il est conduit à la gare de Nice, en voiture. Il est
accompagné de deux gendarmes chargés de le conduire à
destination. Les trois hommes s'installent dans le train, voiture 19, compartiment 9. Il est environ 6 heures lorsque
trois hommes surgissent dans le compartiment et tirent à la
mitraillette, presque à bout portant, sur Meysenc. Celui-ci
est atteint au thorax, à la cuisse droite et à la main gauche.
L'un des gendarmes est blessé. Les agresseurs disparaissent.
On dispose de leur signalement. Il suffirait pour les appréhender de le vouloir. On ne le voudra pas.

L'ancien chef du P.P.F. a été admis dans le pavillon des
détenus de l'hôpital Pasteur. L'agression fait la une de tous
les journaux. La manière dont l'attentat est présenté et les
commentaires augurent mal de l'avenir du docteur Meysenc.
« Trois hommes, ce matin, titre par exemple *L'Espoir*, ont agi
au nom de la Justice et de toute la Résistance, contre un
assassin. Ils avaient le droit pour eux... » Et pour être plus
précis, plus loin : « Le traître n'est que blessé, mais tôt ou
tard il devra payer... »

C'est effectivement ce qui va se passer. Les vœux des résistants dont la colère est invoquée seront plus tôt que tard
exaucés. À l'hôpital Pasteur, cependant, toutes les mesures
ont été prises pour mettre Meysenc à l'abri de ses justiciers.

Une dizaine de policiers montent la garde jour et nuit à l'extérieur et à l'intérieur du pavillon des détenus. Jusqu'à cette nuit du 8 octobre...

Tout a été soigneusement organisé. À 1 h 45, deux hommes masqués se présentent au standard téléphonique et, braquant leurs armes en direction de la préposée, arrachent les fiches. Pendant ce temps, une vingtaine d'hommes, un commando très important donc, se précipitent par le tunnel en direction du pavillon. Deux gardiens sont maîtrisés. Le commando monte au deuxième étage, où se trouve le lit du docteur Meysenc. Le brigadier et les six policiers de garde réussissent à se barricader, fermant les issues et prêts – on le suppose – à répliquer.

Les agresseurs essaient la persuasion :

— Vous êtes français et patriotes, crient-ils aux hommes de l'ordre, ouvrez, au nom de la Résistance !

Comme la réponse tarde, ils se font menaçants :

— Ouvrez, ou nous tirons !

Pas de réponse... La porte est enfoncée, les gardiens bousculés, les résistants font irruption dans la chambre de Meysenc. Il s'est dressé sur son lit, avant qu'on ne l'empoigne, et qu'on ne lui assène des coups de crosse et de nerf de bœuf. Mais le docteur Meysenc, que ses agresseurs cherchent apparemment à enlever pour l'exécuter dans un lieu public et symbolique, peut-être devant le monument aux morts de la Résistance, hurle, frappe, se débat comme un beau diable, de toutes ses forces de colosse. Les résistants décident alors de l'abattre sur-le-champ. Son corps percé de balles sera transporté à la morgue.

Il était trop tard lorsque les gardiens se sont décidés à intervenir. Les auteurs de l'agression s'étaient enfuis dans quatre voitures après avoir tiré une rafale de mitraillette. Ils ne seront pas inquiétés. La justice parallèle s'était une fois encore manifestée contre la justice officielle et en dépit de l'exercice du droit de grâce.

Dans le domaine purement judiciaire sont signalées d'étranges « habitudes »... Indiscutablement, les choses ont parfois tendance à s'embrouiller et les dossiers... à disparaître. L'accusation est lancée par *L'Ergot* qui n'est guère démenti sur ce point. On se refuse à parler de corruption, on retiendra plutôt l'hypothèse de complaisances calculées. D'anciens collaborateurs acquièrent auprès de *certains* « résistants », et au prix fort, des certificats de patriotisme qui leur vaudront l'indulgence des tribunaux.

Que dire de cette étrange inégalité entre un « épuré » démuni de moyens, et celui dont l'aisance financière et les générosités sont des clefs pour l'impunité ? Charles Andrieu (de la C.G.T.) et un abbé Daumas, l'un et l'autre membres du C.D.L., n'hésitent pas à mettre « les pieds dans le plat ».

Rappelons, à l'intention de ceux qui taxeraient l'abbé Daumas de partialité, qu'il fut, au sein du Comité départemental de libération, l'un des plus ardents partisans d'une épuration économique qui ne devait rien moins qu'organiser la mise sous séquestre de la Compagnie des Eaux, des Pompes funèbres, des établissements Michel, des transports en commun et de la Société des grands magasins des Alpes-Maritimes. Vaste programme, velléités d'anciens résistants qui avaient projeté dans le réel de l'après-guerre leurs rêves d'une révolution économique et sociale.

« Très peu de temps après la Libération, déclare l'abbé Daumas, un comité fut constitué pour distribuer des fonds importants aux victimes de l'Occupation. Mgr Rémond, invité à en faire partie ainsi qu'un pasteur, me demanda de siéger à sa place. Ne comprenant pas la facilité avec laquelle certaines personnes exprimaient tant de générosité, je posai une question : "Pourquoi et dans quelles conditions M. X... ou M. Y..., gros industriels, commerçants ou industriels qui, je le sais, ont travaillé grâce aux Allemands, donnent-ils tout à coup si volontiers pour la Résistance dont ils étaient loin de partager les buts ?"

« Ce fut la stupeur [stupeur de l'assistance à ce comité]. J'ajoutai : "Ces dons qui ne sauraient être que spontanés, n'est-il pas vrai, les mettent-ils miraculeusement à l'abri de l'épuration ?" On me répondit en peu de mots avec fureur et une visible mauvaise foi. Je ne retournai plus aux réunions. Quelques jours plus tard, j'appris par un ami policier que l'on quêtait pour les œuvres de l'abbé Daumas. C'étaient les

274 L'ÉPURATION SAUVAGE

mêmes hommes. Je fis alors paraître dans tous les journaux en caractères gras un article pour prévenir les lecteurs de l'imposture. Cette mise au point permit l'arrestation du responsable de cet étrange réseau. »

Les mises au point de l'abbé Daumas lui valent de sérieux embarras :

« Des personnes, et non des moindres, précise-t-il, me reprochèrent d'avoir mis en difficulté un homme irréprochable. Le pasteur et l'évêque me firent des remontrances. Après un mois de prison, le responsable fut relâché. Il était puissant. Il vint à mon bureau de l'ex-Bourse du travail. Il me mit en joue, et moi de lui répondre : "Je ne suis pas armé... Vous ne craignez rien, accordez-moi le temps de vous dire simplement que je vous attendais. Deux collègues du C.D.L., Collignon et Lauron, sont au courant. On va trouver mon cadavre dans mon bureau, mais vous serez rapidement arrêté." En fait, je n'avais averti personne, mais je fus sauvé... »

Il y a incontestablement des relents d'épuration sauvage sur le terrain de la presse. Et pas seulement contre la presse de la collaboration. Si les trois journaux autorisés à paraître – *Le Cri*, *Le Patriote* et *Combat* (le parti communiste et le Front national contrôlent les deux premiers) – s'impriment désormais sur les presses du *Petit Niçois* et de *L'Éclaireur*, une censure évidente s'exerce contre les projets de publication d'organes pourtant peu suspects. Une levée de boucliers accueille les socialistes des Alpes-Maritimes et leur leader, l'avocat Jacques Cotta, lorsqu'ils émettent la « prétention » de disposer d'un quotidien, *L'Espoir*.

Une motion votée par le Comité départemental de libération, le 6 septembre 1944, invoque un argument cousu de fil blanc : « Le C.D.L. exprime le vœu que le Comité régional de la presse n'autorise pas à paraître ce journal *clandestin* [c'est nous qui soulignons] dans ce département où il a été établi par le C.D.L. qu'il n'a pas été imprimé et ronéotypé... » Mais où *L'Espoir* pourrait-il se faire imprimer si les presses confisquées sont réservées aux journaux du parti communiste et du Front national ?

Les socialistes finissent par obtenir l'autorisation de parution, mais cette décision déclenche un tollé. La majorité du C.D.L. s'indigne et demande une annulation. *L'Espoir* est à peine mis en vente que l'on exige sa suspension. Jetant le poids de son autorité et de sa force de conviction dans la balance, le préfet Escande réussit à calmer les passions inquisitoriales des nouveaux censeurs. Et le C.D.L. finit par s'incliner, le 15 septembre. La majorité a cependant été très courte : neuf voix pour la parution, contre sept et deux abstentions.

L'obstruction continue, à la fin de l'année 1944, contre la parution d'un quotidien paraissant à Cannes, *L'Avenir*, puis au début de 1945 contre *La Liberté*, d'inspiration démocrate-chrétienne. *L'Avenir* qui a reçu l'autorisation du ministère de l'Information est contesté par la commission de la presse du C.D.L. Mais c'est à propos de *La Liberté* que se produit la plus spectaculaire empoignade. Elle mérite d'être contée parce qu'elle est très significative de l'atmosphère de l'époque. Elle n'est pas, dans ce sens, éloignée de notre sujet.

Dans la perspective de la parution du nouveau quotidien, l'abbé Daumas s'est rendu à Paris où il a obtenu de Pierre-Henri Teitgen, ministre de l'Information, démocrate-chrétien lui-même, M.R.P., le feu vert. Un accord qui comble les vœux de l'évêque, Mgr Rémond.

Mgr Rémond et l'abbé Daumas se tromperaient gravement s'ils s'imaginaient que la caution du ministre se révélait suffisante à assurer la parution de *La Liberté*. L'opposition est immédiatement organisée, des objections techniques avancées, auxquelles personne ne croit, des incidents éclatent au moment de la sortie du quotidien. Auparavant, Pierre-Henri Teitgen n'a pas hésité à venir à Nice en personne, le 9 février 1945, pour tenter de régler le différend et de désarmer les objections des membres du C.D.L. les plus hostiles à *La Liberté*.

Mais laissons à un témoignage, celui de M. Ralph Schorr[1], le soin de mettre les choses au clair. Il est très instructif

---

1. Dans son ouvrage, *Monseigneur Paul Rémond*, Nice, Serre, 1984.

sur les méthodes des activistes d'une épuration parallèle qui prend pour cibles des hommes dont le passé est irréprochable selon les critères retenus au lendemain de la Libération : « En sa présence [celle du ministre] les représentants de la Résistance chrétienne, chapitrés la veille par Mgr Rémond, formulèrent leur requête. Les journalistes de gauche, surtout les communistes, contre-attaquèrent violemment, mirent en cause les antécédents patriotiques des chrétiens et les accusèrent d'avoir pour objectif de tuer les journaux authentiquement résistants. Les communistes, croyant que l'abbé Daumas était de leur côté, lui demandèrent de confirmer que la parution d'une feuille d'inspiration catholique était impossible. Mais l'abbé, choqué de ce que l'honorabilité de ses camarades eût été contestée, soutint leur demande et menaça de démissionner du Front national dont il était le président. En définitive, le ministre de l'Information, peu impressionné par ces querelles, prêcha la réconciliation et maintint l'autorisation de parution accordée aux amis de l'évêque. »

L'abbé Daumas et ses amis ne manqueront pas d'être édifiés sur les résultats d'une politique de la « main tendue » à l'égard des communistes et de leurs alliés. Ces derniers tentent, par la force, d'empêcher la parution du premier numéro de La Liberté. À tel point que les représentants chrétiens au sein du C.D.L. menacent de ne plus siéger si l'ostracisme est maintenu à l'égard d'un journal dont le titre revendique un droit des plus élémentaires à l'expression, dans le respect des valeurs qui ont justifié les combats et les sacrifices de la Résistance. Une intervention d'un délégué de Pierre-Henri Teitgen finira, au prix de laborieuses tractations, par aplanir les difficultés.

Épuration complémentaire également dans le domaine de la représentation politique. Les victimes désignées sont cette fois des personnalités réputées pour leurs sympathies vichyssoises, mais sur lesquelles ne pèse aucune accusation grave. Quand on y regarde de plus près, on s'aperçoit que le but recherché est surtout de régler des comptes anciens, datant de la IIIᵉ République, notamment avec Jean Médecin. Dans ce cas précis, les arguments de collaboration tombent complètement à plat, puisque le sénateur-maire a été destitué à la demande des Italiens, puis arrêté... Un certificat de patriotisme que pourraient lui envier ses adversaires.

L'offensive est lancée au C.D.L. lorsqu'il s'agit de se prononcer sur l'éligibilité des candidats au Conseil général : vingt-trois anciens conseillers de l'ancienne assemblée départementale sur trente sont disqualifiés, dont Léon Baréty et Jean Médecin. Examiné en janvier, le cas Médecin fait l'objet d'un vote qui donne neuf voix contre la réhabilitation, quatre abstentions et quatre voix favorables, dont celle de l'abbé Daumas. Le ministère de l'Intérieur lève la déchéance au mois de mars. Ce qui provoque une motion de protestation du C.D.L. sur proposition du communiste Laurent Spinelli :

« Le C.D.L. considérant, d'une part que l'attitude antisociale de M. Jean Médecin avant la guerre, sa soumission aux trusts ont conduit à une corruption électorale dont les Alpes-Maritimes ont particulièrement souffert ;

« Considérant, d'autre part, sa collusion avec le P.P.F. de 1936, l'intrusion dans les services municipaux des principaux responsables de ce groupement antinational dont la malfaisance a duré toute la guerre ;

« Considérant enfin que son vote donnant les pleins pouvoirs au maréchal Pétain a conduit notre pays au déshonneur et à la ruine, demande le maintien de sa déchéance en tant que conseiller général, ses titres de résistant n'étant pas suffisants pour motiver une réhabilitation ;

« Le C.D.L. proteste énergiquement contre la décision de M. le ministre de l'Intérieur et lui demande d'abroger la décision prise contrairement à son avis. »

Non seulement la protestation restait sans écho, mais Jean Médecin recueillait 15 419 voix aux élections municipales du 29 avril (1945)... sans avoir été candidat. La liste républicaine et socialiste de la Résistance l'emportait au second tour et Jacques Cotta était élu maire de Nice. Brève victoire... Le 30 septembre, Médecin était élu conseiller général dans le quatrième canton. C'était le signal d'un irrésistible retour au premier plan de la vie politique niçoise. Le mois suivant, il emportait un siège de député et développait son influence au fur et à mesure des innombrables consultations : deux sièges pour sa liste aux législatives du 2 juin 1946, trois le 10 novembre (il n'y a plus désormais de député socialiste). Jacques Cotta est battu au Conseil de la République, le 8 décembre, puis laisse la place à Jean Médecin à la tête de la municipalité, en octobre 1947.

Lorsque le général de Gaulle vint dans la capitale de la Côte d'Azur, quelque temps après, dans le cadre de sa campagne en faveur du Rassemblement du peuple français qu'il avait créé, un homme se détachait à ses côtés sur le podium. Il s'agissait du nouveau maire de Nice, et il s'appelait Jean Médecin. Le 9 avril 1945, le général de Gaulle avait fait à Nice une première visite, officielle celle-là. Le premier personnage en titre de la cité, président de la Délégation spéciale, s'appelait Virgile Barel, tête de file du parti communiste. Les temps avaient bien changé [1] !

---

1. On n'hésita pas, alors, à représenter le général de Gaulle, par des affiches collées sur les murs de Nice, le front barré d'une mèche à la Adolf Hitler... Les temps avaient bien changé, en effet !

6.

LES BRIGADES INFERNALES
DE L'ARDÈCHE

Le commissaire de la République Yves Farge, dont l'auto-rité s'étend à huit départements[1], est la personnalité domi-nante de la région Rhône-Alpes pour la période de la Libération et de l'épuration. Comme beaucoup de ses col-lègues, Yves Farge émerge de l'obscurité à la faveur des combats de l'ombre. Originaire de Salon-de-Provence, il a du Méridional la vivacité et l'exubérance. Fils d'un expert-comptable qui deviendra professeur, il délaisse les études après la première partie du baccalauréat, et faute d'avoir pu s'engager pendant la Première Guerre mondiale obtient de servir comme aide-infirmier. Il s'inscrit ensuite aux cours des Beaux-Arts, milite dans les Jeunesses socialistes de Mar-seille, part au Maroc, tâte du commerce comme représen-tant, au prix d'un certain nombre de déboires. Après de brèves collaborations dans la presse du protectorat, il regagne la France, s'installe à Paris, signe dans *Monde* d'Henri Barbusse, puis dans *La Lumière*, gagne Grenoble où il devient rédacteur en chef de *La Dépêche dauphinoise*. On le retrouve au *Progrès de Lyon* à la veille de la guerre. Et de là, très rapidement dans la Résistance. Chez lui, dans son bureau du *Progrès*, se rencontrent des personnalités aussi

---

1. Soit le Rhône, la Loire, l'Ardèche, la Drôme, l'Isère, la Savoie, la Haute-Savoie et l'Ain.

diverses qu'un Georges Valois et un Georges Marrane, un Emmanuel d'Astier de La Vigerie et un Georges Bidault... Clandestin, il adhère à Franc-Tireur, rejoint le Front national, publie *Le Père Duchesne* [1].

Mais c'est à la tête du Comité d'action contre la déportation (C.A.D.), créé en juillet 1943, que le futur commissaire de la République donne sa pleine mesure. Dans la France entière, le Comité qui, selon Yves Farge, fonctionnera bientôt « comme un véritable ministère », soutient les réfractaires au Service du travail obligatoire et aux réquisitions allemandes de main-d'œuvre. En avril 1944, Michel Debré lui remet, à Paris, la note qui le consacre commissaire de la République. Ses fonctions commencent à Lyon dans la clandestinité. Au centre d'un vaste dispositif régional, il noue les fils qui le raccorderont aux chefs de la Résistance, enquête et voyage dans des zones en pleine insurrection, suit la création des comités départementaux de libération, nomme les préfets... et jette les bases de l'épuration.

Du côté des C.D.L., le travail d'harmonisation est immense. Ces petites républiques dans un État en plein devenir fonctionnent de façon autonome, non sans heurts avec le pouvoir central et ses représentants. Quant à l'épuration, chacun pour soi y pourvoit. Rien ne s'oppose, en principe, aux abus. Et ce n'est pas le commissaire de la République qui y peut quelque chose. À Lyon même, où s'exercera l'essentiel de son autorité, il sera interpellé par des hommes en armes alors qu'il s'interposait pour dégager des passants menacés et échappera probablement à un mauvais sort grâce à l'intervention d'un témoin de la scène qui l'avait heureusement reconnu... Un incident de cette taille résume l'ensemble de la situation.

Depuis le XVIᵉ siècle, l'histoire de l'Ardèche et de l'ancien Vivarais se résume en une longue série de guerres ou d'affrontements fratricides, dont l'Occupation et la période de la Libération semblent enfin marquer l'épilogue. Étudiant les

---

1. Nouvelle réincarnation, après la révolution de 1848 et la Commune de 1871, du journal de Jacques Hébert.

courants politiques du département pendant la IIIe République, André Siegfried écrivait qu'il « y a peu de régions de France où l'on vive autant dans un lointain passé » et soulignait l'importance du « facteur religieux » et de l'opposition entre les communautés catholique et protestante pour expliquer les luttes idéologiques et leur permanence.

De 1940 à 1944, le « religieux » s'efface derrière le « politique », mais on décèle la persistance d'un antagonisme qui, canalisé par des institutions fort vulnérables et fragiles de la IIIe République, éclate comme un volcan assoupi lorsque les circonstances ouvrent aux passions la voie d'un nouveau déferlement.

À l'exemple de l'ensemble des départements de la zone Sud, l'invasion des troupes allemandes, le 11 novembre 1942, bouleverse un paysage politique dominé par l'autorité pratiquement sans partage du maréchal Pétain et de son régime. Le succès de la Légion des combattants s'était expliqué dans une large mesure par le rôle dirigeant de Xavier Vallat, ancien député du département, à l'échelon national, mais on avait observé une désaffection sensible lors de la création du S.O.L.

Le 30 mars 1943 a lieu à Privas une réunion pour la création de la Milice française. La forte influence traditionaliste dans les cantons catholiques sert de contrepoids à un engagement de type fasciste avec son cortège de violences et d'exactions. Aussi le S.O.L. n'adopte-t-il qu'avec beaucoup de réticences l'évolution qui se dessine et se montre-t-il très proche de la position d'un François Valentin qui n'a pas voulu suivre Joseph Darnand et n'hésitera pas à rejoindre le général de Gaulle. De nombreuses démissions du S.O.L. sont enregistrées lorsque le mouvement est officiellement appelé à se transformer et à s'effacer en faveur de la Milice. L'implantation des cohortes de Darnand, comme d'ailleurs du P.P.F. de Doriot, sera beaucoup plus solide dans le sud du département, là où la confrontation avec la Résistance sera la plus rude et où la droite de tradition est la plus faible. C'est un fait qu'il n'était pas inutile de noter et qui peut être étendu à d'autres régions.

Le S.O.L. en tant que tel ne disparaîtra pas de sitôt et continuera pendant plusieurs mois à se manifester de façon autonome. À sa tête un héros des deux guerres mondiales, le commandant Édouard de La Roque dont nous retracerons la mort inique, victime « exemplaire » de l'épuration sauvage et qui, quoi qu'on en ait dit, ou laissé entendre, car il est toujours plus facile d'insinuer que d'apporter des preuves pour essayer d'atténuer des responsabilités criminelles, n'a pas appartenu à la Milice.

Le baron Édouard de La Roque est l'héritier d'une famille très connue du nord de l'Ardèche. Propriétaire terrien, il vit avec les siens – il aura huit enfants – dans un château à l'allure puissante et austère dont la terrasse domine, d'une hauteur de quatre cents mètres, la vallée du Rhône. On peut y apercevoir, par beau temps, les premiers contreforts du Dauphiné et les Alpes.

Édouard de La Roque a quarante-trois ans en 1940. C'est un ancien élève du collège de la Visitation, à Monaco, puis des Jésuites de Bollengo, à Ivrea, ville italienne de la région d'Aoste. Lorsque la guerre éclate, en 1914, il prépare l'entrée à Saint-Cyr à Sainte-Geneviève, la célèbre école des Jésuites de Versailles où passeront tant de futurs grands noms de l'armée française. En janvier 1916, il est mobilisé et se couvre de gloire. Il sert ensuite dans l'armée du Levant, puis au Maroc lors de l'insurrection d'Abd el-Krim. Capitaine en 1928, il est affecté dans les Alpes et est chargé, lors de la mobilisation de 1939, de transformer un bataillon de réservistes, le 14e B.C.A., peu de temps avant la constitution de la brigade de Haute-Montagne. En janvier 1940, le colonel Béthouart, qui s'est imposé par sa connaissance de la guerre en montagne et qui est connu pour son expérience des pays scandinaves, est rappelé de son commandement de la 5e demi-brigade de chasseurs dans le Nord-Est pour organiser une brigade d'intervention en Finlande[1]. Le 14e

---

1. Attaquée le 30 novembre 1939 par l'U.R.S.S., sans déclaration de guerre, la Finlande du maréchal Mannerheim opposa, pendant trois mois, une résistance héroïque aux troupes soviétiques. La Finlande fut abandonnée à son sort, son gouvernement n'ayant pu obtenir... que l'exclusion de l'U.R.S.S. de la Société des Nations.

du commandant de La Roque – qui a réussi à faire une troupe d'élite de ces réservistes – y est intégré. La préparation de l'opération finlandaise est menée dans le plus grand secret mais la cessation des hostilités entre les Russes et les troupes du maréchal Mannerheim, le 13 mars, met un terme au projet.

La 27ᵉ demi-brigade de Béthouart aura une autre opportunité de servir. C'est elle qui réussit l'exploit de Narvik, au prix de combats très difficiles dans les glaces, en interdisant aux Allemands la disposition du minerai de fer suédois. Le commandant de La Roque et ses hommes y tiennent les premiers rôles. Les revers sur le front français obligent cependant la 27ᵉ demi-brigade à « décrocher » après avoir remporté la seule vraie victoire de la campagne 1939-1940.

Ce qu'écrit alors le commandant de La Roque à son épouse est très éclairant sur son état d'esprit et mérite d'être médité en raison des événements qui s'annoncent : « On se battra partout où il le faudra, dans le Massif central au besoin. La déclaration de guerre italienne m'a porté un coup... Ils auront des surprises dès qu'on aura le temps de s'occuper d'eux... »

Cette lettre date du 12 juin ; le 14, les troupes allemandes ont fait leur entrée dans Paris... Les combattants de Narvik débarquent à Brest. C'est ensuite, pour le commandant et ses hommes, le repli dans le Sud-Ouest d'où Mme de La Roque reçoit ce nouveau message envoyé le 21 : « [...]. Tout notre voyage retour de Norvège s'est passé, enragés de ne pouvoir rien faire, à mesurer l'étendue de la catastrophe. Je n'oserai plus me présenter devant mes enfants. Quel héritage ! De retour en Bretagne, deux mois après en être partis, après un court séjour en Angleterre, *que n'y sommes-nous restés* [1] ! J'ai l'impression que nous y aurions rendu plus de services encore, bataillon encore organisé. Depuis, j'ai connu les heures les plus pénibles du combat rompu sans rien faire devant un ennemi qu'on a ordre de ne pas arrêter... Finalement, pour éviter ma capitulation à Brest, j'ai sauvé ce que j'ai pu du bataillon en petites barques de pêche et, après

---

1. Souligné par l'auteur.

deux jours de navigation, de Concarneau à la Gironde, j'ai abouti par ici [à Pau] *avec l'intention de remettre ça en Afrique ou en Angleterre*[1]. Je te raconterai un jour, j'espère, cette odyssée, où j'ai perdu les trois quarts d'une belle unité et de mes moyens. Je cherche mon devoir. Si j'étais seul et non chargé de corps, je partirais continuer en Angleterre. »

Cette lettre, nous le disions, date du 21 juin 1940. Replié à Brest, avec ce qui reste de son unité, le commandant de La Roque, qui s'est illustré avec elle en Norvège, est stupéfait de constater l'esprit de capitulation qui s'est emparé de l'armée française. Il a réussi, en utilisant des moyens exceptionnels, à sauver ce qu'il a pu du « 14e » dans l'espoir de pouvoir continuer le combat. Il reconstitue alors, selon ses propres termes, « un bataillon de fortune ». Il envisage, trois jours après l'appel du 18 juin – mais l'a-t-il entendu, ou n'obéit-il qu'à ses propres réflexes ? – de gagner l'Angleterre. Seule une poignée de Français s'y résolvent. Une infime minorité, où l'on retrouve bien peu de ceux qui parleront, plus tard et bien haut, au nom de la Résistance.

En ce moment crucial, le commandant de La Roque songe tout naturellement à sa famille. Qui le lui reprocherait ? Mais tout autant à ses responsabilités de commandement, aux devoirs qui l'attachent à ses hommes rescapés des terribles combats de Norvège et que de Brest il a conduits là où s'offrent encore des chances de reprendre les armes. Un départ individuel serait pour lui un inacceptable abandon. Une nouvelle aventure collective ? Impensable, irréalisable, matériellement. Ses hommes, d'ailleurs, le suivraient-ils et n'a-t-il pas fait l'essentiel en leur permettant d'éviter la captivité, alors que tant d'autres tombent dans les nasses de la Wehrmacht et vont gagner, immense masse captive, les stalags et les oflags en Allemagne ? Grâce à lui, et au courage de tous, certains d'entre eux pourront peut-être, un jour, rejoindre la Résistance – la vraie – ou l'armée d'Afrique.

Une lettre du 23 juin à son beau-père confirme l'état d'esprit du commandant de La Roque : « J'ai entendu parler au communiqué, écrit-il, de l'engagement d'Andance. Conso-

----

1. *Idem.*

lant de penser qu'en Ardèche au moins on a tenté une vague résistance. La capitulation de l'arrière est quelque chose d'écœurant... »

L'état-major de la brigade de spahis, auteur de ce fait d'armes – ils ne sont pas légion à l'époque, et l'on s'est fort battu à Saint-Vallier et Sarras –, s'était installé aux Prés, propriété des La Roque. Les Allemands l'ont prise sous leur feu...

« L'arrivée de la lettre, écrit le commandant à son épouse, m'a rendu mélancolique en pensant qu'on s'était battu en Ardèche et que je n'y étais pas, heureux d'apprendre que vous avez hébergé l'état-major... Bravo pour votre participation... »

Et à ses filles : « [...] Ça me console un peu de toute la veulerie que j'ai constatée aux arrières. Quand je pense qu'on nous a fait revenir de Norvège et débarquer en Bretagne sans nous laisser la possibilité de la défendre... »

Après l'attaque de Mers el-Kébir, la lettre du 6 juillet est l'écho d'une indignation générale : « Nous avons vécu la plus triste journée de la guerre après celle de l'armistice, commente le commandant de La Roque. Je comprends à la rigueur la nécessité vitale qu'avaient les Anglais à radier notre flotte de la mer, mais pas au point de la massacrer en tirant dessus. L'égoïsme britannique n'a pas varié, et ce à un mois de l'embarquement de Dunkerque où notre armée s'est sacrifiée à faciliter le réembarquement de la leur. Des camarades présents ici ont vu des soldats français tués par des Anglais. Les boches ont décidément bien travaillé et nous voilà seuls à la recherche d'un Louis XVIII et d'un Talleyrand... »

Le commandant de La Roque reçoit l'ordre de dissoudre son bataillon. Lui-même et ses compagnons sont mis « en congé d'armistice ». Sa pensée se porte alors, avant tout, vers les siens, au travail qui l'attend avant les vendanges, au nettoyage des tonneaux, au temps qu'il fait en Ardèche qui a besoin de pluie pour les raisins, les pommes et les champignons...

En septembre lui parvient la citation à l'ordre de l'armée du « 14e bataillon de chasseurs alpins » signée du « commandant en chef, ministre secrétaire d'État à la Défense nationale », le général Weygand. Pour le commandant de La Roque commence la longue nuit de l'Occupation où vont se nouer tant de drames, s'achever tant de glorieux destins, s'écrire tant de pages sinistres et héroïques. Le commandant de La Roque tombera, dans quatre années, victime de l'absurde, de l'abjecte guerre civile française.

L'Occupation épargne l'Ardèche comme tous les départements français qui ont eu la chance de bénéficier des conditions d'armistice.

L'Ardèche a reçu en héritage les guerres de Religion que ravive la défaite de 1940. On ne peut voir l'effet du hasard dans le fait que deux de ses parlementaires sous la IIIᵉ République incarneront l'un le régime de Vichy, dans sa forme radicale, Xavier Vallat, l'autre l'opposition à ce régime dès sa création, le sénateur Marcel Astier.

Grand mutilé de 14-18, député, Xavier Vallat avait été élu vice-président de la Chambre en janvier 1940. Il devient au mois de juillet suivant, après la défaite, secrétaire général des Anciens Combattants et prend l'initiative de la création de la Légion française des combattants. Sa réputation en Ardèche vaudra au mouvement de nombreuses adhésions : 13 000 membres au début de 1941. 3 000 d'entre eux, du district d'Annonay, défileront dans la ville, le 14 juin 1941.

Xavier Vallat est nommé commissaire aux « Questions juives » le 29 mars 1941. Il sera remplacé par Darquier de Pellepoix sous la pression des Allemands qui l'estimaient trop modéré. Au partisan d'un « antisémitisme d'État » succédera un des fanatiques de l'« antisémitisme de race », pilier idéologique du national-socialisme.

À l'autre extrême, donc, le sénateur Marcel Astier... Lorsque le 10 juillet 1940 l'Assemblée nationale donne « tous pouvoirs au gouvernement de la République, sous l'autorité et la signature du maréchal Pétain, à l'effet de promulguer par un ou plusieurs actes une nouvelle Constitution de l'État français », il se lève à son banc en s'écriant : « Vive la République quand même ! »

La majorité couvrit sa voix en lui répliquant : « Vive la France ! »

L'Ardèche vit donc, jusqu'en 1942, à l'ombre du vieux Maréchal. Partout, dans la zone Sud, on chante sa gloire, on travaille sous son portrait ; on publie des livres qui sont autant d'hagiographies ; les cancres, les retardataires et les rêveurs sont ravis d'apprendre sous la plume d'un de ses plus zélés thuriféraires, René Benjamin, auteur du *Maréchal et son peuple*, que le petit Philippe Pétain ne s'était montré « un élève ni particulièrement travailleur ni particulièrement discipliné ».

Les plus jeunes s'engagent dans les Compagnons de France, succédané du scoutisme, et les plus âgés servent d'office dans les Chantiers de Jeunesse, sous la direction du général La Porte du Theil. En Ardèche, les jeunes des Chantiers travaillent dans la forêt du Diois à la coupe du bois.

L'Ardèche est une terre d'accueil pour de nombreux réfugiés de la proche débâcle. Les Juifs y sont nombreux, qui y trouveront un fragile mais utile refuge, sans échapper toutefois aux multiples tracasseries imposées par le gouvernement de Vichy parallèlement aux ordonnances allemandes en zone Nord. Ils trouveront auprès des protestants, leurs frères en persécutions, les soutiens les plus sûrs aux moments des plus dures épreuves. Accueillis sur les frontières ardéchoises, à Chambon-sur-Lignon, dans la Haute-Loire, par les pasteurs Poivre, Theis et Trocmé, nombre d'entre eux pourront ensuite utiliser des filières de passage pour la Suisse.

Autre catégorie de réprouvés par le nouveau régime, les communistes. Ceux qui sont arrêtés sont d'abord internés au camp de Chabanet avec d'autres « indésirables » de l'Ardèche et de plusieurs départements de la zone Sud. Le camp de Chabanet, par un retour des choses dont il n'aura pas l'exclusivité, recevra les « collaborateurs ».

Un tournant très important intervient avec la création du Service du travail obligatoire. Les chiffres et statistiques sont très révélateurs de l'accueil réservé par les requis à cette obligation. Sur les 6 650 recensés (en chiffres arrondis), 2 100, soit trente-deux pour cent, y souscriront, pour un nombre à peu près équivalent d'exemptés à des titres divers et autant de réfractaires. La plus grande partie de ce dernier

tiers opte pour un prudent attentisme. Bon nombre se dissimulent, parfois sous le couvert de fausses cartes d'identité,
et sont accueillis par des cultivateurs. Une minorité gagne
le maquis, les bois, les garrigues et les grottes naturelles de
la terre ardéchoise qui offrent des repaires d'une sécurité
inespérée. On chiffrera à quelque 600 les membres actifs de
la Résistance en Ardèche à la Libération.

Avant même de prendre les armes contre l'occupant, dont
la présence en Ardèche ne sera pas spécialement lourde en
raison des particularités du relief, les « maquisards » doivent
assurer leur subsistance. La faim n'étant pas bonne conseil-
lère, on ne lésinera pas sur les moyens pour convaincre les
cultivateurs récalcitrants d'apporter leur contribution,
– quitte à obtenir les victuailles sous la menace d'un revolver –, pour rafler dans les mairies les tickets d'alimentation,
dans les bureaux de tabac de quoi fumer, voire de l'argent
dans les bureaux de poste ou les banques. À Annonay, deux
maquisards armés enlèveront la recette de la journée à une
postière qui allait la déposer à la Banque de France. Le receveur lui-même sera l'objet d'une agression à son domicile,
en pleine nuit.

Investi, et cette fois en plein jour, l'immeuble de la
Banque de France sera criblé de balles, le personnel ne trouvant le salut qu'en rampant pour aller se réfugier dans les
caves. Le directeur parlementera avec les maquisards et leur
remettra plusieurs millions. Plus tard, un contrôleur des prix
tirera sur ses agresseurs et blessera l'un d'entre eux.

Dans les milieux paysans, les plus proches du régime de
Vichy et du Maréchal qui exaltent les vertus du travail à la
terre sur le thème du retour aux champs et à la ferme, la
méfiance à l'égard des maquisards le dispute à l'hostilité.
« Nos jeunes gars les incommodaient, confiera en 1944 un
ancien du maquis de la forêt de Bonnefoy qui, avec une
dizaine de ses camarades, avait fui le S.T.O. Au bout d'un
certain temps, personne ne voulait leur louer la moindre
masure... » « Pour nous, répondent nombre de cultivateurs,
exploitants de petites ou moyennes propriétés, ces hommes
n'étaient porteurs que de la rançon ou du pillage. Nous les
avons souvent assimilés à la terreur. Nous voulions travail-

ler, car nous n'avions pas d'autre choix ; à nos yeux, ils ne songeaient qu'à vagabonder en bandes organisées, jouant de la mitraillette, heureux de montrer leur force et d'apprendre aux "proprios" et aux nobles du coin qu'ils étaient affranchis de toute autorité et qu'un jour prochain ils imposeraient leurs lois, qu'ils feraient la révolution, la vraie, celle que le Front populaire avait manquée en 1936, celle que Franco avait écrasée en Espagne... »

Comme pour exaspérer les passions sur cette terre d'Ardèche qui en a tant connu dans son histoire, c'est à Vals-les-Bains que le régime de Vichy a ouvert l'un de ses plus célèbres lieux de détention des « responsables de la défaite », ou plus simplement d'adversaires politiques ou idéologiques de la IIIᵉ République. Ils y seront rejoints par des personnalités qui se sont opposées à l'« État français », suspectes au régime, et par des résistants... L'ancien président du Conseil, Paul Reynaud, les anciens ministres Vincent Auriol, Marx Dormoy, Georges Mandel, Charles Pomaret (qui avait détenu le portefeuille de l'Intérieur du premier gouvernement Pétain) ; un ancien questeur de la Chambre, Barthe ; d'anciens députés, comme Jules Moch, qui fut secrétaire général du premier gouvernement du Front populaire, et Mᵉ Jean-Louis Tixier-Vignancour ; un ancien secrétaire général de la C.G.T., comme Léon Jouhaux ; Mᵉ André Blumel ; le général de La Laurencie, que le maréchal Pétain avait d'abord désigné pour le représenter en zone Nord occupée ; le constructeur d'avions Marcel Bloch (Dassault) ; des résistants comme Bertie Albrecht, de Combat, et le commandant Loustaunau-Lacau, fondateur du réseau Alliance et chef de cabinet du maréchal Pétain alors qu'il était ministre de la Guerre dans le gouvernement Doumergue ; le général Gabriel-Georges Cochet ; le colonel Georges Groussard, ancien commandant de l'École militaire de Saint-Cyr, auteur, avec le docteur Henri Martin et leurs G.P. de l'arrestation de Pierre Laval, le 13 décembre 1940 ; l'écrivain et philosophe Emmanuel Mounier ; la famille du général Giraud après l'évasion de ce dernier de la forteresse de Königstein, etc.

Déferlant sur la zone libre le 11 novembre 1942, trois jours après le débarquement américain en Afrique du Nord, les troupes allemandes installent, à compter du mois de décembre, divers points d'appui en Ardèche et principalement des unités d'artillerie. Des détachements, relativement peu importants, s'échelonnent le long de la vallée du Rhône, participant à la surveillance et au contrôle de cette artère vitale pour les communications de la Wehrmacht par la route nationale 86 et la voie ferrée Lyon-Nîmes.

Le premier noyau de résistance se forme, très tôt, autour du général Cochet, ancien chef du 2e Bureau de l'armée de l'Air, et le réseau formé par Louis Govers, d'origine belge, devient une importante filière d'évasion, initialement utilisée par les Juifs. L'Ardèche n'échappera pas à la dualité bien connue entre les Mouvements unis de Résistance regroupant Combat, Libération et Franc-Tireur dont l'Armée secrète (A.S.) est l'instrument d'action, et le Front national, d'obédience communiste, qui s'impose par les F.T.P.F. La prédominance de ces derniers dans les maquis ardéchois imprime à la Résistance locale un style de guérilla, de sabotages, de guerre révolutionnaire dont les conséquences seront lourdes pour les futures victimes de l'épuration sauvage.

Les maquis F.T.P.F. se concentrent principalement dans un quadrilatère orienté vers le nord-ouest : de Satillieu au nord du département à Saint-Agrève à l'ouest, et à La Voulte et Tournon à l'est, sur le Rhône. On observe avec intérêt que les contours jouxtant la vallée du fleuve, où se développe le gros de leurs interventions – Tournon, La Voulte – ont été sans interruption acquis à la gauche électorale depuis un siècle.

L'implantation des maquis F.T.P.F. est plus faible dans le Sud. Ils seront appelés à de fréquentes migrations, pour des raisons de sécurité, donnant ainsi à la population rurale, qui ne sort guère de son attentisme, une impression de « bandes » errantes organisées pour la rapine ou le pillage. Les sabotages accapareront l'essentiel de leurs activités, en particulier contre les voies ferrées de la vallée du Rhône, entraînant des destructions de locomotives, de wagons, provoquant des interruptions de trafic.

Mais l'action des maquis entraîne la répression des Allemands, qui multiplient les massacres et les pillages.

Tout s'accélère le 6 juin... Enhardies par les nouvelles du débarquement, les compagnies F.T.P.F. et de l'Armée secrète lancent des raids contre plusieurs villes et bourgs du département. Ainsi à Annonay, Lamastre, Vernoux et au Cheylard, dans le Nord. À Annonay la poste est occupée dès l'aube... Le comité de libération s'installe, à l'hôtel de ville, aux lieu et place de la municipalité désignée par Vichy, comme partout ailleurs en France, et dont le maire, le colonel Lapize de Sallée, s'est révélé un administrateur efficace et guère contesté. Des manifestations diverses s'improvisent. Le président du comité, Jacques de Sugny, s'adresse à la foule, juché sur une statue.

C'est une figure peu commune qui sort de l'ombre, un homme rejeté par sa classe, la noblesse ardéchoise. Jacques Meaudre de Sugny appartient à l'une des plus anciennes lignées de l'Ardèche. L'un de ses ancêtres fut échevin de Lyon au xv\ siècle ; l'un de ses cousins s'appelle Antoine de Saint-Exupéry... Très tôt, cet ancien élève des Jésuites se sent en rupture avec son milieu traditionnel. Il fréquente volontiers les protestants dans un pays où les guerres de Religion ont laissé des traces profondes. Passe encore cette prédilection pour les réprouvés d'hier, on lui pardonnerait peut-être cet excès de libéralisme, son cas n'étant pas unique dans l'histoire de la noblesse française des gens de titres et d'appartenance à l'Église romaine qui ont franchi le pas de la réconciliation avec les frères séparés... Mais Jacques de Sugny prend fait et cause pour les Républicains pendant la guerre d'Espagne, est engagé à France Navigation, création des Soviétiques pour acheminer vers les adversaires de Franco les armes et les munitions. Le bateau qu'il commande est arraisonné en mer de Marmara ; il est emprisonné à Istanbul, il s'évade. La défaite consommée, en 1940, on le retrouve incarcéré de nouveau, à Saint-Étienne, mais une fois de plus, il fausse compagnie à ses geôliers pour continuer le combat dans la Résistance aux côtés de ses camarades communistes.

Le crâne rasé, Sugny apporte à sa mission une détermination de moine-combattant au service de l'Inquisition. Dans son ombre veillent des commissaires attentifs à tout déviationnisme d'un « patron » qui pourrait être tenté de revenir à une solidarité de classe. La justice expéditive n'a pas tardé. Deux Annonéens, chefs de la Milice locale, mais auxquels on ne peut guère reprocher d'actions de répression, sont exécutés sommairement : l'un est un ancien combattant de 14-18, titulaire de nombreuses citations ; l'autre un animateur, connu pour son dévouement, d'une association sportive de la ville. Deux autres Annonéens partagent leur sort : un garagiste, « fort en gueule » – que de malheureux trop bavards le paieront de leur vie ! – et le patron d'un café suspect de trafic d'or.

On ne dira pas que les futures victimes, ou désignées comme telles, n'ont pas été averties. Annonay a connu, à l'image de tant de villes de France, les expéditions des petits cercueils recouverts de têtes de mort et de tibias entrecroisés. Une feuille clandestine employant curieusement le titre de l'hebdomadaire parisien *Au Pilori*, furieusement antisémite, appelait à la vengeance contre les collaborateurs. « La trahison de cette soutane sera punie ! », annonçait le *Pilori* ardéchois à l'intention du chanoine Armand, curé d'Annonay. On verra que la nouvelle annoncée sera confirmée... Deux « exécuteurs » seront abattus par la Résistance, preuve tangible des débordements auxquels elle est exposée.

Le contrôle d'Annonay est loin d'être achevé, les Allemands manifestant, dès le 11 juin 1944, la volonté de montrer qu'ils n'ont pas renoncé. Un sérieux accrochage a lieu dans la côte dite du Vidalon. Le même jour se produit dans le secteur de Lamastre le drame de la mort du commandant de La Roque.

Lamastre a été occupé dès le 6 juin par une compagnie F.T.P.F. avant de devenir, très peu de temps après, le lieu de commandement des Francs-tireurs Partisans sous la responsabilité d'Auguste Ollier, dit Ravel. Ollier est un condottiere de ces temps troublés, un homme des coups de main permanents contre l'occupant. Et terriblement redouté. Au physique, petit et râblé, des cheveux bruns et frisés... Communiste, il vit dans l'illégalité. Arrêté et emprisonné en juin 1941, il s'évade en octobre de la même année, rejoint les F.T.P. en décembre 1942, forme un maquis en Haute-Loire en mars 1943. Commence alors le temps des sabotages – il affirmera avoir provoqué dix-sept déraillements. Le 16 avril, il libère vingt-trois de ses camarades internés au Puy, mais il est arrêté... et s'évade – c'est la seconde fois – en entraînant dans sa fuite quatre-vingt-trois autres prisonniers. Ollier crée ensuite, dans le Puy-de-Dôme, le « camp Guy-Moquet », organise un attentat très destructeur contre les usines Ducelier, le 17 novembre, et, le 24 suivant, contre un puits de mine qui reste paralysé pendant six mois. Il achève l'année en attaquant, le 15 décembre, un poste allemand à Issoire : plusieurs officiers sont tués au cours de l'opération. On le retrouve avec ses hommes dans le Vaucluse où il forme des maquis, tue des miliciens, abat deux Waffen SS dans un train.

Le voici maintenant responsable pour la région Drôme-Ardèche où il provoquera, selon ses dires, quinze déraillements, sabotera deux ponts métalliques sur le Doux et la Cance, fera sauter le dépôt des machines à Annonay et, en une seule journée, le 1er mai 1944, vingt-deux pylônes à haute tension.

Les hommes d'Ollier-Ravel s'efforcent d'être à sa mesure. L'un d'entre eux, le « lieutenant » P., forme une nouvelle compagnie après s'être beaucoup activé dans les embuscades. C'est alors qu'il traque les collaborateurs et les « maréchalistes » à la tête d'un véritable escadron de la mort qui évolue entre Lamastre et le Rhône.

Ce 11 juin, Éclassan, à l'image des villes et des villages de France que les événements n'ont pas réussi à décourager, célèbre la Fête-Dieu. La petite église – simple et stricte au milieu du village – est pleine de fidèles qui ressentent la gravité de l'heure. La grand-messe achevée, la procession commence, hors de l'édifice religieux. Le commandant de La Roque est là, non loin d'un de ses fils, enfant de chœur. Une lettre, écrite la veille, laissait transparaître un pressentiment, l'inquiétude à propos de certains faits qui, tout proches, lui étaient revenus : « La région, écrivait-il, est farcie de maquisards, d'où une certaine nervosité dans nos villages et l'agitation un peu partout, bagarres qui ressemblent pas mal à un début de guerre civile. Tout cela est loin d'être rassurant. Certains de nos amis ont été assassinés. Chacun s'attend à y passer... »

Le commandant de La Roque sait ce dont il parle... L'épuration sauvage a d'ailleurs commencé bien avant le débarquement dans le canton de Lamastre ; les exécutions sommaires sont le fait du lieutenant P. : le 27 mai, Gabriel Farre et sa femme, à Nozières ; le 29 mai, Paul Montegu et Jean Cellier à Saint-Barthélemy-le-Plain ; Julien d'Arsac à Gilhoc et, dans le même mois, Julien Peyrard ; le 31 mai, l'adjudant Émile Roumanet, à Lamastre même.

Lamastre, siège de l'état-major des F.T.P.F., et le canton tiennent avant la Libération comme après le record des exécutions sommaires et des sévices.

Le commandant de La Roque poursuit dans sa lettre du 11 juin : « La patrie de Jeanne d'Arc, de sainte Thérèse de Lisieux, de Saint Louis ne peut être abandonnée par le ciel. Autrement, ce ne serait pas la peine d'avoir eu huit enfants... »

... Ceux qui ne croient pas au ciel tombent comme la foudre sur Éclassan... Une voiture surgit, qui coupe le cortège de la procession. Des hommes en sortent, braquent leurs mitraillettes et demandent :

— Où est le syndic ? Où est le maire ?

— Le syndic, c'est moi, répond La Roque...

— Alors, nous n'avons plus besoin du maire...

Les F.T.P. poussent le commandant vers leur voiture. Il n'a pas esquissé un geste de défense : à quoi cela servirait-il ? Et à quelques hommes qui ont tenté de s'interposer il a conseillé : « Ne vous occupez pas de moi, continuez... ».

Survient le maire ; le chef de la bande lui lance :

— Vous direz à Mme de La Roque qu'elle ne verra pas son mari aujourd'hui, qu'elle doit le considérer comme prisonnier à Annonay...

Ce qui est faux... La voiture prend la direction de Lamastre. Pendant ce temps, Mme de La Roque et l'une de ses filles qui avaient assisté à la première messe, décident lorsque les cloches annoncent le début de la procession, de gagner Éclassan. Elles s'en approchent pour constater une agitation inaccoutumée. Les femmes, les filles, les enfants de chœur courent dans tous les sens. Mme de La Roque essaie de remettre un peu d'ordre, mais l'une des femmes, qui a encore assez de voix pour lui parler, lui dit : « N'allez pas plus loin, il y a des mitraillettes partout... »

Elle poursuit son chemin, après avoir renvoyé ses enfants dans la propriété des Prés. Un nouveau groupe de femmes... « Que se passe-t-il ? » interroge-t-elle. La plus âgée ose lui avouer la vérité : « Votre mari est dans leur auto... »

— Quelle auto ?
— Celle des maquisards, pour sûr...
— Où l'ont-ils pris ?
— Face à la boulangerie...

Elle y court. Un groupe d'hommes s'est formé. La plupart sont terrorisés par ce qu'ils viennent de voir ; le maire lui raconte, mais il est impossible, dans l'affolement général, d'obtenir une précision sur la direction prise par l'automobile des ravisseurs.

De retour aux Prés, Mme de La Roque tente de joindre la Croix-Rouge à Annonay. Peine perdue... Un ami venu aux nouvelles – certains témoignent leur solidarité malgré la peur ambiante – s'offre de partir à Annonay où, raconte-t-on, des combats sont en cours. Mme de La Roque lui confie un colis à l'intention du « prisonnier ». Elle réussit à avoir Tournon, charge l'une de ses relations d'en savoir un peu plus. On la rappelle, pour la rassurer. Le préfet de l'Ardèche lui-même s'est montré optimiste car, a-t-il dit, « il ne peut rien arriver de grave à un officier de Narvik, prisonnier à Annonay... ».

La nuit passe, nuit troublée par des bruits de proches fusillades. Le lendemain, lundi 12, des gens du village, surmontant leurs craintes, viennent voir Mme de La Roque et lui apportent des paroles de réconfort. Une jeune fille arrive à bicyclette, d'Annonay : « Votre ami a cherché à rencontrer le commandant de La Roque, lui apprend-elle, mais il n'a pas réussi ; il a remis le colis à la Croix-Rouge... »

Justement, le messager-ami s'annonce, dans l'après-midi. C'est pour apporter une nouvelle d'importance : il a pu rencontrer tout à la fois Jacques de Sugny et le directeur de la Croix-Rouge, M. Frachon. Sugny a paru ébranlé par ses arguments, par l'évocation du passé glorieux du commandant ; sa libération ne saurait faire de doute.

À bonne nouvelle, mauvaise nouvelle... Les langues commençant à se délier à Éclassan, Mme de La Roque apprend que les maquisards ont rendu visite à l'instituteur avant de venir à l'église. L'instituteur et sa femme parlent : les maquisards leur ont dit qu'ils avaient l'intention d'exécuter le commandant devant le mur du boulanger ; ils ont alors essayé de les en dissuader, l'épouse de l'instituteur surtout :

— J'étais à bout de nerfs en imaginant ce qui allait arriver, confie-t-elle à Mme de La Roque... J'ai rappelé aux hommes qui étaient devant nous tout ce qu'avait fait votre mari, les services qu'il a rendus, je leur ai dit qu'il détestait autant les boches qu'eux ; je leur ai parlé de vous et de vos huit enfants... Était-il possible qu'ils fissent une chose pareille ?

— Et qu'ont-ils répondu ?

— Nous ne faisons pas de sentiment. Nous exécutons des ordres. Aujourd'hui, c'est son tour...

— J'ai été étonné lorsque je les ai vus emmener le commandant en auto, ajoute l'instituteur, et j'ai pensé qu'ils avaient peut-être changé d'avis. Qui sait si, en raison de ses états de service, ils n'avaient pas décidé de l'emmener avec eux au maquis...

L'ami de Tournon a retéléphoné, rassurant : le commandant de La Roque reviendra.

Mais ce mardi 13, toujours rien. Mme de La Roque décide d'aller le lendemain à Annonay, prend le car, débarque chez le président de la Croix-Rouge :

— On m'a dit qu'il était à Monestier [à vingt kilomètres d'Annonay], interroge-t-elle, savez-vous quelque chose ?

L'homme paraît embarrassé :

— À Monestier ? Non, je ne crois pas...

— Alors, où ?

— Je l'ignore.

— Mon colis lui a-t-il été remis ?

— Impossible...

Impossible d'obtenir quelque chose de ce côté-là. Mme de La Roque joue donc le tout pour le tout : elle demande à rencontrer Jacques de Sugny, qui la reçoit, et lui aussi plaide l'ignorance. Il se disculpe :

— Je ne suis pour rien dans cet enlèvement, ce n'est pas une action du secteur d'Annonay ; s'il s'agit des hommes de Lamastre, cela serait plus grave...

Sugny, pense alors Mme de La Roque, sait quelque chose mais ne veut rien dire. Un peu plus tard, Anthelme Béchetoille qui l'accueille au syndic agricole lui laisse entrevoir la vérité : le commandant aurait été tué près d'Empurany, un petit village situé à mi-chemin entre Arlebosc et Lamastre. Puis il la conduit au siège des cars Gros-Jean. On fait venir le conducteur qui, plusieurs fois par semaine, assure la liaison entre Lamastre et Annonay. Il était au volant ce lundi 12 lorsqu'il a vu près d'un petit pont, dans un tournant, des objets insolites sur le bas-côté. Il s'est arrêté. Il y avait là une veste grise, une culotte kaki, un béret. Inutile d'insister, Mme de La Roque a compris. C'est bien de son mari dont il s'agit. Détail pitoyable, fourni par le chauffeur : la chevalière, jetée là on ne sait pourquoi, brillait dans la pleine lumière du soleil.

Accompagnée de M. Béchetoille et d'un autre ami, M. de Sailly, Mme de La Roque obtient du maquis l'autorisation de quitter la ville en taxi, malgré les barrages qui en interdisent l'accès. On arrive à Empurany, chez le curé qui montre les autres objets recueillis : un couteau, un porte-monnaie ; mais le portefeuille, le stylo, le briquet manquent. Maintenant, Mme de La Roque fait face à l'atroce réalité. Son mari a été assassiné par les F.T.P.

C'est le cheminement vers le cimetière, le couvercle de la bière soulevé, non sans mal, car la fosse est profonde, la blessure aperçue sur la tempe gauche. Le prêtre dit le *De Profundis*.

Ramener le corps pour l'instant est impossible : le village est sous l'emprise de la terreur et personne ne se porterait volontaire. Il faudra donc attendre, expliquer aux enfants, les préparer à l'absence du père, longue, interminable et permanente absence.

On apprendra par un maquisard blessé et en traitement à l'hôpital les circonstances de la mort d'Édouard de La Roque. Retenons d'abord l'hypothèse selon laquelle le commandant, sollicité par les ravisseurs de leur livrer les armes qu'il conservait, parce qu'on les lui avait confiées[1], dans sa propriété des Prés, aurait refusé de répondre à leur demande. Toujours est-il qu'ils le conduisent près du petit pont proche d'Empurany. Ils le font descendre, lui annoncent qu'il va mourir...

— Mais, objecte le prisonnier, vous ne pouvez tout de même pas m'exécuter sans qu'un prêtre m'ait entendu...

— Nous n'avons pas le temps ; tu n'as pas besoin d'un prêtre pour te mettre en accord avec ton bon Dieu !

— Accordez-moi donc un moment pour me recueillir...

— Soit, mais fais vite...

Il s'agenouille sur un petit monticule et commence une prière. On ne le laisse pas achever. Un homme s'avance sur le côté et lui tire une balle dans la tempe. Il s'effondre.

Et l'escadron de la mort, lui, continue sa ronde infernale[2]...

Le 19, les choses se gâtent à Annonay. Trois colonnes formées par des G.M.R.[3], et surtout par des éléments fortement

---

1. Le commandant de La Roque avait en effet reçu un lot d'armes, dans le cadre des dissimulations opérées par un certain nombre d'officiers de l'armée d'armistice, et les avait dissimulées dans la tour de son château d'Éclassan. Le comte de Roussy de Sales dont nous relatons l'assassinat dans le chapitre 8, avait également stocké une partie de ce matériel à Thorens-Glières.

2. Nous restreignons, dans ce chapitre comme dans les autres, l'énumération des exécutions sommaires individuelles, et ne retenons que les cas les plus significatifs.

3. Rappelons-le, Groupes mobiles de réserve.

armés et motorisés de la 9ᵉ Panzerdivision, convergent vers la ville où l'on craint le pire. Les forces du maquis seront de toute évidence impuissantes à freiner l'avance de l'adversaire qui, signale-t-on, dispose de canons de 20 millimètres. Les interventions des F.F.I. n'empêchent pas l'encerclement de la cité. Annonay est bientôt livrée à elle-même, Sugny et ses hommes se sont repliés vers la montagne.

Les habitants attendent, anxieux, les volets clos, livrés à eux-mêmes et sans défense face à d'éventuelles représailles, l'arrivée des Allemands et des G.M.R. Les premiers feront hélas quelques victimes, dont une jeune femme qui s'était approchée d'une fenêtre, mais Annonay ne subira pas le sort de Tulle ou d'autres villes ou villages du Sud-Ouest. Le petit séminaire Saint-Charles, siège des F.F.I., sera cependant incendié, les munitions qui y étaient entreposées exploseront. Il ne restera du bel édifice que des ruines. Seule la chapelle sera à peu près épargnée.

Solidement retranchés derrière des barricades truffées d'armes à feu, les G.M.R. demeurent, après le départ des Allemands, les seuls maîtres du terrain. Ils laisseront la place au maquis qui, redescendu de sa montagne, se réinstallera sans dommage.

Pendant ce temps, l'escadron de la mort de Lamastre, et des escouades de justiciers improvisés, battent la campagne. Les victimes s'estiment heureuses lorsqu'on se contente de les rançonner ; elles bénissent Dieu lorsque, après leur arrestation, elles échappent au massacre.

Nous avons eu connaissance, parmi tant d'autres témoignages, du récit qu'un cultivateur de la région d'Aubenas a laissé de son aventure à l'intention de ses héritiers. Nous le retrouverons au fil de notre propre évocation des événements [1].

---

1. La famille de M. B. avait demandé à ce que son nom ne soit pas divulgué. Nous rencontrerons ce même souci de l'anonymat dans d'autres régions, particulièrement celles qui seront les plus touchées par l'épuration sauvage, où les souvenirs étaient les plus vivaces.

15 juin... M. B. reçoit une première « visite » d'hommes en armes. Parmi eux, M. B. reconnaît un jeune qui « a travaillé à la maison... ». Ils prétendent « rechercher des cartes de miliciens », mais en fait s'intéressent au contenu des armoires, entre autres aux cigarettes, qu'ils transportent dans des camions.

Et puis cela devient plus grave. En l'absence de M. B., les maquisards enlèvent ses deux fils. C'est l'angoisse, et les incursions qui se multiplient. « Les maquisards arrivent ! », note M. B. sur son journal, témoin de son drame familial. Cette fois, ils se déclarent F.T.P., raflent du colza en quantité, emportent un mouton, un tonneau de vin, du fromage et du saucisson, dérobent 2 000 francs. M. B. interroge : « Où sont mes garçons ? » On ne lui répond pas. Lui mentionne sur son carnet : « Leur camp est à Antraigues... [au nord de Vals-les-Bains]... On raconte qu'ils fusillent partout... »

On fusille en effet le 9 juillet à Lamastre, puis le 12 à Lemps, près de Tournon.

Mme de La Roque quant à elle ne s'est pas découragée... Elle a multiplié les efforts pour ramener d'Empurany le corps du commandant, essayé de convaincre les braves gens du lieu de l'aider dans sa triste tâche. Il y a peu de volontaires : Lamastre est proche, ceux qui l'occupent, et dont on connaît la réputation, pourraient user de représailles. Le menuisier finit par céder. Il prêtera un corbillard. Et les autres l'imitent : son cousin offre un cheval ; un scieur de Saint-Félicien cède quelques belles pièces de châtaignier. Le menuisier fabrique un « beau cercueil ».

Le convoi quitte Empurany le 26 juillet, discrètement, au jour à peine levé. Il atteint Éclassan à la fin de la matinée. Les obsèques du commandant de La Roque auront lieu dans la petite église où, quarante-sept ans plus tôt, il avait été baptisé. « Sa maison, écrira son épouse, le reçut avec honneur. Nous l'avons gardé toute la nuit et d'abord tout l'après-midi, dans un décor de sapins, de drapeaux, de cierges, avec un grand crucifix planant sur l'ensemble. Sa tenue, couverte de toutes les décorations, et le fanion de Narvik habillaient

le cercueil... Hier, jeudi, le village, malgré un reste d'épouvante, a dominé sa peur et lui a fait de belles funérailles... »

Mme de La Roque recevra des anciens camarades de
combat du commandant d'innombrables témoignages qui
rendaient hommage à son courage. Le général Béthouart s'y
était associé en stigmatisant « l'abominable assassinat ». Une
lettre datée du 23 juin 1952, à l'en-tête du « ministère des
Anciens Combattants et victimes de la guerre », parvenait à
Mme de La Roque, et lui annonçait : « J'ai l'honneur de vous
faire connaître que le décès de M. de La Roque Paul-
Édouard étant survenu le 11 juin 1944 dans les conditions
fixées par l'ordonnance n° 45-2717 du 2 novembre 1945, la
mention "Mort pour la France" doit figurer dans son acte
de décès. Les dispositions sont prises en vue de l'inscription
de cette mention sur les registres de la mairie d'Empurany... »

Une plaque a été disposée près du village par les anciens
de Narvik. On peut toujours la voir, dans un virage, là où le
commandant trouva la mort. « Cette exécution fut ordonnée
par erreur », commenteront les milieux proches des Forces
françaises de l'intérieur.

La guerre a continué en Ardèche. Le 5 juillet 1944, un
important convoi d'engins blindés, d'automitrailleuses et de
canons monte de Valence en direction du Cheylard, sur la
haute vallée de l'Eyrieux, pour y surprendre l'état-major de
l'Armée secrète qui y est établi avec le Comité départemental de libération. L'aviation allemande intervient, bombarde
Le Cheylard massivement. Mal coordonnées, les actions de
l'A.S. et des F.T.P.F. n'empêchent pas les éléments adverses
d'entrer au Cheylard, couvert de ruines, et où l'on dénombre
des victimes civiles. Les Allemands commettent meurtres et
pillages. Le bilan de l'engagement du Cheylard et des environs est très lourd : 73 tués et 240 blessés – chiffre minimum – pour les Forces françaises de l'intérieur ; 30 morts et
60 blessés chez les civils. Le 30 juillet, le village de Banne,
arrondissement de Largentière, subit des représailles en
réaction contre les opérations de harcèlement menées par le
maquis. Le 12 août, Privas est définitivement aux mains de

la Résistance ; Jacques de Sugny est alors « chargé d'affaires préfectoral » par le Comité départemental de libération.

Libération d'un côté, épuration d'un autre. Pour l'heure, et pour de longs mois encore, l'épuration est synonyme de massacre. Les escadrons de la mort montrent une activité redoublée tout au long du mois d'août. Dans la région d'Aubenas, c'est le « capitaine » – et plus tard « commandant » D. – qui est à la tâche. Sa base est le camp d'Antraigues qui deviendra célèbre par le nombre d'exécutions sommaires qui y sont commises.

L'un des cas les plus tristement connus est celui de l'abbé Mandaroux, curé de Pont-d'Aubenas, précédemment à Mirabel, canton de Villeneuve-de-Berg, puis à Saint-Privat. À Mirabel, l'abbé Mandaroux a entretenu des relations cordiales avec l'un de ses paroissiens, M. Mounier, membre du P.P.F. Cette relation ne peut être considérée comme un crime, mais en 1943 l'abbé Mandaroux a commis l'imprudence d'accepter une invitation à se rendre au congrès du parti de Jacques Doriot, à Paris, avec l'arrière-pensée de bénéficier du voyage à titre gracieux dans la capitale, où il a de la famille. Il y a finalement renoncé, à la demande de l'archiprêtre d'Aubenas et de l'Évêché.

L'abbé Mandaroux se déclare très hostile aux Allemands, et ne cache pas qu'il est un lecteur assidu de *Témoignage chrétien*... qu'on ne suspectera pas d'être un journal collaborationniste, mais il se montre volontiers querelleur. Le jour de Noël 1943, il interpelle un jeune de Saint-Privat, âgé de vingt et un ans, François R. qui, en état d'ébriété, se livre à la porte de l'église à des incongruités et menace de troubler l'office religieux.

— François, crie l'abbé, veux-tu que je téléphone aux gendarmes ? Tu connais ta situation [François R. est un réfractaire au S.T.O.], et tu sais bien ce qui t'arriverait...

Paroles qui ne tombent pas dans l'oreille d'un sourd, fût-il ivre. Revenant, le 20 juillet 1944, d'une expédition du maquis à Mézilhac, l'ancien réfractaire devenu résistant décide avec un de ses camarades, Jean L., d'aller « faire son affaire au curé ». Ils s'en ouvrent au propriétaire du taxi qu'ils ont loué à Chomérac, dans l'arrondissement de Privas. Celui-ci refuse de se montrer complice et de transporter les deux hommes. On en reste là, pour l'instant.

Toujours aussi téméraire, l'abbé Mandaroux prend l'initiative – fin juillet – de se rendre à la gare de Pont-d'Aubenas pour téléphoner à Labégude et demander au chef de gare de cette localité des nouvelles du P.P.F. Mounier qu'il sait prisonnier à Antraigues. Il semble que la communication ait été « écoutée » par le chef de la « section spéciale » du camp, méthode utilisée par la Résistance qui l'a d'ailleurs mise à profit contre les Allemands. L'abbé Mandaroux est arrêté, « interrogé », relâché. Sur l'intervention probable du jeune François R., dont l'hostilité n'a pas désarmé, il est de nouveau « interpellé », le 6 août, et conduit à la gendarmerie d'Aubenas qui centralise les arrestations avant que les suspects ne gagnent le camp d'Antraigues.

Le 12, l'abbé Mandaroux peut faire parvenir un message à l'archiprêtre d'Aubenas : « Tout va très bien, lui annonce-t-il. Je n'ai pas encore été interrogé ; j'espère l'être bientôt et descendre à Saint-Privat. Si ma situation devait se prolonger, je vous serais reconnaissant d'intervenir auprès de Monseigneur [l'évêque de Viviers] afin qu'il demande à l'état-major d'Antraigues de me faire mettre en résidence surveillée à Saint-Privat. »

L'abbé Mandaroux s'attend donc à être sanctionné mais il est loin de se douter du sort qui va lui être réservé. C'est un dimanche. On pense que l'évêque n'a pu être joint à temps. En eût-il eu le loisir qu'on ne nourrit guère d'illusions sur les résultats de sa démarche auprès des responsables F.T.P. du camp. Le 13 au soir, le capitaine D. est interrogé par un de ses subordonnés, alors qu'il est, selon un témoin, ivre mort...

— Que faisons-nous de cet énervé de curé et du docteur Boissel ? demande alors son adjoint à D.

— Vous m'embêtez, faites ce que vous voudrez ; passez-les à la casserole !

Le docteur Boissel a pratiqué aux Vans, belle bourgade située dans le bassin qu'arrose le Chassezac et toute proche de Banne. Boissel est connu pour ses opinions franchement maréchalistes. Il dispose d'un dépôt d'armes provenant de l'armée d'armistice. Un groupe de maquisards espagnols est venu lui demander de le leur livrer. Mais il a refusé, comme, apparemment, le commandant de La Roque, en répondant qu'ayant « reçu des armes d'officiers de l'armée française », il ne les remettrait « qu'à des officiers de l'armée française... ». Il n'en faut pas davantage au regard de ses interlocuteurs espagnols pour qu'il soit arrêté, et conduit à Antraigues, où nous le retrouvons ce 13 août au soir, en compagnie de l'abbé Mandaroux et d'autres suspects, dont un adjudant de gendarmerie, nommé Mercier.

À 8 heures, le 14 août, le docteur Boissel, l'abbé Mandaroux et l'adjudant de gendarmerie Mercier sont amenés devant le peloton d'exécution. Probablement le « capitaine » D. a-t-il, depuis la veille, repris ses esprits ; en tout cas, il ne revient en rien sur ses décisions. Les maquisards tirent. Les trois hommes s'effondrent. L'abbé Mandaroux, touché dans les parties sexuelles – ce qui sera confirmé lors de l'exhumation – n'est pas mort. Il a la force de se redresser et de supplier : « Mais je vous en prie, achevez-moi ! »

Ce qui est fait... L'un des exécuteurs a eu « pitié » de lui.

Nous retrouvons ici M. B., le cultivateur de la région d'Aubenas, dont les deux fils ont été enlevés. Il sera arrêté à son tour. Mais auparavant, il a commencé les démarches pour tenter de retrouver ses fils et les arracher à leurs gardiens.

— Ne vous en faites pas, lui a dit un sous-lieutenant du maquis, un ancien scout, on les ramènera !

Vraiment ? Il a voulu en savoir plus, il est allé à la mairie d'Aubenas qu'occupe une compagnie de maquisards.

— Leur cas est grave ! répond l'un des hommes qu'il interroge.

Il réussit à rencontrer un gradé, qui lui annonce :

— Vos fils, mais vous ne les reverrez plus...

— Puis-je au moins les embrasser une dernière fois ?

— Il n'en est pas question...

— Avez-vous des enfants ?

— Cinq...

— Alors...

Toute autre parole est inutile. M. B., en désespoir de cause, avertit l'archiprêtre d'Aubenas. On improvise une veillée de prière. Les nouvelles se font plus rassurantes : les garçons ne seraient pas fusillés mais on croit savoir qu'ils ont été transférés dans un lieu qui n'est pas déterminé. Raymond Vidal, socialiste marseillais qui dirige la presse du maquis de l'Ardèche, et réside à Vals-les-Bains, a été contacté.

— Je ne peux rien faire, a-t-il répondu, il est trop tard.

On essaie de joindre le capitaine D. à Antraigues : rien de plus.

M. B., enfin, est arrêté chez lui, emmené en camionnette. Les hommes qui l'accompagnent « veulent absolument » que ses deux fils aient été miliciens. Ils atteignent la Maison des Rieux, près de Lussas. « Là, note M. B., le 26 août sept Allemands ont été fusillés... »

Un passage par la cour d'une usine, puis la cave à charbon d'un hôtel à Vals-les-Bains, dans une atmosphère irrespirable et où il retrouve deux suspects.

Les compagnons de M. B. lui racontent les circonstances de leur arrestation. Le premier est un lieutenant de vaisseau :

— Ils m'ont reproché de n'avoir pas répondu à l'appel du général de Gaulle, explique-t-il.

Le cas de l'autre est beaucoup plus grave. Employé des chemins de fer, il a participé à un attentat... contre la Résistance pour le compte des Allemands. Mais il paraît confiant :

— Je suis sûr d'être libéré, dit-il à M. B.

— Pourquoi ?

— Parce que j'ai parlé, et que j'ai désigné cinq de mes complices...

Il sera, en guise de remerciement, fusillé.

M. B. est ensuite conduit à Antraigues. Mauvaise nouvelle... Il se retrouve à la mairie en compagnie de vingt autres « inculpés » que le pandore officiant accueille avec cette interpellation :

— Ceux-là sont pour le camp de concentration !

Les voici maintenant rassemblés à l'école, au milieu, note-t-il, d'une profusion de « foulards rouges ». Il a le temps de reconnaître un menuisier « arrêté à son établi à Vals-les-Bains... »

— Il s'est passé ici des choses terrifiantes, observe encore M. B. qui enregistre la succession d'exécutions dont il a connaissance : « M. Mounier [le P.P.F., dont l'abbé Manda-roux s'était, on s'en souvient, imprudemment inquiété], Mlle Laurent, âgée de dix-sept ans, originaire de Privas » qui, l'un et l'autre fusillés, sont morts courageusement..., « ... l'abbé Mandaroux, le docteur Boissel, l'adjudant Mercier. »

Et il précise :

— Paul Doize [l'une des personnes arrêtées] affirme avoir enterré [sur commande] 22 Allemands, plus 5 miliciens français... Il a été le témoin de leur exécution... Les Alle-mands sont tombés en criant : « Vive le Reich ! », les Fran-çais : « Vive la France ! »

« Les internés ensevelissent les morts et disent : "Demain, ce sera notre tour..." Un homme d'Aubenas est tombé dans la fosse qu'il était en train de creuser... La plupart sont roués de coups lorsqu'ils arrivent ici et leurs aveux leur ont été arrachés par des sévices ; ainsi M. Prase, de Privas, père de trois enfants, et le comte de Montillet que nous avons aperçu, un matin, la tête en sang et les poignets liés avec de la ficelle à saucisse... »

Après qu'ils ont été fusillés, « les corps de MM. Prase et de Montillet ont été recouverts de chaux. C'est le sergent Doudou qui commandait les exécutions, assisté de l'adju-dant Jo, à un kilomètre du camp. Cela se passait sous les châtaigniers, près du pont de la Tourasse, et l'on entendait d'ici le crépitement des mitraillettes... »

M. B. a échappé à la mort avec ses fils. Mais il s'interrogea longtemps sur les raisons de son arrestation. Il avait été, estimera-t-il, « placé numéro un sur la liste des proscrits » établie pour sa commune. Le procédé des listes de suspects est confirmé pour d'autres régions de l'Ardèche. M. B., donc, n'apercevait d'autres motifs que professionnels, la réaction de jaloux contre sa réussite, l'argent qu'il avait gagné. Il avait créé, avant la guerre, une coopérative qui avait prospéré ; celle de son « rival » avait échoué et celui-ci, semble-t-il, ne lui avait pas pardonné. M. B. ne sera pas l'exception.

Combien y aura-t-il d'exécutions au camp d'Antraigues ? Les chiffres varient, qui vont de quinze à une soixantaine. À Fons, dans la région d'Aubenas, on retrouvera les corps de plusieurs dizaines de « collaborateurs » dans un puits de mine abandonné.

Les futures victimes étaient d'abord rassemblées au château dit de Joannas, à Joannas-Travers, près de Largentière. Les corps des personnes exécutées étaient transférés au puits de Fons d'où ils furent exhumés en plusieurs étapes, la dernière phase se situant en octobre 1959. Le puits fut alors définitivement obturé.

Reste que le nombre des victimes ensevelies ne sera sans doute jamais connu, les chiffres variant entre 34 (officiels)... et 280 selon d'autres sources. « Des pierres, dont certaines atteignaient le poids de soixante kilos, ont littéralement écrasé les cadavres, précisera un document d'origine départementale. Les corps étaient ainsi disloqués ; les membres brisés et éparpillés de sorte que toute reconstitution de squelette a été rendue impossible », l'utilisation de la chaux vive qui fut déversée dans le puits ayant compliqué la tâche de l'équipe chargée de l'identification.

À Gilhoc-sur-Ormèze, tout près de là, un jeune militant chrétien, M. Peyrard, est torturé avant d'être exécuté. Son corps sera retrouvé, tant la sépulture était sommaire. Le curé de la paroisse, le père de Lafarge, est également blessé par les maquisards et ne sera sauvé qu'en simulant la mort.

Les exécutions sommaires forment une longue liste sur laquelle il n'est pas toujours aisé de faire figurer des dates précises, notamment lorsqu'elles n'ont pas connu d'épilogue judiciaire. Il y eut cependant des exceptions, comme dans le cas du massacre de familles entières : les quatre membres de la famille Fontbonne, les quatre membres de la famille Montighetti.

Le Teil, le « centre rouge » de l'Ardèche, voit des assassinats spectaculaires. Faute de mettre la main sur un membre du P.P.F., M. Raynaud, on s'en prend à son père et à sa mère, âgés de soixante-quatorze et soixante-douze ans, qui sont tués. Dans la même localité, M. Brun, ancien maire radical-socialiste, fort modéré, mais dont l'anticommunisme est notoire – crime qui ne saurait être pardonné – est enfermé à la Maison du peuple. Puis il en est extrait, sous prétexte d'être libéré, pour être abattu d'un coup de revolver.

À Vinezac, canton de Largentière, M. Maillet Deydier est syndic agricole, connu pour ses convictions de droite, mais également gaulliste affiché. Il bénéficie d'une grande réputation dans sa région. On l'enlève, alors qu'il travaillait dans son champ. On ne le reverra plus.

L'abbé Plat, curé de Saint-Marcel-d'Ardèche, canton de Bourg-Saint-Andéol, dans l'arrondissement de Privas, apprend qu'il est « recherché » et n'échappe au pire qu'en prenant la fuite.

À Saint-Pierreville, toujours dans l'arrondissement de Privas, les F.T.P. donnent libre cours à une autre forme d'anticléricalisme en organisant des cérémonies de provocation sacrilèges. Dans le château de la Tour, résidence d'été de Mgr Leynaud, archevêque d'Alger, ils s'affublent de vêtements sacerdotaux, remplissent un calice de vin rouge et obligent leurs prisonniers à trinquer avec eux.

Le 15 août, les troupes américaines et l'armée du général de Lattre de Tassigny débarquent sur les côtes de Provence. Les Allemands sont alors contraints à une retraite qui, en empruntant les deux rives de la vallée du Rhône, conduit certains de leurs éléments à se frayer un chemin à travers les routes de l'Ardèche. Harcelés par le maquis qui interrompt les communications, ils se vengent en exerçant contre la population civile leurs habituelles représailles : à Baix, canton de Chomérac, ils exécutent dix-huit hommes qu'ils ont pris en otages, non sans avoir pillé, incendié et violé.

Les troupes de De Lattre atteignent Aubenas et Vals-les-Bains le 31 août ; le 1er septembre Privas et Tournon ; le lendemain Annonay. Le contact entre les représentants du Général et les Forces françaises de l'intérieur est plutôt frais... Appelé, le 31 août, à rencontrer le général Touzet du Vigier, au col de l'Escrinet, entre Privas et Aubenas, Jacques de Sugny s'entend dire par son interlocuteur, dont il attendait un accueil... plus chaleureux :

— Tout ce que je vous demande, c'est que vos hommes ne tirent pas sur les miens...

Après d'autres contacts moins décourageants – avec le général Brosset, le général de Monsabert – Jacques de Sugny est remplacé, le 5 septembre, par le préfet officiellement désigné pour le département de l'Ardèche, M. Robert Pissère.

Le 1er septembre, le maire d'Annonay, le colonel Lapize de Sallée, est libéré avec beaucoup d'égards : le général de Lattre de Tassigny n'avait pas oublié qu'il avait servi avec lui à l'état-major de Lyautey.

La guerre civile s'éternise en Ardèche. Les points chauds se fixent principalement sur la vallée du Rhône, à Tournon, au Teil où la confrontation fut, il est vrai, très dure avec l'occupant. À Tournon, la justice populaire et celle des F.T.P. n'attend pas l'instauration des cours martiales, des cours de justice et des chambres civiques pour châtier les coupables de collaboration. Le 3 septembre 1944, à Tournon, l'équipe du lieutenant P., dont il a longuement été question, fusille publiquement, avec un concours de spectateurs enivrés de vengeance, deux femmes, parce qu'elles ont « travaillé avec les Allemands ».

Dans son numéro du 25 septembre, L'Assaut, organe des F.T.P.F. de l'Ardèche, rend compte en ces termes, non pas de la double exécution – celle-ci et les autres sont soigneusement dissimulées aux lecteurs –, mais d'une pratique qui aura la faveur des foules surexcitées dans toute la France libérée : « Il n'est jamais trop tard pour bien faire, affirme donc L'Assaut. La ville de Tournon se devait aussi d'avoir ses tondues. Justice vient d'être faite. Samedi dernier, à la requête du comité local, le coiffeur de la compagnie F.T.P. cantonnée dans notre localité faisait fonctionner sa tondeuse dans d'opulentes chevelures. Et ces mèches blondes et brunes ne tardèrent pas à joncher le sol. Parmi les quatre ou cinq pécheresses qui pratiquaient à leur façon la collaboration, il faut signaler l'une d'entre elles. Il s'agit d'une dame de la bonne société qui, commerçante, n'avait pas, elle, l'excuse de la misère. Ce lui fut très dur et on dut employer un peu la force. Gageons qu'elle doit regretter à présent d'avoir un peu trop facilement accordé ses charmes au beau Karl [1]... »

« Après le sacrifice, poursuit le commentateur de *L'Assaut*, ce fut la promenade à travers Tournon, sous les lazzi de la population. Et la journée se terminera devant le lycée des filles, par une vibrante *Marseillaise* chantée en chœur par la foule et nos braves F.T.P... »

L'Assaut s'en prendra vite aux résistants d'occasion, à ceux qui ont attendu le moment ultime pour changer de camp ou, par prudent attentisme, rejoindre celui du vainqueur. Dans le même numéro du 25 septembre, le journal dénonce donc à la vigilance populaire les innombrables porteurs de la veste à deux faces, mais extrapole en les marquant du sceau de l'infamie collaboratrice ou de la droite activiste d'avant la guerre... Bas les masques : « Alerte aux opportunistes ! Alerte aux cagoulards [ils ont décidément la vie dure...] qui voyant tourner le vent se tournent avec lui, alerte à tous les pro-fascistes, pro-nazis et Républicains de la dernière heure ! »

L'Ardèche socialiste ajoute à ce cri d'alarme, le 23 septembre : « Nos camarades qui sont allés dans des grandes villes [de la vallée du Rhône] en sont revenus écœurés. C'est la course aux places et aux galons... »

Mais l'organe des socialistes ardéchois va plus loin. Sans pour autant dénoncer les exécutions sommaires – il ne faut pas prendre trop de risques, ni s'exposer à des reproches de sympathies pro-vichystes ou pro-allemandes – ses rédacteurs n'hésitent pas à stigmatiser les abus des pseudo-résistants : « Nous avons appris l'arrestation d'un certain commandant D. [le nom est cité en toutes lettres] et de sa bande, qui agissaient à Aubenas sous le nom des Forces françaises combattantes, lit-on dans le numéro du 4 septembre. Cette affaire réserverait de grosses surprises et toucherait des gens assez haut placés. Félicitons hautement ceux qui ont eu le

---

1. L'un des responsables allemands de Tournon.

courage de vider cet abcès. Qu'ils sachent que nous les sou-
tenons entièrement... »

La Terre vivaroise qui affiche des opinions catholiques et
modérées, une preuve de courage dans une période révolutionnaire, se fait l'écho du communiqué publié le 7 septembre par le commandant d'armes délégué de la place de
Lyon, Chabert, s'élevant contre les « arrestations illégales [1] ».

L'Ardèche socialiste a emboîté le pas du commandant
Chabert de Lyon pour mettre les points sur les *i* dans son
numéro du 23 septembre. Axant son article sur les abus
d'ordre matériel, le journal n'hésite pas à employer des mots
très forts pour souligner le climat qui s'instaure : « Ces jours
derniers encore, on a réquisitionné des autos, des cochons,
de l'argenterie. Ce sont des faits individuels ? D'accord, mais
la population, elle, ne fait pas la différence. Les gens
commencent à avoir peur, c'est une peur vague et indéfinis-
sable, mais c'est trop qu'elle existe... » La « peur », l'expression apparaissait dans un journal de gauche...

Dans son numéro, déjà cité, du 25 septembre, *L'Assaut*,
qui consacre une large place au courrier de ses lecteurs,
signale qu'un de ses correspondants de Saint-Laurent-les-
Bains (arrondissement de Largentière) lui donne « des précisions » (on imagine que des noms sont cités à la clef) sur les
« résistants de la dernière heure » et révèle : « Nous ne pouvons faire allusion à toutes les dénonciations que nous recevons... »

Il faudrait probablement plus d'un numéro spécial pour
les publier. On dénonce, tant et plus, et pendant longtemps encore, témoin cette information de *Valmy* [2] du
25 novembre : « Un lecteur de Vaudevant [arrondissement
de Tournon] nous adresse la lettre suivante : Dans la
commune de Vaudevant, il y a un secrétaire de mairie qui
était président de la Légion à Pétain. Ce monsieur qui tient
en même temps un débit de tabac aurait supprimé toute
distribution à de nombreux réfractaires pour travailler en

---

1. Nous y reviendrons dans le chapitre 7.
2. Nouveau titre de *L'Assaut* depuis le mois d'octobre.

Allemagne, les invitant même à partir travailler là-bas "où ils auraient à fumer"... »

Le comble se trouve sans doute dans le « Courrier des lecteurs » de ce même numéro. C'est l'histoire du dénonciateur dénoncé, et dans quelles conditions... : « Un ancien de la 7131e compagnie F.T.P. nous écrit : Un commerçant de Pont-de-la-Beaume [arrondissement de Largentière] se plaint d'avoir été la victime de certains maquisards locaux qui ont provoqué chez lui une fructueuse perquisition. Ce monsieur oublie – volontairement sans doute – que lui-même nous a indiqué de nombreuses voitures à réquisitionner, entre autres, celle de ses amis... »

Le 30 décembre, quatre mois après la libération de l'Ardèche et sous la plume du « correspondant à Lamastre » du journal – le nom de la personne figure cette fois en toutes lettres [1] : « Avec quelle stupeur je viens de voir une certaine vitrine, celle de M.P.C., avec bon nombre de lots et cette affiche : "Loterie de la Libération". Je me souviens, car j'ai assez bonne mémoire, avoir vu dans cette vitrine l'exposition pour la vente des fameux portraits de nos fameux traîtres, les Pétain, Laval, et de toute une clique de ces sinistres individus desquels il n'aurait fallu dire aucun mal, sinon... Au fait, je sais ce qu'il en coûtait à l'époque... Inconscience ou cynisme, M.C. ? À vous, chers lecteurs, de juger... »

L'Assaut reparaît sous son titre le 6 janvier 1945 et *Valmy* s'éclipse. On se contente cette fois des initiales, mais dans une petite commune l'identification sera vite faite : « Quelques anciens F.F.I. réfractaires au travail en Allemagne nous prient d'insérer la lettre suivante : une certaine Mme M. de notre localité originaire de La Souche [arrondissement de Largentière] doit se souvenir des menaces qu'elle a proférées en public chez un commerçant de Pont-de-la-Beaume contre des jeunes gens de chez nous qui avaient "le culot de désobéir aux ordres de Vichy en refusant de partir en Allemagne", en particulier contre un jeune qu'elle avait aperçu revenant des champignons. Elle avait

---

1. Mais nous avons rétabli l'anonymat.

regretté l'absence des gendarmes pour pouvoir le faire. Eux s'en souviennent. À bon entendeur, salut ! Les anciens réfractaires qui n'ont pas oublié. »

Dans ces conditions, il n'est pas inutile de se dédouanner ou de faire en sorte que des confusions ou de fausses suspicions ne vous attirent les foudres de l'épuration : « M.E. [l'auteur de ce communiqué a demandé que l'on respecte l'anonymat], instituteur à La Souche, nous fait connaître qu'il n'a aucune relation avec M.E., président de la Légion à Salavas... » (*L'Ardèche socialiste* du 7 octobre).

Dans *La Terre vivaroise*, numéro du 29 octobre : « La Maison Clément Faugier, à Privas, tient à faire connaître au public que contrairement aux rumeurs répandues par des personnes mal informées ou mal intentionnées, elle n'a jamais vendu directement ou indirectement à l'ennemi et que la totalité de sa fabrication a été livrée en France pour les besoins des Français... »

Cela pour échapper aux griefs de « collaboration économique » dont les bénéficiaires tirèrent de substantiels profits et qui, eux, échapperont sans mal aux rigueurs de l'épuration.

La Terre vivaroise de la même date signale sous la rubrique « nécrologies sacerdotales » la mort de « M. l'abbé Mandaroux, curé de Saint-Privat, à l'âge de quarante-cinq ans... » Sans autres commentaires de la part d'un journal catholique qui ne peut ignorer que l'abbé a été assassiné. Prudence oblige. Constatons, sans condamner : il peut alors en coûter de se montrer courageux, voire même de rafraîchir la mémoire des lecteurs à propos d'événements brûlants.

Un communiqué du préfet de l'Ardèche annonce que par un arrêt du 28 septembre pris sous son autorité a été instituée une « commission de criblage » destinée à juger les cas des personnes interpellées, et la création d'une « cour martiale ». Mais le communiqué prend soin de préciser à l'intention de ceux qui l'auraient oublié : « Aucune arrestation ne doit être faite par des autorités autres que celles qui sont habilitées par les pouvoirs publics, en l'occurrence le préfet. Aucune amende, ajoutent les instances départementales, ne doit être prélevée abusivement. Seules, la police officielle et la prévôté militaire ont le droit d'opérer des arrestations. Tout abus dans ce domaine sera sanctionné immédiatement... »

Un millier d'Ardéchois sont internés en plusieurs lieux du département sans que la police régulière y soit pour quelque chose. Son rôle se résout pour l'essentiel à entériner un état de fait. Les prisons de Privas et de Largentière, le pénitencier du Teil, une usine à demi abandonnée près de Chomérac, le château de Cruchet, entre autres, reçoivent ces nouveaux proscrits qui représentent toutes les catégories sociales, toutes les professions, publiques ou privées. Les agriculteurs sont la majorité, mais on y trouvera également des ouvriers – certains d'entre eux parce qu'ils avaient refusé de s'associer aux grèves de 1936-1937 –, des commerçants, des avocats, des médecins, des officiers en congés d'armistice, des présidents d'Action catholique, des membres de conseils paroissiaux, des responsables, à des titres divers, du régime de Vichy : membres de la Légion, syndics agricoles, etc.

La presse régionale est discrète sur ces internements, mais des communiqués comme celui-ci traduisent bien le contexte de l'époque : « Le 2e Bureau F.T.P. nous prie d'annoncer, lit-on dans *L'Ardèche socialiste* du 23 septembre, que les détenus politiques précédemment détenus à Antraigues, actuellement transférés au château de Cruchet à Pont-d'Aubenas, pourront recevoir les visites de leur famille les mardis et les samedis, entre 14 et 18 heures. Aucune dérogation ne sera accordée à la présente réglementation... »

Contrordre, toujours dans *L'Ardèche socialiste,* numéro du 30 septembre : « Le 2e Bureau F.T.P. nous demande d'informer les intéressés que contrairement à la note parue dans notre dernier numéro les détenus politiques actuellement internés au château de Cruchet ne pourront recevoir aucune visite de leur famille... »

Le camp de Chabanet détient le monopole de la célébrité pour avoir accueilli une sorte d'élite des suspects. L'armée y occupe le haut du pavé avec rien de moins qu'un lieutenant, un capitaine, deux commandants, trois colonels et le chanoine Armand, curé d'Annonay.

Le flot des internés se grossit d'arrestations aux quatre coins du département, chaque jour amenant un nouveau visage ou une scène plus poignante que les autres : « Un détenu, se souviendra le chanoine Armand, avait ses deux fils dans l'armée d'Afrique, objets l'un et l'autre d'une citation. [...] C'est dans notre camp que l'un de ces héros vient faire à son père une dernière visite avant de tomber sur le champ de bataille... »

Cependant, l'instruction légale commence et le camp de Chabanet reçoit la visite des inspecteurs de la police judiciaire. « Ils s'informaient chaque fois de notre identité, note le chanoine Armand, puis sollicitaient l'aveu de nos crimes avec la plus engageante bienveillance... » C'est déjà un mieux par rapport aux méthodes des F.T.P. Le curé d'Annonay restitue en ces termes le déroulement des interrogatoires :

Question d'un inspecteur :

« Mais voyons, dites-nous très simplement pour quel motif vous avez été arrêté...

— Je ne le connais pas...

« Telle était, poursuit le chanoine Armand, la réponse invariable des prisonniers. Les feuilles d'enquête étaient remisées dans la serviette avec, sur la colonne réservée au motif de l'arrestation, la mention : "Inconnu". Un de nos camarades s'avisa, un jour, de dire aux inspecteurs : "Mais vous devez le connaître, vous, le motif de notre arrestation... – Et comment le connaîtrions-nous, répondit l'inspecteur, il n'y a rien dans votre dossier !"... »

Ces aveux insolites n'annoncent nullement une proche libération. Le 18 octobre, les prisonniers du Chabanet sont transférés par des raidillons et sous une pluie battante dans une usine désaffectée à Champ-la-Lioure. C'est un nouveau lieu de regroupement. En effet, à ceux du Chabanet se joignent les personnes rassemblées à Pont-d'Aubenas et de Saint-Ange, soit au total quelque 150 suspects. Une course de vitesse semble bien engagée entre les épurateurs légaux et les autres, en l'occurrence les Milices patriotiques qui, se moquant comme d'une guigne de l'autorité constituée, ont continué à procéder à des arrestations selon leurs propres critères d'appréciation. C'est ainsi qu'au Teil, où elles sont particulièrement actives, elles ont interpellé, depuis le 1er septembre, l'ancien maire, M. Doulaud, et sa femme, un industriel, M. Sébille, et le docteur Bonamour. Les Milices ont voulu montrer leur zèle patriotique en « s'intéressant » aux prisonniers de Champ-la-Lioure, mais, fort heureusement pour eux, elles en ont été dissuadées par les gendarmes et l'attitude sans ambiguïté du chef du camp.

De son côté, la « commission d'épuration » du comité départemental de libération est à l'œuvre qui, dans ses séances du 29 septembre, 13, 23 et 25 octobre, a demandé une plus grande vigilance, et en particulier « diverses mesures vis-à-vis de suspects ou fonctionnaires indignes ».

Mais les modérés s'inquiètent, ou ceux que les abus et certaines méthodes révoltent. *Le Réveil du Vivarais*, organe régional du Mouvement républicain populaire (M.R.P.), cite, le 28 octobre, une déclaration du pasteur Perret publiée sous le titre : « On ne cafarde pas ! » Émanant d'une personnalité protestante dont la communauté n'était pas en odeur de sainteté à Vichy et dont les membres ont, en grande majorité, opté pour le gaullisme et la Résistance[1], cet appel n'en a que plus de poids : « Il faut croire que nous sommes encore de grands malades, a affirmé le pasteur Perret le 22 septembre. On nous invite en effet à apporter notre concours à la commission d'épuration en allant "dénoncer auprès d'elle les ennemis de la République", et, pour nous encourager, on nous assure que nous pouvons compter sur la "plus grande discrétion"... Pauvres de nous ! »

« Ce qui est grave, enchaîne *La Terre vivaroise* du 29 octobre, c'est qu'on réédite quelques-uns des plus odieux procédés de la Gestapo ; c'est qu'il semble que le nazisme ait intoxiqué certaines âmes au point de leur persuader que la violence est toujours légitime, que tout est permis contre ceux que l'on considère comme des adversaires, que chacun peut disposer de la vie d'autrui.

---

1. On l'observe en Ardèche, dans les régions et localités de traditions réformées.

« À quoi donc servirait alors d'avoir triomphé des Barbares si c'est pour les imiter et se rendre semblables à eux ? »

Il est symptomatique cet « avis à la population » publié le 9 octobre 1944 à Saint-Étienne, la grande cité industrielle aux limites de l'Ardèche : « Le centre de criblage de Grouchy compte parmi ses détenus nombre de *condamnés par la rumeur publique* [1], accusés d'appartenance à la Gestapo, à la Milice, au P.P.F., contre lesquels aucune information judiciaire n'a pu être ouverte jusqu'ici par la suite de l'absence de tout renseignement sur leur activité passée. La population tout entière doit se faire un devoir d'aider la commission de criblage dans son travail d'épuration. Elle est donc invitée à adresser de toute urgence à Grouchy tous les renseignements qu'elle peut posséder sur les internés dont les noms suivent, pour lesquels un dossier n'a pu être constitué. »

Suivait la liste des 250 suspects à propos desquels « un dossier n'[avait] pu être constitué »...

Le procédé utilisé avait entraîné une double réaction. Mgr Bornet, évêque auxiliaire de Lyon pour la région de Saint-Étienne, déclara : « Il n'est pas permis de priver des hommes de leur liberté sur des simples présomptions, et sous la poussée de la rumeur publique ou d'une opinion excitée et mal informée, ou, encore moins, de ressentiments et de caprices individuels... »

D'autre part, le groupe des Équipes chrétiennes de la Résistance, peu suspectes de complicité avec l'ancienne collaboration, rappela, lors de leur réunion du 19 novembre à Saint-Étienne « l'exigence du respect des droits de l'homme » : « [...] L'épuration ne doit pas être une occasion de se débarrasser d'un adversaire politique ou d'un voisin gênant. Il ne faut pas, non plus, qu'elle puisse amorcer une réaction sanglante qui, tôt ou tard, se produirait si l'on continuait à faire deux catégories de citoyens... »

Le tribunal militaire permanent et la Cour de justice, sous la présidence de M. Audibert, tiennent leurs premières séances fin octobre. Désormais, et pendant de longs mois,

---

1. Souligné par l'auteur.

les journaux locaux publient une rubrique régulière des jugements et des condamnations. Pour *L'Ardèche socialiste* et *Valmy* les « extraits des minutes du greffe de la Cour de justice » sont source d'un profit non négligeable et le choix de ces deux journaux politiquement engagés n'est certainement pas le fruit... du hasard.

Pour sa part, le chanoine Armand bénéficie d'une mise en liberté provisoire avec mainlevée d'un mandat de dépôt qui n'a jamais existé. La presse de la Résistance proteste. Son avocat abandonne son dossier en lui conseillant d'en choisir un « mieux en cour ». C'est que le choix du défenseur – dont la mission est parfois périlleuse en 1944 – est également d'importance. L'évêque de Viviers lui demande de ne pas retourner dans sa paroisse et de donner sa démission.

Les F.T.P. estiment que l'épuration ne va pas assez vite, que la justice ne frappe pas assez fort. *Valmy* tonne, le 16 décembre, à l'intention de la cour : « La 5e Colonne [elle n'est pas morte ?] continue son action néfaste et antifrançaise... Nous disons que l'épuration en Ardèche est sabotée de bas en haut... Douze dossiers auraient disparu dans leur transfert entre le C.D.L. [Comité départemental de libération] et la préfecture. Des pièces à charge se sont volatilisées cependant que les pièces à décharge restaient dans les dossiers. Des témoins ne sont pas entendus dans certaines affaires... C'est un scandale ! »

Le 28 février 1945, le chanoine Armand comparaît devant la cour de justice de Privas pour « intelligence avec l'ennemi, collaboration avec lui », et « activités dans le but de nuire à la Défense nationale ». Huit autres prisonniers figurent dans le box des accusés. Deux d'entre eux sont enchaînés. Mais sur les vingt jurés convoqués, sept seulement se sont déplacés. Les témoins à charge n'ont pas montré plus d'empressement. Le verdict est prononcé en pleine nuit. Verdict lourd pour le chanoine Armand qui, « déclaré coupable d'actes ayant pu nuire à la Défense nationale », est condamné à deux ans de prison, à 3 000 francs d'amende et à l'indignité nationale.

Le chanoine Armand partage alors avec un prisonnier de droit commun une cellule de quatre mètres de long sur un mètre soixante de large. Ces cellules sont prévues pour un condamné à la fois ; elles en reçoivent en réalité deux ou trois en raison du surnombre. Pour tout mobilier, un châlit scellé au sol et une tinette rongée par l'acide.

Invoquant son état de santé, le curé d'Annonay, qui sera bientôt hospitalisé, s'adresse au ministre de la Justice pour demander sa libération et introduit un recours en grâce qui est rejeté en raison de l'avis défavorable du C.D.L. local.

Le chanoine Armand revient en prison en juillet ; c'est maintenant, et avec ses codétenus, le départ pour Valence. Tous sont enchaînés. Regroupement, en gare de Valence, avec les prisonniers politiques de la Drôme. On innove en enchaînant les condamnés deux par deux et on les transfert à Lyon. Du moins estiment-ils leur sort enviable en comparaison de leurs compagnons d'infortune de Saint-Étienne qui, descendus à Oullins à la suite d'un bombardement de la gare de Perrache qui l'a rendue inaccessible, ont été accueillis par une foule hostile qui les a malmenés, couverts de crachats, molestés, voire délestés des objets qu'ils portaient sur eux, tout cela en présence de gardiens indifférents ou complices.

À la prison Saint-Joseph de Lyon, les voici cantonnés à quatre-vingts par pièce, lotis d'une paillasse pitoyable, mais du moins séparés des droits communs qui leur ont laissé la place. Là, ils cherchent du mieux qu'ils peuvent à tuer le temps en organisant un cercle de conférences au cours desquelles les intervenants – puisque les professions les plus diverses sont représentées – livrent à leur auditoire le fruit de leur expérience ou de leur connaissances. Ainsi le chanoine Armand disserte-t-il sur « saint Paul et les origines du christianisme ».

Septembre 1945 arrive... En plein sommeil, les prisonniers de Saint-Joseph sont appelés à gagner l'étage inférieur où on les enferme deux par deux dans des cages de deux mètres de large. Cela dure pendant des semaines. Au début, les captifs ont essayé de se débarrasser de légions de punaises en organisant un concours qui met à l'épreuve les facultés de chacun au massacre. Les punaises sont revenues, plus nombreuses. La compétition a été, dans ces conditions, suspendue, faute de concurrents.

Une rumeur, vite dissipée, de libération, puis le début d'une nouvelle épreuve : le transfert dans le camp de Mauzac, camp d'internement dont nous reparlerons.

Sur les circonstances de ce transfert, mieux vaut laisser la place au propre témoignage du curé d'Annonay :

« On nous riva à deux au moyen d'un double bracelet de fer qui obligeait les deux prisonniers à mouvoir simultanément la main et dans le même sens ; le moindre mouvement indépendant infligeait une souffrance aiguë à l'un et à l'autre. On nous fit passer par le souterrain qui réunit la prison Saint-Joseph à la prison Saint-Paul. Dans celle-ci, nous attendaient un grand nombre de détenus, équipés comme nous, et prêts, eux aussi, à partir pour Mauzac.

« À minuit, entassés dans des camions, nous arrivions en gare des Brotteaux au nombre de cent cinquante. Dès que nous fûmes installés dans nos compartiments, les gardiens complétèrent notre équipement en nous mettant des chaînes aux pieds. Nous étions ainsi attachés et rivés, deux par deux, par les mains et par les pieds... »

Le voyage jusqu'à Mauzac dure pendant trente-huit heures. Le chanoine Armand poursuit :

« Sans doute nos poignets enflés, nos chevilles endolories nous faisaient cruellement souffrir, mais la douleur la plus atroce, douleur morale celle-là, fut de ne pouvoir nous isoler un seul instant pour satisfaire aux besoins naturels. Même alors on restait rivé à son camarade et dans l'impossibilité de se servir de ses deux mains. Un prisonnier, extrait de l'infirmerie de Saint-Joseph pour être conduit à Mauzac, se trouva si mal en route que nous ne pensions pas le voir arriver vivant. Il ne fut l'objet d'aucune attention de la part de nos gardiens ; pour eux ce voyage paraissait une partie de plaisir... »

Revenons en Ardèche... À lire *L'Assaut* on a bien l'impression, en ce mois de janvier 1945, d'un proche retour des Allemands, quatre mois après la Libération. Le journal ne parle que de « parachutages boches » dans son numéro du 6 janvier. « Les Milices patriotiques ou Gardes civiques républicaines, en particulier paysannes, qui entendent la nuit le ronflement de moteurs d'avions, qui aperçoivent des signaux lumineux, doivent surveiller et tâcher de déceler s'il y a parachutage. Si oui, alerter la gendarmerie et les patriotes et intervenir comme il conviendra. Prévenir le commandant de la subdivision à Privas ainsi que le commandant de la même localité, et l'organisme départemental des Milices patriotiques, téléphone n° 20, Le Teil. »

Un communiqué publié dans le numéro du 15 février de *L'Ardèche socialiste* se réfère à des préoccupations plus tangibles : « Il a été signalé au gouverneur militaire de Lyon que des individus circulent en tenue militaire alors qu'ils n'ont nullement la qualité de militaires ou de membres des F.F.I.

« Il est rappelé que les individus trouvés en tenue militaire, et qui n'appartiennent pas à l'armée, sont passibles de poursuites devant les tribunaux pour port illégal d'uniformes... »

On verra bientôt que la justice militaire ne s'intéressera pas uniquement aux porteurs abusifs des uniformes de l'armée. En attendant les tribunaux de la Libération continuent leur œuvre et rendent des jugements dont les attendus occupent, au mois de mars, des pages entières des journaux locaux sélectionnés pour ces publications. La chambre civique de l'Ardèche prend le relais de la Cour de justice qui, fin mars, condamne à mort et par contumace 38 personnes, hommes et femmes, qui se voient par ailleurs infliger la confiscation de leurs biens. Des peines identiques frappent 7 autres personnes dans le courant de mai.

Quel chiffre retenir pour les exécutions sommaires en Ardèche ? Une source départementale de haut niveau a fait état de 600 minimum. Cette évaluation inspira probablement les indications fournies par M. Charles Brune, ministre de l'Intérieur, en réponse à une question que lui avait posée Me Isorni, alors député de Paris, sur les exécutions sommaires imputables à l'épuration. M. Brune, dans sa réponse publiée par le *Journal officiel* du 5 septembre 1951, retenait le chiffre de 627 pour l'Ardèche. C'était l'un des « records » des départements français. Dans le bulletin n° 219 de janvier-février 1976 du Comité d'histoire de la Deuxième Guerre mondiale, M. Rufin, son correspondant régional, évaluait, de son côté, le nombre des exécutions sommaires à 255. Mais pour préciser qu'il avait exclu de sa statistique celles qui étaient imputables à de « faux maquis ». Cette remarque pose une question fondamentale qui est valable pour bien d'autres régions. Maquis « officiels » ou non – et comment les distinguer les uns des autres sans risques d'erreurs ? – n'était-ce pas en effet d'exécutions sommaires qu'il s'agissait ?

Les deux tiers des exécutions annoncées et commises par des maquis répertoriés ont eu lieu pendant la seule période comprise entre la date du débarquement en Normandie, le 6 juin, et celle de la libération officielle de l'Ardèche, le 7 septembre. Ainsi, bien loin d'apaiser les foudres des escadrons de la mort, la victoire des Alliés avait stimulé leur besoin de vengeance et de violence. Il est vrai que la Libération assurait leur impunité.

Toutefois, l'arbitraire sanglant avait atteint un tel degré que la Justice ne put rester indifférente. Pour l'Ardèche ses investigations se portaient notamment sur le « lieutenant P. », dont nous avons relaté les expéditions punitives contre le commandant de La Roque et d'autres. Ces morts-là, qu'on le sache, ne furent pas le fait de faux maquis.

Une procédure est instruite par le tribunal militaire de Lyon contre le « lieutenant P. » qui est « inculpé d'assassinats » et de complicité. Le 12 juin 1950, cette instance rend un arrêt ordonnant un supplément d'information et l'affaire revient devant la chambre des mises en accusation de la cour d'appel de Lyon qui, après avoir entendu le rapport du conseiller T., énumère dans ses attendus du 3 novembre 1953 quatorze assassinats qui ont motivé l'inculpation du « lieutenant P. » et signale que l'information judiciaire a également porté sur treize autres homicides.

Le « lieutenant P. » s'est retranché, au cours de l'instruction, derrière les ordres de son chef F.T.P.F. dit « commandant R. », « qui lui avait remis une liste de personnes à abattre sans jugement... ». Le « commandant » ne contestera pas avoir transmis cette liste et donné des ordres en consé-

quence, mais il en rejettera à son tour l'initiative sur un
« prétendu état-major F.F.I. et F.T.P. » qui aurait, depuis le
début de l'année 1944, siégé à Valence.

« ... Il semble bien que le commandant local F.T.P. ait eu
en fait la responsabilité de toutes les exécutions, affirmait la
chambre des mises en accusation dans ses attendus, et que,
au moins à l'égard de certaines personnes qui ont été abattues, les charges étaient si insignifiantes lorsqu'elles
n'étaient pas inexistantes, qu'on peut se demander si ces victimes n'ont pas été choisies en raison d'une situation sociale
ou d'une influence locale qui laissaient présumer qu'elles
appartenaient à des milieux politiques opposés aux tendances extrémistes des éléments F.T.P., lesquels auraient
ainsi profité des circonstances pour éliminer des adversaires possibles... »

Dans un style quelque peu amphigourique, la chambre
des mises en accusation de la cour d'appel de Lyon définis-
sait ainsi – huit ans après – ce qui avait été l'un des drames
de l'épuration sauvage.

Ce qui se passe à Valence, en septembre 1944, ne relève
pas non plus d'un grand courage patriotique... de la part
d'hommes qui prétendent agir au nom de la Résistance,
qu'ils aient été ou non des maquisards authentifiés.

Il est 18 h 30, le 29 septembre, lorsque deux « policiers »
pénètrent dans la prison. Les deux hommes ont, en effet,
revêtu de faux uniformes qui abusent, semble-t-il, les gardiens. Une vingtaine de leurs complices, armés, les suivent.
Ils exigent qu'on leur remette six détenus qui ont comparu
devant la cour martiale.

Deux de ces détenus, condamnés à mort, ont vu leur peine
commuée en travaux forcés. Pour deux autres, la cour – les
cours martiales ne pèchent pourtant pas par excès d'indulgence... – s'était déclarée incompétente. Notamment pour
M. de Gailhard-Bancel, ancien président de la Corporation
paysanne de la Drôme, qui bénéficie de très nombreuses
sympathies dans la région. Il y a là également MM. Pierre
Moutier, de Valence, Philippe Chadebat, de Romans, Paul
Bret et Paul Combat (de Valence), René Beteville, de Bourg-

lès-Valence. Aux trois derniers il est reproché d'avoir appartenu à la Milice. Tous ont cependant échappé à la peine de mort.

Pour peu de temps, puisque leurs ravisseurs, se substituant aux juges de la cour martiale, les conduisent dans le quartier de l'Épervière où ils les abattent. Non contents, ils transportent leurs corps sur la place Madier-de-Monjau où ils seront longuement exposés avec cet écriteau : « Justice du peuple ».

Dans Valence et dans la région, ce fut le même cri d'indignation. Cri étouffé... C'est à peine si la presse signala l'exécution, sinon par allusion, en Ardèche, et lorsqu'elle relata les faits, dans les grands quotidiens de la vallée du Rhône, en omettant de mentionner la macabre exposition.

7.

DANS LA CAPITALE DE LA RÉSISTANCE

Lyon est définitivement libéré le 3 septembre 1944... C'est une étape décisive dans la campagne fulgurante des troupes franco-américaines placées sous le commandement du général Patch. Remontant la vallée du Rhône après le débarquement du 15 août sur les côtes de Provence, elles poursuivent les troupes allemandes menacées d'être prises en tenaille par les Alliés au nord et au sud.

Lyon est rendu à la liberté quelques jours seulement après Paris. Il y a dans cette concomitance la valeur d'un symbole. Et dans l'histoire des années sombres, Lyon occupe indubitablement une place à part. On ne l'a pas élu par hasard capitale de la Résistance. Les combats de l'ombre, les affrontements meurtriers furent là plus rudes et plus impitoyables que dans les autres grandes métropoles françaises. Sous l'effet des traumatismes de l'Occupation et dans le gouffre où se perd l'autorité, vont déferler les passions et s'exercer les vengeances.

L'histoire de Lyon pendant l'Occupation et sa libération a suscité des curiosités et des recherches qui n'ont que peu d'équivalents en France. Elles ont été ravivées par le procès Barbie au cours de l'été 1987. On en retiendra les grandes lignes, selon une méthode que nous nous sommes efforcés de mettre en pratique dans les différentes étapes de cet ouvrage, convaincu que faute d'être établis dans leur filiation les événements que nous avons pris en charge d'explorer risquaient de se réduire à une succession de faits divers sanglants décousus, réducteurs de la réalité et fatalement suspects de la travestir.

Occupé par les troupes allemandes, Lyon est évacué le 4 juillet 1940 conformément aux clauses de l'armistice signé le 22 juin à Rethondes. Lyon partage alors avec Marseille l'avantage provisoire de recueillir ce qui subsiste en France d'expression libre. De grands quotidiens comme *Le Figaro, Le Temps, L'Action française, Paris-Soir, Le Journal* s'y sont repliés. Et aussi de grands écrivains comme Paul Valéry, Antoine de Saint-Exupéry, Louis Aragon, l'équipe d'*Esprit*, Pierre Seghers, etc. Cinq quotidiens régionaux continuent à y paraître. De la capitale des Gaules on n'hésite pas à dire qu'elle est devenue « la capitale intellectuelle de la France ».

L'unanimité en faveur du maréchal Pétain est alors la règle dans cette citadelle du radicalisme, fort bourgeoise, dont le maire inamovible – depuis trente-cinq ans... – vient de faire allégeance au futur chef de l'État français :

« Autour du maréchal Pétain, a déclaré Édouard Herriot le 9 juillet, dans la vénération que son nom inspire à tous, notre nation s'est regroupée en sa détresse. Prenons garde de ne pas troubler l'accord qui s'est établi ainsi sous son autorité... »

Et Édouard Herriot, président de la Chambre des députés, et pape du radicalisme, est allé beaucoup plus loin dans l'adhésion au discours que tiennent les nouveaux dirigeants :

« Nous aurons à nous réformer, à rendre plus austère une République que nous avons faite trop facile, mais dont les principes gardent leur vertu... »

Cette « République austère » qu'Herriot appelait de ses vœux, ce sera l'« État français ». Le lendemain du jour où ces paroles étaient prononcées, le 10 juillet, les sénateurs et députés présents à Vichy confiaient au maréchal Pétain les pleins pouvoirs, aux fins « de promulguer la nouvelle Constitution de l'État français ». Il est intéressant de noter que sur les seize parlementaires du Rhône qui participèrent au vote, la moitié avait refusé ces pleins pouvoirs. Huit sur quatre-vingts pour l'ensemble de la France.

Le 20 décembre, Édouard Herriot et sa municipalité sont suspendus de leurs fonctions et remplacés par une délégation spéciale. Très importante à Lyon, la Légion des combattants organise place Bellecour des rassemblements impressionnants, proclamant son dévouement sans bornes au Maréchal sous la triple devise « Travail, famille, patrie » qui se substitue à celle de la République. Mais, dès la fin de 1941, apparaissent les premiers signes de résistance, d'abord sous la forme de tracts émanant de mouvements très minoritaires tels que Témoignage chrétien, les Petites Ailes, puis, au mois de décembre, par l'action de Combat, plus puissant et plus structuré. Il s'agit surtout pour l'heure de mouvements d'idées, l'absence d'occupants ne rendant pas nécessaire l'action armée.

Jean Moulin, parachuté en Provence dans la nuit du 31 décembre au 1er janvier (1942), prend à Lyon ses premiers contacts. Et les manifestations populaires en faveur du Maréchal se succèdent, dont le lieu privilégié est la place Carnot. Après l'occupation de la zone libre, en novembre, Lyon devient le centre d'une intense activité clandestine. Les réseaux s'y organisent ou y créent des ramifications, Alliance, du commandant Loustaunau-Lacau et de Marie-Madeleine Fourcade, les M.U.R., dont le chef régional est Auguste « Alban » Vistel (il deviendra le chef régional des Forces françaises de l'intérieur), l'Organisation de la résistance de l'armée, O.R.A., issue de l'armée d'armistice (colonel Descour). Plusieurs quotidiens se sabordent plutôt que de paraître sous occupation et tutelle allemandes : *Le Figaro, Le Progrès de Lyon*.

Le Kommando allemand de la police et du renseignement s'installe à l'hôtel Terminus, près de la gare de Perrache – Barbie assure la direction de la section IV (Gestapo proprement dite) et IV B (« antijuive ») – et à l'École de santé militaire où s'organise la répression contre la Résistance. La prison de Montluc et le fort de La Duchère acquièrent leur réputation sinistre. On fusille à La Doua. Plus de 700 arrestations ont lieu dans le Rhône en 1943, près de 800 de janvier à mai 1944.

Après le débarquement du 6 juin, c'est « l'escalade de la terreur[1] ». Aux coups de main de la Résistance dus en majeure partie à la compagnie F.T.P. « Carmagnole » répond le redoublement de l'action répressive. Tandis que les arrestations et les déportations s'accélèrent, les nazis multiplient les massacres dans toute la région. L'opération alliée sur les côtes de Provence, le 15 août, donne le signal d'un surcroît de violence sanguinaire qui atteint un nouveau degré dans le spectaculaire avec l'exécution de plus de 100 détenus prélevés dans les prisons lyonnaises et dont on retrouvera les corps dans des charniers à l'aérodrome de Bron, puis de 80 autres à Saint-Genis-Laval. Ce massacre déclenchera des représailles de la Résistance.

Mais la Libération approche. Après être entrés à Grenoble, le 21 août, les Américains font leur jonction avec les forces franco-américaines montant d'Avignon, le 28 août, à Montélimar. L'offensive est alors lancée en direction de Lyon. Suivant l'axe de la rive droite du Rhône, la division blindée du général Touzet du Vigier dont nous évoquions l'intervention en Ardèche, et la 1re division française libre du général Brosset investissent la ville par l'ouest et le sud-ouest, les Américains couvrant le reste. Le 2 septembre – les troupes françaises viennent de libérer Montpellier – les Allemands décrochent en faisant sauter les ponts sur le Rhône et la Saône sans être inquiétés par la Résistance qui s'abstient d'intervenir. Lyon, au contraire de Paris, ne se hérissera pas de barricades.

Sans entrer dans le détail des raisons qui ont inspiré cette abstention volontaire[2], on peut en déduire qu'elle aura des

---

1. Selon l'expression de Fernand Rude, dans *Libération de Lyon et de sa région*, Hachette, 1974.

2. Henri Noguères et Fernand Rude, *op. cit.*, ont largement abordé ce problème. Les chefs de la Résistance ont invoqué la faiblesse des moyens dont ils disposaient pour soutenir un soulèvement armé dans la ville de Lyon. Charles Tillon se démarquera de cette opinion au nom des F.T.P. en avançant l'exemple de Villeurbanne. Lyon était libéré sans effusion de sang, un argument de poids pour les « abstentionnistes » qui rejetaient la perspective de sacrifices inutiles et craignaient peut-être une intervention trop marquée des communistes.

conséquences pour la suite des événements. Faute d'avoir pu harceler les Allemands battant en retraite, les frustrés des combats de rue manifesteront un zèle redoublé pour arrêter, interner, molester ou tuer ceux qui leur apparaîtront comme entachés de compromissions collaborationnistes. La tâche leur sera d'autant plus facile que personne, ou pratiquement personne, ne sera en mesure de modérer ou de se mettre au travers de leur activisme justicialiste. Une fois de plus, l'absence d'autorité constituée facilitera l'épuration sauvage.

Lyon, comme Paris, aura le privilège d'être libéré par des Français, les soldats du général Brosset. On verra que celui-ci, « Français libre » et par conséquent peu suspect d'indulgence à l'endroit des collaborateurs mais inquiet de l'anarchie ambiante, offrira ses bons offices pour contribuer à la restauration de l'ordre, mais qu'il récoltera un refus très catégorique du commissaire de la République Yves Farge. Ce refus pouvait se comprendre par la volonté de ne pas laisser empiéter le pouvoir militaire, bien qu'il fût celui des libérateurs, sur le pouvoir civil en gestation. Mais le commissaire de la République se privait aussi d'une arme efficace pour obtenir le retour au calme et éviter les excès.

Le 3 septembre, donc, Lyon est libre. Les hommes de la 1re D.F.L., appuyés par les Forces françaises de l'intérieur, occupent la ville. Les nouvelles autorités se mettent progressivement en place : Yves Farge, Auguste Vistel dit Alban, « catholique de gauche » appartenant à la mouvance d'*Esprit* d'Emmanuel Mounier, engagé très tôt dans la Résistance, arrêté en 1942 puis libéré grâce à des complicités policières, chef régional des M.U.R. puis des Forces françaises de l'intérieur. Le nouveau préfet sera Henri Longchambon, agrégé de l'Université et docteur ès sciences, professeur à la faculté de Montpellier, résistant lui aussi mais libre d'engagements politiques précis. À cette sorte de triumvirat viendra s'ajouter un maire provisoire, Justin Godart. C'est un Lyonnais de souche, avocat talentueux, député, sénateur, radical-socialiste, sous-secrétaire d'État dans le cabinet Clemenceau pendant la Première Guerre mondiale, ministre, délégué permanent de la France au Bureau international du Travail à Genève dans le cadre de la Société des Nations. Il s'était retiré officiellement de la vie politique en 1940 avant de participer à la création du Front national en zone Sud.

Le 4 septembre, « la rue gronde, chante et crie », se souviendra Yves Farge[1]. On se bat encore contre un ennemi invisible. On tire un peu partout dans le vacarme du roulement des chars. Et la chasse est donnée aux miliciens et aux suspects. On voit surgir une pléiade de nouveaux résistants. Yves Farge témoigne : « ... Du côté de la caserne de la Part-Dieu, des jeunes gens armés ne portant même pas un brassard arrêtent les passants [!] et les menacent. J'interviens. Je suis empoigné et conduit dans un bar où je trouve un homme qui me connaît. Il faudra mettre un frein à ces fantaisies ridicules ! Au coin d'une rue, des femmes sont tondues et la foule hurle... »

L'attitude d'Yves Farge pose d'ailleurs problème. Conscient et informé des abus innombrables – quand il ne s'agit pas de crimes relevant du droit commun – il les dénonce et parfois tente de les limiter. Il lui arrive de condamner sans ambages le comportement des « Résistants de septembre ». Ces appels à la modération sont connus, il les répétera dans les semaines à venir afin de modérer les ardeurs justicialistes. Mais peu d'actes accompagnent les propos. En outre, il aura tendance, plus tard, à minimiser l'ampleur de l'épuration sauvage. Relatant, par exemple, dans ses Mémoires, sa visite en Ardèche, il exalte les combats de la Résistance, mais semble comme frappé de cécité devant les crimes qu'y ont commis des bandes de « justiciers » qui sont loin d'avoir tous à leur actif un véritable brevet de résistance. Silence aussi sur le comportement de certaines phalanges de F.T.P. que des unités de l'armée régulière seront conduites à menacer de leurs fusils-mitrailleurs pour les mettre à la raison, comme il arriva dans la Drôme.

---

1. Dans *Rebelles, soldats et citoyens*, Grasset, 1946.

Farge a-t-il ignoré les faits ? Ce qui est sûr, c'est que le commissaire de la République savait bien l'état de désordre et de confusion qui régnait dans nombre des départements dont il avait la charge. Se rendant en Haute-Savoie en « tournée d'inspection » – l'une de celles qui le conduisaient à travers les territoires de son fugitif proconsulat – il avait été, racontera-t-il, interpellé six fois parce qu'on le prenait « pour un autre », et de nouveau alors qu'il revenait de Saint-Étienne. Le responsable de la Région Rhône-Alpes avait bien du mal, dans sa propre capitale comme hors de ses limites, à se faire reconnaître par les siens. C'était le signe tangible d'une situation authentiquement anarchique, propice à tous les débordements de l'épuration sauvage.

On imagine ce qui pouvait arriver à d'autres si le commissaire de la République n'échappait pas aux interpellations...

Dans Lyon, on commence à voir des scènes et des cortèges qui, depuis des semaines, sont devenus familiers dans la France libérée ; des hommes en civil, fusils ou « pétards » au poing, tantôt membres des F.F.I. et des Milices patriotiques, tantôt résistants improvisés, encadrant miliciens, femmes tondues et suspects. L'épuration parallèle est en marche, celle qui s'accomplit sans mandat officiel, ni du commissaire de la République ni de son secrétaire général pour la police, Marc Laurent. Abus de pouvoir, gestes incontrôlés, vengeances gratuites. Dans la ville heureuse de sa libération mais qui s'interroge devant le désordre qui est en train de s'instaurer, un épisode de l'épuration sauvage s'achève par un des drames les plus spectaculaires que Lyon ait connus.

Au début de l'après-midi du 4 septembre, des hommes armés viennent de s'engager sur le pont Wilson[1] avec un groupe de miliciens et de femmes au crâne rasé lorsque l'une de celles-ci s'effondre, prise probablement d'un malaise, ou simulant un évanouissement. La confusion devient générale. Les gardiens perdent le nord. Mettant à profit l'incident, plusieurs miliciens se jettent dans le Rhône. L'affaire s'aggrave. Des coups de feu éclatent un peu partout. Des

---

1. Que les hommes du général Brosset ont provisoirement rendu utilisable.

témoins affirment qu'ils partent de l'Hôtel-Dieu. Il n'en faut pas davantage pour que, arrivant en force – on citera le chiffre de plusieurs centaines – des membres des F.F.I. dirigent un feu nourri contre l'hôpital dont s'échappe bientôt une lourde colonne de fumée. Malgré l'intervention des pompiers, le dôme s'effondre dans un jaillissement de flammes.

C'est parce qu'il pressentait ces risques de « dérapages » que le général Brosset avait fait à Yves Farge les offres que l'on sait. La veille, 3 septembre, Farge et Brosset se sont rencontrés, pour la première fois, dans le bureau du maire.

« Nous nous étreignons, note Yves Farge, puis de sa voix enrouée il [le général Brosset] attaque : "C'est un beau bazar dans la rue, je me charge de la police..." Je rétorque : "Je regrette, j'ai tous les pouvoirs ; vous n'assurerez la police que si je juge utile de faire appel à vous..." »

Et Farge de poursuivre : « Un débat vif s'engagea sur les pouvoirs des commissaires de la République. Ni l'un ni l'autre n'avons sur nous le texte de l'ordonnance. Nous nous quittons fraîchement... »

Plusieurs jours passent. Les exactions s'accumulent. Le 7 septembre l'autorité militaire exprime une nouvelle fois son inquiétude et publie un communiqué signé du « commandant d'armes délégué Chabert »[1]. Ce n'est donc plus le général commandant les forces libératrices « de l'extérieur » qui décide de réagir – on pouvait effectivement lui en contester le droit – mais l'un des détenteurs officiellement investis du pouvoir militaire pour la place de Lyon.

« Des arrestations illégales sont faites par des bandes armées qui se qualifient de F.F.I. ou de F.T.P., constate le commandant Chabert. De tels agissements sont contraires au droit sacré à la liberté qu'a toute personne en France et pour lequel des milliers de Français de la Résistance sont morts sous les balles de la Milice et de la Gestapo. Ces agissements doivent cesser immédiatement. Ordre est donné par

---

1. *Alias* Bousquet, le commandant Chabert a été l'un des chefs régionaux des Forces françaises de l'intérieur. Son intervention a d'autant plus de poids et de sens.

le commandant d'armes de Lyon[1] à tous les F.F.I. et F.T.P. de cesser ces arrestations. Un comité d'épuration fonctionne avenue de Saxe. Il fait son travail. Des mandats d'arrêt réguliers sont lancés. Tout F.F.I. ou F.T.P. qui sera pris en flagrant délit d'arrestation illégale sera désarmé et puni de la peine de mort. Les personnes arrêtées seront relâchées. Les traîtres seront punis. Mais il faut que la justice s'exerce dans l'ordre et le calme... »

Ce qui n'empêche pas les « justiciers populaires » de persévérer et d'agir, pour l'instant, en parfaite impunité.

Les miliciens paient les premiers. Quel qu'ait pu être le degré de leurs responsabilités, on les exécute sans jugement, en divers points de la ville. Par exemple près des Abattoirs et de ce qui reste du pont Pasteur. Cloués à un mur, ils sont exécutés à coups de mitraillettes.

Une scène identique se déroule à La Sallaie-d'Oullins avec le concours habituel de la foule. Le tragique y côtoie le ridicule.

Deux miliciens sont conduits par un homme armé qui les place le dos au Rhône, dans l'intention évidente de les abattre. Un témoin qui connaît les lieux intervient, pour signaler... qu'il n'y a pas assez d'eau à cet endroit... Les gens se sont rassemblés. L'atmosphère est lourde. Les hommes de Joseph Darnand s'attendent bien entendu au pire. Alors l'un d'eux, un grand escogriffe, le regard fixé sur la mitraillette de son justicier, lance les derniers arguments pour essayer de sauver sa tête :

— Je jure que je n'ai jamais tiré sur un Français, s'écrie-t-il, que je n'ai jamais tiré sur aucun de vous !

On ne le croit pas, on lui lance des quolibets...

— Vive la France ! reprend-il en s'imaginant être plus convaincant.

Un murmure dans l'assistance, et en désespoir de cause :

— Vive vous tous !

Cette fois, les rires fusent, et le gardien des deux hommes croit utile de remettre les choses en place. S'adressant aux spectateurs, il leur demande de crier à leur tour : « Vive la

1. Le colonel Descour.

France ! » Ce qu'il obtient sans mal. Un moment de silence, d'impatience mal contenue : que va décider le résistant ? D'ailleurs, il n'est plus seul, des camarades l'ont rejoint. On en est là lorsque le second milicien, suicidaire ou nostalgique impénitent, relance le curieux dialogue avec un sonore : « Vive l'Allemagne ! »

Le malheureux... Un brouhaha répond à son défi, un vacarme hâché d'invectives. Les hommes en armes laissent éclater leur rage, s'interpellent, vont et viennent dans tous les sens, deux d'entre eux se disputant la faveur d'exécuter le traître provocateur :

— Laisse... je vais le descendre, demande l'un...

— Non, c'est moi qui vais me faire la main, répond l'autre.

Un chef s'interpose :

— Mais enfin, calmez-vous !

Trop tard. Une première rafale est partie, puis une seconde. Les corps des deux miliciens basculent dans le fleuve.

À Lyon, s'installent des officines qui jugent, condamnent et procèdent aux exécutions. Dans une école et sur la petite place qu'elle borde, des hommes du maquis de l'Ain sont à la tâche. Après s'être opposés aux nazis, et la tête assurément pleine des souvenirs de leurs crimes, ils sont venus participer à la libération de la préfecture du Rhône en exerçant leurs vengeances sur les collaborateurs, ou prétendus tels. Ils en ont une trentaine sous la main, dont une moitié semble avoir quelque chose à se reprocher, les autres ne devant d'être là qu'à des dénonciations vagues de jaloux, d'anciens adversaires politiques, de débiteurs, ou d'époux trompés.

Ce n'est pas un hasard si le commissaire de la République a jugé nécessaire de publier, le 9 septembre, un communiqué relatif aux lettres anonymes. Les termes en sont lourds de sens. « Toute dénonciation, précise Yves Farge, et tout avis non suivis du nom et de l'adresse de l'expéditeur, ne seront pas pris en considération et seront immédiatement détruits... »

« Dénoncer », soit, mais à visage ouvert...

Les maquisards de l'Ain ne se sont pas embarrassés de ces considérations pour interpeller leurs suspects. Ils arrivent généralement en piteux état, sous les regards de curieux qui ne veulent pas manquer une miette du spectacle. Les jugements sont rapides et sans appel. Le commandant du groupe, qui préside le tribunal improvisé, est un « dur ». Par exemple, l'un des prisonniers est condamné à mort et fusillé sur-le-champ, uniquement parce qu'il avait abrité dans son garage des voitures de la Milice.

Plusieurs tribunaux populaires fonctionnent ainsi dans la ville de Lyon, complétés par les prisons clandestines, comme à Marseille, à Grenoble ou à Bordeaux. Miliciens, généralement de second rôle (6 000 d'entre eux, ceux qui en principe avaient le plus à craindre, se sont repliés en Allemagne), maréchalistes, attentistes, notables, paient leur tribut aux justiciers de rencontre.

Yves Farge avait prévu et organisé dans la clandestinité les modalités de l'épuration, et dans des conditions qu'il n'est pas inutile de rappeler parce qu'elles sont éclairantes pour notre sujet. « ... Il était indispensable, affirmera le commissaire de la République, de dresser des listes de suspects [1]. La constitution de cours martiales qui seules auraient à connaître des crimes de trahison fit l'objet de nos débats... » Il y avait une certaine naïveté à imaginer que les cours martiales ainsi créées disposeraient du monopole de la justice, alors que tout faisait prévoir qu'une autre forme de justice ne tarderait pas à s'imposer. Farge mesurera bientôt la profondeur du fossé qui séparera ses vœux de la réalité.

Les cours martiales seront un moindre mal, mais leur justice sera pour le moins sommaire.

Visitant la région savoyarde avant de prendre ses fonctions, et encore clandestin, Yves Farge prend contact à Thônes avec le général Paul-André Doyen, et lui propose de

---

1. Comme le recommandaient les Mouvements unis de Résistance dans le texte que nous avons cité dans le premier chapitre.

s'intégrer au commissariat de la République pour prendre
en charge la justice militaire.

— J'ai besoin, pour diriger nos cours martiales, d'un
homme de votre autorité, lui dit-il. L'ordre va dépendre
d'une prompte justice. Ni les uns ni les autres nous n'enten-
dons qu'on use en France libérée des méthodes des nazis.
Notre région a souffert plus que toute autre. La trahison et
les crimes ont causé trop de deuils... J'ai peur d'une trop
brusque détente...

Craintes fondées... Toujours est-il que le général Doyen
accepte la proposition qui lui est faite, en accompagnant cet
accord d'un commentaire révélateur. Yves Farge se souvient : « Au moment où je vais le quitter, le général a un
bon sourire et il me dit : "Ah ! si on pouvait mettre la main
au collet de Pétain[1], comme je serais heureux de présider le
conseil de guerre qui le condamnera à mort..." »

Et Yves Farge de noter simplement : « Que la montagne
savoyarde était belle ce matin-là ! »

L'arrêté n° 13 en date du 3 septembre, signé par le
commissaire de la République, décrète donc l'instauration
des cours martiales dans les départements de son ressort.
Celle du Rhône tient sa première séance le 13 septembre.
Elle siège d'abord dans une petite pièce de la prison Saint-
Paul. L'arrêté prévoit que les cours martiales de la dépendance du commissaire de la région Rhône-Alpes devront statuer dans les huit jours et que leurs sentences seront
exécutoires dans les vingt-quatre heures.

Le premier prévenu est le chef milicien Charles Dagostini,
et ce n'est pas une moindre prise. Combattant courageux en
1940, il s'est engagé dans la L.V.F. dont il s'est fait chasser
par les Allemands. Il regagne la France, rejoint Joseph
Darnand. C'est alors l'aventure de la Milice dont il devient
l'un des chefs les plus redoutés. Il participe avec ses hommes
à des opérations telles que celle du plateau des Glières.
Dagostini est de tous les grands « coups » contre la Résis-

---

1. En l'occurrence, ce sont les Allemands qui, les premiers, met-
tront « la main au collet de Pétain » en le contraignant à quitter
Vichy, le 20 août, pour le Reich *via* Belfort.

tance. Ces expéditions laissent derrière elles des traces de sang et de honte. Charles Dagostini est un des rares miliciens de haut niveau à n'avoir pas fui en Allemagne. Quand on l'amène devant la cour martiale, c'est à peine si on le reconnaît, tant son visage a été marqué par les coups. Après un quart d'heure de délibérations, la cour le condamne à la peine de mort. Il sera fusillé le lendemain, 14 septembre.

La compagne de Dagostini, Maud Champetier de Ribes, le suit dix jours plus tard devant les juges et dans la mort. Jolie, cultivée, appartenant à une famille notoire, la jeune fille a vécu avec le chef milicien un amour qui l'a conduite aux pires extrémités de la violence ; milicienne activiste, elle a participé à ses côtés, bien que les règlements de la Milice interdisent la présence des femmes, aux opérations contre le maquis. Sa noire chevauchée s'achève à l'aurore devant un peloton d'exécution. Sa mort est courageuse. Ses convictions étaient restées jusqu'à la fin inébranlables.

Le 15 septembre, la cour martiale est transférée au fort Montluc. En attendant les grands procès – mais ces dossiers-là ne seront pas de son ressort – tombent les sentences contre des acteurs de second rôle, devant des assistances passionnées, promptes aux invectives, emportées par la danse de la mort et de la vengeance. Les avocats sont désignés d'office par le bâtonnier – les volontaires sont rares – sans que l'on se soit assuré que les défenseurs disposent des compétences en matière criminelle. Le président du tribunal, ancien résistant, avoue sa propre incompétence dans les affaires judiciaires et déclare que de toute manière cela n'a pas grande importance puisque les prévenus de cette audience du 15 septembre sont condamnés d'avance. Les cercueils sont prêts lorsque l'audience commence. On s'entasse dans la salle. Les spectateurs manifestent, sans égard pour les juges. Les dossiers sont d'une minceur inquiétante.

Pour sa première audience, la cour martiale condamne cinq hommes à mort. Parmi eux, un « planton » de la Milice. Aucune accusation sérieuse ne repose sur lui. Son avocat décide alors de se pourvoir devant Yves Farge ; celui-ci refusera la grâce. L'homme sera fusillé. Peu de temps après, des

« résistants » se présenteront au domicile de l'avocat dans l'intention de l'arrêter « parce qu'il avait défendu un milicien »... Fort heureusement, il n'était pas chez lui.

Pendant que la cour martiale siège – dans de telles conditions, comment oserait-on parler de légalité ? – l'épuration sauvage se poursuit dans la rue, devant des tribunaux improvisés ou dans les prisons clandestines.

Deux cas, parmi des dizaines d'autres : M. Alfred Moine, l'un des directeurs de Rhône-Poulenc, ancien conseiller municipal de Lyon, est interpellé le 12 septembre, par trois hommes. Ils lui demandent de les suivre pour une « confrontation ». M. Moine obtempère. Une heure plus tard, on retrouve son cadavre, boulevard Ceinture.

Trois jours auparavant, le 9, M. Théophile Cointe, ancien chef du service de surveillance des Établissements Berliet, a connu le même sort.

Mais qui est investi du droit d'interpellation ? Les F.F.I., les F.T.P., les Milices patriotiques, les policiers ?

La réponse est claire : tout le monde, dans une confusion totale.

Coup sur coup on apprend, les 8, 17 et 19 septembre, l'arrestation de Charles Maurras, Maurice Pujo, de l'ancien préfet régional, Alexandre Angeli, et de celui qui porta le titre redoutable et redouté d'intendant de police, René Cussonac. Des personnalités de premier plan.

Mais également des milliers de gens dont un bon nombre s'interrogeront pendant longtemps sur ce qui leur était reproché. Le 12 septembre devant l'afflux des personnes arrêtées et pour mieux cerner leur cas – avec la part d'approximation qu'on imagine... – le commissaire de la République annonce la création d'une « commission de criblage ». Elle sera composée de trois membres, un représentant du comité départemental de libération, un des Forces françaises de l'intérieur, un troisième de la police. Cette commission aura à se prononcer dans les quarante-huit heures, soit pour le maintien en détention, soit pour la remise en liberté qui peut n'être que provisoire.

Cette mesure d'élémentaire précaution pour limiter les risques de l'épuration anarchique, mais qui encore une fois ne met pas à l'abri des erreurs, répond à d'autres préoccupations très pratiques. C'est qu'il y a tellement de personnes arrêtées qu'on ne sait plus comment les « accueillir »... Du 3 au 30 septembre 2 000 personnes au moins auront été arrêtées dans la ville de Lyon. Les responsables des prisons refusent du monde ou entassent les suspects qu'on leur expédie par de multiples canaux, au mépris des règles d'hygiène les plus élémentaires. Le fort Montluc, par exemple, reçoit mille personnes pour une capacité de cent cinquante.

Le 14 septembre, le général de Gaulle arrive en voyage officiel à Lyon, première étape d'un périple qui le mènera à Marseille, à Toulouse et à Bordeaux. Ce voyage revêt toutes les apparences d'une « tournée d'inspection » et de reprise en main, le chef du Gouvernement provisoire disposant d'informations inquiétantes sur la situation en province. Nous avons d'ailleurs vu ce qu'il pensait des événements de Marseille où il se rendra le lendemain. À Lyon, le Général n'aura pas en une journée les moyens de nourrir toute sa réflexion.

Diverses personnalités sont venues l'accueillir à l'aérodrome de Bron, parmi lesquelles le général de Lattre de Tassigny. Yves Farge lui explique qu'en raison du retard sur le programme – l'appareil du Général avait eu des difficultés à décoller par suite des conditions météorologiques – l'une des manifestations prévues serait supprimée. De Gaulle montre de l'impatience et demande au commissaire de la République :

— Et les autorités ?

— En prison, mon général !

Yves Farge exagère à peine, même s'il anticipe, onze jours après la Libération, sur le nombre et l'ampleur des arrestations, qu'elles soient imputables aux forces qui dépendent de lui, ou aux « forces incontrôlées » à la pointe de l'épuration sauvage.

L'épuration n'épargna aucune instance, aucune profession. Dans le domaine politique comme dans le domaine économique. Le 4 septembre, on arrête Marius Berliet dont on veut faire le symbole de « l'exploitation de l'homme par l'homme » et de la collaboration économique.

Assurément l'arrestation du célèbre industriel est réalisée selon les normes de la légalité instaurée... depuis la veille. Ce sont des F.F.I. de la prévôté de Lyon qui sont chargés de l'opération. Mais la manière dont elle est effectuée – dans un climat de fureur populaire et avec des gestes de brutalité à l'égard d'un homme de soixante-dix-huit ans perclus de rhumatismes – autorise à la classer dans l'épuration sauvage.

Les policiers improvisés se présentent donc au domicile de Marius Berliet, avenue d'Esquirol, le lendemain de la Libération. Ils lui récitent son identité et lui mettent sous les yeux le mandat d'amener. Le temps de poser une pèlerine sur ses épaules et Marius Berliet suit les F.F.I. dans la voiture qui attend devant la porte. Vaguement inquiet – on ne sait jamais... –, il interroge :

— Où me conduisez-vous ?

— À la prison militaire, à Montluc...

« Si tu avais vu le bonhomme. Impressionnant... Grand. Avec sa veste-chasseur et ses leggings, confiera à l'un de ses camarades un des hommes de l'escorte, encore tout impressionné d'avoir participé à l'arrestation d'un personnage aussi puissant. Tu sais à qui il m'a fait penser ? À l'autre vieux, celui de Vichy. Pétain... »

Des F.F.I. ont formé un cortège qui traverse les rues de Lyon. Quand Berliet ne va pas assez vite, on n'hésite pas à le pousser à coups de crosse. De la foule, jaillissent des cris : « Marius au poteau ! Pendez-le ! Jetez-le au Rhône ! » Cette nuit du 4 au 5 septembre 1944, « Marius » la passera sur la paille du fort Montluc.

On n'attend pas le verdict des tribunaux, on épure avant l'heure, selon une démarche authentiquement révolutionnaire. Même le commissaire, proconsul de ces mois d'exception, participe à cette épuration sommaire. Certes, il s'efforce de la modérer, mais il n'échappe pas au climat de l'époque. À l'avocat qui venait lui demander pitié pour son client, le milicien « planton » qui n'avait pas eu l'ombre d'une trace de sang sur les mains et qui cependant avait été condamné à mort par la cour martiale de Lyon, Yves Farge répondit :

— Je ne peux gracier cet homme, il faut du sang, c'est le général de Gaulle qui l'a dit...

Farge, pourtant, se souviendra des moments d'interrogation qui précédaient ses décisions : « Le soir, écrira-t-il, les avocats nous apportaient les recours en grâce ; on était contraint de se prononcer dans la nuit, car fragile était la barrière qui protégeait notre embryon judiciaire... Je n'ai rien connu d'aussi lourd, poursuivait Yves Farge, que les heures durant lesquelles on décidait de la vie d'un homme et, une fois, d'une femme. Mes collaborateurs me donnaient leur avis. Le soir, j'arpentais mon bureau en méditant sur les dossiers que je venais d'étudier. Quelquefois, à l'aube, le téléphone sonnait : l'ultime plaidoirie d'un avocat ou d'un intercesseur reposait le cas de conscience... »

Certes, le souvenir intact, cruel, des monstruosités de l'occupant et de ceux qui lui avaient prêté la main s'imposait comme une obsession, parfois, souvent, inspirait la décision. On vivait la révolution, on créait une forme instinctive de l'épuration, dont les nuances entre celle qui était « officielle » et celle qui ne l'était pas s'effaçaient de plus en plus. « Évidemment, écrira Yves Farge, nous aurions pu laisser faire et attendre que le gouvernement nous fasse connaître sa doctrine. Il nous parut préférable de tout reprendre par le début, à commencer par la justice... »

Cette justice, sans barrières ni contrôles, frappe à Lyon dans toutes les directions. Épuration sommaire de la justice dans la personne du premier président de la cour d'appel, Jacquier ; du procureur général Sennebier ; du procureur de la République près le tribunal de première instance Ducasse et des avoués Damour, Chambre et Perroud, attachés à cette même instance. Épuration de l'enseignement supérieur, par la déchéance du recteur Gain. Tous les membres de la chambre de commerce sont licenciés. Les dossiers d'un millier de policiers sont examinés, 400 d'entre eux sont arrêtés ou suspendus. Parmi les personnalités sous les verrous, le chef d'orchestre Jean-Marie Matras, Jean Barios, président du Comité d'organisation de la soie.

Ce sont en quelque sorte les arrestations considérées comme officielles. Parallèlement à ces dépositions et à ces embastillements de notabilités, le flot grossit sans cesse, désordonné, des arrestations de suspects indéfinis. Le phénomène est si considérable que les autorités, trois semaines après la Libération, lancent des avertissements qui en disent long sur ce qui se passe. C'est d'abord Yves Farge, qui n'hésite pas à brandir les sanctions : « À peine de tomber sous le coup des dispositions du Code pénal relatives aux arrestations illégales et aux séquestrations de personnes, affirme-t-il dans un communiqué daté du 22 septembre, aucune arrestation ne peut être opérée sans mandat de justice ou ordre d'arrestation provenant du commissaire de la République ou du préfet. Les personnes victimes ou au courant de semblables agissements devront en saisir la justice en la forme prescrite par la loi... »

Justin Godart, le maire provisoire de Lyon, joint le lendemain sa voix à celle d'Yves Farge : « Des arrestations, des perquisitions, des réquisitions, assure-t-il, sont exécutées sans mandat, sans responsabilités. L'épuration est nécessaire : c'est à l'autorité de la réaliser, déjà elle agit sans faiblesse... La punition des traîtres ne peut qu'être compromise par des usurpations de pouvoirs qu'une démocratie ne saurait supporter sans mettre en péril ses principes mêmes. Je traduis l'émotion de la population lyonnaise en présence de ces faits. En son nom, je dis fermement qu'elle veut que cette situation cesse... »

Lyon s'inquiète, en effet, et pas seulement dans les milieux dirigeants. Les Lyonnais constatent et demandent que l'on mette un terme à l'épuration sauvage. « Séquestrations... perquisitions... réquisitions », autant de mots qui, dans la bouche du commissaire de la République et du maire, valent mieux que tous les réquisitoires réunis de pamphlétaires engagés...

Yves Farge enfonce encore le clou, ce 23 septembre, dans une interview au quotidien *Lyon libéré* : « Il faut qu'on sache qu'il n'est pas possible de perquisitionner sans mandat régulier, qu'il n'est pas possible d'épurer sans que les préfets, les premiers présidents et les procureurs généraux [Farge emploie des pluriels qui étendent le problème aux huit départements dont il a la charge] commandent l'épuration en s'entourant de la légitime opinion des comités de libération qui incarnent la douleur de la France martyre... »

Yves Farge et Justin Godart ne peuvent certainement ignorer que ces opérations « policières » sauvages s'accompagnent parfois de pillages, de rackets, mais également d'exécutions sommaires. Les corps que l'on retrouve dans le canal de Jonage posent question et l'on s'aperçoit vite qu'il s'agit de victimes de l'épuration parallèle. La presse signale dans la dernière semaine de ce mois de septembre que l'on a « repêché » dans le Rhône des noyés criblés de balles.

Un rapport du commissaire principal, chef de la brigade régionale de la Sûreté au commissaire divisionnaire, chef régional daté du 8 septembre[1] illustre les méthodes employées par certains épurateurs pour arriver à leurs fins : « ... Hier après-midi, vers 16 h 30, signale le chef de la brigade régionale, une vingtaine d'hommes en tenue F.F.I., armés de mitraillettes, se sont présentés dans les locaux du service. L'un de ceux-ci se disant lieutenant Bob a demandé au chef de poste, le brigadier Nique, de lui remettre sur ordre du capitaine Marin, de l'E.M. du commandant Mary, l'ex-milicien Wolf, arrêté par l'inspecteur Pohl et détenu dans une chambre de sûreté... »

Pour qui s'est familiarisé avec ce genre de démarche – nous en avons rencontré d'autres au cours de ce récit, qui empruntaient une voie... moins hiérarchique – il est clair que les F.F.I. entendent s'emparer du milicien en question et lui réserver un mauvais sort. Seulement le chef de poste ne s'en laisse pas conter et répond que l'homme ne sera pas livré sans un ordre écrit du commandant Mary. Les F.F.I. se retirent et reviennent le soir, vers 22 heures, munis de l'autorisation tapée à la machine et signée du commandant Mary. Le chef de poste s'incline alors et remet aux F.F.I. « le détenu Wolf dont, précise le rapport, on est sans nouvelles

---

1. Cité par Gérard Chauvy, dans *Lyon des années bleues*, Plon, 1987.

depuis... ». Il y a fort à parier que l'on restera pendant longtemps encore sans nouvelles de lui.

On s'apercevra que l'ordre était un faux et que la signature du commandant Mary avait été imitée.

La brigade régionale de la Sûreté aura d'autres occasions
d'entendre parler des policiers nouvelle manière. Ses
archives seront fouillées après que les portes auront été
enfoncées. Elle signalera également des vols d'armes.

Il semble que la capitale de la Résistance se soit surpassée
en ce qui concerne les geôles improvisées. Yves Farge racontera que ses camarades et lui, avec la collaboration des principaux responsables du maintien de l'ordre, durent
« organiser des raids contre de louches officines d'épuration... ».

On en dénombre une vingtaine pour la seule ville de Lyon.
Les plus favorisées des personnes interpellées s'en tirent,
après des parodies de jugements, avec des coups. Mais les
« tribunaux du peuple », qui siègent dans les prisons, ne
s'embarrassent pas de nuances, ils recourent le plus souvent
à la condamnation à mort immédiatement exécutée. La plus
connue de ces officines siège à la caserne de la Part-Dieu
où vingt à trente personnes seront condamnées à mort et
abattues. Dans la banlieue de Lyon, c'est le « tribunal du
peuple » de Saint-Fons qui fera surtout parler de lui ;
d'autres exécutions sommaires sont signalées dans cette
localité, mais sans qu'on en sache l'origine.

Fin octobre, on recense encore une dizaine de centres
d'épuration illégaux ; à la caserne de la Mouche, à l'hôpital
de Cusset, à la caserne de la Part-Dieu, à la caserne de la
Doua, avenue de Saxe, contrôlée par les Milices patriotiques, à la caserne de Vienne, au 104 chemin de Baraban.
Et à Villeurbanne au Palais du Travail, et au 97, rue Racine.

Le 29 octobre, une enquête ordonnée par le commissaire
de la République aboutit à la découverte d'une prison clandestine à l'hôtel de Normandie, à Lyon. Dix-neuf hommes et
femmes sont internés dans la cave de l'hôtel suintant le froid
et l'humidité et couchent à même le sol ou sur des grabats
infects. Plusieurs portent des traces de coups et ont le visage
tuméfié. L'une des femmes internées avait déjà subi deux

opérations du cœur et était en instance d'une nouvelle intervention. Quand on essaie de déterminer les accusations qui pèsent sur les prisonniers clandestins, on s'aperçoit que les plus graves d'entre elles reposent sur de très vagues appartenances à la Milice ou au P.P.F.

Yves Farge a tenté – dans certains cas que nous avons évoqués – de crever l'abcès, par l'action, mais également par le verbe, comme pour exorciser les démons de l'anarchie. Il parle, à la radio, donne des interviews, s'adresse à 20 000 personnes rassemblées place Bellecour, le 15 octobre. Il y dresse un bilan de l'action des cours martiales – dont il aurait d'ailleurs souhaité qu'elles fussent prolongées (elles ont été remplacées par les cours de justice le 6 octobre) – et dit des pelotons d'exécution qu'ils « ont fait leur office... ». Il estime sa mission plus que largement remplie, citant par exemple ce qui a été réalisé en matière de presse, ou la dissolution des G.M.R.

Yves Farge veut ainsi rassurer les tenants de l'épuration radicale qui seraient tentés de pousser plus loin l'expérience. Il déclare à ses auditeurs de la place Bellecour que si toutes les actions entreprises ne sont pas apparues clairement, c'est en raison du climat de l'époque. « Avec nos comités de libération, ajoute-t-il, qui ont traduit les aspirations populaires et qui dans la mesure où ils se sont appuyés sur les masses ont pu nous préparer les dossiers d'épuration, nous avons travaillé silencieusement, méthodiquement et pris toutes nos responsabilités... »

Mais reprenant le mot célèbre de Maurice Thorez affirmant, en 1936, qu'il « faut savoir terminer une grève », Yves Farge laisse entendre qu'il faut savoir en terminer avec l'épuration : « Certains, dit-il, pencheraient pour d'autres méthodes [que celles mises en œuvre par le commissariat de la République]. Je me demande quel camp de concentration serait assez vaste pour abriter les quelque un million deux cent mille imbéciles qui, en zone Sud, sont restés dans la Légion après la signature du pacte de Montoire... »

Ces « autres méthodes » ? Farge les connaît fort bien, il sait qu'elles sont devenues l'habitude. Ce passage de son discours est très explicite : « Faut-il rappeler quelques principes d'honnêteté élémentaire ? Le délit d'opinion n'est pas punissable. Ou si l'on entend le punir, c'est, au sens propre du mot, au nom du fascisme.

« Un prévenu n'est pas nécessairement un coupable, tant que sa culpabilité n'est pas démontrée, et il convient de ne pas anticiper sur la décision du tribunal.

« L'expiation doit être proportionnelle à la culpabilité. À traiter de la même façon grands et petits coupables, on avilit la justice.

« L'épuration doit avoir des bornes dans le temps et dans sa notion même. Sinon "un pur trouve toujours un plus pur qui l'épure" et l'on n'en aura jamais fini... »

Le commissaire de la République en appelle à l'opinion : « [...] J'examine toujours avec la plus grande attention les lettres que je reçois, et particulièrement celles qui viennent des plus humbles qui ne comprennent pas que se perpétuent malgré notre volonté des méthodes qui s'apparentent à celles de la Gestapo... »

Ce qu'Yves Farge ne dit pas à la foule qui l'écoute place Bellecour, c'est qu'il a, quelques jours auparavant, rencontré à Paris le général de Gaulle qui lui a annoncé la fin des fonctions des commissaires de la République dans ce qu'elles avaient d'exceptionnel. Le droit de grâce est désormais dévolu au chef du Gouvernement provisoire considéré comme chef de l'État, les ministères retrouvant le pouvoir de décision qui leur est naturel. Au reste, de Gaulle n'a-t-il pas demandé, dans une allocution radiodiffusée le 14, soit la veille du discours de Farge, « que cessent absolument toutes improvisations d'autorité qui ont pu se justifier dans le temps et sur les terrains où l'action était indispensable pour chasser l'ennemi et ses complices, mais qui, désormais, ne seraient plus qu'abus inadmissibles et sources de confusion... ».

La décision d'Yves Farge de convoquer pour le 27 septembre à Valence les vingt-sept présidents des C.D.L. des huit départements dépendant de son commissariat et le refus de De Gaulle d'assister à cette réunion – « Je ne saurais reconnaître par ma présence, a-t-il affirmé, une institution qui n'est pas prévue par la loi... » – ont créé entre le chef du

Gouvernement provisoire et le commissaire de la République de la région Rhône-Alpes un malaise qui a certainement été au centre de leurs conversations de Paris. Il est probable que la situation dans la région a également été abordée. On comprend mieux, ainsi, le ton d'Yves Farge lorsqu'il s'adresse aux Lyonnais rassemblés sur la place Bellecour.

C'est que l'agitation persiste dans la Région Rhône-Alpes où Yves Farge doit affronter des événements graves, une région « dont les préfets, assurera-t-il, me téléphonaient pour m'annoncer que la foule grossissait autour des prisons en exigeant des exécutions immédiates... ».

Le 29 septembre a eu lieu à Valence l'exécution de six personnes qui ont été extraites par la force de la prison de la ville. Nous en avons relaté les conditions [1], qui furent spécialement atroces par la mise en scène macabre dont les épurateurs sauvages entourèrent leur exploit. Au début de cette journée, Farge reçoit un appel téléphonique alarmiste du préfet de la Drôme, M. de Saint-Prix :

— Cela va mal à Valence, l'avertit celui-ci, vous avez gracié un condamné à mort, je ne réponds plus de l'ordre...

Car M. de Saint-Prix se sait inapte, avec les forces dont il dispose, à contenir des débordements de certains éléments de la population. La justice populaire ignore les nuances dans les culpabilités des personnes internées. Que le commissaire de la République ait usé de son pouvoir souverain pour gracier un milicien qui ne méritait pas la mort déclenche sa colère.

Alerté par M. de Saint-Prix, Farge décide de se rendre immédiatement sur place et d'expliquer publiquement que la grâce qu'il a accordée est justifiée par l'insuffisance du dossier de l'accusé.

Cela dure pendant deux heures dans la salle des fêtes où la foule, obéissant visiblement à des ordres, hache d'invectives l'intervention du commissaire.

---

1. Dans le chapitre 6.

Yves Farge se sera déplacé pour rien. Quand il sort de la salle, en ne sachant trop s'il a convaincu, il apprend que les portes de la geôle ont été forcées, que les détenus ont été kidnappés et assassinés.

Cependant, le commissaire de la République n'en a pas fini d'être confronté à Lyon avec la justice sommaire – et révolutionnaire – qui connaîtra de nouveaux sursauts à l'occasion du procès du préfet Angeli.

Comparaissant le 3 novembre devant la cour de justice du Rhône qui siège pour la première fois, l'intendant de police Cussonac, surnommé l'« ennemi numéro un de la Résistance », est condamné à mort trois jours plus tard. La sentence ne prête guère à contestation. Mais il en va autrement du cas du préfet Angeli qui provoquera de multiples incidents, tant judiciaires que d'origine populaire.

L'homme qui se présente le 29 novembre devant la cour de justice du Rhône a été jusqu'en janvier 1944 – époque à laquelle les Allemands ont exigé et obtenu sa démission – préfet régional et, par le fait même, représentant direct du gouvernement de Vichy dans la « capitale de la Résistance » et dans les neuf départements qui lui étaient rattachés. C'est dire le relief que prend ce procès. La déportation des Juifs étrangers, après la rafle du 26 août 1942, largement évoquée lors du procès Cussonac, est très rapidement au centre des débats. Sur les 7 000 recensés dans l'ensemble de la région, 540 seront arrêtés. Et quelle que soit la gravité de la décision que bien entendu on ne saurait absoudre, l'évidence s'impose – les témoins non suspects d'indulgence viendront le dire à la barre – que non seulement les complicités acquises dans la population, mais l'abstention volontaire de la police, limiteront considérablement le nombre des arrestations. Angeli apparaît ainsi, au fil des débats, aux yeux des observateurs qui savent, dans cette période de passions, raison garder, sous le jour d'un préfet plutôt indulgent et appliqué à protéger la population des rigueurs de l'Occupation. On notera que sur vingt-cinq témoins cités quatre seulement seront à charge. Un record rarement égalé.

Plutôt embarrassé par la tournure que prennent les débats, l'avocat général Alexis Thomas, qui requerra plus tard contre Charles Maurras et dont le fils a été récemment tué dans le maquis – le fait est important – s'en tient au principe d'une peine exemplaire qui frapperait un représentant éminent de l'administration de Vichy dans l'une des régions les plus éprouvées par l'Occupation. Selon l'argumentation de l'avocat général, les tribunaux de l'épuration seraient impuissants à frapper les subordonnés si des responsables comme Alexandre Angeli n'étaient pas durement sanctionnés. Il sera suivi dans ses réquisitions : Angeli est condamné à mort le 2 décembre.

En fait, c'est à ce moment que commence l'affaire Angeli... « Le public s'élève avec véhémence contre la sévérité du jugement, commente alors *Le Progrès de Lyon*... Trois jours de débats avaient administré la preuve que les charges retenues contre M. Angeli avaient une contrepartie qui en réduisait la portée : l'ex-préfet régional s'était employé tenacement, habilement, à limiter les conséquences et les répercussions des directives qui lui étaient adressées par Vichy... » Et *Le Progrès* ira plus loin : « La condamnation à mort de M. Angeli heurtera les consciences. On attendait une sentence nuancée et non pas un jugement totalitaire frappant symboliquement une fonction. Si la Cour de cassation consacrait ce jugement... les lois mêmes de notre vie sociale et de notre civilisation en recevraient une profonde atteinte. C'est pour cette raison que la décision de la cour de justice de Lyon est d'une extrême gravité et soulève une si vive émotion... »

« Verdict de lâcheté », titre de son côté *Les Nouvelles*, proches des démocrates-chrétiens, pour affirmer : « ... On ne condamne pas un homme à mort pour des vétilles... » *Lyon libre*, de tendance socialisante, qui d'ordinaire ne se signale pas par son indulgence, parle d'un « préfet servile et veule », mais ajoute : « En toute impartialité, nous devons reconnaître que l'ensemble des faits rapportés par l'accusation ne motivait aucunement un verdict aussi sévère... » *Le Patriote* et *La Voix du peuple*, respectivement organes du Front national et du parti communiste, se démarquent de cet étonnement.

Le lendemain de sa condamnation, 3 décembre, Alexandre Angeli se pourvoyait en cassation.

Lyon est alors en pleine effervescence, de fausses rumeurs, sans doute intentionnellement propagées, affirment que Cussonac bénéficierait d'une grâce, alors qu'il sera exécuté, que Charles Maurras ne serait pas jugé à Lyon, mais à Paris. D'un autre côté, des tracts sont répandus dans la ville en faveur d'Angeli.

La nouvelle se propage rapidement et met le feu aux poudres : la chambre des mises en accusation de Lyon, transformée en cour de cassation, a annulé l'arrêt de la cour de justice de Lyon qui avait condamné Alexandre Angeli à mort, pour « supplément d'information ». Aussitôt – c'est le 5 décembre – une foule se rassemble aux cris de « Angeli au poteau ! » Plus grave, on signale que des soldats quittent leurs casernes pour se joindre aux manifestants.

Yves Farge est prévenu de l'événement alors qu'il se dispose à se mettre à table avec le nouveau consul général de Grande-Bretagne, Robert Parr, qu'il a convié à dîner. La foule, de plus en plus nombreuse et menaçante, s'est portée vers la prison Saint-Paul où sont notamment internés Angeli et Cussonac. La nuit est complètement tombée lorsque la porte cède sous la pression des manifestants. Farge ne dispose alors pour intervenir que de trente gendarmes, d'une cinquantaine de gardes républicains et de trois cents prévôtés F.F.I. dont il est clair, affirmera-t-il, qu'ils n'obéiront pas aux ordres.

D'ailleurs, il est déjà trop tard... Les assaillants, qui ont jeté des grenades par-dessus les murs, ont maîtrisé les gardiens et se sont emparés des clefs des cellules d'Angeli, de Cussonac et d'un Français de la Gestapo, Max Payot. Tous trois sont traînés dans la cour. On s'apprête à les exécuter quand Yves Farge, le préfet Longchambon, le maire Justin Godart et Pierre Biquard [1] arrivent et s'interposent... Angeli a le visage en sang ; Pierre Biquard couvre de son corps celui de Cussonac et s'écrie :

_____

1. Membre du cabinet d'Yves Farge au commissariat de la République.

— Il sera exécuté, mais dans les formes exigées par la loi !

— Oui, oui, dans les formes légales ! renchérit curieusement celui-ci.

Pendant ce temps, tout alentour, règne une agitation démente. Des hommes armés tirent au hasard en courant dans les escaliers et sur les chemins de ronde. C'est un spectacle d'hystérie collective. Onze F.F.I. sont blessés dans la mêlée. Alors Yves Farge et ses compagnons, assistés d'un des secrétaires de l'Union départementale C.G.T., Entzmann, prêchent l'apaisement et haranguent les manifestants, non sans mal, car on refuse de les écouter. Une seconde méthode réussit ; pris par petits groupes, les hommes finissent par se laisser convaincre. Et Yves Farge refusera la transaction qui lui était proposée : que Max Payot soit livré pour être immédiatement exécuté.

Mettant son talent d'orateur au service de la pacification, Justin Godart avait eu également l'excellente idée de récupérer, les unes après les autres, les clefs des cellules que regagnaient les condamnés.

« Sur le coup de neuf heures, racontera Yves Farge, nous reprîmes notre place à table, en nous excusant auprès de M. le Consul général de Grande-Bretagne de ce qu'on pouvait bien appeler un fâcheux contretemps... »

Condamné à mort le 2 décembre 1944, rescapé de l'épuration sauvage le 5, Alexandre Angeli comparaîtra le 6 mai 1946 devant la cour de justice de Paris statuant après la cassation du jugement de la cour de justice de Lyon. Il ne sera condamné qu'à quatre années d'emprisonnement, dont une partie était déjà couverte, et sera libéré le 18 août 1947.

Le 7 mai 1946, lendemain du premier jour du nouveau procès d'Angeli, *Le Figaro* avait rappelé en termes très sévères les conditions dans lesquelles s'étaient déroulés les débats devant la cour de justice de Lyon. À lire ce commentaire, on peut s'interroger sur ce qui différenciait certains tribunaux officiels – telles les cours de justice – de la justice sommaire. On comprend mieux également le déchaînement de la violence contre la prison Saint-Paul, les deux comportements s'inscrivant dans une sorte de logique.

« Quelles audiences ! affirmait *Le Figaro*. À trois mois de la Libération, parmi les plaies encore saignantes de la capitale de la Résistance, les passions parlaient haut et rien ne fut moins impartial que ce jugement. La majorité des jurés de la Résistance étaient venus siéger avec leur procès en poche. Le verdict fut prononcé avec hâte. Les quelques témoins cités par la défense se virent presque arracher la parole. Le seul juré qui n'appartenait pas à une organisation politique d'extrême gauche et qui, ce n'est pas un mystère, se prononça pour l'acquittement, parlait de libérer sa conscience en trahissant publiquement le secret de la délibération... »

En ce mois de décembre 1944, les événements de la prison Saint-Paul se situaient dans un contexte d'agitation constante dans la région Rhône-Alpes. On signalait plusieurs assassinats à caractère politique dont nous avons rendu compte dans le chapitre précédent. Il n'en faudra pas davantage pour que fussent évoquées l'inquiétude des autorités alliées en France et la possibilité de la déclaration de l'état de siège.

Progressivement, cependant, Lyon et sa région retrouvent une situation plus normale. Les tribunaux populaires et les cours martiales ont cédé le pas aux cours de justice créées par le gouvernement. Commencé le 24 janvier 1945, le procès de Charles Maurras et de Maurice Pujo met un point final aux grandes affaires politiques devant la cour de justice de Lyon. Combatif et accusateur, le vieux maître d'Action française sera fidèle à lui-même, accueillant par le cri de « C'est la revanche de Dreyfus ! » le verdict de sa condamnation à la réclusion perpétuelle (l'avocat général Thomas avait demandé la mort). Maurice Pujo sera condamné à cinq ans de prison et à une amende.

Marius Berliet, quant à lui, aura l'occasion d'une étonnante revanche. Mettant en œuvre une politique d'épuration économique concrétisée par la création d'un tribunal d'honneur pour chaque profession, appuyé par des comités siégeant dans les entreprises, Yves Farge et le commissariat de la République ont obtenu des mises sous séquestre qui devront déboucher, en particulier s'agissant de Berliet, considéré comme un cas type, sur des nationalisations.

Ouvert en juin 1946, le procès de Marius Berliet, dont on rapproche le cas de celui de Louis Renault, s'achève par un demi-fiasco pour ses instigateurs. Marius Berliet voyait ses biens confisqués, mais la cour de justice estimait que le mode de gestion de l'entreprise ne serait pas modifié. En juillet 1949 le Conseil d'État cassera l'arrêt du tribunal de Lyon : la famille Berliet retrouvera la propriété de son usine.

Remplacé par Henri Longchambon, candidat dans l'Isère aux élections du 21 octobre 1945 pour la désignation de l'Assemblée constituante, Yves Farge, qui se présentait comme candidat indépendant, essuiera un échec. Il recevra le prix Staline de la paix et mourra dans un accident d'auto en Géorgie, en 1953. On émettra l'hypothèse qu'il avait été « supprimé » par le N.K.V.D. de Beria[1].

Lyon a vu revenir son ancien maire en mai 1945. Édouard Herriot s'est réinstallé dans son prestige et la capitale des Gaules dans la tradition. Profondément meurtrie par la période de l'Occupation, elle émerge non sans mal des tribulations de l'épuration. Les incidents y ont été violents et spectaculaires. À plusieurs reprises – nous croyons l'avoir montré –, les nouveaux détenteurs de l'autorité, légitimement inquiets, furent débordés par les manifestations de la violence. Selon des sources crédibles[2], 222 personnes avaient été exécutées sommairement à Lyon après la Libération et 271 dans l'ensemble du département du Rhône.

À Lyon comme dans toute la France, les passions demeureront vives pendant l'année 1945. Ainsi à Dijon, le 15 février, une bande de véritables émeutiers se rend dans la prison de la ville, en force les portes, s'empare de

---

1. Selon Pierre Hervé, dans *Dieu et César sont-ils communistes ?*, La Table Ronde, 1956. Ancien résistant et intellectuel brillant, Pierre Hervé fut exclu du P.C. en 1956. Il avait bien connu Yves Farge.

2. Archives Municipalité de Lyon et Bernard Aulas dans *Vie et mort des Lyonnais en guerre, 1939-1945*, Horvath, Roanne, 1974.

l'ex-commissaire Marsac dont le procès vient d'être renvoyé, et le lynche. Son cadavre est ensuite suspendu à un poteau de signalisation routière puis traîné dans les rues avant d'être accroché aux grilles de l'hôtel de ville.

Néanmoins, le règne des justiciers de fortune s'achève. Ou du moins, ils ne sont plus assurés de l'impunité. Les exactions du type de celle qui se produit à Dijon et se produiront ailleurs jusqu'à la fin de 1945 sont les derniers symptômes d'une épuration sauvage qui est apparue parfois comme une ébauche de révolution.

8.

ALPES ET DAUPHINÉ,
UNE VIOLENCE QUI N'EN FINIT PAS

L'histoire de la Haute-Savoie pendant les années sombres est inséparable de sa situation géographique et de son relief. Département frontalier de l'Italie et de la Suisse, région montagneuse s'il en est, il offrira aux réfractaires du S.T.O. des refuges nombreux et sûrs, aux maquisards de remarquables champs d'action. La Résistance y sera très active, la répression, barbare, aveugle, criminelle, la lutte entre Français des deux camps acharnée. L'épuration parallèle ou sauvage y déploiera des excès spectaculaires.

Plusieurs mois avant le débarquement en Normandie, la Haute-Savoie est le champ clos des affrontements, des assassinats et des représailles. Les exécutions sommaires s'y comptent par centaines. Incluse dans la zone non occupée, la région avait d'abord connu une période de calme et de tranquillité sous l'autorité du gouvernement de Vichy et n'avait pas fait exception à la règle en témoignant au maréchal Pétain respect et affection. Le 23 septembre 1941, une foule imposante avait acclamé le Maréchal à Annecy[1].

---

1. La seule manifestation réelle de résistance et non des moindres, jusqu'en novembre 1942, est dans les efforts du chef de bataillon Valette d'Osia et de ses officiers du 27e bataillon de chasseurs alpins, basé à Annecy, pour recenser les effectifs de l'armée d'armistice, puis constituer des dépôts d'armes dans la perspective de la « revanche ». Ils ont reçu l'appui du général Weygand.

Cette unanimité pratiquement sans faille en faveur du « vainqueur de Verdun » n'allait pas sans réserve à l'égard d'une politique de revanche qui s'acharnait contre les vestiges de la IIIe République. Le Service de répression des menées antinationales – ou S.R.M.A.N. –, par exemple, se montrait actif et témoignait de la volonté du nouveau pouvoir d'éliminer tout ce qui rappelait le « régime de la défaite ». La Haute-Savoie compte, après novembre 1942, parmi les huit départements réservés à l'occupation italienne. C'est un moindre mal. Mais tout bascule après la défection de l'Italie en septembre 1943. Cela est vrai pour la Haute-Savoie, comme pour les Alpes-Maritimes. Les Allemands se substituent à leurs anciens alliés. C'est alors que le drame se noue. Une ville comme Annecy est occupée par une puissante garnison, forte de 1 200 hommes, très bien équipée, inévitablement complétée par une antenne de la Gestapo, par une officine de tortionnaires. Des centaines de prisonniers seront jetés dans des geôles pour la plupart sordides ; on en comptera douze rien qu'à Annecy à la Libération. On évaluera à 200 le nombre des personnes torturées dans des lieux aussi tristement célèbres que la « villa Schmid », avenue d'Albigny, au bord du lac, ou l'école Saint-François.

C'est bien entendu la riposte allemande à un développement constant des foyers de résistance, à la prolifération des maquis, particulièrement dans la région du Chablais qui jouxte la Suisse, proximité qui facilite la fuite des combattants de l'ombre lorsqu'ils sont poursuivis. Cette riposte prendra, en mars 1944, une forme spectaculaire. Sur le plateau des Glières, dans le massif des Bornes, entre 1 400 et 2 000 mètres d'altitude, se déroule l'un des combats les plus célèbres de l'histoire de la Résistance.

Le gouvernement de Vichy s'est inquiété de la multiplication des incidents sanglants en Haute-Savoie, les Allemands intervenant et menaçant de résorber l'« abcès » par leurs propres moyens si rien n'est engagé pour réduire les « repaires de terroristes ». En janvier, le colonel Georges Lelong, que nous retrouverons bientôt dans cette chronique de l'épuration sauvage, est investi de l'autorité sur l'ensemble des forces concentrées dans la perspective d'une action d'envergure contre les maquis. Ancien commandant de l'école d'officiers de paix de Périgueux, intendant de police, le colonel Lelong commande un contingent de gardes mobiles, de gendarmes et de « G.M.R. » qui donne la chasse aux partisans, les refoule vers les hauteurs et les incite à se regrouper. De ce regroupement – ils seront environ 400, issus du 27ᵉ B.C.A., F.T.P. – naît le drame. Car les maquisards, dont l'efficacité pouvait être redoutable lorsqu'ils agissaient par petites unités séparées, deviennent très vulnérables dans un affrontement de type traditionnel. Ce handicap expliquera l'agonie, quelques mois plus tard, des combattants héroïques du Vercors.

Le 26 mars, les 15 000 hommes de la 157ᵉ division allemande sous les ordres du général Pflaum[1] montent à l'assaut du plateau des Glières. 155 maquisards meurent au combat, d'autres sont faits prisonniers, internés, torturés, déportés. Les Allemands ont donc exécuté leur menace. En dépit de ses déclarations fracassantes, le colonel Lelong, mû par une ambiguïté caractéristique d'une partie des fonctionnaires de Vichy, n'a montré qu'une détermination plutôt tiède dans la dernière phase de l'action. Il n'a pas vu sans réticence arriver des détachements de la Milice qui, placés théoriquement sous ses ordres, vont combattre aux côtés de la Wehrmacht.

Lelong ne s'est pas contenté d'une attitude attentiste qui lui a valu les remontrances de Joseph Darnand. Il a, au moment où les troupes allemandes commençaient à se regrouper à Annecy, pris plusieurs contacts avec le commandant du bataillon des Glières, le capitaine Maurice Anjot, à qui il a offert une reddition dont les conditions n'ont pas été acceptées.

La Résistance a poursuivi son action après le drame des Glières. Nommé à la tête de l'Armée secrète, le capitaine

---

1. Cette division, dont le commandement est situé à Annecy, est une division mobile qui rayonne sur les départements de la Haute-Savoie, de la Savoie et de l'Isère. Elle est chargée de la répression contre les maquis.

Nizier – Joseph Lambroschini – assure la liaison avec les
F.T.P. avant de prendre le commandement de l'ensemble
des Forces françaises de l'intérieur. Harcelés par le maquis,
les Allemands sont placés dans une situation de plus en plus
précaire. Le parachutage d'armes – prévu pour le 1er août,
sur le plateau des Glières et qui sera effectué en plein jour –
donne aux combats une dimension spectaculaire.

C'est au cours d'une réunion préparatoire à l'opération
aéroportée que le chef du secteur de Rumilly, près d'Annecy,
est arrêté avec plusieurs de ses compagnons, le 21 juillet
1944. Le lieutenant Quino (Peccoud) est transféré à la
Commanderie des Marquisats, siège de la Milice. Les effectifs de la Milice annecienne ne dépassent pas, à la Libération, 130 hommes. Ils sont sous les ordres du chef Jacques
Chambaz.

Contrairement à ce qu'il aurait pu craindre, Quino est plutôt bien traité. Il reçoit même de ses gardiens l'assurance
qu'il ne sera pas remis aux Allemands. La promesse sera
tenue.

Trois semaines passent. Les hommes de Joseph Darnand
voient l'étau se resserrer sur eux et leurs chances d'échapper
à la Résistance s'amenuiser. La Haute-Savoie est en effet en
pleine dissidence. La Résistance est omniprésente. Le
13 août, les miliciens d'Annecy tentent d'évacuer leurs
familles et forment un convoi en direction de Lyon, *via*
Albertville, mais ils sont contraints de faire demi-tour en
raison de l'insécurité qui règne sur les routes.

C'est alors que Chambaz – qui agit apparemment à la
demande du chef départemental de la Milice, Yvon Barba-
roux – demande à Quino de prendre contact avec les chefs
du maquis, ses supérieurs hiérarchiques, en l'occurrence le
commandant Yves Godard[1], au Grand-Bornand, dans le

---

1. Le futur colonel Godard. Son destin est exemplaire des choix
des militaires anciens résistants qui s'engagèrent pour l'Algérie
française. Ancien du 27e B.C.A., prisonnier et surnommé « le roi
de l'évasion » après s'être illustré en 1940. Maquisard en Haute-
Savoie, l'un des libérateurs d'Annecy. Après l'Indochine (tentative
de dégagement de Diên Biên Phu), il devient, aux côtés du général
Massu, l'un des acteurs de la bataille d'Alger, réussit à décapiter
les réseaux du terrorisme urbain. Il est condamné à mort le

massif des Aravis. Quino sera mis en liberté, sur sa parole de revenir se constituer prisonnier, pour négocier les conditions de la reddition des miliciens.

Le lieutenant Quino accepte la proposition, rejoint le poste de commandement du capitaine Millau, à Faverges. Ce dernier transmet l'offre de Chambaz au commandant Godard, lequel la répercute sur le capitaine Nizier. Quino revient aux Marquisats peu avant que n'arrive le message de Nizier ainsi libellé : « Chef F.F.I. à Milice Annecy. Je m'engage à ne pas inquiéter les familles des miliciens à condition expresse que les 42 otages soient remis à l'évêque d'Annecy. » Le message porte la date du 19 août, 23 heures.

Les 42 otages sont des résistants, prisonniers de la Milice.

Au moment de poursuivre ce récit, on ne peut s'empêcher de s'interroger à propos du message de Nizier : est-il concevable qu'il porte l'engagement d'épargner les familles des miliciens sans se référer au sort des miliciens eux-mêmes ? Qu'a-t-il été décidé les concernant ?

Chambaz et ses adjoints – Voisin et Montmasson – s'étant déclarés prêts, comme on l'a vu, à rencontrer les chefs militaires de la Résistance, une entrevue a lieu à Sévrier, au restaurant les Tonnelles, sous la « protection » du chef du corps franc, Raymond. Maquisards et miliciens dialoguent en tête à tête. La vie de 42 otages est en jeu. Mais réalise-t-on ce que cet entretien a d'insolite, d'exceptionnel dans le contexte de ce mois d'août 1944 ?

Si l'on se réfère à une première source[1] – le récit que le lieutenant Quino fera de sa mission de bons offices – les miliciens demandent à leur interlocuteur, le capitaine Millau :

— Qu'allez-vous faire de nous ?

Réponse de Millau :

— Nous vous considérerons comme des prisonniers. Vous serez jugés. Nous ne pouvons vous promettre davantage... Dans la légalité, mais vous serez jugés tout de même...

---

2 février 1962 pour sa participation au putsch d'Alger. Un des dirigeants de l'O.A.S., il mourra en exil à l'étranger.

1. Michel Germain, *La liberté est au bout du chemin. Libération en Haute-Savoie.* Postface de Joseph Lambroschini-Nizier.

De quelles autres sources dispose-t-on ?

D'abord de celles de l'historien de la Milice[1], qui écrit :
« Contre la promesse d'être traités en *prisonniers de guerre*
[souligné par nous], 130 miliciens se rendent... »

C'est ensuite le témoignage d'un des chefs – au plus haut
niveau régional – de l'Armée secrète, témoignage recueilli
par l'auteur du présent ouvrage : « Les miliciens s'étaient
rendus à condition qu'on leur laissât la vie sauve... »

Ces « nuances » sont loin d'être insignifiantes... Le fait est
que, par leur reddition, les miliciens peuvent permettre la
libération de plusieurs dizaines de résistants. Et ils auraient
obtenu en contrepartie la garantie que soient épargnés leurs
femmes et leurs enfants ? N'était-ce pas le minimum ? La
Résistance envisageait-elle sérieusement des représailles
contre des innocents ? Dans ce cas, que faudrait-il penser
d'un tel comportement et d'un tel chantage, quelles que fussent les responsabilités et l'implication de certains miliciens
dans des actes de répression[2]... Les chefs miliciens se
seraient engagés sur la promesse d'un jugement dans la
légalité... Étaient-ils assez naïfs pour s'imaginer qu'ils
allaient bénéficier d'un jugement équitable dans l'explosion
générale des passions, la multiplication des règlements de
comptes, alors que les combats continuaient ?

Le 19 août est d'abord pour les Anneciens le jour heureux
de la libération. La garnison allemande capitule après les
négociations engagées entre Nizier et le colonel Mayer,
commandant de la place. Mayer est fait prisonnier, sous
bonne garde et sans représailles.

La libération de la Haute-Savoie avait commencé depuis
le 12, marquée notamment par les combats de Cluses, dans
la vallée de l'Arve, et sur les rives du lac Léman. Évian,

---

1. Jacques Delperrie de Bayac, *Histoire de la Milice*, p. 554,
Fayard, et éditions Marabout, tome II, p. 253. On ne saurait sus-
pecter l'auteur de complaisance à l'endroit des entreprises de Darnand et de ses hommes.
2. La « Franc-garde » de Haute-Savoie n'avait pas participé aux
opérations des Glières mais avait eu plusieurs accrochages avec
le maquis.

Chamonix, Le Fayet étaient redevenus villes libres entre le 15 et le 16. Encerclée par 4 000 hommes de l'Armée secrète et des Francs-tireurs et Partisans, la garnison d'Annecy n'a d'autre choix que de se rendre. La Haute-Savoie est ainsi le premier département français à être libéré par les seules forces de la Résistance.

Les moments de liesse sont à peine terminés que le commandant Nizier, s'attribuant les pouvoirs de justice, crée, le 21 août, une cour martiale qui siégera dans les locaux du tribunal. Nizier nomme les trois membres du tribunal d'exception ainsi que le commissaire du gouvernement et le greffier. C'est la cour martiale elle-même qui fixera les règles de la procédure. Les sentences prononcées ne seront susceptibles d'aucun recours. Sauf exceptions, les audiences seront publiques.

On a donc là l'exemple typique d'une justice d'exception qui s'exerce en dehors de tout contrôle du pouvoir central, le nouveau préfet, Irénée Revillard, n'étant pas officiellement nommé et n'intervenant alors qu'à titre de représentant du C.F.L.N. Le 26 août a lieu la première réunion du comité départemental de libération à laquelle assistent en commun Irénée Revillard et le président du Comité départemental de libération, Ostier (Georges Guidollet). Les participants prennent acte du sort réservé aux miliciens d'Annecy. Comment les choses ont-elles évolué ?

Rassemblés, à l'aube du 20 août, à la Commanderie, les miliciens assistent en grande tenue à une harangue du lieutenant Quino. Celui-ci témoigne :

— Me voici à nouveau transformé en orateur. Je ne cache pas que pour ce genre de travail je ne suis pas doué, mais il me semblait qu'une force me poussait en avant et jamais je n'ai cherché les mots qu'il fallait. Ma langue marchait toute seule et j'en étais tout surpris moi-même. Les détails de mon discours, je les passe sous silence, mais jamais je n'ai vu des gens aussi intéressés et lorsque j'eus fini, je leur demandai s'il y en avait parmi eux qui avaient des questions à me poser. Quelques-uns me demandèrent certaines choses, mais leur grande préoccupation était leur propre vie. [Ce qui n'étonnera pas...] Je leur garantis, et cela avec l'assentiment de Raymond [le chef des corps francs], de la sauvegarder jusqu'au lieu de leur nouvelle résidence et pour prouver ma bonne volonté, je promis de leur laisser des armes : un revolver à tous les gradés. Ils acceptèrent cette proposition. Un grand pas était fait...

Il semble pourtant que les chefs miliciens aient montré une ultime hésitation... Qu'importe, ils se décident. L'un d'entre eux annonce au lieutenant Quino :

— Nous sommes vos prisonniers...

Les résistants libérés sortent maintenant de leurs caves, émergent à la lumière du jour levant, fêtés par leurs camarades. Quino se souviendra de la joie qu'il avait éprouvée d'un tel dénouement. Certains des anciens captifs lui ont dit : « Nous pensions que l'on venait nous achever... »

Le transfert des miliciens s'organise. Il est 5 h 30, ce 20 août, lorsque les camions s'ébranlent sous la surveillance des hommes de l'Armée secrète. Une soixantaine de prisonniers – ils sont 99 en tout – n'ayant pu monter dans les véhicules, se rangent en deux files le long de la route. Certains ont proposé d'aller se battre contre les Allemands dont on redoute une arrivée en force, d'autres demandent ce qu'ils devront faire dans cette éventualité. Et Quino de leur répondre : « Si vous vous battez, je vous considérerai comme des soldats ! »

Ce cas de figure ne se présentera pas. Le convoi atteint Saint-Jorioz, sur la rive ouest du lac. Entre-temps, à la hauteur de Sévrier, le convoi a croisé des voitures chargées de maquisards F.T.P. qui lui ont ordonné de s'arrêter...

— C'est des milicos, on les ratatine, s'exclame l'un des chefs résistants...

Et les hommes se mettent déjà en position... Ceux de l'Armée secrète s'interposent :

— Non, ce sont des prisonniers de guerre, et ils doivent être traités comme tels...

Le répit sera de courte durée. La foule s'est rassemblée sur la place de Saint-Jorioz ; les incidents commencent : invectives, injures, crachats, jets de pierres... Millau et Raymond interviennent pour remettre de l'ordre. Un milicien s'approche de Quino, une arme à la main. Quino pense que l'homme va tirer, il le fixe du regard :

— Je dois dire que le moment était terrible, raconterat-il, car j'ai cru qu'il allait faire feu. Je continuais à le regarder dans les yeux. La distance qui nous séparait était d'un mètre cinquante au maximum. Il porta son arme à la tempe droite et tira ; foudroyé, il tomba à terre, à mes pieds...

Quelques instants plus tard, le lieutenant Quino entre à l'hôtel Collet où se trouvent les chefs miliciens. Chambaz l'aperçoit et lui crie :

— Vous nous avez possédés !

Quino déclare qu'il ne lui répondit pas.

Nouveau départ, vers Faverges. Là encore une foule hostile s'est formée. Des maquisards doivent tirer en l'air pour la disperser. Et l'on remonte vers le nord : Saint-Ferréol, le col des Esserieux, Serraval, le col du Marais, Thônes proche des Glières, où la sauvagerie de la répression laisse des traces douloureuses. Là les cris de vengeance n'ont rien à voir avec la curée malsaine des excités de la dernière heure.

Le convoi atteint le Grand-Bornand dans le courant de l'après-midi. Les miliciens sont regroupés dans la salle des fêtes et gardés par des membres de l'Armée secrète. Ils attendent de passer en jugement.

On s'affaire beaucoup à Annecy pour la préparation de ce procès, l'un des plus célèbres et des plus contestés de l'épuration. Irénée Revillard choisit les membres de la cour martiale qui siégera au Grand-Bornand, après avoir consulté les membres du Comité départemental de libération. Trois des juges sont issus des F.T.P. : le commandant « Grand »-André Augagneur, Clément et André ; deux de l'Armée secrète : « Forestier »-Morel, « Roby »-Poirson. On remarque la majorité dont dispose la Résistance communiste alors que l'Armée secrète est largement dominante sur le terrain. Et puis le commandant « Grand » (Augagneur) est désigné comme président de la cour martiale.

Pourquoi cette prédominance aveuglante ? On répondra, sans emporter la conviction, que le but recherché était d'associer les Francs-tireurs et Partisans aux cours martiales afin de les détourner d'une épuration plus radicale. La pression exercée par les F.T.P. et la préoccupation de ménager l'avenir, dont on pressentait qu'il serait favorable aux communistes, ne sont-elles pas des explications tout aussi valables ?

De retour à Annecy, le lieutenant Quino cherche à faire entendre la voix de l'indulgence. C'est qu'il n'a pas oublié qu'il a été le négociateur de la reddition et que c'est grâce à son intervention, à ses discussions avec Chambaz que ses camarades ont été libérés. Peut-être a-t-il senti son hostilité fondre au cours de ces entretiens. Après tout, n'a-t-il pas révélé que les chefs miliciens s'étaient refusés à le livrer aux Allemands... « Une trentaine est à fusiller, a-t-il estimé, mais il faut envoyer les autres en première ligne. Croix de bois ou Légion d'honneur... »

Quino a convaincu certains de ses interlocuteurs, mais ils ne disposent pas d'une influence suffisante pour être écoutés. D'autant qu'il n'est pas alors recommandé – c'est la logique de toutes les révolutions – de faire preuve de mansuétude. Les événements sont tout proches, les plaies encore à vif. On reparlera plus tard de justice. Quelles que soient les apparences qu'elles revêtent, et bien qu'elles constituent une forme de parade contre les exécutions sommaires, les cours martiales ne s'embarrassent guère des notions d'équité. Elles sont là pour sanctionner rapidement, et en priorité, surgissant de l'insurrection et, pour nombre d'entre elles, ne recevant que plus tard la consécration des nouvelles autorités qui n'ont d'autre solution que de les avaliser.

Jean Comet, ancien procureur à Thonon-les-Bains pendant l'Occupation, puis passé à la Résistance, est nommé greffier de la cour martiale. C'est un greffier investi d'un exceptionnel pouvoir. Il examine les cas des miliciens que l'on vient d'interroger et établit une classification de leurs responsabilités : dans la première catégorie sont rangés ceux auxquels il n'est reproché que d'avoir été inscrits à la Milice ; dans la seconde ceux qui ont participé à des actions contre la Résistance sans avoir porté les armes ; restent les acteurs de la répression et les chefs... Dans ces conditions, estime

Jean Comet, qui le fait savoir aux juges, il n'y aura d'autre choix qu'entre une décision d'acquittement ou de condamnation à mort. Les juges recevront chacun deux bulletins, l'un portant la mention « non coupable », l'autre « coupable ».

Le greffier Comet a donc été très actif dans l'organisation de la procédure de la cour martiale, allant jusqu'à intervenir auprès des magistrats improvisés pour leur tracer la voie à suivre en écartant la possibilité de recourir à des peines intermédiaires : ce sera la liberté ou le poteau d'exécution. La liberté, mais pour combien de temps ? La chance pour les miliciens de garder la vie sauve, mais sous réserve que rentrés dans leur ville ou leur village, quelques justiciers ne se chargent pas de contredire à leurs dépens le verdict de la cour.

Jean Comet a poussé plus loin son sens de l'organisation et de l'avenir. Il a commandé soixante-quinze cercueils à une menuiserie du pays, sur la base des calculs d'un officier de police.

Le procès s'ouvre le 23 août au premier étage de la salle des fêtes devant une assistance nombreuse et tendue. Chaque milicien comparaît en uniforme pour être interrogé, les deux avocats commis d'office se répartissant les rôles et intervenant au fur et à mesure des comparutions pour un temps fixé à cinq minutes, une plaidoirie d'ordre plus général étant prévue à la fin du procès.

L'atmosphère s'alourdit à mesure qu'avancent les débats. De la salle fusent des menaces, venant des parents d'anciens maquisards tombés au combat ou de victimes des tortures. 76 miliciens sur 98 sont condamnés à mort. Vingt-deux sont relaxés pour n'avoir exercé que des activités tout à fait secondaires. À une unité près, le greffier de la cour martiale avait calculé juste lorsqu'il avait passé commande des cercueils, mais on était loin des pronostics du lieutenant Quino qui, trop optimiste, avait prévu la peine capitale pour une trentaine seulement. En considérant l'évaluation macabre du greffier Jean Comet, ne devient-il pas évident que le verdict était réglé d'avance ?

C'est le crime de trahison qui a été retenu contre les condamnés à mort, en relation avec l'article 75 du Code pénal. Ils sont reconnus coupables d'avoir pour les uns directement participé à des opérations contre le maquis, ou d'avoir accepté des grades dans la Milice qui impliquaient qu'ils aient pu transmettre des instructions tendant à la répression, pour les autres d'avoir entretenu des relations avec les autorités allemandes de la Kommandantur d'Annecy.

Dix poteaux d'exécution ont été plantés près du bois de la Perserettaz et le curé du Grand-Bornand a été prié, avant même la réunion de la cour, de venir assister les condamnés. À l'aube du 24, ces derniers sont conduits sur les lieux du supplice par le chemin qui longe le Borne. Les hommes récitent le chapelet et se passent de l'un à l'autre la prière des morts à laquelle le pape Pie X a attaché une indulgence. Elle se termine ainsi : « Seigneur, mon Dieu, j'accepte de plein cœur, de votre main, le genre de mort qu'il Vous plaira de m'envoyer, avec ses angoisses, ses peines, ses douleurs. Je veux que le dernier soupir de mon cœur soit un acte de pur amour pour Vous [1]. »

L'abbé Etienne Ducros a donné la bénédiction aux condamnés. Le peloton d'exécution a pris place, formé par des F.T.P. venus tout exprès de Sallanches. Pourquoi avoir confié cette mission à des Francs-tireurs et Partisans ? D'après les informations dont nous disposons, l'Armée secrète aurait refusé de participer à l'exécution.

Les miliciens s'avancent, par groupes de quatre, et selon l'ordre alphabétique. Les hommes tombent en criant : « Vive la France ! » ou « Vive le Maréchal ! ». Des détonations seront entendues jusqu'à la fin de la matinée. Chambaz avait tenu à être le premier à essuyer les salves, et l'on avait respecté sa volonté de donner l'ordre de tir.

Dernière formalité : les familles auront-elles la faculté de prendre possession des corps ? La question est examinée par le Comité départemental de libération, qui opte pour cette solution, afin d'éviter que, rassemblées, les sépultures ne

---

1. Cité par Delperrie de Bayac.

soient prétexte à des incidents, ou à tout ce qui pourrait s'apparenter à des « pèlerinages ».

On se souvient du témoignage du chef de l'Armée secrète que nous citions précédemment : « Les miliciens s'étaient rendus à condition qu'on leur laissât la vie sauve... » Il ajoutera, toujours à l'attention de l'auteur : « Leur chef [Chambaz], qui avait négocié leur reddition et s'était porté garant auprès d'eux, demanda à partager leur sort... »

N'engageons pas de polémique sur les responsabilités des miliciens dont d'anciens résistants eux-mêmes nous ont affirmé qu'elles avaient été grandement exagérées, mais à la lumière des témoignages que nous avons cités, il est très probable que Chambaz et ses hommes avaient obtenu d'être épargnés. La transaction heureuse qui permit la libération des prisonniers des Marquisats est gommée par quatre-vingt-dix pour cent des historiens qui ont relaté l'événement...

Pour clore ce chapitre, on se doit d'ajouter une nouvelle pièce, pratiquement inconnue, au dossier. Il s'agit de l'exécution de jeunes gens de quinze et dix-sept ans, les frères Boulens. N'appartenant pas à la Milice, ils étaient venus rejoindre leur père aux Marquisats, pour les vacances scolaires. Lorsque le convoi des Francs-gardes s'ébranla, ils décidèrent de s'y joindre, sans que personne s'en aperçût vraiment. On ignora pendant quelque temps ce qu'ils étaient devenus. S'étaient-ils éloignés de la troupe en marche ? Toujours est-il qu'appréhendés par les hommes du maquis, ils furent l'un et l'autre massacrés. Le plus jeune venait du petit séminaire.

Pendant que se déroulait l'affaire du Grand-Bornand, un autre drame se nouait entre Lyon et Annecy. Drame terrible, symbolique des moments de terreur auxquels une partie de la France est encore confrontée, et qui met en jeu des prisonniers français de la Gestapo dans la capitale des Gaules, et des prisonniers militaires allemands dans la préfecture de Haute-Savoie.

Le commissaire de la République Yves Farge, ayant eu vent d'une rumeur qui prête aux Allemands l'intention de passer par les armes les détenus du fort de Montluc qui reste sous leur contrôle[1], décide, le 20 août, d'adresser des messages au préfet régional de Vichy, Boutemy (qui n'a pas encore quitté ses fonctions), au délégué de la Croix-Rouge et au consul de Suède pour leur demander d'intervenir afin d'éviter le massacre. Les lettres sont cosignées par le représentant du Gouvernement provisoire, Maillet, et le colonel délégué par l'état-major pour la zone Sud, Bourgès-Maunoury.

Se référant à l'information qui leur est parvenue, et croyant prévenir le massacre des résistants de Lyon, Yves Farge et les deux autres personnalités déclarent qu'ils considèrent comme otages les quelque 700 soldats allemands détenus par les Forces françaises de l'intérieur de Haute-Savoie.

Les autorités allemandes, et en particulier le colonel Knab, dont dépend le fort de Montluc, rejettent cette mise en garde. Au même moment, on apprend de source sûre, dans la soirée du 20 août, que 80 prisonniers ont été extraits de Montluc et qu'ils ont été fusillés à Saint-Genis-Laval.

Un autre message part le lendemain, 21 août, toujours sous les mêmes signatures et pour les mêmes destinataires. Il se réfère aux événements de la veille et précise : « ... En conséquence nous avons donné l'ordre à l'état-major des Forces françaises de l'intérieur de Haute-Savoie de passer par les armes 80 des prisonniers allemands détenus dans ce département. Cet ordre sera exécuté lorsque cette lettre vous parviendra.

« En vous priant de bien vouloir communiquer cette décision aux autorités allemandes, nous vous chargeons de leur faire savoir que les Forces françaises de l'intérieur de la Loire se sont saisies d'un contingent de police allemande commandé par un nommé Buhl accompagné de son interprète, Leuman. Nous considérons d'ores et déjà ces prisonniers comme des otages et nous vous prions de notifier au colonel Knab, chef de la police à Lyon, que Buhl et Leuman

---

1. Lyon ne sera totalement libéré que le 3 septembre, soit près de trois mois après le débarquement en Normandie et plus de quinze jours après le débarquement de Provence.

sont inscrits en tête de la liste des otages qui seront immédiatement fusillés dans le cas où d'autres patriotes français seraient exécutés.

« Nous nous excusons de la pénible mission dont nous vous chargeons et nous vous présentons l'assurance de nos sentiments distingués. »

Les événements évoluent désormais sur deux plans : à Annecy où les réceptionnaires des instructions du commissaire de la République Farge, notamment le capitaine Nizier, commencent à préparer les modalités de l'exécution : criblage des militaires allemands, avis destinés à la population pour lui expliquer les raisons des représailles. À Lyon même où le délégué de la Croix-Rouge met en avant les conventions de La Haye relatives aux prisonniers de guerre. Les autorités françaises multiplient par ailleurs les interventions, tant auprès du consulat allemand de Berne, pour transmission, qu'auprès du colonel Knab. La position allemande est d'abord celle du refus, mais le 23 août dans la soirée un millier de détenus français sont libérés de la prison de Montluc.

À Annecy, cependant, le processus de l'exécution des soldats allemands suit son cours. Quarante d'entre eux sont extraits de la caserne de Galbert pour être interrogés à l'hôtel Splendid. Le 28 août, ils sont embarqués dans des camions et conduits au champ de tir de Sacconges. Trois militaires français les accompagnent. Un prêtre est déjà sur place lorsque le convoi se présente. Dix hommes en descendent, qui sont alignés et fusillés tandis que les autres essaient de s'enfuir. Ils n'échapperont pas à la mort.

Le 2 septembre suivant, quarante autres prisonniers allemands paient un nouveau tribut à l'exécution des Français de Montluc. Ils étaient aux mains des Forces françaises de l'intérieur à Saint-Pierre-en-Rumilly, près de Bonneville, et avaient été encasernés dans des locaux de l'usine de la Cime, sur les rives du Borne. On a reconnu des S.S. parmi eux. Ils sont exécutés, par cinq, près du château d'Habère-Lullin, là où, le 25 décembre 1943, 25 jeunes Français avaient été massacrés.

« Épurations » sauvages des deux côtés, le cycle de la vengeance et des représailles était bouclé dans l'affaire des détenus de Montluc et d'Annecy, épilogue de la guerre franco-
allemande dans une région terriblement éprouvée par de
longs mois de confrontations violentes, impitoyables. Mais la
guerre franco-française continuait.

Pendant ce temps, comment les événements ont-ils évolué
dans l'Isère ?

Le 19 août, les Allemands ont commencé l'évacuation de
Grenoble qui se prolongera jusqu'au 21. Le moment est venu
de la grande débâcle... L'orchestre militaire du Café de la
Paix ne jouera plus ses aubades. Ses derniers flonflons se
sont perdus dans le vacarme des explosions des dépôts de
munitions. Depuis des jours, la capitale du Dauphiné vit
coupée de l'extérieur, livrée aux patrouilles de soldats
énervés, tiraillant sur « tout ce qui bouge » après l'heure du
couvre-feu.

Branle-bas de retraite. « Ils ont fui comme des rats ! » s'ex-
clameront, le 23, *Les Allobroges*, organe commun du Front
national et du Mouvement de libération nationale dans son
premier numéro de l'après-clandestinité[1]. Tous les moyens
ont été bons, depuis les camions à gazogène dont les militaires allemands connaissent mal l'utilisation et qu'ils doivent se résoudre à faire remorquer par des voitures
réquisitionnées, jusqu'à des bicyclettes volées le long des
trottoirs ou enlevées à leurs propriétaires sous la menace
des armes.

Le 23, Grenoble est tout entière en liesse. Drapeaux aux
fenêtres et cortèges joyeux saluent le jour de la liberté
reconquise. Un nouvel ordre s'instaure. Le conseil municipal
provisoire immédiatement constitué tient sa séance inaugurale. Le préfet Albert Reynier s'installe. La tâche de remise
en ordre sera difficile. Pour l'instant, il n'est question que
de « châtier les traîtres », comme le demandent les affiches
fraîchement collées sur les murs. On parlera plus tard de

1. *Les Allobroges* étaient l'organe clandestin du Front national
depuis février 1942.

justice, après que se sera exprimée la vengeance et que les « rats » encore tapis dans la ville – puisque le terme désigne aussi bien les Allemands que leurs agents – auront été dénichés et auront commencé à rendre leurs premiers comptes.

Les « traîtres », on les connaît. Au reste, beaucoup sont en fuite. Les « rats » par dizaines ont quitté le navire et leurs noms réapparaîtront au fil des jours, à mesure que, capturés, ils reviendront répondre légitimement de leurs crimes, tortionnaires et gangsters, idéologues fourvoyés, mais le plus souvent amateurs de razzias faciles dans les coulisses de l'Occupation. Plusieurs d'entre eux ont pris la précaution, en s'en allant, de subtiliser 140 millions au siège de la Banque de France. Certains prêtaient main-forte aux nervis nazis qui torturaient au siège de la Gestapo, 26-28, cours Berriat, ou à la « maison des supplices » installée – insulte au prestige du « vainqueur de Verdun » – 37, boulevard du maréchal Pétain.

Dans le double charnier dit du Polygone, à la jonction du Drac et de l'Isère, sont découverts, dans les derniers jours de ce mois d'août, les corps de 48 suppliciés, maquisards capturés, mais également Polonais et Tchèques déserteurs de l'armée allemande.

Sur un fond d'atrocités perpétrées aussi bien dans l'Isère que dans les départements limitrophes, l'histoire de Grenoble pendant l'Occupation est une longue chronique d'exécutions sommaires, individuelles ou collectives. La lutte est terrible, impitoyable, la Résistance multipliant à grande échelle les actes de défi auxquels répondent les représailles.

La force de la Résistance tire pour une large part ses origines de l'implantation de la gauche dans la ville et le département avant la guerre. Cette progression des partis de gauche – et surtout du parti socialiste – s'explique elle-même par un large développement de la grande industrie entraînant une forte concentration ouvrière. Alors que les élections municipales de 1935 avaient donné la majorité à la droite dans la ville de Grenoble et lui avaient assuré le contrôle de la mairie, c'est un socialiste S.F.I.O., le docteur Martin, qui l'emportait au second tour des législatives, le

3 mai 1936. Les résultats épousaient la même tendance pour l'ensemble du département : quatre sièges pour les socialistes contre deux pour le parti radical en recul, et un seulement pour la droite.

La résistance armée se manifeste dès novembre 1942, après l'occupation de la zone libre. Essentiellement animée par l'Armée secrète, prise en charge par ses groupes francs, elle alterne de façon très spectaculaire les actions de sabotage et les attentats contre les personnes et les sièges des mouvements collaborationnistes, sans négliger les opérations contre l'occupant, tantôt italien, lorsque l'Isère entrera dans le champ de contrôle des forces transalpines, tantôt allemand lorsque la Wehrmacht prendra la relève.

L'année 1943 est ponctuée par des explosions et des attaques à la bombe : contre le quartier général de l'armée italienne, à l'hôtel Gambetta, le 22 mai, contre le parc d'artillerie de la garnison allemande, dans la nuit du 13 au 14 novembre. 150 tonnes de munitions sont détruites, les détonations sont entendues à cent kilomètres de là, les dégâts sont considérables, on redoute que l'usine à gaz proche ne soit atteinte, des civils sont tués et les Allemands répliquent en prenant en chasse des passants dont dix sont froidement abattus. Le 2 décembre, l'explosion de la caserne de Bonne achève la destruction des munitions restantes après l'attentat contre le parc d'artillerie. Les Allemands relèvent 50 cadavres, au moins 200 blessés, tandis que l'on déplore de nouvelles victimes dans la population civile.

Ces deux actions sont parmi les plus spectaculaires ; il en est d'autres, comme les expéditions de récupération d'explosifs de Pont-de-Chaix, en septembre – toujours en 1943. Du 25 au 27 novembre, l'occupant procède à des arrestations, avec des complicités françaises, qui décapitent la résistance grenobloise. Torturé, le docteur Valois, chef régional des M.U.R., se suicide dans sa cellule. M. René Gosse, doyen de la faculté des sciences, directeur de l'Institut polytechnique, est assassiné avec son fils.

Mais la chasse aux collaborateurs prend des proportions dont on n'a que de rares exemples équivalents dans la France entière. Quand on parle d'épuration violente, il convient de ne pas se limiter aux années 1944-1945. À Grenoble, les bombes de représailles contre tout ce qui représente une obédience au gouvernement de Vichy ou se compromet dans la collaboration[1] sont tellement nombreuses qu'elles échappent aux statistiques. Le 29 août 1943, en une seule journée, 37 attentats par explosifs concernent des Français. Ces attentats sont relayés par les expéditions punitives des corps francs qui sillonnent les rues de la ville à bord de leurs tractions avant noires en quête de collaborateurs à châtier. Le 11 juillet 1944, cinquante G.M.R. sont désarmés au fort du Murier. Le 1er août, le préfet de l'Isère Biessy Frantz, et le secrétaire général du *Petit Dauphinois*, M. Biessy sont assassinés.

La résistance est omniprésente dans les célèbres maquis de la Chartreuse, du Grésivaudan, de l'Oisans, du Vercors[2]. Quelques jours avant la Libération, le 14 août, 20 otages pris dans le Vercors sont fusillés sur le « terrain Bouchayer », cours Berriat. Ces exécutions appelleront, dans les premiers jours de septembre, une réplique contre des miliciens, dont nous aurons à reparler.

Et puis, des Glières au tout proche Vercors on ne saurait oublier la participation de Français, gendarmes, gardes mobiles, G.M.R. et miliciens à la lutte contre le maquis. Certains miliciens se sont rendus coupables de crimes abominables, de tortures contre des partisans arrêtés. Du côté de la Résistance, on ne lésine pas sur les moyens et la presse de la collaboration, jusqu'aux jours qui précèdent la Libération, rend compte quotidiennement des actions des « terroristes », dont bon nombre ne se justifient pas, fussent par les exigences de la lutte contre l'occupant. L'un des « terroristes » les plus célèbres dans les Alpes et le Dauphiné sera un homme originaire du Petit-Bornand, installé à Annemasse. Communiste, il avait été arrêté en 1939 et avait été placé

---

1. Les effectifs de la Milice pour le département de l'Isère sont évalués à 300 hommes.

2. Sur les quelque 7 500 membres des Forces françaises de l'intérieur recensés, l'Armée secrète représente plus du double des F.T.P. ; environ 5 000 contre 2 500.

dans un camp d'internement. Évadé, dans la grande confusion de l'été 1940, il réapparaîtra en 1942 dans la région du Petit-Bornand et, à la tête de prêts à tout... et au pire, imposera aux paysans un régime de terreur tel que l'Armée secrète envisagera de s'en débarrasser par les armes. Le 10 janvier 1944 l'homme et ses partisans réussissaient à prendre en otages, à Bonneville, un inspecteur et dix policiers qui avaient reçu mission de les arrêter. L'inspecteur et les policiers furent tous passés par les armes et l'on retrouva leurs corps quelques semaines plus tard. Au mois de mars, l'assaut était donné au plateau des Glières.

Le lendemain de leur parution au grand jour, le 24 août, *Les Allobroges* donnent le ton de l'épuration radicale, non sans avoir pris la précaution opportune, commercialement parlant, de se situer dans la continuité du *Petit Dauphinois*, le quotidien de l'Occupation. Interdit, bien entendu, le journal était confisqué dans ses biens, ce qui n'empêchait pas son successeur d'annoncer : « Abonnés, lecteurs, correspondants dépositaires du *Petit Dauphinois*, ce journal devient le vôtre... »

La quête des lecteurs s'accompagne de la « chasse » déclarée aux collabos, alors même que les instances judiciaires ne sont pas encore en place. Le rédacteur appelle un chat un chat et, en l'occurrence, un rat un rat. Les mots sont, sous sa plume, en lettres claires : « Partout où un fuyard est signalé, la chasse à l'homme s'organise... » Rien n'est négligé pour débusquer les rongeurs visqueux qui n'auraient pas eu le temps de s'enfuir : « Les immeubles sont cernés et bientôt les salopards tremblant de frousse sont extraits de leur trou, précise le journaliste... Les arrestations succèdent aux arrestations et nous sommes en droit de mentionner la mise à l'abri, en attendant le châtiment exemplaire, d'individus terriblement repérés... À bientôt des noms, des guirlandes de noms. Jusqu'au dernier, nous les aurons. Nous les délogerons de leurs repaires... »

Et le 29 août : « Il faut les capturer, morts ou vifs ! »

Information macabre, qui donne le ton d'une époque : on retire, en permanence, des noyés de l'Isère. D'où viennent les cadavres ? De quels bords politiques ? De l'un et de l'autre. On a tué, assassiné, des deux côtés. Et qu'importe les dosages : on retire, en permanence, des noyés de l'Isère...

À l'instigation du nouveau préfet, Reynier, qui prenant ses fonctions a été mis devant le fait accompli d'un tribunal populaire improvisé, la cour martiale siège pour la première fois dans la salle du tribunal correctionnel du palais de justice, le 2 septembre. Mais les séances seront publiques et mouvementées, orageuses, pleines de cris et de fureurs, comme aux jours de la Terreur de 1793. La « chasse à l'homme » a produit ses résultats. Seize miliciens sont disponibles, acteurs de second rôle, mais bons pour le poteau d'exécution. La cour martiale rend un prompt jugement : dix sont condamnés à mort. Six des miliciens ont donc sauvé leur tête de justesse... Le lendemain de l'exécution, le Comité de libération (section de l'Isère) – où le Front national, le parti communiste et la C.G.T. se sont d'ailleurs assurés de la majorité – le C.D.L. « a l'honneur de porter à la connaissance de la population du département qu'il considère que la sentence rendue par la cour martiale qui n'a pas jugé bon de condamner à mort tous les miliciens n'est pas conforme au vœu du peuple français.

« En conséquence, le C.D.L.N. [Comité départemental de libération nationale] prend l'engagement vis-à-vis du peuple souverain dont il est le représentant de réviser la composition de la cour martiale afin qu'à l'avenir aucune faiblesse semblable ne puisse se renouveler... »

Ces six jeunes miliciens se nomment Georges Azama, Fernand Bouvery, Bernard Chanay, Jacques Gombert, Robert Musnier de Pleignes et Maurice Perriault. Trois d'entre eux appartiennent à des familles où les souvenirs de la Grande Guerre, et plus encore de la guerre perdue de 39-40, sont encore très vivaces. Le père de Bouvery, capitaine de réserve, s'est engagé volontaire en septembre 1939 malgré sa trépanation en 14-18, son âge et ses cinq enfants, et s'est courageusement battu jusqu'à l'armistice, tandis que son frère servait comme capitaine au 1er bataillon de chasseurs parachutistes.

Azama et Musnier de Pleignes sont fils et frères d'officiers ; Musnier de Pleignes avait juré qu'il « vengerait » son frère aîné, Jean, tué d'une balle dans la tête, comme sous-officier d'infanterie, en juin 1940. Quant au frère d'Azama, capitaine aviateur, il termina la guerre en combattant sur le front de l'Atlantique où il obtint deux citations. Gombert est le fils de Marcel Gombert, chef du « Service sécurité » de la Milice.

Les six jeunes gens ont rejoint avec d'autres l'École des cadres de la Milice qui, au château d'Uriage (Isère), a pris la suite de la célèbre École nationale des cadres d'Uriage de Dunoyer de Segonzac. Le choix est évidemment lourd de conséquences, mais après tout est-il tellement inexplicable puisqu'il a reçu la caution d'un maréchal de France, « vainqueur de Verdun », objet d'un culte de la part des anciens combattants, et qu'il est dicté par l'exemple d'un Joseph Darnand, extraordinaire baroudeur, héros des deux guerres et qui, de surcroît, s'est couvert de gloire par une action d'éclat face à l'ennemi, en 1940, à l'heure où l'armée française campait benoîtement sur ses positions, à la veille d'une débâcle qui entraîna avec elle un régime discrédité et donna le spectacle de légions vaincues sans combat ?

Sous l'impulsion de leur directeur, Giaume, les jeunes miliciens ont appris tout cela, la haine du bolchevisme, le culte du chef et le rejet de la démocratie. Élèves pour l'instant, donc, les jeunes gens n'ont pas été utilisés dans des opérations de répression contre la Résistance. Suivant des cours d'instruction générale et d'instruction militaire, on les imagine plus scouts en armes que Waffen S.S. en puissance. Habitués à affronter la rigueur de l'hiver, ils pratiquent les sports de montagne et on les apercevra, racontera-t-on, se roulant, nus, dans la neige...

Seulement les échéances approchent et les jeunes spartiates vont devoir affronter des réalités autrement plus dangereuses. La Résistance se fait de plus en plus présente. Le 9 juin, le « chef Giaume » donne l'alarme et charge douze miliciens – dont les six jeunes recrues – de se mettre en position à la mairie d'Uriage avec mission de protéger, assure-t-il, les gens du village et de lancer le qui-vive à l'École en cas d'attaque.

Le drame se noue au milieu de la nuit lorsqu'une compagnie – la « compagnie Stéphane » – de l'Armée secrète, sous les ordres du capitaine Poiteau, s'approche du poste et l'envahit en usant du subterfuge d'une interpellation proférée en allemand. Croyant avoir à faire à une patrouille de la Wehrmacht, les miliciens ont en effet mis bas les armes. Elles leur sont confisquées et ils sont traités « en prisonniers de guerre », selon les propres termes du capitaine Poiteau. Nous allons, en effet, emprunter au récit que celui-ci fit des événements ainsi qu'à une autre source : le témoignage, très détaillé, du milicien Clero, qui figurait parmi les prisonniers. Précisons que les informations apportées par le capitaine Poiteau – « chevalier de la Légion d'honneur, croix de guerre, cinq citations, médaille de la Résistance » – sont extraites de la déclaration qu'il fit le 15 mars 1948 à la demande du père de Robert Musnier de Pleignes, auteur d'une requête en annulation de l'arrêt de la cour martiale de Grenoble, prononcé le 2 septembre 1944.

« Tant qu'ils furent à la compagnie Stéphane, précise donc le capitaine Poiteau, ils [les miliciens] furent traités en prisonniers de guerre (malgré les ordres d'Alger), aucun délit de droit commun n'ayant pu être relevé contre eux... »

Pris les armes à la main, les miliciens d'Uriage ont donc échappé à l'exécution immédiate. Sans doute en raison de l'appartenance au scoutisme du capitaine Poiteau, au temps de son adolescence. Il confirma plus tard qu'au surplus il avait été frappé de ne pas trouver en face de lui les voyous qu'il avait imaginés...

Il n'empêche que ces « prisonniers de guerre » d'un genre très particulier n'ont pas devant eux que des jours de pleine quiétude. Saufs, ils commencent à expier :

« L'attaque fut terminée à trois heures du matin, racontera le milicien Clero, et nous fûmes conduits sur le plateau d'Oursières où commencèrent les simulacres de jugement à genoux, ou face au mur avec derrière soi un peloton d'hommes en armes s'amusant à manœuvrer les culasses dans le but de nous faire avouer des histoires inventées de toutes pièces... »

Après un « cauchemar de six jours » – l'auteur du récit n'a cité aucun exemple des « mauvais traitements » auxquels ils ont été soumis –, les miliciens d'Uriage sont conduits près de Brioud, à la grange du Pré-Joli. Et Clero ajoute : « De là furent engagés les pourparlers pour un échange de prisonniers et accords entre Armée secrète et Milice qui n'ont pu aboutir... »

Ce genre d'accords – ou de tentatives d'accords – n'est pas nouveau. L'un des plus célèbres se situe dans le cadre de l'exécution des miliciens du Grand-Bornand.

C'est une version à peine différente que donne le capitaine Poiteau. Les portraits des jeunes miliciens, sous la plume d'un authentique combattant de la Résistance, prennent un étonnant relief :

« Des différents interrogatoires et confrontations auxquels il fut procédé, comme d'ailleurs de leur attitude et de leurs conversations, se dégage cette impression, qui fut celle de tous les gradés et volontaires de la compagnie, entrés en contact avec eux :

« Il y a miliciens et miliciens : pour les six jeunes considérés (et en particulier pour Bouvery de Nays, Musnier de Pleignes et le chef de poste, d'après mes souvenirs), il ne s'agissait absolument pas de combattre pour l'Allemagne (hypothèse qui soulevait leur indignation) ni de mener une lutte sur le plan politique intérieur, mais uniquement de servir dans les seules Forces armées françaises existant alors sur le territoire national à leur connaissance. Par point d'honneur, ils ont voulu rester fidèles à leurs engagements envers la Milice, mais sitôt renseignés sur notre action et notre genre de vie, bien différents du "banditisme", ils regrettèrent vivement d'avoir été ainsi trompés par la propagande. Leur jeunesse et leur inexpérience, jointes à la mauvaise foi de certains de leurs aînés, qui eux sont pleinement responsables, sont cause de ce que ces jeunes Français ont collaboré à l'action des ennemis de la France, alors qu'ils s'étaient engagés pour servir leur pays, comme d'ailleurs leurs camarades, en Italie ou dans nos rangs.

« Je maintiens que, si, comme je l'ai proposé à la cour martiale, il leur avait été permis de se racheter en combattant contre les Allemands après la Libération, ils l'auraient fait fort bien, car je crois pouvoir être juge de leur courage, et nous les aurions acceptés dans nos rangs (comme quelques autres "condamnés à mort" qui furent de beaux soldats et sont aujourd'hui de bons citoyens, du moins, ceux qui ont survécu)... »

Le capitaine Poiteau confirme donc les pourparlers et l'échec de la proposition de « rachat ». Joseph Darnand lui-même s'était vu opposer un tel refus [1]. D'autres auront beaucoup plus de chance, pour s'être engagés très avant, d'échapper à l'exécution immédiate. Ils auront l'occasion par la suite de se signaler par des actions d'éclat... sur des théâtres d'opérations différents et mériteront les plus hautes distinctions militaires.

Mais revenons au témoignage du milicien Clero : « Le 16 juin, craignant une contre-attaque de la Milice, nous sommes évacués du chalet du Pré-de-l'Arc où nous étions bien traités, employés à différents travaux et considérés comme otages. Puis arrive la journée tragique du 14 juillet où deux d'entre nous, Maricourt et Prost, sont fusillés après une réunion tenue par un conseil composé du commandant Bastid, dans la Résistance (Le Ray, commandant de chasseurs [2]), du commandant Vauban [ou Reynier, préfet de l'Isère] et du capitaine Nal (commissaire du gouvernement qui a demandé la peine de mort le jour de notre jugement).

« Au chalet du Pré-de-l'Arc, poursuit Clero, nous sommes restés jusqu'à la fin de juillet et ensuite conduits sous escorte à la Roche-Taillée et livrés à une formation F.T.P. commandée par le lieutenant Vibreux. Là, nous avons subi les pires tortures que l'on peut imaginer pour avoir refusé de crier : "À bas le Maréchal" et "Vive Staline". Ici, notre calvaire a duré quarante-huit heures. Ensuite, nous sommes conduits

---

1. Après l'échec d'un ralliement à la Résistance par l'intermédiaire du colonel Georges Groussard, Darnand contactera le B.C.R.A. à Londres. Son offre sera rejetée, mais ce refus ne lui sera pas signifié.
2. Et qui, promu général, sera nommé chef départemental des Forces françaises de l'intérieur.

à Bourg-d'Oisans, à une autre formation F.T.P. avec pour chef le lieutenant Grateau, capitaine du corps franc de la P.J. de Grenoble et, comme tueur, le boucher de Bourg-d'Oisans, une brute sans pareille. Notre calvaire a duré cinq jours. Nous sommes sortis meurtris des pieds à la tête. Puis, sur l'ordre du commandant Le Ray, mis au courant de ces mauvais traitements, nous sommes transférés à la Berharde, où nous avons été très bien soignés par le médecin du groupe et habillés tant bien que mal par les habitants du village. Ici, nous avons été très bien traités. Nous y sommes restés jusqu'au 26 août pour être dirigés sur Grenoble dans les cellules de la Gestapo où notre calvaire recommença jusqu'au jour de notre jugement.

« Pour Galinier et Peroutet, ils furent faits prisonniers le 16 juin dans une embuscade tendue par le groupe du lieutenant Emery.

« Ils sont venus nous rejoindre le 1er juin à la grange du Pré-Joli et par la suite ont partagé notre chemin de croix. »

Grenoble libérée – le 23 août –, le groupe Poiteau y conduit les dix miliciens avant de rejoindre les troupes alliées. On les entasse à l'hôtel Gambetta. Pressé de prendre des mesures d'épuration, le nouveau préfet Albert Reynier instaure une cour martiale présidée par un magistrat – il n'a pas été facile d'en découvrir un... – nommé Gaubert, flanqué de deux assesseurs et d'un greffier. Il est donc décidé que les dix miliciens inaugureront la cour martiale dont la première séance est fixée au 2 septembre. Le bâtonnier de l'Ordre en exercice, Me Pierre Guy, est chargé de désigner des défenseurs, mais, écrira-t-il [1], « le danger que présentaient de telles interventions en raison des réactions de la populace était si grand, que j'avais préféré assurer moi-même ce rôle, et c'est alors que mon confrère Prat s'est proposé pour intervenir à mes côtés... ».

Pour qui s'obstinerait à considérer les cours martiales de la Libération comme des juridictions régulières inassimilables à l'épuration violente, ce témoignage du bâtonnier de

---

1. Dans une lettre figurant dans le dossier, riche d'informations exclusives, qui nous a été communiqué par l'un de nos lecteurs.

l'ordre des avocats de Grenoble devrait constituer un élément de réflexion décisif : « La défense était impossible. En me rendant à l'audience de la cour martiale, le matin, à 9 heures, j'avais en effet pu lire dans le journal que l'exécution aurait lieu à 19 heures au rond-point du cours Berriat ! »

Le capitaine Poiteau a tenu à être présent, venant de son lointain cantonnement pour demander l'acquittement et assurer que les six « francs-gardes [1] » serviraient sous ses ordres...

« J'ai plaidé, poursuivra le bâtonnier Pierre Guy – et le capitaine Stéphane [Poiteau] avait approuvé cet argument – qu'en fait les dix accusés avaient été jugés par le maquis lui-même, qui avait estimé qu'ils ne méritaient pas la peine de mort, puisque eux seuls avaient été épargnés, alors que tous leurs camarades compromis avaient été exécutés par ce même maquis. Mais aucun argument ne pouvait porter et ma plaidoirie était ponctuée par des cris hostiles et menaçants du public, au point que j'ai regagné mon domicile sous la protection des gendarmes. »

Il n'est pas sans risques d'être avocat, lors de la Libération, en 1944...

Et cette remarque de Me Guy, qui est valable pour bien d'autres : « Les mêmes accusés n'auraient certainement pas eu plus de six mois de prison s'ils avaient été jugés plus tard, mais s'ils n'avaient pas été condamnés à mort, et, surtout, immédiatement exécutés, la foule aurait probablement envahi la prison et procédé à un massacre général. Il faut avoir vécu de tels moments pour se rendre compte de ce que c'est qu'une populace aveugle et déchaînée, entraînée par une suite de délire collectif... »

Le bâtonnier de l'ordre des avocats de Grenoble n'hésitera pas à considérer Robert Musnier de Pleignes et ses camarades comme des « victimes expiatoires », et à écrire que « leur sang a épargné sûrement d'autres et plus nombreuses victimes... ».

---

1. La « Franc-garde », créée le 2 juin 1943, est, rappelons-le, la force opérationnelle de la Milice.

Le préfet Reynier ne disait pas autre chose sous une forme moins compromettante, dans une interview au journaliste américain John Osborne [1] : « Reynier, écrivait Osborne, m'a déclaré qu'il était soumis à une énorme pression pour permettre au maquis de pénétrer dans les prisons et de fusiller sans procès, et qu'il avait le choix entre des procès légaux – ou qui en avaient les apparences... – et des exécutions, et des actes de lynchage auxquels se serait livrée la foule... »

Après leur condamnation à mort, les jeunes miliciens furent reconduits à l'hôtel Gambetta où ils demandèrent l'assistance d'un prêtre. C'est le père Vermorel, aumônier de la prison, qui fut désigné. Il déclara qu'ils se préparèrent à leurs derniers instants avec beaucoup de courage et qu'ils étaient animés de sentiments profondément chrétiens, dont témoignèrent les lettres qu'ils écrivirent à leurs parents.

Nous empruntons le récit de l'exécution à l'article-reportage publié par *Life* : « Le public n'avait pas été spécialement convié, écrivait John Osborne, ni le lieu ni l'heure [de l'exécution] n'avaient été annoncés [2], mais le public était le bienvenu. Et le public vint. À 6 heures [du soir], les rues humides de la ville devenaient des rivières de Grenoblois, à bicyclette, marchant à pied, en trolley, dans des voitures crachotantes et délabrées pour les maquisards (qui paraissent disposer de tous les véhicules disponibles dans la France entière), s'écoulant vers la place de la mort [...]. On aurait pu croire qu'ils se pressaient vers un spectacle de cirque. Ils riaient, se saluaient, couraient, et, sur le lieu de l'exécution, se bousculaient et se serraient les uns contre les autres dans un climat bon enfant pour obtenir le meilleur

---

1. Dans le cadre d'un article publié par le magazine *Life*, en septembre 1944, portant le titre de « Death at dusk in Grenoble. A maquis firing squad carries out sentence against six young and obscure french traitors » : « Mort au crépuscule à Grenoble. Un peloton du maquis exécute la sentence contre six jeunes et obscurs traîtres français. » Le texte était accompagné d'un long reportage photographique qui ne ménageait aucun détail de l'exécution : miliciens attachés aux poteaux, face au peloton, coups de grâce, etc.

2. Du moins officiellement.

point de vue [...]. Six poteaux avaient été dressés sur le mur de l'usine [appartenant aux Éts Bouchayer et Viallet]. Pendant que la foule se massait, un escadron du maquis, sélectionné pour procéder à l'exécution, était mis en place. D'autres maquisards formaient une ligne le long du terrain de l'usine ; ils lancèrent des sommations et se décidèrent à tirer au sol pour obliger la foule à reculer. Les bars, les maisons, les immeubles donnant sur la place furent envahis par tous ceux qui étaient à la recherche de places aux fenêtres, à tel point que les habitants, harcelés par les solliciteurs, furent contraints de fermer leurs portes et de refuser de répondre aux coups de sonnette.

« Le crépuscule froid et pluvieux commençait à tomber lorsqu'une camionnette fermée se fraya un chemin à travers la masse grondante des spectateurs, d'où s'échappaient des sifflets. Un jeune officier botté tournoya sur lui-même, fit balancer son arme et se dirigea vers l'escadron chargé de l'exécution qui marcha en file indienne pour se placer face aux poteaux et au mur de l'usine, laissant derrière lui la plus grande partie de la foule. La porte de la camionnette s'ouvrit et les six miliciens marchèrent tout droit vers les poteaux, sans aide ni aucun geste de résistance, et se mirent à leur place tandis que les maquisards les attachaient par les mains [...]. Aucun d'entre eux ne fléchit, aucune tête ne vacilla ni ne se détourna du peloton. Je fixai spécialement le plus jeune, qui avait dix-neuf ans [...]. Il regardait maintenant vers le ciel, juste au-dessus des hommes du peloton, comme s'il n'avait jamais eu l'occasion de jouir pleinement du spectacle de la pluie et des hauteurs des Alpes au-dessus de la ville. Il n'avait pas quitté cette position lorsque, sans qu'aucun avertissement ne fût perceptible, les hommes du peloton commencèrent à tirer. Ils semblaient tous viser à la poitrine ou au cœur, mais je n'en étais pas certain. Ils tirèrent deux rafales. Le garçon que je suivais particulièrement se redressa, glissa le long du poteau, sa tête tombant enfin.

« À cet instant, poursuit John Osborne, les cinq premiers corps, du côté nord par rapport à l'endroit où je me trouvais, donnaient l'impression de tomber lentement, lentement, lentement, avec un synchronisme terrible. L'un d'entre eux se tenait encore dressé – celui de l'autre extrémité. Ses mains avaient probablement été très bien attachées car son dos était resté droit et sa tête inclinée en direction des exécuteurs. Maintenant, au moment où retentissait la dernière salve, mais un moment qui donnait l'apparence d'une éternité, des officiers maquisards couraient à longues enjambées vers les piquets et tiraient une balle dans chacune des têtes des miliciens. Le garçon qui était le plus près de moi était presque au sol, ses mains encore liées légèrement au-dessus. Les quatre suivants s'étaient affaissés loin de leur poteau et le corps de celui qui était situé le plus au nord avait enfin esquissé un lent glissement vers la terre. Une minute après le *coup de grâce* [en français dans le texte américain], on avait coupé les liens des poteaux et couché les corps face contre terre. Des hommes apportaient six cercueils sans ornement, probablement en bois de sapin. Le terrain se transforma alors en une maison de fous où se mêlaient le bruit des clous que l'on enfonçait sur les couvercles des cercueils et les manifestations nombreuses de la foule hurlant, sifflant et lançant : "Sauvages ! Salauds !" Au moment du *coup de grâce*, une partie de la foule avait rompu les lignes du maquis. Maintenant, des spectateurs indésirables couraient et plongeaient littéralement [...]. Des éléments réussissaient à atteindre les corps, qui n'avaient pas encore été mis en bière, et tentaient de leur donner des coups. Aussi loin que je pus regarder, les maquisards retirèrent les corps avant que les forcenés n'aient eu le temps de les malmener.

« Pendant un moment, le terrain devint le théâtre d'une folie tournoyante de civils agités et de maquisards qui tiraient tantôt en l'air, tantôt au sol. Par-dessus tout dominaient les cris perçants, les sifflets et les invectives provenant spécialement des femmes et des enfants qui représentaient au moins la moitié de la foule. Le tout ne devait pas avoir duré plus de cinq à dix minutes. La nuit pluvieuse se faisait de plus en plus froide, les hommes du maquis se repliaient vers les rues, la camionnette repartait avec les cercueils et, à sept heures trente, le cours Berriat était plein de ceux qui s'en retournaient chez eux, rassasiés.

« La dernière image que je retiens de la scène de l'exécution fut celle d'un officier du maquis qui se dirigeait vers celui qui avait eu le privilège de procéder au coup de grâce, lui serrait la main et en faisant claquer les talons, lançait un extravagant salut... »

Dans ce département de l'Isère, l'épuration extrajudiciaire, très violente, avait, rappelons-le, frappé au niveau le plus élevé : le 1er août 1944 étaient assassinés le préfet, Frantz, et le secrétaire général du quotidien *Le Petit Dauphinois*, M. Biessy. D'autres exécutions sommaires resteront dans les mémoires parmi beaucoup d'autres. Dans le cas des de Buffières, c'est une famille entière qui est frappée. Le 16 août 1944, à Dolomieu, canton de La Tour-du-Pin, M. et Mme de Buffières sont « abattus » et les justicialistes n'épargnent pas, dans leur frénésie criminelle, leur fils âgé... de huit ans. Ils n'en restent pas là puisque six jours plus tard, le 22, ils s'en prennent à leur proche parente, Mme Élisabeth de Buffières, qu'ils assassinent dans sa propriété de Millassière qui sera livrée au pillage.

En ce mois de septembre 1944, le préfet de l'Isère s'inquiète de l'état d'anarchie qui menace de s'instaurer dans Grenoble la tumultueuse comme un torrent alpin en crue. Assumer de hautes responsabilités administratives n'est pas une tâche de tout repos lorsque le moindre des sans-culottes s'arroge des pouvoirs policiers et interpelle qui bon lui semble sous la menace d'une arme.

La préfecture intervient donc, publiquement, pour rappeler que « seules les forces de police et les groupes francs munis de mandats d'arrêt sont qualifiés pour procéder à des arrestations... ». Le 6 septembre, on dénombre déjà 230 femmes sous les verrous pour des motifs qui ressortissent beaucoup plus à la « collaboration horizontale » et à la fraternisation des libations et des beuveries qu'à la compromission politique.

Grenoble a eu ses délatrices, ses hyènes de Kommandantur. On leur mettra la main au collet et on les jugera. On les condamnera, dans l'ensemble d'ailleurs avec une certaine indulgence. Mais à côté, parmi les internées à la maison d'arrêt, que de pauvres filles égarées pour qui la fréquentation de l'occupant ne s'expliquait que par l'appât du gain ou l'obtention de quelques avantages dans des temps de disette...

La cour de justice doit remplacer la cour martiale, mais la succession est retardée. Le 10 septembre, André Philip, ministre d'État, Emmanuel d'Astier de La Vigerie, secrétaire d'État à l'Intérieur, et Yves Farge, commissaire régional de la République, sont arrivés à Grenoble en « tournée d'inspection ». Pour deux d'entre eux, ce sera la dernière étape de la mission qui les a conduits à travers les départements libérés. On apprendra le jour même leur remplacement [1].

Des scènes comme celle que relate le photographe Jean-Philippe Charbonnier [2] n'ont rien d'exceptionnel en ce mois de septembre 1944, que ce soit dans l'Isère, dans les régions alpines ou dans les autres régions de France. La vedette en est un jeune homme accusé de collaboration. Compromis, certes, comme des milliers de garçons égarés comme lui, mais n'ayant tenu qu'une place secondaire, il aurait sans doute subi un châtiment, mais pas la mort, s'il avait été jugé dans des conditions régulières. Seulement on l'arrête et on le tue en pleine effervescence populaire, en pleine fièvre justicialiste, alors qu'il n'a pas songé à fuir, ou à se cacher.

Condamné, le jeune Nitard, de Vienne, s'est pourvu devant la cour de justice de Grenoble qui a accepté d'examiner son cas. On n'en a cure et l'on décide de l'exécuter : « Pour que tout le monde en ville [à Vienne] ait sa part de la vengeance générale et une chance d'assister à l'exécution, écrit Jean-Philippe Charbonnier, celle-ci fut prévue pour midi. 5 000 citoyens, y compris les enfants au premier rang, s'entassaient sur le terre-plein de la caserne. L'excitation était telle que l'on pouvait la sentir, comme on la sent avant une corrida, un grand match ou un récital d'Édith Piaf. Avant l'exécution, le condamné reçut les traditionnels et ultimes verre de rhum et cigarette... »

---

1. Dont nous parlons dans le chapitre 7.
2. Dans *Un photographe vous parle*, éditions Grasset.

Nitard s'avance, les mains liées dans le dos. En retrait, la silhouette d'un prêtre, le visage attentif, les yeux fixant le condamné. Ce prêtre est jeune aussi et dans son expression on croit discerner cette interrogation : pourquoi tant de morts, tant de drames sur la terre de France ?

La cigarette à peine achevée, Nitard, dans un geste devenu habituel en ces temps de restrictions, en remet le mégot dans sa poche. « ... Puis il alla faire face au peloton d'exécution. Il traversa un corridor au mur duquel douze fusils étaient appuyés et sortit sur le terre-plein... » La foule s'est tue. Les armes parlent. L'homme s'effondre, mais il n'est pas mort et Jean-Philippe Charbonnier qui fixe l'événement avec son Leica, « automatiquement, comme dans un rêve », le compare à « un canard avec la tête coupée, qui court encore quelques minutes avant de tomber... ».

« Le spectacle atteignait maintenant son paroxysme... » On retire les quelques liens qui retenaient encore Nitard au poteau, on l'attache de nouveau, douze coups partent. Cette fois, le jeune « collabo » est bien mort.

Au milieu de ce mois de septembre il n'est question, dans la rumeur publique, que d'un commissaire de police de Grenoble, celui du troisième arrondissement, qui, blessé au bras lors d'un attentat, a mystérieusement disparu le jour du départ des Allemands. Transporté sur un brancard, recouvert d'une couverture, l'homme aurait demandé à ses proches d'annoncer sa mort pour continuer plus facilement à donner ses ordres et s'éclipser sans risque d'être identifié.

Cinq condamnations à mort sont prononcées le 18 septembre, dont deux contre des femmes qui sont exécutées dès le lendemain.

Les Allobroges qui publient les noms et les photographies des miliciens en fuite inaugurent, le 22, une rubrique sous le titre « Les arrestations du jour ». Le 26 – la veille on a annoncé la suspension des cours martiales – le tribunal militaire entre en fonctions. Il aura beaucoup à faire.

Presque quotidiennement remontent à la surface les vilenies et autres turpitudes des années sombres. Cette information, parmi d'autres, terrible dans son laconisme : « Un facteur auxiliaire ouvrait les lettres et dénonçait les réfractaires[1] à la Gestapo... »

Mme L. C., gérante d'un café connu de Grenoble, s'était également spécialisée dans la dénonciation. Ses interventions se révélaient d'autant plus redoutables qu'elle était la maîtresse... du chef de la Gestapo de la ville. À lire la prose qu'elle adressait – imprudemment – à son amant, Mme L. C. le remerciait ainsi des générosités matérielles dont il la comblait : « Vous avez droit, cher ami, à ma reconnaissance, lui écrivait-elle, et pour vous montrer mes sentiments dévoués, je vais vous donner une liste des gens à arrêter... »

On ne peut imaginer plus de candeur dans l'ignoble. Mme L. C. cite donc plusieurs noms de familles israélites qui ont échappé au recensement et livre cette information : « Je vous signale que les trois fils du Dr P. [le patronyme du médecin figure bien entendu en toutes lettres], directeur du préventorium d'Autrans, échappent au S.T.O... »

Les dénonciateurs qui, à la Libération, se cachent derrière l'anonymat pour régler des comptes avec leurs compatriotes ne font pas mieux. Et les gangsters travestis en résistants mériteraient les mêmes condamnations que les acolytes de la Gestapo. À Voiron, arrondissement de Grenoble, des membres du comité d'épuration – des « brebis galeuses », dira-t-on, des « individus qui s'étaient introduits dans le comité en trompant la confiance des dirigeants » – des membres du comité d'épuration sont arrêtés au moment où ils cambriolaient une villa. L'enquête révéla qu'ils détroussaient les habitants... en leur présentant des mandats d'arrêt.

Le comité d'épuration de l'Isère s'est, dès la mi-septembre, attaqué aux « fortunes scandaleusement acquises » à la faveur des années de pénurie. Vingt noms « encadrés » sont publiés par Les Allobroges, le 16 : des industriels, des bouchers, une fromagerie et une laiterie qui se voient appliquer des amendes variant entre 20 millions et 150 000 francs. Ces mesures d'épuration économique sont en quelque sorte dans la suite logique de l'épuration sauvage qui avait

---

1. Au Service du travail obligatoire.

frappé, pendant l'Occupation, non seulement, et à plusieurs reprises, la société des Biscuits Brun, mais les manufactures Reymond, la fabrique de pelles mécaniques Nordest, la fonderie et les ateliers Merlin-Gerin, la Société nationale de Viscose, les établissements Thomson-Houston, les usines Soulage. Tous ont été les cibles de graves attentats. On verra que l'épuration économique violente se survivra après la Libération en prenant pour cibles des commerçants.

Dans le milieu du mois d'octobre tombent en cascade les arrestations de personnages dont on apprendrait sans regret qu'ils ont été pendus haut et court : un des chefs de l'équipe des tueurs de la Gestapo de Grenoble, appréhendé à Nice, responsable de la mort du professeur René Gosse, et du démantèlement de la Résistance dauphinoise, en novembre 1943 ; des égéries ou complices des tortionnaires plus connues sous leur prénom ou surnom de « Jeannette », « Marilou » et la « grande Marcelle » ; le recruteur du Bureau de placement allemand, réputé pour sa férocité, interpellé à Nîmes, alors qu'il croyait, lui aussi, avoir échappé à la police.

Il existe des cas moins graves, comme celui d'un important entrepreneur des travaux publics travaillant pour l'organisation Todt à la construction du « mur de la Méditerranée ». S'il fallait mettre sous les verrous tous les profiteurs de la collaboration économique !

Les délateurs de quartier, maniaques des règlements de comptes, victimes de l'espionnite et nostalgiques du mythe de la 5e Colonne s'en donnent à cœur joie. Ces corbeaux – au reste, ne sont-ils pas les mêmes, parfois, que ceux qui faisaient les jours sombres de l'Occupation... – ces dénonciateurs alimentent à eux seuls une bonne partie des initiatives justicialistes et des arrestations arbitraires. Dans la région lyonnaise, les responsables politiques demanderont aux écrivains anonymes de se taire en annonçant – initiative saine et salutaire... – que leurs lettres ne seront pas prises en considération.

Les Allobroges lancent dans leur numéro du 30 octobre un avertissement dont le titre est aussi évocateur qu'ambigu. « Dénonciateurs, soyez prudents ! » demande le rédacteur. Doit-on en conclure que dénoncer serait conforme aux exigences de l'épuration, mais pas à n'importe quelle condition... L'auteur de l'article cite en effet cet exemple : « M. F., cinquante-sept ans, marchand de primeurs, a dénoncé à la police M. V. R., manœuvre, quai Perrière, comme l'ayant vu au milieu de Waffen SS et notamment remarqué en train de monter la garde, en armes, devant l'église Saint-Louis. M. R., écroué, a subi de longs interrogatoires. Il a été prouvé qu'il était absolument étranger à toutes les actions qu'on mettait sur son compte. Il a été relaxé et une enquête est ouverte contre le dénonciateur imprudent... »

Interpellateurs sans mandat. Délateurs sans scrupule. Poseurs de bombes. Cette dernière catégorie se manifeste à compter de la fin octobre. C'est une des particularités que Grenoble partage avec Nice. L'épuration anarchique a, hélas, de « beaux jours » devant elle à l'automne 1944.

Des bombes, comme à l'époque de l'Occupation. Chaque jour a la sienne. Et cela dure pendant des mois. On en recense parfois plusieurs dans la même journée. Les explosions se produisent pendant la nuit. Elles font parfois des victimes, des dégâts souvent importants partagés par les voisins des personnes visées, généralement des commerçants.

Dans la nuit du 25 au 26 octobre... Dans la cave de M. Joseph Berger, propriétaire d'un débit de tabac et d'un café, cours Berriat, près du pont du Drac.

21 h 45, le 28 octobre, aux établissements Piot – vulcanisation – 1, rue de la Fédération. Précision importante : M. Piot avait été arrêté quelques jours auparavant (on arrête encore en octobre), sur mandat du comité d'épuration, puis relâché.

22 h 30, le 10 novembre. Il s'agit cette fois d'une bombe de gros calibre. Devant la boulangerie Reynier, 7, rue Hébert. Le magasin a subi d'importants dommages et les maisons proches ont été également touchées.

Dans la soirée, le 10 novembre... M. Eugène Chaboud-Mollac, carrossier, qu'accompagne un ami, M. Blanc, renverse au volant de sa voiture M. Alexandre Comte, travailleur de nuit, à la hauteur du n° 85 du cours Berriat...

La victime est transportée pour les premiers soins au Café de l'Avenir où une violente discussion s'engage entre l'auteur de l'accident et des consommateurs. La police intervient. Les querelleurs se calment. Mais M. Chaboud-Mollac ne retrouve pas son véhicule lorsqu'il veut procéder au constat d'usage. Il se joint aux policiers qui commencent des recherches dans le quartier. Quelques instants plus tard, une explosion retentit : une bombe vient d'exploser dans la voiture de M. Chaboud-Mollac. Elle sera totalement détruite par l'incendie qui a suivi. Les souvenirs de l'Occupation sont très probablement passés par là...

Dans la nuit du 15 au 16 novembre. Deux bombes explosent à La Tronche. Ce sont des boulangers qui sont visés. Les dommages sont très conséquents.

23 heures, le 22 novembre. Une bombe de forte puissance détruit la devanture de la droguerie de M. Dimier, rue Voltaire, à Grenoble, et cette fois il y a deux blessés... Le même jour, des explosions à Saint-Martin-d'Hères et à la Croix-Rouge.

Cinq bombes à Grenoble du 23 au 26 ; et l'on est déjà à trois mois de la Libération. Les attentats finissent par s'intégrer dans la vie de chaque jour, comme des séquelles inévitables du temps de l'Occupation.

27 novembre : c'est un boucher qui est visé au 128, cours Berriat. L'explosion arrache le rideau de fer et blesse un passant.

29 novembre, trois bombes chez des commerçants ; deux le 2 décembre.

Dans la nuit du 8 au 9 décembre, la violence se déplace à Voiron... qui en a vu bien d'autres. Le propriétaire d'un bar et un commerçant en fromage en font les frais, puis un « chef de brigade » des contributions indirectes, rue Pierre-Loti, ce qui provoque une protestation du Comité départemental de libération qui comprend mal que l'on ait voulu atteindre un homme dont les sentiments patriotiques, affirme-t-il, sont notoires.

Cela continue, au même rythme, jusqu'à la fin de l'année. En Savoie, comme en Haute-Savoie, la situation n'est pas moins... explosive, comme on le verra.

La visite du général de Gaulle dans la capitale du Dauphiné, le 5 novembre, s'est déroulée sur un fond de violence. La ville rebelle a pourtant vécu un grand moment puisqu'elle a reçu des mains du chef du Gouvernement provisoire la rare distinction de la croix de la Libération. Grenoble la rebelle, disions-nous, à l'égard du Général lui-même, puisque, quatre ans plus tard, elle lui réservera un accueil assombri d'incidents sanglants[1].

En attendant, le préfet de l'Isère n'en finit pas de lancer des appels à l'ordre, pour signaler, le 13 décembre, qu'« aucune autorisation de port d'armes n'est accordée pour le moment » et, quelques jours plus tard, que « le couvre-feu reste fixé de 24 heures à 5 heures... ». Ces mesures qui rappellent les plus mauvais jours de la guerre ne découragent pas les dynamiteros. Les attentats ne font pas que du bruit, ils ont blessé plusieurs personnes et sont responsables de destructions importantes qui ne seront pas indemnisées.

Et l'on pratique les enlèvements ; la guerre fratricide continue !

Le 7 décembre, à 20 h 30, des passants découvrent sur la « route neuve », à trois cents mètres du moulin de Malissol et à quatre kilomètres de Vienne, deux cadavres percés de balles de mitraillette. L'enquête apprend qu'il s'agit d'un couple de ressortissants italiens (comme à Nice), domiciliés dans la ville où l'homme exerçait le métier de menuisier-charpentier. Ce qui signifie qu'il était intégré à la vie locale. Seulement, Mme Bartoletti avait été arrêtée à la Libération sur la « foi » d'une dénonciation. Elle avait comparu devant la cour de justice, à Grenoble, qui l'avait acquittée. Ses assassins n'ont pas admis ce verdict de clémence. Ils l'ont exécutée en même temps que son mari.

Le 24 décembre, on retrouve au lieu-dit Le Glairon, près de Gières, dans l'arrondissement de Grenoble, le corps de

---

1. Un militant communiste sera tué, le 18 septembre 1948, au cours de la manifestation organisée contre la venue du général de Gaulle. Le Général effectuait alors des déplacements réguliers dans les grandes villes de province dans le cadre de sa campagne en faveur du Rassemblement du peuple français.

M. Victor Bollon qui a reçu plusieurs balles dans la tête. On avait jeté son cadavre dans l'Isère. M. Bollon avait été enlevé en compagnie de son épouse, dix jours plus tôt.

Les condamnations à mort ont redoublé fin novembre devant la cour justice de l'Isère. *Les Allobroges* tiennent un recensement quotidien – ou presque – des interpellations et des arrestations où le gros gibier, si l'on se réfère à l'expression consacrée de la « chasse à l'homme », se mêle au menu fretin. Dans son numéro du 14 novembre, par exemple, le journal de la Résistance donne les noms de personnes fraîchement arrêtées sur proposition du comité d'épuration, en précisant : « Une belle brochette de mauvais Français sous les verrous... »

Et de mauvaises Françaises comme cette dame D. (le nom figure comme d'habitude dans son intégralité) dont la mise à l'ombre est relatée en ces termes : « Chambéry, 26 novembre. Il nous est permis [?] d'annoncer que Mme D., tenancière [? ?] d'une pâtisserie sous les Portiques, à Chambéry, a été arrêtée par la Sécurité militaire à Crolles, dans l'Isère[1]. La belle Mme D., comme on la surnommait dans notre ville, recevait dans son établissement, avec trop de bienveillance, Allemands, Italiens, indicateurs et Gestapo... »

Le 19 décembre, deux femmes, Mmes C.G. et M. L. P., sont exécutées à Grenoble. Employées à la caserne Saint-Germain, à Vienne, elles s'étaient rendues coupables de délations. Condamnées à mort par la cour de justice, elles avaient introduit un recours en grâce, qui avait été rejeté.

De « graves incidents » – selon le communiqué de M. Yves Farge, commissaire de la République, communiqué diffusé le 19 novembre – se sont également produits en Haute-Savoie et en Savoie. Il ne s'agit pas d'initiatives isolées comme en Isère. Plusieurs bandes sont en effet signalées qui se réclament des Forces françaises de l'intérieur pour procéder à des arrestations et à des exécutions sommaires à Thonon, Annecy et Abondance. Une quinzaine d'hommes sont appréhendés par les forces régulières et les faits sont

---

1. Arrondissement de Grenoble.

estimés suffisamment graves pour que le directeur de la prison d'Annecy soit destitué et que le colonel Salin, commandant la subdivision de Haute-Savoie, soit à son tour remplacé. Son successeur, le commandant Roux, disposera de moyens renforcés, en particulier par la nomination, pour chaque arrondissement, de commandants militaires qui auront autorité sur la « troupe », la gendarmerie et la garde civique républicaine[1]. Un commandant militaire couvrant toutes les forces armées *au niveau de l'arrondissement :* il faut que les exactions aient été graves pour que le commissaire de la République ait été contraint à de telles mesures.

Le 13 novembre, notamment, sept « résistants » exécutent à Thonon M. Rigaud, industriel, et M. Bron, qu'ils soupçonnaient d'appartenir au P.P.F.

Ce double assassinat aura une suite devant la cour d'assises de la Haute-Savoie, mais grâce aux dépositions de plusieurs camarades, les inculpés ne seront condamnés, pour deux d'entre eux, qu'à deux ans de prison avec sursis, les cinq autres étant acquittés. Mme Rigaud et Mme Bron s'étant portées partie civile obtiendront pour la première... le franc de dommages-intérêts qu'elle demandait, la seconde 600 000 et 100 000 francs pour chacun de ses trois enfants. Mince consolation...

Restons en Savoie, mais pour revenir quelques mois en arrière, le 8 août 1944. La Libération n'est pas encore effective ; en Savoie comme ailleurs l'épuration sauvage la précède. Témoin, un assassinat exemplaire à plus d'un titre : il s'agit manifestement d'une vengeance personnelle, indépendante de la volonté des responsables de la Résistance, qui vont la blâmer et chercher à châtier les coupables, mais les auteurs de l'exécution sommaire seront acquittés... sous couvert de la Résistance.

Le rapport adressé le 20 septembre 1944 par le juge d'instruction à Moûtiers au procureur général de Chambéry relate ainsi les faits :

_____

1. En fait l'équivalent des Milices patriotiques.

« Le 8 août dernier, vers 19 heures, R.[1], boucher à Moûtiers et F. sans profession déterminée demeurant à Bozel, se
présentaient, chacun armé d'un revolver, au Praz, commune
de Saint-Bon, chez M. Borde, Xavier, négociant commission-
naire à Marseille, sous la menace de leurs armes ils l'obli-
geaient à les suivre, tandis que R. tirait un coup de revolver
en direction de Mme Borde sans l'atteindre. Ils faisaient faire
à la dame Lob qui était intervenue, une déclaration en
faveur de M. Borde[2], en même temps ils emmenaient ce
dernier au café Chardon au Praz, le fouillaient et lui liaient
les mains derrière le dos, après l'avoir maltraité à coups de
pied et lui avoir brisé plusieurs dents de devant d'un coup
de poing. Revenu à la maison de M. Borde, un moment
après, F. y tirait un coup de revolver dans la direction de la
bonne dame Montajionni mais ne l'atteignait pas. Les deux
hommes conduisirent ensuite M. Borde dans la camionnette
de R., semble-t-il à une faible distance du village. Là, après
l'avoir fait descendre, ils le faisaient tomber en lui tirant une
balle dans le ventre, puis ils lui tiraient plusieurs coups dans
la nuque. La victime succombait le lendemain à l'hôpital de
Moûtiers. Les deux assassins semblent avoir été ivres.

« Le crime paraît être l'assouvissement d'une vengeance
personnelle contre M. Borde, de certains individus de Bozel
ou du Praz, plutôt qu'être purement politique. Les renseignements recueillis sur ce dernier sont bons, poursuit le juge
d'instruction. Quant à R. et F. ils sont très redoutés des habitants du Praz, qui craignent une vengeance et hésitent à
parler par peur de représailles de leur part, surtout de F.

« Tous ces faits ont bien été confirmés par différents
témoins au nombre de sept que j'ai entendus jusqu'ici.

« À la date du 11 août 1944, à la suite d'un transport sur
les lieux, M. le Procureur de la République a requis l'ouverture d'une information contre R. et F. du chef d'assassinat
et de tentative de meurtre.

---

1. Les patronymes des assassins sont bien entendu en toutes
lettres dans le texte.
2. Bien que l'on ne comprenne pas très bien le sens de cette
déclaration en faveur de la future victime.

« Ces deux individus auraient été arrêtés, après le meurtre, par les Forces françaises de l'intérieur puis auraient été relâchés par elles en raison des événements de guerre dont la Tarentaise était le théâtre à cette époque.

« Deux mandats d'arrêt furent alors décernés à la date du 25 août 1944, M. le capitaine commandant la Milice patriotique de Moûtiers étant venu nous avertir que les inculpés se trouvaient en liberté et que le crime était à son avis une affaire de droit commun. »

Or la cour d'appel de Chambéry – chambre de révision – rendait un arrêt dont nous extrayons les passages suivants :

« Le 14 novembre 1944, la cour d'appel de Chambéry, constituée en chambre de révision conformément à l'ordonnance du 6 juillet 1943, relative à la légitimité des actes accomplis pour la cause de la libération de la France, et à la révision des condamnations intervenues pour ces faits...

« ... Vu la requête déposée en date du 9 novembre 1944, déposée au greffe par M. le Procureur général tendant à la suspension des poursuites intentées au chef de meurtre contre :

« 1° R....

« 2° F....

« ...

« Attendu qu'en commettant postérieurement au 10 juin 1944 les faits qui leur sont reprochés les sus-nommés ont eu en vue de rendre service à la Résistance française et la libération du territoire.

« Par ces motifs... ordonné la suppression des poursuites intentées contre R. et F. du chef de meurtre sur le nommé Borde et de tentative de meurtre sur les personnes de Dame Borde et de Demoiselle Mugnier... »

L'avocat chargé de la défense des intérêts de la famille Borde diligente sa propre enquête et s'informe de savoir si le maquis de Savoie avait donné un ordre d'exécution. Il rencontre à cet effet, à Moûtiers, Mlle Freniot, employée des P.T.T., qui transmettait les communications du maquis. Celle-ci lui affirme qu'il n'y a jamais eu aucun ordre donné en vue de l'exécution de M. Borde. Puis l'avocat interroge M. Lungo, agent d'assurances, dans la Résistance « colonel du Rhône », qui lui précise que l'enquête qu'il avait ouverte au sujet de M. Borde avait démontré que ce dernier « n'était pas dangereux pour le maquis » et qu'il avait lui-même demandé qu'il fût procédé à l'arrestation des deux assassins. Ces derniers, ajoute le colonel du Rhône, n'avaient échappé à la justice du maquis qu'en raison de « l'avance des Allemands ».

Même son de cloche de la part de M. Guillet, scieur « en long », de La Motte-Servolex, ancien chef de la police du maquis.

Le parquet général refusera cependant de « réouvrir pour charges nouvelles ». Et le substitut général livrera à l'avocat l'explication très vraisemblable de la décision : « Le Procureur général a déjà eu une bombe, il ne veut pas en avoir une seconde ! »

À plusieurs reprises, des éléments non contrôlés et se disant membres des F.F.I. se sont substitués aux autorités légales pour régler à leur guise le sort de personnes arrêtées dans l'attente d'être jugées ou, condamnées, ayant introduit un recours en grâce. Beaucoup plus que les initiatives isolées qui n'ont pas fini de se manifester, c'est le défi qui lui est ostensiblement lancé sur son propre terrain, qui pose problème au pouvoir. Celui-ci risque non seulement de voir l'anarchie se généraliser, mais d'être débordé par des extrémistes agissant à ses lieu et place. Les nouvelles structures du maintien de l'ordre seront longues à se montrer efficaces. L'agitation persistera pendant plus d'un an.

Arrêté, le colonel Lelong, dont il a été question dans le drame des Glières, comparaît le 1er novembre devant le tribunal militaire de Lyon siégeant à Annecy. Il est condamné à mort le jour même. Il introduit un recours en grâce. Mais le 16 novembre, à 6 heures du matin, des hommes armés se présentent à la prison et l'enlèvent en compagnie du général Charles Marion, le dernier préfet en date nommé par Vichy, qui n'est pas encore passé en jugement. On les fait monter dans un car. Leurs corps criblés de balles sont retrouvés dans la carrière de Beau-Rivage.

M. Antoine Philippe, chef de la Milice pour le département de la Savoie, appréhendé à Lyon, est transféré à la caserne Curial de Chambéry. Le 4 décembre, deux gardiens de la paix viennent le chercher pour le conduire, menottes aux mains, au palais de justice où il doit être interrogé. Sur le parcours quatre hommes armés s'emparent de lui et disparaissent. Le corps de M. Philippe sera retrouvé dans la montagne de l'Épine.

Dans l'après-midi du même jour, le colonel Carli, ex-chef local de la Milice, et Me Bouvier, avocat, sont enlevés à l'hôpital. Le cadavre de ce dernier sera découvert près de Cognin, et celui du colonel Carli au pont Sabattier, près de La Motte-Servolex.

C'est également le 4 décembre – et ce n'est certainement pas par hasard – que l'abbé Vermineur, curé de Cercier, en Haute-Savoie, disparaît de son presbytère. On identifie son cadavre au barrage des Goths sur la rivière les Usses, commune de Cruseilles. Au même moment l'abbé Jacquet est enlevé à Étercy.

Le 4 décembre encore, M. Paul Serras, commissaire principal, chef du service départemental des Renseignements généraux de Haute-Savoie, ne rentre pas dans la soirée à son domicile. Les recherches restent vaines pendant huit jours. Jusqu'au 13 décembre. Son corps est reconnu au mont du Chat. Il gisait, portant la trace de plusieurs balles de revolver, à plat ventre, les mains repliées derrière la tête. Les assassins l'avaient jeté dans un ravin.

Mme Alice Rambaud, de Chambéry, a été arrêtée, puis relâchée. Elle se croit libre. Mais les justicialistes n'admettent pas qu'on l'ait reconnue innocente. Ils l'assassinent et abandonnent son corps, passage de la Métropole où on le découvre, le 10 décembre à 3 heures du matin.

Le recours aux bombes n'a pas épargné la Savoie. Dans la nuit du 30 au 31 décembre, la gendarmerie d'Aix-les-Bains en fait l'expérience. Deux gendarmes sont blessés par une énorme explosion qui provoque des dommages très importants. On retrouve, une fois n'est pas coutume, et très certainement parce que ce sont les gendarmes eux-mêmes qui ont été visés..., les responsables de l'attentat. On parle de « trois bandits » arrêtés. Des bandits, manieurs de bombes, en décembre 1944 ?

1945 s'annonce en matière de règlements de comptes sous des auspices encore sombres, comme si, pour certains, la liberté reconquise n'était qu'un acquis relatif.

La prison d'Annecy fait de nouveau parler d'elle. Le 10 janvier 1945 une bande armée s'y présente et exige qu'on lui ouvre les portes. Elle l'obtient, comme pour le général Marion et le colonel Lelong... sans difficulté excessive. Elle n'a pas à insister beaucoup pour qu'on lui livre l'ancien commandant des G.M.R., Vernay, que la cour de justice a condamné à mort. Celui-ci courait le « risque » d'être gracié. Il importait donc de devancer une décision éventuelle de clémence, et de passer aux actes avant qu'elle ait pu intervenir.

Le 12 janvier, cinq jeunes gens armés et se réclamant de la Résistance se présentent au domicile de M. Ryser, hôtelier au Chaumontet, près d'Annecy, sous prétexte de l'interroger sur ses relations avec les Allemands. Une bousculade s'ensuit, au cours de laquelle M. Ryser est tué. Les cinq « résistants » seront acquittés par la cour d'assises – acquittement à rapprocher de l'affaire de Thonon, dont nous avons parlé, Mme Ryser obtenant cependant des dommages et intérêts pour chacun de ses deux enfants.

M. Jean Villard, président honoraire de tribunal, qui venait de reprendre de l'activité, est assassiné à Pont-de-Veyle, arrondissement de Bourg-en-Bresse, le 13 janvier.

Revenons à Grenoble... Le 21 janvier, M. André Veyron, industriel en chauffage central, et associé de M. Boutillon, est abattu, pendant la nuit, à son domicile. « Les deux hommes [les assassins], diront les témoins, étaient revêtus d'une tenue militaire ; ils étaient coiffés d'un béret et chaussés de souliers de type américain... »

Le même jour, et toujours à Grenoble, le cadavre de M. Robert Robert, imprimeur, est retiré du canal de Fontenay. M. Robert avait disparu depuis plusieurs jours.

Et puis éclate l'affaire de Campeau ; elle va, pendant des mois, retenir l'attention, provoquer des remous dans les milieux de la Résistance et remonter jusqu'à Paris.

Ancien chef de la Milice de Voiron, François de Campeau réussit, le 26 janvier, à s'évader de la prison de Grenoble. Repris à Lyon, le 13 février, il est condamné à mort le 26. Selon l'enquête, François de Campeau *aurait* bénéficié de la complicité d'un gendarme nommé Odiard, qui *aurait* avoué qu'il avait facilité l'évasion contre la somme de 200 000 francs.

L'« enquête », c'est beaucoup dire, et les « aveux » du gendarme Odiard seront sujets à caution. Ce qui est sûr, c'est que quatre de ses supérieurs – le colonel Augé, les capitaines Deniaud et Poncet, le lieutenant Lallement, des gradés de haut rang, par conséquent – se sont présentés, munis de pièces parfaitement en règle, à la permanence de police où le gendarme a été écroué, et l'ont emmené avec eux.

Le colonel, les deux capitaines et le lieutenant se rendent dans un terrain proche du Sablon avec leur prisonnier. Là, ils l'exécutent. En y mettant le « prix » : le cadavre du gendarme porte la trace d'une véritable mitraille. Mais enfin, comme on le dira à l'époque, « la gendarmerie avait sauvé son honneur... ».

Cette opinion ne sera pas partagée par le ministère des Armées qui ordonnera l'internement des quatre officiers à Lyon et leur transfert à la prison du Cherche-Midi avant leur comparution devant le tribunal militaire de Paris.

Le procès a été fixé au 9 juin. On apprend alors que le gendarme exécuté n'avait jamais touché les 200 000 francs de Campeau. Et tandis que les débats commencent s'organise à Grenoble, et dans la région, une « vaste campagne de protestation » contre la procédure dont sont victimes, assure-t-on, des « résistants authentiques ». Les communiqués pleuvent, émanant d'innombrables associations et organismes, des « anciens du maquis du Grésivaudan » jusqu'au comité de libération de l'Isère, en faveur des quatre inculpés.

On cite, devant le tribunal militaire, ce mot du préfet de l'Isère qui aurait dit, en apprenant que le colonel Augé et ses trois camarades allaient se constituer en cour martiale pour juger le gendarme Odiard : « À votre place, je ferais comme vous ! » Yves Farge, le commissaire de la République, jette dans la balance le poids de son autorité et de sa notoriété : « Dans cette affaire, témoigne-t-il, je les comprends ! »

Un témoignage de sympathie qui s'ajoute à beaucoup d'autres. Un grand meeting sera organisé à Grenoble pour la libération des quatre officiers. Ce qui n'empêche pas le colonel Augé d'être condamné à trois ans de prison, le capitaine Deniaud à deux années de la même peine, le capitaine Poncet et le lieutenant Lallement étant acquittés.

« Jugement inique » : c'est le cri unanime. En signe de protestation, la commission des Finances de l'Assemblée consultative[1] vote une réduction de 200 000 francs (le montant du bakchich imputé au gendarme exécuté), sur le budget de la justice militaire. Les moyens de pression déployés sont donc considérables... On trouvera la parade en inscrivant les deux condamnés sur la liste des grâces du 14 juillet, bien que leur pourvoi en cassation ait été rejeté. Le colonel Augé fera dans Grenoble un « retour triomphal ». Accueilli en héros, photographié, son portrait est reproduit dans les journaux, le jour de son retour, alors que le recours aux « clichés » est chose rare dans la presse de l'époque soumise aux restrictions de papier et à d'autres contraintes d'ordre matériel.

La violence ne s'était pas mise en veilleuse entre le début et le dénouement de l'affaire des gendarmes justicialistes. Le 8 février, à minuit, une bande armée, surgissant sur les remparts de la caserne Bizanet, toujours à Grenoble, avait pris à partie les postes de garde chargés de la surveillance des 700 soldats allemands internés dans les bâtiments militaires. L'affrontement avait duré pendant vingt minutes. Au même moment, une attaque était dirigée contre la caserne de Bonne, réservée aux prisonniers politiques. Cette attaque n'avait, pas plus que l'autre, donné de résultat, mais l'événement avait été suffisamment grave – des coups de feu pendant une heure – pour que le général Humbert, gouverneur

---

1. Selon la fonction qui revient alors à la représentation nationale. L'Assemblée deviendra « constituante » à la suite des élections du 21 octobre 1945.

militaire de Grenoble, se rende sur les lieux pour surveiller les opérations de défense.

Pas de répit dans les explosions, forme commode de l'épuration sauvage... Des bombes à retardement, six mois après la Libération... Le 25 février, une série d'entre elles incendient une villa du Touvet, dans l'arrondissement de Grenoble. La villa avait été mise sous scellés par le juge de paix du canton à la suite de l'arrestation de sa propriétaire pour faits de collaboration. Les pompiers, alertés pour protéger les maisons voisines, essuient un feu nourri de tirs de mitraillettes.

Geste d'autodéfense : le 2 mars, on découvre dans les ruines du château de Martinon, près de Vourey, également dans l'arrondissement de Grenoble, le cadavre d'un homme qui, prétextant de ses titres de résistance, avait rançonné plusieurs fermiers de la région.

Et, surgissant dans cette chronique des règlements de comptes quotidiens, des affaires lamentables – plus lamentables encore ? –, comme celle de la comtesse de M., portant un grand nom de Provence, condamnée à mort en janvier, pour dénonciations, par la cour de justice de l'Isère. Après cassation du jugement, la comtesse de M. verra sa peine ramenée à vingt ans de prison devant la cour de justice de la Drôme, au mois de mars.

Une arrestation d'un jeune milicien... Ce n'est pas un événement, mais *Les Allobroges* en rendent compte en ces termes curieux : « La Côte-Saint-André [arrondissement de Vienne]... La gendarmerie vient d'appréhender le nommé B.H. [prénom et patronyme sont, comme toujours, intégralement reproduits], âgé de dix-neuf ans, milicien, évadé du camp de *concentration*[1] de Mende. Il sera dirigé vers ce camp de concentration... »

Dans le même quotidien, le 8 mars, cet appel à la vigilance, et des noms que l'on offre à une justice que l'on voudrait plus efficace : « Il reste encore 250 S.O.L. à comparaître. En voici une charrette... »

---

1. Souligné par l'auteur.

Trois jours auparavant, le tribunal militaire de Grenoble avait eu à se prononcer sur l'exécution sommaire, par des « résistants authentiques », de M. Cassassoles, désigné comme responsable des gardes-voies et communications de Chambéry. Les justicialistes n'auront pas la même fortune que les quatre gradés de la gendarmerie de Grenoble. Le premier sera condamné à cinq ans de prison, le second à une peine identique accompagnée du sursis, et le tribunal y ajoutera la dégradation militaire des deux intéressés qui avaient servi dans les Forces françaises de l'intérieur.

Le 19 février 1945, les membres des Gardes civiques républicaines reçoivent l'ordre de remettre leurs armes, initiative des plus raisonnables, puisque nous sommes déjà à une demi-année de la Libération. C'est que des armes et des bombes « traînent » un peu partout... Les anciens collaborateurs font les frais de cette prolifération que ne justifie aucune action de résistance ; mais en sont également victimes des commerçants, par dizaines, auxquels est reproché de l'argent trop facilement gagné, parfois certaines complaisances à l'égard de l'occupant et de l'administration vichyssoise.

Une ville comme Grenoble souffre encore, cruellement, de l'insuffisance du ravitaillement, d'une pénurie que les pouvoirs publics s'efforcent de résorber par des moyens aussi dramatiques que les appels à la solidarité lancés aux paysans.

Quatre exemples illustrent les réalités que nous venons d'évoquer :

Le 23 mars, une bombe est déposée devant l'Hôtel du Louvre, siège du Ravitaillement général de l'Isère, à Grenoble.

Le 27 avril, à Pontcharra (Isère), c'est une commerçante qui sera visée, Mme Vincent. Son domicile et ses biens immobiliers seront détruits par une bombe. Mme Vincent était pourtant connue pour avoir ravitaillé le maquis.

Probablement pour dénoncer les lenteurs de l'épuration, aux yeux de certains du moins, une explosion, le 28 mars, au palais de justice de Grenoble fait des dégâts minimes.

Le même jour, un communiqué du « colonel de la subdivision » de Grenoble témoigne de la crainte que continue d'inspirer la 5e Colonne :

« Des tentatives de parachutage d'agents de l'ennemi peuvent se produire dans le département de l'Isère, le commandant de la subdivision rappelle à la population les mesures suivantes :

« Pour Grenoble et ses environs immédiats, alerter aussitôt la subdivision de Grenoble, caserne Vinoy, Tél. 47.86.

« Ici M. X, telle adresse...

« J'ai vu, à telle heure, un avion suspect qui a lâché x parachutistes au-dessus de tel village...

« Pour l'ensemble du territoire de l'Isère, prévenir aussitôt la gendarmerie ou la brigade voisine.

« Donner les mêmes renseignements que ci-dessus.

« Tâcher de surveiller les parachutistes sans éveiller leur attention, pour renseigner la gendarmerie dès son arrivée sur les lieux. »

Ce phénomène de l'espionnite sera perceptible ailleurs. Il alimentera, sans que les autorités en aient toujours pleinement conscience, un courant de suspicion dont les retombées sont évidentes sur l'épuration. À force d'imaginer des parachutistes allemands tombant du ciel, on finira par leur découvrir des complices.

Un quatrième exemple illustre cette fois le climat de lutte sociale qui commence à s'instaurer, ou plutôt à renaître en prolongement des conflits de l'avant-guerre. Dans la nuit du 20 au 21 mars, un acte de sabotage, très grave, détruit la « conduite forcée » de Saint-Mary alimentant les papeteries de Lancey. En prolongement des conflits de l'avant-guerre, disions-nous, on pourrait ajouter en prodrome aux grèves insurrectionnelles et aux sabotages de 1947.

Le retour des déportés et des requis du S.T.O., à compter du mois de mai, avive les plaies et annonce de nouvelles vindictes. La rubrique « retours d'Allemagne » est alors quotidienne dans la presse. La détection des volontaires pour le Reich ou d'anciens compromis avec l'occupant camouflés en victimes du nazisme complète et relance la « chasse aux collabos ». Elle n'est pas perdue pour tout le monde dans la

mesure où elle entretient la flamme de la libération-épuration permanente.

Les anciens travailleurs volontaires qui débarquent de
trains de rapatriement sont les premières victimes de l'épuration nouvelle manière. On serait mal venu de les blanchir
sans réserve, mais ce que l'on peut affirmer sans risque
d'être démenti, c'est que leur engagement n'a que rarement
revêtu un caractère politique, quoi qu'en ait dit la propagande allemande et collaborationniste qui a saturé la presse
à sa dévotion des images des apôtres de la « grande Europe »
partant joyeusement soutenir l'effort de guerre des combattants contre le bolchevisme. La très grande majorité d'entre
eux partent parce qu'ils sont attirés par les salaires supérieurs qui leur ont été promis, ou parce qu'ils ont connu le
chômage. C'est également l'explication d'un certain nombre
d'engagements dans la Milice.

Et ils vont le payer cher : en Allemagne, d'abord, sous les
bombardements. En France ensuite, pour ceux qui reviendront. Quand ils ne seront pas pris dans le flot des troupes
russes déferlant sur l'Allemagne.

En France... Les voisins, bien intentionnés, servent parfois
d'indicateurs. Et à Grenoble, à Chambéry, ailleurs, ce sont
le plus souvent les services de police qui se chargent d'aller
« cueillir » les revenants à la descente des trains, pour les
conduire en « lieu sûr ». Dans la capitale du Dauphiné, à la
prison municipale.

C'est le sort réservé, le 8 mai, à deux femmes qui, revenues dans un convoi de déportés, mais reconnues comme
collaboratrices, sont passées à la tondeuse – selon une
expression courante – avant d'être écrouées.

Elles s'en tireront tant bien que mal... Un ancien membre
de la L.V.F. aura moins de chance. S'étant fait rapatrier
comme requis du Service du travail obligatoire, il sera
repéré à sa descente du train, à Vienne, interné à la
« chambre de sûreté », puis abattu à coups de mitraillette, le
12 mai, avant même d'être interrogé. On cite le cas semblable, et ce même jour, d'une famille de cinq personnes de
Chambéry. Plusieurs d'entre elles avaient appartenu au
P.P.F. et avaient cru prudent de se joindre aux Allemands

dans leur retraite. Mais elles avaient été identifiées lors de leur retour.

Le 13 mai, un ex-milicien est arrêté à Grenoble. Il avait pourtant montré beaucoup de zèle en se nommant chef du convoi qui l'avait rapatrié.

C'est encore le cas d'exécution sommaire d'un homme retour d'Allemagne qui est signalé à Voiron. Dans la nuit du 8 au 9 juin, vers 10 heures, trois individus armés de mitraillettes et masqués pénètrent dans le commissariat de police et kidnappent un détenu, apparemment compromis pendant l'Occupation. Pour lui non plus la justice n'aura pas à se prononcer ; la justice populaire s'en chargera. On retrouvera son cadavre à proximité de l'avenue d'Haussez.

Cette forme d'épuration parallèle porte bien évidemment en elle l'annonce d'erreurs prévisibles. On s'expose à de graves abus lorsqu'on se fie à des mouchards de palier. Le numéro du 28 mai des *Allobroges* rend compte en ces termes des exploits d'un des justiciers de quartier que la police, ou ce qui en tient lieu, ne cherche pas à empêcher d'intervenir : « Retour d'Allemagne, hier soir, relate le quotidien de la Résistance, un travailleur a été lynché sur la voie publique. Il a été conduit à l'hôpital dans un état assez grave. On nous affirme que cet homme n'était pas un volontaire mais un S.T.O. Si telle est la vérité, nous ne saurions trop mettre en garde la foule contre ces gestes irréparables et recommander aux services chargés de "filtrer" à l'arrivée, de prendre de sérieuses précautions lorsqu'il s'agit d'un cas douteux... »

Erreur... Il en est d'autres, comme celle-ci, et dans un genre différent, dont font également état *Les Allobroges*. Là encore les dénonciateurs ont opéré. Et ils ont été écoutés : « Un non-lieu ayant été rendu en faveur de Mlle E.N. [nom en toutes lettres], à la suite des accusations calomnieuses portées contre elle et de la détention arbitraire qui a suivi, nous nous faisons un devoir de rendre hommage au concours précieux que cette jeune étudiante, née en Angleterre et d'origine danoise, ne cessa jamais d'apporter à la cause française et à toutes les victimes du nazisme... »

Avoir secouru les « victimes du nazisme », en pleine Occupation, à Grenoble, et quand on sait l'ampleur et la sauvagerie de la répression, pour en arriver là, c'est effectivement un comble.

La justice officielle n'en baisse pas les bras pour autant qui, en ce printemps et en ce début de l'été 1945, prononce un nombre impressionnant de condamnations à mort par contumace. Les condamnés absents auront sur les autres l'énorme avantage de bénéficier de l'usure du temps et des effets de l'oubli. Mieux vaut se présenter devant l'échafaud lorsqu'il a été mis au rancart et que les exécutants des verdicts ont blanchi sous le harnais et ébauché une retraite agrémentée par les honneurs.

Condamnation à mort par contumace, le 13 juin, parmi sept autres, d'un habitant de Saint-Marcellin domicilié avenue du Vercors (arrondissement de Grenoble), parce qu'il avait été « distributeur de tracts et de journaux vichyssois... ». On se félicite pour lui qu'il n'ait pas été présent dans sa localité à la Libération. Car on ne pourra prétendre que la peine ait été ajustée à la hauteur du délit.

Ces « contumaces » avaient affiché des idées trop voyantes. Un médecin, cours Berriat, sera frappé de la même sanction pour avoir fait passer des visites d'aptitude au S.T.O.

Le 15 juin 1945, un très grave incident défraie la chronique. Un train venant d'Allemagne par la Suisse est stoppé, à 17 h 10, en gare de Chambéry, par un millier de manifestants appelés à grand renfort de publicité par le comité départemental de libération, la C.G.T., le comité France-Espagne et diverses autres associations.

Les raisons de ce rassemblement et de cette émotion ? Une rumeur, d'origine suisse, semble-t-il, et publiée par la presse, selon laquelle le convoi transporterait des rapatriés de la division *Azul*[1], voire des miliciens et des Waffen SS.

---

1. Division espagnole engagée sur le front de l'Est. Bien que ses hommes revêtissent l'uniforme allemand, ils retrouvaient, en permission, la tenue espagnole, avec le béret rouge des *Requetes* de Navarre. La division *Azul* était commandée par des officiers espagnols.

L'information n'est en rien contrôlée. Et l'on en rajoute au fil des heures : Jean Hérold-Paquis, le célèbre éditorialiste de Radio-Paris pendant l'Occupation, serait parmi les voyageurs, c'est Henri Bénazet, autrefois chroniqueur dans l'émission « Les Français parlent aux Français », à Londres, qui aujourd'hui l'affirme sur l'antenne nationale.

L'information n'est pas contrôlée, elle est amplifiée, non seulement par le bouche à oreille, sur place, mais par une voix familière à ceux qui captaient les émissions d'outre-Manche. Au même titre que la voix de Maurice Schumann et de Pierre Bourdan. La vérité – le commissaire de la République Yves Farge le confirmera dès le lendemain, ce qui prouve que les autorités étaient probablement au courant, et qu'il eût suffi de s'informer auprès d'elles –, la réalité est que les 470 voyageurs sont des membres du personnel diplomatique espagnol en Allemagne, des attachés commerciaux espagnols en Suisse voire... des Républicains espagnols internés dans des camps de travailleurs étrangers, en cours de rapatriement.

On saura également assez rapidement que le transit de ce convoi par le territoire français avait pour équivalent, à la suite d'un accord passé de gouvernement à gouvernement, le transfert par l'Espagne de plusieurs milliers – on avancera même le chiffre de 30 000 – résidents en Afrique du Nord désireux de regagner la métropole. Qui plus est, le train de rapatriement était placé sous la double protection de la Croix-Rouge américaine et anglaise et pris en charge par des représentants de la Croix-Rouge suisse. Mais la rumeur avait fait son œuvre.

Le convoi est bloqué. Des centaines de manifestants s'en prennent aux voyageurs à coups de pierres, de bâtons et de barres de fer. Des bagages disparaissent. Ici et là les rapatriés tentent de résister et des bagarres éclatent. Mais le combat est trop inégal. 60 Espagnols sont sérieusement atteints, et quelque 150 moins gravement. La presse suisse ira même jusqu'à parler de 12 morts, ce qui sera démenti.

Une heure plus tard, à 18 h 30, le convoi repart, d'abord en direction de Grenoble. De là, il est refoulé sur Aix-les-Bains, en raison d'un sabotage sur la voie. Il repassera finalement la frontière suisse, sur les instructions d'Yves Farge, et arrivera à 2 heures du matin à Genève où les blessés seront transportés à l'hôpital cantonal.

Le gouvernement espagnol réagit en renforçant les contrôles à la frontière et en suspendant provisoirement les sorties de vivres et de vêtements à destination de la France. Le monument aux morts français de la guerre 1914-1918 était alors profané à Saint-Sébastien.

L'événement avait montré l'état d'exaltation qui persistait dix mois après la libération de la région, et plus d'un an après le débarquement en Normandie. L'épuration sauvage ne s'en prenait pas seulement aux Français collaborateurs ou suspects de l'avoir été. Cette fois, c'était leurs complices ou amis étrangers que l'on avait cru frapper, et avec quelle force !

L'affaire du train espagnol de Chambéry est à rapprocher de l'attentat qui, le 20 juillet, vise une ferme de Montferrat, près de La Tour-du-Pin. Une bombe éclate dans les bâtiments où travaillent des prisonniers allemands. Plusieurs d'entre eux s'enfuient après l'explosion ; ils sont fauchés par des rafales de mitraillettes, quatre sont grièvement blessés.

Un mois auparavant avait été perpétré un assassinat particulièrement lâche. M. de Roussy de Sales avait été élu maire de Thorens-Glières, dans l'arrondissement d'Annecy, avant la guerre, contre un candidat soutenu par le Front populaire. Nous ne tomberons pas dans le piège qui consisterait à établir une relation directe entre cette élection et l'assassinat du maire de Thorens. Cette préoccupation ne saurait pourtant masquer l'évidence. Des affrontements très durs ont eu lieu dans les années 1934-1936 et ont profondément marqué les esprits. L'avènement du gouvernement de la Révolution nationale, pour les uns, et la Libération, pour les autres, offrent des opportunités en revanche, à la fois dans les domaines politique et social. Nous en avons relevé de nombreux exemples. Celui du comte de Roussy de Sales en est un. Ancien adversaire politique du Front populaire, de surcroît maintenu à la tête de sa mairie par Vichy, il constituait une cible type pour les révolutionnaires de 1944-1945.

En juillet 1940, le comte de Roussy de Sales reçoit du commandant Valette d'Osia – l'un des futurs chefs de l'Armée secrète, qui s'emploie à préparer la revanche dans des conditions que nous avons évoquées – mission de stocker dans sa propriété, qui présente des garanties de camouflage idéal, le matériel d'optique nécessaire à une demi-brigade en formation. Au mois de décembre 1942, les Italiens qui occupent la Haute-Savoie perquisitionnent dans son château et découvrent le précieux contingent. C'est alors que, dans une partie de la population, se répand l'accusation d'une complicité de M. de Sales avec les autorités italiennes. Il leur aurait livré le matériel. Les plus modérés des censeurs mettent sur le compte de la peur ce geste de « trahison ». On y ajoute des faits embrouillés et incontrôlables. Bref, une fois de plus, la rumeur distille la calomnie.

Au début du mois de mai 1944, le comte de Roussy de Sales rejoint les maquis de Grésivaudan, à Theys, où son passé d'ancien officier de cavalerie est mis à profit à l'état-major du capitaine Vauban qui le prend comme adjoint. Il suit son unité en Maurienne et participe aux combats de la Libération. Il opère au P.C. sis à Valloire. C'est alors que le commandant de la demi-brigade de l'Isère, le futur général Le Ray, qui sera chef départemental des Forces françaises de l'intérieur, reçoit du juge d'instruction d'Annecy une convocation concernant M. de Roussy de Sales. Elle atteint ce dernier à Constance alors qu'il sert dans l'armée du général de Lattre. Il y répond, pour s'entendre dire qu'il est mis en état d'arrestation, et se voir interné à la prison de la rue Guillaume-Fichet.

On ne sait pas très bien ce qu'on lui reproche, de l'affaire de la livraison du matériel d'optique à des découvertes d'armes dans le cimetière de Thorens. Le magistrat instructeur et le policier, ce dernier membre de la Résistance, qui mènent l'enquête, concluent à de fausses accusations. Ils convoquent M. de Sales au palais de justice et l'en informent, mais il doit retourner en prison en attendant les formalités de levée d'écrou.

Le 25 juin 1945 au matin, M. de Roussy de Sales quitte la prison, encadré par quatre gendarmes, pour assister à la phase ultime du non-lieu. Ils traversent le « pont des Amours » et arrivent à hauteur de la « cage au paon », dans le jardin des plantes. Deux hommes viennent dans leur direction, les laissent passer, et... lorsqu'ils ont le dos tourné, tirent sur le maire de Thorens. Celui-ci s'effondre. Les gendarmes n'ont rien pu faire. Les agresseurs disparaissent dans une traction avant noire qui avait été garée sur la place de la Mairie.

Très vite alertés, Mme de Roussy de Sales et son avocat, Me Marcel Auzimour, ne peuvent que constater le décès.

L'inspecteur de police qui avait participé à l'enquête demeura, comme le juge d'instruction, persuadé de l'innocence de M. de Roussy de Sales. Il tint à le faire savoir publiquement dans une déclaration à la presse. Cet ancien résistant avait du courage, mais il parlait dans le désert. Une personnalité de Haute-Savoie déclarera à l'auteur que « l'on n'a pas su – ou pas voulu – découvrir les responsables du crime... ». Les moyens ne manquaient pas de retrouver les assassins que l'on connaissait parfaitement, mais il était plus commode de fermer les yeux et d'abandonner les recherches.

En ce mois d'août 1945, les Alpes et le Dauphiné célèbrent le premier anniversaire de leur libération. Mais la sérénité n'est pas encore à l'ordre du jour. Il y a encore trop de « comptes » à régler, d'autant que les grands procès parisiens – le 23 juillet avait commencé celui du maréchal Pétain – alimentent l'ardeur justicialiste. Le 22, une bombe explose chez un commerçant de Fontaine (arrondissement de Grenoble). Ce commerçant bat un triste record : c'est la cinquième fois qu'il est victime d'un attentat !

Dans la nuit du 2 au 3 août, trois bombes à Grenoble...

Et le 9, deux bombes, d'une grande puissance, à La Tronche, dans une ferme.

Le transfert dans la préfecture de l'Isère de Guy Erlach, « l'ennemi public numéro un », agent de Klaus Barbie, occupe une place importante dans l'actualité. C'est que Guy Erlach n'est pas un collaborateur ordinaire. Agent très actif de la Gestapo, il avait été arrêté le 19 juin par trois membres de la Sécurité militaire. Cette arrestation avait de quoi frapper les imaginations... Erlach avait en effet réussi à prendre la fuite juste avant la Libération et à se réfugier en Italie, comme bien d'autres collaborateurs très compromis. Personnage astucieux, il avait mystifié, selon les enquêteurs, des maquisards italiens et s'était montré tellement convaincant et efficace qu'il en avait pris le commandement. Lancés à ses trousses, les hommes de la Sécurité militaire le retrouvent... dans ses nouvelles fonctions à Caprino, dans la montagne au-dessus du lac de Garde, le capturent et, sur ordre supérieur, le ramènent à Lyon où il est interné au fort Montluc. Sans nouvelles de lui, les résistants grenoblois s'étaient inquiétés. La nouvelle de son retour dans la ville de ses exploits les rassure. Il va être jugé pour ses crimes.

Comparée à Erlach, bien modeste cette modiste de Grenoble, « la femme A.T. », dont on annonce l'arrestation, le 30 août. On la surnommait Maguy. Elle avait trente-trois ans et montrait une prédilection – déformation professionnelle ? – pour les uniformes vert-de-gris. Lorsque ses amis, amants et protecteurs plient bagage, elle les suit. L'exode n'est pas rose pour Maguy. Aussi abandonne-t-elle les fourgons peu confortables de la Wehrmacht et revient-elle au bercail en espérant que, un an après, on l'aura oubliée. Erreur : on la dénonce et elle est arrêtée comme « ardente collaboratrice ».

Le 16 septembre est fusillé à Grenoble l'homme qui avait « vendu » le maquis de Pontcharra, dans l'Isère. Il était parvenu à s'infiltrer dans l'Armée secrète.

Le 18 septembre – toujours en 1945 – les condamnations à mort tombent en avalanche devant la cour de justice de l'Isère. Le 27 octobre s'ouvre le procès de Guy Erlach. Il se pourvoit en cassation, sans doute avec peu d'illusions, après sa condamnation à mort. Sa demande sera rejetée, et il sera exécuté. Plusieurs anciens volontaires de la L.V.F. subissent également le verdict de la peine capitale. Ils y échapperont, au grand mécontentement des ultras de l'épuration. On voit ainsi les jurés de la cour de justice se réunir en « assemblée extraordinaire » – et c'est bien ce genre de réunion qui l'est –, avec les membres de la chambre civique de l'Isère, le

5 novembre, pour élever une « énergique protestation contre les grâces accordées à certains traîtres... ».

La résolution est transmise à « MM. le chef du gouvernement, le ministre de la Justice, le président de l'Assemblée constituante, le président de la commission de la justice de l'Assemblée constituante, MM. les députés de l'Isère à l'Assemblée constituante... ».

Le comité directeur de la Fédération des internés et déportés se joint aux jurés des instances judiciaires : « Nous exigeons, affirment les membres du comité, le châtiment suprême pour Pétain, son état-major et tous ses valets provinciaux... »

Bien que l'épuration économique sorte de notre sujet, on retiendra pour l'Isère l'exemple des Biscuits Brun et de la présidente de leur conseil d'administration et directrice, Mme Darré-Touche. Chaque région de France aura son symbole de collaboration économique, selon les critères retenus à l'époque. Dans le Rhône l'affaire Berliet, à Grenoble l'affaire Brun. Mme Darré-Touche avait été arrêtée, fin octobre 1944, à Marseille, à la demande du comité d'épuration de Grenoble. Cette arrestation eut le don de mettre en joie la Résistance locale qui ne trouvera pas de mots assez violents pour invectiver « la femme Darré-Touche » dite encore « la milliardaire ». C'est que la fortune – fût-elle antérieure à l'Occupation – est objet de scandale en 1944-1945. Un an après l'arrestation de Mme Darré-Touche, le 2 octobre 1945, la société des Biscuits Brun est mise sous séquestre par le préfet Reynier qui nomme à sa tête un comité de gestion.

À la fin de 1945, l'épuration est de moins en moins arbitraire – les attentats par bombes et les exécutions sommaires se font rares – mais elle connaît encore des rebondissements spectaculaires. Les arrestations continuent, ou plutôt on assiste au dénouement de « chasses à l'homme » menées depuis des mois. Les miliciens arrivent, par fourgons entiers, venant parfois d'Allemagne et d'Italie où ils ont été capturés. Le 11 novembre, on annonce l'arrivée à Grenoble d'une

« nouvelle charrette » en provenance du fort de La Duchère, à Lyon.

L'escroquerie et le banditisme n'ont pas fini de susciter des vocations et de faire des victimes. Pas plus tard que le 8 octobre, les services de police arrêtent dans la région de Grenoble deux individus qualifiés de « bandits » qui, arguant de leurs exploits contre les Allemands, mettaient en joue des cultivateurs pour les détrousser.

La violence était longue à mourir.

9.

AUVERGNE ET LOIRE :
« CAMPS DE POLICE »,
JUSTICIERS CLANDESTINS
ET CASERNE OFFICIELLE

L'Auvergne et ses quatre départements – le Puy-de-Dôme, le Cantal, la Loire et l'Allier[1] – abordent la Libération dans un climat d'agitation intense. Là, les affrontements ont été rudes, la Résistance active, la répression impitoyable. L'État français y a installé sa capitale. À Clermont-Ferrand siège l'état-major de Joseph Darnand et de la Milice. C'est de Clermont-Ferrand également que partent les coups redoutables du Sonder-kommando de la Gestapo sous les ordres de Geisler. À la tête de la Région 6, Henri Ingrand, médecin, chef régional des M.U.R.

La Résistance en Auvergne n'est pas un vain mot, le maquis une invention, la lutte avec l'occupant pure légende. La riposte de celui-ci prend les proportions d'expéditions puissantes, dévastatrices. Le 17 décembre 1943, la Gestapo et trois cents hommes de troupe frappent le P.C. de l'Armée secrète à Saint-Maurice. Quatre jours plus tard, une force de deux mille hommes de la Wehrmacht, de la Feldgendarmerie de Gannat, appuyée par des éléments de la division blindée S.S. stationnée à Vichy, et accompagnée des inévitables

---

1. Nous y comprenons la Haute-Loire, pour des raisons d'ordre géographique évidentes.

agents de la Gestapo, se déverse sur Billom où deux cents personnes suspectes d'aider la Résistance sont arrêtées.

Expéditions contre le maquis, arrestations... Les dirigeants de la Résistance n'y échappent pas. Ainsi Nestor Perret, responsable des M.U.R. de Clermont-Ferrand. Il s'évade, est repris, et se suicide pour ne pas parler. Jacques Bingen[1] qui venait prendre contact avec Henri Ingrand est également arrêté à Clermont-Ferrand. Comme Nestor Perret, il échappe à la surveillance de ses gardiens, mais l'un de ceux-ci intervient *in extremis* et le maîtrise. Il est reconduit en cellule. On va venir l'interroger... lui aussi met fin à ses jours.

À côté d'un Nestor Perret et d'un Jacques Bingen, il y a place pour un capitaine Mercier, membre du service de Renseignements de l'Armée d'armistice, chef du parc automobile du maréchal Pétain qui collaborera avec le colonel Dejussieu, responsable de l'Armée secrète pour la région d'Auvergne. Le capitaine Mercier sera arrêté et déporté en raison de ses activités dans la Résistance.

Soutenue par des parachutages alliés, l'action de la Résistance dont l'état-major est installé au mont Mouchet, dans la Haute-Loire, se manifeste par des initiatives importantes, de juillet à septembre, pour freiner le mouvement de retraite des troupes allemandes. Si l'on retient le principe de la chronologie, c'est le violent engagement de Chaméane, près d'Issoire, dans le Puy-de-Dôme, entre le groupement Buret et une puissante colonne allemande, engagement qui, le 30 juillet, se traduit par de lourdes pertes de part et d'autre. L'Armée secrète y laisse dix-neuf des siens. Quinze d'entre eux, blessés, ont été achevés. Quatre autres, prisonniers, ont été fusillés. Le 2 août, une colonne de trois cents camions appuyés par de l'artillerie et avec la participation d'un avion de reconnaissance, livre combat aux unités du maquis dans le triangle compris, toujours dans le Puy-de-Dôme, entre Champeix, Besse et Murol.

Tout aussi spectaculaire, le 17, et lourde de pertes pour les Allemands, est l'embuscade dressée au pont du Fraisse,

---

1. Délégué général adjoint du général de Gaulle pour les territoires occupés depuis août 1943.

à Bourg-Lastic. Une quarantaine d'hommes sont mis hors de combat, dont plusieurs officiers, des camions et des voitures détruits ou endommagés. La Wehrmacht répond par ses représailles habituelles en exécutant des combattants de l'ombre qu'elle a capturés et en achevant plusieurs blessés. Revenant sur Clermont-Ferrand, le lendemain, la même colonne abandonne trente morts sur le terrain.

Dans la Haute-Loire, Le Puy est libéré le 19 août, et dans l'Allier l'attaque par les forces du maquis de la garnison de Montluçon donne lieu à une bataille intense pendant plusieurs jours. Encerclés, les Allemands retranchés dans la caserne de la ville effectuent des sorties en incendiant plusieurs usines et sont finalement dégagés par un bataillon de la Waffen S.S. Mais le 25 août Montluçon est libre, comme Thiers, où trois cents hommes de la Waffen S.S. rendent les armes. À Vichy, ce même jour, l'évacuation par les troupes allemandes commence. Clermont-Ferrand change de main le 27. L'état-major de la Région 6, venant du Mont-Dore, s'y installe le lendemain.

En dépit d'efforts très méritoires, en comparaison d'autres régions de France où la vindicte anarchisante est la règle sans rencontrer de freins, le nouveau pouvoir ne réussit qu'avec beaucoup de difficultés à endiguer toutes les formes de débordements. L'épuration sauvage n'a pas attendu l'épuration officielle pour se mettre en marche.

Annonçant dans un communiqué la création d'une « police du maquis » en relation avec « certains actes individuels [qui] ont été commis », le chef des Forces françaises de l'intérieur d'Auvergne, « Rouvres » (Henri Ingrand), ne précisait-il pas le 11 juillet[1] :

« [...] 4. L'attention des responsables est tout particulièrement attirée sur la nécessité de réprimer avec la plus grande sévérité tout acte de banditisme, toutes actions individuelles à main armée contre les populations civiles, dans un but de pillage.

---

1. Ce document, comme plusieurs de ceux qui vont suivre, est extrait de l'ouvrage de Henri Ingrand : *Libération de l'Auvergne*, Hachette, 1974.

« 5. Toute initiative, soit contre des particuliers, soit contre des collectivités, dans le but de piller des fonds est formellement interdite et engage la responsabilité des auteurs.

« 6. Toute personne appréhendée sera gardée à vue. Un dossier sera établi et les sanctions les plus graves pourront être prises.

« Tout acte antérieur à cette note qui sera signalé sera examiné avec le plus grand soin et pourra engager la responsabilité de ses auteurs ou des chefs directs, les responsables de la Résistance n'ayant jamais toléré les initiatives de ce genre. »

Près de trois semaines plus tard, le 1er août, Ingrand, agissant cette fois en tant que commissaire de la République, déclare « aux chefs des services politiques, départementaux, aux chefs civils, aux chefs militaires, qu'en dehors de circonstances exceptionnelles motivées par la nécessité d'assurer la sécurité des troupes en contact avec l'ennemi ou en cas d'attaques imminentes, ils ne sauraient faire procéder aux exécutions de miliciens, membres du P.P.F. ou tous auteurs de crimes flagrants, d'espionnage, de trahison, de vol ou de pillage commis dans un but personnel, qu'ils pourraient capturer [...] en attendant leur comparution devant les tribunaux compétents... ».

Cinq jours plus tard, le 6 août, une « note de service » annonce, sous la signature du commissaire régional et du chef militaire des F.F.I. d'Auvergne et à l'attention des « présidents de C.D.L. et chefs militaires Allier, Puy-de-Dome, Cantal, Haute-Loire » : « Les gradés et volontaires des maquis, convaincus d'avoir commis des crimes énumérés par le commissaire régional de la République dans sa communication du 1er août et qui sont actuellement détenus sur le territoire des zones neutres aménagées autour de certaines villes, seront remis dans les plus courts délais au commandant de la zone de maquis à laquelle ils appartiennent. »

Ces appels successifs émanant de la plus haute autorité régionale de la Résistance et du commissaire désigné de la République, avant même la libération définitive, sont sans doute le signe le plus significatif, et pour les plus incrédules

le plus déterminant, des exactions en tous genres imputables aux agents de l'épuration avant l'heure Henri Ingrand
est suffisamment informé de la situation réelle pour ne pas
hésiter à utiliser des termes aussi durs. Le mot « crimes »
figure bien en toutes lettres dans son texte.

Ces crimes, ces règlements de comptes venant d'éléments
se réclamant de la Résistance, nous en retrouvons les traces
tangibles dès l'année 1943. Vengeances prenant l'aspect
d'assassinats individuels ou d'exécutions sommaires en
groupes. Certes, des agents de l'Allemagne figurent parmi
les victimes, mais le plus grand nombre subissent le châtiment suprême pour de simples suspicions : leurs sentiments
germanophiles, leur fidélité affichée au régime de Vichy ou
les responsabilités officielles dont ils sont investis.

La violence qui s'étend à l'ensemble de l'Auvergne au mois
d'août 1944 est un phénomène commun à toutes les régions
d'autolibération où le nouveau pouvoir est le plus lent à instaurer son autorité. Dans le Puy-de-Dôme, on recense, au
cours de cette période, un minimum de trente exécutions
sommaires. Dans la Haute-Loire, les exécutions, sont, pour
le plus grand nombre, imputables à des « juridictions d'exception ».

Les condamnations à mort, immédiatement suivies d'effet,
et dont nous possédons la liste, se comptent par dizaines
tout au long du mois d'août et ne s'échelonnent que sur
quelques jours. Juridictions d'exception, cours martiales, les
deux termes recouvrent les mêmes institutions qui surgissent de l'ombre de la clandestinité et sanctionnent sans
autres références qu'à elles-mêmes. Le maquis de la
« 7e Zone », notamment, instaure un tribunal populaire au
lieu-dit Malpeyre, commune de Lubilhac, à onze kilomètres
de Brioude.

Le 13 août, à 5 heures du matin, et alors que les Allemands qui occupaient le village viennent de se retirer, onze
personnes prises en otages passent en jugement devant
le tribunal improvisé. Onze condamnations s'ensuivent.
L'exécution est immédiate. Qui oserait reconnaître de dangereux fourriers du nazisme sous les traits de ces modestes

représentants de la France profonde ? Un notaire, un contremaître, des employés (dont un à la SNCF), un droguiste, un agent d'assurance, un commerçant, des hôteliers, un étudiant...

Sans quitter la Haute-Loire, c'est un autre groupe de « résistants » qui porte la responsabilité de plusieurs assassinats à Montfaucon-en-Velay. Neuf autres personnes sont fusillées à Saint-Clément, le 26 août. M. Jean-Aldebert Chalier, percepteur, grand mutilé de la guerre 14-18, est exécuté à Barbezit après avoir été enlevé dans la commune de Langeac.

Sur la trop longue liste d'exécutions sommaires dont nous disposons pour la Haute-Loire – toutes ont été recensées pour le seul mois d'août 1944 –, figurent les noms de sept miliciens. Intégrés avec leurs familles à une colonne allemande qui, le 13 août, se replie du Puy, ils sont vite identifiés par les hommes du maquis qui ont bloqué le convoi à Estivareilles. Le commandant allemand négocie la reddition de ses hommes et obtient qu'il n'y ait aucune exécution, y compris, selon les informations dont nous disposons, des miliciens du Puy. Ces derniers sont cependant exécutés le 22 août à Plaine-de-Ranchoux, commune de Craponne-sur-Arzon.

Exécutions individuelles de plusieurs membres de familles, de groupes d'habitants et de miliciens... La Haute-Loire devait également se signaler par la découverte de charniers. L'un des plus importants, au mont Mouchet, P.C. de la Résistance, contenait douze cadavres, et davantage d'après d'autres sources, dont celui de l'abbé Jean-Louis Boyer, curé de Monistrol-d'Allier.

Le journal *La Liberté roannaise* relatait ainsi les circonstances de l'interpellation et de l'exécution de l'abbé Boyer :

« ... Après son enlèvement, en auto, de Monistrol, le mercredi 7 juin, il stationna pendant une heure environ sur une place de Saugues où il demanda à voir M. l'archiprêtre, mais cela lui fut refusé. Conduit à Venteuges, il demanda semblablement à voir M. le curé, mais on lui refusa encore. Dès qu'il eut compris vers quel destin on l'entraînait, M. Boyer tira son chapelet de sa poche et ne cessa de le réciter. Le jugement eut lieu à Venteuges, pendant la nuit. Après le jugement, il fut conduit au mont Mouchet où il fut exécuté le jeudi matin 8 juin. On lui enleva sa soutane et on lui accorda, en le tutoyant, "cinq minutes pour faire ses prières". L'inhumation eut lieu sur place. »

L'abbé Boyer allait rejoindre la fosse commune des condamnés à mort de la cour martiale.

Mais c'est à Chanaleilles, région de Saugues, et au lieu-dit Le Sauvage, que l'épuration qui en porte le nom révélera sa pleine horreur. Près de deux ans après la Libération, les 22 et 23 mai 1946, seront exhumés vingt-deux corps en présence de Mmes Boyer et Besson, de la Croix-Rouge du Puy, de Mlle Balmelle, de la Croix-Rouge de la Lozère, et de M. Jean-Baptiste Mayrande, maire de Chanaleilles.

Jugées en cour martiale, treize personnes, dont trois femmes, avaient été fusillées au camp d'Eycenac, par des pelotons du maquis les 4, 15 et 21 septembre 1944.

On chiffre ainsi à 150 le nombre des exécutions sommaires dans la Haute-Loire.

Cette région de France se signale également par un certain nombre de disparitions dont les victimes ne seront jamais retrouvées. Elle n'en a certes pas l'exclusivité – nous avons relevé d'autres exemples au cours de nos recherches –, mais les « affaires » qui nous ont été signalées concernant cet espace géographique méritent assurément que nous nous y arrêtions.

La première est notamment relevée par le journal *L'Espoir* du 17 mars 1949, puis reprise par *L'Éveil* du surlendemain. En 1949, cinq années après les événements, ce qui montre la persistance des souvenirs liés à l'épuration... « *Trop de disparitions se sont produites au moment de la Libération*[1], constate *L'Espoir*. Il importe, à notre avis, qu'on fasse la lumière sur ces cas troublants et ceci tant pour laver du soupçon des personnes qui peuvent être innocentées, que pour l'honneur de la Résistance, qui était quand même autre chose qu'une camarilla de voleurs et d'assassins... »

Le cas décrit est celui du sous-lieutenant des F.F.I. François Giraud, membre d'un groupe F.T.P. en garnison au Puy.

---

1. C'est nous qui soulignons.

Le 9 novembre 1944, des incidents éclatent entre F.T.P. et gardiens de la paix. Le lendemain, au cours de la nuit, cinquante F.T.P. contrôlés par Giraud et un autre de leurs officiers attaquent en représailles le commissariat de police. Afin d'éviter l'effusion de sang, et toutes sortes de complications, les gardiens de la paix se laissent désarmer. Les F.T.P. en profitent pour mettre le commissariat à sac et emporter les armes disponibles.

L'enquête dédouane François Giraud qui a visiblement joué un rôle modérateur au cours des incidents et l'affaire semble s'orienter vers l'apaisement lorsqu'il est convoqué, le 27 novembre, au bureau de l'état-major des F.T.P., Maison Fontanille. Là, il est reçu par deux de ses supérieurs en compagnie desquels on le voit sortir, vers 11 heures. Depuis ce jour et ce moment, on ne le reverra plus.

L'arrestation – toujours en 1949 – d'un des officiers F.T.P. devant lesquels avait comparu François Giraud ne suffit pas à éclaircir un « mystère » dont *L'Espoir* avait espéré le dénouement. La famille de François Giraud n'eut d'autre solution que de se réfugier dans la peine et le silence. Au reste, l'incertitude arrangeait trop de monde – à des niveaux invulnérables – pour n'être pas soigneusement entretenue.

L'affaire des disparus du maquis Wodli – dans cette région de la Haute-Loire – est à ranger dans la même catégorie. À cette exception près qu'elle troublera encore moins les consciences, ensevelie dans le temps et inscrite sous la rubrique d'une épuration sauvage qui, nous l'avons vu, n'épargne pas les dissidents ou autres militants d'extrême gauche suspects au regard du parti communiste[1].

Les acteurs-victimes de ce drame sont des militants trotskistes sur le sort desquels nul ne songe à s'apitoyer en 1944, en cette période du communo-stalinisme triomphant, alors qu'il est de bon ton de rallier les couleurs des vainqueurs du jour et de poursuivre en leur compagnie un bout de route

---

1. On se référera notamment à l'affaire Méker-Pastor que nous évoquions dans le chapitre 4.

dont les premières étapes avaient été franchies pendant la Résistance.

Condamnés au bagne à Marseille, trois militants trotskistes – Pietro Tresso, Albert Demazière et Jean Reboul – sont transférés du fort Saint-Nicolas à la prison militaire de Lodève, dans l'Hérault, où ils sont rejoints par un compagnon d'infortune, Maurice Ségal, dit Salini[1]. De là, les quatre trotskistes sont transférés au camp de Mauzac, important centre de détention en Dordogne, qui sera réutilisé à la Libération dans le cadre de l'épuration.

La prison du Puy-en-Velay (Le Puy) est la dernière étape de l'internement des trotskistes. Ils y retrouvent un autre camarade, Abraham Sadek. Côtoyant des communistes staliniens nettement majoritaires, ils sont alors l'objet, de la part de leurs frères ennemis, de persécutions constantes qui vont du refus du partage des colis jusqu'aux injures et aux menaces de mort. Un savant stratagème permet l'évasion de 79 détenus, dont les cinq trotskistes, dans la nuit du 1er au 2 octobre 1943.

Les anciens prisonniers partent alors vers des lieux d'accueil différents, un certain nombre d'entre eux, dont les trotskistes, rejoignent le camp Wodli qui, pour l'heure, s'est installé au lieu-dit Raffy, à quelque vingt kilomètres d'Yssingeaux.

Quelques jours après leur arrivée, Demazière est, contre toute attente, envoyé en mission clandestine de ravitaillement avec deux F.T.P. du camp, Antoine Angeli et Louis Coissac. L'adjonction de Demazière aux deux autres maquisards a en effet de quoi surprendre lorsqu'on sait l'état de suspicion où sont tenus les trotskistes. Toujours est-il qu'ils s'égarent en chemin, alors que Coissac était censé servir de guide puisqu'il connaissait la région, et décident de se séparer pour ne pas attirer l'attention des forces de police lancées aux trousses des évadés.

---

1. L'affaire du camp Wodli et de la disparition des militants trotskistes est largement traitée par René Dazy dans *Fusillez ces chiens enragés, le Génocide des trotskistes*, Olivier Orban, 1981.

Albert Demazière réussira à rejoindre Paris après de multiples pérégrinations. À la Libération, il cherchera à savoir ce qu'étaient devenus ses quatre compagnons. Mais en vain. L'hypothèse d'une disparition orchestrée prend d'autant plus de relief lorsqu'on cerne la personnalité d'un des trotskistes du camp Wodli. Né en 1893, membre du Parti communiste italien dès sa fondation en 1921, Pietro Tresso est, l'année suivante, délégué au IVe congrès du Komintern. Après l'interdiction du parti, il est élu, en 1926, membre du comité central lors du congrès qui se tient à Lyon. Exilés ou clandestins, les communistes italiens tentent de maintenir sur le territoire national un embryon d'organisation et confient cette tâche à quelques dirigeants, dont Tresso. Poursuivi par la police fasciste, celui-ci doit se réfugier en Suisse, puis à Paris. Oppositionnel à la ligne définie par Palmiro Togliatti et d'autres membres du bureau politique, il est exclu du P.C.I. en 1930 avant de devenir l'un des dirigeants du Parti ouvrier internationaliste (IVe Internationale).

Après la guerre, les recherches entreprises par les amis trotskistes de Pietro Tresso ne donnèrent aucun résultat décisif. Interrogé, le dernier commandant en date du camp Wodli – et curieusement l'un des deux officiers F.T.P. qui avaient « entendu » François Giraud, au Puy, avant sa disparition... – affirma son ignorance. Le sort réservé à Tresso, renégat de taille, et à ses trois camarades, ne laisse pourtant aucun doute, quel que soit le niveau des responsabilités, ordres venus d'en haut ou initiatives de lieutenants zélés pour plaire à leurs supérieurs.

Une autre personnalité d'origine italienne fut à deux doigts de connaître le sort des trotskistes du camp Wodli, victimes d'une épuration sauvage qui englobait dans la même répression les complices de l'hitlérisme... de gauche et de droite selon les critères des staliniens[1].

Exactement contemporain de Pietro Tresso – il est son aîné d'une année –, né comme lui dans une famille popu-

---

1. Familiers de slogans tels que « hitléro-trotskistes » à l'égard de leurs concurrents idéologiques.

laire, Angelo Tasca[1], diplômé de philosophie et militant dans les organisations ouvrières, est l'un des fondateurs du Parti communiste italien. Comme Tresso et ses autres camarades, la victoire du fascisme le contraint à la clandestinité et à l'exil. Il est – nouvelle similitude avec Tresso – représentant du P.C.I. au Komintern en 1928 et, rallié à Boukharine, il rompt avec la tendance stalinienne l'année suivante. Installé en France, il se rapproche de la gauche socialiste et rallie le régime de Vichy en 1940. Pour un Angelo Tasca ou un René Belin (ancien secrétaire général adjoint de la C.G.T.), par exemple, l'explication de ce ralliement réside dans le formidable choc provoqué par la défaite, l'effondrement du parlementarisme, dans le désarroi de militants brusquement privés de leurs attaches, dans la possibilité de tenter une réconciliation entre la nation et le social sous l'égide d'un chef prestigieux, le maréchal Pétain, alors peu suspect de tendances antirépublicaines[2].

Nommé chef du bureau d'études du ministère de l'Information, Tasca donnera libre cours à sa frénésie de collectionneur d'archives et à ses dons d'observation appliqués au monde hétéroclite de Vichy et de la collaboration, consignant chaque soir, en scribe scrupuleux, les résultats de ses conversations avec des personnalités aussi influentes que Henri Moysset, conseiller écouté de Pétain et de Darlan, dont il deviendra le ministre d'État. Réfractaire au gaullisme, il sera le principal informateur d'un réseau belge de renseignements et dénoncera avec un clair discernement les dangers de la création de la Milice, les effets pervers de la « Relève » sur l'opinion et l'état d'abandon de la classe ouvrière, broyée par l'Occupation malgré la création de la Charte du travail.

---

1. Père de Mme Catherine Tasca, ministre de la Communication dans le gouvernement de Michel Rocard, puis de la Culture dans celui de Lionel Jospin.
2. Le fait est bien connu et reconnu, Pétain se tenant soigneusement à l'écart de tout ce qui, en pleine lumière ou dans la clandestinité, complote contre la IIIe République.

Arrêté à la Libération et interné à la caserne du 92e régiment d'infanterie à Clermont-Ferrand, Angelo Tasca applique la méthode dont il est coutumier à l'enregistrement des exactions des brutes agissant sous couvert de la Résistance et sous le prétexte de l'épuration. Pour lui comme pour d'autres, cependant, et puisqu'il sera préservé des traitements qu'il décrit, l'internement sera la chance d'échapper à une exécution probable :

« À la fin août 1944, témoigne-t-il dans *Il Mondo*[1] du 16 août 1952, un petit groupe de maquisards communistes, presque tous italiens, étaient descendus en automobile à Vichy, avaient mis à sac les locaux où ils pensaient me trouver, et me cherchaient partout pour me faire la peau. Ils revinrent quelques jours après, décidés à accomplir leur mission, mais, entre-temps, j'avais été arrêté et conduit à Clermont-Ferrand, sur la dénonciation d'un Russe blanc, en fait agent de la Guépéou, employé comme traducteur au centre d'écoutes.

« Si le zèle de ce policier ne m'avait pas mis entre les mains des autorités plus ou moins régulières, il est très probable que je n'aurais pas échappé à la capture décidée par les communistes et que j'aurais eu la même fin que Pietro Tresso : le groupe descendu à Vichy pour se livrer sur moi à une justice sommaire appartenait au même maquis dans lequel avait été liquidé le courageux trotskiste... »

Le phénomène des exécutions collectives et préméditées que nous avons déjà observé en Ardèche et précédemment dans la Haute-Loire se perpétue dans la Loire au cours de ce mois d'août 1944. On ne sera pas étonné, d'ailleurs, de relever des méthodes et un instinct de mort identiques dans des départements contigus. En sont les victimes quatre habitants de Balbigny. Ils sont tous exécutés à La Chaulme après

---

1. Témoignage cité par René Dazy. On dispose d'une version détaillée des circonstances de l'arrestation de Tasca dans *Vichy 1940-1944 – Archives de guerre d'Angelo Tasca*, Éditions du C.N.R.S., 1986.

avoir été arrêtés le même jour, 9 août. Les corps seront découverts dans une fosse commune.

Toujours pour la journée du 9 août – ce qui indique que ce sont les mêmes « justiciers » qui sont à l'œuvre, agissant dans un rayon d'action bien circonscrit – on relève les noms de MM. Galinier et Soleil. Ils seront ensevelis dans une fosse commune après leur exécution en pleine nuit près de la chapelle de La Valette. Commerçant à Feurs, M. Galinier était un grand mutilé de 14-18, décoré de la croix de guerre et de la médaille militaire. Le certificat d'exhumation le concernant fait état de tortures épouvantables.

Nous débordons légèrement des limites du département de la Loire pour évoquer le double cas de M. Philibert, maire du Thel, et de M. Valentin.

Paul Valentin est assassiné le 13 juillet 1944 à Cours. Âgé de dix-huit ans, il appartient à la Résistance. Il semble probable qu'il ait reçu mission de la part de ses camarades de combat d'exécuter le maire du Thel, accusé d'avoir permis aux Allemands d'attaquer, au mois de mai précédent, un camp de maquisards dont une dizaine ont péri.

M. Philibert jouit du respect quasiment unanime de ses administrés. Il n'a rien d'un dénonciateur. Le jeune Valentin, ayant conscience d'être impliqué dans une mauvaise affaire et d'être appelé à tuer un innocent, refuse d'appliquer la consigne qu'il a reçue. On le lui fait payer... de sa vie. Puis, le 11 août au matin, M. Philibert est enlevé à son domicile et conduit au lieu-dit Catoux, où il est abattu. Alertés par la famille du maire, des habitants du Thel partent à sa recherche et découvrent son cadavre.

Le lien entre les deux exécutions n'a pas été établi de manière formelle, mais cette hypothèse est retenue comme la plus plausible.

Non loin de là, à Neulise, le jour de la mort de M. Philibert, des hommes armés se présentent à la ferme qu'exploitent M. et Mme Domazon. Ils pénètrent dans la cuisine, essaient de s'emparer du maître de maison. D'après ce que l'on sait, Mme Domazon, son bébé dans les bras, s'interpose, mais les agresseurs font feu sur elle, et la tuent d'une balle en plein cœur, une autre atteignant l'enfant à la jambe, M. Domazon étant lui-même légèrement blessé.

Rentrant à la ferme, la fille de M. et Mme Domazon découvre le drame : sa mère, morte, au pied de l'escalier, son petit frère blessé, les voisins accourus et qui l'aident à surmonter sa douleur. Elle s'enquiert du sort réservé à son père, pour s'entendre répondre que les « hommes du maquis » l'ont emmené avec eux. Il a été effectivement conduit à Roanne et enfermé dans un des bâtiments du lycée, rue Noclas.

C'est par un article de *La Liberté roannaise*, daté du 1er septembre, que Jeanne Domazon découvrira la réalité :

« Jeudi matin, un cadavre, flottant entre le pont du Coteau et l'usine électrique, a été retiré de la Loire.

« C'était celui d'un homme paraissant âgé d'une cinquantaine d'années. Il semble avoir été tué par un coup de feu tiré dans la tête. En dernière minute, nous apprenons qu'il s'agirait d'un nommé Domazon, originaire de Neulise. »

Deux morts, un enfant blessé et deux orphelins, tel est le bilan de l'« expédition punitive » de Neulise.

À Saint-Georges-en-Couzan (arrondissement de Montbrison) sont « abattus » MM. Auguste et Breuil ; à Montbrison même, MM. Artzet et Noël. Les assassins de ce dernier, chirurgien-dentiste, se sont présentés à lui comme clients et, introduits dans son cabinet, l'ont blessé de plusieurs coups de revolver avant de l'achever d'une balle dans la tête.

Dans cet arrondissement de Montbrison, Roche fut un lieu sacré pour la Résistance qui a célébré le souvenir de ses morts en y faisant élever un monument. Mais le sacrifice des uns ne justifie pas que l'on ait transformé un endroit vénéré en champ d'exécutions pour les autres. La plupart de ces exécutions sommaires se déroulent au lieu-dit Jean-Petit. Douze personnes en sont les victimes et plusieurs d'entre elles seront retrouvées dans une fosse commune.

Cinq des personnes « abattues », qui avaient appartenu au parti franciste de Marcel Bucard, avaient été condamnées à mort et graciées. Le 17 octobre 1944, la voiture où ils ont pris place est interceptée près de Montbrison par des « inconnus ».

Arrêté, M. Baton, de Rive-de-Gier, arrondissement de Saint-Étienne, est transféré le 4 novembre, en compagnie d'un autre suspect, à la prison de la préfecture de la Loire. Mais l'automobile qui le transporte est stoppée sur la route nationale 38 au lieu-dit La Maison-Rouge par des hommes armés. M. Baton reçoit l'ordre de descendre. Le chauffeur – qui n'est pourtant pas suspect de complicité – veut intervenir. Il est tué en même temps que M. Baton.

Il en est de même de Mme G., en ce mois de novembre. Cette femme a eu le tort de pratiquer avec l'occupant une collaboration « horizontale ». Mme G. ne se serait pas contentée de complicité d'alcôve ; on l'accuse d'avoir profité de sa situation particulière pour dénoncer des résistants.

À l'image de bien d'autres suspects de l'époque, Mme G. est, après son arrestation, transférée à la caserne Grouchy, à Saint-Étienne, qui sert de lieu d'internement pour les personnes arrêtées dans la région. Interrogée, elle est relâchée, les preuves relevées contre elle étant jugées insuffisantes. Mais on découvrira son cadavre, peu de temps après son élargissement, dans un fossé à Planfoy, commune de Saint-Genest-Malifaux.

Dans les derniers jours du mois d'août 1944, 13 prisonniers allemands – qu'il n'a pas été possible d'identifier – sont fusillés aux limites du département de la Loire, à quelque vingt kilomètres au nord de Saint-Étienne.

Au cœur même de l'Auvergne, la situation n'est pas moins préoccupante ; nous en avons déjà donné un aperçu en citant un trop grand nombre d'exemples pour les mois de juillet et d'août 1944. Nous avons cité les appels du chef des Forces françaises de l'intérieur, Henri Ingrand, bientôt commissaire de la République, en juillet et début août. Or, depuis la Libération, c'est la presse qui prend le relais. Le quotidien *La Montagne* qui a reparu le 15 septembre [1] publie

---

1. *La Montagne* qui s'était sabordée le 27 août 1943 se distingue par une modération assez rare pour l'époque. Alexandre Varenne demande le retour à la légalité et dénonce les excès qui se commettent sous couvert de la Résistance.

ce communiqué de source officielle : « Malgré des notes impératives émanant du secrétariat général de la police, déclare donc le communiqué en date de 22 septembre, des éléments F.F.I. continuent à opérer des arrestations. Le secrétariat général pour la police rappelle aux unités F.F.I. cantonnées sur le territoire de la région administrative de Clermont-Ferrand qu'elles n'ont de prérogatives policières que dans la mesure où la police fait appel à leur concours. »

Du 28 août, date à laquelle le commissaire de la République avait annoncé à la population de Clermont-Ferrand que « les traîtres [seraient] châtiés avec justice et sévérité, les mauvais Français éliminés », jusqu'au 27 septembre on comptera – chiffre officiel – 2 980 incarcérations pour les quatre départements d'Auvergne. Le Puy-de-Dôme venait largement en tête avec 1 536, 1 106 rien que pour Clermont-Ferrand et 253 pour Riom. L'Allier suivait avec 912 (650 pour Vichy, 262 pour Montluçon), 338 pour la Haute-Loire (Le Puy, 270), 194 pour le Cantal.

Chaque jour, ou presque, apporte son lot de condamnations prononcées par les cours martiales qui, pour la plupart, ont été officialisées depuis la mi-septembre. Consacrées par le pouvoir régional, ces petites républiques autonomes, ces juridictions provisoires et improvisées rendent des sentences qui ne sauraient être dissociées d'un contexte insurrectionnel et révolutionnaire. À Aurillac, par exemple, le « tribunal de sécurité de la Libération » prononce, entre le 15 et le 18 septembre, plusieurs condamnations à la peine capitale, dont celle du commandant de la gendarmerie du Cantal. L'équivalent de cette juridiction au Puy en édicte cinq autres pendant la même période. Toutes ces condamnations sont immédiatement exécutées.

En même temps, se multiplient les initiatives des corps de justice issus de l'insurrection. Milices patriotiques qui opèrent, selon les termes de M. Ingrand, avec « plus de bonne volonté que de méthode... ». Ce qui est un euphémisme pour définir les critères qui servent à désigner les suspects et les méthodes utilisées pour les arrêter. On cite le cas de « l'affaire B. », du nom d'un marchand de toiles à Chaussenac, dans le canton de Pleaux. Ce pourrait être, sans son

incroyable épilogue, un épisode parmi d'autres de l'épuration sauvage.

M. B., qui avait appartenu à un mouvement de droite
avant la guerre, s'est inscrit à la Milice. On s'interroge à ce
stade sur les raisons d'un engagement derrière la bannière
d'un Joseph Darnand. Choix politique ? Peut-être. Mais il
n'est pas exclu que le déclin du commerce de B., aggravé
par les restrictions, l'ait incité à rechercher ailleurs – et pourquoi pas à la Milice – des moyens de subsistance complémentaires. Cet exemple ne serait pas unique du chômeur ou
du désargenté contractant un tel engagement pour échapper
à la misère.

M. B., en tout cas, réussit à former une « trentaine », ce
qui n'est pas négligeable dans la hiérarchie de l'ordre milicien. Pour en gonfler les effectifs, il y a fait inscrire un certain nombre de ses compatriotes sans prendre le soin de les
avertir. Il est volontiers vantard ; il commet l'imprudence de
se flatter, un jour qu'il voyage dans un car, de revenir d'une
expédition de répression contre le maquis du Vercors. Cela
est faux, mais on l'entend, on le répète.

Arrive la Libération. Il se terre dans son grenier. Il y restera caché pendant des semaines, n'entretenant que de rares
contacts avec l'extérieur, pour s'alimenter et suivre les événements, apprendre notamment que ses deux filles ont été
tondues par le fils d'un de ses amis, promenées, huées par
le public.

M. B. est découvert dans son réduit, arrêté, conduit à
Aurillac. Il subit une parodie de jugement. Il est fusillé.

L'affaire B., disions-nous, pourrait s'arrêter là et s'inscrire
dans la longue liste des exécutions sommaires, mais elle a
pour conclusion une fin de roman d'aventures et de vengeance. Car M.B. avait deux fils qui n'avaient pas oublié la
mort de leur père et l'opprobre jeté sur leur famille. Ils s'engagèrent dans le corps expéditionnaire français en Indochine, y retrouvèrent l'homme qui avait dénoncé le milicien
et l'abattirent à son tour.

À la caserne du 92ᵉ régiment d'infanterie de Clermont-
Ferrand où sont rassemblés des suspects de divers points

d'Auvergne, la répression sévit tantôt de l'intérieur, tantôt du dehors, les justiciers clermontois s'arrogeant le droit de pénétrer dans les cellules pour y « faire de grosses têtes aux ennemis du peuple[1]. La plupart, d'ailleurs, ignorent pourquoi ils sont là, ce qu'on leur reproche et imaginent qu'ils ont été victimes des dénonciations de corbeaux trop zélés. Lorsque les interrogatoires ne donnent pas ce que l'on attendait, les prévenus sont transférés au sous-sol, ou menacés de l'être : « Tu finiras bien par parler ! » Rien n'est plus redouté que le passage au sous-sol du 92e. On sait dans quel état on y entre, mais on ignore, ou plutôt on subodore dans quel état on en reviendra.

Une dizaine de prisonniers du 92e ont été envoyés au champ de tir pour y creuser les tombes de résistants suppliciés par les Allemands. Quelques coups pour les uns, les plus chanceux. Les autres sont mis torse nu, ou contraints de se dévêtir complètement. Ils creusent des tranchées, frappés par des F.F.I. avec leurs souliers à clous, ou à l'aide de nerfs de bœuf. Des pierres leur sont jetées pendant toute la durée de leur travail. Les coups tombent si dru que les gardiens, fatigués par leur office, sont obligés de se relayer. L'un des terrassiers, personnalité de très haut niveau dans l'administration vichyssoise du département, supplie qu'on le tue sur place plutôt que de continuer à l'exposer au supplice.

On a réservé à un intendant de police un traitement sélectif : manche de pelle dans l'anus qui sera « défoncé », multiples coups de couteau dans les fesses. Un témoin déclarera : « Il pissait le sang de tous les côtés... » Condamné à mort le 26 septembre, l'intendant de police sera fusillé le lendemain – fusillé assis, car les blessures qu'il avait reçues l'avaient empêché de se tenir debout.

La foule assistait à la scène macabre de l'exhumation des restes des résistants assassinés et au creusement de nouvelles tombes. Elle ne se lasse pas et, aux jours autorisés pour les visites des condamnés, apporte sa participation aux sévices en allant, ici ou là, distribuer des horions en toute

---

1. Entre autres témoignages sur la situation dans la caserne du 92e, les *Archives* d'*Angelo tasca, op. cit.*

impunité. L'une des distractions favorites vise un milicien. L'homme est solidement attaché sur une chaise tandis qu'à intervalles réguliers on vient lui assener un coup de matraque sur la tête et qu'on l'asperge d'un seau d'eau.

On n'est pas mieux loti à la maison d'arrêt de Clermont-Ferrand où ont été internés plusieurs notables de l'administration de Vichy. Arrêté par les Forces françaises de l'intérieur, le délégué à la Propagande pour la ville reçoit la promesse d'échapper à la mort s'il obtient des Allemands qui occupent encore Clermont la libération de deux personnes emprisonnées et sur le point d'être fusillées.

L'ancien délégué à la Propagande s'acquitte de sa mission en arrachant des mains de l'occupant – qui cessera de l'être dans quelques heures – non seulement les deux captifs, mais trois autres de leurs compagnons. Conduit à la maison d'arrêt, il a donc de bonnes raisons d'être rassuré, en tout cas d'estimer qu'il ne passera pas devant le peloton d'exécution. Il a tort d'avoir confiance en la parole qui lui a été donnée, de se fier au pouvoir de ceux qui se sont engagés à lui épargner le pire. Des F.T.P. s'introduisent bientôt dans sa cellule, se saisissent de lui sans que les gardiens esquissent le moindre geste pour les en empêcher, l'emmènent à l'extérieur. Dans un endroit retiré, ils le tuent.

D'autres cas moins atroces sont pourtant révélateurs du climat politique et social qui règne à Clermont-Ferrand. Ainsi celui du directeur d'une industrie de conserves. On l'arrête, puis on le libère, avant de l'arrêter de nouveau. Motif : vingt-trois de ses cent vingt employés ont signé une pétition afin d'obtenir une nouvelle incarcération. Un contremaître a pris le pouvoir dans son affaire et, avec quelques camarades, entend remettre l'usine en marche au profit exclusif des ouvriers.

Un employé de banque demeurant à Brassac-les-Mines, M.D., est jeté en prison après de multiples péripéties. Le 31 août, les F.T.P. investissent la localité, arrêtent 29 personnes et en gardent neuf après un premier tri. L'employé de banque et ses huit compagnons sont conduits à la gendarmerie où on les passe à tabac. Jugeant son arrestation infondée, le Comité local de libération exige que D. soit élargi.

L'affaire ayant été portée à Issoire, les autres personnes arrêtées sont à leur tour libérées sur appréciation des responsables locaux de la Résistance. Mais tout change à la mi-septembre lorsque les F.T.P. de Lezoux reviennent interpeller trois des neuf personnes qui avaient fait l'objet de la première arrestation. Pour D., cela recommence le 20 septembre. Les mêmes F.T.P. entendent l'emmener. Il a eu le temps d'alerter des amis, qui en appellent d'autres. C'est une petite foule qui s'assemble, et qui crie son indignation, qui menace de s'en mêler si les F.T.P. mettent leurs intentions à exécution. Et l'on en reste là.

Le 1er octobre, les F.T.P. reviennent en force d'Issoire. D. qui, cette fois, ne peut leur échapper, est conduit à l'état-major des F.F.I., cours Sablon, à Clermont-Ferrand. « Il n'y a rien contre vous ! » déclare à D. le lieutenant colonel F.F.I. qui le reçoit. « Alors, je vais être libéré... – Non, je dois délivrer un mandat d'amener régulier, car celui qui a été utilisé pour vous arrêter ne l'était pas... – Pourquoi, puisque vous m'avez dit vous-même qu'on n'a rien à me reprocher ? – Pour vous transférer au Carlton. »

Du Carlton, direction de la police judiciaire – où personne n'est au courant du cas de D. Retour à Lezoux. Le 4 octobre, nouvelle visite à la P.J.D. a cette fois un interlocuteur, qui lui dit : « On va vous transférer à la prison militaire... » Il s'en étonne, et s'entend répondre : « Parce que l'on doit régulariser votre situation ! »

C'est ainsi que l'employé de banque de Brassac-les-Mines tombe dans les geôles du 92e. Son absence n'a pas été perdue pour tout le monde : sa maison a reçu des visiteurs qui l'ont mise au pillage. Lorsqu'il y retournera après sa libération, il la retrouvera vide de tout ce qui représentait une certaine valeur.

Encore a-t-il échappé au pire. Un pharmacien de Clermont-Ferrand, arrêté comme lui, puis relâché, vaquait dans son jardin lorsque des hommes l'ont abattu à la mitraillette.

Le sort réservé à un menuisier de Lempdes rejoint celui de l'employé de banque de Brassac-les-Mines. Le menuisier avait eu son atelier réquisitionné par les Allemands et depuis ne s'était plus occupé de son affaire. On l'arrête à la Libération, sur une dénonciation, et on le conduit à Clermont-Ferrand où il est interrogé en présence du délateur. Celui-ci ne peut fournir aucune preuve et finit par revenir sur ses déclarations, provoquant la colère des enquêteurs qui lui administrent une paire de gifles.

L'homme est relâché et rentre chez lui, se croyant à l'abri des ennuis. Mais pendant la nuit qui suit sa libération, des F.T.P. font irruption, lui administrent une volée de coups et le conduisent à la prison du 92e. Il attendra pendant des semaines avant que l'on veuille bien statuer sur son cas. Un cas, qui n'est pas rare, où l'on voit les résistants communistes se substituer à la police officielle pour se livrer à des voies de fait, interpeller des suspects qui avaient été régulièrement élargis, et les rejeter en prison.

Des témoignages sur les conditions d'internement à Riom révèlent une fois de plus des méthodes d'arbitraire et de violence. Arrêté, un collaborateur suspect sera conduit au commissariat de la ville où il retrouvera d'autres personnes interpellées dans une salle pleine à craquer. On les rassemble alors pour les transférer à la prison Marcel-Chabot, les mains levées et sous les huées de la foule qui leur crache au visage. Certains ont leurs vêtements souillés par les éructations de la populace déchaînée. Il fait une chaleur étouffante en ce mois d'août 1944. La soif est difficile à supporter mais elle est aggravée par une irruption de punaises dans les cellules. La vermine commence à piquer. Cette situation ne serait sans doute pas dramatique si de nombreux prisonniers n'avaient à s'interroger sur le sort qui leur sera réservé. On se répète des exemples d'exécutions sommaires. Demain, peut-être, certains disparaîtront pour ne plus revenir.

Le prisonnier et témoin de la rue Marcel-Chabot reconnaît une de ses relations, B., qui lui raconte sa malheureuse odyssée. On lui avait reproché d'avoir tiré sur des F.T.P. Il s'en défend avec des accents de sincérité qui, dans des circonstances aussi graves, ne peuvent tromper : comment l'aurait-il fait, puisqu'il n'avait pas d'armes ? Sa famille est connue pour son honorabilité. Il cherche en vain ce qui a motivé son arrestation. Une bande d'hommes en armes s'est introduite dans son appartement qu'elle a saccagé. On l'a frappé à la tête. Sa femme et sa mère n'ont pas été épargnées par les coups et on les a également arrêtées.

Cela se passait le 26 août. Le lendemain, le prisonnier, auteur de ce récit, perd de vue B. Il s'informe. Pas de nouvelles. Le 28 août, il apprend que trois personnes ont été fusillées après un simulacre de jugement. B. était du nombre.

Le chef du personnel des usines Michelin, M. Vianne, est enlevé en pleine nuit à son domicile de Clermont-Ferrand par des hommes portant l'uniforme F.F.I. On découvre son cadavre rue La Tour-d'Auvergne. Cela se passe le 17 octobre : il y a plus d'un mois que Clermont-Ferrand a été libéré.

Les dirigeants ou représentants des grandes marques de pneumatiques semblent particulièrement visés puisqu'au mois de septembre l'administrateur général de Dunlop a été arrêté à Montluçon.

À Vichy, les événements se sont précipités depuis le 19 août 1944, date à laquelle le maréchal Pétain a reçu du général von Neubronn et du ministre plénipotentiaire von Renthe-Fink l'ordre d'avoir à quitter la ville à destination de l'Allemagne [1].

Le lendemain, le Maréchal a dû céder à la force après les tractations devenues sans objet sur l'éventualité d'un transfert à La Bourboule avec la caution et la participation de l'Armée secrète.

L'évacuation de la capitale de l'État français par les troupes allemandes s'est achevée dans la nuit du 25 au 26 août dans la confusion et une fusillade qui a opposé entre eux certains de ses éléments. Le 27 – un dimanche – sont apparues les premières unités F.F.I. saluées par une profusion de drapeaux et la liesse d'une population aussi prompte à applaudir les libérateurs qu'elle avait montré d'attachement à la personne du maréchal Pétain. L'annonce de

---

1. La mission de Renthe-Fink auprès du maréchal Pétain n'avait trompé personne : cet ambassadeur extraordinaire du Reich était chargé de le surveiller, ce qui fut confirmé par les événements.

l'approche d'une colonne de la Wehrmacht isolée douche les enthousiasmes et réalise le vide. L'épouvantail écarté, Vichy retrouve la joie et d'un geste écarte ses souvenirs. Pendant que le Maréchal gagne son exil involontaire, l'inventaire commence, l'épuration s'annonce. Le 29, Henri Ingrand est entré dans la ville, salué par les « motards » de l'escorte personnelle du Maréchal qui, gantés de blanc, l'ont accompagné jusqu'à l'hôtel du Parc. Descendant de voiture, devant l'ancienne résidence de Philippe Pétain, le commissaire de la République entendra une dame dire à un homme, probablement son mari, qui avait quelques heures de retard sur l'Histoire et était habitué à réserver ses applaudissements... à un autre : « Mais crie donc Vive de Gaulle ! »

La Résistance officielle s'installe au cœur de ce qui fut l'« État français ». Des milliers de personnes ont vécu là, entassées dans un curieux bric-à-brac d'hôtels transformés en ministères, aujourd'hui comptables de leur engagement sous le signe de la francisque. Après les arrestations et une sélection, quelque huit cents d'entre elles et d'autres suspects seront regroupés pour être internés au Concours hippique de Vichy. Tout un monde est frappé par l'épuration, du plus humble au plus élevé dans la hiérarchie des professions, représentant les métiers les plus modestes jusqu'aux plus hautes fonctions, intellectuels et manuels, dirigeants et exécutants. La preuve est faite que l'épuration ne frappe pas seulement les « gros bonnets » et les notables de l'ancien régime. La « catégorie n° 10 », puisque les internés ont été répartis selon les critères de classes et de professions, fournit même, et de très loin, le plus fort contingent de suspects : 560 personnes, parmi lesquelles 360 hommes et 200 femmes.

« On trouve parmi ces petites gens, qui pour la plupart ne sont pas de grands coupables, écrit Robert Aron[1], tout un échantillonnage des métiers secondaires qui fleurissent dans une ville d'eaux : des employés d'hôtel, des mécaniciens, des vendeuses, des couturières, des secrétaires, des filles de salle, des journalières, des cuisiniers, des employés des

---

1. Dans *Histoire de l'épuration*, t. II, p. 147 et suivantes.

P.T.T., des charretiers, des chauffeurs, des infirmières, un vélo-taxi, des manœuvres, un tailleur, le chef de gare, une serveuse, un garçon de café, des retraités, une repasseuse, une blanchisseuse, un tonnelier, un modeleur, un bûcheron... »

La liste des journalistes de la presse et de la radio, des hommes de plume de tout acabit, des policiers et membres de l'administration, des militaires, généraux ou amiraux, serait trop longue à établir.

Parmi les internés les plus célèbres, des personnalités qui ont joué un rôle important dans le gouvernement de Vichy, comme l'amiral Fernet, directeur du cabinet du maréchal Pétain, Xavier Vallat, ancien commissaire aux Questions juives, Jacques Chevalier, plusieurs fois ministre, le général Labarthe, ancien directeur des G.M.R.[1], le général Lebars, commandant de la garde du Maréchal, mais également Lucien Lamoureux, ancien député radical-socialiste de l'Allier, titulaire de plusieurs postes ministériels sous la IIIe République et conseiller national[2]. Des écrivains comme Henri Massis, l'un des inspirateurs de la doctrine d'Action française, très écouté dans les milieux de la droite nationaliste, Pierre Dominique...

Une information publiée par *La Montagne* des 15 et 16 octobre rappelle que l'épuration n'emprunte pas que des voies violentes ou d'emprisonnement et que des procédures sont en route qui, sur l'ensemble du territoire, visent les biens des personnes ou des sociétés. *La Montagne* se montre

---

1. Rappelons-le : « Groupes mobiles de réserve », les G.M.R. furent créés en 1942 à partir d'éléments de l'Armée d'armistice après sa dissolution et de la gendarmerie dont une partie avait été dissoute. Affectés au maintien de l'ordre, ils furent fréquemment utilisés contre le maquis.

2. Assemblée consultative résultant de la loi du 24 janvier 1941, le Conseil national devait être « l'émanation des forces vives de la nation » dans les domaines spirituel et moral, intellectuel, économique et professionnel. On y rencontrera des personnalités aussi diverses que le pianiste Alfred Cortot, le pasteur Boegner, président de la Fédération protestante de France, le physicien Louis de Broglie et Antoine Pinay.

discrète sur l'identité de la victime concernée mais il ne faut pas être grand clerc pour l'identifier : « Vente aux enchères publiques, annonce le quotidien. Au château de Châteldon (Puy-de-Dôme), les dimanche 22, lundi 23, mardi 24 novembre 1944 à 13 h 15 d'un important mobilier ancien et moderne... » Suit une énumération : chaises gothiques, fauteuils Louis XIV, etc., sans oublier deux génisses, un taureau et deux béliers. « Pour les moyens de transport de Clermont-Ferrand et Vichy à Châteldon, demander les renseignements à Mᵉ Baif, commissaire-priseur... »

La Direction régionale des transports et du roulage sera plus explicite qui fera « connaître qu'elle organise les dimanche 22, lundi 23 et mardi 24 novembre, un service d'autocars entre Clermont et Châteldon à l'occasion de la vente aux enchères des biens de Pierre Laval... » L'heure du départ et du retour, le prix sont fixés. Il y aura de nombreux candidats au voyage...

Pour n'être pas idyllique, le sort réservé aux internés du Concours hippique de Vichy n'a rien de comparable avec ce qui se passe au camp de Tronçais, au nord-ouest du département de l'Allier et aux limites du département du Cher.

Dans le courant du mois de juin 1944, un groupement de la « police du maquis », se réclamant des Mouvements unis de Résistance, s'installe au hameau de La Longe, sur Louroux-Bourbonnais [1] où sont rassemblés un certain nombre de suspects et de collaborateurs connus de la région de Montluçon, qui ont été enlevés par les hommes du maquis. On y compte notamment des policiers français, et des personnalités proches du gouvernement de Vichy, totalement étrangères aux forces de répression.

Le nombre des prisonniers s'est accru avec le temps. Il s'agit d'abord d'habitants de Montluçon – on ira jusqu'à arrêter des hommes et des femmes en pleine rue ou sur les lieux de leur travail – puis de personnes enlevées à Commentry.

Ces « arrestations » et ces enlèvements s'effectuent bien entendu en dehors de toute légalité, sans mandats précis et selon le bon plaisir de la « Police du maquis ». Les moyens

---

1. Canton de Hérisson.

utilisés au camp d'internement de Saulzet n'échappent pourtant pas aux responsables de la Résistance, comme en témoigne M. Georges Rougeron[1]. « Je représentais alors, écrit-il, comme secrétaire-membre du Comité départemental de libération, l'autorité civile de la Résistance... L'on me conduisit au local de sûreté ; dans la pénombre et sans lumière, il me sembla pouvoir compter quatre ou cinq personnes couchées sur le sol et qu'il ne me fut pas possible d'identifier. Ainsi donc et pour ce dont je pus me rendre compte, rien d'anormal ; des brimades que l'on peut qualifier de mineures... »

Des « brimades » ? Voire... M. Rougeron de préciser : « Je ne devais apprendre que bien plus tard qu'au lendemain de mon passage, il avait été exécuté six détenus. Le chef de camp ne m'en avait pas informé avant, et je n'ai pas souvenir qu'il en eût rendu compte après. »

Ce sont sans doute les premières exécutions sommaires imputables à la « Police du maquis ». Précisons que les six condamnés à mort ont été contraints de creuser leur tombe...

La ferme de Saulzet se révélant trop étroite pour accueillir des prisonniers, la « Police du maquis » déménage pour s'installer au camp de Chamignoux, en forêt de Tronçais, le 19 août, dans une partie des installations laissées vacantes par les Chantiers de jeunesse après leur dissolution[2]. On dénombre alors – quelques jours avant la Libération – 153 détenus. 98 sont libérés le 23 août.

---

1. Dans *L'Épuration dans l'Allier, 1943-1946*. Imprimerie Typo-Centre, Montluçon, 1982. Cf. également le témoignage de Mme Gauthier-Turotoski internée dans deux documents sous les titres *J'étais à Tronçais*, 1985, et *Un été 1944*, 1988, édité par l'auteur.

2. Au mois de janvier 1944. Fondés en 1940 – loi du 30 juillet – et principale organisation du gouvernement de Vichy, les Chantiers de jeunesse accueillaient, sous le commandement du général de La Porte du Theil, les recrues de la classe 1940 de la zone libre. Une nouvelle loi – 18 janvier 1941 – prescrivait pour les jeunes âgés de vingt ans l'incorporation, par classes, pour une durée de huit mois.

Mais les arrestations reprennent, une partie illégales, les autres revêtant une forme de légalité puisqu'elles sont à mettre au compte des décisions du Comité départemental de libération, puis d'arrêtés du préfet, qui agit d'ailleurs sur propositions du C.D.L.

Le camp de Chamignoux est à son tour trop exigu. Le Groupe de police se voit donc contraint à un nouveau transfert, le 9 septembre, vers d'autres locaux ayant également appartenu, toujours en forêt de Tronçais, aux Chantiers de jeunesse. Là sont internés les prisonniers « officiels », en même temps que les prisonniers qui, propriété du groupe, l'ont pour la plupart suivi dans ses déplacements.

En tout cas, le Groupe de police règne en maître au camp d'internement de Tronçais. Et se livre à toutes sortes d'actions abominables. « Alors, qu'est-il donc arrivé ? s'interroge M. Georges Rougeron. Eh bien, en vérité, on ne le sut que bien après, avec stupéfaction ! Dans le courant d'août, le président du C.D.L., René Ribière, sur des rumeurs imprécises mais préoccupantes, avait par une note de service, rappelé au chef de camp que les détenus devaient être considérés comme prisonniers de guerre avec application à leur égard des règles de la Convention de Genève, ce qui excluait brimades et sévices. La réponse fut assez irrespectueuse et désinvolte... »

Une enquête a-t-elle été menée par le C.D.L. ? « Nous avions songé nous rendre sur place, précise M. Rougeron. Des journées remplies et harassantes, y compris pendant les repas, alors qu'il fallait tout prévoir, régler, organiser à mesure où le territoire se libérait, ne le permirent pas... »

Cette absence de curiosité des dirigeants du Comité départemental de libération paraît assez curieuse. Le 28 septembre, pourtant, le préfet de l'Allier, Fleury, et le commissaire du gouvernement, Blanchet, procèdent à une visite du camp. Nous n'avons pas trouvé trace de leurs conclusions.

Celles de M. Rougeron ne laissent, au bout du compte, planer aucun doute : « [...] car il se passait quelque chose, écrit-il, brimades, sévices, travaux inhumains, actes de sadisme, tortures ont eu lieu dans un climat de terreur inadmissible. Les dépositions ultérieures établissent indiscutablement et il s'est inscrit là-bas une triste page, non point de la Résistance, mais de la nature humaine. Que penser aussi de ceux qui venaient en "touristes", le dimanche, assister à des scènes odieuses ? ».

Ces « brimades, sévices, travaux inhumains, actes de sadisme, tortures » que signale non sans quelque embarras, mais avec courage, un ancien résistant socialiste, membre du Comité de libération de l'Allier, sont en effet attestés par des témoignages indiscutables. Ces pratiques avaient déjà cours au camp de Chamignoux où les prisonniers étaient interrogés après avoir subi des traitements atroces : on les faisait entrer dans une pièce plongée dans l'obscurité, on leur liait les poignets, dans le dos, puis on les soulevait à l'aide d'une poulie à quelques centimètres du sol. Munis de fouets, de matraques ou de nerfs de bœuf, les tortionnaires les frappaient pour obtenir des « aveux » et, lorsqu'ils n'avaient pas obtenu ce qu'ils attendaient, les ranimaient avec des seaux d'eau, l'opération étant renouvelée autant de fois qu'il fallait. Ces sévices entraînèrent la paralysie des doigts pour plusieurs des victimes. L'une d'entre elles fut soumise à trois reprises à ce supplice. Un prisonnier fut pendu par le cou jusqu'à ce qu'il perdît connaissance.

À Tronçais, les sévices en tous genres ne commencent, semble-t-il, qu'à la mi-septembre. Comme il y a plus de quinze jours que la région est libérée, on reconnaîtra qu'il n'y a plus d'« excuses » à de tels agissements, sinon la volonté d'assouvir des vengeances qui s'exercent d'ailleurs à l'encontre d'internés administratifs qui attendent de passer en jugement. Les miliciens, P.P.F. et autres anciens membres de partis collaborationnistes paient le plus lourd tribut. Compromis, coupables, à des titres divers, on les condamne avant l'heure, et de quelle manière...

Il y a aussi les petits suspects, la légion des victimes – arrêtées pour des raisons mineures – de toutes les périodes révolutionnaires... Dénoncés par jalousie, coupables, pour les femmes, de fornications rémunérées avec des soldats de la Wehrmacht, pétainistes modérés, détenteurs, sous le régime qui disparaît, d'une parcelle d'autorité, commerçants profiteurs, trafiquants, importants ou non, du marché noir.

Le scandale de Tronçais connut un commencement d'épilogue judiciaire : « Quarante-cinq témoins auditionnés par commissions rogatoires, écrit M. Rougeron, et conduites à travers la France ; sept officiers et gardes F.F.I. inculpés par le commissaire du gouvernement près le tribunal permanent des Forces armées de Lyon de "complicité d'assassinat, complicité de coups mortels, coups et blessures volontaires et d'attentats à la pudeur avec violence" sur vingt-six détenus parmi lesquels quatre décédés sur place. En ce qui concerne les sévices sur huit autres, le magistrat militaire concluait que les faits pouvaient être couverts par la loi du 16 août 1947 [1]... Pour les autres inculpations, la commission régionale des F.F.C.I. à Clermont-Ferrand estima, par décision du 15 décembre 1953, qu'il n'y avait pas lieu à application de la loi d'amnistie du 16 août précédent, puis elle revint sur sa position première par décision du 25 février 1954. En conséquence, le tribunal permanent des Forces armées de Lyon prononçait, le 12 octobre 1954, la relaxation des accusés. »

Les tortionnaires du camp de Tronçais bénéficiaient ainsi d'une scandaleuse impunité, et leur cas n'était pas isolé...

La relation est évidente entre le camp de Tronçais et Montluçon où la situation reste, des semaines, voire des mois durant, particulièrement tendue. La ville, de tradition de

---

1. La loi d'amnistie du 16 août 1947 qui s'étendait à de nombreuses catégories de condamnés spécifiait en son article 18 : « Pendant un délai d'un an à compter de la promulgation de la présente loi, pourront demander à être admises, par décret, au bénéfice de l'amnistie les personnes poursuivies ou condamnées pour toutes infractions pénales, quelle que soit la juridiction appelée à en connaître, civile ou militaire, commises antérieurement au 8 mai 1945 pour l'ensemble du territoire ou à la date du 18 août 1945 pour les départements du Haut-Rhin, du Bas-Rhin et de la Moselle, à condition que les actes reprochés aient été accomplis avec l'esprit de servir la cause de la libération définitive de la France. »

gauche[1], échappe alors à tout contrôle du pouvoir central et le commissaire de la République Henri Ingrand éprouve les plus grandes difficultés à se faire entendre. Nous avons là l'exemple type de ces « soviets » locaux qui s'installent à la faveur de l'absence provisoire d'autorité, générateurs d'initiatives aventuristes, d'excès ou de foyers de répression criminelle.

« Le Comité de libération, note Henri Ingrand[2], s'est constitué [à Montluçon même] en une sorte de Comité de salut public, procédant à de nombreuses arrestations [notamment à destination de Tronçais], à des nominations,

---

1. Le député-maire était Marx Dormoy, ministre de l'Intérieur du gouvernement du Front populaire en remplacement de Roger Salengro. Centre industriel important (usines Dunlop), la ville avait subi un bombardement meurtrier de l'aviation alliée dans la nuit du 15 au 16 septembre 1943.

L'Allier est un des quatre départements français où les suffrages en faveur des candidats du Front populaire dépassent la barre des 78 % lors des élections législatives de 1936, les dernières en date avant la Seconde Guerre mondiale. Le Puy-de-Dôme, dont nous parlions précédemment, la Creuse, la Corrèze et la Dordogne (voir chapitre 10) se situent également à un haut niveau avec six autres départements : de 60 à 70 %. Les résultats de l'extrême gauche (parti communiste) évoluent de façon parallèle : 52 à 60 % pour l'Allier ; 30 à 38 % pour le Puy-de-Dôme, mais 45 à 52 % pour la Creuse et autant pour la Corrèze. Avec 30 à 38 %, la Dordogne est encore dans une forte moyenne nationale. En Haute-Vienne (voir chapitre 10 également), les scores sont, à l'image de l'Allier, très élevés. L'extrême gauche rassemble dans le futur fief du colonel Guingouin 52 à 60 % des voix sur ses candidats. La moyenne nationale du P.C. est d'à peine 13 %.

L'ensemble de ces chiffres est à prendre en compte dans une étude de l'épuration violente. Les antécédents politiques régionaux se juxtaposent à la virulence de la résistance d'extrême gauche, la personnalité de ses dirigeants locaux et la nature de la répression allemande.

Les pourcentages dont nous faisons état sont extraits de l'ouvrage de Georges Dupeux, *Le Front populaire et les élections de 1936*, Cahiers de la Fondation nationale des sciences politiques, Librairie Armand Colin, 1959.

2. Henri Ingrand, *op. cit.*

des révocations, allant même jusqu'à installer des comités de gestion dans les usines. Aidé par son sens particulariste, ce C.D.L., typiquement montluçonnais, a créé une sorte de petite république locale où il entend rester souverain, le préfet n'intervenant que pour entériner les décisions du C.D.L. qui sont publiées à grand renfort de publicité [...] le C.D.L. prend [en une seule semaine] entre quarante et cinquante arrêtés, tous parfaitement illégaux, que je m'emploie à faire disparaître, mais je transforme ceux qui sont judicieux... »

La normalisation est loin d'être effective au début de 1945. Dans une « lettre ouverte à M. le préfet de l'Allier », publiée le 4 janvier, le Comité départemental de libération lui reproche ses faiblesses en matière d'épuration et n'exige rien de moins que sa « démission immédiate ». « En cas de refus de votre part, proclame le C.D.L., nous serons obligés de dégager notre responsabilité en livrant à la plus large publicité tous les incidents [lire : la libération de plusieurs personnalités] que nous avons eu à déplorer depuis trois mois et nous nous verrons contraints de réclamer votre révocation qui, seule, pourra empêcher les troubles que la tension des esprits nous oblige à prévoir... »

Et le C.D.L. se fait appuyer par le Front national, le Mouvement de libération nationale, les Forces unies de la jeunesse patriotique, l'Union des femmes françaises, la Résistance chrétienne, la C.G.T., le parti socialiste et le parti communiste, qui consignent son appel et cautionnent ses injonctions.

Henri Ingrand multiplie les missions apaisantes et conciliatrices, mais il lui faut également réagir, quatre mois après la Libération, contre une recrudescence inquiétante de l'épuration sauvage, un certain nombre de résistants (ou prétendus tels) pratiquant la justice expéditive. « Le mois de janvier 1945, écrit le commissaire de la République[1], est marqué par des exécutions sommaires inadmissibles, entreprises par ce qu'on pourrait appeler maintenant des

---

1. Même source.

"gauchistes" de la Résistance, sur les incitations directes, ou indirectes, de nostalgiques de la clandestinité pour lesquels le retour à la vie normale est difficile à concevoir ou à réaliser. Un groupe qui s'intitule "Club des Jacobins" est identifié, il est composé de quelques illuminés qui veulent poursuivre "leur" épuration correspondant à "leur" conception de la justice, et aussi par des personnes sans scrupules qui essaient de se trouver de bonnes raisons à l'assouvissement de penchants au meurtre pur et simple. Je demande une action policière vigoureuse, mentionne l'ancien commissaire régional de la République, et un commissaire [de police] est envoyé de Lyon pour diriger l'enquête. Un inspecteur de police de Clermont mêlé à ces affaires est arrêté... »

On a vu quelles étaient les pratiques en cours au 92e régiment d'infanterie de Clermont-Ferrand...

Mais M. Ingrand ne s'arrête pas là : « Indépendamment de l'action policière, ajoute-t-il, je convoque les représentants des divers mouvements, ainsi que le président du C.D.L. et leur fais part de ma décision d'une extrême fermeté malgré tout ce que peut avoir de désagréable de sévir contre des membres de la Résistance... »

Il y a près de cinq mois que l'Auvergne est libérée, et pourtant on continue d'assassiner sous le couvert de la Résistance. Henri Ingrand lui-même s'en inquiète dans un communiqué publié en ce mois de janvier 1945. « ... Il est légitime, puisque les pratiques démocratiques ont été ramenées en France par la Libération, que des critiques soient adressées par la parole ou par l'écrit au fonctionnement des institutions nationales ou des services publics. Mais il est inadmissible que le premier mécontent venu s'érige en justicier sous prétexte que l'opinion [toute l'opinion, ou plus simplement une partie d'entre elle ?] est irritée des lenteurs ou erreurs de la justice ou de tel autre service... »

Il convient également de calmer les impatiences. Et de montrer qu'en matière d'épuration la région d'Auvergne est loin, et de beaucoup, de faire preuve de faiblesse :

« Les pouvoirs publics de Clermont-Ferrand peuvent affirmer qu'il n'existe pas, à leur connaissance, de cas d'accusation fondée sur des faits établis ou formulés par des personnes prenant la responsabilité de leurs dires, devant lequel la police serait restée inerte ou la justice sourde.

« LA RÉGION DE CLERMONT-FERRAND PASSE EN FRANCE, DEPUIS LA LIBÉRA-TION, POUR ÊTRE LA RÉGION OÙ LA JUSTICE EST RIGOUREUSE, ET CERTAINES RÉACTIONS VINDICATIVES EXCEPTIONNELLES, LES POUVOIRS PUBLICS NE SE DÉPARTIRONT PAS DE LEUR RÉSOLUTION DE MAINTENIR PAR TOUS LES MOYENS EN LEUR POUVOIR L'ORDRE RÉPUBLICAIN, L'ORDRE RÉPUBLICAIN VEUT QUE LES COUPABLES SOIENT CHÂTIÉS PAR LA JUSTICE DE L'ÉTAT. LA LOI DOIT ÊTRE RESPECTÉE PAR TOUS ET CHACUN DOIT AVOIR LE COURAGE DE NOUS AIDER À LA FAIRE APPLIQUER [1]. »

Puis ce retour vers la justice sommaire que l'on essaie d'exorciser une fois encore :

« Les pouvoirs publics ne supporteront pas sans réagir par tous les moyens et avec toute l'énergie dont ils disposent, que la frénésie d'épuration se convertisse en assassinat, ni que la justice faite par des individus prenne des allures de détroussement de cadavres... »

Les faits suivants illustrent les propos du commissaire de la République. Ils sont rapportés par *La Liberté roannaise* du 15 janvier 1945.

« Vendredi soir, 12 janvier, vers 8 h 15, des individus armés et revêtus d'uniformes se présentèrent au domicile de M. Lafay François, à Saint-André-d'Apchon et l'emmenèrent avec eux en auto. Quelques instants plus tard, une rafale de mitraillette abattait le malheureux devant le monument aux morts de Renaison. Son cadavre y resta jusqu'au lendemain matin, les quelques habitants du bourg calfeutrés chez eux qui entendirent les détonations les ayant prises pour les ratés d'un moteur. Le parquet se rendit samedi matin sur les lieux et procéda aux constatations d'usage. L'enquête se poursuit. À noter que sur le cadavre était placée une feuille portant : "Renaison est vengé." »

---

1. En lettres capitales dans le texte.

Au mois de juin 1945, à Aigueperse, Puy-de-Dôme, à quelque trente kilomètres de Clermont-Ferrand, Mlle Thivat est enlevée par trois individus sous prétexte de « collaboration ». Elle est soumise à la torture pendant deux jours, en public, sans que personne ose s'y opposer, ni dans la population, ni parmi les gendarmes qui assistent à la scène. Les tortionnaires la pendent ensuite au pont de chemin de fer où son corps se balancera pendant deux jours. Les trois individus échapperont de peu à des représailles : il était assurément bien tard pour leur faire payer leur crime.

C'est à Cusset, près de Vichy, que se produit l'une des exécutions sommaires les plus spectaculaires dans la région d'Auvergne. Le jour où elle intervient, le 2 juin 1945, n'est pas fortuit, les dernières semaines du premier printemps de la Libération correspondant au retour des déportés [1]. L'émotion suscitée par le retour des hommes en « pyjama rayé », dont des images sont diffusées par les journaux, relance la vague des exécutions sommaires dans plusieurs régions de France.

Le 2 juin 1945, donc, une foule de manifestants se dirige vers la prison de Cusset, en force les portes et en extrait trois miliciens qui sont lynchés et pendus, nus, à un poteau. Averti de l'événement, M. Ingrand se rend sur les lieux, accompagné de plusieurs de ses collaborateurs, et ne doit qu'à sa propre force de persuasion d'obtenir le retour au calme. Le commissaire de la République s'est frayé, non sans mal, un chemin à travers la masse des manifestants surexcités et a gagné l'intérieur de la prison où, témoigne-t-il, « deux officiers de gendarmerie, un capitaine et un commandant [sont visiblement] complètement dépassées » par la situation. « Je leur demande de faire immédiatement évacuer les gendarmes, poursuit M. Ingrand. En effet, ils sont

---

1. Le nombre des déportés pour des motifs politiques est fixé par M. Henri Ingrand (*op. cit.*) à 7 909 pour les quatre départements auvergnats. Selon la même source, 1 354 seulement seront rapatriés. Avec 6 500 « déportés politiques » – dont seulement 730 furent rapatriés – le Puy-de-Dôme fut l'un des départements français les plus touchés.

tellement impavides que j'ai peur de voir des fusils changer de main si on le leur demande avec quelque vigueur. D'ailleurs, pour les mêmes raisons, on évacue les F.F.I. »

Tandis que la porte de la prison est refermée et renforcée afin d'éviter de nouvelles intrusions, le commissaire de la République engage le dialogue avec quatre des meneurs. Il invoque les souffrances endurées, qui pourraient justifier le déferlement de la justice sommaire et interroge : « Qu'avez-vous fait dans la Résistance, où et depuis quand ? Pour ma part, je donne l'exemple. Voilà qui je suis, à vous ! »

Les quatre hommes déclinent leurs titres, mais M. Henri Ingrand est vite éclairé. Nul doute qu'il s'agit de résistants de la dernière heure : « Les garçons ne font pas le poids. » Ils le sentent, et celui qui semble être le chef accepte d'aller chercher les pendus.

Les corps gisent maintenant sur le sol, devant le commissaire de la République et ses interlocuteurs. La foule a laissé se dérouler l'opération sans broncher, mais pour combien de temps ?

Le commissaire de la République obtient du « meneur » qu'il s'adresse à la foule, mais celui-ci ne récolte que des huées. Ingrand se décide alors à intervenir et, montant sur le toit d'une voiture, invoquant ses seuls titres de résistant, sans allusion à ses fonctions officielles, finit par dominer le tumulte. Le silence se fait. On écoute. L'un de ses collaborateurs applaudit et cela devient contagieux. Ses paroles d'apaisement, ses appels à la raison ont été entendus : « C'est la détente, note-t-il, c'est fini. Il est 20 heures, nous sommes arrivés à 17 h 45 et je suis aphone... »

La liste n'est pas close des exécutions sommaires pendant le printemps 1945... À Cindré, près de Vichy également, un couple de cultivateurs sera exécuté alors que l'enquête révélera, de manière formelle, que l'homme et la femme n'avaient rien à se reprocher. Enlevé de l'hôpital de Vichy, un milicien subira le même sort, et les parents d'un autre milicien seront retrouvés pendus par des mains criminelles à leur domicile. Jusqu'à la fin septembre, les cours martiales siégeant dans les quatre départements auvergnats avaient prononcé 65 condamnations à mort. Les cours de justice, prenant le relais des cours martiales, prononceront 98 condamnations à la peine capitale.

Au reste, les exécutions sommaires ne sont pas le signe unique de l'anarchie qui règne dans la région. Non seulement il arrive que l'autorité préfectorale soit carrément battue en brèche, comme on l'a vu à Montluçon, mais Henri Ingrand doit faire face aux offensives des « gauchistes de la Résistance » qui protestent par la plume et l'imprimé contre les « lenteurs de l'épuration » – l'expression est alors courante – auxquelles les plus activistes remédient... sur le terrain.

Critiques de plume, relayées par les mitraillettes... Il est un autre moyen d'épurer par la violence, dont nous avons déjà mentionné de nombreux exemples : le recours aux bombes. On compte jusqu'à huit explosions, dans une même nuit, à Montluçon, qui endommagent les immeubles des personnes visées et ceux alentour. Le 16 novembre, à 17 h 45, une bombe explose dans le bureau de M. Mas, secrétaire général de la mairie de Clermont-Ferrand, et ne fait heureusement pas de victimes. Puis, dans la nuit du 18 au 19 au restaurant de l'Hostalet, à Royat, et devant la Compagnie fermière de Vichy – l'engin a été disposé sur le trottoir – où les dégâts sont très importants.

Le département de l'Allier semble avoir détenu le « record » des attentats par explosifs : vingt-sept, dans treize communes, pour les seuls mois de juin et juillet 1945.

Autre motif de préoccupation : la présence en Auvergne de réfugiés russes, hommes et femmes, que les Allemands utilisaient pour leurs travaux et qui ont été rendus à la liberté au fur et à mesure de l'avance des armées alliées. Ils sont plus de deux mille, turbulents, quasiment livrés à eux-mêmes, avides de butin et, ce qui complique notablement la situation, équipés d'armes qu'ils ont pour la plus grande partie prélevées sur leurs anciens maîtres et gardiens. Ils sont rassemblés au camp de Bourg-Lastic, près de Clermont-Ferrand, en attendant qu'une mission militaire soviétique vienne les prendre en charge. Mal encadrés et surveillés, ces visiteurs importuns livrent l'assaut à des fermes qu'ils mettent au pillage. Les propriétaires récalcitrants sont, pour le moins, malmenés. Mais ces méthodes avaient eu des antécédents, si l'on se réfère à un rapport rédigé par M. Ingrand qui, analysant les causes de mécontentement de l'opinion, notait que « dans les campagnes [...] dans les premiers temps de la Libération, s'était manifestée une certaine opposition aux agissements des F.F.I... ».

Les membres de la mission soviétique chargée de reprendre en main les agitateurs de Bourg-Lastic se manifestant enfin – une villa leur est offerte à Clermont-Ferrand où ils font bonne chère et bon vin –, on pourrait croire que les choses vont rentrer dans l'ordre et qu'ils auront assez d'autorité pour replacer les pillards sur le droit chemin. Ce serait nourrir des illusions car, trop contents de profiter de l'aubaine, ces derniers récidivent. Jusqu'au jour où le commissaire du gouvernement doit se résoudre à employer la force en expédiant les gendarmes à Bourg-Lastic pour s'emparer des éléments les plus actifs et organiser un dispositif de protection autour des villages les plus menacés.

Or les incidents continuent... Des fuyards prennent le maquis, se croyant encore à l'époque de l'Occupation, et terrorisent la région. Curieux retour des choses, les autorités en place, issues de la Résistance, n'ont d'autre issue que de leur donner la chasse.

10.

LE LIMOUSIN
OU LE CHAMP CLOS DE LA VIOLENCE

Le Limousin – Creuse, Haute-Vienne et Corrèze – et le département de la Dordogne[1] sont une des régions de France les plus éprouvées par la violence à l'aube de la Libération. Nulle part ailleurs la sauvagerie nazie ne se déchaîna avec une telle horreur. Dans aucune partie de l'Hexagone – hormis les départements alpins – la guerre franco-française n'atteignit un tel paroxysme ; on ne connaît guère d'exemples où la présence des maquis fut plus étendue, leurs actions plus nombreuses, l'épuration plus radicale.

Des départements comme la Haute-Vienne et la Corrèze sont en fait, depuis des mois, en grande partie en état de dissidence. L'autorité du gouvernement de Vichy est, dans de vastes régions, contrebattue par celle du maquis qui instaure sa propre administration, multiplie les raids et les coups de main, affrontant tantôt les troupes allemandes, tantôt les « forces de l'ordre » qui osent de moins en moins s'aventurer, allant même comme à Tulle, ou à Guéret (mais cette fois, dans la Creuse) jusqu'à tenter de contrôler des chefs-lieux de département.

Des monts d'Ambazac au nord de Limoges jusqu'aux confins de la Corrèze au sud avec, suivant la Vienne, des

---

1. La 5ᵉ Région des Forces françaises de l'intérieur comprend, en août 1944, ces quatre départements et celui de l'Indre. Nous y ajoutons la Charente.

points de repère comme Saint-Léonard-de-Noblat et Eymoutiers, puis vers l'est Châteauneuf-la-Forêt et Saint-Germain-les-Belles, s'étend le territoire d'une des personnalités les plus célèbres, les plus contestées et les plus abhorrées des maquis, le colonel des F.T.P., Georges Guingouin.

Par la violence des passions qu'il a suscitées, Georges Guingouin est proche d'un Jacques de Sugny dont nous avions rappelé le rôle prééminent dans le Vivarais. L'un et l'autre auront à assumer des responsabilités redoutables dans ces régions à l'ouest du Rhône qui, dans un premier temps, ne doivent qu'à elles-mêmes leur libération. Guingouin occupera parmi ses pairs une place particulière et fera preuve d'une rare indépendance d'esprit à l'égard d'un parti qui ne le lui pardonnera jamais. Il sera un précurseur dans la dissidence et un modèle dans le comportement de rupture avec le P.C.F. dont se sont séparés des militants parmi les plus célèbres de la Résistance[1]. Âgé de trente et un ans en 1944, fils d'un sous-officier de carrière tué en 1914 un an après sa naissance, et d'une institutrice « gauchiste », Georges Guingouin a adhéré en 1931, à l'âge de dix-huit ans, aux Jeunesses communistes, alors qu'il achevait à Limoges ses études d'instituteur. Militant très engagé à partir de 1935, il devient secrétaire de la cellule du P.C. à Eymoutiers qui regroupe la région est de la Haute-Vienne – la base de sa future action dans la Résistance –, et membre du bureau « régional[2] ». La dissolution du parti communiste par le gouvernement Daladier lui donne l'avant-goût de la clandestinité à laquelle doivent se résoudre nombre de ses camarades sur le territoire métropolitain et l'incite à un certain nombre de précautions au moment où il est mobilisé. Blessé et rapatrié à Moulins, dans l'Allier, il quitte de son propre chef l'hôpital militaire pour échapper à la captivité, le 18 juin 1940. De ce jour commence une période de clandestinité à « temps complet » qui ne s'achèvera qu'en août 1944. Invité à

---

1. Dont Jean Chaintron, précisément préfet de la Haute-Vienne à la Libération. Le colonel Guingouin a évoqué ses souvenirs dans *Quatre Ans de lutte sur le sol limousin*, Hachette, 1974.

2. On dirait aujourd'hui « fédéral ».

répondre à une convocation de la police de Vichy, en février 1941, il évite prudemment... d'y répondre et échappe à la vague d'arrestations qui, à l'automne, déferle sur les militants limousins.

C'est alors que, réunissant un petit noyau de partisans dans sa région d'élection dont le relief est propice à l'impunité, Georges Guingouin écope de la « section spéciale » de la 12e division militaire siégeant à Périgueux une condamnation aux travaux forcés à perpétuité par contumace (en janvier 1942), puis, et pour couronner le tout, essuie les premières foudres de la direction clandestine du parti communiste qui le destitue de toutes ses responsabilités comme sanction de ses velléités d'indépendance.

Établie d'abord au camp des « Trois-Chevaux », dans la forêt de Châteauneuf, l'équipe Guingouin représente une force suffisante pour mériter, dès août 1943, des parachutages d'armes du S.O.E.[1]. Disposant à cette époque de quelque cent cinquante partisans, Guingouin impose une sorte de suzeraineté et obtient des populations paysannes une contribution – plus ou moins spontanée – qui lui vaut le surnom de « préfet du maquis ». L'épuration violente commence très tôt dans ce secteur, ce qui n'étonnera pas, et frappe des personnalités innocentes de toute compromission pro-allemande, uniquement parce qu'elles détiennent leur autorité du gouvernement de Vichy. Nommé maire de Châteauneuf-la-Forêt, en janvier 1941, M. Breton est assassiné en février 1944.

« Au moment où s'achève l'année 1943, écrit Henri Noguères[2], la Région 5 apparaît comme devant être de toutes les régions de la zone Sud celle où les affrontements entre les maquis et la Wehrmacht, la Milice et les G.M.R. seront les plus fréquents et les plus violents... » Bien entendu, ces affrontements sanglants produiront leurs effets sur l'épuration à mesure que l'on approchera de la Libération.

---

1. *Special Operation Executive.*
2. Dans *Histoire de la Résistance en France*, t. IV, octobre 1943-mai 1944.

On ne peut trouver meilleur exemple de l'existence en « circuit fermé » d'une région de France, à l'aube de la Libération, qu'à travers le département de la Corrèze. Et il n'est rien de plus précieux que le témoignage du préfet Pierre Trouillé pour aider à la compréhension des événements de ce département test.

Nommé à Tulle fin février 1944, et ayant partie liée avec les Mouvements unis de Résistance, Trouillé inaugure ses nouvelles fonctions, le lendemain même de son installation, en « assistant » à un coup de main des plus audacieux de la résistance F.T.P. contre la maison d'arrêt du chef-lieu d'où sont libérés plusieurs internés politiques.

Quinze jours après sa prise de fonctions, Pierre Trouillé note[1] : « Je connais maintenant la situation politique de mon département. Il vit en quelque sorte sous deux occupations : dix-sept cantons se trouvent aux mains du maquis, neuf aux mains des Allemands. Chacune des deux forces est ferme sur ses positions. Les grands centres ont des garnisons ennemies, et l'arrondissement de Brive, en particulier, est dominé par le Feldgrau. Les parties accidentées, boisées et assez pauvres du Nord-Est formant comme un large fer à cheval dont les pointes touchent approximativement Baulieu et Masseret, abritent de nombreux groupes de maquisards... » Ces maquisards sont ceux de Georges Guingouin qui, rapporte Trouillé, n'hésite pas à faire demander au préfet en titre de Vichy, par l'intermédiaire du Dr Juge, maire de Chamberet, de prendre en charge l'un de ses lieutenants blessé lors d'un engagement.

En avril et mai, les affrontements entre maquis, « forces de l'ordre » et Allemands s'accélèrent. Trouillé a dû faire face aux exigences allemandes après les sanglants événements de Cornil et Lapleau, finasser devant les diktats de Bonny et Lafont, compter avec une intervention massive de « miliciens et G.M.R. venus de Limoges. », car ce « fort contingent [...] s'est abattu sur Brive et a immédiatement engagé une action répressive... ».

---

1. Dans le livre de ses souvenirs : *Journal d'un préfet pendant l'Occupation*. « L'air du Temps », Gallimard, 1964.

Mais « côté maquis, note le préfet Trouillé, surgissent aussi des embêtements. Des soi-disant intendants résistants, sorte de satrapes locaux qui assurent avec un bonheur relatif le ravitaillement des groupes éparpillés dans la nature, se servent sans vergogne des denrées que le service du ravitaillement général fait distribuer dans les campagnes, spécialement à l'usage des vieillards et des enfants (lait condensé, sucre). La comédie dure depuis plusieurs semaines, mais ne saurait se prolonger sans grand dommage pour les populations civiles. Il faut que les chefs responsables fassent cesser ce pillage inconsidéré. Il y a plus grave. Des petits noyaux isolés, se réclamant de la Résistance, vont dans les fermes et implorent la charité à la manière des brigands calabrais qui tendaient poliment une main, cependant que l'autre serrait le tromblon. Un de ces voyous s'est vanté l'autre jour d'avoir "fait" 600 000 francs dans sa journée ! Des faits pareils portent des coups terribles au crédit de la Résistance. Je m'en irrite de plus en plus. La Corrèze copierait-elle la Dordogne où les gangsters désespèrent les vrais résistants ?... »

Du mercredi 7 au samedi 10 juin, c'est le drame de Tulle. Le 23 juin suivant, le préfet Trouillé en rend compte à Pierre Laval et ajoute : « La situation de Tulle ne doit pas nous faire oublier celle de l'ensemble du département. En juin comme en avril, le déferlement des troupes blindées et motorisées allemandes a peu touché le "maquis", lequel s'est dispersé, puis reformé sur ses terres d'élection dans l'est de la Corrèze. Aujourd'hui comme en début de mois, je suis coupé de treize cantons où des municipalités gouvernementales ont été remplacées par des municipalités communistes, où la IVe République a été proclamée, où, à l'abri de formidables barrages et d'un terrain spécialement accidenté, les F.T.P. sont les maîtres de la vie administrative et économique... »

C'est dans ce secteur autonome que contrôlent les maquisards de Georges Guingouin, mais où opèrent également d'autres unités en constante migration, que se développe, sous toutes ses formes, l'épuration. Pierre Trouillé est au fait des méthodes de l'épuration radicale, celle des exécutions sommaires, dans certaines régions de son ressort – si tant est qu'il dispose encore d'une parcelle d'autorité : « Le canton de Treignac, écrit-il [Treignac est à quelque vingt kilomètres au sud d'Eymoutiers] est vraiment celui où les violences et les règlements de comptes sévissent à l'état endémique ! Il y a quelques semaines, un maire ex-communiste, converti en 1940 à la Révolution nationale, a été tué par ses anciens camarades ; sa famille, terrorisée, l'a enterré à la sauvette et Antonietti[1] s'est vu notifier l'interdiction de figurer aux obsèques en qualité d'agent cantonal. On me signale aujourd'hui l'enlèvement et la mort de Buisson, conseiller général socialiste de Chamberet. À cette occasion, j'apprends que le capitaine d'artillerie Monteil, officier d'A.S., fils du colonel Monteil, ancien directeur de la manufacture de Tulle, a lui-même disparu en cours de mission aux environs de Chamberet. C'est en le recherchant que Buisson aurait trouvé la mort ; on l'a vu monter à Chamberet dans l'auto d'un nommé Charlot, F.T.P. ; il n'est pas revenu... »

Le préfet d'ajouter cette phrase terrible, sous la plume d'un observateur aussi bien placé et aussi objectif : « La guerre civile se profile derrière la guerre extérieure... »

Pierre Trouillé rapportera que lui rendant visite le 8 juin – alors que les F.T.P. ont pris pied à Tulle – leur chef, « Kléber », qui se présente à lui comme « le nouveau commandant de la place », lui annonce : « Dans quelques jours, l'organisation du Parti prendra des dispositions plus complètes... » « Au moment de nous quitter, témoigne Trouillé, je lui exprime [à Kléber] cette inquiétude qui me taraude depuis hier sur un éventuel retour de l'Allemand. Il éclate de rire comme devant une réflexion saugrenue : "Rassurez-vous, monsieur le Préfet, vous ne verrez pas un Boche en Corrèze. La France est en pleine révolte. Brive, Toulouse, Tarbes, Lyon, Périgueux sont pris par les F.F.I. C'est la débandade et s'il prenait fantaisie aux Fritz de venir nous voir, ils seraient reçus de belle façon. – Puissiez-vous dire vrai !" », observe alors Trouillé.

---

1. L'un des collaborateurs du préfet.

Les appréhensions du préfet de Vichy étaient fondées...
Non seulement aucune des villes citées par son interlocuteur
ne sont, à la date du 8 juin, libérées – beaucoup s'en faut –
mais dès le lendemain, et alors que les forces de « Kléber »
se sont retirées[1], les S.S. de la Das Reich entrent dans la
préfecture de la Corrèze et se livrent au massacre.

En tout cas, la volonté du « Parti » de prendre les choses
en main dès la libération de Tulle a bien été exprimée par
le chef résistant au préfet de Vichy. Plus tard, au mois
d'août, lorsque plusieurs villes du département auront été
libérées, Trouillé, écoutant une harangue du commandant
Antoine, qui lui avait été présenté comme chef d'état-major
des Forces françaises de l'intérieur pour la Corrèze, notera
qu'il avait l'impression d'un homme agissant « comme un
commissaire politique bien plus que comme un chef militaire... ».

Pierre Trouillé ne s'est pas trompé lorsqu'il évoque « l'enlèvement et la mort de Buisson, conseiller général socialiste
de Chamberet » ; annonçant la disparition du capitaine
Monteil, il approche de la vérité. L'affaire de Chamberet
recouvre en fait une série d'assassinats d'officiers de l'Armée
secrète dans des conditions qui ne seront effectivement élu-
cidées que neuf années après la Libération.

Le 7 juillet 1944, trois officiers de l'Armée secrète – le
capitaine Monteil et les lieutenants Villeneuve et Cervoni –,
agissant dans le secteur de Saint-Augustin, sont arrêtés sur
la route d'Uzerche, au moment où ils s'apprêtaient à accueillir un parachutage d'armes, par les hommes du « capitaine »
Charlot, en réalité Raymond Burillon.

Né au Pont-Allant, près de Maubeuge, Burillon est arrivé
le 30 juin, venant de la Creuse, dans la région de Chamberet, où il était parfaitement inconnu jusqu'alors, à la tête
d'une escouade de partisans, avec l'intention d'« épurer » le
secteur, affirmera-t-il, en particulier des éléments concurrents de l'Armée secrète qu'il assimile à des « cagoulards »

---

1. Guingouin, confirmé par Noguères, affirme que le mouvement de la Das Reich vers Tulle n'avait pas été répercuté sur
« Kléber ».

reconvertis en faux résistants. S'il n'a pas encore fait parler de lui dans la région de Chamberet, du moins est-il suffisamment informé de ce qui s'y trame pour s'attaquer à des hommes de l'Armée secrète au moment où ils s'apprêtent à recevoir un important renfort par le moyen d'un parachutage. On ne discerne pas très bien au nom de qui il agit. Pas au titre des Allemands ou des forces de Vichy, en tout cas, puisque, dans les jours qui vont suivre, lui et ses hommes seront durement « accrochés », et qu'il n'a pas caché sa volonté de pratiquer l'épuration violente. On ne peut davantage imaginer qu'il agisse sur un terrain qui lui est peu familier, de sa propre initiative. Probablement est-il en service commandé, agissant par exemple pour le compte d'autres, qui l'ont chargé de cette besogne. On le sait d'un tempérament excité, fort amateur de la « dive bouteille » et prompt à « jouer de la gâchette », ce qui n'est pas étonnant dans le contexte de ses activités présentes. On ne l'a d'ailleurs pas attendu pour pratiquer l'épuration sauvage dans cette région. Les exécutions sommaires se sont multipliées depuis le début de l'année, dont ont été victimes, entre autres, MM. Ponteix, dans le village de Bonnat, Chouvat, retrouvé assassiné sur la route de La Celle, Delors, maire de Soudaine-Lavinadière, Lafont, forgeron à Vergnas, ami du précédent.

Les hommes de Charlot amènent les trois membres de l'Armée secrète au village de Vaysset, où le maquis s'est installé, pour y comparaître :

« J'ai reçu l'ordre de vous désarmer et de prendre vos porte-feuilles, leur annonce Charlot[1]... D'ailleurs, tous les A.S. sont des cagoulards... »

Les prisonniers sont laissés sous la surveillance de leurs gardiens, un long moment, puis le chef vient leur dire :

« Quittez votre veste et vos souliers, le tribunal militaire vous a condamnés à mort... »

---

1. Selon le témoignage d'un des chauffeurs des officiers de l'Armée secrète, Plat, qui réussira à s'enfuir et remettra un rapport au P.C. « Pompadour » de l'Armée secrète.

Cervoni objecte naïvement qu'il est scandaleux de « se tuer entre Français », mais il s'entend répondre :

« Tais-toi ou je te descends tout de suite... »

On emmène alors Cervoni, puis les deux autres, tandis que l'avion transporteur des armes – et dont on entend le bruit des moteurs – commence ses évolutions au-dessus du terrain prévu pour le parachutage. Le lendemain, la radio de Londres appellera « Pierre » (Cervoni) qui, bien entendu, ne répondra pas...

Charlot ajoutera, en s'adressant à Plat :

« Aujourd'hui, il y en a trois, demain il y en aura d'autres... Tous les chefs de l'A.S. y passeront ! »

Et Plat se souviendra que Charlot se référait souvent aux ordres d'un supérieur, qu'il était allé consulter au moment où on lui avait amené les trois hommes, et désignait sous le nom de « Grand Châtaignier ».

Monteil, Villeneuve et Cervoni sont exécutés, vraisemblablement dans la nuit du 7 au 8 juillet.

Charlot réapparaît le 12, toujours en exécuteur des basses œuvres du mystérieux chef d'orchestre de l'épuration sauvage. Ce même jour, à 16 heures, il arrête avec ses hommes René Buisson.

Né en 1900, épicier, Buisson a fondé, en 1938, après son accession à la mairie de Chamberet, trois ans auparavant, sous l'étiquette socialiste, un syndicat d'exploitants agricoles qui a connu un grand succès d'adhésions. En 1940, il se consacre, lors de l'exode, à l'assistance de milliers de réfugiés qui ont reflué vers la Corrèze. Le gouvernement de Vichy le révoque. Après la dispersion du maquis de l'Armée secrète, dans le courant de l'hiver 1941-1942, il est contacté par le Dr Martial Brigouleix, héros de la Résistance régionale [1]. Il accepte, s'intègre à l'A.S. Mais il refuse, ensuite, de se fondre dans un mouvement de Résistance élargi aux F.T.P. de Georges Guingouin.

Lorsque Charlot se présente à lui, ce 12 juillet, Buisson n'a que le temps de prévenir son camarade Lair, instituteur,

---

1. Il sera fusillé, en octobre 1943, avec d'autres résistants, au Mont-Valérien.

pour le mettre en garde, lui et les autres membres de l'Armée secrète, et leur éviter de tomber dans la souricière de Chamberet.

Buisson n'a d'autre choix que de suivre Charlot, qui l'embarque dans une camionnette, le ramène, on ne sait pourquoi, chez lui, où ils se prennent d'une violente discussion. Charlot demande alors à un compagnon de Buisson, Prabonnaud, qui assiste à l'algarade, de lui livrer la liste de tous les membres de l'Armée secrète de la région. « Je ne l'ai pas, répond Prabonnaud, et quand encore je l'aurais, je ne vous la donnerais pas... »

Vers 18 h 30 – toujours ce 12 juillet – Lair se présente, répondant apparemment à une convocation de Charlot, ce dont, si tel est le cas, il aurait mieux fait de s'abstenir. « Je suis chargé par le "Grand Châtaignier", annonce Charlot, de rechercher Monteil, Villeneuve et Cervoni... – Mais enfin, remarque Buisson qui ne connaît sans doute qu'une partie de la vérité, ils ont été emmenés dans votre camionnette... »

Une heure plus tard, c'est au tour du lieutenant Périgord – du secteur de l'Armée secrète à Saint-Augustin – de débarquer chez Buisson, pour enquêter sur la disparition des trois officiers... et y découvrir la présence de Charlot. Fidèle à lui-même, celui-ci se retranche derrière les consignes du « Grand Châtaignier ». « Alors, demande Périgord, permettez-nous de le rencontrer... »

Alibi ou prête-nom, le « Grand Châtaignier » demeurera invisible. Il est 20 heures lorsque Buisson et Lair sont poussés dans la camionnette. Périgord, qui entend les suivre à la trace, a pris sa moto. Arrivant, semble-t-il, au village des Borderies avec ses prisonniers, Charlot les aurait avertis qu'il allait contacter de nouveau le « Grand Châtaignier », et qu'il se faisait fort de le leur faire rencontrer. À la suite de quoi il semble qu'il ait emprunté une fausse direction, non sans avoir exigé de Périgord qu'il monte à bord.

Pressentant une feinte, Périgord échappe à ses gardiens et saute du véhicule. On tire sur lui... Grièvement blessé, il se traîne vers une ferme, la ferme Charlard, appelle au secours. À peine une fenêtre s'est-elle entrouverte qu'il est achevé.

Buisson et Lair sont alors conduits à la Maison Queuille
que Charlot et ses hommes ont réquisitionnée la veille pour
y établir leur cantonnement. Des pelles et des pioches fournies par le fermier Charlard à la demande des maquisards
servent à creuser une fosse. Buisson et Lair sont exécutés à
l'aube du 13 juillet, d'une balle dans la nuque. On découvrira beaucoup plus tard leurs cadavres, complètement
détroussés.

Nous évoquerons plus loin l'assassinat d'un autre socialiste, Adrien Saumon, maire du petit village de Maisonnais-
sur-Tardoire, conseiller général de Saint-Mathieu, dans la
Haute-Vienne, mais imputable au maquis du colonel Bernard, responsable d'un nombre rarement égalé d'exécutions
sommaires. Car la région frontière de la Haute-Vienne et de
la Corrèze n'a pas fini, malheureusement, de retenir notre
attention... Il nous faut revenir au secteur d'Eymoutiers.

Il est 20 h 30, le 29 mai 1944, lorsqu'un groupe de F.T.P.
procède, en toute liberté, à une série d'arrestations. Il s'agit,
en tout cas, d'une opération bien préparée. L'un des acteurs
du « coup » précisera au parent d'une des victimes, des
années plus tard, qu'il s'agissait de « boucler Eymoutiers et
d'abattre les traîtres... ». Deux des prisonniers interpellés,
MM. Couturas et Mamontre, sont considérés comme miliciens. On se demande ce que des membres de la Milice peuvent bien faire dans cette région que contrôle entièrement
le maquis... Mais qui sont les autres ? Le président et le vice-
président de la section locale de la Légion des combattants[1],
MM. Arfeuille et Couturas, parent du précédent ; M. Percot,
considéré comme « retraité » ; M. Brenac, enfin, notaire. Ils
sont conduits sur la principale place de la petite ville et, sans
même un simulacre de jugement, fusillés.

L'assassinat de M. Brenac mérite spécialement d'être
évoqué. Notaire – ce qui peut constituer une contre-réfé-
rence en ces temps troublés, au plus profond des régions de

---

1. Créée, rappelons-le, par le gouvernement de Vichy, le
28 août 1940, et destinée à rassembler dans un même mouvement
les associations d'anciens combattants.

France, et tandis que soufflent tous les vents de la contestation contre le « proprio » de la terre et de l'usine –, M. Brenac n'a jamais manifesté d'opinions extrémistes ; père de cinq enfants, dont l'aîné avait seize ans et était gravement malade – il décédera peu de temps après l'assassinat – et le dernier quatorze, il s'est consacré aux œuvres en faveur des prisonniers de guerre. D'aucuns ont pu lui reprocher de ne pas se montrer assez attentif à des propositions malhonnêtes en matière de « succession »... On aurait tort de s'imaginer que ce ne sont là que des détails qui nous éloignent de notre sujet. Ce genre de considération a parfois pesé très lourd dans les règlements de comptes des mois de la Libération. Loin d'avoir été un « profiteur », M. Brenac s'est, en plus de ses activités de soutien aux prisonniers, montré spécialement efficace dans la confection de baux à ferme au profit de candidats réfractaires au Service du travail obligatoire, assumant par là des risques qui l'exposaient à de graves embarras et méritaient d'être considérés comme une preuve de son patriotisme.

Tel est l'homme que les F.T.P. exécutent à l'aube de la Libération. Sa mort fera sensation dans toute la région d'Eymoutiers et incitera Georges Guingouin à présenter ses excuses à son épouse – excuses transmises par l'intermédiaire d'un tiers.

Le cas de M. Brenac était en outre exemplaire en raison des suites qui furent données à son assassinat. Son épouse engagea une action en réhabilitation qui, en date du 24 février 1950, était déclarée justifiée par le ministère des Armées. M. Brenac était déclaré « mort pour la France » et, le 2 juin suivant, ses enfants devenaient « pupilles de la Nation ».

Il y aura également des prolongements – mais cette fois sur le plan judiciaire, avec de sensationnels rebondissements – dans l'affaire du massacre de la famille Dutheil, père, mère et fils, à Chamberet, le 4 juillet 1944. Chamberet se signale de nouveau dans la sombre chronique de l'épuration violente. Avant de les assassiner, les agresseurs des Dutheil, agissant vers 22 heures, ont exigé d'eux, et obtenu, le versement d'une somme d'argent. Leur petite fille, âgée de dix ans, a assisté à la scène, du premier étage de la maison, mais elle a échappé à la tuerie. Épargnée, mais orpheline, et pour toujours ces images imprégnant ses souvenirs...

Le triple meurtre des Dutheil ne s'arrête pas là. En effet, MM. Parrichout, père et fils, reviennent, le 27 novembre 1945, de la foire de La Celle lorsque, traversant les monts Souffrangeas, ils sont, au lieu-dit La-Croix-du-Chambon, agressés et assassinés. Les Parrichout avaient assisté au meurtre des Dutheil ; devenus des témoins gênants, ils devaient être supprimés ; c'est en tout cas ce qu'avouait un des organisateurs et acteurs du guet-apens qui avaient attendu quatre mois pour passer aux actes... On apprendra que la veille de l'exécution des Parrichout, le 26 novembre, un véritable conseil de guerre avait eu lieu au Petit Bouchet, commune de Domps, à peu près à mi-chemin entre Eymoutiers et Chamberet. Quatorze personnes y assistaient. La décision fut prise : les deux témoins ne parleraient pas... et ne parleraient plus.

Nous retrouvons le préfet Trouillé, infatigable voyageur à travers son département, assumant tous les risques, fin diplomate, courageux administrateur. D'autres se terrent, d'autres tuent, lui ne songe qu'à sauver et à préserver. Fin juillet, il est à Ussel, puis au sud-est il gagne Bort-les-Orgues. « Il règne dans cette ville une atmosphère de défiance et de haine », note-t-il, et c'est l'image que donnent trop de villes de France avant la Libération... « Brun, le maire, a été arrêté par le maquis. On le sait vivant, pas plus. Il me faut procéder à la désignation de son intérimaire, besogne bien délicate. À la mairie, nous sommes accueillis par le conseil municipal, docilement rangé derrière Mme Brun... »

Conseiller général radical-socialiste et ami d'Henri Queuille [1], M. Brun est industriel. On le sait d'obédience vichys-

---

1. Député et sénateur radical-socialiste de la Corrèze, plusieurs fois ministre pendant la IIIe République, maire de Neuvic dont il fut révoqué par Vichy. Henri Queuille rejoignit le général de Gaulle à Londres en avril 1943. Commissaire d'État au C.F.L.N., il fut désigné par de Gaulle pour en assurer la présidence en son absence. Henri Queuille espéra alors la réconciliation entre gaullistes et giraudistes...

soise. Mais le préfet est trop optimiste : il a été effectivement enlevé par le maquis... pour être exécuté.

Suivons encore le préfet Trouillé, pour donner en quelque sorte une réponse posthume à ces interrogations... C'est le 13 août ; dans quelques jours Brive et Tulle seront « autolibérées »...

« Lacoste, ancien chef départemental de la Légion, a disparu, enlevé par le maquis, note Trouillé. Il allait voir son frère Jacques, médecin engagé dans l'A.S. et installé dans un camp proche de Tulle. La voiture à cheval qui le transportait en compagnie du docteur Pouget a été arrêtée par un F.T.P.

« L'affaire a produit une forte sensation. Lacoste avait cessé toute activité dès la retraite volontaire de Valentin – son ami et modèle – directeur général de la Légion à Vichy. Quand Valentin, pourchassé comme traître au gouvernement, eut rallié les armées de la France libre, Lacoste recueillit sa femme et ses enfants.

« Sur la demande de la famille angoissée, je cherche à recueillir de difficiles informations... »

Ancien bâtonnier de l'ordre des avocats à Tulle, Joseph Lacoste avait été président local de l'Union nationale des combattants. Le préfet Trouillé ne livrera pas le résultat de ses investigations, mais on apprendra que Joseph Lacoste avait été fusillé par ses agresseurs et qu'il était tombé en récitant son chapelet.

Au nord de Limoges et de la Haute-Vienne, dans la région de Saint-Sulpice-les-Feuilles, du Dorat et de Magnac-Laval, opère un maquis qui laissera de sanglants souvenirs. Aux ordres de deux frères, une escouade de partisans « rouges » confond la lutte contre l'occupant avec l'exécution d'un certain nombre d'innocents, désignés comme traîtres parce qu'ils ont le tort de ne pas épouser la religion des révolutionnaires du jour. Le maquis des deux frères est étiqueté comme F.T.P. Ces F.T.P. sont connus pour avoir effectué, le 6 juillet 1944, un raid contre l'hôpital allemand – une caserne transformée à cet effet – de Magnac-Laval. Cette opération avait été précédée, le 17 juin, puis le 4 juillet, d'interventions qui avaient permis aux maquisards d'obtenir

le ralliement d'un certain nombre de soldats de l'armée Vlassov[1], désormais associés à leurs coups de main et à leurs
exactions.

Les incursions des hommes des deux frères ont en effet
été accompagnées de plusieurs assassinats d'habitants de
Magnac-Laval. Lorsqu'ils reviennent, le 6 juillet, les F.T.P.
obtiennent sans combat la reddition de la caserne-hôpital
tenue par une petite garnison de *Feldgraue* d'un âge déjà
canonique et plus tentés par la captivité que par un combat
inutilement héroïque. Comme l'avant-veille, les maquisards
en profitent pour exercer leurs talents justicialistes sur huit
autres personnes de la localité qu'ils ont arrêtées, non sans
avoir pillé quelques caves et exigé la remise d'une somme
au bureau des P.T.T. dont le receveur figure, avec le percepteur et son épouse, parmi les prisonniers.

Leur exploit accompli, les hommes abandonnent le terrain
ce 6 juillet, emmenant dans leurs fourgons le butin et leurs
otages.

Le groupe des deux frères s'en prendra également à six
habitants de Saint-Sulpice-les-Feuilles qui n'avaient rien à
se reprocher, y compris au regard des épurateurs les plus
exigeants, et les conduiront au Moulin de la Vallée. Ils
seront rejoints, le lendemain, par quatorze personnes du
Dorat, parmi lesquelles le général Noël, dont le seul
« crime » était d'avoir protesté – cas infiniment rare à l'époque ! –, contre la condamnation à mort du général de
Gaulle[2].

Ensuite, et sans même un simulacre de jugement, les vingt
captifs étaient exécutés, dépouillés de leurs alliances. On
retrouva leurs corps dans une fosse commune.

_____

1. Du nom du général russe Andreï Andreïevitch Vlassov, défenseur de Kiev en 1941 et commandant de la 20ᵉ division soviétique
pendant la campagne d'hiver de Moscou. Fait prisonnier lors de
la bataille de Volkhov, il avait pris le commandement d'une « armée de libération » russe au service du Reich. Les « Vlassov »
seront utilisés en France et en Belgique pour relever les divisions
allemandes.

2. Le 2 août 1940, par le tribunal militaire de Clermont-Ferrand, après la sommation qui lui avait été faite de se rendre à la
justice militaire.

Ces malheureux furent déclarés « morts pour la "France" » et eurent droit en 1950 à des obsèques solennelles et à l'absoute donnée par le courageux évêque de Limoges, Mgr Rastouil [1]...

À quelque cinquante kilomètres à l'ouest de Limoges, sur les bords de la Vienne et près du bourg de Chabanais, s'est fixé le maquis F.T.P. aux ordres du « colonel Bernard » rattaché, selon Georges Guingouin, au « commandement de la Haute-Vienne ». Bernard – en réalité Bernard Lelay, ancien typographe à *L'Humanité* – a établi son poste de commandement au château de Pressac, dont le propriétaire est le commandant de la Bastide.

Ce maquis se mesure aux Allemands. Ses hommes participent aux opérations de la prise de Limoges, conduites par le colonel Guingouin, et seront considérés comme les libérateurs d'Angoulême. Toutes ses actions mériteraient d'être mentionnées au tableau d'honneur d'une histoire de la Libération de la Haute-Vienne et de la Charente si elles n'avaient été accompagnées d'une multiplicité d'exécutions sommaires qui placent cette région au premier plan de l'épuration violente.

Le colonel Bernard est arrivé en avril au « petit village de "Chez Mallet", près de Saint-Victurnien, chez Gaston Texier, amené par le "polo [2]" départemental du parti communiste, dit "Gustave"... » C'est ce que nous apprend Georges Guingouin. D'obédience communiste très marquée, Bernard est également en état de dépendance à l'égard du commandant F.T.P. de la Haute-Vienne, rappelle Guingouin.

La liste – très incomplète – des personnes exécutées dans le secteur de Chabanais, incomplète car on ne parviendra

---

1. « L'évêque d'Oradour » qui n'hésita pas à se rendre sur les lieux du massacre, à élever une protestation vigoureuse auprès des autorités militaires allemandes, à intervenir en chaire le jour de la fête du Sacré-Cœur, et donna l'absoute au cimetière après le service funèbre célébré en la cathédrale de Limoges pour le repos de l'âme des 642 victimes.

2. Responsable politique.

sans doute jamais à un recensement cas par cas[1], nous informe sur les critères retenus pour pratiquer l'épuration violente. Les opérations de « liquidation des traîtres » ne sont pas menées au hasard, elles prennent pour cibles, en dehors de quelques collaborateurs très compromis, les « ennemis de classe » et, pour ce qui concerne la région limousine et ses marches charentaises le socialiste, adversaire hérité des affrontements et des rivalités de la IIIe République.

Comme son compagnon de malheur et camarade de parti René Buisson, Adrien Saumon est maire de sa localité. En l'occurrence Maisonnais-sur-Tardoire, canton de Saint-Mathieu, et à quelque vingt-cinq kilomètres au sud-ouest de Rochechouart.

Adrien Saumon est resté à la tête de sa municipalité pendant vingt années et a été élu conseiller général du canton de Saint-Mathieu. C'est un ancien combattant de 14-18. Socialiste, membre de la Ligue des droits de l'homme, il n'a pas caché ses sentiments antivichyssois. Comme Buisson, il s'est dévoué en faveur des réfugiés, en 1940, puis il a aidé des jeunes à échapper au S.T.O. et des résistants menacés. On le retrouve au Comité de libération de la commune.

Ce qui n'empêche pas cinq hommes armés de se présenter chez lui, le 10 juillet – juillet est le mois de la plupart des opérations épuratrices dans cette partie de la Haute-Vienne aux confins de la Charente –, de perquisitionner sous prétexte de découvrir des documents compromettants, et de l'emmener dans une camionnette au fameux château de Pressac. Comme les membres de sa famille s'informent auprès des F.T.P. de Saint-Quentin-sur-Charente, il leur est répondu que « M. Saumon est dans un camp de concentration... » « N'ayez pas d'inquiétude, leur dit-on encore, il a ce qu'il lui faut [...]. Vous pouvez en tout cas apporter des témoignages à décharge en vue de son jugement... »

---

1. En raison du silence que se sont imposé une partie des familles des victimes. Certaines d'entre elles n'avaient accepté de nous donner leur témoignage qu'à la condition de ne pas citer les noms des personnes exécutées.

Cette démarche de la famille Saumon était la première d'une série de tentatives pour connaître la vérité officielle. Toutes demeurèrent sans résultat, y compris, après la Libération, une lettre qui fut transmise au commissaire de la République. Lorsque à cette époque le fils d'Adrien Saumon demanda des explications au colonel Bernard qui, depuis lors, était devenu commandant de la subdivision militaire de la Charente, celui-ci lui répondit que son père avait été accusé d'avoir commis des dénonciations.

En réalité, le maire de Maisonnais-sur-Tardoire avait été exécuté au château de Pressac le 12 juillet, surlendemain de son enlèvement. Son corps sera retrouvé dans une fosse commune en compagnie de ceux du notaire de Montembœuf – un « ennemi de classe » comme M. Brenac, d'Eymoutiers –, et de M. Chevalier, juge d'instruction que ses fonctions avaient probablement appelé à traiter le dossier d'un des exécutants. Cette fosse commune avait été découverte à proximité d'un plus grand charnier grâce aux indications fournies par M. de La Bastide, propriétaire du château, et par son métayer.

La famille d'Adrien Saumon commença alors une longue procédure pour obtenir sa réhabilitation. Il fut reconnu, dès 1946, comme « victime civile de la guerre » et son épouse reçut une pension. Trois années plus tard, les élus socialistes au conseil général de la Haute-Vienne demandaient l'ouverture d'une enquête ; satisfaction leur était donnée et, en dépit des affirmations des communistes et d'anciens F.T.P. selon lesquelles Adrien Saumon avait en 39-40 provoqué l'arrestation d'un militant du P.C., le rôle plus qu'irréprochable du maire de Maisonnais était mis en lumière. En 1954, et dans le cadre d'une enquête titrée « Terre d'épouvante » relative aux crimes commis dans le Limousin à la Libération[1], le quotidien socialiste *Le Populaire du Centre* traitait du cas d'Adrien Saumon et réhabilitait définitivement sa mémoire. En 1971 – mais en 1971 seulement – le

---

1. Le député socialiste Jean Le Bail en fut le principal instigateur, prenant vivement à partie la Résistance communiste dans le Limousin et mettant en cause Georges Guingouin.

ministre des Anciens Combattants informait Adrienne Men-
neret, qui avait repris le flambeau du combat familial, que
son père était officiellement considéré comme « mort pour
la France ». Enchaînant sur cette décision, le conseil municipal de Maisonnais-sur-Tardoire autorisait l'inscription sur le
monument aux morts du village... Puis le maire revenait sur
sa décision.

Ce n'était que le début d'une longue procédure et la nouvelle étape d'un affrontement dont nous avons tenu à développer les péripéties pour souligner la persistance des
drames nés de l'épuration. La famille d'Adrien Saumon, à
laquelle se joignaient ses anciens amis, des résistants, et la
Ligue des droits de l'homme de Limoges, engageait une
action judiciaire qui lui donnait satisfaction. Sollicité de formuler un avis, le Conseil d'État confirmait cette décision.
Des commandements d'huissier enjoignaient le maire de
Maisonnais-sur-Tardoire de la faire respecter. Vainement,
celui-ci justifiait son revirement par les menaces qu'il avait
reçues – en particulier de profanation du monument aux
morts si le nom d'Adrien Saumon figurait aux côtés d'anciens résistants considérés comme authentiques –, et invo-
quait la préoccupation de « préserver la paix civile » dans
une commune, d'ailleurs proche d'Oradour-sur-Glane, où les
souvenirs de l'Occupation demeuraient présents.

On retrouvera dans la même « tombe » au château du Poi-
rier, commune de Verneuil (Charente), précédemment occupée par les hommes de Bernard, les dépouilles d'un
pâtissier, également de Rochechouart, exécuté parce que,
affirme-t-on, il était abonné à *L'Action française*, d'un horlo-
ger-armurier de la même localité, d'un habitant d'Oradour-
sur-Vayre... La liste des victimes finirait, hélas, par être
« fastidieuse ». Mais un autre nom émerge en raison des circonstances exceptionnelles de l'arrestation et de l'exécution
de celle qui le portait et des échos qu'elles suscitèrent dans
la presse[1], en 1985, à l'occasion d'un procès que Georges
Guingouin intenta au *Crapouillot*. Il s'agit de Mlle Françoise

---

1. Dans *Le Monde* du 9 juillet 1985 ; article d'Edwy Plenel
accompagné de commentaires de Georges Guingouin.

Armagnac, inscrite à la Milice[1], dont elle démissionna en 1943. Les F.T.P. l'interpellent, le 4 juillet 1944, à la sortie de la cérémonie de son mariage avec M. Georges Pénicaud. M. Pénicaud est invité à suivre son épouse au château de Pressac... où ils passent leur « nuit de noces ». Le lendemain, Mme Pénicaud est fusillée... dans sa robe de mariée. Les F.T.P. consommèrent le repas qui avait été préparé pour le mariage. Quant à M. Pénicaud, il eut le cran de demander aux exécuteurs un certificat de décès qui, on s'en doute, lui fut refusé.

Parmi les justicialistes, figurait un avoué de Ruffec (Charente), surnommé « Gandhi » – curieuse manière de s'identifier à l'apôtre de la non-violence ! – et dont le nom était Augustin Raoux. Il jouait le rôle de procureur et ses réquisitoires ne connaissaient pas de répliques puisque les accusés n'avaient pas le droit de se faire assister d'un avocat.

Limoges est libérée le 21 août par les maquisards du colonel Guingouin dont les initiatives ont permis le ralliement des gardes mobiles et des G.M.R., puis la capitulation sans combat des troupes allemandes commandées par le général Gleiniger[2]. Limoges échappera ainsi à une catastrophe comparable à celle de Tulle[3].

Cependant, dès le lendemain, l'épuration commence : « L'explosion de colère contre ces mauvais Français qui ont tué, torturé, pillé, dénoncé des patriotes, et contre leurs complices, était inévitable, écrit Georges Guingouin[4]. Déjà, dans les campagnes, des exécutions sommaires ont eu lieu. Pour empêcher de tels excès, dès le 22 août, un système de justice est créé à Limoges. Ainsi, chaque cas pourra être

---

1. La sœur de Mlle Armagnac servira comme brancardière lors du débarquement en Normandie.

2. Il sera exécuté par les S.S. qui rejetaient la capitulation.

3. Guingouin avait refusé, au mois de mai, d'appliquer la consigne de s'emparer de Limoges dans le cadre d'un certain nombre d'opérations du type de celle de Tulle. Cf. Guingouin, *op. cit.*, p. 175.

4. *Op. cit.*, p. 210.

examiné avec le maximum de garanties et les innocents pourront être libérés... »

Tueurs, tortionnaires et pillards, les victimes des F.T.P. du colonel Bernard, et d'autres ? S'il y eut des agents des Allemands, pourquoi ne pas reconnaître l'innocence de la grande majorité des victimes ? Les « excès » n'ont pas attendu le mois d'août pour se manifester – on en relève dès la mi-juin –, et la majorité sont à mettre au compte des F.T.P. qui ont enlevé et exécuté, que ce soit ou non sous le couvert de cours martiales. Ce 22 août, les exécutions sommaires sont même engagées sur la phase déclinante.

La création du tribunal militaire de Limoges, à l'initiative du colonel Guingouin, le 22 août, anticipe de trois jours sur l'arrêté du commandant des F.F.I. de la 5e Région, le colonel Rivier (« Rousselier »), décidant l'installation de tribunaux militaires[1] dans les départements de sa dépendance : Haute-Vienne, Creuse, Corrèze, Dordogne et Indre.

Mais la justice expéditive n'a pas attendu cette date officielle et théorique pour prononcer des condamnations antérieures à la Libération. C'est ainsi que quatre personnes passeront devant des tribunaux improvisés à Cussac, deux à Saint-Junien – ces deux localités en Haute-Vienne – et seize à Ussel, en Corrèze. Les peines infligées seront, dans ces vingt cas, la condamnation à mort. Toutes seront exécutées.

Voyons maintenant de plus près le fonctionnement des tribunaux militaires de la 5e Région en retenant l'exemple de celui de Limoges[2]...

Une « commission militaire de sécurité » a pour mission, selon l'arrêté du 25 août, de rassembler les informations sur les suspects, de lancer des mandats d'arrêt et de perquisition. Liberté est laissée au responsable de la perquisition de

---

1. Également connus comme « cours de justice militaire ».
2. Nous nous sommes essentiellement référé à l'étude de Jean Meynier, ancien bâtonnier, *La Justice en Limousin au temps de la Libération – Les tribunaux d'exception, 1944-1946*, éditions René Dessagne, Limoges.

faire procéder sur-le-champ à l'arrestation de celui qui en est l'objet.

Conduite devant une commission d'instruction, la personne appréhendée est alors et d'abord interrogée sur son appartenance à des mouvements pro-collaborationnistes, mais également, parfois, sur ses opinions politiques et ses convictions religieuses. À un jeune homme de dix-neuf ans, fils d'un magistrat de la ville, qui avait appartenu à la Milice, dont il s'était séparé en avril 1944, soit deux mois avant le débarquement, il avait été demandé notamment : « Que pensez-vous du communisme ? Êtes-vous croyant ? Que pensez-vous de Pétain ? » Le grief retenu, et en fait le seul, était l'appartenance au mouvement de Joseph Darnand, l'âge du milicien au moment de son adhésion – dix-huit ans – constituant la seule circonstance atténuante. Ce qui n'empêcha pas le garçon d'être jugé par le tribunal militaire, d'être condamné à mort... et exécuté.

La commission eut également à examiner le cas d'une « fille soumise en carte » à qui il était reproché d'avoir distribué ses faveurs à des soldats allemands dont le nombre – aucune précision ne manquait – était évalué à « une centaine ». L'hétaïre ne nia pas le fait, mais se retrancha derrière les nécessités de sa profession, ajoutant qu'elle avait également couché avec de nombreux Français et des membres de bien d'autres nationalités, y compris des Chinois.

Les prostituées étant alors suspectes d'avoir fourni des renseignements aux soldats de la Wehrmacht qui fréquentaient leurs lupanars, la commission d'instruction du tribunal militaire de Limoges diligenta une enquête sur ce cas précis et établit une fiche de renseignements à l'intention des juges. Rien ne prouvait en définitive que la bougresse eût profité de ses activités pour informer les Allemands ou les miliciens qui faisaient également partie de sa clientèle. Le commissaire du gouvernement requit une peine sévère, sans aller jusqu'à la peine capitale. Le tribunal n'en tint pas compte et prononça la mort contre l'inculpée, qui passa devant le peloton d'exécution pour « intelligence avec l'ennemi ».

Cette accusation d'« intelligence avec l'ennemi » était fort extensible puisque le tribunal militaire de Limoges la retint contre un employé de commerce au domicile duquel la patrouille de perquisition avait découvert une coupure de journal compromettante. Il s'agissait du texte du « dernier message du maréchal Pétain [1] ». L'employé de commerce écopa de cinq ans de prison.

Le 24 août 1944 comparaissait un prévenu dont le dossier, fourni par la commission, se résumait à quelques lignes. L'homme reconnaissait avoir appartenu à la Milice, puis avoir été versé, malgré lui, dans la Franc-garde. Il affirmait avoir démissionné en juin 1943, soit cinq mois après la création des cohortes de Darnand et alors qu'elles entraient tout juste dans leur phase répressive. « Aucune excuse », estima le commissaire du gouvernement. La sanction fut le châtiment suprême.

Un chef de service de la préfecture de la Haute-Vienne manqua de peu le peloton d'exécution à la suite d'une perquisition. Il ne s'agissait pas cette fois d'un discours imprimé du maréchal Pétain mais du texte d'une allocution... non prononcée par le chef de service.

Au cours de l'été 1944, un fonctionnaire de l'administration préfectorale de la Haute-Vienne en mission dans une commune proche de Limoges est interpellé et exécuté par des maquisards. Se rendant aux obsèques, le chef de service, son supérieur hiérarchique, compte lire un éloge funèbre dont il laisse finalement le texte dans sa poche. Il néglige de le détruire, jusqu'au jour où il est retrouvé par les agents de la perquisition.

Ce texte paraît suffisant à la commission d'instruction pour que son auteur soit déféré devant le tribunal militaire. L'indulgence n'est pas le propre de cette instance qui condamne le chef de service à la peine de mort ! Motif invoqué : toujours « l'intelligence avec l'ennemi ». C'est l'effarement parmi les parents et les nombreux amis du

---

1. Probablement celui du 20 août 1944, dans lequel le Maréchal annonçait qu'il était prisonnier des Allemands. Non diffusé, il sera distribué de main en main.

fonctionnaire. Son avocat est tout autant catastrophé. L'exé-cution de la sentence est imminente. Il reste une heure à peine pour sauver le malheureux. On joint un membre du Comité de libération qui agit très vite. Alerté à son tour, le président obtient la suspension de la sentence.

Le « dossier » sera finalement transmis au juge d'instruc-tion de la future cour de justice de Limoges qui conclura à l'absence de tout délit. L'affaire sera classée, le chef de ser-vice relâché. Il avait passé des semaines en prison, connu les affres de la perspective de l'exécution, ressenti profondé-ment l'énormité de l'injustice qui allait le frapper, et le déchirement de la séparation. Mais il était vivant.

Trois cents personnes comparurent devant la cour de jus-tice militaire de Limoges, du 25 août, date de sa première audience, jusqu'à son remplacement par la « cour martiale », le 14 septembre. Soixante-quatorze furent condamnées à mort. Toutes ces condamnations furent suivies d'effet, exception faite pour une femme, mais y compris un jeune de seize ans, élève d'un collège du département.

La cour de justice militaire jugeait en dernier ressort, les condamnés se voyant interdire toute forme de recours. Les inculpés furent privés, dans les débuts, de l'assistance d'un avocat, et lorsque ce droit leur fut reconnu, on sélectionna soigneusement les défenseurs. Bien qu'aucun des membres du barreau de Limoges ne fût l'objet d'une seule mesure d'épuration – ce qui constituait une véritable prouesse –, on écarta les plus anciens et les plus connus en ne retenant que ceux dont les opinions politiques correspondaient à la sensibilité de l'heure.

Il n'y eut pas, apparemment, de sélection chez les avocats auprès des tribunaux militaires de Tulle, Brive et Guéret qui prononcèrent ensemble quatorze condamnations à mort. Compte tenu du petit nombre des membres du barreau dans chacune de ces trois villes, la méthode employée à Limoges eût probablement abouti à décimer le camp des défenseurs. À Tulle, des deux avocats les plus anciens, l'un avait été écarté du barreau – il comparaîtra bientôt devant la chambre civique –, l'autre avait été exécuté par des maquisards, peu de jours avant la Libération[1]. Voilà qui est éclairant sur les conditions de l'exercice de la justice dans le Limousin en août 1944.

Une bataille juridique s'engagea d'ailleurs à propos des jugements des cours de justice militaire des départements de la Haute-Vienne, de la Creuse et de la Corrèze. Dans une circulaire générale datée du 8 juin 1945 et adressée aux procureurs généraux, le garde des Sceaux, M. Pierre-Henri Teitgen[2], estimait que les décisions des tribunaux ne reposaient sur aucun texte légal et qu'en conséquence elles devaient être frappées de nullité. Ces condamnations, poursuivait le ministre, étaient donc exclues de toute forme... d'exécution et obligation était faite de supprimer les « bulletins » des casiers judiciaires qui en faisaient mention. Il en résultait que, sous certaines conditions, de nouvelles poursuites pouvaient être engagées devant les « tribunaux compétents ».

Les instructions de M. Teitgen ne visaient, bien entendu, que les peines qui n'étaient pas encore purgées et l'on montrerait une ironie macabre en s'interrogeant sur ce qu'il advenait des condamnations à mort. Comme les appréciations d'un ministre – ancien résistant – et de la cour d'appel de Limoges, qui avait suivi le procureur général dans ses observations, ne suffisaient pas, la chambre criminelle de la Cour de cassation cassait plusieurs arrêts des mêmes cours de justice militaire.

Les cours martiales du Limousin[3] qui furent instituées par un arrêté du commissaire régional de la République, M. Boursicot, le 5 septembre 1944, n'eurent pas plus de chance avec la légalité. À l'exemple des cours de justice militaire dont elles prenaient la suite, leurs jugements n'étaient

---

1. Me Joseph Lacoste, dont nous relations précédemment l'assassinat.
2. Il vient de succéder à François de Menthon.
3. On se perd parfois dans la terminologie des tribunaux d'exception de l'immédiat après-Libération, les cours martiales servant le plus souvent à désigner celles des Forces françaises de l'intérieur.

susceptibles d'aucun appel et ils étaient immédiatement exécutoires. Tandis que, dans la Creuse et la Corrèze, les personnes inculpées eurent le libre choix de leur avocat – en conformité avec l'arrêté du commissaire de la République – une décision du Comité de libération de Limoges apporta une restriction parfaitement illégale en faisant obligation aux prévenus de désigner leur défenseur sur une liste dont il avait pris l'initiative.

La cour martiale de Guéret battit le record de la sévérité en condamnant à mort, du 23 septembre au 4 octobre, quinze personnes qui furent toutes exécutées. L'un de ces condamnés, « héros des deux guerres », passa devant le peloton d'exécution pour avoir, agent d'assurances, « établi une police pour le camion et les locaux de la Milice... ».

La chambre criminelle de la Cour de cassation cassa le 30 décembre 1952... soit huit ans après les événements, un autre arrêt de la même cour martiale de Guéret qui, le 23 septembre également, et selon des méthodes décidément peu éloignées de l'épuration sauvage, avait condamné à mort et fait exécuter un milicien, uniquement parce qu'il avait souscrit cet engagement. « Le fait d'avoir participé à un organisme de collaboration, notamment la Milice, lorsqu'il n'était accompagné d'aucune autre circonstance réunissant les éléments d'un crime plus grave, estimait la Cour de cassation, constituait seulement le crime d'indignité nationale passible exclusivement de privations de droits, incapacités et déchéances [1]. »

Nommé dans un premier temps préfet de la Charente, Pierre Boursicot est choisi en remplacement d'André Fourcade qui vient d'être arrêté, pour assumer les fonctions de commissaire de la République dans la Région 5. Il arrive à Limoges aux environs du 15 août et n'assurera officiellement ses fonctions que dans les premiers jours de septembre, suivi de peu par Jean Chaintron aux responsabilités de préfet de la Haute-Vienne.

---

1. Selon l'ordonnance du 26 août 1944. Nous évoquons plus loin les événements de Guéret.

Au moment où Pierre Boursicot est investi des prérogatives de représentant du pouvoir central, la cour de justice militaire de Limoges a déjà largement entamé son travail. Il faudra attendre septembre comme nous le signalions – pour que les cours martiales, mises en place par le commissaire de la République dans l'ensemble de la région, tiennent leurs premières séances.

Pierre Boursicot rendra compte des nombreux problèmes qu'il aura à résoudre pour résorber les abcès d'agitation après la Libération. Le 2ᵉ Bureau des Forces françaises de l'intérieur était, à une date aussi avancée que le 10 décembre 1944, l'objet de ses préoccupations et lui inspirait cette remarque à l'intention du ministre de l'Intérieur, Adrien Tixier : « Ce service, certes nécessaire, mais dont le recrutement intensif fut trop souvent postérieur à la Libération, aboutit à une pléthore d'officiers dont les activités sont à tout le moins discutables et compromettent, à la longue, la cause des F.F.I., voire celle de la Résistance. »

Ces préoccupations n'étaient pas les seules, de nombreux signes et manifestations d'agitation persistant dans le Limousin pendant une année au moins après la Libération sous des formes aussi variées que des attentats à la bombe contre des personnes suspectes de collaboration que la justice avait épargnées, des exécutions sommaires pures et simples de particuliers à leur domicile, ou « récupérés dans les camps d'internement ». Cette épuration violente après l'heure constituait d'ailleurs un phénomène généralisé dont nous avons déjà relevé des exemples, spécialement dans les départements les plus « chauds » de la Libération. Le 21 août 1945 – soit un an jour pour jour après la capitulation du général Gleiniger à Limoges – le commissaire de la République de la 5ᵉ Région, assisté de ses préfets, convoquait l'ensemble des cadres de la police et de la gendarmerie pour leur demander de redoubler de vigilance et de rigueur contre les fauteurs de troubles.

Jean Meynier [1] relève le fait suivant dont fut le théâtre le camp de Nexon – en Haute-Vienne – où étaient assemblés

---

1. Jean Meynier, _op. cit._

« des internés par mesure administrative, qui apparemment n'étaient pas justiciables des juridictions pénales » :

« Un certain jour, un ancien chef de maquis, connu seulement de son surnom, se présente avec quelques hommes au camp et se fait livrer quatre personnes qu'il exécute presque immédiatement.

« Une instruction est ouverte contre lui et il est déféré au tribunal militaire permanent. Le matin de l'audience, le Palais de justice et ses abords sont en état de siège ; de nombreux F.F.I. entourent le Palais qui se trouve complètement isolé et interdit au public. Le prévenu est acquitté... »

Les exécutions sommaires tendant à se multiplier dans certains départements de la Région 5, les partis politiques, syndicats, mouvements de Résistance et Comités de libération publiaient des appels communs pour les condamner.

Georges Guingouin, quant à lui, poursuivait son itinéraire de personnalité de plus en plus solitaire. Titulaire de la rosette de la Résistance et de la croix de guerre avec palmes, chevalier de la Légion d'honneur et fait compagnon de la Libération, il sera, de 1945 à 1947, maire de Limoges « par la volonté des communistes déchaînés et des bourgeois apeurés », écrira, non sans méchanceté mais avec quelque pertinence, l'un de ses adversaires politiques. Pour certains qui avaient beaucoup à se faire pardonner, le ralliement à la gauche n'était-il pas le geste opportuniste qui devrait les préserver du pire ?

Ayant quitté sa mairie de Limoges, Georges Guingouin entamait une nouvelle et difficile partie de son parcours politique. Suspect aux yeux des gaullistes de Londres – une suspicion qui englobait d'ailleurs toute la Région 5, le Général lui-même s'étant abstenu de s'arrêter à Limoges au cours de son périple provincial –, Guingouin demeurait pour le parti communiste l'objecteur permanent, critique de la ligne adoptée pendant la clandestinité et après la Libération. Cet empêcheur de tourner en rond avait accumulé sur sa personne tant de haines contraires qu'il avait échappé, une première fois, à un tireur isolé, puis – et toujours en novembre 1944 – à un grave accident d'automobile sciemment provoqué[1]. Toujours est-il que plusieurs événements de l'épuration refont surface en 1953, qui remettent sur la sellette le « Tito du Limousin ».

Ayant sollicité sa réintégration dans l'enseignement, Georges Guingouin a d'abord été nommé à Limoges après son départ de la mairie. Muté à sa demande, il est instituteur à Montiéramey, petit village de l'Aube, lorsqu'il est convoqué le 23 décembre par le juge d'instruction de Tulle pour y être entendu dans le cadre de l'enquête sur l'assassinat des Parrichout[2], puis écroué, après quatre heures d'interrogatoire, pour sa participation supposée au « conseil de guerre » qui avait décidé de leur exécution.

L'affaire Guingouin est alors transformée par le quotidien socialiste Le Populaire du Centre en roman vrai à épisodes derrière lequel se cachent des intentions politiques... absolument transparentes. Faisant feu de tout bois, mais apportant en même temps des informations éclairantes, les enquêteurs et polémistes du Populaire, sous la direction du député Jean Le Bail, qui, d'ailleurs, interpellera à la Chambre[3], exhument les dossiers des exécutions sommaires dans le Limousin au cours de l'été 1944. « Nous donnons la chasse aux tueurs, annonce Jean Le Bail, le 6 janvier 1954. Après nous être dressés contre eux, nous avons réussi à les démasquer. Nous avons ouvert la tombe des martyrs pour encourager les vivants à venger les morts. Avec l'aide de tous les braves gens qui se décideront à parler et à rompre le long silence de la terreur [...]. La justice est maintenant en marche et il est impossible que les tribunaux militaires continuent à rester sourds après les révélations de la justice civile [...].

---

1. Georges Guingouin, *op. cit.* Ce n'aurait pas été les seules tentatives d'assassinat du « Tito du Limousin »... Des ordres furent indiscutablement donnés à des responsables de la zone sud du parti communiste pour la « liquidation » du dissident.

2. Voir p. 385-386.

3. En même temps que plusieurs députés modérés de la Haute-Vienne et de la Corrèze. L'Assemblée nationale avait, le 9 mars, fixé la date de la discussion sur « les affaires du Limousin » au 1er avril, par 404 voix contre 107 (communistes).

[...] Nous appelons tueurs les hommes armés qui ont assassiné pour voler.

« Tueurs aussi ceux qui ont assassiné pour se venger d'ennemis personnels à qui ils gardaient quelque misérable rancune.

« Tueurs ceux qui ont assassiné les malheureux témoins des crimes des tueurs.

« Tueurs enfin les misérables et les fanatiques qui, pour préparer la conquête du pouvoir par leur parti, n'ont pas hésité à faire place nette des patriotes qui pouvaient se mettre en travers de leur chemin. Derrière les tueurs de bas étage, il y a les chefs des tueurs dont la voix dominait dans les conseils de guerre clandestins.

« Ce sont les chefs qu'il faut atteindre, et c'est à eux que nous donnons la chasse. »

Cette « chasse » est effectivement ouverte contre Georges Guingouin dont *le Populaire du Centre* relate avec force détails les mésaventures judiciaires. Les articles du quotidien qui s'étalent sur plusieurs colonnes à la une décrivent l'ancien résistant les « menottes aux mains ».

Georges Guingouin fut innocenté dans l'affaire qui avait motivé son inculpation. Il fut libéré le 14 juin 1954 – son avocat, à l'orée de sa carrière, s'appelait Roland Dumas – et reprit tranquillement son métier d'instituteur.

Et le colonel Bernard ?

À la tête de quelque trois mille hommes – dont une part de Russes, anciens de l'armée Vlassov, et d'Espagnols républicains, il s'était rendu maître de la Charente, installant ses quartiers le 1er septembre à Angoulême. Cognac était à son tour libéré le 2, et Saintes le 4. Il sera nommé commandant de la subdivision militaire.

Le colonel Bernard mourra en 1975 et sa dépouille sera transférée dans la crypte du Mémorial de la Résistance à Chasseneuil-sur-Bonnieure, en Charente.

La liberté retrouvée est alors l'occasion de tous les excès. On comprend assurément qu'à l'occasion de débordements de joie, certains se laissent aller à des actes répréhensibles ou peu conformes aux « bonnes manières », après quatre années d'occupation. Mais le malheur réside dans l'explosion d'instincts grégaires, de vengeances collectives inhérentes à tout soulèvement populaire.

Violente, lamentable, l'épuration à laquelle se livre la foule, à Cognac, le 3 septembre 1944. La ville, nous le disions, est libre depuis la veille. Le 2 septembre, peu après 23 heures, le sous-préfet en exercice, Pierre-Henry Rix, rentre chez lui lorsqu'on vient l'avertir que des femmes ont été arrêtées, qu'on les a amenées au commissariat de police et qu'on va les raser[1].

Pierre-Henry Rix est un sous-préfet résistant, comme Pierre Trouillé en Corrèze. Ancien combattant de la guerre 1939-1945, il a été très grièvement blessé, en mai 1940. Il s'affiliera par la suite au B.C.R.A., en deviendra agent P1 (permanent). Commandeur de la Légion d'honneur à titre militaire, il recevra la médaille de la Résistance.

Le spectacle que découvre Pierre-Henry Rix à la mairie est hélas des plus communs en France pendant les premiers jours de la Libération. Des femmes sont là, autour desquelles s'affairent des garçons-coiffeurs... professionnels qui brandissent des rasoirs et des ciseaux. Le sous-préfet met un terme aux exercices préparatoires des figaros, les expulse en même temps que les « patriotes » qui se sont introduits dans les lieux et ordonne que le commissariat soit fermé jusqu'au lendemain afin que les femmes ne soient pas inquiétées.

Le lendemain, 3 septembre, Pierre-Henry Rix est appelé au téléphone par le commissaire de police, Abel Bonnet... Les choses ne s'améliorent pas... Une nouvelle vague de femmes vient d'arriver, toutes le crâne déjà rasé, cette fois, pour éviter que le sous-préfet n'intervienne. La foule assiège le commissariat et demande qu'on lui livre des femmes « pour les mettre à poil et les promener en ville ».

Pierre-Henry Rix décide alors de contacter Paul Firino-Martell, qui est médecin, et lui suggère d'attester que les femmes arrêtées doivent passer une visite médicale. L'accord de Firino-Martell obtenu, les deux hommes se rendent

----

1. Nous nous référons aux *Carnets de guerre* de Pierre-Henry Rix, juillet-décembre 1944, tome II.

de concert au commissariat où ils sont acclamés. « Vous pensez qu'ils vous remercient de les avoir défendus pendant des années, dit le maire au sous-préfet, mais vous vous trompez... Ils pensent que nous allons prendre la tête des réjouissances... »

Le plus difficile reste donc à faire... Dehors, la foule réclame sa proie, sur l'air des lampions, de plus en plus violemment. Rix rassemble tous les agents de police disponibles, fait appel à quelques amis et bonnes volontés destinés à encadrer le cortège, puis s'adresse à la populace, l'invitant à ne pas ternir une aussi belle journée – celle de la Libération – par des excès et des violences. Un noyau d'excités continue à manifester, auxquels Pierre-Henry Rix rétorque vertement. Ordre est donné aux femmes de faire mouvement ; certaines hurlent et ont des crises de nerfs, terrorisées par la perspective d'un lynchage. Dans le lot, Pierre-Henry Rix reconnaît les filles d'un militant communiste, « célèbres », affirmera-t-il, « dans l'administration des Postes pour s'être complètement couchées sur des tables avec à peu près tous les Fritz[1] du service... »

Le cortège s'ébranle en direction de la mairie, mais après avoir esquissé un recul, un groupe important d'énergumènes, réalisant le peu de protection qui entoure les femmes, se précipite, le poing levé... Rix, muni d'un gourdin, vise alors les assaillants aux tibias. Trois hommes, atteints, se sauvent à cloche-pied en hurlant, tandis que les femmes se mettent à crier à leur tour. Le sous-préfet reçoit un coup douloureux sur une oreille et riposte aussitôt sur un nez qui l'éclabousse de sang.

Le cortège arrive ainsi, cahin-caha, à la mairie. Le portail se referme derrière lui. Rix et Firino-Martell calment les femmes et les convainquent de se prêter à la visite médicale à laquelle ils se sont engagés. Dehors, des groupes stationnent, qui demandent qu'on leur livre les « collaboratrices » « à poil ». Mais la fureur des plus excités finit par s'apaiser. Dans l'après-midi de ce 3 septembre, le sous-préfet Rix et le

---

1. L'une des expressions servant à désigner les troupes d'occupation.

maire Firino-Martell président côte à côte aux cérémonies de la libération de Cognac. Les « trois couleurs » flottent enfin au-dessus de la sous-préfecture et de l'hôtel de ville. Mais on avait frôlé le pire.

Le pire n'est pas toujours évité, principalement lorsque entrent en scène les bandes de justiciers improvisés ou, plus grave, des représentants de la Résistance officielle – en l'occurrence F.T.P. – dont le « commandant » et futur « colonel » Pierre est un exemple typique.

Pierre, originaire du Lot, âgé de trente-quatre ans en 1944, agit sur un champ très vaste dans le domaine de l'épuration violente, s'en prenant aussi bien à des représentants de l'ordre ancien, à des collaborateurs sans importance qu'à des rivaux dans la Résistance, des membres de l'Armée secrète par exemple. C'est que les affrontements sont fréquents – nous en avons signalé plusieurs cas, et nous en relèverons d'autres dans la suite de cet ouvrage – entre des organisations d'opinions politiques divergentes qui annonçaient les discordes au grand jour de l'après-Libération. Mais c'est assurément les fonctions qu'il exerce qui confèrent à son activité un caractère d'extrême gravité : Pierre est en effet chef du « bureau de sécurité » à Angoulême à la Libération, et par conséquent sous les ordres du colonel Bernard (Pierre, commandant, ne bénéficiera d'une promotion au même grade que plus tard).

Le « bureau de sécurité militaire » se manifeste notamment à Cognac dans la première quinzaine de septembre. Le commissaire de police Abel Bonnet – dont nous rappelions la contribution à la protection des « femmes tondues » – en est la principale victime [1].

En fonctions à Cognac avant et pendant toute l'Occupation, le commissaire Bonnet, ancien combattant, blessé et décoré pour son courage durant la Grande Guerre, ne s'est pas contenté d'être un fonctionnaire prudent et de naviguer

---

1. Les informations et citations qui suivent sont extraites de la requête adressée le 13 juin 1945 par « le commissaire de 2e classe Bonnet, Abel, à M. le chef du secrétariat de M. le directeur de la Sûreté nationale ».

sans se compromettre au milieu des écueils, ce qui eût déjà constitué un record à un tel niveau de responsabilités, et dans une position aussi risquée. Ses actes de résistance sont nombreux et divers. Il permet à des Juifs d'échapper aux arrestations, et à des dizaines d'ouvriers du camp d'aviation de Cognac de se soustraire à une réquisition qui les conduirait en Allemagne dans le cadre du S.T.O.

En 1943, le commissaire Bonnet s'engage plus avant en rejoignant le même réseau que le sous-préfet Rix. Les deux hommes vont, avec un troisième agent, M. Roger Tapon, rendre les plus précieux services en renseignant le B.C.R.A. sur les mouvements affectant le camp d'aviation de Cognac qui assure la liaison avec la base sous-marine de La Pallice. Le bilan de leur action se solde par des bombardements successifs et réussis du camp d'aviation. Une opération menée par la Royal Air Force, en plein jour, le 31 décembre 1943, a notamment mis hors de combat plusieurs détecteurs de mines. Les interventions des chasseurs-bombardiers de la R.A.F. obligent les Allemands à replier leurs appareils sur un terrain de secours... qui est à son tour attaqué, grâce aux informations transmises par Abel Bonnet et ses amis. Ceux-ci se démènent sur tous les fronts, en particulier dans la lutte contre le S.T.O. ; Bonnet lui-même se charge, par exemple, en relation avec le maquis de Saint-André, d'effacer les traces d'un accrochage entre trois voitures allemandes et des maquisards place François-Ier, à Cognac.

« Le 3 septembre 1944, témoigne le commissaire, les derniers Allemands ont quitté Cognac[1], et le 4 septembre les F.F.I. (F.T.P.) ont pris possession de la ville, sans combat. Des dispositions avaient été prises par M. le sous-préfet et moi-même, avec le concours de M. le maire pour éviter le pillage des stocks par les éléments louches de la population et pratiquement rien ne fut touché.

« Dès l'arrivée des F.F.I. et surtout des F.T.P., les difficultés ont surgi. Des sommes importantes d'argent ont été

---

1. Le commissaire Bonnet retarde les événements d'une journée. Les Allemands ont effectivement quitté la ville le 2.

extorquées à la poste de Cognac et à la perception[1], un magasin a été pillé. M. le sous-préfet qui voulait à tout prix rester dans la légalité m'a demandé un rapport sur ces divers incidents et a rendu compte à l'autorité supérieure. Ceci a eu pour résultat de nous attirer une animosité farouche de la part du bureau de la place et du bureau dit de la « sécurité militaire ». Malgré tout, j'ai commencé à procéder aux arrestations des traîtres locaux, deux collaborateurs connus dont la culpabilité pouvait être facilement démontrée... »

Le 16 septembre, le commissaire Bonnet est arrêté à son bureau de Cognac et conduit à Angoulême. On ne le met pas en état d'arrestation, mais on lui fait croire que le commandant Pierre désire l'entendre et qu'on le ramènera dans la soirée après son audition. Arrivé à destination, avenue Wilson, il est introduit dans une pièce où le F.T.P. qui le reçoit commence par le mettre en joue et le dépouille de son revolver et de ses objets personnels. Puis l'homme appelle ses acolytes et leur lance : « Mettez ce commissaire à la cave, il en a assez mis en prison, c'est à son tour d'y aller ! »

Dans la cave, Abel Bonnet rejoint une dizaine de détenus, hommes et femmes, couchés sur des sacs de charbon. Il y passe la nuit et, au matin du 17, profite, au cours d'une corvée, du passage du commandant Pierre pour lui rappeler ses états de service dans la Résistance et lui réitérer la question qu'il avait posée la veille : « Mais pourquoi m'avez-vous fait arrêter ? – Je n'ai d'ordre à recevoir que de Staline », répond Pierre, et lui d'observer avec philosophie devant...

---

1. Ces opérations dans les bureaux de poste, les perceptions ou les agences de la Banque de France sont alors fréquentes. Georges Guingouin signale un « prélèvement de 200 millions sur l'encaisse de la Banque de France à Limoges » (*op. cit.*, p. 219) – pour le règlement des soldes de ses hommes – et écrit que la Banque « recouvrera entièrement ses fonds ». Dans la Haute-Loire, une attaque armée contre la Banque de France du Puy rapporte, le 8 août 1944, plus de 9 millions de francs. Jacques Bounin, commissaire de la République de la Région 3, affirme que le tiers seulement du milliard prélevé à la Banque de France de Nîmes sera récupéré.

un exposé des motifs aussi incongru : « J'ai compris, et je n'ai pas insisté... »

On vient le chercher dans la soirée, pour le faire comparaître devant un groupe de civils, de « militaires » et de « deux demoiselles ». Là, les sévices commencent, entrecoupés d'injures et de reproches d'avoir commis « des tracasseries à l'encontre de militants communistes... » Les hommes se relaient, l'un lui portant « des coups d'une extrême violence à la face et des coups de pied à travers le corps », un autre, qu'il identifie comme « un étranger », le frappant à plusieurs reprises avec un revolver à la tempe et le serrant à la gorge au point de l'étrangler... « La roue a tourné, nous sommes les maîtres, nous sommes les Guépéou ! » s'écrie l'un des tortionnaires... L'intervention du « capitaine de réserve Jousse, attaché au tribunal militaire d'Angoulême », met un terme à la scène. « Il s'est interposé au moment où, baignant dans une mare de sang, note Abel Bonnet, on continuait à s'acharner sur moi. Il est certain que sans l'intervention du capitaine Jousse j'aurais subi le sort d'un certain nombre de détenus exécutés sans avoir pu s'expliquer et sans jugement... »

Cette dernière affirmation n'est pas faite à la légère lorsqu'on connaît le destinataire du rapport qui sert de base à ce récit. Nous verrons qu'un autre témoignage corrobore celui du commissaire Bonnet sur les traitements infligés aux détenus de l'avenue Wilson, dont certains seront exécutés après avoir été torturés.

La suite de la requête du commissaire Bonnet livre l'une des clefs de son arrestation : « En 1939, le gouvernement de Front populaire présidé par M. Daladier, ministre de la Défense nationale, avait, par la suite de l'agitation sociale et des grèves, notamment dans les usines travaillant pour la Défense nationale, fait prononcer la dissolution du parti communiste en application d'une loi que ce même parti avait fait voter et qui avait déjà été appliquée à l'Action française et au groupe Bucard contre lesquels j'avais instrumenté[1].

---

1. Édouard Daladier cumule effectivement les fonctions de président du Conseil et de ministre de la Défense nationale dans le gouvernement qui a reçu l'investiture le 12 avril 1938. Ce gouver-

« Le ministre de l'Intérieur de l'époque, poursuit Abel Bonnet, avait ordonné que des perquisitions aient lieu tant au siège du parti communiste qu'au domicile des militants actifs et que les biens soient placés sous séquestre. Ces opérations avaient eu lieu à travers toute la France, et notamment à Cognac où j'ai effectué quatre à six perquisitions... »

De très nombreux documents sont saisis, alors que leurs propriétaires demeurent en liberté, et les dossiers transmis au juge militaire, puisqu'on est en temps de guerre. Plusieurs militants communistes de Cognac sont ensuite interpellés et transférés à Tours où le tribunal militaire constate la matérialité des faits mais les acquitte à la minorité de faveur en constatant que les motifs de leur inculpation sont antérieurs à la promulgation de la loi qui n'a pas d'effet rétroactif.

Son « interrogatoire » terminé, le commissaire Bonnet rejoint la cave dont les occupants ont du mal à le reconnaître tant il a le visage tuméfié. Il est incapable de se soumettre aux démarches les plus élémentaires sans l'aide de ses codétenus. Écroué à la maison d'arrêt d'Angoulême, il reste plusieurs jours sans pouvoir s'alimenter et s'entend dire par le médecin de service que « cela passera tout seul... ».

Soixante jours après son incarcération, le commissaire n'a toujours pas été interrogé – sinon de la manière que l'on sait... Il est enfin libéré le 24 novembre 1944, après que le commissaire du gouvernement près la cour de justice d'Angoulême a relevé qu'aucun élément de culpabilité n'apparaissait dans son dossier. « À ma sortie de prison,

---

nement inaugure cependant une politique de rupture avec la politique du Front populaire, les décrets lois Paul Reynaud, ministre des Finances, rencontrant l'opposition des socialistes, mais plus encore du parti communiste et de la C.G.T. qui, en novembre, décrétera la grève générale. Si la loi du 18 juin 1936 à laquelle se réfère le commissaire Bonnet portait dissolution des « Ligues » de droite, celle du 27 septembre 1939 sanctionnait de la même manière le P.C.F. après la signature du pacte germano-soviétique et la déclaration de guerre. De nombreuses procédures sont alors engagées contre des responsables du parti communiste.

note-t-il, j'étais une véritable loque humaine... » Réintégré dans ses fonctions, le 4 décembre, il était nommé aux Sables-d'Olonne. Deux expertises médicales – dont l'une constatait l'existence d'une lésion au tympan droit « consécutive aux coups reçus, ce qui était à l'origine des malaises » – concluaient à la nécessité d'une convalescence de longue durée.

À peu près rétabli, le commissaire Bonnet en référait au secrétaire général de la police pour lui faire part de son désir de reprendre son service, mais il était renvoyé à la direction générale, à Paris... où il apprenait qu'à la suite d'un rapport postérieur à sa libération, il était encore considéré comme en instance devant la cour de justice de la Charente.

Les agissements du « service de sécurité militaire » commandé par le commandant Pierre motivèrent une enquête en Charente du colonel Faure, inspecteur de la justice militaire. « Je crois devoir ajouter, précisait le commissaire Bonnet, que quinze jours après mon incarcération, j'ai vu arriver mon "tortionnaire", G.M.[1], inculpé par la justice militaire de vol, viol, assassinats, commis dans la région de Jonzac, Charente-Maritime... »

Les dossiers de l'épuration sauvage s'accumulaient dans les Charentes. D'autant que d'autres témoignages visaient le « bureau de sécurité militaire ». Celui d'un résistant de l'Armée secrète, M. Félix Sanguinetti, jetait de nouvelles lumières sur des pratiques en cours avenue Wilson à Angoulême, et plus spécialement dans la cave à charbon, la prison clandestine dont le commissaire Bonnet avait fait l'expérience.

Félix Sanguinetti est arrêté à Barbezieux-Saint-Hilaire, le 10 septembre 1944, soit six jours avant Abel Bonnet. Lui aussi a affaire au commandant Pierre qui, en guise d'accueil au siège de la « sécurité militaire », et en réponse aux cautions que lui apporte le nouveau prisonnier sur ses activités antérieures, l'interpelle en ces termes : « Qu'est-ce que c'est que ces officiers de l'active de Bir-Hakeim ou de Foch ? Un

---

1. Nom cité en toutes lettres.

tas de salauds auxquels je foutrai une bande de mitrailleuse dans le dos à la première occasion ! »

Cette entrée en matière achevée, Pierre entonne l'antienne qui avait déjà servi, à des variantes près, pour le commissaire Bonnet : « Vous ne savez pas où vous êtes. De Gaulle, Koenig et cie, je les emmerde ! Je n'ai qu'un patron, c'est Staline ! »

Le chef du « bureau de sécurité militaire » complète sa profession de foi d'un avertissement : « D'ailleurs, vous serez fusillé demain à sept heures ! »

La « promesse » sera heureusement sans lendemain, mais descendant dans la cave, Sanguinetti peut, sans exagération, lui prêter foi : mêlés au charbon, des gens – il en dénombre exactement vingt-trois –, gisent, assommés pour certains d'entre eux, et portant les traces des coups qu'ils ont reçus. Par moments, des hommes de la « sécurité » surgissent et renouvellent leurs violences. Et Félix Sanguinetti rapporte ces faits[1] :

« Le deuxième jour, il y avait deux individus qui s'appelaient P. et C.[2]. L'un d'eux, de Ruffec, était un recruteur de la Milice et l'autre, l'idiot du village. Ils ont été assommés trois fois de suite dans la journée. À la troisième fois, quand ils sont redescendus après avoir à nouveau été battus, à l'un d'eux qui était chauve, on avait découpé sur le crâne, au couteau, l'insigne de la Milice, comme si on avait voulu le scalper. Les coupures étaient passées au crayon à encre[3]. L'autre avait les mêmes signes marqués sur les joues. Ils ont été abattus par la bande de Pierre, sans jugement.

« Dans la cave du "commandant Pierre", je suis le seul à ne pas avoir été martyrisé, ajoute Sanguinetti. Une jeune fille de dix-huit ans, accusée d'avoir eu des relations avec les Boches, a été battue comme plâtre jusqu'à ce qu'on s'aperçoive qu'elle était vierge. Trois F.F.I., soupçonnés à tort, ont été laissés à moitié morts sur le carreau... »

---

1. Cf. Historia, hors série, n° 41, « L'Épuration », p. 28.
2. Les deux noms sont cités dans le témoignage.
3. Nous citons ailleurs des cas identiques.

Du printemps à l'été 1944, les pires orages de la violence nazie se sont abattus sur la Dordogne. On ne peut assurément nier que, dans cette région très éprouvée par la répression allemande, tel agent de renseignement ou gestapiste repéré ait mérité un châtiment expéditif, mais dans la majeure partie des cas, les victimes désignées qui appartiennent à tous les milieux sociaux et confessionnels – les prêtres ne sont pas épargnés – n'ont pourtant à se reprocher qu'une compromission sans conséquences graves avec l'occupant, des opinions imprudemment affichées ou des fonctions d'un modeste niveau. Il y aura des exceptions – l'une, la plus célèbre, est celle de l'amiral Platon.

Les maires en exercice au moment de la Libération n'eurent pas tous la même chance que le colonel Lapize de Sallée qui, maire d'Annonay, fut libéré avec beaucoup d'égards parce que le général de Lattre de Tassigny s'était souvenu qu'ils avaient servi côte à côte à l'état-major de Lyautey[1]. Cinq maires ou adjoints, selon les chiffres en notre possession, mais il se peut que certains cas aient pu nous échapper, furent exécutés en Dordogne dans la période précédant de peu, correspondant ou postérieure à la Libération. Quatre prêtres sont également assassinés en Dordogne, qui ajoutent leurs noms à la liste des victimes ecclésiastiques de l'épuration sur l'ensemble du territoire[2]. Sept médecins et notaires subissent le même sort, ainsi que cinq agents de la fonction publique... Du moins ne s'agit-il que de victimes dont les patronymes exacts nous ont communiqués. M. Roux, commissaire de police à Périgueux, est torturé, laissé mourant sur les marches du Palais de justice et sera « achevé » le lendemain après une agonie qui aura duré toute la nuit. C'est bien entendu le monde agricole qui est le plus frappé, les victimes se comptant par dizaines. On cite le cas de M. Jasmin Delayre, entrepreneur de battage, et de trois autres personnes de la commune de Capdrot... Or la mère et la grand-mère de M. Delayre seront de leur côté assassinées... en mars 1945, à Dévillac, dans le Lot-et-Garonne.

---

1. Cf. p. 257.
2. On en connaît vingt-six cas recensés.

Toutes les classes sociales, toutes les professions et les fonctions sont décidément touchées.

La Dordogne est par ailleurs la terre d'élection d'un certain nombre de capitaines de maquis qui se réfèrent à la Résistance mais emploient des méthodes qui les situent dans la pire tradition des grandes compagnies.

Ainsi du « commandant Bayard » qui déploie principalement ses activités dans le secteur d'Issigeac, aux confins du Lot-et-Garonne et au sud-est de Bergerac.

Originaire d'Abbeville, dans la Somme, le futur « commandant Bayard » est arrivé en Dordogne en 1940 après avoir déserté du « bataillon disciplinaire » où il avait été affecté. Il s'installe à Issigeac, où il restera deux ans, réussit à se faire démobiliser dans les normes, perçoit l'allocation de réfugié et commence à éveiller la curiosité des habitants de la petite ville... On le retrouve à Jumilhac-le-Grand, dans le nord du département, souvent par monts et par vaux, très affairé. On le suspecte aussi de faire du marché noir, certains affirment qu'il utilise un camion des G.M.R. pour mieux se livrer à son trafic. D'autres hypothèses, plus risquées celles-là, sont avancées dans le domaine politique, à partir desquelles il serait facile de conclure que le « commandant » a quelque peu hésité avant de fixer son choix.

En décembre 1943, en tout cas, le « commandant Bayard » crée un maquis au lieu-dit Carayac, commune de Blanquefort, dans le Lot-et-Garonne. Mais ses activités intriguent à ce point les chefs de la Résistance locale qu'ils envisagent de le faire arrêter. Chef tyrannique et sanguinaire, il n'hésite pas à abattre l'un de ses hommes, nommé Marchoux, sous prétexte qu'il a volé. Les autres se rebiffent, décident de l'exécuter, et le « commandant » doit d'avoir la vie sauve à son premier lieutenant, Goulfié, dit « Pierrot » lieutenant d'administration qui s'est brillamment conduit pendant la guerre 1939-1940. Goulfié a retenu des bras qui voulaient faire subir au commandant Bayard le sort qu'il réservait à ses futures victimes. On verra la manière dont il sera récompensé... Le principal mérite de Bayard est d'avoir combattu « sur le front du Médoc » et commandé le bataillon des volontaires espagnols stationné au Bouscat. Il reçoit à ces divers titres la croix de guerre et la médaille de la Résistance. Mais c'est en raison des exécutions sommaires qui lui sont reprochées, et à la suite d'une plainte de la sœur de Goulfié, déposée en novembre 1944, qu'il est finalement inculpé alors même qu'il servait à l'état-major de la 18e région militaire.

L'affaire Goulfié donne le branle à l'affaire Bayard. On imagine mal, à l'automne 1944, des parents des victimes de l'épuration sauvage exécutées sur le motif de collaboration se porter parties civiles et demander réparation. Ils se taisent. Ils préfèrent pour l'heure se faire oublier, par crainte de représailles, et quitte à se réserver des moyens d'action pour l'avenir.

La sœur de M. Goulfié a le courage de parler et de se pourvoir en justice. Sans son intervention, les exécutions sommaires imputables au groupe Bayard n'auraient sans doute jamais été mises au jour. L'enquête révélera que Bayard exécuta de sa propre main son lieutenant, « Pierrot », vraisemblablement parce qu'il refusait de le suivre dans la totalité de ses méthodes. Attiré dans un bois, sous prétexte de contrôler un dépôt d'armes, Goulfié est abattu d'une balle dans la nuque. Plusieurs personnalités d'Issigeac l'accompagnent dans la mort.

Les conditions de la mort de Mme Voulpié méritent une attention particulière, et l'on hésite, devant l'horreur qui s'en dégage, à transcrire la relation des faits telle qu'elle fut publiée par le journal *Sud-Ouest* dans ses éditions du 22 janvier 1948 : « On la déshabilla pour la fouiller, on la frappa avec des orties puis on la mit à réfléchir dans le parc à cochons. Nouvelle frottée d'orties, suivie d'un bain de pieds à l'eau bouillante et d'une flagellation à coups de ceinturon. Puis on la brûla sur tout le corps à la cigarette et au fer rouge avant de lui imbiber les poils à l'éther pour y mettre le feu. Enfin, on la pendit par les bras, après un bain de siège à l'eau bouillante, et avant de l'abattre, le lendemain, d'un coup de revolver, on exerça de savantes (?) pressions sur différents points de sa colonne vertébrale. »

Le procès du commandant Bayard s'ouvrit le 21 janvier 1948 devant le tribunal militaire de la 4e Région siégeant à

Bordeaux, le président Guyonnet-Dupérat dirigeant les débats et le colonel Daubisse comme commissaire du gouvernement. Quatre-vingts témoins se présentèrent à la barre. Témoins de l'accusation, témoins de la défense... « Si les témoins d'Issigeac ne parlent pas, déclara le frère de l'abbé Fromiga, relevant l'abstention volontaire de beaucoup, mais expliquant du même coup le climat de l'époque, c'est qu'ils sont encore sous l'effet de la terreur que faisait régner Bayard... » On entendit d'anciens chefs résistants apporter leur absolution à leur camarade, un autre, commandant de maquis, mais trop oublieux de ses antécédents, se faire morigéner par le président du tribunal parce que, président local de la Légion des combattants, il avait participé à la cérémonie de Gergovie[1]. On entendit aussi des témoins portant des noms de guerre tels que Tataouine, Tonton, la Pédale, Titi, Rabat, Jojo, Fifois, La Goupille et Pépin...

Appréciant que « rien de précis n'a pu être apporté contre les fusillés d'Issigeac », le commissaire du gouvernement, pour qui la responsabilité de Bayard était entière, demanda la peine de mort. L'accusé s'était défendu en rejetant sur Goulfié l'initiative des exécutions et avait expliqué qu'un déserteur de l'armée allemande – qui sera d'ailleurs exécuté par des résistants – était à l'origine du martyre de Mme Voulpié. « C'était intolérable à voir, expliqua Bayard, et voyant la manière dont les choses évoluaient, je n'ai pas voulu assister à la suite des tortures... »

Le tribunal militaire de la 4e Région revenait, le 29 janvier 1948, avec cette sentence : dix ans de réclusion, dégradation militaire, vingt ans d'interdiction de séjour.

Bayard sera gracié quelques mois plus tard par le président de la République Vincent Auriol pour « services exceptionnels rendus à la Résistance ».

À Périgueux, le capitaine – ou commandant – « Double-Mètre », reconnu comme F.T.P., avait installé dès la Libéra-

---

1. Organisée le 30 août 1942, pour le deuxième anniversaire de la Légion, sur le plateau où les Gaulois de Vercingétorix tinrent les légions de César en échec.

tion une cour martiale dont il était le président et qui prononçait des sentences de mort sur de simples présomptions
ou dénonciations. Inutile de préciser que les condamnés ne
disposaient d'aucun recours. Également chef du « B.S.D. »
– Bureau de la sécurité départementale –, dont le siège était
situé 1, rue Antoine-Gadaud –, il avait fait ses classes dans la
clandestinité. On lui impute globalement une cinquantaine
d'exécutions dans des conditions qui motivèrent son arrestation et son incarcération à la prison du Cherche-Midi.
« Double-Mètre » acquit un titre particulier à la notoriété en
faisant arrêter Maurice Chevalier qui, au moment de la Libération, s'était réfugié en Dordogne en compagnie de sa charmante maîtresse, Rita Raya.

Chevalier s'étant produit dans les camps de prisonniers,
qui n'avaient pas tellement d'occasions de se distraire, il n'en
fallut pas davantage pour mériter l'étiquette de collaborateur, les interpellations de *L'Humanité*... et l'intervention de
« Double-Mètre ». Rita Raya était d'origine juive ; l'apprenant, les Allemands auraient exercé sur Chevalier un chantage et l'auraient menacé de représailles sur les parents de
sa jeune compagne s'il ne souscrivait pas à certaines de leurs
exigences. Il leur aurait échappé en allant se cacher en
Dordogne. Mais c'était sans compter avec la vigilance d'un
« Double-Mètre » et des F.T.P. qui avaient des raisons
contraires de l'appréhender.

Maurice Chevalier échappa de peu, croit-on, au poteau
d'exécution. Il rentra à Paris où une cabale, fomentée pour
une large part par des jaloux, l'attendait. Les envieux et les
patriotes déchantèrent lorsqu'il put prouver qu'il avait aidé
et sauvé de nombreux Juifs pendant la guerre. Ceux-ci
témoignèrent en sa faveur et son dossier à peine ouvert fut
refermé sur un constat de résistance... qui en valait bien
un autre.

La justice qui se met en place au moment de la Libération
– cours martiales et autres tribunaux militaires – est et restera pendant plusieurs semaines lourde de l'arbitraire de la
justice révolutionnaire. En Dordogne, l'accusé qui comparaît
devant la cour martiale n'a, à l'origine, nous l'avons vu,
aucun moyen de défense en dehors de la sienne propre, et

lorsque la procédure commence, à la mi-septembre, à se normaliser, lorsque le recours à un avocat devient possible, les sentences continuent à véhiculer une rigueur qui confine souvent à l'absurde. Les condamnations à mort tombent par séries, parfois plusieurs par audience, et toutes suivies d'effet. On relève cinq condamnations à mort rien que pour la journée du 7 octobre, trois le 19, etc. Mais l'exemple suivant que nous avons relevé dans *La Dordogne libre*, quotidien édité par l'état-major des Corps-francs de la libération nationale, est entre tous évocateur : « C.J. [nom et prénom en toutes lettres dans le texte], 40 ans, veuve, deux enfants, reconnaît avoir signé un bulletin d'adhésion à la Milice, nous apprend le journal. La défense fait ressortir qu'elle a agi sous l'influence de son chef de service, demande une peine légère : dix ans de travaux forcés... »

« Par ordre du colonel Rivière[1], de la Région 5[2], rappelle *La Dordogne libre* du 5 octobre, il est formellement interdit à toute personne étrangère aux services de sécurité et aux forces régulières de police de procéder à une arrestation ou à une perquisition. Des perquisitions et arrestations ne peuvent être faites que sur ordre du préfet... »

Le 13 novembre a lieu la première audience de la cour de justice et du tribunal militaire. La chambre civique siège pour la première fois le 28. En cour de justice, des jurés, que n'a pas abandonnés le sens de l'équité, s'étonnent, le 13 janvier 1945 – cinq mois après la Libération –, des conditions de comparution de plusieurs accusés, conditions qu'ils assimilent à l'épuration sauvage pure et simple. « Les jurés apportent un verdict négatif et la mise en liberté immédiate de deux accusés », nous apprend *La Dordogne libre*. À la suite de cette affaire, l'accusation ne reposant que sur une distribution de circulaires, « les jurés demandent que cessent les arrestations illégales, c'est-à-dire non justifiées et opérées sans aucun mandat... ».

---

1. En fait, le colonel Rivier.
2. Qui regroupe, rappelons-le, les départements de la Creuse, de la Haute-Vienne, de la Corrèze, de la Dordogne et de l'Indre.

Le 23 mars 1945 commence le procès des « bicots de Périgueux » – l'expression appartient à *La Dordogne libre* – dont une cinquantaine avaient multiplié les crimes en Dordogne aux côtés des Allemands. Il ne s'agit que de seconds couteaux, les chefs, Bonny, Lafont et Villeplane[1] ayant déjà expié après leur comparution devant la cour de justice de la Seine. La fin de mars et avril sont marqués par ailleurs par une forte agitation, correspondant au début du retour des déportés, qui se manifeste une fois de plus par des attentats à la bombe. Pour la Dordogne, l'une des premières explosions de cette épuration sauvage à retardement est signalée à Cunèges, près de Beynac, dans la nuit du 7 au 8 avril, mais les attentats continueront jusqu'à la fin de l'été 1945, visant des « collaborateurs » ou des « collaboratrices » impunis, en passe de comparaître ou ayant été acquittés en cour de justice ou civique. La justice de la rue et des explosifs, l'épuration parallèle et anarchique frapperont à Mussidan, Belvès, Tocane, Périgueux et Bergerac, notamment. Deux femmes seront tuées par bombe dans cette dernière localité. On évoque alors, pêle-mêle, la renaissance clandestine du Parti populaire français de Jacques Doriot, la formation de nouveaux maquis... Partis politiques et syndicats s'inquiètent de cette contestation violente ; le commissaire de la République réagit comme nous l'avons vu...

Le 28 août 1944, l'amiral Platon ancien ministre du gouvernement de Vichy, est exécuté par les hommes du maquis[2].

Adjoint de l'amiral Abrial, commandant des forces maritimes du Nord, Charles Platon s'est illustré dans la défense

---

1. Ex-« international » de football. Roger Faligot et Rémi Kauffer ont reconstitué l'action de cette brigade au service du Reich dans leur ouvrage *Le Croissant et la croix gammée*, Albin Michel, 1990.
2. Nous nous sommes reporté au témoignage d'un résistant qui assista aux derniers moments de l'amiral. Ce témoignage, dont l'auteur garda à sa demande l'anonymat, fut publié par *Historia* dans son n° 324 de novembre 1973 et mettait les choses au clair après qu'une version différente eut circulé.

de Dunkerque, dont il était commandant d'armes. Pierre Laval lui confie le secrétariat aux Colonies dans le deuxième gouvernement, formé le 6 septembre 1940. Conservant ce poste dans le gouvernement Darlan (25 février 1941), il remplace le général Huntziger, ministre de la Guerre, au cours de la conférence militaire franco-allemande (mai 1941) et, secrétaire d'État auprès du chef du gouvernement (gouvernement Pierre Laval, 18 avril 1942), il se signale comme l'un des partisans les plus déclarés de la collaboration avec l'Axe, après le débarquement de novembre 1942. Cependant, il quitte le gouvernement Laval en 1943.

L'amiral Platon est arrêté par la Résistance à Castillon-la-Bataille, en Gironde, dans le courant de juillet 1944, puis transféré dans la propriété de La Queyrerie, commune de Valojoulx, à quelques kilomètres de Montignac, sur la rive gauche de la Vézère, après avoir connu six lieux de détention. Il y restera du 14 au 18 août, à peine gardé par les hommes du maquis auxquels il a donné sa parole qu'il ne tenterait pas de s'évader. Les rapports entre les gardiens et leur prisonnier sont, si l'on en croit leur témoignage, empreints d'une réelle cordialité... Le 18 août, l'amiral est de nouveau changé de résidence, pour aller rejoindre sept ou huit détenus à Pater Noster, proche du hameau Le Monteil, entre les villages de Farges et d'Auriac-du-Périgord. Il entretient avec le maquisard, auteur du récit des événements, des relations assez confiantes pour lui demander de lui rapporter quelques objets personnels laissés à La Queyrerie. L'homme s'acquitte volontiers de la mission : « Ce jour-là [22 août], écrira-t-il, je le retrouvai dans une chambre qu'il occupait à lui seul, au premier étage d'une belle maison. Près de la fenêtre ouverte, il poursuivait la rédaction de ses Mémoires. Il se déclara satisfait de la nourriture et des gardiens qui le traitaient avec respect. Nous parlâmes des derniers événements et nous séparâmes comme de vieux amis... »

Cependant, le 28 août, dans l'après-midi, un des camarades du maquisard, N. [1], arrive au P.C. de La Queyrerie et

---

1. L'auteur du récit désigne, dans son témoignage, les acteurs du drame par la première lettre de leur patronyme.

lui annonce, « tout essoufflé » : « L'amiral va être "descendu" ce soir ; je dois immédiatement partir au village de Pater Noster... »

N. quitte La Queyrerie, seul, dans une Simca décapotable. À Pater Noster, il apprend à l'amiral Platon qu'il doit le ramener au P.C. du maquis : « Le prisonnier n'est pas du tout surpris, écrit le narrateur. Il a tellement l'habitude d'être transféré d'un lieu à un autre... Et puis, l'été n'en finissant pas, le temps radieux invite à l'optimisme. Ce nouveau déplacement sera donc, croit-il, une agréable promenade dans la verte vallée de la Vézère, tout près de la colline de Lascaux, et c'est tout heureux qu'il prépare sa valise et s'installe dans la voiture... »

Pendant que N. et son passager quittent Pater Noster pour cette promenade... bucolique – N. se trompe de route, ce qui apportera du retard au « programme »... – on se préoccupe de creuser une fosse, travail dont est chargé l'auteur du récit qui le répercute sur un nommé D. Celui-ci s'inquiète : « C'est pour qui, c'est pour moi ? » Il est vrai que le fossoyeur désigné a été récemment condamné à mort par les chefs du maquis pour avoir pillé des fermes, peine qui sera suspendue, puis effectivement appliquée à la suite de plaintes virulentes de paysans de la région. Mort en sursis, il se met au travail, avec l'aide d'un autre, « à quelques pas d'une large allée bordée d'arbres centenaires... ».

N. et l'amiral Platon arrivent enfin. Apercevant deux officiers supérieurs du maquis, l'amiral ne peut retenir une crispation du visage. Sans doute a-t-il réalisé le sort qui l'attend... Il regagne sa chambre, toujours sans surveillance, ne songeant pas à s'évader pour respecter la parole donnée. Et le témoin de préciser : « Je n'ai pas le courage d'aller lui parler. Que lui dire ? Un sentiment de pitié m'étreint... »

La nuit tombe... Les officiers du maquis se mettent à table, plaisantant entre eux, ce que notre homme attribue à la rude vie qu'ils ont endurée, ou à la volonté de dissimuler leurs sentiments. Le repas terminé, ils s'enferment avec l'amiral Platon, dans sa chambre. L'entretien dure plus d'une demi-heure. Aucun éclat de voix, aucune discussion un peu vive ne sont perceptibles.

Un peloton de trois hommes est formé, qui brandissent – les moindres détails sont notés – des armes « disparates », fusils Mauser, mitraillette Sten...

Laissons au maquisard, dernier compagnon de l'amiral Platon, le soin de décrire la scène de l'exécution :

« J'admire son calme. Pas de protestations véhémentes, pas d'injures, pas de supplications. Il accepte son sort avec sérénité et n'accable pas ses juges. Bien mieux (je l'apprendrai demain), il les a même remerciés du "grand honneur" qu'ils lui ont fait de commander lui-même le feu.

« Le voici à cinq pas de moi, devant la fosse béante. À sa vue, il ne frémit même pas, lui tourne lentement le dos et s'immobilise au "garde-à-vous", face au peloton qui s'installe.

« Oui, sa stoïque fierté dans la grande épreuve est vraiment émouvante, digne d'admiration, et soudain, en cet instant pathétique, j'évoque le poème dont les vers célèbres exaltent au plus haut degré le courage, vertu sublime.

« Les armes commencent à se soulever. Alors l'amiral Platon tend le bras droit et, dans le silence de la nuit, d'une voix énergique, claire et bien timbrée, sans la moindre trace d'un semblant d'émotion, il lance ses dernières paroles : "Avant de mourir, je tiens à proclamer que j'ai toujours aimé mon pays, que j'ai toujours cru le servir jusqu'au sacrifice suprême... En joue ! Feu !"

« Un éclair. Les armes crachent la mort et l'amiral s'effondre de tout son long tandis que l'écho de la salve est répercuté de colline en colline.

« L'officier S. s'approche, un pistolet à la main, se penche et c'est le coup de grâce. Le corps est roulé dans la fosse ; le chapeau de l'amiral, qui est tombé tout à côté de lui, est posé sur le visage et les premières pelletées de terre commencent à l'ensevelir... »

Le même témoin rapportera qu'un petit crucifix ne quittait jamais l'amiral Platon dans ses divers lieux de détention.

Dans la Creuse, les événements de la Libération furent particulièrement tragiques à Guéret où siégea une cour martiale qui rendit des sentences d'un arbitraire absolu. « Guéret, écrit Robert Aron[1], a eu le redoutable privilège, qu'elle devait payer fort cher en vies humaines et en biens, de pouvoir prétendre à être la première ville de France libérée. Dès la réception des messages personnels émis à la radio de Londres, dans la nuit du dimanche 4 juin au lundi 5 juin 1944, et prescrivant l'entrée en action de tous les maquis français, les F.F.I. de la région prennent les dernières dispositions pour s'emparer de la ville. Le 7 juin 1944, dès le matin, après l'entrée des maquisards, les combats commencent... »

Cette intervention à Guéret des F.F.I.-F.T.P. et Armée secrète réunis se solde d'abord par un succès complet. Les règles les plus exigeantes de la guerre sont respectées, ce qui constitue une sorte de record dans le tumulte des semaines de la Libération où elles ont tant de fois été foulées. Retranchés dans l'hôtel Auclaire et dans l'hôtel Saint-François, les Allemands rendent bientôt les armes dans le premier. Résistant dans le second plus longtemps, ils ont droit, lors de leur rémission, aux honneurs de la guerre. De leur côté, les miliciens qui avaient cherché refuge à l'ancienne loge maçonnique offrent d'abord une sérieuse résistance avant de capituler, non sans avoir reçu l'assurance d'avoir la vie sauve.

Cependant, le respect des normes est de courte durée. La foule, rassemblée, commence la « chasse aux collabos », des justiciers improvisés procèdent à des arrestations et conduisent les personnes appréhendées à la caserne des Augustines dans un vacarme de vociférations et d'insultes ponctuées de horions. Dans la caserne, les sévices se déchaînent, puis les fiers-à-bras s'étant défoulés, les captifs sont transférés à la prison, avenue de la République.

Le lendemain, 8 juin, un peu partout dans la région, la traque aux « milicos » s'organise. Plusieurs d'entre eux sont

---

1. Dans *Histoire de l'épuration*, t. I, p. 517. On doit surtout le récit de la libération du chef-lieu de la Creuse à Raymond Varlet – *Les Sanglants Événements de Guéret* – et Jacques Delperrié de Bayac traite du rôle de la Milice dans son ouvrage déjà cité, p. 389 et suiv.

exécutés, dont le chef départemental, le commandant Braille. Ce même jour, l'état-major allemand de Clermont-Ferrand sans nouvelles de la garnison de Guéret envoie en reconnaissance une compagnie qui, prise à partie par les F.F.I., doit se retirer en laissant sept morts sur le terrain et après avoir massacré deux fermiers totalement étrangers aux événements.

À Guéret même, la découverte d'un milicien, nommé Grignon, déclenche un drame. Signalé dans une petite chambre, au-dessus du journal *La Creuse*, au coin de la place Bonnyaud et de l'avenue de la République, Grignon est attaqué à la grenade par des F.F.I. auxquels il réplique par des rafales de mitraillette. Le feu ayant pris dans l'immeuble, il se réfugie dans les combles, puis gagne le toit d'où il tiraille dans toutes les directions. Mais il est abattu et tombe dans l'incendie.

Les pompiers sont en action depuis une heure lorsqu'un d'entre eux s'écrie : « On nous tire dessus ! » Des détonations sont effectivement entendues venant de la maison en flammes... On affirme même que, des fenêtres de l'hôtel de ville, un homme a été aperçu, courant à l'intérieur. Alors, des rues et des immeubles proches, les F.F.I. criblent la maison de balles. La fusillade, prenant pour cible un ennemi invisible, dure jusqu'à la tombée de la nuit. Entre-temps la rumeur s'est répandue que des miliciens cachés dans l'immeuble sont responsables des coups de feu qui ont été tirés sur les pompiers. Rien ne le prouve et rien ne le prouvera jamais, mais la foule crie vengeance, demande l'exécution immédiate des « collabos » internés.

Emportés eux aussi par ce qui n'est sans doute qu'un fantasme collectif, furieux d'avoir été bernés – du moins le croient-ils – par les miliciens lorsqu'ils se sont rendus, les chefs de la Résistance acceptent de livrer six d'entre eux : Borgèse, Darraud, Durieux, le comte de La Celle, Mayaud et Rougier. Toujours persuadés de la présence de miliciens dans la maison en flammes, les résistants demandent à l'un des hommes qu'ils ont extraits de la prison, Mayaud, d'inviter ses camarades à se rendre. Celui-ci s'exécute mais lorsqu'il annonce aux miliciens-fantômes que s'ils refusent d'obtempérer lui et les cinq autres otages seront fusillés, un témoin entend une voix lui répondre : « On s'en fout ! »

Les six miliciens sont alors conduits place du Palais, devant le tribunal du maquis, pour y être interrogés. Il y a là un prêtre, l'abbé Brandy, qui, dans ces moments d'exaltation collective et d'explosion de colère justicialiste, sait raison garder. Il intervient auprès des chefs F.F.I. et obtient que le plus jeune milicien, Durieux, âgé de seize ans, soit mis à l'écart des autres. Durieux ne sera pas exécuté, bientôt rejoint par le comte de La Celle et Darraud qui sont également graciés.

Accusés d'avoir livré des renseignements sur des membres de la Résistance ou d'avoir participé à des opérations contre le maquis, les miliciens restants sont condamnés à mort par le tribunal improvisé. L'abbé Brandy recueille leurs dernières volontés et leur donne l'absolution. Puis ils sont placés côte à côte, face au Palais. Deux d'entre eux font preuve de courage, le troisième s'effondre et il faut le soutenir pour n'avoir pas à tirer sur un homme à terre. Il est minuit et l'immeuble de *La Creuse* n'en finit pas de brûler. Dans un rougeoiement d'incendie et de vastes pans d'ombres mêlés, un maquisard s'avance et abat les miliciens d'une balle dans la nuque.

Le mystère de la présence d'autres miliciens aux côtés de Grignon ne sera jamais éclairci, bien qu'il soit très vraisemblable que des tapisseries enflammées à l'intérieur aient créé l'impression du passage d'ombres mouvantes. Quant aux coups de feu entendus, il est des plus probables qu'il s'agissait de munitions explosant dans la chaleur du foyer. On aurait alors assisté à une succession d'hallucinations collectives explicables par la grande excitation du moment.

Mais cette triple exécution ne sera pas sans lendemain. La ville est à peine éveillée, le 9 juin, que les F.F.I. et les gendarmes qui avaient rejoint la Résistance lèvent le camp, passant en file indienne sur les trottoirs. À des curieux qui les interrogent ils répondent qu'ils partent rejoindre leur cantonnement hors du centre urbain. Alertée, la population réagit par un réflexe bien naturel d'angoisse : que va-t-elle devenir sans protection si, après les exécutions de la nuit précédente, la Milice décide de se venger, si les Allemands se manifestent ?

Questions de bon sens... Questions auxquelles les Allemands donnent un début de réponse en envoyant des avions qui bombardent et mitraillent l'agglomération dans un premier temps, puis une unité qui en reprend possession. Les prisonniers allemands et miliciens sont bien entendu libérés. Le chef Pommérat, qui a succédé à Braille, le chef milicien exécuté sommairement, s'installe à la Kommandantur. Des Allemands blessés, qui avaient été transférés à l'hôpital, sont transportés dans des ambulances. Des maquisards également blessés, mais qui n'avaient pu être emmenés par les résistants, les rejoignent... avant d'être déportés.

Pommérat impose sa loi à Guéret et n'a à l'esprit que de venger ses trois camarades exécutés. Leurs corps sont exhumés du champ de tir de Pommeil où ils avaient été enterrés. Un service est ensuite célébré à leur mémoire. Trois Guérétois sont arrêtés, Alphonse Chiozzoni, Émile et Fernand Bareige, mais c'est le dimanche 25 juin – très tardivement par conséquent – que la répression frappe le plus durement le chef-lieu de la Creuse. Un fort contingent de miliciens et de gardes mobiles encercle la ville et effectue une rafle spectaculaire de plusieurs centaines de personnes. Tous les milieux sont concernés : magistrats, fonctionnaires de la préfecture, dont le secrétaire général, l'archiprêtre de Guéret, des commerçants, employés, ouvriers, agriculteurs et jusqu'au président de la Légion des combattants connu, ce qui n'étonnera pas, pour ses sympathies pétainistes. Les Bareige et Alphonse Chiozzoni sont joints au contingent des otages : leurs cadavres seront découverts dans un bois, le long de la route nationale 142.

Le convoi arrive dans la soirée à Limoges et s'arrête au petit séminaire où les Guérétois sont internés. Les interrogatoires commencent immédiatement, conduits par les miliciens du 2e Service. Sévices et brutalités s'enchaînent mais on devra à l'intervention d'un officier supérieur de la Milice que le « spécialiste » des tortures au petit séminaire, nommé de Barry, ne soit pas autorisé à exercer ses sinistres talents. Après cinq semaines de détention, toutes les personnes arrêtées le 25 juin étaient libérées. Le repli général de l'armée allemande n'y était, il est vrai, certainement pas étranger.

Guéret avait beaucoup souffert mais la ville, relativement protégée d'une prise en main directe par les Allemands, avait été préservée d'un massacre comparable à celui de Tulle.

L'exécution des miliciens de Guéret et l'intervention prématurée du maquis auraient pu déboucher sur une catastrophe. Évidemment moins connue, la mort d'un prêtre de la région, l'abbé Pascal, suscitait émotion et pitié.

Le curé de Lussat, canton de Chambon-sur-Voueize, est enlevé fin août 1944 dans son presbytère. Formalité habituelle, celui-ci est mis à sac, après quoi son occupant est transféré en un lieu où il est contraint de se confesser à un autre prêtre, à haute voix, en présence de ses ravisseurs. On ne voit pas très bien ce qu'il aurait à se reprocher, sinon, semble-t-il, d'avoir protesté contre les bals qui, à l'époque, avaient tendance à proliférer[1]. Enlevé donc, l'abbé Pascal est assassiné après avoir été torturé. Son cadavre sera découvert dans le bois de Douleix, près du village d'Arfeuille-Chatain.

Les responsables de cette exécution sommaire montrèrent une obstination qui démentait l'hypothèse d'un geste passager de voyous surexcités. Le 11 décembre, en effet, quatre mois après l'assassinat, trois prêtres qui procédaient à l'exhumation du cadavre dans le bois de Douleix essuyaient le feu d'une mitraillette.

Dans l'Indre, l'assassinat d'Albert Chichery est certainement à mettre au compte de rivalités mal éteintes de la IIIᵉ République. Il s'ajoute ainsi au chapitre d'exécutions sommaires dont nous avons donné de nombreux exemples, les événements de l'Occupation et la Libération servant de prétextes à la liquidation d'anciens adversaires politiques

---

1. Certaines autorités préfectorales les interdisent au cours des premières semaines qui suivent la Libération.

qui risquaient de surcroît de se révéler gênants dans l'avenir[1].

Albert Chichery est un radical bon teint, modéré, influent dans les milieux politiques de l'ancien régime et très estimé dans ce département de l'Indre où, député de l'arrondissement du Blanc, il s'est acquis de nombreuses amitiés. Fils d'un boucher, entrepreneur efficace, il a magnifiquement réussi en plaçant son affaire, les bicyclettes « Dilecta », au premier rang des marques françaises. Au Blanc, où sont installés les ateliers de construction, il a fourni de nombreux emplois... et peut-être alimenté de solides jalousies. C'est très probablement à ses compétences qu'il doit d'occuper un poste ministériel dans les deux derniers gouvernements de la IIIᵉ République, il est vrai pour une courte période, du 5 au 16 juin 1940, sous l'autorité de Paul Reynaud, et jusqu'au 12 juillet, du maréchal Pétain qui lui a succédé.

Après la défaite, Chichery n'assume plus aucune fonction ministérielle. Le respect qu'il porte au « vainqueur de Verdun » et la confiance qu'il lui témoigne sont au diapason des propres sentiments de ses amis politiques et des plus hauts placés dans la hiérarchie parlementaire, Édouard Herriot, président de la Chambre, et Jules Jeanneney, président du Sénat. Il accepte un poste de conseiller national mais il ne siégera jamais dans cette institution du régime de Vichy. Bien plus – et le fait est assez rare pour mériter l'attention –, il préfère saborder le journal *La République du Centre*, qu'il avait créé dans sa ville du Blanc, pour n'avoir pas de comptes à rendre à la censure allemande. Rare initiative, disonsnous, car les exemples seront assez fréquents de journaux qui, paraissant jusqu'à des dates avancées pendant l'Occupation, sauront opérer de magnifiques reconversions et attendront pour se saborder que la tournure des événements ne laisse plus aucun doute sur l'issue du conflit.

---

1. Robert Aron évoque dans son *Histoire de l'épuration*, t. I, p. 565 et suiv., les circonstances de la mort d'Albert Chichery, informations que nous avons complétées par le témoignage d'un fonctionnaire de l'administration préfectorale, témoin des événements.

Albert Chichery entretient avec Pierre Laval des relations cordiales qui s'expliquent par des souvenirs de la vie parlementaire et une forme de complicité due à des origines communes, l'ancien député de l'Indre n'ayant pas oublié que Laval, lui aussi sorti du rang, avait commencé sa carrière sous les couleurs socialistes. Laval au gouvernement, à Vichy, il lui est arrivé de lui demander des services. Mais sans plus. Sans engagement direct ni caution à sa politique. Il entre en contact avec la Résistance, lui fournit des bicyclettes – on citera le chiffre de quinze cents –, et l'on rappellera que deux jours avant sa mort, le 13 août, il avait pris l'engagement de livrer soixante Dilecta à l'Armée secrète. Les relations qu'il a nouées avec la Résistance locale ne se limitent pas à un soutien matériel qui n'a que peu d'exemples ; très au fait de la vie de son département et de son arrondissement, il lui arrive régulièrement de prévenir les personnes menacées – Juifs, francs-maçons, notamment –, de les orienter vers des abris sûrs, voire de les aider à gagner l'Espagne ou l'Angleterre. Il vient au secours des familles des disparus. Peut-on imaginer une action plus utile et plus féconde en un temps où trop de Français ne songent qu'à s'entre-tuer ?

Il est 19 h 30, ce mardi 15 août 1944... Albert Chichery et sa compagne reçoivent quelques amis dans leur propriété de Madrolle lorsque trois voitures font irruption et stoppent devant l'entrée. Cinq hommes en descendent. Ils sont armés, mais ceux qui se présentent ne se montrent pas menaçants. Ils demandent à parler à l'ancien ministre qui les reçoit dans son bureau. Chichery, l'entretien terminé, annonce à son entourage que les visiteurs lui proposent de rencontrer, dans la région, une personnalité qui a des informations importantes à lui communiquer. Les hommes se montrent rassurants : ils ne seront pas absents longtemps. Et ils montent dans le véhicule avec Albert Chichery, en direction de Douadic.

Ce même 15 août, vers 20 h 30, les gendarmes du Blanc qui achèvent leur tournée aperçoivent sur le chemin départemental n° 17 le corps d'un homme étendu sur le bas-côté et disposé comme si on avait cherché à le rendre bien visible. S'approchant, ils ne tardent pas à identifier la victime : Albert Chichery a été tué d'une balle tirée dans la nuque. Les assassins seront rapidement identifiés.

Plusieurs indices autorisent à penser qu'en dépit des relations que l'ancien ministre entretenait avec des groupes de la Résistance ou des personnalités de la IIIe République qui s'en réclamaient, l'exécution sommaire d'un notable de cette envergure n'a pas été décidée au seul plan local. D'abord parce que la nouvelle de la mort du « collaborateur Chichery » fut annoncée, très rapidement, par l'émission « Les Français parlent aux Français » à Londres. Ensuite parce que la présence d'un membre important de la Résistance, venu de Limoges, au moment de l'exécution – présence dont nous détenons la preuve –, ne semble pas uniquement le fait du hasard. Pour une troisième raison enfin, et sur laquelle nous reviendrons, à savoir l'impunité dont bénéficièrent finalement les assassins d'Albert Chichery.

Les obsèques de l'ancien ministre eurent lieu le 17 août à 15 heures, toutes les couches de la population mêlées, hommes de droite et de gauche côte à côte. Le maquis Guy – maquis de la région – avait envoyé sa couronne. Dans l'assistance, des résistants notoires ne cachaient pas leur étonnement et leur colère et se désolidarisaient d'un geste auquel ils ne trouvaient pas d'explication.

D'abord contrôlée par les Forces françaises de l'intérieur, ce qui expliquait la présence de représentants du maquis aux obsèques d'Albert Chichery, la ville du Blanc fut épargnée par les colonnes allemandes qui, fin août, remontaient du Sud-Ouest[1]. Cependant, les membres du maquis se dispersaient rapidement dans la campagne, le Comité local de libération interrompait ses activités et l'on rappelait à la hâte le maire de l'Occupation, M. Chaussebourg, qui reprenait sa place... Le scénario était sensiblement le même à Châteauroux qui était réoccupé le 30 août après que le Comité

---

1. Elles se signaleront par toutes sortes d'exactions dans le pays de la Brenne, multipliant exécutions, viols, pillages et incendies. Ils seront surtout le fait d'éléments d'origine étrangère, dont les soldats de l'armée Vlassov.

départemental de libération et les Forces françaises de l'intérieur se furent dispersés. L'ancien secrétaire général de la préfecture, M. Brac, fut alors convié... à reprendre du service et montra face aux Allemands une détermination qui évita certainement à la ville des représailles. Revenant à son poste après la Libération, le préfet ne put faire autrement que de le confirmer dans ses responsabilités et lui fit remettre la Légion d'honneur.

L'affaire Chichery n'était pas terminée... Une instruction fut ouverte, le crime étant vraiment trop flagrant, mais comme dans neuf cas sur dix elle tourna court. Mᵉ Jacques Isorni ayant interrogé, le 9 mars 1954, le ministre de la Défense, qui avait géré le dossier, il lui fut répondu que les présomptions avaient été « suffisantes pour justifier l'inculpation en décembre 1946 et en mai 1951 de plusieurs personnes de chefs d'assassinat ou complicité d'assassinat ».

La justice militaire avait donc dans un premier temps, et comme souvent, rempli son office, mais en septembre 1954 le tribunal militaire de Bordeaux rendait une ordonnance de non-lieu. L'assassinat d'Albert Chichery ne serait jamais sanctionné, ses exécutants pouvaient vivre en paix – sous réserve que leur conscience le leur permît –, la nature de la décision judiciaire les mettant à l'abri de la publication de leurs noms sous peine de poursuites.

Il est indéniable que des abus de toutes sortes se produisirent dans les camps d'internement réservés aux collaborateurs, ou suspects, dans toutes les régions, ou dans les casernes transformées en prisons dans les centres urbains. Ces abus et ces exactions ne furent pas toujours aussi graves, bien entendu, que dans le cas du camp de Tronçais dont nous avons déjà parlé à propos de l'Allier, ou, s'agissant des casernes, de celle du 92ᵉ régiment d'infanterie de Clermont-Ferrand ou des Présentines à Marseille, par exemple. Les conditions de subsistance n'étaient pas uniquement imputables aux difficultés du ravitaillement. Nous en avons la preuve dans un rapport de la Cour des comptes en 1949 qui intéresse le département de la Vienne.

« Une mention particulière, expliquait le rapport, s'impose pour les faits dont le camp de La Chauvinerie, à Poitiers, fut le théâtre en 1945 et qui donnèrent lieu à une enquête de l'Inspection des services administratifs. Elle a fait ressortir que plus de 250 internés civils, parmi lesquels de jeunes enfants, sont décédés en quelques mois ; pour plus de 50 d'entre eux, les constatations faites ont conduit à incriminer le défaut de nourriture, non pas que les allocations accordées par l'État fussent insuffisantes, mais en raison des vols et malversations commis par le personnel d'encadrement du camp ou certains fournisseurs... »

Plusieurs exécutions sommaires étaient signalées dans ce département de la Vienne. Le baron Henri Reille-Soult, qui appartenait à une ancienne famille de la région et travaillait pour un réseau de renseignements anglais, était assassiné à Lussac-les-Châteaux, le 17 octobre 1944. Leur crime accompli, les « patriotes » jetèrent son corps dans un puits avec d'autres victimes et l'obstruèrent à coups d'explosif.

11.

LANGUEDOC-ROUSSILLON
DES SOUVENIRS DES ARÈNES
À TOULOUSE « LA ROUGE »

Refluant vers le nord, en certains points dès le surlendemain du débarquement sur les côtes provençales, les forces allemandes abandonnent en quelques jours l'extrême sud-ouest de l'Hexagone. Tarbes a donné l'exemple, il est vrai assez rare, de l'insurrection, suivi de Lourdes, le 18 août. Le 20, et le jour même où le général Wiese donne l'ordre de repli sur l'ensemble de son dispositif, la garnison de Pau lève le camp. Ici, comme presque partout ailleurs dans la région, le retrait des troupes du Reich s'accomplit pratiquement sans combats – les accrochages se produisent plus au nord –, les Forces françaises de l'intérieur occupant le terrain et instaurant un semblant de pouvoir à leur dévotion. De l'autre côté, les miliciens et les miliciennes – nombreux – partent dans les fourgons de l'étranger. Ceux qui restent – les plus « petits » et les moins compromis – paieront souvent très cher leur engagement dans les cohortes de Joseph Darnand.

D'ouest en est, les Forces françaises de l'intérieur prennent possession de Carcassonne le 21, de Béziers le lendemain et concurremment de Montpellier et de Nîmes. Les F.F.I. contrôlent la situation, mais avant que les hommes du maquis n'aient eu le temps de s'installer dans les centres urbains, les Milices patriotiques, dont les objectifs sont à l'évidence révolutionnaires, surgissent un peu partout et commencent l'épuration à leur guise[1].

La nouvelle légalité, prévue dans la clandestinité, fonctionne immédiatement sans incident majeur et est reconnue partout.

Les trois préfets désignés – Augé, dans l'Aude, Weiss dans l'Hérault et Paganelli dans le Gard – sont également issus du Front national, au même titre que le commissaire de la République, Bounin. Sauf à les imaginer complices en raison d'affinités idéologiques, on relève de nombreux signes d'une impuissance des représentants du pouvoir central à se faire respecter et – selon leurs propres témoignages – à éviter les initiatives anarchiques et les débordements des acteurs de la justice expéditive.

Dans la Région 3 (celle de Montpellier, et regroupant les départements de la Lozère, de l'Aveyron, mais surtout du Gard, de l'Hérault), Jacques Bounin, dont on nous permettra de penser qu'il représente une référence, écrira[2] qu'il se livrait à « un jeu de cache-cache » avec les « autorités » qui apparaissent « un peu partout ». « Des policiers F.F.I. avaient surgi de tous les maquis, ajoutera-t-il. Le colonel de Chambrun, apparu en plein jour, avait pris le commandement de la 16e Région militaire et tenté de fusionner ces éléments disparates en une "police militaire" [...] Cette police militaire s'établit dans toutes les villes, procède aux arrestations, aux interrogatoires, et interne des prévenus. Ses chefs sont d'authentiques résistants, mais quelques-uns d'entre eux se laissent aller à des abus, voire des exactions. Peu à peu, des milliers de cartes de police militaire sont délivrées abusivement et parfois vendues au marché noir... »

Les « exactions » sont un terme pudique sous la plume de la plus haute autorité régionale assurément désireuse de ne pas attenter au souvenir de ses camarades de la Résistance. Mais qui est Jacques Bounin lui-même ? Une homme de

---

1. En dehors des ouvrages cités, la plus grande partie des faits relatés dans ce chapitre sont extraits de témoignages fournis à l'auteur.

2. Dans *Beaucoup d'imprudence*, Stock, 1974.

droite rallié au Front national et dont la nomination par une décision conjointe du général de Gaulle et du général Giraud au commissariat de la « Région 3 », le 3 novembre 1943, n'a pas été acceptée sans difficulté sur le terrain. Bounin a pris ses fonctions à Montpellier, dans la clandestinité, le 9 juin 1944. Ancien élève de l'École centrale, ingénieur, il est, par son épouse, le neveu du célèbre Horace Finaly, l'un des principaux promoteurs de la Banque de Paris et des Pays-Bas, homme de grande culture, inspirateur de personnages de Marcel Proust et de Jean Giraudoux dans *Du côté de chez Swann* et *Bella*. Ce grand banquier proche de la gauche a été l'un des conseillers d'Édouard Herriot lors de l'expérience du Cartel et n'a pas ménagé son appui à Léon Blum au moment du Front populaire.

Jacques Bounin a accompli ses premiers pas en politique en se faisant élire conseiller municipal de Nice en 1935 sur la liste de Jean Médecin. Il devient député le 26 mars 1939, apparenté au P.S.F., à l'occasion d'une élection partielle et en remplacement de Médecin qui a opté pour le Sénat. Le 10 juillet 1940, il vote les pleins pouvoirs au maréchal Pétain, ce qui lui vaudra de ne pas recevoir la croix de la Libération.

Comme son camarade du P.S.F. Charles Vallin – qui avait d'abord accepté un poste de commissaire à la « justice politique de Vichy » –, Bounin rallie le général de Gaulle, anime l'Union des cadres industriels de la France combattante puis rejoint le Front national où il représente les modérés pour la zone Sud.

Le voici donc, en août 1944, commissaire de la République à Montpellier, détenteur d'un pouvoir civil de principe et appelé à l'exercer aux côtés des maîtres du pouvoir militaire émanant du maquis.

Le pouvoir militaire, c'est d'abord Gilbert de Chambrun, « Carrel » dans la Résistance, chef régional des Forces françaises de l'intérieur. Ce descendant de La Fayette, fils d'une ancienne famille de Lozère, avait suivi un itinéraire qui ne le prédisposait pas à devenir un compagnon de route du parti communiste. Lieutenant de réserve, il a servi en 1939-1940 et, dans la ligne de sa carrière diplomatique, a été chargé des affaires d'Angleterre à la sous-direction de l'Europe du Quai d'Orsay. Il refuse le poste d'ambassadeur à Bucarest que lui propose le gouvernement de Vichy, demande sa mise en disponibilité et rejoint la Résistance. Il devient chef départemental des M.U.R. pour l'Hérault en décembre 1942, puis chef régional en juillet 1943. Deux mois plus tard, il préside le Comité régional de libération à sa création.

Le 27 août, les F.F.I. de Gilbert de Chambrun, sous les ordres du lieutenant-colonel Leroy – qui sera nommé commandant d'armes de la place –, font leur entrée à Montpellier, soit quatre jours après l'installation des autorités nouvellement investies. Cette intervention révèle-t-elle une intention délibérée des forces du maquis – à dominante F.T.P. très majoritaire – de faire pression sur le pouvoir politique ou, selon la thèse optimiste, est-elle exclusivement une réponse à la demande de Jacques Bounin préoccupé par les risques de désordre ?

Toujours est-il que l'une des toutes premières initiatives du commandant des Forces françaises de l'intérieur concerne l'épuration. Le surlendemain de son installation, 29 août – d'Astier de La Vigerie, le ministre de l'Intérieur du gouvernement provisoire, est alors de passage dans la préfecture de l'Hérault –, le lieutenant-colonel Leroy préside la séance inaugurale de la cour martiale dans la salle d'audience de la cour d'appel, le capitaine Bel étant commissaire du gouvernement. L'intendant de police Hornus, le préfet, membre de la Milice, Rebouleau, et un autre milicien, Cordier [1], comparaissent. Hornus sera condamné à vingt ans de travaux forcés, Rebouleau et Cordier à la peine capitale ; ils seront immédiatement exécutés. Montpellier découvre alors les atrocités commises par une équipe de la Milice de concert avec une délégation spéciale des Renseignements généraux.

Ce 29 août également, des éléments de la division du général Brosset arrivent dans la soirée à Montpellier, après une marche forcée depuis la vallée du Rhône. L'accueil très

---

1. Nous reparlerons d'Henri Cordier.

enthousiaste qu'ils reçoivent, et auquel sera associé le lendemain le général de Lattre de Tassigny venu en personne, tient pour une large part aux garanties de paix civile qu'ils apportent à une population en majorité modérée [1] que ne rassurait guère la tournure des événements.

La prison Grossetti s'ouvre devant les premières personnes arrêtées, généralement sans discernement.

On interne également au camp de Pignan, et à la Citadelle, où ont lieu les exécutions. Le 27 octobre est lancée, de 5 h 30 à 10 heures, une « grande opération de police » avec la participation de la police, de la gendarmerie et de deux cents soldats des troupes coloniales qui, dans les quartiers de Figuerolles et de l'Abattoir, aboutit à l'interpellation et à l'arrestation de 55 personnes, qui sont internées à la Citadelle.

La Citadelle attire, le jour des exécutions, l'arrière-ban des amateurs de spectacles sanglants parmi lesquels les enfants, amenés par leurs parents. C'est que la cour martiale de Montpellier bat, dans toute la région du Sud-Ouest, l'un des records absolus par le nombre des condamnations à mort : sur quelque 100 comparutions, 75 se solderont par la peine capitale dont une seule ne sera pas suivie d'effet.

Les accusés sont pour la plus grande partie miliciens, pour les autres principalement d'anciens militants du P.P.F. Certains d'entre eux ont indiscutablement « participé à des opérations contre le maquis ». Ce qui n'empêche pas les observateurs les moins portés à l'indulgence de considérer un « certain nombre » de ces condamnations comme « hâtives ».

Le 11 septembre, un arrêté du commissaire de la République Jacques Bounin porte création de la cour de justice de Montpellier. Installée le 13, elle tiendra sa première

---

1. S'agissant de Montpellier, car les partis du Front populaire avaient dépassé les 60 % des voix aux législatives de 1936 dans l'ensemble du département de l'Hérault. Leur victoire était encore plus nette dans l'Aude. Dans le Gard où, nous le verrons, l'épuration fut particulièrement violente, l'extrême gauche obtenait l'un de ses meilleurs résultats nationaux : 50 % des suffrages.

séance le 21. Le 12, le Comité départemental de libération n'avait-il pas voté, à l'unanimité, à l'initiative du pasteur Cadier, une motion demandant que l'on revînt à une forme de justice moins expéditive ?

La justice sommaire de la cour martiale de Montpellier, comme celle de Béziers –, nous évoquerons plus loin les événements de Béziers – ne décourage pas pour autant les initiatives de groupes isolés qui pratiquent l'épuration à leur manière, dans la majorité de ces cas en toute impunité. L'assassinat du Dr Arthur Marissal, le 4 mai 1944, avait frappé par son caractère spectaculaire et particulièrement odieux. Il entraînera une série d'événements qui constitueront un drame assez rare à une époque pourtant coutumière de l'exceptionnel.

Médecin phtisiologue de grande valeur, le Dr Marissal bénéficie à Montpellier d'un respect unanime et « on ne lui connaît pas d'ennemi ». C'est un catholique fervent, prieur du tiers ordre dominicain, d'opinions Action française. Tout le contraire d'un collaborateur, il a fourni, dès novembre 1943, et jusqu'à sa mort, de nombreux faux dossiers médicaux au représentant régional à Montpellier du ministre du Travail, Mme Joseph Enjalbert, elle-même résistante très engagée, dossiers « attestant » généralement de séquelles d'anciennes tuberculoses à l'attention de jeunes gens passibles du S.T.O.

Ce 4 mai 1944, un jeune homme se présente au cabinet du Dr Marissal et sollicite son intervention en faveur d'un blessé dans les tout proches jardins du Peyrou. Point méfiant, le médecin accepte de suivre son interlocuteur lorsque celui-ci tire sur lui et le blesse grièvement en présence de son fils, Jean, âgé de treize ans, l'un de ses cinq enfants. Jean Marissal poursuit alors l'agresseur et réussit à l'atteindre à la tête en lui jetant un pot de fleurs. Le docteur Arthur Marissal mourra quelques heures plus tard. L'assassin est arrêté à la mi-juin. Il s'appelle Raoul Batany, déclare avoir agi sur ordre de son « groupe franc », parce que, prétend-il, le Dr Marissal était considéré comme « l'ennemi n° 1 de la Résistance à Montpellier ». Il apparaît par ailleurs que

Batany était venu tout exprès à Montpellier pour accomplir son acte.

Le 14 août, le milicien Henri Cordier, qui est par ailleurs délégué de la L.V.F. pour l'Hérault, s'introduit dans la cellule de Raoul Batany à la caserne de Lauwe après avoir forcé la porte avec une pioche. Aidé d'un complice, il le conduit à l'extérieur, où il est exécuté sommairement. Condamné à mort par la cour martiale, ainsi que nous l'indiquions précédemment, Cordier sera à son tour exécuté.

La Résistance régionale, qui entretiendra autour de la mémoire de Raoul Batany un culte soigneusement vigilant, affirmera qu'il avait été enterré vivant après avoir été torturé. Une version que contestera la famille Marissal profondément traumatisée par la disparition du docteur – on l'aurait été à moins – et par les manifestations répétées en faveur d'un assassin dont l'unique fait d'armes, estimera-t-elle, avait résidé dans l'exécution d'un homme de bien, père de cinq enfants, praticien renommé et militant engagé contre le travail en Allemagne. La famille Marissal s'appuiera, notamment, sur les résultats de l'autopsie pratiquée par trois professeurs à la faculté de médecine de Montpellier, en septembre 1944, concluant que Batany avait été tué d'une seule balle, et sur le coup, ce qui excluait qu'il eût été enterré vivant [1].

Le drame était entré dans une famille qui n'acceptera jamais l'irréparable injustice dont elle était frappée.

En septembre 1965, le Comité départemental de la résistance déclarait que le docteur Marissal avait été exécuté sur ordre d'un agent de la Gestapo infiltré dans les rangs de la Résistance. Mais, par un arrêt du 17 juin 1947, la cour d'appel de Montpellier avait estimé que le docteur Arthur Marissal avait été tué par Raoul Batany agissant sur l'ordre de son chef direct, le commandant régional des Corps-francs de la Libération.

---

1. Ce fait sera rappelé dans une lettre adressée au *Monde* le 10 octobre 1969, par le professeur à la faculté de médecine Mourgues-Molines.

Le 21 mars 1975, Arthur Marissal était déclaré « mort pour la France ». Justice était faite.

Béziers vit pratiquement dans l'anarchie jusqu'à la fin de 1944, des groupes armés incontrôlés pratiquant des arrestations arbitraires et narguant l'autorité du sous-préfet François Raynaud que Jacques Bounin devra se résoudre à suspendre et qui sera par la suite révoqué par le ministre de l'Intérieur. Pour faire face à l'afflux des prisonniers désignés comme « miliciens et autres suspects » – ce qui est une manière commode de désigner des centaines d'innocents interpellés sans la moindre preuve –, le Comité de libération que préside le socialiste Pierre Malafosse, avocat et ancien membre de l'Assemblée consultative à Alger, votera dans sa délibération n° 8, et au cours de sa séance du... 6 novembre 1944 – trois mois après la Libération, notons-le –, une résolution en faveur de la création d'une « prison auxiliaire dans l'enceinte des arènes... »

Le 11 septembre, la cour martiale formée à Béziers condamne neuf miliciens à mort. Le récit[1] suivant montre dans quel climat étaient rendues les sentences de ces juridictions d'exception...

« Ayant été informé qu'une réunion de la cour martiale devait se tenir dans la salle de musique de la ville, je m'y rendis et fus informé que l'on allait juger dix hommes arrêtés pour cause d'appartenance à la Milice.

« J'ai tout d'abord été surpris et choqué de voir à l'entrée de la salle quelques énergumènes habillés en soldats et appartenant aux F.T.P. ; dépenaillés, foulard rouge autour du cou, cigarette au bec, mitraillette pointée et faisant soi-disant la police.

« Pénétrant à l'intérieur, je vis une foule excitée, hurlante, criant : "À mort, à mort !". Sur l'estrade, trois personnes habillées en militaires avec galons : un colonel (ou soi-disant tel) et deux capitaines. J'ai su ensuite que le colonel président était un jeune agrégé communiste qui avait déjà

---

1. Témoignage remis à l'auteur *par un ancien membre du mouvement de Résistance Combat.*

sévi à Nice et à Marseille. À côté, le procureur (qui était avocat à Béziers) nommé Lajous et que je connaissais ; il avait endossé sa robe avec sa croix de guerre pour faire plus vrai. M'étant donc inquiété de ce qui allait se passer, j'appris que l'on allait effectivement juger dix miliciens. Grâce à mon laissez-passer, je pus m'approcher du procureur pour lui dire qu'il n'était pas possible de juger des hommes sans leur accorder une défense. Il m'accorda une heure pour trouver un avocat ; je courus donc en ville et trouvai un avocat, Me Gastal, que je connaissais et qui accepta sans enthousiasme de venir devant ce tribunal révolutionnaire.

« Le procès commença et fut rapidement expédié. Le colonel président demanda à chacun son état civil et posa à chacun à peu près les mêmes questions :

Reconnaissez-vous avoir appartenu à la Milice ?

Réponse : oui.

Avez-vous participé à des opérations contre les maquis ?

Réponse : Non.

Avez-vous été emmenés en groupe ?

Réponse : Oui, quelquefois.

Aviez-vous des armes ?

Réponse : Oui, quelquefois mais nous n'avons jamais vu personne.

Si vous aviez rencontré des maquis, auriez-vous tiré ?

Réponse : Peut-être...

« Puis le procureur prononça son réquisitoire en concluant à la peine de mort et en revendiquant l'honneur de commander le peloton d'exécution.

« Sentence : Condamnés a mort, tout au moins pour neuf d'entre eux. Seul l'un des deux frères Bouys bénéficia d'un complément d'information car il n'était pas établi qu'il avait été inscrit à la Milice.

« Tout cela fut expédié en moins d'une heure.

« À la sortie, la foule hurlante et déchaînée criait "À mort, à mort !", crachait sur les condamnés et voulait les lyncher sur place, les gardiens les protégeant à peine. Ces condamnés furent conduits à la prison Saint-Nazaire. Il était à peu près midi.

« Je suis rentré chez moi pour déjeuner et me suis rendu aussitôt à la mairie où se tenait celui qui avait pris en main les fonctions de chef de la police. Il s'agissait de M. Lanet que je connaissais très bien et que je tutoyais. Il avait pris la clandestinité comme responsable du groupe Combat. J'avais donc souvent des contacts avec lui. Ce monsieur avait, dans sa jeunesse, appartenu aux Camelots du Roi mais avait, avec la guerre, largement évolué vers la gauche jusqu'à prendre, à la Libération, un accord avec les communistes.

« La mairie était entièrement investie par les F.T.P. dépenaillés. Deux de ces énergumènes gardaient la porte de Lanet ; les ayant écartés, je pénétrai dans le bureau et dis à Lanet : "Je pense que tu sais que neuf hommes viennent d'être condamnés à mort alors que cette sentence est manifestement exagérée pour au moins sept d'entre eux (deux avaient en effet dénoncé des résistants à la Gestapo). Ils sont à Saint-Nazaire, fais-les transférer dans une autre prison afin de les soustraire à la vindicte populaire et, dans quelques mois, on les rejugera..." Lanet prit cela de très haut me disant que tous les miliciens devaient payer et qu'il ne comprenait pas que j'intervienne pour eux et ne ferait rien pour empêcher leur exécution.

« Étant sorti de son bureau, j'aperçus une femme en pleurs avec deux enfants. M'étant approché d'elle, je lui demandai quelle était la cause de son chagrin. Après bien des hésitations (à cette époque, chacun se méfiant de tous), et après l'avoir assurée que si je pouvais l'aider, je le ferais, elle finit par me dire qu'elle était la femme de l'un des condamnés et que Lanet refusait de lui donner une autorisation d'aller à la prison pour que ses enfants puissent embrasser leur père.

« J'étais outré et, rentrant à nouveau dans le bureau de Lanet, je lui demandai s'il avait une pierre à la place du cœur pour aller jusqu'à refuser à des enfants de pouvoir embrasser leur papa. J'eus une discussion violente avec lui mais n'obtins rien.

« Quelques instants après, je rencontrai dans les couloirs de la mairie un prêtre ayant la Légion d'honneur et que je ne connaissais pas. M'approchant de lui, je l'informai de la situation et lui dis que neuf hommes allaient être fusillés, que je ne savais pas s'ils étaient catholiques, mais pensant que la présence d'un prêtre pouvait les soutenir moralement, je lui demandai s'il accepterait d'aller à la prison. Ayant son accord, je pénétrai à nouveau dans le bureau de Lanet pour lui demander un laissez-passer pour ce prêtre. Nouvelle discussion violente au cours de laquelle Lanet me dit qu'il se demandait quel jeu je jouais et que, si je continuais, il me ferait arrêter, etc. Bref, j'obtins le laissez-passer pour ce prêtre qui passa la nuit à la prison. Je le revis le lendemain, il me dit que la nuit avait été atroce, que ces neuf hommes avaient été torturés, battus, que vers 5 heures du matin, ils avaient demandé la grâce d'être fusillés tout de suite et qu'il les avait accompagnés jusqu'à l'exécution.

« J'ajoute que l'avocat, Me Gastal, n'a pour ainsi dire pas pu plaider. Parmi les condamnés, il y avait le chef de la Milice de Béziers, viticulteur et ancien officier de la guerre de 1914-1918 ayant eu une conduite héroïque pendant cette guerre. Me Gastal a eu juste le temps de lire une dizaine de citations à l'ordre de l'armée avant de se voir couper la parole. Il a eu le temps également de dire que ce chef de Milice avait refusé de distribuer les armes malgré l'ordre de Darnand et les avait enterrées dans sa propriété... »

Pierre Bouys sera fusillé le lendemain de la sentence, 12 septembre, avec les huit autres miliciens. Son épouse avait « exceptionnellement » reçu l'autorisation de M. Lanet de lui rendre visite, quelques heures avant sa mort.

M. Bouys fut finalement innocenté. Mme Bouys recevra pour toute consolation la jouissance des biens de son époux sur lesquels pesait la menace d'une confiscation.

Mais c'est principalement à Nîmes, avant de reprendre à la fin de l'année à Béziers, que se cristallise, en ce mois de septembre 1944, l'épuration anarchique.

La ville est de tradition de gauche, ayant eu à sa tête un maire socialiste, Hubert Rougier, élu député au printemps 1936 sous l'étiquette du Front populaire, ce qui ne l'a pas empêché, comme bien d'autres, de témoigner sa fidélité au maréchal Pétain à qui il adressait, le 15 octobre 1940, ses « sentiments émus au sujet de la belle œuvre de réorganisation sociale entreprise... ».

Une partie de la 9ᵉ Panzerdivision S.S., au repos, stationne dans la capitale du Gard depuis le début de 1944. Elle ne tardera pas à profiter de ces délices de Capoue pour laisser des souvenirs de sa barbarie. La Résistance est exclusivement représentée, comme dans l'ensemble du département, par les F.T.P.F. Attentats et répression se succèdent jusqu'à la Libération. Le département totalise un nombre impressionnant d'actions violentes contre l'occupant : 124 de novembre 1942 à décembre 1943 et 135 de janvier au 6 juin 1944. La production du bassin d'Alès est asphyxiée tandis que l'administration de Vichy est de plus en plus impuissante à faire respecter son autorité.

Évacuant le Gard à compter du 20 août, les troupes allemandes commencent le 21 à traverser Nîmes. La Grand-Combe et Alès sont toutefois libérées en premier lieu par les compagnies F.T.P.F. descendant des vallées cévenoles. Michel Bruguier, *alias* « Audibert », chef départemental des Forces françaises de l'intérieur [1], a d'ailleurs installé son état-major à Alès.

C'est alors que se produit un incident dont les conséquences vont être importantes pour la libération de la préfecture du Gard. Contrevenant aux instructions qui lui ont été données, le commandant F.T.P.F. Jean Garnier (« Barry ») force le mouvement vers Nîmes où une partie de ses troupes entre le 23 au soir. Pris de court, Bruguier doit s'incliner. Les hommes de Garnier s'emparent des fonds de la Banque de France dans des conditions que le commissaire de la République, Jacques Bounin, décrit dans ses souvenirs [2] : « Les F.T.P., relate Bounin, ont attaqué avant la Libération la Banque de France. Ils ont pris à Nîmes près d'un milliard. Je n'ai pas besoin de demander à Chambrun ce que nous devons faire : de patientes négociations permettront le retour du tiers de la somme. Pourquoi le tiers ? Parce que nous n'avons pu obtenir plus. Qui peut prétendre avoir fait mieux à l'époque ? »

---

1. Âgé de vingt-cinq ans, avocat, il sera l'un des représentants des *Lettres françaises* contre Victor Kravchenko.
2. Jacques Bounin, *op. cit.*

En matière d'épuration, le commandant des Francs-tireurs et Partisans, dont l'état-major siège à l'hôtel Imperator, impose sa loi au préfet, Dom Sauveur Paganelli. Le 28 août, après avoir demandé l'ouverture de la prison centrale où sont détenus des soldats allemands, Garnier exige et obtient que lui soient livrés douze Français parmi lesquels neuf miliciens.

Promenés, les bras levés, sous les insultes de la foule accourue, ils sont fusillés, à 18 heures, devant les arènes, par un peloton commandé par le capitaine Boulestin, le commandant-major de la caserne Montcalm.

Au moment même où les neuf miliciens tombent sous le feu des mitraillettes, six F.T.P. armés, sans doute enhardis par leur premier succès, et conduits par leur chef, Jean Garnier lui-même, entrent sans coup férir dans le bureau du préfet Paganelli. Ils exigent de lui non seulement le libre accès à la prison centrale – dont ils ont, pourtant, déjà forcé les portes – mais le désarmement de la police en uniforme et le licenciement de la police en civil.

Ce sont des ordres, mais des ordres auxquels le représentant de l'autorité légale refuse de souscrire. Il répond qu'ancien combattant, il serait bien curieux de connaître les états de service de chacun de ses interlocuteurs, allant même jusqu'à leur conseiller de contracter engagement dans les armées régulières qui poursuivent les Allemands, à l'exemple de ceux des F.F.I. qui ont compris que leur devoir est de continuer à combattre l'ennemi, les armes à la main.

Ces arguments mettent hors d'eux-mêmes les F.T.P. présents qui menacent le préfet de le conduire... à la prison centrale. Mais Paganelli ne se laisse pas intimider : « Soit, répond-il, emmenez-moi à la prison, mais à pied, de telle manière que la population se rende compte que c'est le préfet, représentant du général de Gaulle, que vous avez arrêté ! »

Décontenancés par tant de fermeté, les six hommes font appel au renfort de quatre de leurs camarades restés au-dehors et armés tout comme eux. Mais décidément Paganelli ne se laisse pas intimider et, invoquant l'autorité dont il est investi, brandit à son tour la menace : qu'ils se retirent, ou il les fera fusiller !

Le préfet a gagné... Mais pour combien de temps ?

Le lendemain 29 août, les choses risquent d'empirer. Et la visite à Nîmes d'Emmanuel d'Astier, ministre de l'Intérieur du Gouvernement provisoire, qu'accompagne Jacques Bounin, sauve Paganelli d'une situation de plus en plus critique.

D'Astier et Bounin se présentent à la préfecture dont ils demandent à rencontrer le « titulaire »... Pour s'entendre répondre que celui-ci ne peut les recevoir. Éconduit, donc, d'Astier de la Vigerie décide de partir à travers les rues de Nîmes, probablement pour enquêter *de visu* sur la manière dont évoluent les événements. Mais Jacques Bounin, lui, entend ne pas se satisfaire du refus transmis par l'huissier de service. Il entre dans le bureau du préfet sans s'être fait annoncer et découvre une scène qui lui livre la clef de l'énigme : Paganelli discute, au milieu de son bureau, avec les F.T.P. qui l'entourent et renouvellent leurs injonctions. Tout indique au commissaire de la République que son représentant à Nîmes est sur le point d'être arrêté.

Ne disposant d'autre moyen que la persuasion, seul, n'ayant aucune force pour l'appuyer, Bounin explique à ses interlocuteurs que le préfet est bien dans le Gard le représentant du Gouvernement provisoire, qu'il faut donc lui obéir, que l'épuration doit s'organiser, que la légitime colère populaire doit être canalisée. La discussion durera deux heures. On n'a pas fini de régler les problèmes, mais enfin Jacques Bounin obtient satisfaction : que Paganelli n'aille pas rejoindre à la prison centrale... les inculpés de la collaboration.

Les exécutions continuent à un rythme croissant après le 28 août : le 9 septembre 1944, vers 19 heures, 10 nouveaux « collaborateurs » sont fusillés, sans avoir comparu devant la moindre juridiction, à la caserne Montcalm. Et 22 autres le 19 septembre. On retrouvera les corps dans une fosse commune à Saint-Césaire, près de Nîmes.

La commune avait vu le massacre de 17 otages par les Allemands. On crut utile de faire un exemple et de renouveler contre des collaborateurs, ou suspects de collaboration, les atrocités dont s'était rendu coupable l'occupant : 28 personnes – dont plusieurs femmes – furent rassemblées à 10 heures du soir, et placées devant une fosse que les Allemands avaient creusée pour se protéger des bombardements. La plupart des futures victimes ne savaient pas ce qu'on leur reprochait et pourquoi on les avait amenées là. Elles demandèrent des explications ; certaines supplièrent qu'on leur laissât la vie. Mais elles furent abattues sans pitié. Il faut croire cependant que des difficultés se présentèrent puisque, selon les témoignages, l'exécution dura une heure environ.

La population n'avait pas osé réagir, la plupart des habitants de Saint-Césaire préférant rester chez eux, calfeutrés. Leur intervention n'aurait, d'ailleurs, probablement rien changé. Le curé commença une prière qui s'acheva avec la dernière rafale de mitraillette. Puis les assassins couvrirent les corps de paille, avant de jeter la terre, afin de hâter la putréfaction. Une enquête administrative aboutit à l'exhumation.

Les épouses des « collaborateurs » exécutés reçurent la lettre suivante signée du « capitaine Boulestin, commandant-major de la caserne Montcalm » :

« *Madame,*
« *J'ai le profond regret de vous annoncer que votre mari, pris comme otage, le 19 septembre 1944, par l'état-major F.F.I., a été fusillé le même jour.*
« *Veuillez agréer, Madame, mes salutations distinguées.* »

Le terme « otage », sous la plume d'un officier des Forces françaises de l'intérieur, et le ton général de ce « faire-part » en disaient long sur les méthodes qui présidaient à l'épuration dans la région nîmoise. Il n'était même pas fait allusion à un quelconque jugement : or on était à près d'un mois de la Libération...

Les recherches entreprises par la femme de M. Marcel Quittard, ancien sous-chef de service aux chemins de fer, à Nîmes, furent pour beaucoup dans la mise à jour de l'affaire de Saint-Cézaire.

Domicilié à Pont-Saint-Esprit, M. Quittard a subi à la Citadelle la partie la plus douloureuse de ce qu'il n'est pas exagéré de considérer comme son calvaire... Des résistants, ou soi-disant tels, renouvellent des méthodes qui avaient valu à ces lieux une sinistre réputation pendant l'Occupation.

Nous ne pouvons mieux faire que de citer cette information, et ces commentaires du quotidien *La Marseillaise*, organe du Front national, dont on connaît les attaches avec le parti communiste, le 15 novembre 1944, trois mois après la Libération, dans son édition pour le département du Gard.

Un tel texte – qui est signé « A. Lorrain » – publié par un journal de droite ou de tendance modérée – car il ne paraît guère de journaux de droite à la Libération ! – n'aurait pas retenu l'attention. On l'aurait porté, au mieux, au compte d'un parti pris revanchard. Mais dans un quotidien comme *La Marseillaise*...

« On nous communique : "Justice doit être faite. L'épuration est une tâche nécessaire. Mais jamais le sentiment français n'acceptera que violence, torture, sadisme, se confondent avec la justice. Les nazis, la Gestapo et ses soudards se sont livrés à des supplices et à des tortures monstrueux. La France rejette ces méthodes.

« "Hélas ! Honte pour nous, Français ! Ces mêmes méthodes ont été employées à la Citadelle de Pont-Saint-Esprit. Des Français ont été torturés par des Français. Interrogés, complètement nus, passés à la chaise électrique, le courant aux mains, aux pieds, à la tête, matraqués...

« "Jamais, nous Français, poursuit cet objecteur de conscience insolite, nous ne tolérerons que l'on puisse dire que notre France a été un pays de tortures et de cruautés.

« "Une enquête sévère s'impose. Il faut que les pouvoirs publics interviennent et que pleine lumière soit faite..." »

Et le lecteur de *La Marseillaise* d'ajouter : « À ce scandale s'ajoutera peut-être un autre, celui de certaines perquisitions, pillages. Là aussi, il pourrait y avoir des surprises... »

Catholique affiché, M. Alfred Quittard s'est acquis une large sympathie puisqu'il a été élu conseiller municipal, en 1936. Il a, à l'âge de dix-huit ans, adhéré à l'Action française. Ce qui ne l'empêche pas de bénéficier du respect de ses adversaires. Cheminot, il a pris sa retraite après vingt-neuf années de « bons et loyaux services ». Mais M. Quittard a, dans l'exercice de ses fonctions, noté, à l'intention de ses supérieurs, les noms de ses collègues qui ont participé aux grèves du printemps 1936[1].

Arrivent la guerre, l'Occupation. M. Quittard s'inscrit à la Légion des combattants, puis au groupement Collaboration, ce qui est plus compromettant, et dont il honore les cotisations et suit les conférences. Lorsque la ville est bombardée, le 15 août 1944, jour du débarquement allié sur les côtes de Provence, il est des premiers à se porter sur les lieux sinistrés, à secourir les blessés, à aider les enfants brusquement privés de leurs parents.

Les travaux de déblaiement sont lents, difficiles, requérant des bonnes volontés et des moyens... qui font défaut. M. Quittard travaille dur, bien qu'il en ait passé l'âge. C'est là, sur le chantier, qu'on l'arrête, le 2 septembre. Il est conduit avec d'autres au « quartier » Vallongue, à Nîmes, pour interrogatoire. Il s'explique, sans cacher ses choix antérieurs, et convainc ses interlocuteurs du peu de charges qui pèsent sur lui, après avoir été averti qu'il aurait probablement à répondre de son attitude devant la chambre civique.

Quinze jours passent, et M. Quittard qui se croit à l'abri de complications graves est arrêté à son domicile par un groupe armé. Il avait repris ses activités coutumières, rentrant chez lui chaque jour, ne prenant aucune précaution particulière. Comme des milliers d'autres suspects, il aurait pu disparaître pendant quelque temps sans attirer l'attention, chercher refuge chez des parents ou des amis, en attendant des jours moins agités. Mais lui, non... puisqu'il avait reçu l'assurance d'une prochaine comparution devant une institution légalement constituée.

Retour donc à Vallongue, le 17 septembre. Et depuis, aucune nouvelle. Mme Quittard s'est mise en quête, allant

---

1. Dans le réseau privé P.L.M. La nationalisation-rachat des chemins de fer, dont l'exploitation se révélait déficitaire et la création de la S.N.C.F. n'interviendront qu'une année plus tard, pendant le gouvernement Camille Chautemps.

d'une caserne à l'autre, d'un lieu de détention à un autre, interrogeant responsables et témoins éventuels. Cela dure une semaine, sans résultat. M. Quittard a été, en fait, conduit à la Citadelle. On le frappe, jusqu'à lui fracasser la mâchoire, jusqu'à lui décoller les oreilles, on le roue de coups qui lui occasionnent de multiples contusions. Son épouse aura en main le certificat attestant les sévices.

Mme Quittard aura attendu pendant sept jours. Elle apprend alors d'une lettre signée de « l'état-major » – dont nous avons donné le texte – que son mari a été fusillé.

L'ancien cheminot de Nîmes faisait partie des fusillés de Saint-Césaire où il avait été transféré.

Plainte fut déposée, mettant en cause des dirigeants F.T.P.F. régionaux. L'enquête, menée par la Sûreté nationale, conclut à l'innocence de M. Quittard. Il n'y eut pas de suite.

Un autre cas, bien que différent, celui de Mme Polge.

Mme Polge est une belle femme, élégante, épouse d'un ex-footballeur, bien connue des Nîmois. Pour elle, l'Occupation est une occasion de revanche sociale, de narguer le bourgeois. Elle devient – rien de moins – la maîtresse du commandant allemand de la place de Nîmes qui exhibe un patronyme authentiquement français : Saint-Paul. Elle trafique, se sert de son influence d'alcôve auprès du commandant pour rendre des services qui lui sont monnayés par du ravitaillement – beurre, œufs, fromages – et l'on en passe. On lui reconnaît des pouvoirs exceptionnels pour éviter un départ en Allemagne pour le Service du travail obligatoire, l'obtention d'un laissez-passer...

Le rôle de Mme Polge va-t-il au-delà ? Mérite-t-elle d'être considérée comme un agent actif de l'occupant ? Il est difficile de le savoir. Toujours est-il que restant sur place à la Libération, au lieu de filer avec son amant et de rejoindre la cohorte des « filles à Boches » qui peuplent les caravanes des anciens vainqueurs en déroute, elle se laisse prendre, interner, avant de comparaître, le 22 septembre 1944, devant la cour martiale de Nîmes qui la condamne à la peine de mort.

Rendant compte de « l'affaire Polge » dans son numéro du 27 septembre, *Le Populaire* du Bas-Languedoc, du Rouergue et du Roussillon, organe fraîchement issu de la Résistance, écrit que, attiré par le procès, « le public – il faut le dire et ce n'est pas à son honneur – l'attendait [la comparution] comme jadis une corrida, une fête... ».

On imagine la fureur populacière, point n'est besoin d'y insister. Le journaliste, qui cache mal son dégoût pour les jeux de cirque, s'en prend à cette « femme arrogante, intrigante, sans scrupules. Hier, écrit-il, la maîtresse d'un officier boche. Aujourd'hui, si elle eût été en liberté, la première maîtresse d'un officier américain... ». Ce qui est parfaitement plausible, les aventurières de cet acabit prêtant davantage intérêt au grade qu'à la couleur des uniformes et à la nationalité de leurs propriétaires, dans leurs plans de campagne sentimentaux.

« Sait-on, poursuit le commentateur scandalisé, que Mme Polge a avoué recevoir tous les jours de Mme G., bouchère à La Placette, un kilo de viande, recevoir régulièrement deux, trois litres de lait par jour, recevoir du commandant boche Saint-Paul, très régulièrement, et ceci deux ou trois fois par semaine, du gibier, se faire chausser, se faire coiffer sans qu'il lui en coûte un centime ? Tout cela en récompense de certains services.

« Et pendant ce temps, la classe ouvrière et ses enfants crevaient de faim... »

Il y avait de quoi être écœuré. Mais le cas de Mme Polge n'était pas, hélas, unique, tant par la fréquentation des troupes allemandes que par la provocation d'une existence à l'abri du besoin ou proche du luxe au moment où tant de Français manquaient du nécessaire. Les forêts de l'Hexagone n'eussent pas suffi à fournir le bois nécessaire s'il avait fallu dresser des gibets pour tous les trafiquants et profiteurs, affichés ou non, du marché noir.

Le 2 octobre est le jour fixé pour l'exécution de la sentence. On organise, dans la cité des arènes, un carnaval funèbre. Les cheveux tondus, cela va de soi, Mme Polge est promenée à travers la ville sous les insultes. On la met au poteau. « Dieu vous garde, lance-t-elle avant de s'effondrer sous les balles, je n'ai rien fait ! »

Avant d'en venir précisément aux procédures de la cour martiale, nous relevons cet exemple typique des enlèvements à domicile qui ont les faveurs des justicialistes de l'hôtel Imperator.

Le 11 septembre, à 15 heures, quatre hommes descendus d'une automobile s'emparent de plusieurs gardiens de la prison centrale sous prétexte d'obtenir des renseignements et dans ce but, affirment-ils, les conduisent à l'état-major F.T.P. où les ont précédés cinq de leurs confrères. On introduit les sept hommes dans une pièce où commence l'interrogatoire. Celui-ci prend alors une forme insolite, bien éloignée des préoccupations du moment. On pourrait s'attendre à ce que les prévenus aient à répondre d'un comportement abusif ou de sévices perpétrés dans les geôles de l'Occupation... Il n'en est rien... Les captifs d'hier métamorphosés en accusateurs présentent à leurs otages une litanie de souvenirs remontant parfois à la période d'avant-guerre : « J'ai fait cinq ans, alors, rappelle l'un des procureurs ; à notre tour de te garder ! – Te souviens-tu, dit un autre, tu étais là quand on m'a transféré de Valence à Lyon, je t'ai demandé de me desserrer les grillets[1] et tu as refusé ! – Et toi, tu ne voulais pas que je fume ! – Toi, quand j'étais au parloir, tu ne voulais jamais m'accorder une seconde de plus... »

Sachant ce qui se passe alors à Nîmes, les gardiens craignent le pire. Ils passent, à l'hôtel Imperator, quelques longues heures d'angoisse. Dans la soirée, on les transfère à Masméjean, près du Pont-de-Mauvert, en Lozère. C'est un ancien centre scolaire de vacances transformé en camp d'internement pour les besoins de l'épuration. Le régime réservé aux internés va de la fouille et à la confiscation des objets de valeur jusqu'aux vexations diverses, coups et bastonnades. À leur grand étonnement, les anciens gardiens y échappent ; on les gratifie d'un traitement à part et, pour le lieu et l'époque, de faveur. Ils se demanderont longtemps pourquoi... jusqu'au jour où ils comprendront les raisons, vrai-

---

1. Les menottes.

semblables, de l'indulgence qui leur avait été témoignée. Membres d'une administration, de surcroît n'ayant rien de très spécial à se reprocher dans l'exercice délicat de leurs fonctions, sans doute étaient-ils appelés à retrouver, un jour ou l'autre, l'un ou l'autre des surveillants du camp... dont le casier judiciaire avait connu quelques taches. Supposition, mais elle était de poids. Dans ce cas, ce qui pouvait être mis au compte de l'indulgence n'était, en fonction d'événements prévisibles, que prudent opportunisme.

Dans ce même camp de Masméjean, sept prisonniers jugés sommairement seront fusillés le 12 septembre à cinq heures du matin ; un autre subira le même sort le 18.

Le 7 octobre, les internés étaient transférés dans un château proche dont le propriétaire avait lui-même été exécuté. La dissolution du camp de Masméjean sera prononcée le 13 octobre. Tandis qu'un certain nombre de suspects étaient libérés, d'autres étaient transférés à Nîmes pour y être jugés. Trois prisonniers furent cependant gardés dans les lieux. On ne saura jamais ce qu'ils sont devenus.

Quelque deux mille prisonniers sont enfermés dans les prisons de Nîmes. Il y a assurément parmi eux un certain nombre de traîtres patentés, mais, à côté, des centaines et des centaines d'innocents – Nîmes n'échappe pas à la règle –, et les abus minables de petits maîtres, et de petits chefs qui, sortis de l'obscurité par la grâce d'une Résistance de pacotille, exercent leurs muscles sur les ennemis de classe, les pétainistes déchus et les « collabos » de toute espèce. Le docteur Escande de Mézières, commandant de la Légion d'honneur, est promu au nettoyage des lieux d'aisances avec ses mains avant d'être exécuté. Son corps sera mis dans un sac et jeté dans le Gardon.

La cour martiale de Nîmes se surpasse dans l'arbitraire. Michel Bruguier la préside. Commissaire du gouvernement, Georges Servigne, fort en voix, prononce des réquisitoires bâclés qui annoncent avec une quasi-certitude les peines à venir. C'est un procureur redouté, et une personnalité sur laquelle planent les ombres d'un passé contesté.

Notaire à Maussane (dans les Bouches-du-Rhône), Georges Servigne s'est ensuite installé à Nîmes où il est devenu avoué. La défaite arrivant le trouve empressé à choisir son camp dans la partie de l'opinion qui n'est pas la mieux disposée... à l'égard de la résistance contre l'occupant. On le sait proche des amis de Marcel Déat, collaborateur du journal *L'Effort*, réplique en zone Sud de *L'Œuvre*.

Sous l'effet d'une brusque inspiration idéologique, et plus vraisemblablement... par opportunisme, Georges Servigne rallia les F.T.P. dont il fut fait commandant. On le nomma procureur de la cour martiale dès les premières heures de la Libération. Un procureur qui retrouva devant lui le préfet de Vichy, Angelo Chiappe, autrefois l'objet de ses sollicitations empressées, mais aujourd'hui accusé majeur, ramené spécialement d'Orléans, où il exerçait les fonctions de préfet régional, à la demande de la Résistance nîmoise et de ceux qui brûlaient d'en découdre avec lui. Servigne sera comblé de responsabilités répressives ; Chiappe contre qui il avait requis la peine de mort sera fusillé après le rejet de son recours en grâce.

La cour martiale prononce vingt condamnations à mort sur les réquisitions du commissaire du gouvernement Servigne. Les recours devant le commissaire de la République Bounin sont, dans la très grande majorité des cas, sans écho. Mais ce n'est pas tellement le nombre des condamnations à la peine capitale qui importe que, en l'occurrence, les attendus qui les accompagnent.

Quelques extraits des jugements de la cour martiale de Nîmes – deux audiences à compter du 9 septembre – montrent la stupéfiante légèreté des accusations qui pèsent sur les futurs condamnés : les témoignages en faveur de tel ou tel d'entre eux sont tenus pour valeur négligeable, fussent-ils produits par le Comité de libération... dont on aurait pu penser qu'il constituait une garantie suffisante au regard des juges :

TOURNAIRE Roger, 23 ans, agriculteur, marié, un enfant. Mère paralysée à charge, demeurant à Saint-Quentin-la-Poterie.

Fut membre des S.O.L., puis versé dans la Milice ; mobilisé le 12 juin 1944. Fut équipé, armé d'un mousqueton. Monta la garde et assista à des actes de brutalité.

Ayant été désigné pour une expédition, déclare s'être fait porter malade.

À perçu deux fois la solde de milicien.

D'après ses déclarations, ayant entendu, un soir de garde, des cris de douleur de patriotes interrogés et brutalisés par les nommés Belin et Lévy, aurait compris ce qu'était la Milice ; déclare avoir fait son possible pour se faire réformer. Assure être entré dans la Milice pour éviter de partir en Allemagne.

Mort exécuté.

Durand André, né le 1er octobre 1910 agriculteur, célibataire, demeurant à Beauvoisin.

Membre du S.O.L., puis versé dans la Milice ; fut mobilisé le 6 juin 1944, puis armé.

A déclaré n'avoir participé à aucune action contre le maquis.

Reconnaît avoir monté la garde au siège de la Milice et avoir perçu 1 500 francs de solde, plus les frais de séjour.

Déclare : « Je me suis opposé à l'arrestation d'un réfractaire. »

Mort exécuté.

Brunel Étienne, né le 3 septembre 1911, célibataire, cultivateur, demeurant à Salinelles.

1° Lettre du Comité de libération attestant : « Versé d'office comme S.O.L., n'a jamais pris part à aucune expédition. Aucune activité depuis janvier 1944. Mérite toute indulgence. »

2° Membre S.O.L., a adhéré à la Milice, n'a assisté à aucune réunion, ni manifestation. Aurait donné sa démission fin novembre 1943. N'a pas été mobilisé en juin 1944.

A reçu un revolver et ne l'a gardé que quelques jours. Aurait adhéré à la Milice sous la pression du maire milicien.

Mort exécuté.

LADET Jacques, né le 14 janvier 1921, célibataire, demeurant à Beauvoisin.

Membre du S.O.L. ; versé dans la Milice ; a assisté à trois réunions, affecté comme planton ; aurait participé à une expédition contre le maquis à Alès. Déclare avoir seulement monté la garde à Alès et être entré dans la Milice sans savoir exactement ce que c'était.

Mort.

LAURENT Raoul, né le 14 mars 1920, marié, un enfant, cultivateur, demeurant à Pourzilhac.

Membre du S.O.L., puis de la Milice, aurait pris part à l'opération de Barjac.

Déclare : « Je me suis enfui deux fois, n'ai jamais vendu personne, n'ai jamais fait de propagande. »

Attestation déclarant « ne s'être jamais rendu coupable de dénonciation, ni acte effectif de collaboration, incapable d'une mauvaise action ».

Mort.

SORBIER Adrien, né le 8 mars 1905, agriculteur, marié, un enfant, demeurant à Saint-Quentin-la-Poterie.

Ami de la Légion, S.O.L., puis milicien, a assisté à quelques réunions. Le 6 juin, refuse de répondre à la mobilisation. « Ils sont venus me chercher avec une mitraillette. » Fut équipé et armé ; reconnaît avoir pris la garde.

N'a participé à aucune expédition.

Mort.

VASSIER François, 46 ans, marié, cultivateur.

Adhésion à la Milice en 1943. Déclare avoir touché une chemise et un pantalon de treillis. Franc-garde du 12 juin au 10 août 1944. Aurait touché un mousqueton et 3 000 francs de solde.

A pris la garde. Parti à Alès quinze jours. Une attestation portant onze signatures certifiant qu'il n'a effectué aucune dénonciation, peu intelligent, travailleur acharné, incapable d'une mauvaise action, a été entraîné sans savoir de quoi il s'agissait.

Mort.

COMBALUZIER Pierre, né le 29 juin 1920, marié, plombier-zingueur demeurant à Uzès.

Reconnaît avoir adhéré à la Milice en 1943 au moment de l'institution de la carte de travail.

Déclare s'être engagé dans la Milice pour échapper au S.T.O.

Mort exécuté.

RIBOT Charles, 27 ans, cultivateur, demeurant à Crespian, marié, deux enfants, croix de guerre 1939-1940.

A appartenu à la Milice depuis sa formation ; depuis la mobilisation générale, a perçu 4 000 francs par mois ; déclare être parti armé à Alès (un mousqueton et six cartouches).

A fait un exercice d'entraînement ; mais s'est fait porter malade et n'a pas participé à des opérations armées.

Rentré à Nîmes, a pris la garde au siège de la Milice. Bien que connaissant la cachette d'un réfractaire au S.T.O., ne l'a pas dénoncé. Nommé vice-président de la Légion, en raison de son courage à la guerre de 1939-1940, a suivi la filière S.O.L., puis Milice.

Mort.

SUPERY Jean, 25 ans, marié, un enfant, négociant, demeurant au Mas-d'Azil (Ariège), arrêté à Lunel, amené à Nîmes.

Appartient à la Milice depuis sa formation ; a répondu à l'appel de mobilisation de juin 1944. A perçu 2 900 francs. A été malade. N'a pas participé à des opérations ; était d'ailleurs employé comme aide-cuisinier. (Activité probable dans l'Ariège).

Mort.

Pour les audiences du 22 septembre et suivantes, il n'est pratiquement pas fait état des motifs, ni des explications des

accusés. « Fusillé comme otage » accompagne chacune des
décisions. Nous sommes de plus en plus dans le domaine de
la justice sommaire. Par exemple :

MOUSTARDIER, né le 19 octobre 1926 : milicien. Fusillé
comme otage.

TAULEIGNE, 18 ans : milicien. Fusillé comme otage.

FAYET, 18 ans : milicien. Fusillé comme otage.

PICARD, 18 ans : milicien. Fusillé comme otage.

La cour de justice tenant sa première séance le 21 septembre, Georges Servigne y est maintenu commissaire du
gouvernement. Cinquante condamnations à mort seront
prononcées par cette juridiction. À Alès, d'ailleurs, les F.T.P.
n'avaient pas attendu la cour martiale pour commencer les
exécutions : ancien député et ancien maire de la ville, Ferdinand Valat venait à peine d'être libéré, après avoir été arrêté
par les Allemands, que, le 22 août, il était interpellé et fusillé
sans jugement.

Tandis que les arrestations continuent – par centaines
dans le Gard et l'Hérault, et cela jusqu'en novembre – les
exécutions sommaires ne marquent pas davantage de temps
d'arrêt, au moins jusqu'à la fin de l'année. Concernant les
arrestations dites régulières, nous avons déjà relevé une
rafle spectaculaire à Montpellier, le 27 novembre. Cinq
jeunes gens sont exécutés à Saint-Gilles, à quelque vingt
kilomètres de Nîmes, sans avoir été jugés. Non loin de là,
un « capitaine » F.T.P. et ses acolytes torturent le marquis
de Surville, le tuent et le détroussent avant de l'enterrer à
proximité.

Une nouvelle vague d'exécutions sommaires, très spectaculaires, se manifeste à la fin de cette année 1944[1]. Le
20 décembre, à 6 heures du matin, la voiture cellulaire qui
transportait à destination de Montpellier six condamnés à
mort par la cour de justice de Béziers, les 4 et 24 novembre,

_____

1. La presse régionale s'en fait d'ailleurs l'écho, elle nous a
fourni une partie de nos informations sur les enlèvements suivis
d'exécutions.

est interceptée devant l'entrée de la prison, ses six occupants emmenés et quatre d'entre eux exécutés.

Le 28, la violence rebondit à Alès où la section de la cour de justice a condamné à mort le maire pendant l'Occupation, Farger. Farger a rassemblé sur son nom des rancunes très vives qui s'expliquent par une compromission sans limites avec l'occupant. Mais ses torts sont au diapason de ceux du commissaire du gouvernement, Raoul Imbert, qu'un minimum de prudence aurait dû retenir d'occuper la place de procureur : condamné le 21 novembre 1941 par le tribunal militaire de Montpellier à dix ans de prison pour avoir déserté en temps de guerre, il s'engage, après sa libération anticipée, et probablement pour se racheter, dans le S.T.O., puis à son retour d'Allemagne dans l'Organisation Todt. Il en devient alors un propagandiste zélé, puis rejoint les F.T.P. Son passé ne l'empêche pas d'être nommé commandant, ni de requérir devant la cour de justice à Alès. Toutefois, la cour de justice de Nîmes, qui avait redécouvert le sens de l'équité, le condamnera, le 24 novembre 1945, à l'indignité nationale et à la confiscation de ses biens. Le comble pour un commissaire du Gouvernement dans un tribunal de l'épuration...

Dans le Gard, ce n'est pas seulement le verdict de telle ou telle cour martiale, de telle ou telle cour de justice qui est bafoué, mais la décision du général de Gaulle exerçant son droit de grâce.

La cour d'Alès a donc condamné à mort, le 28 novembre, le maire, Farger, et cela dans un grand déploiement de foule et sous la pression d'une fureur populaire qui ne laissait guère de chance à l'inculpé d'échapper au peloton d'exécution. Or Farger bénéficie d'un geste de clémence du chef du Gouvernement provisoire.

Ce geste d'absolution est à peine connu, le 28 décembre 1944, dans la cité minière – la tension y est très vive depuis plusieurs semaines ; le 15 ont été découverts les corps de plusieurs personnes arrêtées par les Allemands, les victimes avaient été mutilées avant d'être jetées dans une galerie de mine –, que l'agitation gagne la partie la plus motivée de la population. Le nouveau maire communiste, Ribot, le P.C., le

Front national, la C.G.T. et la Fédération des mineurs protestent. Mais surtout des milliers de personnes se rassemblent devant la mairie, conspuent la mesure de grâce, demandent l'exécution de Farger. La manifestation dégénère en émeute. Les éléments les plus durs entraînent la foule déchaînée vers le fort Vauban où Farger et d'anciens collaborateurs purgent leur peine. Des religieuses de la Présentation qui portaient des vivres aux détenus sont injuriées ; on leur jette des pierres – elles doivent rebrousser chemin – et on leur crie qu'elles étaient moins empressées auprès des résistants arrêtés par les Allemands.

Les appels au calme sont ignorés, ceux en particulier du sous-préfet Laurent Spadale qui se voit gratifier d'épithètes peu flatteuses. Devant l'entrée du fort, les gendarmes et la police des Forces françaises de l'intérieur montent la garde. Les F.F.I. sont-ils sûrs ? Ne seront-ils pas tentés de se joindre à la foule ? Quel sera leur comportement au moment décisif ? Les forces de protection sont de toute manière trop faibles pour contenir la pression d'un bon millier de manifestants qui font craquer le barrage, enfoncent les grilles, et dont une minorité envahit la prison. Quatre miliciens sont enlevés, amenés dans la cour et exécutés.

Farger a été extrait du fort Vauban au moment où l'envahissement est devenu prévisible. On l'a fait monter dans un car d'où on l'a dirigé vers un lieu que l'on a cru plus sûr : la maison d'arrêt de Montpellier. Au moment où le véhicule passe devant le palais de justice, une voiture se met au travers de la rue et l'oblige à stopper. Six hommes en descendent et tiennent les policiers de l'escorte en respect. Ils s'emparent de Farger, le mettent le dos au mur et l'abattent de plusieurs rafales de mitraillette. Ils s'enfuient, libres, et ne seront pas inquiétés.

Le 30 décembre, à Nîmes, l'explosion d'une bombe, qui avait été déposée dans les toilettes d'un café, blesse huit personnes et provoque des dégâts considérables.

Mais c'est à Béziers que les événements prennent en cette fin d'année la tournure la plus tragique : le 31 décembre, des inconnus – c'est l'expression consacrée... – se présentent à la prison Saint-Nazaire et renouvellent l'opération du 20 :

trois détenus – MM. Sagnes, Gouhaut et Bernard – sont extraits de leurs cellules et exécutés sur la place. Les justicialistes avaient présenté des papiers les habilitant auprès du gardien.

Nouvelle exécution sommaire dans la nuit du 31 décembre au 1er janvier, selon un procédé dont nous avons relevé des exemples : M. Jean Bernard, fils du précédent, âgé de 19 ans, est enlevé de l'hôpital général où il était en traitement et exécuté à l'extérieur de l'établissement.

Les autorités se décident enfin à réagir... Le procureur général de Montpellier et le général Zeller, commandant de la 16e Région militaire, se déplacent à Béziers pour enquêter sur les exécutions sommaires et ordonnent des mesures spéciales pour une surveillance accrue de la maison d'arrêt. Le 5 janvier, le Comité régional de libération intervient à son tour en publiant un communiqué : « À la suite des exécutions sommaires de miliciens et autres collaborateurs à Béziers, quelquefois même avant qu'ils ne comparaissent devant la justice, à Alès et à Montpellier, le Comité régional de libération, tout en constatant que les lenteurs et les faiblesses dans le châtiment des traîtres provoquent l'indignation générale, s'élève avec force contre des actes criminels perpétrés par des agents de désordre qui spéculent sur la colère du peuple... »

Le 10 janvier 1945, le général Zeller annonce la dissolution de la police des Forces françaises de l'intérieur pour la Région dépendant de son autorité. Cinq mois après la Libération... Un communiqué publié par le commissaire de la République, le 16 janvier, annonce la conclusion de l'enquête sur les exécutions de Béziers : « Une opération conduite par M. le secrétaire de la police, Gitard, dans la nuit du 14 au 15 février, à Béziers, a abouti à l'arrestation d'une vingtaine de personnes compromises à divers titres dans les exécutions sommaires et les assassinats qui ont eu lieu à Béziers entre le 20 décembre et le début janvier. Les agissements de ces individus étaient d'autant plus intolérables qu'ils prétendaient, dans certains cas, opérer au nom de la Résistance. Un matériel d'armement moderne et important a été saisi... »

Le procès de trente-quatre miliciens, qui « torturaient à la prison de Lauwe », à Montpellier, s'ouvre le 9 avril devant la cour de justice. Vingt-neuf sont condamnés à mort, mais seulement sept d'entre eux étaient présents sur le banc des accusés.

Le 7 février... 1946, Me Henri Bauquier, avocat à Nîmes, est assassiné par deux « inconnus ». Mais pas inconnus de tout le monde, car la police nîmoise identifia à peu près sûrement les deux assassins, et établit le rapprochement avec les événements d'août-septembre 1944 : Me Bauquier était une des rares personnalités qui avaient eu le courage de s'élever contre les agissements des justicialistes de l'heure.

Dans l'Aveyron, la liste des victimes est significative de la volonté d'élimination de personnalités en raison de leur rang social tout autant que du rôle qu'elles ont pu tenir pendant les années sombres. Parmi elles, l'abbé Sabrier, curé de Montbazens, qui est assassiné dans son presbytère. À Ville-vayre, c'est le maire, le capitaine Andrieu ; celui de Viourals, de surcroît conseiller général, M. Alazard, échappe à la mort grâce à l'intervention de M. Paul Bastide, député de l'Aveyron, qu'il avait caché chez lui pour le soustraire aux recherches de la Gestapo. Deux pharmaciens sont assassinés à Saint-Affrique... Plusieurs assassinats furent perpétrés dans la forêt de Rodez et dans les bois des environs de Villefranche-de-Rouergue.

En Lozère, le préfet, M. Dutruch, a été confronté, comme plusieurs de ses collègues de l'administration vichyssoise, dans les mois qui ont précédé la Libération, au difficile problème de l'existence de maquis dans son département et aux exigences de l'occupant de plus en plus menaçant et enclin à une répression impitoyable contre l'armée de l'ombre dont la pugnacité croît avec la perspective de la victoire alliée. Plusieurs maquis se manifestent en Lozère. Au nord du département, à quelque cent kilomètres de Mende, le maquis aux ordres du colonel Ernest (alias Emile Peytavin) ; au sud et depuis peu dans la commune de La Parade, le maquis Bir-Hakeim qui s'est mesuré récemment à des éléments de la Milice.

Le 28 mai 1944 dans la nuit, le maquis Bir-Hakeim est encerclé et attaqué par des groupes de combat allemands en provenance de Mende. 34 maquisards sont tués, 27 sont faits prisonniers. Ils seront fusillés le lendemain après avoir été torturés. La Libération arrivant, le préfet Dutruch et le commandant de gendarmerie Bruguière sont accusés d'avoir transmis à l'état-major allemand de Mende un message émanant de la gendarmerie de Florac qui lui a permis de localiser Bir-Hakeim ; la cour martiale de Mende condamne Dutruch et Bruguiète à mort le 25 septembre 1944, il seront exécutés trois jours plus tard.

Soutenues par une partie de l'opinion, les familles du préfet Dutruch et du commandant Bruguière tenteront sans succès d'obtenir l'annulation des condamnations. Cependant Mme Dutruch prendra connaissance de la déclaration suivante :

« *F.F.I.*

« *Division militaire de la Lozère.*

« *Le lieutenant-colonel Peytavin (Ernest), chef de la subdivision militaire de la Lozère et président de la cour martiale,*

« *Déclare que M. Dutruch, ex-préfet de la Lozère condamné à la peine capitale et passé par les armes, a expié courageusement une faute affreuse par ses conséquences et qui avait entraîné la mort de soixante patriotes du maquis.*

« *Le colonel Ernest déclare cependant avoir la conviction profonde que M. Dutruch n'avait eu ni le désir ni le propos de livrer délibérément des troupes françaises à l'ennemi mais que seules de terribles circonstances ont marqué la défaillance d'un homme qui, par ailleurs, avait eu un passé et une attitude dignes d'estime sous l'Occupation allemande.*

« *En conséquence, le colonel Ernest croit pouvoir affirmer que l'honneur de M. Dutruch ne doit pas être atteint.*

« *Il ajoute enfin que Mme Dutruch et son fils ont eu tous deux, en cette tragique affaire, une attitude qui a forcé l'admiration de tous.*

« *Le lieutenant-colonel,*

« *Commandant la subdivision militaire de la Lozère,*
« *Signé : Ernest.* »

Arrêté un peu plus tard, pour les mêmes motifs, l'adjudant de gendarmerie Bretou, de Meyrueis, aura la chance de passer en jugement devant le tribunal militaire de Bordeaux qui le fera bénéficier d'un non-lieu, estimant, selon les propres termes de la décision, que l'instruction avait établi que « le message transmis [c'est-à-dire l'information de la présence du maquis] n'avait pas été à l'origine de l'expédition des Allemands... ».

À Carcassonne, les exécutions se multiplient dès les premiers jours de la Libération. Le climat insurrectionnel s'éternise. Comme il était prévisible, les miliciens qui n'ont pas pu s'enfuir – la Milice locale, très active, a organisé des expéditions punitives contre les maquis audois et elle ira jusqu'à participer à la répression dans l'Isère –, les hommes de Darnand font les frais de l'épuration sauvage. Plusieurs cas de tortures sont signalés dans la prison de la ville.

C'est également dans l'Aude que se produit l'une des exécutions sommaires les plus ignobles que l'on ait enregistrées dans la France entière pendant l'été 1944. La personnalité qui en est la victime peut se targuer de références patriotiques qui devraient au contraire la mettre à l'abri de toutes les représailles. Père de cinq enfants – ce qui ne constitue pas une garantie contre les manifestations de vengeance –, ancien officier, chevalier de la Légion d'honneur, titulaire des croix de guerre française et italienne et de la médaille de Verdun, il s'est en 1939, et à l'âge de 55 ans, engagé comme volontaire, alors que d'autres s'apprêtent à prendre la poudre d'escampette devant les Panzers, à déserter ou à applaudir à la signature du pacte germano-soviétique. Mais le comte Christian de Lorgeril reste fidèle au maréchal Pétain, et il est noble, monarchiste, incarnation dans une région « de gauche », où les réfugiés de la guerre d'Espagne sont nombreux, d'une France de tradition, de la « France des châteaux », crime souvent impardonnable en 1944, principalement pour les anarchistes qui se précipitent dans la brèche de la vacuité du pouvoir et du désordre ambiant pour placer au poteau les « ennemis de classe ».

Le quotidien du Mouvement républicain populaire, *L'Aude*, rapporte en ces termes les circonstances de la mort du comte de Lorgeril. Le témoignage a du poids lorsqu'on sait que le M.R.P. est dirigé par d'anciens résistants aussi notoires que Georges Bidault et Pierre-Henri Teitgen[1].

« Parce qu'il possédait un vaste domaine et un château historique – lit-on dans *L'Aude* du 16 novembre 1950, et sous prétexte qu'il avait toujours professé des idées monarchistes, les ignobles individus l'ont arrêté le 22 août 1944 et torturé atrocement complètement nu. Le malheureux dut s'asseoir sur la pointe d'une baïonnette. Puis il eut les espaces métacarpiens sectionnés, les pieds et les mains broyés. Les bourreaux lui transpercèrent le thorax et le dos avec une baïonnette rougie au feu. Le martyr fut ensuite plongé dans une baignoire pleine d'essence à laquelle les sadiques mirent le feu. Leur victime s'étant évanouie, ils la ranimèrent en l'aspergeant d'eau pour répandre ensuite sur ses plaies du pétrole enflammé. Le malheureux vivait encore. Il ne devait mourir que cinquante jours plus tard dans des souffrances de damné ! »

Le comte de Lorgeril trouvera la force d'écrire : « Je leur ai montré qu'un Français savait souffrir... » Son frère Alain avait été assassiné un mois plus tôt[2], son fils ne se remettra qu'avec beaucoup de peine du calvaire qu'il avait enduré.

---

1. Fondé le 26 novembre 1944, le Mouvement républicain populaire se présente comme l'héritier du « Sillon » et du parti démocrate populaire, héritage associé aux idéaux de la Résistance. Il deviendra le pivot des fragiles alliances parlementaires de la IVe République et ne survivra pas au retour du général de Gaulle au pouvoir, en 1958. Il trouvera quelque survivance dans le courant « centriste » représenté par le C.D.S. Les deux ministres de la Justice de la Libération en sont issus, François de Menthon et Pierre-Henri Teitgen, qui ont en charge l'épuration.

2. Dans les Côtes-du-Nord, et dans les circonstances que nous relatons en p. 113.

Mme de Lorgeril restera internée jusqu'au 12 décembre 1944.

Plus au sud, dans les Pyrénées-Orientales [1] et aux frontières de l'Espagne, les exécutions sommaires ne sont plus seulement moyen ou prétexte de prévenir l'indulgence ou les lenteurs redoutées de la justice ; là on assassine et on torture avec une joie sauvage, primitive. À la Citadelle de Perpignan sévit une équipe très spéciale, agissant en civil et échappant à tout contrôle, qui s'intitule « Police secrète ». Le lieu et les méthodes rappellent Pont-Saint-Esprit, dans le Gard, dont nous avons déjà parlé. On se remémorait que la Gestapo y avait installé ses chambres de supplices loin des regards indiscrets, pour se livrer à des besognes qui arrachaient aux victimes des cris de douleur qui risquaient de parvenir à l'extérieur...

Officiellement, il y a, à la Libération, la Maison centrale, où les conditions de détention sont à peu près celles d'une prison ordinaire. L'action épuratrice se réfugie à la Citadelle, palais des rois de Majorque. Le suspect y suit un itinéraire planifié. Après l'avoir délesté des objets dont il était détenteur au moment de son arrestation, on le précipite dans la « fosse aux lions », sorte de cave que n'aère qu'un soupirail et où s'entassent déjà plusieurs dizaines de détenus. L'attente pouvait durer plusieurs jours, jusqu'au moment, pendant la nuit, où le condamné en puissance était appelé à comparaître devant un tribunal de cinq hommes, soi-disant « officiers de police ».

C'est alors que l'interrogatoire commence. Déjà affaibli par les conditions de la détention qui a précédé, le suspect a le choix entre deux solutions... pour un résultat identique. Soit l'aveu de ses crimes – s'il manque d'imagination on l'aidera à découvrir dans la panoplie du parfait collaborateur une infamie à sa mesure : dénonciations, participation à des

---

1. Les informations relatives à la région des Pyrénées-Orientales ont été recueillies par l'auteur à six sources différentes : témoignages d'un prêtre, d'un médecin, d'un avocat, d'une personnalité locale, d'un ancien policier des Renseignements généraux ; enquête d'un journaliste.

expéditions contre le maquis lorsqu'il s'agira d'un milicien... –, soit la discussion, la contestation de ce qui lui est reproché.

Dans le premier cas, celui de l'« aveu », et après une parodie de jugement, l'exécution est immédiate. S'étant reconnu coupable de faits « patents » l'homme est exécuté, sur-le-champ.

Dans la deuxième hypothèse, le prévenu est, dans la même salle du tribunal improvisé, dont les juges se sont retirés, livré à une équipe d'individus armés placés d'un bout à l'autre, en double file. L'ex-collaborateur est alors contraint de marcher en recevant, à chaque pas, un coup de crosse de fusil ou de mitraillette. Ces formalités achevées, on transporte le moribond pour être jugé, mais le visage ayant été, autant que possible, épargné afin que les sévices ne soient pas trop flagrants lorsqu'il aura à se présenter devant la cour martiale.

C'est précisément devant la cour martiale des Pyrénées-Orientales que comparaîtra l'abbé Niort, curé de Tautavel (canton de Latour-de-France), après avoir été torturé.

Siégeant à Perpignan, la cour martiale des Pyrénées orientales est présidée par un officier des Francs-tireurs et Partisans qui en ont le contrôle. Exerçant ses pouvoirs pendant neuf jours, du 11 au 20 septembre 1944, avant son remplacement par la cour de justice, elle sera déclarée illégale par une ordonnance de décembre de la même année et les accusés qui auront comparu devant elle feront l'objet de l'ouverture d'une information diligentée par un juge d'instruction près la cour de Montpellier. On citera ainsi le cas d'un accusé qui, condamné le 12 septembre par ladite cour aux travaux forcés à perpétuité, sera l'objet d'un renvoi en cour civique qui le blanchira complètement, s'abstenant de lui appliquer la moindre peine.

L'abbé Niort n'a pas cette chance. Curé de Tautavel depuis 1917, âgé de soixante-cinq ans au moment de son arrestation et de son martyre, il exerce son ministère dans une commune dont le maire est radical-socialiste et la population en majorité laïque au sens où on l'entend pendant la IIIᵉ République. Originaire de l'Ouest, de haute stature, bâti en force et portant beau, pour ceux qui l'ont connu, c'est un curé de choc, traitant d'égal à égal avec l'autorité civile, à la manière des pasteurs du bocage vendéen. À force de vouloir imposer son propre personnage, il finit par déconcerter ses propres ouailles ; la guerre et l'Occupation survenant, il se mêle de tout et de rien, se croyant investi d'une mission temporelle qui n'est pas de son ressort, encourage les jeunes à répondre au S.T.O., vante les mérites de Philippe Henriot, et surtout se lie avec un aventurier, maître du double jeu, trafiquant du marché noir, familier de la Milice un jour, et résistant le lendemain.

Cet excès de confiance et cette naïveté imprudente vont précipiter la perte du malheureux prêtre. À la Libération, Tautavel sombre dans le débordement collectif auquel échappent peu de communes de France. Le confident de l'abbé Niort prend la tête d'une escouade de F.F.I. improvisés qui l'arrêtent et, sous prétexte d'une perquisition qui devrait leur livrer des documents compromettants... pillent le presbytère.

L'abbé Niort sera traduit devant la cour martiale, flanqué d'un avocat commis d'office – les règles sont, apparemment, respectées – et accusé d'avoir adressé des lettres de dénonciation à la Milice, sur la foi des déclarations de son ancien « ami », dans l'affaire de la découverte d'un dépôt d'armes et de l'arrestation de plusieurs jeunes de Tautavel.

Les lettres de dénonciation qui auraient été adressées à la Milice sont « produites » contre l'abbé Niort lors de l'instruction qui suit son arrestation. Le conditionnel est de rigueur car l'auteur de ces révélations – le margoulin devenu résistant – sera en fait incapable de présenter le moindre document authentique. Il n'importe, la cour martiale condamne l'abbé Niort à mort.

Conduit sous les remparts est de la Citadelle, le curé de Tautavel est pris en charge par son avocat et une autre personne qui doivent, de la voiture cellulaire, le porter et l'appuyer contre le poteau d'exécution. Il meurt alors avec courage, pardonnant, affirmera-t-on, publiquement à ses tortionnaires.

Le témoignage suivant, établi le 9 avril 1976, est dans sa simplicité clinique plus éloquent que toutes les descriptions littéraires sur le traitement infligé à l'abbé Niort par les brutes de la Citadelle. Les parties en blanc de ce document correspondent à des passages illisibles :

« Étant en prison à la Citadelle, en 1944 (8 septembre au 25 novembre), les chefs du moment nous avaient demandé de jouer le rôle de médecin de prison[1].

« À cette occasion, j'ai pu examiner la veille de son exécution l'abbé Niort.

« Dès le premier contact nous avons vu sa face œdématiée pleine d'ecchymoses ; il était méconnaissable : ses lèvres [...] ainsi que ses oreilles et son nez.

« Il avait une énorme difficulté à respirer. Quand nous lui avons demandé d'enlever ses vêtements et ses chaussures, il n'a pu faire d'efforts. Nous avons dû l'asseoir, tout mouvement pour lui était un martyre. Tout son thorax était couvert de larges ecchymoses et soufflé par l'emphysème sous-cutané (signe de passage de l'air provenant de sa plèvre et des poumons qui avaient été perforés par les multiples fractures de ses côtes). À l'examen direct, pas une seule ne paraissait intacte, toutes craquaient plus ou moins et provoquaient à l'abbé des douleurs abominables.

« Il nous a dit que toutes ces fractures étaient dues à des coups de barre.

« Par ailleurs, après sa mort, il nous a été signalé, mais nous n'avons pu hélas le constater, qu'on avait essayé de l'émasculer avec des sécateurs [...] émis l'opinion qu'on lui avait écrasé les testicules[2]... »

Un autre prêtre, l'abbé Fabre, sera condamné aux travaux forcés à perpétuité par la cour martiale de Perpignan et relevé de sa peine, mais les circonstances de la mort de l'abbé Pailler, curé de Mosset, près de Prades, nous ramènent plus directement à l'épuration sauvage.

---

1. L'auteur de ce témoignage en notre possession était en effet médecin.
2. Le fait est signalé par plusieurs sources en plus de celles dont nous disposons, témoignages directs qui nous ont été transmis.

Au col de Jau, entre Axat et Prades, s'est installé un maquis indépendant – indépendant parce que refusant de s'inféoder à un grand mouvement de résistance –, constitué, comme beaucoup d'autres, de réfractaires au S.T.O., et de républicains espagnols. Sur la réputation du chef de ce maquis pèsent un certain nombre de handicaps personnels, qui ne sont pas sans incidences sur l'avenir de ses choix patriotiques. Mêlé à des affaires de mœurs, comme l'assassinat d'un soldat allemand dans un établissement de Montpellier où il avait des intérêts, l'homme s'est réfugié dans le village de Counozouls, près de Quillan (Aude), village dont il est originaire. Là, lui vient le projet de fonder un maquis, dans les Pyrénées, où, à compter de mars-avril 1944, il accueille des jeunes auxquels répugne le travail en Allemagne et des « rouges » en rupture consommée avec Franco. Deux lieutenants l'assistent, l'un ancien compagnon de France[1], l'autre, de nationalité belge, qui se flattera – vantardise évidente – d'avoir exécuté cent personnes suspectes de collaboration et promettra d'arriver rapidement à cent cinquante. Sans aller jusque-là, il est bien certain que l'homme aura un certain nombre d'exécutions sommaires sur la conscience.

Les hommes du maquis, de celui-ci comme de beaucoup d'autres, vivent sur le terrain, volent des vaches dans les pacages, jusqu'à cinquante en un mois, sans que les paysans osent élever la voix et, leur subsistance satisfaite, revendent la viande sous le manteau, pour être précis rue du Palais-de-Justice à Prades, à Escouloubre et à Axat. Des attaques de banques, de bureaux de poste, des opérations de récupération dans quelques magasins de Prades et de Quillan complètent le pactole. L'un des chefs montrera à un cafetier de Mosset, qui ne l'oubliera pas, un paquet de billets pour un montant de 2 millions qu'il tenait cachés dans sa

---

1. Les Compagnons de France étaient destinés à rassembler les jeunes de 15 à 20 ans pour devenir, selon les vœux du maréchal Pétain, « l'avant-garde de la Révolution nationale ». Contrairement aux Chantiers de jeunesse, les Compagnons de France n'avaient pas de caractère obligatoire.

ceinture. Or, à titre indicatif, des électriciens de la vallée de
la Tet gagnaient, à l'époque, 2 000 francs par mois.

Outré par de telles pratiques, le curé de Mosset les
dénonce du haut de sa chaire et dans la rue. Ce parler franc
ne lui sera pas pardonné. Bon prêtre, pieux – il a fait ses
études secondaires au petit séminaire de Perpignan et son
grand séminaire à Montauban –, il avait été vicaire à Rive-
saltes où on l'avait beaucoup apprécié, puis curé d'Ansignan.
Mais quelque peu excentrique, volontiers imprudent, il
arbore une croix de Lorraine sur son béret. Le chef de la
police allemande, d'origine alsacienne, qui désertera lorsqu'on lui demandera d'arrêter une personnalité locale, le
prévient alors qu'il devrait se méfier et ne pas manifester ses
sentiments gaullistes d'une manière aussi ostensible. L'implantation du maquis au col de Jau complique tout. L'abbé
Pailler n'accepte pas ses agissements... Le 9 août 1944, revenant de son ancienne paroisse d'Ansignan, il est arrêté par
plusieurs maquisards qui ont menacé d'enfoncer la porte du
presbytère. Comme on le conduit dans une voiture, il
demande qu'on lui permette d'emmener son bréviaire. Puis
il disparaît avec ses gardes.

L'automobile prend la route du col de Jau... Arrivés à destination, les hommes du maquis bandent les yeux de l'abbé
Pailler, le font descendre et le conduisent dans un lieu écarté
lorsqu'ils rencontrent des bûcherons qui travaillent non loin
de là. « Allons plus loin, lance alors un maquisard, nous
allons le confesser et ce sera bien drôle ! »

Tous se dirigent vers La Moulinasse, à un kilomètre du
col. Le curé de Mosset est averti qu'il va être exécuté. Il
demande qu'on lui laisse cinq minutes pour prier, s'agenouille et, profitant d'un moment d'inattention des maquisards, court vers la rivière. Mais, cloué au sol par un tir de
mitraillette, il s'effondre, frappé à mort. On l'enterra sur
place, dans une fosse creusée à la hâte.

Revenant à Mosset, les maquisards poseront sur la porte
de la mairie une affichette annonçant l'exécution de l'abbé
Pailler. Un mois plus tard, les deux lieutenants du chef du
maquis de Jau seront fusillés par les résistants de Quillan
pour avoir « vendu au marché noir des denrées destinées

aux maquisards ». Le chef lui-même, appelé à répondre de ses actes devant la cour martiale, déclarera qu'il avait appartenu à la Milice de Montpellier, mais il sauvera sa tête.

L'abbé Pailler repose désormais dans le cimetière de Counozouls. « Il fut assassiné uniquement parce qu'il était prêtre, déclarera un témoin des événements ; et la présence d'anarchistes espagnols, rescapés de la guerre civile et membres de la F.A.I. [1], au maquis de Jau, ne fut probablement pas étrangère à son exécution... »

On relève des preuves nombreuses de l'intervention des républicains espagnols dans les règlements de comptes de la Libération, et comme il se doit dans le Sud-Ouest où s'étaient regroupés la grande majorité des exilés pendant la guerre civile et après la victoire définitive des forces franquistes.

L'exode des combattants républicains commence essentiellement en février 1939, après la chute de Barcelone, le 25 janvier précédent. D'abord regroupés dans des camps, ils seront, en conséquence du décret-loi du gouvernement Daladier portant sur le statut des étrangers, pour une partie employés dans les travaux de la Défense nationale – sur la ligne Maginot, dans les Alpes pour la construction des routes –, regroupés dans des « compagnies de travailleurs », une minorité rejoignant les « bataillons de marche » ou la Légion étrangère comme volontaires.

En avril 1940, il ne reste plus que 6 000 Espagnols – pour la plupart femmes et enfants – dans les camps. Quelque 100 000 ont été incorporés dans les compagnies de travailleurs, sont employés dans l'industrie et l'agriculture, tandis que 15 000 sont enrôlés dans les bataillons de marche ou ont contracté un engagement dans la Légion [2].

---

1. *Federación Anarquista Ibérica* – Fédération anarchiste Ibérique.

2. Ces précisions sont extraites de l'ouvrage de David Wingeate Pike, *Jours de gloire – Jours de honte. Le parti communiste d'Espagne en France depuis son arrivée en 1939 jusqu'à son départ en 1950*, « Histoire et Liberté », Sedes, 1984.

La défaite est bien entendu une rude épreuve pour une communauté que ses engagements passés et ses attaches idéologiques exposent à la méfiance ou à la répression de la part du régime de Vichy, et après 1942, de l'occupant. À l'engagement des républicains espagnols dans la division Leclerc – certains d'entre eux s'étaient déjà illustrés à Narvik –, à leur participation à la campagne d'Italie et surtout à la Résistance répondent l'arrestation de plusieurs de leurs dirigeants qui étaient demeurés en France et la déportation de quelque 40 000 en Allemagne, soit comme requis pour le travail obligatoire, soit pour des motifs politiques. On les retrouve également dans des grands travaux tel que le Mur de l'Atlantique, ce qui explique leur dispersion sur le plan géographique et la présence d'éléments très engagés dans l'épuration violente dans des régions où ils sont très minoritaires.

Communistes, anarchistes, de toutes les sensibilités de l'extrême gauche, les Espagnols rejoignent par milliers la clandestinité et forment des noyaux de résistance urbains, ou des maquis, précédant le Parti communiste français, et, d'ailleurs, échappant à son contrôle. L'intégration définitive des Espagnols à la Résistance française ne se réalise qu'avec la création des Forces françaises de l'intérieur, le 1er février 1944, en dépit de certaines tentatives de fusion régionale avec les F.T.P. et la M.O.I. À peine une centaine en 1942, les guérilleros sont évalués à 3 000 à la mi-1943, pour atteindre quelque 10 000 à la Libération[1]. Ils représentent à eux seuls le tiers de l'ensemble des maquis de la zone Sud, sous l'égide de l'*Union Nacional Española* – U.N.E. –, rassemblement hétéroclite et opposant à Franco, créé à l'instigation du Parti communiste espagnol qui pratique la politique de l'amalgame selon le modèle de son homologue français. Les guérilleros sont regroupés dans vingt-sept divisions qui participeront à la libération de quarante départements français. Pour le Sud-Ouest, les Espagnols sont particulièrement

---

1. Ce chiffre paraît le plus plausible. Pierre Bertaux avance, d'ailleurs sous réserve, le chiffre de 60 000 pour 41 départements français, ce qui paraît effectivement exagéré.

actifs dans l'Hérault, le Gard, la Lozère et l'Ardèche, ces trois
derniers départements étant dans la dépendance du fameux
Cristino Garcia Grandas.

On ne sera pas étonné de retrouver ces départements
parmi les plus touchés par l'épuration sauvage. Nombre
d'Espagnols exilés poursuivirent dans le maquis et prolongè-
rent à la Libération le combat perdu d'une première guerre
civile. Ils furent parmi les premiers et les plus actifs dans
la traque des ennemis de classe, des maréchalistes et des
collaborateurs. Ce que l'on sait moins, c'est qu'agents d'exécution (et d'exécutions), ils furent parfois les victimes d'une
liquidation physique qui englobait les camarades d'exil et de
combat suspects de dissidence. Le Parti communiste espagnol agissant sous la couverture de l'U.N.E. perpétua sur le
sol de France les méthodes expérimentées de l'autre côté
des Pyrénées pendant la guerre civile. « Ce que l'on doit dire
en définitive, écrit David Wingeate Pike, est que, de 1944 à
ce jour, les Espagnols dans le Sud-Ouest ont parlé avec
colère et amertume des crimes commis à la Libération par
les staliniens contre les non-staliniens. Selon l'un d'entre
eux, au moins 200 réfugiés espagnols dans le Midi ont été
assassinés entre septembre et décembre 1944 par les guérilleros espagnols, non pour des raisons se rattachant à l'Occupation, mais parce que leurs meurtriers [avaient] trouvé le
moment favorable pour se défaire de tous les éléments qui
ne semblaient pas assez sûrs [1]... »

Leur action est particulièrement sensible dans une ville
comme Toulouse.

Dans la région toulousaine, comme ailleurs, des affrontements précèdent les jours et les heures de la Libération. Ils
se produisent dès le début du mois d'août. Pressentant la
proche retraite et le danger du harcèlement des maquisards
sur ses flancs et ses arrières, l'occupant va chercher dans ses

---

1. David Wingeate Pike citant Jordi-Arquer, « communiste anti-
staliniste du P.O.U.M. », à propos d'une communication dans le
*Bulletin bimensuel d'études et d'informations politiques internatio-
nales*, B.E.I.P.I., 15 décembre 1953.

repaires les hommes du combat de l'ombre, le plus souvent mal équipés et mal préparés à essuyer le feu d'unités encore puissantes et aguerries. Le 11 août 1944, notamment, le groupe des maquisards de Labaderque est attaqué par une colonne allemande. Mais le colonel Asher, dit Ravanel, commandant des Forces françaises de l'intérieur – en l'occurrence F.T.P. – pour la Région 4, a ordonné aux maquis du Lot, du Lot-et-Garonne, du Tarn et du Tarn-et-Garonne reconnus comme les plus importants, de commencer à converger vers Toulouse, point névralgique présumé de la migration de l'ennemi vers le nord lorsque les Alliés auront pris pied dans le sud de la France. Le jour de leur intervention a été fixé au lundi 21. En fait, les premiers accrochages ont lieu dès le dimanche 20 entre les éléments des C.F.L., des F.T.P. et de la M.O.I. et les unités ennemies à la gare Matabiau et autour des ponts de la Garonne pour leur en interdire la traversée. Toulouse est en ébullition, livrée aux combats sporadiques, aux coups de feu isolés... Voitures et camions allemands incendiés, soldats capturés et lynchés, premiers miliciens arrêtés et malmenés... Dans la soirée puis dans la nuit du 20 au 21, les forces du colonel Ravanel sont entrées dans la ville, mais dans l'ombre s'ébauche une lutte d'influences dont les conséquences sur l'épuration seront capitales.

À l'heure où Toulouse s'agitait, bouillonnait, où l'occupant commençait à lever le pied, où la guérilla urbaine était déclenchée, où les hommes du maquis descendaient vers la capitale régionale, le futur commissaire de la République Pierre Bertaux[1] se souvient d'avoir erré « comme une âme en peine », inspiré par le désir le plus ardent de servir, mais tenu à l'écart, relégué, ignorant ce qu'on attend de lui. Les événements se chargent de le libérer de ses doutes et de le contraindre à l'action. Au soir du 19, et au milieu du désordre général, Jean Cassou, officiellement désigné comme commissaire de la République, et plusieurs de ses camarades, ont été interpellés par une patrouille allemande

---

1. Pierre Bertaux sera *officiellement* désigné par le Gouvernement provisoire le 29 août.

alors qu'ils circulaient en voiture. Découvrant une arme, les militaires ont tiré sur les occupants ou les ont matraqués. Deux d'entre eux ont été tués, l'un a réussi à s'échapper ; Jean Cassou, assommé à coups de crosse, a été « laissé pour mort » sur le trottoir.

Des heures passent, cependant, avant que Pierre Bertaux sache exactement à quoi s'en tenir. Les proches de Jean Cassou sont dans l'incertitude sur l'attitude à adopter. C'est le vide, le « foutoir général »... « Je ne connaissais presque personne, témoigne Pierre Bertaux[1], presque personne ne me connaissait, je ne savais rien de ce qui se passait dans la clandestinité, je n'avais pas une note, pas une instruction, pas un éclaircissement sur ce qui avait été prévu pour le jour de la Libération. Rien qu'un 7,65 dans ma poche... »

Mais le futur commissaire de la République pose cette interrogation : « Tout de même, ne fallait-il pas intervenir pour empêcher les Français de se battre entre eux ? » C'est malheureusement un vœu pieux. Flanqué de Daniel Brévan, bras droit de Jean Cassou, et d'un autre résistant, Pierre Bertaux se rend à la préfecture. Là, les choses évoluent favorablement : « Je prends la relève de Jean Cassou. Je suis le commissaire de la République », annonce tout à trac Pierre Bertaux aux résistants qui occupent les lieux et qui s'inclinent devant une autorité aussi manifestement affirmée.

La suite des événements se déroule comme un pronunciamiento à la sud-américaine. Le préfet régional de Vichy, Sadon, qui est resté dans son bureau, « accueille » Bertaux qui le met en état d'arrestation et s'assied à sa place... Et puis ce sont les premiers contacts avec les groupements représentatifs de la Résistance, les membres du C.D.L. qui cachent mal leur étonnement de le trouver ici (l'un d'eux n'était-il pas déjà reconnu comme le successeur de Jean Cassou ?), et avec l'état-major F.F.I. que commande le colonel Ravanel.

Les allées et venues n'arrêtent pas. Chaque nouveau visage qui se présente au regard de Pierre Bertaux est celui d'un inconnu. « Je défendais littéralement ce que les zoolo-

---

1. Dans *Libération de Toulouse et de sa région*, Hachette, 1973.

gistes connaissent bien et dénomment le territoire, commente Pierre Bertaux, là où le rouge-gorge, par exemple, se sent chez lui. Pour le moment, mon "territoire", celui que j'avais à défendre, c'était deux mètres carrés derrière mon bureau. C'est là qu'il fallait empêcher quelqu'un de s'installer. J'étais adossé à un mur, ce qui est déjà une bonne chose ; on résiste mieux à la pression qui ne vient que de face... » Le commissaire de la République découvre alors – et en témoigne – la rivalité qui oppose les communistes aux autres tendances de la Résistance. Jean Cassou écarté, « qu'allaient décider de faire les communistes, s'interroge-t-il, pris de court par une situation qu'ils n'avaient pas escomptée ? ».

Un premier élément de réponse lui arrive lorsqu'on lui annonce qu'une colonne allemande approchant de Toulouse, « le colonel Ravanel fait dire à Monsieur le commissaire de la République qu'il doit assurer sa sécurité par ses propres moyens... ».

Les moyens propres du commissaire sont nuls. Et il imagine les péripéties d'une fuite à la sauvette, évalue la hauteur qui sépare la fenêtre du sol, celle du mur du parc qu'il aura à franchir...

Les Allemands ne se montrent pas, mais le colonel Ravanel réapparaît, animé par des intentions plus bienveillantes. Les deux hommes semblent esquisser un pacte de coexistence ; en tout cas, ils décident de rédiger de concert deux déclarations qu'ils liront devant les micros de « Toulouse-Pyrénées », pour annoncer à la population la libération officielle de la ville.

On ignore qui – ou ce qui – a dicté au colonel Ravanel son changement d'attitude. Toujours est-il qu'après leur passage à la radio d'État, les deux hommes se heurtent, à Radio-Toulouse, station privée, au refus des gardes F.T.P. de les laisser entrer. Ravanel est interdit d'antenne par ses propres troupes... Le commissaire de la République et le commandant des Forces françaises de l'intérieur n'ont plus qu'à s'incliner. Ce qui augure mal de l'exercice futur de leur autorité. Pierre Bertaux rapporte qu'alors qu'il se rendait à Radio-Pyrénées avec le colonel Ravanel, la voiture qu'ils occupaient fut prise sous le feu de tireurs dont il est vraisemblable qu'ils appartenaient aux Forces françaises de l'intérieur. Le véhicule fut atteint par une giclée de balles, l'une venant se loger... dans le béret de Ravanel. Et Pierre Bertaux de rapprocher cet incident de celui dont, dans des circonstances voisines, fut victime Jean Bouhey, délégué du commissaire de la République pour la Côte-d'Or. Moins chanceux, Bouhey sera grièvement blessé.

Le lendemain, 21 août, le grand désordre ne s'atténue guère. Pierre Bertaux confie que, passant la nuit au premier étage de la préfecture, tandis que des F.T.P. du Lot occupent le rez-de-chaussée, il n'a dormi que d'un œil, et que ses camarades et lui gardaient prudemment une mitraillette à portée de la main. L'atmosphère n'est pas à la confiance réciproque, en dépit de la manifestation d'unanimité et de joie populaire qui se déroule place du Capitole. Des coups de feu éclatent encore un peu partout dans la ville. Qui tire sur qui ? Impossible de le savoir... Le 23, dans l'après-midi, une fusillade, boulevard Lascrosses, oppose, selon la version officielle, des F.T.P. à un groupe de miliciens irréductibles. On relève, en tout cas, deux morts et plusieurs blessés.

L'épuration – officielle – commence. En plus du préfet Sadon sont arrêtés le commissaire divisionnaire Lesire, le commissaire central Méchenet, les inspecteurs de police Pratx et Barrat, les commandants de G.M.R. Lieber, Pascou et Stevenin. Et bien d'autres. Le redouté intendant Marty et ses hommes ont réussi à prendre la fuite dans la nuit du 19 au 20. Responsables d'une répression impitoyable, atroce, bien leur en a pris...

Par arrêté en date du 21 du commissaire de la République, sont interdits de publication les journaux qui ont continué à paraître dans la région de Toulouse après le 25 novembre 1942, essentiellement *La Dépêche de Toulouse* et *La Garonne*. Les successeurs sont légion, dont *La République*, organe du Mouvement de libération nationale, *La Voix du Midi*, organe du Front national et *Le Patriote du Sud-Ouest* pour le parti communiste, le plus influent, qui s'est installé dans les locaux de *La Dépêche* rue Bayard. La disparition... provisoire du quotidien de Maurice Sarraut est d'ailleurs saluée par des interpellations vengeresses, mêlées d'allégresse, par *Le Patriote* qui annonce le 28 août : « Faire-part – *La Dépêche* est morte. »

La chasse journalistique aux collaborateurs et aux pétainistes peut se donner libre cours. Dans la « Rubrique sanitaire » du *Patriote*, le « docteur Guillotin » – André Wurmser – entretient la flamme justicialiste. Le 27 août, il montre la voie à suivre et, s'inspirant du fameux slogan de la radio de Londres : « Milicos assassins – Fusillés de demain... », lance : « L'épuration en ce qui concerne les miliciens ne saurait que se faire au bout du fusil. Tuons-les ! »

Les appels à l'épuration-vengeance empruntent des voies multiples, de la farce un peu lourde jusqu'aux encouragements aux exécutions, en passant par des allusions assez claires pour que soient reconnus les suspects.

Premier exemple, extrait du *Patriote* du 12 septembre : « M. le préfet du Gers a entamé des poursuites contre les distillateurs et les négociants d'armagnac qui ont réalisé sur cette liqueur des bénéfices quotidiens qui se chiffrent par millions. Il a arrêté les plus gros coupables. Il a confisqué leurs biens... »

La nouvelle serait d'importance si elle était exacte, mais il n'en est rien. Le « docteur Guillotin » poursuit son effet : « Nous venons de l'inventer [cette information]. Mais, si elle n'est pas vraie, elle ne saurait tarder à l'être, n'est-ce pas ? » Le préfet du Gers sait donc ce qui lui reste à faire.

Autre exemple de la méthode utilisée sous la signature du « docteur Guillotin ». On cherche cette fois à désigner une personne, on s'abstient de citer son nom – car enfin les armes « parlent » facilement dans la capitale du Languedoc en cet été 1944... –, mais il est à peu près certain que la description de la cible choisie, la nature de ses fonctions passées et présentes la feront reconnaître : « Est-ce que, le 17 juin, interroge donc "Guillotin", le 17 septembre, le chef n° 158 des Chantiers de jeunesse de Lardenne est bien venu au groupe de la Cépière vers 18 heures ? Est-ce qu'il a bien demandé aux jeunes de ne pas aller au maquis, "ramassis de bandits et de voyous" ? Est-ce que ce chef de groupe n'est

pas devenu aux environs du 20 août un patriote décidé ?
Est-ce qu'il ne figure pas parmi les officiers de notre état-
major ? Est-ce qu'une enquête rapidement faite n'éclairerait
pas ce problème ? »

Les précautions de style ne sont pas fatalement nécessaires lorsqu'on veut stigmatiser l'opportunisme d'un groupement... ou sa trop grande faculté à épouser l'événement.
En l'occurrence l'A.G.E. – l'Association générale des étudiants – de Toulouse est désignée comme « fidèle à Pétain,
fidèle à de Gaulle... ».

Attisant l'ardeur justicialiste, *Le Patriote* cite en exemple
l'épuration à Carcassonne (Aude) : « Depuis la libération de
Carcassonne, la cour martiale s'est réunie trois fois et déjà
douze traîtres ont été condamnés et exécutés. À la bonne
heure, à Carcassonne on ne s'endort pas et nous espérons
que la cour martiale va continuer à ce rythme accéléré... »

Inutile d'ailleurs de réchauffer les énergies... À Toulouse
et dans les départements limitrophes l'élimination physique de ce qui rappelle Vichy et la collaboration est en
marche. Dans la capitale du Languedoc ont proliféré des
« 2e Bureau » soi-disant F.F.I. – Bertaux en signale 32,
Robert Aron cite le chiffre de 40, une autre source 52 –
qui ne se contentent pas de procéder à des arrestations :
rassemblées dans des caves attenantes, les personnes interpellées subissent des traitements que des services de la Gestapo auraient pu reconnaître comme les leurs. On interroge
et on matraque sans vergogne. Dans la « cave » du boulevard
de Strasbourg, les voies de fait sont particulièrement spectaculaires. On discutera beaucoup de l'image de Toulouse
transformée en « République rouge », mais, ce qui est sûr,
c'est que la grande métropole que des témoins compareront
à Barcelone en juillet 1936 livre le spectacle d'une vengeance sans frein.

Il n'est pas de preuves plus fiables que celles qu'apporte
Mgr Lustiger évoquant ses souvenirs devant Dominique
Wolton[1] ; « Vous étiez à Toulouse à la fin de la guerre, rap-
pelait Wolton au cardinal-archevêque de Paris. Quelle était

---

1. *Op. cit.*

l'atmosphère et comment avez-vous vécu ces événements ?
– En fait, je n'ai accédé au raisonnement politique qu'à partir
de cette période. Ce qui m'a frappé, interloqué, c'est le
retournement de la violence. Notre sentiment de soulagement, de la liberté retrouvée était intense ; enfin la Bête
était vaincue ! Mais, en ce moment même, j'ai assisté à des
scènes d'une violence inouïe. J'ai vu des femmes tondues,
battues, traînées. C'étaient des collaboratrices, disait-on, des
putains qui étaient avec les Allemands. J'ai vu des hommes
ensanglantés, au corps déchiqueté, trimbalés dans les rues
de Toulouse sur les capots des voitures avec des drapeaux
français... C'étaient des collaborateurs, disait-on. J'ai eu la
nausée ; je me suis dit : "Non, ce n'est pas la France ; et ce
n'est pas pour *ça* que des amis sont morts, pour voir *ça* que
l'on vit encore et que l'on survit. J'ai eu l'impression que
nous tombions dans le piège ; nous étions en train de faire
ce que précisément nous avions voulu combattre..." »

Il n'est pas étonnant que dans un tel contexte, le vieil
anticléricalisme se réveille... « Toutes les phobies anticléricales revenaient au grand jour dans les premiers temps de la
Libération, en particulier le mythe d'une Église tentaculaire,
secrète, possédant tous les moyens d'une force occulte »,
affirme M. Jean-Louis Clément[1], qui observe d'autre part :
« ... De graves inquiétudes étreignaient le monde catholique.
Des actions anticléricales éparses mais violentes, et par là
même frappant les imaginations, éclatèrent... »

La rumeur se propage de l'intervention des miliciens de
Darnand qui auraient installé des postes de tir au sommet
des clochers toulousains... y compris dans celui de l'Immacu-
lée-Conception... qui ne fut jamais construit. On s'enquiert
même de l'existence de mystérieux souterrains qui relie-
raient entre eux les lieux du culte. Mais est-il vraiment
nécessaire de faire appel à ces fantasmes collectifs – ou à
ces « informations » intentionnellement propagées – pour

---

1. Dans son intervention lors du colloque organisé par les universités Toulouse-Le Mirail et Paul-Valéry de Montpellier les 7 et
8 juin 1985 sur le thème « La Libération dans le Midi de la
France ».

expliquer les agressions contre les édifices religieux de la ville ? L'église Saint-Sernin est mitraillée à trois reprises, les 20, 21 et 25 août, ce qui oblige Mgr Clément Tournier, titulaire de la cure, à fermer le sanctuaire provisoirement, à compter du 27. Le 29, une équipe F.F.I. s'introduit dans les lieux aux fins de perquisition, et le colonel Noireau, alerté en tant que responsable du maintien de l'ordre, ne peut que regretter un geste « inadmissible » dû à des « éléments troubles ».

Le 20 août, des membres du clergé de l'église de La Daurade étaient conduits au poste des G.M.R. de la rue Peyrolières et brutalisés. Au même moment – l'opération se renouvellera à deux reprises –, le sanctuaire est perquisitionné de fond en comble, et ce n'est qu'au terme de ces recherches, pourtant conduites avec la plus grande minutie, que le sacristain découvrira des insignes et des tracts de la Milice... dans un confessionnal. L'endroit choisi avait de quoi surprendre et « les mauvaises langues » ne se privèrent pas d'affirmer qu'il s'agissait d'un grossier subterfuge.

Écœuré par les méthodes qui ont cours à la prison Saint-Michel, l'aumônier démissionne.

Le débordement du fragile pouvoir du commissaire de la République par les éléments extrémistes est suffisamment flagrant pour que le C.D.L., informé de la situation dans la Haute-Garonne – mais elle peut être étendue à l'ensemble de la Région 4 –, s'en inquiète et publie, le 26 août, un communiqué qui est un appel à l'ordre et une mise en garde contre la prolifération de comités qui confisquent l'autorité. Deux jours plus tard, le colonel Berthier, chef des F.F.I. de Haute-Garonne, surenchérit dans des termes peu différents sur les problèmes du maintien de l'ordre. Les dangers d'une épuration incontrôlée sont dénoncés sous le couvert des risques de provocation :

« F.F.I., Milices patriotiques, chaque soir, les nôtres sont blessés ou tués dans les fusillades. Ne tombez pas dans le piège que vous tendent les miliciens et les provocateurs lorsqu'ils vous font déclencher un feu mal dirigé dont vous êtes souvent vous-mêmes les victimes. Gardez sang-froid et discipline. Dorénavant, seules les unités F.F.I. du Lot [commandées par Robert Noireau, le colonel "Georges"], auxquelles a été confié le maintien de l'ordre, auront mission de patrouiller après 20 h 30. Seules elles pourront procéder aux opérations de nettoyage. Toutes autres unités (F.F.I. ou Milices) seront consignées dans leurs cantonnements ; en aucun cas elles n'auront à intervenir, sauf demande spéciale des troupes du maintien de l'ordre. Toute infraction à ces ordres sera sévèrement punie. »

Pendant que ces communiqués officiels traduisent l'agitation qui règne à Toulouse et dans la région, une série de messages secrets de diverses origines partent à destination du Gouvernement provisoire à Alger. Tous insistent sur la gravité de la situation et n'hésitent pas, comme celui du 21 août, qui émane d'un représentant de la D.G.S.S. [1], à solliciter l'intervention de troupes régulières pour rétablir l'ordre : « Très important. Croyons devoir demander avec la plus grande insistance débarquement sans retard au moins un régiment d'infanterie région Toulouse. »

Alger, que ces appels ont impressionné, décide d'envoyer à Toulouse Pierre Bloch et Chevance-Bertin, mais des difficultés, qui paraîtront suspectes [2], mettent dans l'impossibilité les deux chargés de mission de s'en acquitter. Finalement, Chevance-Bertin et le colonel Schneider – un brillant officier des troupes coloniales qui a rallié l'Afrique du Nord après les combats de 39-40 – rejoignent Toulouse le 27 août. Schneider expédie alors à Alger un message des plus alarmistes. La situation est pour lui explosive, révolutionnaire. Le général Chevance-Bertin est désigné par le G.P.R.F. pour prendre le commandement des F.F.I du Sud-Ouest et du Centre tandis que Schneider sera mis à la tête d'un groupement spécial chargé officiellement de gêner les troupes allemandes qui battent en retraite au sud de la

---

1. Direction générale des services spéciaux.
2. Fernand Grenier, commissaire à l'Air, sera mis en cause pour avoir saboté une mission qui contrecarrait les ambitions des communistes et de Serge Ravanel. Jacques Soustelle a défendu cette thèse, que Pierre Bloch a retenue comme plausible.

Loire, mais complémentairement, et surtout, de faire pièce à Serge Ravanel en prélevant largement sur ses effectifs.

De son côté, Pierre Bertaux n'a pas attendu pour réagir. Le 27 août, il a décrété le couvre-feu et pris contact avec le colonel Georges. Il lui a proposé de le nommer responsable de la sécurité et de rétablir l'ordre, sa mission consistant notamment à liquider les « 2ᵉ Bureau » spécialisés dans l'épuration violente.

Le colonel Georges a accepté l'offre qui lui était faite. Ses compagnons d'armes s'y résignent. Au moins apparemment. Car le commissaire de la République ajoute : « Par la suite, son parti lui fit payer de "n'avoir pas compris" – compris quoi ? La moindre des sanctions à lui appliquée fut l'exclusion du Parti. Il courut des risques plus graves et ne s'en sortit que par miracle... »

Le parti communiste ne pardonnera pas au colonel Georges son esprit d'indépendance, son ralliement à Pierre Bertaux, commissaire de la République, et au général Collet, commandant de la place de Toulouse, qui déploya des efforts courageux pour crever les abcès de la violence et mettre hors d'état de nuire les responsables de l'épuration sauvage. Ce dissident avant l'heure fut exclu du parti et échappa, affirmera-t-il, à deux tentatives d'assassinat, la première à Toulouse, place du Capitole, lorsqu'une rafale de mitraillette fut dirigée contre sa voiture, et la seconde dans des conditions plus mystérieuses, à la pointe du Grave, alors que, appelé avec ses hommes à combattre les Allemands qui s'accrochaient à leurs derniers réduits, il faillit être touché par une balle tirée par-derrière, en l'absence de tout adversaire.

À Toulouse, en tout cas, Georges est à l'œuvre, au service des représentants civils et militaires du Gouvernement provisoire, n'en déplaise à ses amis communistes. Les pseudo-résistants tortionnaires lui ont facilité la tâche en fixant généralement à l'entrée de leurs officines des drapeaux dont le tricolore pourrait être accompagné du crêpe de la terreur. Armés et se déplaçant en camions, les chargés de mission du colonel Georges se présentent sur les lieux et engagent avec les responsables des « 2ᵉ Bureau » de brefs dialogues :

ils essaient d'identifier ces derniers, d'évaluer, ce qui n'est pas facile, le degré de leur appartenance à la Résistance, et de les persuader de leur livrer les coupables... ou présumés tels. La tâche n'est pas, là non plus, d'une simplicité évidente. Il arrive que les justiciers d'un jour et les résistants du lendemain rechignent à libérer leurs otages. On discute, voire on menace. Quand on tombe sur des Espagnols, nombreux à Toulouse, il n'est pas toujours nécessaire de faire appel à des interprètes, le geste soutenant la parole. Les hommes de l'ordre improvisés arrivent presque toujours à leurs fins. Les « collaborateurs » sont alors conduits dans les camions et transférés à la prison Saint-Michel où un tri sommaire est effectué. Pas d'erreur possible pour les miliciens, mais pour les autres... En tout cas, Saint-Michel, cela vaut mieux que les caves des forcenés.

Pierre Bertaux et Robert Noireau feraient une erreur s'ils s'imaginaient avoir résorbé – fût-ce en « trois ou quatre nuits » – toutes les poches de violence. Ce laps de temps n'est d'ailleurs pas tellement négligeable et montre que les forces de l'ordre improvisées furent confrontées à une tâche qui avait certainement dépassé les prévisions. Çà et là, les épurations clandestines se poursuivaient. Plusieurs cas de disparition sont signalés, concernant notamment des résistants, ou des personnes très proches de la Résistance, dont les activités ont paru suspectes aux chefs des « 2ᵉ Bureau », suspectes ou dangereuses, dans la mesure où elles en « savaient trop » et avaient vraisemblablement commencé à livrer des informations sur les méthodes pratiquées dans les officines clandestines. On cite notamment les noms de Marie-Madeleine Deroubaix et de Georges Abadie.

Ces deux cas ne sont pas isolés. Les règlements de comptes se poursuivront bien au-delà de la fin de l'année 1944. La consultation d'un quotidien comme *La Démocratie*[1]

---

1. Le directeur politique en est Yvon Delbos et le rédacteur en chef Joseph Barsalou. Elle prépare en fait la reparution de *La Dépêche*. Le premier numéro de *La Démocratie* paraît le 8 octobre 1945, le dernier le 21 novembre 1947. *La Dépêche* est en vente le lendemain...

apporte la preuve d'un crime pratiquement quotidien dans les deux dernières semaines du mois d'octobre 1945. Plus d'un an après la Libération, et plusieurs mois après la victoire, la tension est toujours très vive, sur tous les plans. Le 30, est assassiné, pour des motifs demeurés mystérieux, le directeur de la station régionale de la Radiodiffusion, Pierre Clément. L'enquête a révélé des méthodes appartenant à des « professionnels du meurtre ». D'origine incontestablement politique, l'assassinat de Pierre Clément sera d'abord imputé à d'anciens collaborateurs, mais cette version sera ensuite mise en doute par les proches de la victime, parents ou amis. Un nouvel épisode de l'épuration sauvage ?

Très présents à Toulouse, les guérilleros espagnols conduisent leur propre épuration en occupant le consulat dont le titulaire obtient la protection de Pierre Bertaux. Ce n'est là que la partie visible de leur activité. On en retrouvera un grand nombre, comme nous l'avons vu, dans les « 2e Bureau » de l'épuration clandestine. Deux d'entre eux s'étaient mis au service des Allemands, mais la compromission criminelle de ces hommes – l'un était un agent de la Gestapo extrêmement dangereux – sert d'alibi à d'autres assassinats sous prétexte de lutte antifasciste. Qui refuse de rallier l'Union Nacional Española s'expose à la liquidation physique. Les hommes du 1er bataillon des guérilleros espagnols que commande le colonel Luis Bermejo frappent haut et fort en assassinant Auxiliano Benito, secrétaire des Jeunesses socialistes espagnoles, et l'anarchiste Juan Martinez Garcia. Dans la capitale du Languedoc, et dans bien d'autres départements du Sud-Ouest, la Libération sert de paravent aux staliniens pour l'élimination de leurs concurrents politiques traditionnels.

Ce double meurtre provoqua à Toulouse scandale et émotion, principalement dans un contexte de rivalité entre communistes et socialistes dont on apercevait les premiers signes. Raymond Badiou, socialiste, occupait le poste envié de maire provisoire de la ville. Sa modération et ses appels en faveur d'un retour à la légalité n'étaient pas du goût de tout le monde. Les obsèques d'Auxiliano Benito qui se déroulèrent à la Bourse du travail donnèrent lieu à un grand rassemblement populaire. On protestait ainsi contre l'exécution sommaire d'un socialiste espagnol, et cela très légitimement, mais en faisant mine d'ignorer que des centaines de Français innocents tombaient au même moment sous les balles des justiciers de l'heure.

L'épuration officielle s'est elle-même déployée sous le signe de l'improvisation et dans un désordre assez inextricable, les juridictions se succédant à quelques jours de distance.

Créé par un décret du 31 août du commissaire de la République, le « tribunal militaire » tient son audience inaugurale le 5 septembre, dans le cadre de la cour des appels correctionnels, place du Salin. Ce premier procès qui vise plusieurs inspecteurs de police commence dans un grand déploiement de population animée, précise Le Patriote, par « une frénétique passion de justice ». Des grappes humaines se sont agglutinées aux entrées. La foule hurle des cris de mort contre les accusés. Un décor de légalité est planté dans un théâtre révolutionnaire : commissaire du Gouvernement, avocats désignés par le barreau local, et qui auront à peine le temps d'examiner les dossiers de leurs « clients ». Les condamnations correspondent à ce qui était prévu : la mort. Sans recours. La présence d'un prêtre et, pour ceux qui le désirent, la participation à la messe. L'exécution, dans les heures qui suivent, après un transfert en wagon cellulaire.

Le 9 septembre – et selon un arrêté signé trois jours plus tôt par Pierre Bertaux – apparaît une cour martiale, qui succède au tribunal militaire, et dont la composition est la même. Mais elle est supprimée le 21 septembre... pour redevenir tribunal militaire. Le 29 septembre enfin – et après instructions du ministre de la Justice – est installée la cour de justice.

Quant aux arrestations – opérées comme il se doit et comme partout ailleurs selon les critères les plus subjectifs –, Pierre Bertaux écrit qu'« au début », lui et ses collaborateurs furent « submergés par un raz de marée humain... ». C'est résumer en peu de mots cet aspect de l'épuration sauvage. Bertaux précise que pour endiguer le « raz de marée » furent instituées des « commissions de criblage », les personnes incarcérées ayant été interpellées « par des organismes autres que la police », en l'absence de tout dossier. « Il eût été imprudent de renvoyer tous ces gens chez eux sans autre forme de procès, ajoute Bertaux ; les voyant revenir, ceux qui les avaient arrêtés leur auraient fait un mauvais parti, et cette fois irréparable... »

La prison – fût-elle injustifiée – ou le poteau... Pour le commissaire de la Région 4, le choix était simple. Cela donne la mesure des risques encourus par les suspects. Jusqu'au 1er octobre, ils seront, pour la Haute-Garonne, 1 400 à être internés à la prison Saint-Michel de Toulouse ; 200 avaient été élargis et 400 conduits au camp de Noé[1], 800 cas étaient en attente d'un règlement.

« Au camp de Noé, écrit Bertaux, outre les 400 en provenance de Saint-Michel, il y en avait une centaine qui avaient été amenés directement par les services de police, environ 200 arrêtés par des services autres que la police... » – les polices parallèles que nous avons découvertes. La police officiellement reconnue – celle des Forces françaises de l'intérieur – n'apporte qu'une contribution d'un cinquième à l'ensemble des arrestations destinées au camp de Noé. C'est dire la part qui revient à celles qui pratiquent l'épuration sommaire.

Ces polices parallèles sont assez encombrantes pour que, en dépit des communiqués publiés à la fin août, la presse – et notamment Le Patriote, communiste, qui ne brille pas par sa modération ! – se fasse le relais de l'inquiétude officielle :

« Par décision du commissaire régional de la République et conformément à la loi républicaine, annonce Le Patriote du 23 septembre, c'est uniquement aux forces régulières de police et de gendarmerie qu'appartient le droit d'arrêter, de perquisitionner et de visite domiciliaire... »

Cependant, le 17 octobre, les Forces françaises de l'intérieur, le Front national, le Mouvement de libération natio-

---

1. Les internés politiques se révolteront dans ce camp en août 1947.

nal, l'Union des femmes de France, la C.G.T., les syndicats chrétiens, le parti communiste et le parti socialiste forment l'union sacrée pour « protester contre les lenteurs de l'épuration... ». Cette opinion ne semble pas partagée par Mgr Théas, évêque de Montauban, dont on n'a pas oublié l'attitude courageuse pendant l'Occupation[1], et qui, nous apprennent les journaux, s'est ému, avec le pasteur Jordan, « des jugements du tribunal militaire ».

De retour dans son diocèse depuis le 10 septembre, l'évêque de Montauban n'a pas attendu pour exprimer sa désapprobation des excès de l'épuration. Accueilli en grande pompe et par une foule enthousiaste, celui que l'on suspectait pourtant de sympathies socialisantes, voire d'être assez proche des communistes – ce qui lui valut quelques ennuis avec la hiérarchie –, avait notamment déclaré en réponse au préfet Rouanet : « La haine n'est point éteinte et, me dit-on, elle inspire encore des actes que condamne la morale... Sans doute justice doit être faite, mais seules les juridictions compétentes doivent l'exercer dans une atmosphère de calme, de sérénité, avec une tendance marquée par l'indulgence. N'imitons pas les procédés de ceux que nous condamnons... »

Ces paroles évangéliques ont bien peu de chances d'être entendues dans le concert d'imprécations vengeresses dont retentissent journaux et discours. Les responsables des camps d'internement confirment qu'ils ne peuvent suffire à la tâche et, quant à eux, ne s'embarrassent pas de sentiments. Celui de Castelnaudary, dans l'Aude, « fait connaître [le 28 octobre] aux familles des détenus politiques qu'il ne lui est plus possible d'accorder des autorisations de visites pour des motifs tels que commerciaux, de famille, professionnels et autres... Inutile de s'adresser à lui pour des

---

1. Notamment en élevant une protestation solennelle contre l'arrestation des Juifs, dans une lettre qui, diffusée le 26 août 1942, devait être lue dans toutes les églises et chapelles de son diocèse le dimanche suivant. Arrêté par les Allemands le 9 juin, Mgr Théas était interné à la prison Saint-Michel de Toulouse et transféré à Compiègne. Il sera libéré le 24 août.

demandes de visites, ajoute-t-il, sauf cas spéciaux, la charge qu'il occupe ne lui permettant pas de perdre du temps en recevant des quémandeurs dont le nombre s'accroît tous les jours... ».

Toutes significatives qu'elles soient, les déclarations d'un chef de camp sont bénignes en comparaison des exécutions sommaires.

Terre de refuge des *Reconquista de España* qui ont établi au lieu-dit Col-de-Py, entre Foix, Pamiers, Mirepoix et Lavelanet, leur premier maquis (et cela dès avril 1942), la région ariégeoise est depuis le 6 juin 1944 dans une situation proche de l'insurrection permanente. Partant des maquis où ils ont essaimé – maquis de Montségur, la Bastide-de-Sérou, Vira –, les guérilleros développent des actions importantes contre des convois allemands, tendent des embuscades, capturent et fusillent des miliciens, multiplient les opérations de sabotage. Le bulletin final des guérilleros en Ariège fait état de 190 morts et de 1 500 prisonniers allemands pendant la période insurrectionnelle.

Depuis les dernières étapes de sa libération, l'Ariège est coupée de toute autorité d'État. Aucun signe ne vient de Toulouse où le commissaire de la Région 4 contrôle la situation au prix des pires difficultés. Les seuls pouvoirs en place sont issus de l'insurrection : état-major des F.F.I. et C.D.L. Sont-ils eux-mêmes les vrais maîtres du jeu ? Complices ou impuissants, c'est en tout cas pendant leur interrègne que la justice sommaire impose sa loi. À Pamiers, un « tribunal du peuple » instauré par le représentant de l'état-major F.F.I. « Jackie », de son vrai nom Joselovitz, condamne et fait exécuter, en quelques jours, de 60 à 80 personnes « dont une partie seulement, écrit Pierre Bertaux, avait collaboré. À d'autres, on reprochait plutôt leur comportement antisocial au moment des grèves de 1936... ». Parmi les victimes, M. Michelet, ingénieur des Forges de Commentry. À noter que deux autres sources recueillies par l'auteur font état l'une de 71 victimes, ce qui confirme l'évaluation de Bertaux, et l'autre, d'origine régionale, de 127.

À Varilhes, un autre « tribunal du peuple » décide de 18 exécutions et à Foix – où siège une cour de justice populaire du même genre –, on évalue à 93 le nombre des personnes exécutées dans la ville et sa région. L'abbé Baurès, curé de Rieucros, et Henri Sabarthez, ancien rédacteur parlementaire de *La Petite Gironde*, sont condamnés à mort, mais ce dernier sera gracié par la suite. À Foix également s'étaient réfugiés au lycée plusieurs dizaines de soldats allemands – on a cité le chiffre de 47 – qui s'étaient rendus sans combattre... Transférés à Marviel, ils y furent passés par les armes.

L'épuration sauvage engloba un certain nombre d'Espagnols, suspects au regard des guérilleros communistes orthodoxes. Plusieurs assassinats spectaculaires eurent lieu à Saint-Girons, « mais le mieux connu, précise David Wingeate Pike [1], est celui commis contre la famille de l'anarchiste Ricardo Roy, qui habitait près de Castelnau-Durban. Roy avait plusieurs fois reçu l'ordre de rejoindre l'U.N.E. Il refusa et fut menacé de mort. Le 15 juillet 1944, à 12 h 30, des membres de l'U.N.E. se frayèrent un chemin jusque chez lui, alors qu'il était absent, et assassinèrent aussitôt tous ceux qu'ils trouvèrent sur les lieux, y compris son épouse, son beau-père, ses deux petites filles (l'aînée avait six ans, et la cadette huit jours) et trois amis de la famille... ».

L'une des affaires les plus spectaculaires en raison de la personnalité qui était en jeu fut l'enlèvement du duc de Lévis-Mirepoix. Bien qu'il n'eût absolument rien à se reprocher, M. de Lévis-Mirepoix devenait suspect, à l'image de tant d'autres représentants de la noblesse française, en raison du titre qu'il portait et des propriétés qui lui étaient attachées. Authentiquement révolutionnaire, la période de l'épuration 1944-1945 est lourde d'une volonté de revanche sociale qui, dans une certaine France rurale, s'en prend aux notables et aux châteaux et se rattache directement à la tradition jacobine. La référence à 1936 vaut de préférence dans les milieux urbains. Dans les campagnes « profondes », c'est plus à 1789 et 1793 qu'il faut songer.

---

1. David Wingeate Pike, *op. cit.*

Le duc de Lévis-Mirepoix est destiné à comparaître devant le « tribunal du peuple » de Pamiers. Sachant avec quelle dextérité les procureurs de ce tribunal jouent avec la vie des inculpés, on peut tout redouter. Heureusement, Ernest de Nattes vient de prendre ses fonctions à la préfecture de l'Ariège. Il dissout le tribunal et charge Louis Amade, qui a conservé ses fonctions de secrétaire général, de libérer M. de Lévis-Mirepoix. Amade forme alors un commando de quelques hommes armés et, à sa tête, découvre la trace des ravisseurs et de leur prisonnier. Une négociation s'engage. Louis Amade obtient gain de cause : le duc de Lévis-Mirepoix recouvre la liberté.

Parmi les autres départements de la Région 4, l'épuration sauvage n'a pas épargné le Tarn, où sont signalées plusieurs exécutions sommaires, dont la plupart dans le courant d'octobre 1944. À Albi sont assassinés deux pharmaciens qui avaient été réveillés en alléguant des soins d'urgence à des « malades ». Les auteurs de ces crimes furent identifiés sans pour autant être inquiétés, comme dans la très grande majorité des cas d'ailleurs. « À Castres, signale Pierre Bertaux, un commissaire de police en retraite était assassiné un soir alors qu'il prenait son repas en famille. » L'un de ses anciens collègues, M. Gelin, était assommé à coups de gourdin.

« À Tarbes, indique encore Pierre Bertaux, le sous-directeur des Établissements Hispano-Suiza [en l'occurrence M. Merlet], était enlevé par des inconnus ; quelques jours plus tard, on retrouvait son cadavre, criblé de balles, dans un puits... »

Cet exemple, cité par le commissaire de la République, est à retenir parmi d'autres dans la liste des exécutions sommaires dans les Hautes-Pyrénées. Pierre Bertaux n'eut probablement pas connaissance de l'assassinat, « après les pires tortures, du jeune organiste de l'église de Trie-sur-Baïse, arrondissement de Tarbes, en plein jour, le 15 août 1944... ». Ni de la disparition et de l'exécution du jeune Jacques Latour. Une enquête judiciaire s'étalera sur plusieurs années et, bien que les responsabilités fussent clairement établies, laissera, comme presque toujours, les auteurs impunis.

L'affaire des « tueurs de Tarbes » sera longuement évoqué lors de la comparution en justice de plusieurs d'entre eux en 1949. Le « groupe Foch » usurpa en effet le nom du maréchal pour commettre, sous prétexte de la liquidation de « traîtres », un certain nombre de crimes. Avant qu'il ne comparaisse devant les Assises de la Gironde – puisque tous les crimes d'épuration ne furent pas, fort heureusement impunis, l'un des responsables du « groupe » répondit au juge d'instruction qui l'interrogeait sur le nombre exact de ses victimes : « Vous êtes bon, vous, je ne les ai pas comptées ! ». Le juge s'était notamment intéressé au cas de M. Vitteau, un industriel tarbais... M. Vitteau sortait des usines Ousteau, le 15 décembre 1944, lorsqu'il fut suivi par deux individus qui l'empoignèrent par le col de son veston. L'un d'entre eux lui tira une balle dans la nuque. Aucun grief précis sur son rôle pendant l'Occupation ne pesait sur M. Vitteau, quoi qu'en aient dit ses assassins lors de leur arrestation.

Le comte Pierre de Castelbajac, personnalité régionale, directeur du haras de Tarbes, père de quatre enfants, est arrêté par des maquisards alors qu'il préside à Vic-Fezensac un jury d'attribution de primes à des éleveurs de chevaux. On commence par lui voler sa sacoche, qui contient de l'argent, puis on l'exécute, le 4 août 1944, après l'avoir torturé. Avant de mourir, il avait écrit à sa femme et à ses enfants : « J'ai comparu devant le tribunal du maquis. On n'a rien trouvé sur moi qu'une carte de Croix-de-Feu[1]. Il paraît que c'est un crime ! ». On retrouvera dans les bois de Massous, près de Vic-Fezensac, les corps de plusieurs de ses compagnons dans la mort.

---

1. Fondée en 1927 et ayant pour vocation de regrouper les anciens combattants de la Première Guerre mondiale, l'association des Croix-de-Feu dont le colonel de La Rocque devint président en 1931, s'orienta vers l'action politique. Frappés de dissolution, comme les autres « ligues », par le décret du 18 juin 1936, les Croix-de-Feu se reconvertirent en Parti social français (PSF).

Dans le Gers et le Lot-et-Garonne les exécutions sommaires furent également nombreuses. Nous ne retenons pour le second de ces départements que les plus significatives, en les inscrivant dans des limites géographiques où l'accumulation des actes criminels révèle une volonté d'éliminations calculées, soit en raison des origines sociales, soit en raison des responsabilités qu'assumèrent, notamment sur le plan local, les personnes visées.

À Nérac et dans ses environs immédiats, vingt personnes – au moins – sont assassinées. Parmi elles, le 4 décembre 1944, le général Barthélemy est « abattu » à son domicile. Qui était le général Barthélemy ? Une personnalité assez suspecte pour s'être illustrée lors de la bataille de Dunkerque et avoir commandé le secteur fortifié des Flandres. Barthélemy a présidé, après l'armistice, la Légion (régionale) des combattants, le seul titre dont, curieusement, la presse se souvienne, au moment de son assassinat. Ensuite, et après la Libération, il a dirigé la section locale de la Croix-Rouge. Autant de « compromissions » qui l'ont exposé aux balles des justicialistes.

Le comte de Pourtalès, propriétaire du château de Lasserre, est soumis au même sort que le général Barthélemy. Un titre nobiliaire, un château... M. de Pourtalès a occupé des fonctions aux Chantiers de jeunesse. Il n'en faut pas davantage pour mériter la mort. On retrouvera son corps dans les environs de Casteljaloux.

C'est encore le comte d'Arniancourt, « abattu » dans le bois d'Espiens, près de Nérac. M. d'Arniancourt possédait le château de Guillary, dans la commune de Pompiey.

À Agen – nous reviendrons à Agen – des « résistants » s'introduisent à la clinique du Dr Béard, quai du Gravier, et assassinent M. Dupré de Pomarède, ancien capitaine de cavalerie. Toujours à Agen, on relève les noms de M. Toricella, consul d'Italie ; du maire de Vanne, M. Latouche, et de son épouse ; d'un ancien administrateur des colonies, M. Bench, d'un officier de la marine marchande, M. Rivière...

M. André Lescorat, député, relatera en ces termes, dans l'organe du Mouvement républicain populaire *Le Citoyen libre*, du 21 décembre 1951 – un homme politique et un journal peu suspects d'indulgence à l'égard des anciens partisans de Vichy et de la collaboration –, les circonstances de la mort de l'abbé Daunis : « Ses assassins l'ont conduit au château de la Frégate, l'ont torturé, l'ont fait marcher sur des tessons de bouteille, lui ont arraché la langue et les yeux et l'ont pendu par les pieds jusqu'à ce que mort s'ensuive, après deux jours d'effroyables souffrances... »

En une seule journée, le 30 septembre 1944, et toujours en Haute-Garonne, un quarteron de gradés FTP s'en prend, à Tonneins, à quatre personnes, bien qu'elles soient connues pour leurs sympathies, voire leur engagement dans la Résistance, une forme de résistance qui n'affichait pas leurs couleurs politiques, nous en avons eu d'autres exemples. Trois des victimes de l'agression sont tuées, la quatrième grièvement blessée, survivra, Mlle Marie-Louise Reculoux.

Dans le Lot, les F.T.P. font, des semaines durant, régner leur loi, sans aucune entrave. Qui pourrait s'y opposer, si le commissaire de la République Bertaux avoue lui-même, en grande partie, son impuissance ? Son influence ne dépasse guère les limites de Toulouse ; son action se dilue au-delà.

L'exécution des miliciens de Cahors lors de la libération de la ville, le 17 août – libération acquise sans un coup de feu – pose le problème de la justice rendue par les maquis. À quel titre ce tribunal militaire, transformé en cour martiale, agit-il et décide-t-il de la mort de vingt et un hommes, quelles que soient leurs responsabilités ? Nous sommes une fois de plus en présence d'un acte révolutionnaire. Si on refuse à cette forme d'épuration le qualificatif de « sauvage », ira-t-on jusqu'à lui reconnaître une forme de légalité ?

Dans cette région du Lot où l'implantation des maquis est très forte, la répression allemande a frappé des civils innocents alors que se multiplient, bien avant la Libération, des attentats contre les personnes accusées de collaboration. Leur engagement procollaborationniste n'est pas toujours évident, et l'on ne s'embarrasse pas de nuances dans l'appréciation de leurs choix politiques. Pendant les fêtes pascales de 1944, par exemple, des résistants, qui ont revêtu l'uniforme de la gendarmerie, kidnappent un jeune interne du sanatorium de Montfaucon-du-Lot et l'exécutent dans un bois proche parce qu'il était résolument pétainiste et investi de certaines responsabilités dans la propagande du gouvernement de Vichy.

Enlèvements et exécutions sommaires se succèdent à Concorès, canton de Saint-germain-du-Bel-Air.

Un professeur de l'enseignement libre à Bordeaux, Hary-Mitchell, a vécu en septembre 1944 l'exceptionnelle aventure d'un voyage à travers l'épuration sauvage, dans une vaste zone du Sud-Ouest, en partant d'Agen où il fut arrêté à la Libération. Son témoignage est certainement parmi les plus saisissants de l'époque[1].

Évoluant depuis plusieurs années dans la mouvance girondine d'un Philippe Henriot, d'un Adrien Marquet, avant qu'ils ne deviennent ministres de Vichy, et d'un abbé Bergey, Hary-Mitchell a été pendant l'Occupation secrétaire général du groupe Collaboration à Bordeaux. Ce n'est pas rien. Et pourtant, ce collaborateur officiellement engagé sera acquitté, au mois d'août 1945, alors que la tension était loin d'être retombée, par la cour de justice de la Gironde, avec des attendus sur lesquels il nous faudra revenir.

Le 4 septembre 1944, Hary-Mitchell est arrêté à Agen, dans le train qui le conduit à Lourdes, par un gendarme et un jeune F.T.P., portant l'un et l'autre le « brassard de la Résistance ». Convaincu d'avoir été dénoncé, il apprendra plus tard avec stupéfaction le nom du délateur. Un agent double, mais du dernier échelon, que les Allemands avaient arrêté en raison de ses activités résistantes, libéré à la suite de l'intervention d'Hary-Mitchell qui avait reçu la visite de son épouse et avait été très touché par la situation familiale

---

1. Et quasiment introuvable aujourd'hui. L'auteur doit à l'une des précieuses initiatives qui se sont manifestées après la première édition de cet ouvrage d'en avoir eu connaissance dans son intégralité. Hary-Mitchell, *Les Massacres de septembre 1944*, Nouvelles Éditions latines, 1959.

du couple, père et mère de cinq enfants en bas âge. Pour rentrer en grâce auprès de l'occupant, T., aussitôt élargi, se met à son service en fournissant les positions et les déplacements d'un maquis de la région bordelaise. Le vent tourne et T., rencontrant son bienfaiteur en gare d'Agen, ne trouve rien de mieux, pour se « refaire une virginité », que de le dénoncer !

Dans le local où il est transféré, Hary-Mitchell a les poignets liés par un fil de fer, avant d'être promené à travers la ville jusqu'à un bureau d'épuration où l'ont précédé plusieurs autres « collaborateurs » : « ... un gendarme portant au front la mention "vendu" tracée à l'encre, un négociant de Marmande dont la face tuméfiée dit assez le traitement qu'il a dû subir, deux femmes au crâne rasé qui auraient entretenu un commerce intime avec les Fritz, un garçon dont le crime est d'avoir été inscrit aux "Jeunes des P.P.F." de Doriot, alors qu'il avait quatorze ans.

« En fin de jour, dans la demi-obscurité de cette pièce, poursuit Hary-Mitchell, nous avons la visite d'un personnage bizarre, objet de la déférence des membres du "Comité". Cet homoncule, paré de la Légion d'honneur en même temps que d'une ample suffisance, braque une lampe électrique de poche sous le nez de chacun de nous puis, d'un organe qui s'efforce d'être sépulcral, laisse tomber :

— Je suis juge au tribunal révolutionnaire.

« Après quoi, il s'en va, accompagné des F.T.P., vider force bouteilles... en provenance directe de l'épicerie d'à côté.

« Au cours de la nuit, notre "salon" reçoit un nouvel hôte. Un garagiste de La Réole. Il a été sérieusement "tabassé" pour avoir effectué des réparations aux voitures des officiers allemands. Autre excellente prise pour la sécurité de la République... Il s'étend sur le parquet à côté de moi et me conte divers exploits des hommes du "réseau" qui l'ont arraché de chez lui et notamment comment un de ses cousins, commerçant, accusé d'avoir vendu sa marchandise aux "Boches" a été, avec sa femme et son fils, collé à un mur, dans le champ de projection d'un phare de leur auto, et abattu par des rafales de mitraillette.

« Un de nos gardes-chiourme, qui paraît être moins féroce que ses congénères, nous apporte quelques pains qui constitueront notre seul ravitaillement durant les trois jours et les trois nuits que je passerai dans cette officine de transition.

« Ce Samaritain au petit pied nous annonce qu'il y aura, la nuit suivante, une "expédition" à Nérac en vue de ramener un dénonciateur de marque habitant Agen, et que "nous allions entendre ce que nous entendrions...".

« Nous devions, en effet, "entendre"...

« L'homme, enfermé dans la cave, fut aussitôt soumis à un lent abattage. Nous comptions les coups, "mat", de gourdins et de nerfs de bœuf assenés sur son corps nu, par les bourreaux.

« Cela dura des heures... Parfois, les hurlements cessaient. Je pensais que le supplice de cet infortuné était enfin achevé, mais de longs râles nous disaient qu'il n'avait pas encore fini de souffrir. Au matin, on le jeta dans une camionnette pour aller l'achever quelque part, dans la campagne, comme tant d'autres suppliciés. »

Le lendemain matin, lors de l'« appel » des prisonniers, Hary-Mitchell s'aperçoit que le chef épurateur a enrichi la manche de sa veste d'un galon supplémentaire. Tout le monde est embarqué dans un camion à destination de Bordeaux. Au terme d'un long voyage – en raison de l'état des routes –, Hary-Mitchell est d'abord présenté au fort du Hâ, puis à l'hôtel Normandie, où l'on refuse de l'admettre. Ses gardiens lui découvrent une place à la caserne Carayon-Latour. Bordeaux n'est libre que depuis quelques jours...

12.

BORDEAUX :
LE SUCCÈS DE L'INTELLIGENCE...
ET L'ART DES TRANSITIONS

Cette liberté conquise sans combats, alors que tout avait été prévu pour que le port devînt un champ de ruines et une mer d'épaves, Bordeaux la doit à l'intelligence et à la coopération de toutes les forces en présence, issues des divers horizons où son sort se dessine : résistants que seuls guide le résultat à obtenir à l'exclusion des fanfaronnades de cirque et des arrière-pensées politiques, militaires allemands de tradition assez lucides pour mesurer l'inutilité et les risques de la violence, représentants de l'autorité de Vichy décidés à amortir les derniers chocs de l'Occupation.

Les efforts multipliés en vue d'une solution pacifique ne pouvaient cependant dissimuler les drames de ces quatres années écoulées.

Siège provisoire du gouvernement formé par le maréchal Pétain le 17 juin 1940 avant son départ pour Vichy, le 29, Bordeaux est occupé le 1er juillet par les troupes allemandes. La Résistance s'y manifeste très tôt, divers attentats communistes contre des militaires entraînant, dès 1941, les premières représailles. Le plus lourd de conséquences vise, le 21 octobre, l'intendant Reimers qui est abattu dans la soirée boulevard George-V. La réplique allemande se traduit par la fermeture des salles de spectacles, des rafles, la décision d'imposer à la ville et à sa banlieue une amende de dix millions et celle, transmise au préfet de la Gironde, Pierre Alype, et au maire, Adrien Marquet, de faire fusiller cent otages. Cinquante-trois seront effectivement passés par les armes le 24, au camp de Souges. Le 22 et le 23 les avaient précédés ceux de Nantes et de Châteaubriant.

La Résistance s'organise et se développe avec succès autour du mouvement Libération-Nord, du Front national et de l'Organisation civile et militaire. Mais l'arrestation du chef régional de l'O.C.M., Grandclément, puis son « retournement » par le très malin chef de la Gestapo, Friedrich Wilhelm Dohse, porteront à la Résistance girondine des dommages dont elle ne se relèvera jamais tout à fait[1]. Grandclément, sa femme et son adjoint Dulugrut sont exécutés au coin d'un bois le 28 juillet 1944 par les hommes d'« Aristide » (Roger Landes) qui avaient déjà supprimé deux autres adjoints de Grandclément.

Terriblement efficaces, donc, la Gestapo et ses auxiliaires français torturent rue Maindron et route du Médoc, au Bouscat. Quant à la Milice elle a trouvé son âme damnée en la personne de Lucien Dehan, ancien membre du Mouvement social révolutionnaire d'Eugène Deloncle, puis délégué régional du commissariat aux Questions juives, et co-organisateur des rafles. 1 560 personnes d'origine juive seront arrêtées et déportées entre 1942 et 1944, dans la région de Bordeaux. Devenu chef du 2e Service de la Milice bordelaise, en février, Dehan copie les pires méthodes de la Gestapo. Les hommes de Darnand sont de précieux auxiliaires des Allemands dans les expéditions dirigées contre les maquis du Médoc et de Lorette. Le 14 juillet, cinquante miliciens, sous le commandement du chef Franc, se joindront à une escouade de Feldgendarmes et de membres du S.D. pour

---

1. Dohse, après avoir arrêté Grandclément, sa femme et environ 150 membres de son réseau, proposa à l'assureur bordelais de libérer tout le monde à condition qu'il lui indique les lieux où avaient été stockées les armes parachutées. Grandclément accepta. Dohse parvint à circonvenir d'autres membres de la Résistance bordelaise. D'où la confusion qui régna et le nombre de règlements de comptes internes.

donner l'assaut, à Saucats, à la ferme de Richemont. Douze maquisards, pour la plupart élèves du lycée de Bordeaux, seront tués après avoir opposé une héroïque résistance.

Déjà très affaiblie par la répression et, tout autant, par ses divisions, la Résistance aborde la Libération en ordre dispersé. Efficace dans les actions de sabotage qu'elle déclenche le 6 juin pour paralyser le retrait prévisible des divisions allemandes, elle obéit à des commandements multiples. Gaston Cusin a été désigné comme commissaire de la République et s'installe clandestinement à Bordeaux en mai. Membre de Libération-Nord, cet ancien contrôleur des douanes, militant cégétiste, a occupé des postes importants dans les ministères des gouvernements du Front populaire. Sous-chef du cabinet de Vincent Auriol, ministre des Finances, en 1936, il a été l'un des principaux organisateurs de l'aide clandestine aux Républicains espagnols.

Si le général Moraglia dispose officiellement du commandement des Forces françaises de l'intérieur de la région B, une confusion extrême entre la répartition des rôles et l'exercice des responsabilités persiste jusqu'à la veille de la Libération, en dépit des efforts du commissaire de la République pour apaiser les rivalités. Cette situation d'affrontements personnels sur laquelle se grefferont d'autres éléments plus spécifiquement politiques ne sera pas sans effet sur le climat de la Libération et sur l'épuration.

Le 10 août, le maire de Bordeaux, Adrien Marquet, et l'un de ses collaborateurs reçoivent à la Feldkommandantur communication des mesures décidées par les autorités allemandes pour l'évacuation par la population de plusieurs quartiers de la ville. Se référant à la déclaration de l'un de leurs interlocuteurs selon laquelle « Bordeaux serait défendu » et informés des dispositions qui ont été prises dans le port en vue d'assurer la destruction des installations et son obstruction par le sabordage des navires, Marquet et son entourage en concluent que l'exécution serait imminente, ce dont ils auront confirmation quelques jours plus tard. La mise à feu dans le port à été fixée au 25 tandis que les ponts de la ville devront sauter dans la nuit du 26 au 27.

La première initiative est une mise en garde consignée par le « délégué militaire régional », « Triangle [1] », le « délégué militaire britannique », « Aristide », et le commissaire de la République, Cusin, et adressée, le 21 août, au « représentant de M. l'amiral commandant la Kriegsmarine de l'ouest de la France ». Le destinataire est le capitaine de corvette Kühnemann, commandant de la base de Bordeaux, qui affirmera d'ailleurs après les hostilités que « le soi-disant ultimatum n'est jamais parvenu à aucune unité allemande... ».

Cette injonction peut se résumer en quelques mots : que la Kriegsmarine renonce aux destructions prévues et ses forces seront traitées, après avoir cessé « toute résistance », avec les honneurs de la guerre...

Mais le sort de Bordeaux se joue sur un autre plan, celui des négociations.

La première initiative est le résultat d'un contact entre un artificier allemand, le Feldwebel Heinz Stahlschmitt, et un docker du port, nommé Ducasse. L'Allemand, qui déclare agir en raison de ses sentiments antinazis, propose de faire sauter les explosifs entreposés dans un blockhaus situé sur le quai de la Garonne, face à la rue Raze, à condition d'être mis en contact avec la Résistance. Cette condition étant remplie et Stahlschmitt ayant reçu l'assurance d'être mis en lieu sûr après l'opération, le 22 août à 20 h 30, une formidable explosion détruit le blockhaus.

On épiloguera sur les conséquences de l'explosion de la rue Raze en soulignant qu'elle ne privait les Allemands que d'une partie de leurs moyens de destruction et l'on retiendra surtout l'effet psychologique d'un attentat très spectaculaire

---

1. « Triangle » – le colonel Gaillard – assure pour la région B la représentation du commandant en chef, depuis février 1944, des Forces françaises de l'intérieur, le général Kœnig. Il est placé sous la dépendance hiérarchique du général Chaban-Delmas et du général Chevance-Bertin, délégué militaire pour la région Sud. Mais le général Moraglia est, au même moment, et depuis avril 1944, commandant en chef des F.F.I., désigné, lui, par le C.O.M.A.C. « Aristide » (Roger Landes) est de son côté le chef du réseau de la section française du S.O.E. du colonel Buckmaster...

auprès des chefs militaires qui, préoccupés par l'urgence d'un repli vers le nord, pouvaient l'imputer à la Résistance.

La même question se pose à propos des interventions successives qui, partant d'Adrien Marquet et de la municipalité, et se poursuivant avec les initiatives du commandant Rougès, chef d'un des principaux maquis de la région bordelaise, aboutissent à la « convention » selon laquelle « toutes les troupes des armées allemandes d'occupation devront avoir définitivement quitté la ville de Bordeaux, le dimanche 27 août, à minuit au plus tard. La ville, le port, les installations portuaires et les ponts devront rester intacts. Les troupes américaines et alliées, ainsi que le maquis, poursuivait le protocole, ne pourront occuper la ville qu'à partir de 0 heure et une minute, lundi matin 28 août 1944 ».

On ne saura vraiment jamais l'influence des tractations pacifiques sur les décisions allemandes. Les responsables militaires venaient de découvrir une issue favorable qu'ils se refusaient intelligemment à laisser échapper. Mais quelles que fussent leurs arrière-pensées, le résultat était là : pas plus que Paris, Bordeaux ne brûlerait.

Le 28 août, le décor de la Libération commence à se mettre en place, et la chance pour Bordeaux est que les premiers acteurs qui apparaissent sur la scène s'appellent les colonels Adeline et Druilhe.

Le 21 août, le colonel Adeline, qui commande à quelque 2 500 maquisards dans la Dordogne-Sud, répartit ses forces en trois colonnes dont l'une, aux ordres du colonel Druilhe, de l'Armée secrète, reçoit pour mission de marcher sur Bordeaux. Cette mission ne paraît pas innocente si l'on sait qu'au même moment affluent vers la capitale de l'Aquitaine des milliers d'autres « partisans » dont les intentions ne sont certainement pas, sur le plan politique, innocentes ; ce sont des guérilleros espagnols ou des F.T.P., venant de Dordogne ou d'autres départements du Sud-Ouest.

Occupant le terrain dès les premières heures de la matinée, Adeline et Druilhe évitent sans doute à Bordeaux le sort de plusieurs grandes métropoles où s'étaient implantées des forces incontrôlées, voire des Milices patriotiques, et où fleurissaient, comme à Toulouse, les « 2e Bureau » spécialisés dans l'épuration physique. S'étant présentés au quartier général de la rue Vital-Carles, siège présumé du commandement des F.F.I., ils ne trouvent que des locaux vides. Quelques heures plus tard, ils peuvent enfin rencontrer le général Moraglia. Celui-ci, qui vient tout juste de trouver un terrain d'entente avec « Aristide » et « Triangle », a désormais les coudées franches pour traiter avec Adeline et Druilhe : assuré du commandement de la région, il concédera au premier l'autorité sur les troupes en opération et au second celle sur la ville de Bordeaux.

Cependant Bordeaux est en liesse et renouvelle les débordements et les excès de toutes les agglomérations de France à la Libération. Il ne manque au spectacle ni les démonstrations des résistants de la dernière heure, ni la chasse ouverte aux miliciens et aux collaborateurs, ni les alertes aux tireurs isolés sur les toits, ni les défilés de femmes compromises. On innove à Bordeaux où on les promène en costume d'Ève...

Le 29 août, en fin d'après-midi, Gaston Cusin prend officiellement ses fonctions dans la salle des fêtes de l'hôtel Splendide. À ses côtés, outre le général Moraglia et le colonel Gaillard, son nouveau chef de cabinet, hier encore secrétaire général de la préfecture de la Gironde, Maurice Papon. Gaston Cusin évoque dans son allocution l'épuration, et constate : « Les traîtres qui avaient poignardé la France dans le dos sont arrêtés sous l'énergique impulsion du commandant régional des F.F.I. [Moraglia]. Les tribunaux de la République, sans faiblesse et sans arbitraire, vont condamner les coupables.

« La Résistance va s'emparer du pouvoir, va faire régner la "justice du peuple" », ajoute-t-il, mais pour enchaîner curieusement : « Elle [la Résistance] évitera de mêler dans une confusion tragique les innocents aux coupables *et de frapper dans un aveugle règlement de comptes les patriotes de l'action clandestine*[1]... »

Peu intelligible par le plus grand nombre, à l'époque et le jour où il est prononcé, ce dernier membre de phrase s'éclaire à la lumière de l'Histoire.

---

1. Souligné par nous.

Passé les premiers moments de joie, l'« anarchie », constate Pierre Bécamps[1], s'empare de la ville. Bécamps note que le brouhaha incessant entretenu par les troupes du maquis surprend la population encore ignorante de la menace que font peser les milliers d'Allemands repliés à la pointe de Grave. Les combats sont loin d'être terminés. La présence toujours menaçante et proche de l'ennemi va nécessiter une intervention, cette fois en terrain découvert, des forces de la clandestinité, mais il ajoute : « Plus difficilement acceptables finissent par devenir les nombreux contrôles d'identité auxquels soumettent le public des éléments F.F.I. pour, dit-on, découvrir et incarcérer d'éventuels membres de la 5ᵉ Colonne laissés par les Allemands en retraite. Les arrestations multipliées et parfois arbitraires irritent la population qui a des sujets d'inquiétude plus justifiés : elle juge inadmissible que des jeunes gens circulent dans les rues bardés de grenades, de revolvers ou de mitraillettes, et provoquent des accidents au cours de manipulations maladroites ; ce sont les mêmes qui se livrent parfois à d'intempestives et dangereuses manifestations en tirant au hasard et sans motif, la nuit, dans les rues, rappelant à la population les nuits sans sommeil du mois d'août... »

On incrimine vite, constate Pierre Bécamps, les guérilleros espagnols que l'on suspecte d'être à l'origine de ce désordre. 6 000 d'entre eux – communistes et anarchistes – sont en effet présents dans la ville, s'ajoutant aux quelque 10 000 F.T.P., dont le commandement est situé à l'hôtel Normandie. À peu près assurés du ralliement de certains de leurs chefs, tel le colonel Martell, fils d'un déporté communiste, Druilhe et ses hommes ont en revanche toute raison de se méfier d'un capitaine ou commandant Docteur.

En tout cas, la situation est assez trouble, voire inquiétante, pour que, dès le 5 septembre, les nouvelles autorités décrètent l'état de siège, comportant la fixation du couvre-feu à 23 heures.

---

1. Dans *Libération de Bordeaux*, Hachette, 1974.

Nous avions laissé Hary-Mitchell à la caserne Carayon-Latour... Cette caserne, les Tunisiens qui l'occupaient l'ont quittée pour la laisser à un groupe du maquis. Dans les cellules autrefois réservées aux militaires frappés de mesures disciplinaires, sont internés les suspects du jour, pour l'heure rassemblés dans la petite cour du réduit carcéral : deux maires de localités voisines, « un gros mandataire, président du groupe Collaboration... ». C'est un homme de connaissance puisque Hary-Mitchell était, rappelons-le, secrétaire général du mouvement à Bordeaux. Ce trait du personnage qu'il nous laisse et le retournement de situation en faveur du collaborateur haut placé en disent très long sur certains aspects de la Libération et de l'épuration : « Celui-ci [le mandataire, désigné « par » L.] m'apprit que mon appartement avait été pillé, selon les meilleures règles, le soir même de la libération de Bordeaux, par des F.T.P. venus pour m'arrêter. Parfaitement tranquille et souriant, L. me dit que son gendre, sous-préfet, allait le faire relâcher. Il le fut en effet le lendemain, et arbora, sur-le-champ, un reluisant brassard de la "Résistance", enrichi de galons... »

À ce numéro plutôt comique de prestidigitation politicienne succède une scène terrible : « Une meute, avinée, poussant des clameurs de Barbares, envahit la cour, entraînant de force un jeune homme dont le visage, rendu méconnaissable, n'est plus qu'une ecchymose. "Milico !... Milico !...", hurlent les maquisards, qui s'excitent les uns les autres à la fureur.

« Je sais que l'appartenance à la Milice signifie les derniers châtiments. On arrache ses vêtements à l'infortuné, un des tortionnaires lui taillade les chairs, un autre lui enfonce dans la poitrine le tire-bouchon de son couteau de poche. Pour corser l'infernal "divertissement", le "cuistot" du maquis, ancien des Brigades internationales de la guerre d'Espagne, surnommé "la Mort", a une idée [...] Il va chercher du gros sel, et le répand sur les estafilades béantes [...] arrosées ensuite d'eau bouillante...

« La souffrance du supplicié doit être telle qu'il n'a même plus la force de crier. Il râle doucement. Un tout jeune maquisard, s'inspirant des mœurs des tribus du Rif, va trou-

ver mieux. À l'aide de deux morceaux de bois, pris je ne sais
où, il écrase les testicules du malheureux [...] Je remarque
que l'un des jeunes bourreaux en herbe porte au cou une
chaînette d'or à laquelle est suspendue une médaille de la
Sainte Vierge. Comprenne qui pourra !

« Un maquisard au visage fin, non sans distinction, me dit
avec un sourire charmant :

« — Hein, vous voyez de quoi sont capables les gars du
maquis ? »

Et Hary-Mitchell de préciser : « Il fut établi plus tard que
ce jeune homme n'avait jamais fait partie de la Milice. »

Hary-Mitchell partage sa cellule avec un autre « milicien »
nommé Descarpenterie. Le mot de milicien doit être mis
entre guillemets parce qu'il sera prouvé, affirme le témoin,
que cet homme n'avait pas plus que le premier appartenu
au mouvement de Darnand : « Son visage, observe Hary-
Mitchell, est constellé de brûlures faites par des cigarettes
écrasées sur sa peau [...]. C'est un homme d'une trentaine
d'années, fils d'un médecin de Cambrai. Il dirigeait un établissement thermal. Dénoncé comme milicien, par jalousie,
on l'arrêta, ainsi que sa femme. Ils abandonnaient aux soins
d'une employée compatissante leurs quatre petits enfants
[...] que leur père ne reverra plus [...]

« Durant la nuit que nous passâmes dans cette cellule à
un seul bat-flanc, que Descarpenterie me laissa pour
s'étendre sur le sol, il me dit ce que lui et sa femme avaient
enduré de sévices.

« Le malheureux, déjà déshumanisé par une rage sadique,
ne se doutait pas qu'il n'était qu'à la première station du
calvaire qui lui restait à gravir [...].

« Jusqu'à l'aube, nous reçûmes des "visites" de maquisards
avinés, qui nous prodiguèrent les plus violentes menaces.
Durant l'une de ces incursions, Descarpenterie, à la jubila-
tion de nos "visiteurs de nuit", fut obligé d'absorber plusieurs rasades d'un vin largement mélangé à de l'urine.

« Sa femme, enfermée à l'étage des bureaux qui précèdent
les locaux disciplinaires, s'était jetée de la fenêtre dans une
crise de dépression. Les deux jambes cassées, elle avait été
transportée à l'hôpital dans un état grave.

« L'un des "purs" de l'épuration, après lui avoir coupé le bout des seins, s'apprêtait à lui raser les poils du pubis, quand un plus "pur" suggéra :

« — Pas la peine ! Tiens ! voilà mon briquet, pour les flamber, ça lui apprendra !

« Je ne pus m'empêcher de confier à un nouveau venu, au visage tuméfié, que je ne discernais pas très bien en quoi cette sanction épilatoire, ainsi pratiquée, était susceptible d'"apprendre" quelque chose à cette malheureuse.

« — Ils aiment ça, me dit-il. À Bergerac, d'où je viens, ils pratiquaient ce brûlage sur presque toutes les femmes arrêtées. J'ai vu une vieille, traitée de la sorte, qu'ils avaient exposée, nue, sur le socle d'une statue de bronze déboulonnée par les Allemands. »

Un prêtre, l'abbé P., curé de... – l'auteur a préféré masquer le nom de la victime et de la localité –, se tranche la carotide dans sa cellule « à l'aide du rasoir de sa trousse de toilette qui lui avait été laissée », plutôt que d'avoir à subir de nouveaux sévices. On découvrira son cadavre, le lendemain matin et on le transportera dans un endroit inconnu...

F., artisan de Bazas, a été arrêté parce qu'il avait travaillé avec les Allemands... Les justicialistes s'en sont pris à son père – âgé de soixante-quinze ans – afin de lui faire dire où il s'était réfugié et, en le tabassant, lui ont crevé un œil...

Deux Espagnols « phalangistes », qui figurent parmi les prisonniers qu'Hary-Mitchell découvre dans la cellule collective où il a été transféré, « seront achevés, ébouillantés... ».

Hary-Mitchell et ses compagnons de captivité qui ont échappé aux sévices quittent la caserne de Carayon-Latour pour... le noviciat des Frères des Écoles chrétiennes, à Talence, où les ont précédés de nombreux autres « épurés ». Le voyage s'est effectué en camion découvert, les accompagnateurs brandissant bien haut leurs mitraillettes pour exciter les passants qui répondent à leurs invites par des cris de : « À mort !... À mort !... »

D'autres scènes tout aussi horribles qu'à la caserne Carayon-Latour attendent les internés de Talence.

Hary-Mitchell nous apprend que l'un des tortionnaires, dit lieutenant Louis, ou le Frappeur – le sobriquet collait vraiment au personnage – eut des comptes... sérieux à rendre à la justice. Pas du tout, au reste, pour ses exploits d'épurateur, mais en raison d'un crime commis contre la personne de la veuve d'un officier ministériel, Me Périer, dans son appartement de Bordeaux.

Le motif du crime était crapuleux. Il avait tué Mme Périer pour la voler et avait employé des méthodes qui avaient fait leurs preuves contre les « collabos ». Il invoqua, entre autres arguments, son passé de « résistant », ce qui laissa incrédule le substitut général qui, fouillant dans son passé, découvrit que ses autres activités lui avaient valu trois condamnations, et que le tribunal militaire de Bordeaux venait de se saisir de son cas...

L'immense talent de Me Floriot qui, à la même époque, s'illustrait dans la défense du trop fameux docteur Petiot[1], fut impuissant à sauver Le « Frappeur » de la peine de mort. Mais la peine fut commuée en détention en raison des services qu'il avait rendus... à la Résistance.

À Bordeaux, le colonel Druilhe mène courageusement son action contre les chefs maquisards communistes qui continuent à en faire à leur tête... après avoir joué avec la tête des autres. Le commandant Double-Mètre est ramené dans le rang et le colonel Abblard envoyé en mission pour « réduire la garnison du château de Thouars, près de Talence, où des éléments F.T.P. ont élu domicile, écrit Pierre Bécamps[2], et où ils se livrent, paraît-il, à des exactions qui terrorisent le voisinage ».

Non seulement au château de Thouars, ancienne résidence d'Édouard, le Prince noir, mais encore au château Chapon, propriété du directeur de *La Petite Gironde*, sévissent de dangereux barons rouges, émules du fameux commandant « S. », ancien souteneur à Marseille, soi-disant résistant et chef de bande redouté. C'est là, au château Chapon, que nous redécouvrons Hary-Mitchell et les survivants

---

1. Que l'on retrouvera engagé dans l'épuration parisienne, alors qu'il était recherché par la police.
2. Pierre Bécamps, *op. cit.*

de Carayon-Latour, promus en migrants permanents des geôles épuratrices de la région bordelaise.

Occupé au début par des expéditions du côté du château de Thouars, le quarteron fait de plus en plus sentir sa pression et s'augmente de nouvelles recrues. Cette période de tranquillité relative est peut-être due à la présence d'une petite garnison de soldats malgaches. Comme les épurateurs entendent les associer aux premières manifestations de leurs exactions, ils refusent tout simplement et donnent aux « résistants » une leçon de civilisation : « Le soir, raconte Hary-Mitchell, le maréchal des logis (malgache) vient nous trouver dans nos chambres. Il nous dit : "Je n'ai pas voulu commander à mes hommes de faire ce que demandaient vos gardiens, parce que nous ne sommes pas des sauvages. Nous aimons la France où nous avons été envoyés pour nous battre contre ses ennemis, mais pas pour faire du mal aux Français. Et puis nous avons été éduqués par vos missionnaires. Ils nous ont enseigné que nous devons nous aimer tous."

« Il sort alors son chapelet et il ajoute : "Nous voyons bien que vous ne vous aimez pas. Aussi, je dis chaque jour mon chapelet qui m'a été donné par le missionnaire qui m'a fait le catéchisme, pour que vous cessiez de vous détester entre vous..." »

Les militaires malgaches ayant levé le camp, les justicialistes ont toute liberté de commettre des actes criminels dont on évitera les détails.

Les captifs du château Chapon aperçoivent enfin une lueur de liberté, très faible et porteuse d'espoir, lorsqu'ils sont pris en charge par la police régulière. Selon la gravité des charges retenues, ils seront dirigés vers le fort du Hâ, pour les plus graves, ou le camp de Mérignac où les avaient précédés les internés de l'Occupation.

À Bordeaux, on a donc décidé de crever l'abcès de la justice sommaire, d'éliminer les pseudo-résistants criminels. Certains passeront à travers les mailles du filet et bénéficieront – nous le verrons – d'une impunité scandaleuse. Décidée par le colonel Druilhe, l'opération est menée dans le plus grand secret, sans que le commissaire de la République lui-même ait été averti. Un bataillon de tirailleurs, aux ordres du colonel Abblard, investit le château de Thouars, siège du commandement du groupe et bénéficie d'un effet de surprise complet. Un capitaine de gendarmerie lance les sommations auxquelles il est répondu par des coups de fusil. Druilhe donne alors à ses hommes l'ordre de prendre le château d'assaut. Une fusillade s'ensuit. L'un des assiégés est touché par les balles des assaillants, tandis qu'un drapeau blanc est hissé en signe de reddition.

Le lendemain de l'opération sur le château de Thouars, le colonel Druilhe voit pénétrer dans son bureau des chefs F.T.P. en armes, qui exigent la libération de plusieurs de leurs camarades qui avaient été arrêtés. Mais Druilhe ne cède pas et leur répond qu'ils feraient mieux de se désolidariser d'assassins et de pillards, certains d'entre eux ayant d'ailleurs réussi à prendre la fuite avec une partie de leur butin.

L'exemple du château de Thouars est là pour prouver que l'ordre était possible lorsqu'il était pris en main par des hommes résolus, libres d'inféodations partisanes.

L'ordre n'apportait pas toujours justice... Nous n'en voulons pour preuve que les suites de cette affaire du château Chapon, dont plusieurs journaux rendaient compte en novembre 1957, treize ans après les événements :

« Le tribunal permanent des forces armées de Lyon évoque aujourd'hui une affaire de résistance remontant à la libération de la région bordelaise. Les accusés sont au nombre de trois : M.[1] X, *alias* Bob, Juliette M. (la Panthère) et Pierre P. Ils sont inculpés d'assassinats et M. X., en plus, d'arrestations et de séquestrations arbitraires. À la Libération, M. X. occupait avec son groupe le château de Cadaujac où se trouvaient enfermées les personnes arrêtées. Certaines de celles-ci ont été exécutées par M. X. et par son amie Juliette M. On leur attribue, notamment, six assassinats postérieurs à la Libération. La garde était assurée par des soldats malgaches qui refusaient d'exécuter les ordres inhumains qu'on leur dictait. Vingt-quatre témoins (pas moins)

---

1. Les noms étaient cités en toutes lettres.

seront entendus au cours du procès. Plusieurs résistants authentiques accusent en particulier Juliette M. d'avoir fait souffrir les prisonniers par plaisir et d'en avoir tué plusieurs, en commençant par leur tirer dans les jambes. Après délibérations, le tribunal a rejeté la demande au bénéfice de la loi d'amnistie présentée par les défenseurs des accusés. Le caractère des sévices et des crimes commis par M. X. et Juliette M. avait déjà provoqué un avis défavorable de la commission régionale des Forces françaises combattantes, consultée avant l'ouverture du procès... »

Cependant, le 27 septembre, le tribunal suivait le commissaire du Gouvernement dans ses conclusions et acquittait les accusés.

Du côté de l'épuration légale, les nouvelles autorités ne sont pas restées les bras croisés... Un rapport du commissaire de la République publié le 20 septembre fait état, à la date du 18, de l'arrestation de 1 399 personnes dans la région bordelaise, dont 200 Allemands et Italiens, et pour les membres des mouvements et partis de la collaboration de « plus de 50 miliciens [...] une quinzaine d'adhérents du R.N.P. [...] une dizaine de Francistes [...] une quinzaine de membres de la L.V.F. [...] une dizaine d'adhérents du groupe Collaboration ; 32 indicateurs de la Gestapo. [...] Ces chiffres sont importants, précise le commissaire de la République, si on les compare avec les faibles effectifs que comptaient ces partis de la collaboration ou de la trahison, et si on considère qu'ils ne s'appliquent ni à l'ensemble de la région ni même à l'ensemble du département... »

Ce communiqué et ces chiffres sont destinés à répondre aux critiques de certains milieux de la Résistance qui se plaignaient des lenteurs de l'épuration. *La Gironde populaire*, « organe de la région bordelaise du Parti communiste français », dont le premier numéro a paru le 14 septembre, entretient la pression en lançant dès le lendemain le slogan : « Épurer ! Épurer ! Épurer ! C'est le salut de la République ! » et appelle à la formation de comités locaux d'épuration, en s'inspirant de l'exemple de Toulouse. « Le temps

presse. Les ennemis de l'intérieur se reconstituent... »,
affirme le journal.

Le Comité départemental de libération n'a d'ailleurs pas
attendu les exhortations des communistes pour se mettre en
branle. Dès le 1er septembre, il a communiqué aux autorités
judiciaires – car la cour de justice est en formation – une
liste de dix-sept personnalités convaincues, selon ses
propres critères, d'une collaboration active avec l'occupant.
Elle a créé en son sein une commission de trois membres
qui transmettra notamment les dossiers – on en comptera
près de cinq cents – à la cour de justice et aux chambres
civiques qui commenceront à siéger à la mi-décembre.

L'affluence dans les prisons « régulières » pose problème
au commissaire de la République qui s'inquiète du surnombre des internements au camp de Mérignac. Mgr Feltin,
archevêque de Bordeaux[1], tient à en faire état dans une
lettre très explicite qu'il adresse, le 15 septembre, au C.D.L. :
« Je me permets d'attirer votre bienveillante attention, écrit
Mgr Feltin, sur la douloureuse situation des internés du
camp de Mérignac, qui commence à être connue à Bordeaux
et qui provoque, dans la population, une émotion profonde
dont j'ai été plusieurs fois le témoin [...]. Surpeuplement
dans le quartier des hommes : certaines baraques contien-
nent deux fois plus que l'effectif normal. Des prévenus n'ont
pas de paillasse et couchent tout simplement sur la paille.
Régime alimentaire très insuffisant en quantité. Menace
d'épidémie. Au point de vue moral, des femmes et des
jeunes filles des plus honorables se trouvent dans les mêmes
baraques que les filles dont le langage et la tenue sont ce
qu'on peut imaginer [...]. Cette situation, observait Mgr Feltin, choque d'autant plus la population qu'il s'agit non pas
de condamnés, mais simplement de prévenus parmi lesquels
certains ont pu être arrêtés d'une façon arbitraire, à la suite
d'une fausse dénonciation, comme le reconnaissait une note
officieuse parue dans la presse ces jours-ci... »

Le C.D.L. attendra cependant le 22 novembre, deux mois
après l'intervention du cardinal Feltin, pour diligenter une

---

1. Qui occupera ensuite le siège épiscopal de Paris.

enquête sur la situation dans les divers centres d'internement.

Gaston Cusin est informé que des problèmes identiques se posent au fort du Hâ, à la caserne Boudet et à la prison de Libourne. Il ne peut non plus ignorer ce qui se trame dans les officines clandestines où se pratiquent bastonnades et tortures, qui ont nécessité l'intervention des forces régulières. Quant à la « note officieuse parue dans la presse » évoquée par Mgr Feltin, on la chercherait vainement – mais qui s'en étonnerait... – dans *La Gironde populaire*. Le quotidien communiste invoque les mesures de Saint-Just, maître précurseur, et fait sienne son apostrophe : « Ce qui constitue la République, c'est la destruction de tout ce qui s'oppose à elle... » Mais *La Gironde populaire* a été entendue : « Enfin commence l'épuration que nous demandions », lit-on dans le numéro du 10 octobre.

Il faudrait en effet être sourd et aveugle pour ne pas entendre et lire les appels et les articles de *La Gironde populaire* en faveur d'une épuration radicale. Le clou est enfoncé chaque jour. Le journal dénonce notamment « le scandale du fort du Hâ », et cela sur plusieurs numéros. À l'en croire, les nouveaux pensionnaires bénéficient de conditions de détention scandaleuses rappelant les délices de Capoue. On énumère toutes les attitudes de la *dolce vita* collaborationniste : trousses de toilette, rasoirs, couteaux, cure-ongles, limes à ongles, petits ciseaux, parfums, et jusqu'à de la poudre, en attendant la poudre d'escampette...

De Gaulle en visite officielle à Bordeaux le 17 septembre – après Lyon, Marseille et Toulouse – déclare dans ses *Mémoires*[1] qu'il y trouvait « les esprits tendus », non seulement en raison de la menace que les Allemands repliés sur Royan et la pointe de Grave continuaient à faire régner, mais parce que « dans cette atmosphère troublée évoluaient plusieurs groupes armés qui refusaient d'obéir aux autorités officielles... ». Ceux-là mêmes, aurait pu ajouter le Général, plutôt discret sur les excès de l'épuration, qui arrêtaient à leur guise, ou torturaient dans des châteaux-prisons clandes-

---

1. *Mémoires de guerre*, t. III, pp. 15 et 16.

tins. Cependant, le chef du Gouvernement provisoire se décerne un satisfecit un peu rapide lorsqu'il poursuit : « À quelques chefs affectant d'être réfractaires, j'offris le choix immédiat entre deux solutions : ou se soumettre aux ordres du colonel commandant la région, ou bien aller en prison. Tous préférèrent la première. En quittant Bordeaux, il me semblait que le sol s'était raffermi... »

En fait, nous ne disposons d'aucune preuve de la confrontation directe entre le Général et « les chefs affectant d'être réfractaires » – les commandants F.T.P. « Double-Mètre » et « Docteur » – ensuite, parce que l'œuvre de « pacification » entreprise par le colonel Druilhe est loin d'avoir porté tous ses fruits. Outre les tabassages et autres tortures, les interventions intempestives de groupes isolés, émanant notamment de l'équipe du commandant « S. », qui continuent à procéder à des arrestations et à des perquisitions arbitraires, justifient les mises en garde du chef de la région militaire, le Mouvement de libération nationale et le Front national lui-même joignant leurs efforts à ceux des autorités constituées. Pierre Bécamps évalue à deux cents le nombre de personnes arrêtées qui auront comparu devant des « tribunaux dits militaires » – sous prétexte que quelques militaires y figurent –, « des tribunaux d'épuration mixtes avec maquisards et civils, ailleurs des tribunaux populaires dus souvent à l'initiative des Milices patriotiques ». Soit un échantillonnage impressionnant de forces marginales des plus hétéroclites, pour régler les comptes de suspects sur lesquels s'abattent les peines les plus variées : prison, travaux forcés, mort. Sans oublier les plus bénignes, les amendes dont on imagine qui en sont les bénéficiaires. L'arrondissement de Langon, les cantons de Coutras, de Guîtres et de Lussac, l'arrondissement de Blaye et celui de Lesparre sont les points chauds de l'épuration sauvage dans la région girondine par le biais des différents types de juridiction d'exception et des lieux de détention clandestins.

La foule avait clairement montré son sentiment lorsque, écoutant le discours du général de Gaulle, elle avait vivement applaudi son appel au respect prioritaire de « l'ordre ».

Quelque 900 personnes furent traduites, de 1944 à 1948, devant la cour de justice de la Gironde, 66 condamnés à mort et 15 exécutées. Mais la justice sommaire s'était chargée du plus gros de l'épuration, 1 379 personnes avaient été frappées d'indignité nationale par les chambres civiques. Les « vineux » avaient dans l'ensemble assez bien tiré leur épingle du jeu. L'un des plus importants d'entre eux, dont la fortune était fort grande avant la guerre, et qui n'avait fait que s'embellir pendant l'Occupation, s'était retrouvé au fort du Hâ, rangé dans la catégorie A, réservée aux personnalités les plus marquantes. Rançonné à trois reprises par des justicialistes, il fut condamné à verser un milliard d'amende pour trafic avec les Allemands, mais se faisait fort, auprès de ses codétenus, d'être tiré d'embarras grâce à des relations bien placées...

Hary-Mitchell, quant à lui, se tirera au mieux de son extraordinaire aventure à travers les geôles de l'épuration sauvage et de l'épuration ordinaire. Il eut pourtant, avant la grande échéance de la comparution devant la cour de justice, l'occasion de mesurer l'étendue des petitesses humaines dans ces temps difficiles, au gré des reniements, des amnésies, des témoignages d'opportunité. C'est le juge d'instruction qui lui en apporte les preuves et qui, un jour, sort de sa serviette, devant lui, les feuillets où sont consignées les déclarations d'une vingtaine de personnes qui l'accablent. Plusieurs d'entre elles l'avaient convié à venir les rencontrer à Saint-Izan, pour le remercier d'avoir soustrait leur fils au travail obligatoire en Allemagne. « La femme du postier, se souviendra-t-il, se faisant l'interprète de tous, avait pris mes mains dans les siennes et m'avait dit : "Les mères françaises vous bénissent !" »

Il y aura aussi le témoignage du directeur du collège religieux où il enseignait, et qui déclarera au magistrat instructeur qu'il le considérait comme un « personnage peu intéressant, parfaitement nul, accueilli dans l'établissement par compassion... ». « Et pourtant, ajoute Hary-Mitchell, j'avais assuré des cours dans trois de ses classes... bénévolement. Ce fils de Saint-Jean-Baptiste-de-la-Salle a oublié apparemment que le jour où j'ai cessé d'enseigner dans sa maison, il m'a écrit : "Votre trop court passage chez nous marquera par le dévouement, la douce fermeté, le bien que vous y avez prodigué..." »

Mais on ne rencontre pas que des lâches... Hary-Mitchell comparaît devant la cour de justice de la Gironde, après son transfert de l'hôpital où il avait séjourné en raison de son état de santé : « L'espace occupé par le public est bondé. Celui qui est réservé aux avocats et à la presse ne l'est pas moins. [...] Je ne vois aucun des membres du "Directoire" du groupe Collaboration, qui sont pourtant en liberté. Évidemment, ils ne me connaissent plus. Ces potentats du "bouchon" ne doivent pas être en parfaite quiétude. Ne redoutent-ils pas quelques "indiscrétions" de ma part ? »

L'accusation n'a pas trouvé un témoin à charge ; la défense en produit quinze. Et puis un seizième demande à être entendu, dont on ne sait s'il se présentera à charge ou à décharge. Le président, en vertu de son pouvoir discrétionnaire, consent à son audition. Il s'appelle Roland J. Ancien élève d'Hary-Mitchell [1], devenu communiste, F.T.P., il révèle que ses camarades doivent la vie à l'ex-secrétaire général du groupe Collaboration. Informé par « S. », propriétaire d'un cru réputé, membre du Groupe et profiteur émérite de l'Occupation », du lieu où se cachaient les jeunes communistes, Hary-Mitchell leur conseillera de « prendre le large ». Il n'y avait plus personne lorsque la Gestapo se présenta.

C'est le verdict... À la question : « L'accusé est-il coupable d'avoir, sur le territoire français, depuis temps non proscrit et spécialement dans le courant des années mil neuf cent quarante-deux à mil neuf cent quarante-quatre, étant Français, sciemment participé en temps de guerre, à une entreprise de démoralisation de l'armée et de la nation, ayant pour objet de nuire à la défense nationale ? » Réponse : non.

À la question : « L'accusé est-il coupable d'avoir, sur le territoire français [...] sciemment commis, en temps de guerre, un acte nuisible à la Défense nationale par son action pro-allemande, action constituant un fait en relation

---

1. Qui ne donne pas son identité complète.

avec la continuation de la lutte contre l'Allemagne et ses alliés ? » Réponse : non.

« L'accusé est-il coupable d'indignité nationale ? » (référence à l'appartenance d'Hary-Mitchell au groupe Collaboration). Réponse : oui.

« Attendu... la cour de justice, après en avoir délibéré, déclare que l'accusé n'est pas coupable du crime de trahison qui lui est imputé, dit qu'il est acquitté.

« Attendu... qu'il est constaté que l'accusé s'est réhabilité en se distinguant par sa participation active, efficace et soutenue à la Résistance contre l'occupant, le relève de l'indignité nationale. »

Hary-Mitchell est reconduit à l'hôpital – en voiture cellulaire. La nouvelle de son triomphal acquittement a été transmise par téléphone. On se précipite et on le congratule. Les sœurs hospitalières et l'aumônier qui, à la veille du procès, lui montraient un dédain réservé aux « vilains collabos », se perdent en congratulations débordantes : « J'en étais sûre ! », « Hein ! Croyez-vous, quel homme ! », « Vous les avez eus ! Bravo ! », « Un type épatant !... qui a sauvé des tas de gens ! ».

Des affaires politiques de la Libération, c'est le cas d'Adrien Marquet qui requiert le plus d'attention.

Mécanicien dentiste, Marquet a adhéré en 1902 au parti socialiste de Jean Jaurès, qui s'oppose au Parti ouvrier français de Jules Guesde et rejoint, lors de sa formation, en 1905, le Parti socialiste unifié S.F.I.O., né de la fusion des diverses organisations socialistes. D'abord candidat socialiste dans l'arrondissement de Blaye, il est, en 1912, élu conseiller municipal de Bordeaux. Conseiller général du 7e canton de Bordeaux (La Bastide) en 1923, il devient, l'année suivante, député de Bordeaux, élu sur une liste d'union du Cartel des gauches. Les élections municipales de 1925 le portent à la tête de la mairie, fonction qu'il exercera, comme son mandat de parlementaire, sans interruption jusqu'en 1940, laissant son nom à des réalisations considérables, telles que les abattoirs, la bourse du travail et le stade municipal.

Cependant, le double problème de la participation ministérielle et du vote des crédits militaires – auquel la majorité de la S.F.I.O. reste hostile – conduit à la formation d'une opposition autour de Marquet, Marcel Déat, Paul Ramadier, Pierre Renaudel qui, en 1933, votent les crédits militaires que demande Édouard Daladier. Exclu de la S.F.I.O. avec plusieurs de ses camarades, Marquet est l'un des cofondateurs – avec entre autres Marcel Déat – du Parti socialiste de France. Ministre du Travail dans le cabinet Doumergue, en 1934, il inaugure un programme de grands travaux, pour la résorption du chômage. La débâcle de 1940, l'afflux massif des réfugiés, le repli dans la capitale de l'Aquitaine du gouvernement et des services des deux Assemblées, imposent au maire de la ville et à ses collaborateurs une tâche énorme. Le 17 juin, le maréchal Pétain, qui succède à Paul Reynaud, annonce sur les ondes de Bordeaux-Lafayette qu'il a sollicité l'armistice. Le jour même, le général de Gaulle prend l'avion pour Londres, de l'aérodrome de Mérignac.

On reprochera à Adrien Marquet d'avoir été, aux côtés de Pierre Laval, l'un des partisans les plus actifs de la cessation des hostilités. Pourtant, il se récuse une première fois lorsque le maréchal Pétain lui propose d'entrer dans son gouvernement comme ministre d'État, finit par accepter, passe à l'Intérieur dans le gouvernement formé le 12 juillet 1940. Il n'y restera que jusqu'au 6 septembre, remplacé par Marcel Peyrouton, à la faveur d'un remaniement qui touchait plusieurs ministres, et n'occupera plus désormais de responsabilités dans le gouvernement de Vichy, refusant notamment le ministère de l'Intérieur – cadeau empoisonné... – que lui proposa Pierre Laval lorsqu'il revint aux affaires en avril 1942.

Reprenant des fonctions qu'il n'avait interrompues que pour assumer de brèves responsabilités ministérielles, Marquet reprend sa place à la mairie de Bordeaux, le 10 septembre. Les ordonnances de Vichy relatives aux municipalités le consacrent dans ses fonctions. Des fonctions difficiles sous le joug de l'occupant, mais dont il tire le meilleur parti pour soulager les difficultés de ses administrés. Il en donne l'une des preuves les plus visibles en intervenant auprès d'Otto Abetz, représentant du Reich à Paris, pour que soit réduit de 100 à 53 le nombre d'otages retenus après le meurtre de l'intendant Reimers.

Le rôle d'Adrien Marquet illustre parfaitement les problèmes dramatiques auxquels sont exposés les administrateurs municipaux pendant les années sombres. Extraire le mieux du pire est la raison d'être de nombre d'entre eux, en confrontation constante avec les exigences de l'occupant, au risque de subir les foudres de ceux qui ont opté pour la résistance active. Le maire de Bordeaux est impliqué directement dans les pourparlers qui, à compter du 22 août 1944, tendent, et aboutiront, à éviter la destruction du port. Mais il est arrêté le 29, par ordre du général Moraglia, chef régional des F.F.I., agissant à la demande de M. René Caillier, président du Comité départemental de libération qui – nous l'avons vu – lui avait remis une liste de 17 noms.

Adrien Marquet est interné à l'hôtel Majestic puis au fort du Hâ. Le 31 janvier 1945, il est transféré à Fresnes, menottes aux mains, et mis au régime de droit commun. L'instruction de son dossier commence le 26 décembre 1946 et ne comprendra pas moins de trente séances de plusieurs heures chacune, jusqu'au 19 mai 1947, alternant sans interruption commissions rogatoires, dépositions et interrogatoires. Le procès s'ouvre le 11 décembre devant la Haute Cour de justice que préside Louis Noguères, député socialiste des Pyrénées-Orientales. L'acte d'accusation dressé par le procureur général Frette-Damicourt repose essentiellement sur les lois, décrets et arrêtés promulgués alors qu'Adrien Marquet était ministre de l'Intérieur, les uns revêtus de son seing ou de son contre-seing, les autres pris après audition du Conseil des ministres. L'énumération était effectivement impressionnante : loi du 17 juillet 1940 permettant de relever de leurs fonctions, par simple décret, jusqu'au 31 décembre 1940, les magistrats, fonctionnaires et agents civils de l'État ; loi du 22 juillet 1940 relative à la déchéance de la nationalité française des citoyens ayant quitté la France entre le 10 mai et le 30 juin 1940 (elle visait bien entendu le général de Gaulle et ses premiers compagnons...) ; loi du 30 juillet 1940 créant la Cour supérieure de justice (aux fins de mettre en accusation les « responsables de la défaite », en l'occurrence les principaux dirigeants de la IIIe République) ; loi du 1er août 1940 portant l'interdiction des associations secrètes (il ne pouvait s'agir que de la franc-maçonnerie...).

Cependant, Marquet observera, pour sa défense, qu'il ne fut que l'exécutant des décisions prises en Conseil des ministres restreint dont il fut d'ailleurs exclu, et que la loi sur les sociétés secrètes fut rédigée par Raphaël Alibert, ministre de la Justice, et par ses services, et non par ceux de l'Intérieur.

Un autre dossier concernait les mesures prises à l'encontre des passagers du *Massilia* [1], après qu'il eut atteint Casablanca : internement en résidence forcée de Georges Mandel à Meknès ; ordre de retenir à Marseille Pierre Mendès France et Jean Zay après leur débarquement, et étendu à César Campinchi et Yvon Delbos. Le ministère de l'Intérieur prescrivait à la même époque d'interdire, par les moyens appropriés, à des personnalités telles que le général Gamelin, Léon Blum et Pierre Cot de quitter le territoire français.

Les mesures d'internement avaient été prises le 6 septembre, le jour même où Marquet, de plus en plus suspect dans les sphères dirigeantes de Vichy, quittait le gouvernement.

La suite de l'acte d'accusation, qui prend en compte « un certain nombre d'initiatives de résistance [du maire de Bordeaux] aux exigences allemandes », ses interventions lors de la prise d'otages d'octobre, constitue le plus inattendu des plaidoyers : « Il n'est pas douteux que Marquet ne manifesta aucun sectarisme dans ses fonctions de maire de Bordeaux pendant l'Occupation. Son attitude à l'égard des Israélites et des membres de sociétés secrètes ne donna lieu à aucun grief. Il s'efforça même d'atténuer à leur égard l'application des lois de Vichy et il reçut du grand rabbin de Bordeaux un éclatant témoignage pour les efforts qu'il déploya en faveur de ses coreligionnaires.

---

1. Trente députés et un sénateur. Le *Massilia* avait levé l'ancre du Verdon le 21 juin 1940.

« D'autre part, l'information n'établit pas la réalité des griefs qui furent invoqués contre Marquet au sujet de l'arrestation des divers membres du parti communiste et de la disparition d'une délégation envoyée par ce parti à Bordeaux en juin 1940. Il semble bien qu'il n'ait joué aucun rôle dans ces affaires.

« L'accusé ne prit aucune mesure à l'égard des membres du Mouvement gaulliste, de la Résistance et des réfractaires [...]. Il affirme également qu'aucun fonctionnaire municipal titulaire ne partit en Allemagne ; seuls quelques rares auxiliaires furent contraints de participer à la relève. Il obtint enfin le retour d'une cinquantaine de fonctionnaires prisonniers.

« Il appliqua le moins souvent possible, et seulement à titre disciplinaire, la loi du 17 juillet 1940 sur les fonctionnaires et s'abstint de toute mesure d'épuration du personnel municipal[1].

« Pendant toute l'Occupation, Marquet demeura en relation avec M. Jean Laurent, chargé de mission à Londres pendant la guerre, et connaissant son activité, il ne se refusa jamais à lui fournir, au cours de conversations, les renseignements que ce dernier pouvait lui demander.

« [...] Pendant les derniers jours de l'occupation allemande à Bordeaux, alors que de lourdes menaces de destruction pesaient sur la ville, ses ponts, son port, diverses initiatives furent prises auprès des Allemands pour éviter des mesures irréparables. Il est établi que les initiatives prises par Marquet furent des plus efficaces et qu'ainsi, après s'être efforcé comme maire de protéger la population et de sauvegarder les biens et les propriétés communales, il peut se flatter d'être au nombre de ceux qui épargnèrent à ce grand port des destructions aussi vaines que désastreuses. »

Tous les témoins – il n'y en aura aucun à charge – confirmeront cette analyse du procureur général Frette-Damicourt. Les proches d'Adrien Marquet pourront ajouter à ces témoignages que l'ancien représentant socialiste d'un quartier

---

1. La loi du 30 août 1940 portait extension aux employés municipaux et départementaux des dispositions de celle du 17 juillet.

populaire de Bordeaux achevait sa carrière politique aussi démuni de moyens financiers qu'à ses débuts. Le 28 janvier 1948, Marquet était condamné à dix ans d'indignité nationale. Lorsqu'il sortit de la salle d'audience, précise Me Robert Dufourg[1], des jurés vinrent lui témoigner leur sympathie. Il avait été interné le 20 août 1944 ; il quitte la prison de Fresnes le 29 janvier 1948.

La carrière d'Adrien Marquet n'était achevée qu'en apparence. L'ancien maire de Bordeaux allait en effet réapparaître, par personne interposée, sur la scène politique bordelaise et se confronter à Jacques Chaban-Delmas qui, nouvellement venu, commençait, après l'aventure de la Résistance, une ascension brillante. Le combat sera acharné, jalonné de brusques attaques, d'esquives et savantes manœuvres, indécis quant à son issue, au point que les premières conquêtes du jeune général semblèrent un moment menacées par les assauts du vétéran, qui n'avait rien perdu de sa popularité dans des couches importantes de la population[2].

En quête d'une terre d'élection – dans le double sens du terme –, Jacques Chaban-Delmas jette son dévolu sur la Gironde après avoir songé à la Charente et à la Charente-Maritime, non sans avoir obtenu la caution du parti radical et l'adoubement du président Édouard Herriot, resurgi à la vie politique[3]. Élu député avec son premier colistier, le 10 novembre 1946, il entreprend, sous l'étiquette du Rassemblement du peuple français[4], la conquête de la mairie. C'est le début d'une histoire d'amour en même temps que d'un mariage de raison entre le sémillant et brillant homme

---

1. Dans son ouvrage *Adrien Marquet devant la Haute Cour*, Éditions Janmaray, 1948.

2. J. Chaban-Delmas a décrit ses combats politiques et notamment évoqué ses démêlés avec Adrien Marquet dans son ouvrage *L'Ardeur*, Stock, 1975.

3. Un parti radical pas tellement moribond pour que des hommes politiques tels que Maurice Bourgès-Maunoury, Michel Debré et Félix Gaillard y fassent également leurs premières armes.

4. Le général de Gaulle avait annoncé la création du Rassemblement le 14 avril 1947.

politique à l'orée de sa carrière et Bordeaux, ville prudente et conservatrice qui avait, avant guerre, envoyé Philippe Henriot à la Chambre des députés. Elle ne repousse pas l'occasion de faire oublier les choix du passé en offrant à l'un des plus célèbres des gaullistes une victoire écrasante aux municipales d'octobre 1947 : 24 élus contre 7 aux communistes et 6 aux socialistes du maire sortant, Fernand Audeguil. Jacques Chaban-Delmas est élu maire de Bordeaux. Il confirme son succès aux législatives de 1951. Mais dans la perspective des municipales d'avril 1953, Adrien Marquet fourbit les armes de la revanche en présentant une liste conduite par Paul Estèbe. Marquet atteint son objectif : avec 17 sièges sur 37, la liste du maire perd la majorité absolue, Estèbe en ayant 10, et les communistes et les socialistes 5 pour chacune de leur liste. Réélu maire, cependant, Chaban-Delmas ne parviendra à faire voter le budget de la ville qu'en 1954, au prix de subtiles manœuvres procédurières, et il reprend définitivement l'avantage en obtenant le ralliement à ses couleurs – ou du moins la fin d'une opposition systématique – de quatre des colistiers de Paul Estèbe.

Marquet apprenant la nouvelle tente de raisonner les transfuges. Comme il n'arrive pas à ses fins, il décide d'organiser, en avril 1955, un meeting à l'Athénée de Bordeaux pour dénoncer la félonie de ses anciens compagnons. Il y a foule pour l'entendre. Il s'enflamme, cloue au pilori les « traîtres » et en vient à dénoncer « l'infâme » – probablement Jacques Chaban-Delmas – lorsqu'il est pris d'un malaise. Transporté à son domicile, il succombe peu de temps après.

13.

EST ET NORD
DES TACHES SOMBRES,
MAIS UNE VOLONTÉ DE RAISON GARDER

L'Est

L'épuration sauvage dans l'est de la France revêt un aspect contrasté : au milieu de régions d'un calme presque absolu, il y a des foyers, très circonscrits, d'agitation intense, avec des exécutions sommaires en grand nombre, inspirées par la pure vengeance. Les maquis y tiennent assurément leur place, dont certains confondent la lutte contre l'occupant avec l'exécution facile de « traîtres » qui n'en méritent pas toujours l'étiquette. L'Est sera également le champ d'action de grands prédateurs, chefs de bandes plus ou moins résistants, en tout cas redoutables criminels de droit commun.

Il n'est pas aisé de situer la libération de l'Est dans le temps. Tous les départements – la « Région » en comprendra huit : Ardennes, Marne, Meurthe-et-Moselle, Meuse, Moselle, Bas-Rhin, Haut-Rhin et Vosges – ne recouvreront pas la liberté de la même façon, et l'Occupation ne leur a pas imposé les mêmes contraintes. En prolongement des départements du Nord, une première « frontière », dite limite de la zone interdite, suit l'Aisne, et, passant à l'ouest de Bar-le-Duc, descend vers Chaumont et Langres. Au-delà de ce vaste couloir où figurent des villes comme Charleville, Mézières, Sedan, Rethel, Verdun, Nancy et Épinal, mais dont sont exclus Reims et Châlons, on entre dans la partie annexée, avec Metz, Strasbourg et Colmar. Metz et le département de la Moselle sont d'ailleurs réunis à la Sarre et au Palatinat pour former un *gau* unique. Le *gauleiter* du pays de Bade est parallèlement nommé administrateur suprême des territoires alsaciens. Cette annexion de fait, d'ailleurs contraire aux stipulations de l'armistice qui prévoyaient que, même occupées, l'Alsace et la Lorraine resteraient sous administration française et que les problèmes territoriaux seraient réglés par les « traités de paix », s'est traduite par l'incorporation des hommes dans la Wehrmacht et l'expulsion des « indésirables » des territoires. Sur le plan économique, par la confiscation des biens des « ennemis du Reich » et une politique d'intégration à l'Allemagne nazie.

D'abord orientée vers l'assistance aux prisonniers de guerre évadés et le soutien aux Alsaciens et Lorrains qui ont fui les départements annexés, la Résistance a installé ses points d'appui dans les massifs montagneux des Ardennes et des Vosges. Également présente dans un département comme la Marne, elle a perdu des centaines des siens dans des affrontements, des exécutions et la déportation.

Dans les Vosges, qui détient le record des victimes de la lutte contre l'occupant, plus de 400 maquisards meurent au combat et près de 3 000 personnes seront déportées. Les sabotages et attentats en grand nombre contre les voies ferrées, routes et canaux, joints aux bombardements, finiront par atteindre gravement les communications des troupes d'occupation et les activités industrielles.

Faiblement implantés dans l'ensemble des départements de l'Est, les partis pro-collaborationnistes connaissent pourtant un certain succès à Nancy et en Meurthe-et-Moselle où le Parti populaire français de Doriot dispose d'une fédération remuante et malheureusement efficace, dont le secrétaire est le directeur des Épiceries réunies, Jaillon. Les groupes d'action du P.P.F. se signalent par une action répressive de complément contre les réfractaires au S.T.O., dont nous avons déjà donné des exemples[1], et qui est d'autant plus redoutable qu'elle se déroule en terrain connu,

---

1. Dans le chapitre « Des ombres sur la Côte d'Azur ».

suppléant le handicap de la police allemande mal préparée à des opérations en territoire étranger.

Partageant avec la Meuse une fidélité à la personne du maréchal Pétain – ce qui n'exclura pas qu'elle paiera son tribut aux arrestations et aux déportations – la Meurthe-et-Moselle apportera une contribution importante – quelque cent mille donateurs pour les deux départements – à la souscription organisée pour offrir au chef de l'État français une épée en cristal. Le ciseleur aura des comptes à rendre à la justice de l'épuration... Mais le fait le plus saillant et le plus révélateur sera l'accueil enthousiaste que les Nancéens réserveront au Maréchal lors de sa visite du 26 mai 1944. Devant les quinze mille personnes de son auditoire, Pétain lancera ce conseil étonnant à l'aube de la Libération : « Aucun Français ne doit se mêler à ce conflit. Il faut rester bien tranquille, regarder les gens se battre et ne pas se mettre dans un parti ou dans un autre parce que vous subiriez des représailles épouvantables. Par conséquent, il s'agit d'être sage. »

Continuant son périple dans l'est de la France, parlant le lendemain à Épinal, le maréchal Pétain apporte, au cours de ces allocutions improvisées, son réconfort à des populations très éprouvées par les bombardements. Le climat des deux villes est sensiblement différent. Épinal vit au contact des maquis des Vosges. Nancy est plus distante des événements qui augurent de la proche libération. Au reste, le chef-lieu de la Meurthe-et-Moselle a vu se développer une entreprise unique dans la presse de province pendant l'Occupation : l'édition d'un quotidien, *L'Écho de Nancy*, sous direction allemande mais dont le gérant et les collaborateurs sont français, disposant d'une diffusion européenne spécialement destinée aux prisonniers et aux requis du travail obligatoire.

C'est vers une région meurtrie par la guerre et l'Occupation mais diverse, écartelée, que se lancent, à compter du 28 août, les armées américaines et françaises. Hodges marche au nord avec la 1re armée, Patton au centre avec la 3e armée, dont la 2e division blindée de Leclerc ; au sud, la 7e armée de Patch et la 1re armée française de De Lattre. Rethel tombe aux mains des Alliés le 31 août. De son côté, la Champagne est promptement libérée : Château-Thierry et Châlons-sur-Marne le 26, Reims deux jours plus tard. Mais au centre et au sud, la résistance allemande s'organise. Gênées par les difficultés en approvisionnement d'essence, les forces alliées marquent le pas devant Metz et Nancy. Au sud, la division Leclerc est menacée aux approches d'Épinal. Mettant à profit la pause qui s'instaure, les Allemands, appuyés sur de solides points de résistance, amènent des renforts. La Libération n'est pas encore acquise. La population de l'Est, portée par l'espoir d'une victoire rapide, n'en a pas fini de souffrir.

Dans la foulée des armées de la liberté, la population de l'Est exprime sa joie qu'accompagnent les excès rituels des amateurs de femmes tondues et des défilés sous les lazzis. Les résistants de la dernière heure donnent libre cours à leurs vengeances. Charriés par le flot désordonné de la retraite allemande, des milliers de naufragés se précipitent vers les terres de l'exil, miliciens, P.P.F., femmes compromises, auxiliaires de la Gestapo, dans un grand charivari et une interminable procession de « sauve-qui-peut ». Étonnante humanité que celle-là, où des militants désintéressés, des « politiques » côtoient les malfrats et les voyous qui retrouvent leur naturel de voleurs en détroussant au passage bourgeois et campagnards.

Nombre d'entre eux étaient des tueurs. À peine ont-ils disparu, poussés par le souffle de l'exode, à peine les armées ont-elles foulé le sol qu'elles ont libéré de la présence allemande, que des exécuteurs de l'autre bord, se mettent à l'œuvre. Parfois isolés, parfois en groupes, brassards souvent usurpés sur la manche et mousqueton à l'épaule, ils partent à la chasse aux collaborateurs.

Les miliciens, nous le savons désormais, sont des cibles évidentes. Obéissant à l'ordre transmis par Darnand, le 10 août 1944, les cohortes se mettent en marche vers l'Allemagne. Ici et là, nous l'avons vu, elles seront accrochées par le maquis. Arrêtés, les miliciens seront exécutés sommairement, plus rarement jugés par les cours martiales. Le risque était à courir : ou la fuite – et ils sont alors parfois intégrés aux colonnes allemandes – ou la mort, sur place. Le plus souvent, dans ce dernier cas, les plus obscurs paieront pour les autres.

Ordre de Darnand : les hommes du centre de la France, rassemblés à Vichy, passeront par Belfort. Ceux de Toulouse, Montpellier et Marseille feront route vers Dijon avant d'obliquer à l'est. Les miliciens de Bordeaux et de sa région se joindront à ceux de Poitiers, puis gagneront Nancy par Châteauroux, Bourges, Auxerre et Troyes. Même destination pour ceux de Paris et du Nord.

On lève le camp avec armes et bagages. Les familles seront du voyage : « Au total partent environ 6 000 miliciens et 4 000 parents : femmes, enfants, vieillards », écrit Delperrié de Bayac qui précise [1] : « Le sort des familles est affreux. La femme, les enfants, les parents, ne sont pas forcément les sympathisants de la Milice. Souvent, ils n'ont eu aucune activité politique. N'empêche, on les connaît, on les soupçonne. Demain, après-demain, le maquis sera là. Qui les protégera, eux ? Les pétainistes modérés se terrent. Les forces de l'ordre traditionnelles, il n'y faut pas songer. Alors, tout quitter, laisser la maison, le magasin, le cabinet, et s'en aller (où, jusqu'où ?) avec le grand-père, la grand-mère et le dernier-né dans son berceau. Et passer ainsi, en convoi, au travers des bombardements aériens et des embuscades. »

Bien sûr, on ne saurait oublier les milliers de victimes des crimes nazis auxquels les miliciens eux-mêmes furent trop souvent associés, mais faut-il pour autant mettre dans le même sac les associés involontaires de ces perdants de l'Histoire, ces femmes, ces enfants – nous en avons montré des exemples – assassinés aux côtés d'un mari ou d'un père parce que, milicien ou non, il avait fait le mauvais choix, parce qu'il s'était compromis avec l'occupant ou avait des opinions « pétainistes » ?

Tout, ou à peu près, ce que la collaboration comporte d'important converge vers Nancy. Le 17 août, quelque 2 000 militants du P.P.F. quittent Paris en voiture à destination de l'ancienne capitale des ducs de Lorraine. Jacques

---

1. Delperrie de Bayac, *op. cit.*

Doriot les suit le surlendemain. Darnand y rejoint des miliciens qui affluent en désordre ; Marcel Déat et des membres du R.N.P., des personnalités de la presse, de la littérature et du spectacle. Radio-Paris s'installe à Saint-Dié. On annonce qu'après son arrestation par les Allemands à Vichy, le 20 août, le maréchal Pétain est arrivé à Morvillars, près de Belfort, où se trouvent Laval et Darnand. Le 1er septembre, *L'Écho de Nancy* publie le dernier numéro de son édition lorraine avant que son équipe ne se replie en Allemagne où il paraîtra jusqu'en février 1945.

La lenteur des opérations militaires après la fulgurante avancée en Champagne laisse un répit suffisant aux candidats à l'exil pourtant menacés par les bombardements incessants. Nancy est libéré le 15 septembre, non sans problème, Metz sept jours plus tard, après trois tentatives infructueuses. Le 13 octobre, on se bat encore à Maizière-lès-Metz où les soldats américains délogent aux lance-flammes les Allemands retranchés dans les maisons. Les difficultés ne sont pas moindres au sud où les hommes de Leclerc n'entrent à Baccarat que le 31 octobre.

La guerre qui s'éternise à l'Est contribue à alimenter un climat de suspicion et d'hostilité à l'égard des rescapés du régime déchu. Le camp d'Écrouves, en Meurthe-et-Moselle, a reçu ses premiers internés et *L'Est républicain*, qui a paru pour la première fois les 8-9 octobre, et en faveur de qui s'est désistée *La République de l'Est libéré*, commence à publier les noms de personnalités arrêtées. À Nancy, le tribunal militaire permanent de la 20e Région siège pour la première fois en audience publique le 12 octobre sous la présidence du colonel Pinot, assisté du chef de bataillon de Guillebon.

Comme toujours, l'épuration violente se manifeste avant ou parallèlement à l'épuration officielle. Dans la région libérée, en Champagne, on en recense les premières victimes. À Épernay, par exemple, M. Havranck, ancien légionnaire, titulaire de plusieurs citations, a été exécuté le jour même de la Libération parce qu'il était taxé de sentiments « maréchalistes ». Non loin de là, à Cumières, des prisonniers allemands sont passés par les armes par des résistants – ou prétendus tels – qui venaient de les recevoir des soldats américains. À Bergères-les-Vertus, M. Bernard, ingénieur, père de six enfants, est assassiné et ses enfants sont contraints de creuser sa tombe. À Reims, on assiste à un curieux et macabre manège : Mme Simone Baudoin est, le 4 octobre 1944, internée à la prison de la ville alors que le bruit court qu'elle est en possession de renseignements gênants pour certains individus qui se réclament de la Résistance. On n'entend plus parler d'elle jusqu'au 5 août 1945, date à laquelle on retrouve son corps, décapité, dans un souterrain, près de Prunay.

L'épuration en Champagne réservera d'autres surprises, les initiatives des patriotes abusifs connaissant, quelques années plus tard, leur épilogue devant la cour d'assises de Troyes... après cinq années d'instruction. Le « Grand Charles » et ses huit complices étaient tenus pour responsables d'exécutions sommaires – il y en eut un grand nombre dans le département de l'Aube qui se situe dans la forte moyenne nationale [1] –, et avaient, pour ce motif, déjà comparu devant un tribunal de la Résistance. Plus ou moins blanchis, ils récidiveront en commettant des vols et des pillages et seront condamnés par la cour, qui leur avait refusé le bénéfice de la loi d'amnistie, à des peines de travaux forcés. Auparavant, en 1947, le « Grand Charles » avait été cité devant le tribunal d'Auxerre pour vol et tentatives d'assassinats, mais les juges de l'Yonne avaient demandé un supplément d'information.

Du côté de l'épuration officielle, les interpellations frappent des personnalités aussi notoirement connues que Jaillon, secrétaire de la fédération de Meurthe-et-Moselle du P.P.F. et le chanoine Polimann, l'un et l'autre arrêtés aux alentours du 15 octobre et dont les procès connaîtront un grand retentissement. Si Jaillon est d'envergure modeste, le chanoine Polimann est l'héritier d'une tradition régionale

---

1. Le parallèle est très net entre la présence des maquis et le nombre des exécutions sommaires. L'Aube n'échappe pas à la règle.

brillante. Ancien combattant de Verdun, puis de 1939-1940, il avait succédé à André Maginot comme député de la Meuse, circonscription de Bar-le-Duc, et signait régulièrement des éditoriaux dans *La Croix meusienne*. Après l'armistice, il se range derrière le maréchal Pétain dont il deviendra un propagandiste zélé. Son rôle sera des plus controversés mais on verra, à propos de son procès, que son cas ne se réduira pas à une définition toute simple. Il ne sera pas l'exception pendant les années de l'Occupation où l'action des hommes fut parfois malaisée à appréhender, échappant aux classifications catégoriques entre traîtres et patriotes.

En attendant, la guerre à l'Est provoque des drames en séries. À Saint-Dié, le 9 novembre, les habitants de la rive droite de la Meurthe rassemblés sur la rive opposée voient leurs maisons incendiées par les troupes allemandes qui ont commencé par les piller. Dans les Vosges, des bombardements intenses contraignent les populations à l'évacuation. Il faut également payer le tribut aux prises d'otages, comme à Charmes, où 150 personnes seront arrêtées puis déportées.

La formidable offensive lancée par von Rundstedt dans les Ardennes à compter du 16 décembre contre la 1re armée de Hodge contraint la 7e armée de Patch à abandonner, pour éviter l'encerclement, les zones de Forbach et de Bitche qui retombent ainsi aux mains des Allemands. Ces derniers tiendront en échec les Alliés jusqu'à la mi-mars 1945. Les habitants de Bitche vécurent pendant des semaines enfouis dans les caves, sous la tornade des combats. Des centres comme Sarreguemines et Forbach étaient détruits à 50 %. Cependant, à la mi-mars, l'Alsace était pratiquement libérée. Strasbourg, où les soldats de Leclerc étaient entrés le 21 novembre 1944, avait tenu bon contre l'offensive allemande sur la poche de Colmar colmatée par la 1re armée de De Lattre. « L'armée française foule le sol allemand », annonçaient les journaux du 20 mars.

Pendant que les cloches de France sonnaient aux vents de la liberté, la France en revenait à ses querelles de clocher.

Le proconsul Gilbert Grandval est l'homme sur qui repose la responsabilité de maintenir l'ordre dans les huit départements de la « zone C », Grandval dispose, dans l'extrême diversité des situations créées par l'Occupation et la Libération, de l'atout de la discipline naturelle propre aux populations de l'Est, qui ont appris de trois invasions successives le sens du sacrifice partagé avec les proches voisins du Nord. Ces départements, en majorité de tendance modérée [1], ont cependant des motifs pour ne pas oublier un passé qui a laissé de profondes blessures. Affilié au mouvement Ceux de la Résistance (C.D.L.R.), qui était implanté en zone Nord, aux côtés d'un Jacques Lecompte-Boinet, qui en assurait la direction, Gilbert Grandval en a été le responsable militaire avant de devenir délégué militaire régional, fonctions qu'il a cumulées avec celles de chef régional des Forces françaises de l'intérieur.

Le mouvement C.D.L.R. qui, sur le plan politique, se situe dans une mouvance plutôt néo libérale, comme Combat et l'O.C.M. (Organisation civile et militaire), et même conservatrice en comparaison du Front national, inspire une action dépourvue d'arrière-pensées révolutionnaires. L'homme, le politique, l'animateur des combats de la Résistance se marie parfaitement avec une région dont il sera le commissaire de la République. Grandval est proche d'un Ingrand mais, entre l'Auvergne et l'Est, il y a, en 1944-1945, un monde de différences.

Les départements de l'Est abordent donc la Libération dans des conditions relativement favorables à la paix civile. L'épuration sauvage y atteint un niveau inférieur à la moyenne nationale car, dans l'ensemble, la Libération est le fait des Alliés ou de la 1re armée (de De Lattre) et non pas de maquisards. Ce qui n'exclura ni le recours à des violences physiques et à des exécutions sommaires, ni la démagogie résistantialiste, ni le délire verbal d'une certaine presse spécialisée dans la dénonciation, cette forme d'épuration parallèle, aussi lâche qu'efficace, qui rappelait étrangement les méthodes de l'Occupation.

---

1. Avec la Normandie et la Bretagne, l'Alsace et la Lorraine sont des bastions de la droite traditionnelle. En 1936, les voix du Front populaire se situent autour de 30 % seulement.

Dans le lot de ceux que nous appelions les « grands prédateurs », figure en place éminente Louis Jouhet, plus connu sous le nom de « commandant Judex » dont les exploits défrayèrent la chronique des mois de la Libération et, dans les années qui suivirent, celle des tribunaux.

Originaire de Bellenaves, dans l'Allier, Judex a déployé pendant l'Occupation des activités troubles et controversées. Résistant, il est arrêté par la Gestapo, mais rapidement relâché. Cet élargissement semble suspect et on le rapproche de l'arrestation de vingt résistants dans le cadre du « service B. », chargé de la sécurité des unités F.T.P. Dissous officiellement en 1944, le « Service » aurait alors continué à fonctionner clandestinement, sous le couvert du « 5ᵉ bureau », dit de la sécurité, à Limoges.

La présence de Judex au « 5ᵉ bureau » de Limoges, à la Libération, est en tout cas attestée, mais son départ pour l'est de la France répond à des raisons beaucoup moins claires. Ce que l'on sait, c'est que cet ancien employé de la S.N.C.F., devenu marchand d'automobiles d'occasion, a bénéficié d'une étonnante promotion – pas tellement étonnante, au reste, cette extraordinaire époque en ayant vu bien d'autres... –, en occupant un poste de professeur à l'école professionnelle de Saint-Éloy-les-Mines, dans le Puy-de-Dôme. Cette promotion n'a eu d'équivalent que la progression fulgurante de sa carrière militaire, puisqu'il est passé en quelques mois du grade de sous-lieutenant à celui de lieutenant, puis de capitaine et enfin de commandant. Dans ce domaine, l'ascension de Judex n'a rien de surprenant. En 1944, la floraison des galons sur les manches était un phénomène répandu qui ne s'expliquait pas seulement par la pénurie de cadres.

En 1945, Judex se retrouve à Metz au bureau régional chargé du criblage des Français rapatriés d'Allemagne. La tâche est importante et délicate à mener, car elle consiste à séparer le bon grain de l'ivraie, à distinguer un collaborateur retour d'exil d'un ancien déporté politique, un ancien milicien ou un Waffen S.S. français d'un requis pour le S.T.O.

Suivant les consignes, Judex adresse les suspects à la D.S.T. ou aux Renseignements généraux. Mais il ne s'arrête pas là. Il en profite pour ajouter à ces investigations officielles... ses critères d'appréciation personnels et des sanctions dont il est le seul décideur. Judex se fait lui-même justicier à l'image de beaucoup d'autres.

L'affaire du « commandant Judex » commence avec la découverte, le 7 septembre 1946, du cadavre d'un inconnu, qui porte la trace de deux balles de revolver, dans un fossé, près de Roppeviller, dans la Moselle. Une lettre anonyme met la police sur la piste d'un plâtrier, ex-adjudant F.T.P., ancien subordonné de Judex et domicilié au Touquet. L'interrogatoire du plâtrier conduit les enquêteurs dans les bois de Châtel-Saint-Germain, toujours dans la Moselle, et à la mise au jour de plusieurs autres cadavres enfouis dans une fosse commune. La responsabilité de Judex dans cette série d'exécutions sommaires est clairement établie, mais il est d'abord introuvable. On finit par l'arrêter, dans l'Allier, et il est inculpé.

Si l'identification du cadavre qui gisait dans le fossé se révèle difficile – on saura qu'il était d'origine russe, qu'il avait vraisemblablement servi dans l'armée Vlassov, mais sans plus –, les noms des autres victimes et les motivations de leur exécution sont tirés au clair. Il s'agit d'abord de François Christiani, originaire de Meurthe-et-Moselle, rapatrié d'Allemagne, et auquel Judex reprochait d'avoir été interprète à la Kommandantur de Périgueux. Ayant accès de par ses fonctions au camp de rapatriement de Boulay, en Moselle, Judex est allé y chercher Christiani, en juillet 1945, puis en a profité pour élargir son choix en « arrêtant » un milicien, nommé Trahit, également de retour d'Allemagne. Judex y ajoute un ancien lieutenant F.T.P., Pierre Bénet, l'un de ses camarades de Limoges, dont on ignore ce qui lui vaut d'être distingué – peut-être une ancienne rivalité... –, et un soldat de la 1re armée française dont on se demande tout autant ce qu'il est venu faire dans cette galère.

Comparaissant devant le tribunal des forces armées de Metz, le « commandant Judex » sera condamné à quinze ans de travaux forcés et son complice à cinq années de réclusion. Témoignant au cours du procès, M. de Saint-André, officier de l'Armée secrète, affirmera que, de passage dans le

Limousin, il avait été « interrogé » par Judex, et que celui-ci lui avait dit : « De Gaulle, nous ne connaissons pas ici... N'oubliez pas que nous sommes au sud de la Loire... »

Cet aveu ouvrait des perspectives sur la considération dans laquelle les résistants communistes tenaient le général de Gaulle et sur le peu de cas qu'ils faisaient et feraient de son autorité, et des pouvoirs de ses commissaires régionaux lorsque se présentaient les échéances de l'épuration.

Certes, nous n'oublierons pas la tragédie que vécut la population de Charmes, aux limites de la Meurthe-et-Moselle, dans les Vosges, à la suite de l'engagement avec les forces allemandes, mais cela peut-il justifier les exécutions sommaires dont se rendirent responsables des résistants du maquis de Senones, à quelque quarante kilomètres de là ? Cela peut-il justifier que l'un des chefs de ce maquis, inspecteur des contributions indirectes, et trois habitants de Senones, un monteur en chaînes, un ancien gendarme et un aubergiste, exécutent, le 30 août 1945, trois mois après le jour de la victoire, Mme Sublon, sa fille, Marie, et le bébé de cette dernière, âgé de 3 ans ? Que le même jour, à Hurbach, village proche de Senones, ce groupe fasse subir le même sort à toute la famille Ruhlmann : le père et la mère, âgés de 25 ans, et leurs enfants de 3 et 2 ans ?

Arrêtés à Saint-Dié, les quatre complices comparurent, le 8 décembre 1945, devant la cour d'assises, à Épinal. Ils ne nièrent pas les faits qui leur étaient reprochés. Ce qui n'empêcha pas les jurés de répondre par la négative aux vingt-quatre questions qui leur étaient posées et d'entonner *La Marseillaise* avec les accusés. Le tribunal militaire de Metz manifesta une indulgence surprenante à l'égard de deux anciens « résistants » qui avaient assassiné, le 3 novembre 1944, MM. Baton et Cote : cinq ans avec sursis pour l'un, acquittement pour l'autre. C'est l'attendu du jugement qui forçait l'attention, puisque la personne acquittée n'avait été reconnue responsable que du « délit de coups et blessures sans intention de donner la mort ».

Sur décision du parquet d'Épinal, sont arrêtés deux « résistants » qui ont assassiné, le 18 novembre 1944, à Écart-la-Chapelle, M. Bérard, ancien juge de paix, âgé de

70 ans, uniquement parce qu'il était soupçonné de sentiments « collaborationnistes ».

Ces exécutions sommaires avaient, avec des conclusions
diverses, connu des épilogues judiciaires. Le fait vaut d'être
noté, mais il était non moins patent qu'appelés à rendre des
comptes devant les tribunaux, les auteurs de ces actes de
sang échappaient aux condamnations. Bien entendu, il faut
y ajouter ceux qui ne seront jamais inquiétés et dont la liste
est longue dans les Vosges. Par exemple, les assassins de
M. Émile Roussel, à Charmois-l'Orgueilleux, qui fut grièvement blessé à coups de pied et « achevé » au revolver ; sa
femme manqua de peu de subir le même sort ; de M. Clas-
quin, à Hertigny, etc.

La Meurthe-et-Moselle offrait un visage plus calme. On en
arrive d'ailleurs à se demander comment Nancy et sa région
échappèrent à l'épuration violente, alors que les appels à la
vengeance atteignirent, par la presse, des proportions que
nous n'avons rencontrées que dans des départements où les
exécutions sommaires battirent tous les records par le
nombre et l'intensité.

À Nancy c'est l'hebdomadaire *Lorraine*, « organe régional
du Mouvement de libération nationale », tout récemment
issu de la clandestinité, qui donne le branle à la chasse aux
sorcières. Les procès des grands collaborateurs régionaux ne
vont pas tarder et leurs noms sont sur toutes les lèvres, mais
Lorraine se charge de rappeler aux responsables de l'épuration les agissements des seconds couteaux qui risqueraient
d'échapper à leur vigilance. Les patronymes sont, des
semaines et des mois durant, cités en toutes lettres [1]. Malheur à ceux qui sont restés sur place, les voici projetés dans
la lumière, traqués dans leurs cachettes, extirpés de l'oubli
dont ils espéraient se faire un rempart.

À chaque numéro de *Lorraine*, ce sont des craintes qui
s'éveillent, craintes d'apparaître sur la liste des suspects. Le
23 novembre : « M.G., directeur de l'École des beaux-arts de

---

1. Nous ne donnons que les initiales dans les pages qui suivent.

Nancy, fut un chaud admirateur de Darnand et de ses miliciens. N'a-t-il pas appartenu à la Milice ou au P.P.F. ? Qu'attendent les intéressés pour s'occuper de cette affaire qui fit beaucoup de bruit à l'époque ? »

Dans le même numéro, on entend, sous une forme... plus originale, rafraîchir les mémoires sur l'attitude d'une Nancéenne que l'on soupçonne de vouloir, malgré ses antécédents, reprendre des activités commerciales. Ainsi : « La mère d'un milicien, agent de la Gestapo, combattant sur le front intérieur allemand, épouse d'un vaillant collaborateur emprisonné pour sa fidélité au Führer, informe son aimable clientèle qu'elle pense rouvrir son magasin de mode. Qu'on se le dise ! Réclame gratuite. Mme B.D. 150, rue Saint-Dizier, Nancy. »

Dans le même numéro du 23 novembre : « Collaborateurs, mais non, gouvernementaux, toujours ! Soucieux de faire oublier leur zèle pro-naziste, ils applaudissent maintenant, avec une ardeur inégalable, à toutes les manifestations anti-allemandes et pro-alliées. Tel M. B., père d'un dénonciateur en fuite, ancien "Ami de la Légion des volontaires contre le bolchevisme". Dimanche dernier, installé à une des premières places du Grand Théâtre [de Nancy], il applaudit ostensiblement les orateurs de la IVe République. Et quand le capitaine Lapie évoque les exploits de notre escadrille "Lorraine" qui combat actuellement sur le front russe, son enthousiasme ne connaît plus de bornes. Faut-il rappeler à ces messieurs que d'autres ont la mémoire qui leur fait défaut ? »

Le 1er décembre, *Lorraine* s'en prend à C. E., « entrepreneur de travaux publics, rue de la Foucotte à Nancy... ». Pour mieux clouer ce « traître notoire » au pilori, le journal publie le patronyme en caractères gras. Les réminiscences de l'entre-deux-guerres sur fond de roman-feuilleton complètent les accusations relatives à l'Occupation puisqu'il est dit une fois pour toutes que les deux périodes se confondent dans l'esprit de certains Résistants : « Avant guerre, il avait livré des plans de la ligne Maginot à des ingénieurs allemands qui se faisaient passer pour des entrepreneurs avec lesquels il sous-traitait pour l'exécution des travaux.

Dès l'arrivée des Allemands, il reçut chez lui des officiers supérieurs avec lesquels il faisait bombance. Il ne craignait d'ailleurs pas de s'afficher avec eux puisque le "Caveau", place Thiers, reçut sa visite. Ami intime de l'ex-préfet Schmidt, il recevait également à son domicile le sieur von Vrock, un des membres les plus influents de la Gestapo de Nancy. Souvent, leurs entretiens duraient plusieurs heures. Quant à sa femme, elle promenait von Vrock dans les milieux bourgeois et le présentait comme un excellent Français, ce qui permettait à ce dernier de se documenter et d'agir. » Or, poursuit le journaliste de *Lorraine*, « C. E. a été arrêté par les services de la police française. Ceux-ci connaissent les faits qui lui sont reprochés. Toutefois, une intervention a fait relâcher ce dernier. Pourquoi ? Nous demandons qu'une enquête soit ouverte et que le responsable donne des explications ».

Un appel à la réouverture d'un dossier et la mise en cause d'un « responsable », complice ou trop indulgent, dans un cas. Dans un autre, il s'agit de dissuader une artiste de se produire en public, en arguant qu'elle a charmé des oreilles allemandes : « Mlle J. D., violoniste, signale *Lorraine* le 15 décembre, qui a apporté le concours de son talent non discuté à la Wehrmacht et à la L.V.F. dans la cathédrale de Nancy, se produirait maintenant devant nos amis américains. Il est vrai que l'Art ne connaît pas de frontières, mais tout de même ! »

Ce 15 décembre également, le journal de la Résistance publie une liste – de dix noms – du personnel français de la police aux Questions juives, du premier responsable à la dernière des secrétaires. Les employées citées se rendront au siège du journal pour protester qu'elles avaient été recrutées par le bureau de placement et qu'elles avaient accepté cet engagement sans aucune arrière-pensée politique. *Lorraine* répondra à leur démarche en démentant leurs allégations dans son numéro du 5 janvier... et en republiant la liste qu'il avait déjà donnée.

Le 22 décembre 1944, Francis Posenaer sonne le tocsin dans les colonnes de *Lorraine* dont il est l'éditorialiste attitré. C'est pour lancer l'alarme contre les mollesses de l'épuration. Le titre de l'article a de quoi inquiéter : « Des coups, tant pis si ça saigne ! » Et le texte : « Miliciens, Assassins, Miliciens, Assassins, la corde était prête pour vous pendre, tel était le leitmotiv qui nous parvenait régulièrement de Londres... Les fameuses cordes n'ont pas beaucoup servi jusqu'à présent... On cherche à dégoûter les purs, à les fatiguer. Pérorez, pondez des articles et le temps passe. Bientôt viendra l'oubli... »

En attendant, il ne faut pas oublier, en dehors des traîtres eux-mêmes, ceux qui se font, de diverses manières, leurs complices. On continue à citer les noms en toutes lettres : « M.G.A., gardien de prison, pourrait-il se limiter à ses attributions ? Le ravitaillement du trop fameux C., directeur des cafés Stanislas, kollaborateur notoire, figure-t-il parmi ses attributions ? M.G.A. est prié à l'avenir de cesser d'assurer le ravitaillement du kollaborateur dont il a la garde... »

Dans le numéro du 29 décembre, il s'agit d'empêcher l'élargissement jugé scandaleux d'un détenu ; pour mieux attirer l'attention, le nom est composé en capitales : « G., père, actuellement en villégiature à Charles-III[1], ne peut pas être remis en liberté... Un dossier accusateur, bien documenté et signé, a été remis à une autre personnalité du département qui saura, sans aucun doute, le diriger vers les services compétents, lesquels auront à cœur de soigner ce citoyen comme il se doit... » Les « services compétents » alertés et quasiment mis en demeure, le « kollaborateur » aura peu de chance d'en réchapper.

Et puis, sur un ton faussement badin, cet avertissement à un horticulteur au cas où il pourrait s'imaginer bénéficier de l'impunité et reprendre son commerce comme si rien ne s'était passé : « M.F. [le nom est là aussi en majuscules], rue Aristide-Briand à Vandœuvre, ex-fournisseur de la Wehrmacht et de la Milice, demande d'urgence des Français de bonne composition pour attester qu'il leur a été livré des légumes pendant l'Occupation. Bonne récompense... »

Le 3 janvier 1945 sont mis sous séquestre les biens, droits et intérêts appartenant à la firme « *L'Écho de Nancy* » en

1. La prison de Nancy.

vertu d'une ordonnance datant du 17 novembre, ce qui inspire à *L'Est républicain* cette paraphrase du latin : « *Sic transit gloria Boche...* »

Dans son numéro des 7-8 janvier, le grand quotidien lorrain, sous la plume de « Gallus » – on reste dans la ligne des
références... gallo-romaines –, prêche pourtant en faveur de
la modération, affirmant qu'il faut éviter de « sortir de la
légalité » et laisser le gouvernement [celui du général de
Gaulle] mener sa tâche à bien. « Solidement appuyé sur une
opinion confiante, ajoute Gallus, il mènera l'épuration
comme il mène nos armées à la victoire, c'est-à-dire jusqu'au bout... »

Confiance au gouvernement ? Voire... *Lorraine* croit utile
de rappeler aux réalités de l'heure les saboteurs de cette
épuration, ceux qui, dans les services publics, tiennent
encore les leviers de commande : « MM. les serre-frein des
administrations, attention ! avertit l'hebdomadaire. La
coupe est prête à déborder. » Et pour que nul ne s'y trompe,
il publie, dans son numéro du 12 janvier, la suite d'une liste
de fonctionnaires compromis dont il avait commencé l'énumération le 22 décembre. Vingt personnes sont ainsi signalées en supplément.

On se souvient que *Lorraine* avait protesté contre l'éventuelle libération de « M. G., père, en villégiature à Charles-
III... » Scandale : « G., père, a été remis en liberté pour
déficience physique... », après avoir été « visité par un médecin de la Résistance... » « Lequel ? » demande le procureur
anonyme, et « à quand l'octroi de la médaille de la Libération ? Comment s'appelle la maladie dont souffrent MM. R.
G., R. E., G., père ? Gageons qu'à Toulouse, à Grenoble ou
à Limoges on eût déjà trouvé le sérum guérisseur... ». Là, au
moins, on sait ce qu'épurer veut dire.

Selon *Lorraine* du 19 janvier 1945, « les kollaborateurs
ripaillent à Charles-III », et l'hebdomadaire du M.L.N. de
signaler à ceux qui l'ignoraient en haut lieu le nom du gar-
dien-chef responsable de ces bacchanales. Le journal éprou-
vera toutefois le besoin de mettre ses lecteurs en garde
contre l'abus des dénonciations anonymes, sans doute
encouragées par ses propres excès, ce qui aura pour effet de

ralentir le flot épistolaire et de décourager plus d'un corbeau : « Nous informons nos lecteurs que notre ligne de conduite nous interdit de publier ou de donner suite à toutes les lettres anonymes qui nous parviennent malgré tout l'intérêt que, bien souvent, elles peuvent présenter. Nous demandons donc à toutes les personnes qui, déjà, ont manifesté leur sympathie à notre égard en nous écrivant et à toutes celles qui en ont l'intention de ne nous faire parvenir désormais que des lettres signées... »

Lorraine s'obstine néanmoins dans sa campagne d'épuration sommaire et revient sur des cas qu'elle avait déjà signalés. Ainsi M. G., directeur de l'École des beaux-arts à Nancy. L'intervention de l'hebdomadaire semble avoir porté ses fruits, mais pas complètement si l'on en croit l'échotier anonyme qui revient à la charge en ces termes, le 16 février 1945 : « Est-il vrai que M. C. G. est suspendu de ses fonctions de directeur de l'École des beaux-arts depuis le 31 décembre 1944 [on dissimule ce que l'on sait sous l'interrogation avant de porter l'estocade] et qu'il touche la moitié de son traitement et de ses indemnités ? »

Un nouveau degré est franchi le 2 mars 1945 lorsque l'organe de la dénonciation permanente s'immisce dans une lamentable affaire de famille : « M.M. nous prie de préciser qu'il s'est toujours violemment élevé contre la conduite collaborationniste de son épouse et de ses deux filles... » M.M. a apparemment sauvé son honneur, et *Lorraine* lui apporte ce satisfecit : « Nous avions cloué au pilori ces trois femmes parties dans les fourgons de la Wehrmacht ! »

Signe d'une évolution, le 4 mai, on apprend que des « tondues de la Libération ont porté plainte contre d'anciennes résistantes ou filles de résistantes qui les avaient passées au ciseau », que ces plaignantes ont obtenu 4 000 francs de dommages et intérêts. Les faits s'étaient déroulés à Saint-Max (Meurthe-et-Moselle) et l'une des Figaro en jupons était la fille d'un résistant « du maquis de Ranzey, tué au combat ».

On était en mai 1945, et depuis la Libération l'eau avait coulé sous les ponts de la Meurthe et de la Moselle...

Le 26 janvier 1945 avait commencé, devant le tribunal militaire de la 20ᵉ région assurant les fonctions de la cour de justice qui ne sera installée qu'à la fin du mois, le procès du secrétaire fédéral du P.P.F., Jaillon, et de ses comparses. Tribunal militaire ou tribunal du peuple ? On ne sait plus très bien, tellement est passionnée l'atmosphère des audiences, « une foule violente, rapportera un témoin, huant et applaudissant, donnant son avis, forçant la décision des juges... ». On n'hésite pas à affirmer que les avocats sont les complices des accusés, ce qui entraîne une vive réaction du barreau de Nancy qui demande des poursuites contre les diffamateurs.

Les charges qui pèsent contre les prévenus sont indiscutablement très lourdes, mais ce qui se passe au tribunal militaire de la 20ᵉ région est représentatif du climat des audiences des tribunaux instaurés par le Gouvernement provisoire, l'exemple de Nancy étant loin d'être unique. Que dire alors des cours martiales qui les avaient précédés ?

On en est encore à la période insurrectionnelle, voire révolutionnaire, de la Libération. Les juges sont-ils libres de leurs décisions ? Il n'est pas superflu de se poser la question.

Cette justice ne fonctionne qu'au rythme d'incohérences ou d'excès, même lorsqu'elle devient officielle. Les exemples du Limousin que nous avons cités les pousseront au paroxysme. Dans le cas des P.P.F. nancéens, le commissaire du gouvernement requiert la peine de mort pour 17 des 20 inculpés. Le 31 janvier, les juges du tribunal militaire rendent le même verdict pour Jaillon et trois autres, Titeux, Duché et Perrin. Jaillon niera tout ce qui lui était reproché à propos de son rôle à la tête du parti de Doriot sur le plan régional. Comme on lui rappelait son action et celle des services de renseignements du mouvement dont il était responsable, et qu'on énumérait ses engagements successifs dans les ligues de droite d'avant la guerre – Faisceaux, Jeunesses patriotes, Solidarité française, Croix-de-Feu, P.S.F., Rassemblement national lorrain [1] –, il répondit avec un bel aplomb : « Mais je pensais que Doriot était antiallemand ! »

---

1. L'appartenance à un mouvement marqué à droite avant la Seconde Guerre mondiale figure régulièrement parmi les délits retenus par les actes d'accusation à la Libération. Le maréchal

Jaillon sera pourtant l'un des bénéficiaires des incohérences de la justice de la Libération. La cour de justice de Meurthe-et-Moselle ayant été constituée avant la date de renvoi des accusés devant le tribunal militaire, le tribunal militaire de cassation cassa le verdict au motif que le même tribunal aurait dû se dessaisir du dossier. L'affaire revient le 6 juillet devant la cour de justice de Meurthe-et-Moselle. Une semaine plus tard, l'ancien secrétaire fédéral du P.P.F. était condamné à dix ans de travaux forcés. Il bénéficiera finalement d'une mesure de grâce. Le chemin parcouru était d'importance depuis la condamnation à mort de janvier 1945.

En juillet également, lors du procès de plusieurs collaborateurs de *L'Écho de Nancy*, le commissaire du gouvernement, M. Rosambert, n'y va pas par quatre chemins qui, montrant ses pièces à conviction – en l'occurrence une pile de journaux –, s'exclame : « Quatre ans de trahison, voilà ce que représente ce tas d'ordures ! », et encore, à l'adresse des accusés : « Préparez-vous à la mort ! » Legey et Vigneron seront respectivement condamnés à vingt ans et quinze ans de prison.

Mais c'est en définitive le procès du chanoine Polimann qui sera le plus évocateur des difficultés à appréhender certains comportements pendant l'Occupation et de l'environnement psychologique et politique des procès de collaboration. Selon *Lorraine*, l'ancien éditorialiste de *La Croix meusienne* n'avait pas hésité, alors qu'il était interné au camp d'Écrouves, à demander à ses codétenus, pendant la menaçante contre-offensive de von Rundstedt, de prier Dieu pour que les Allemands viennent les délivrer, mais le déroulement du procès lui-même contribuera à révéler un aspect peu connu de cette personnalité. Collaborateur, ce prêtre engagé en politique ? Sollicitant du Ciel le retour des Barbares ? « Je me glorifie d'avoir arraché au poteau cinquante jeunes Meusiens », répondra-t-il à ses juges. Et l'on s'apercevra qu'il disait vrai, qu'il avait effectivement arraché des

---

Pétain lui-même eut à en rendre compte à propos des relations qu'on lui prêta avec la Cagoule, mais cette imputation fut totalement abandonnée lors de son procès.

jeunes gens à la déportation et à la mort. On apprendra qu'il était intervenu en faveur de nombreux Juifs, en particulier le grand rabbin Haguenauer. Mme Vuillaume, née Lévy, « infirmière-major », viendra dire à la barre qu'internée à Drancy, antichambre des camps de déportation, elle en fut libérée et placée uniquement en résidence surveillée parce que le chanoine Polimann s'était présenté pour elle en « otage garant ». Le professeur Perrin, de son côté, témoignera que le chanoine Polimann avait effectué des démarches en faveur du comte de Menthon, de M. de Hauteclocque, père du général, du père de Marc Rucard, ancien ministre de la IIIe République. Un employé des chemins de fer déclarera : « Des anciens députés du département, il fut le seul qui ait eu le courage de venir partager nos malheurs... »

D'autres surprises attendaient les magistrats et le public de la cour de justice de Nancy. Dans le box des accusés avait pris place un avoué de Lunéville qui, pendant un temps, voisin de Me Henri Teitgen, ancien bâtonnier, résistant et rescapé de Buchenwald, était soupçonné de l'avoir dénoncé aux Allemands. Me Teitgen eut le geste de venir serrer la main, pendant l'audience, de celui que l'on considérait comme son dénonciateur. Ce qui n'empêcha pas l'avoué, qu'assistaient cinq avocats, d'être condamné à dix ans de travaux forcés, à l'indignité nationale à vie et à la confiscation de la moitié de ses biens.

Un étudiant en lettres, qui comparaissait devant la cour de justice, s'était engagé dans la 2e D.B. après s'être très compromis avec l'occupant. Il fut reconnu, arrêté et jugé. On lui refusa le bénéfice des circonstances atténuantes et on le condamna à mort. Son recours en grâce fut rejeté. Peu de temps avant son exécution, au stand de tir de la Petite-Majeure, il demanda à rencontrer le juge qui avait mené l'instruction de son affaire. Celui-ci accepta l'entrevue mais, en guise de conversation, le condamné le roua de coups, lui cassa ses lorgnons et lui jeta : « De la part de mes camarades ! »

Ces quelques faits illustrent les drames qui se nouaient dans les prétoires et sur les lieux d'exécution à Nancy. Mais, bien entendu, toutes les sentences ne posèrent pas les mêmes problèmes, toutes les condamnations à mort ne soulevèrent pas les mêmes interrogations. Aucune voix, sinon celle de son avocat, ne s'éleva, par exemple, en faveur de l'homme qui avait permis l'anéantissement d'un maquis des Vosges. Sur les 16 personnes arrêtées par sa faute, aucune ne survécut. 8 d'entre elles furent fusillées, une se suicida dans sa cellule, les 7 autres moururent en déportation.

124 condamnations à mort dont 70 par contumace furent prononcées par la cour de justice de Nancy. On se plaignit alors dans les milieux de la Résistance, et en particulier au Comité départemental de libération, de ce qu'on appelait les lenteurs et les mollesses de l'épuration. *Lorraine* avait été, une fois de plus, à la pointe du combat en ameutant l'opinion par des apostrophes comme celle-ci, relevée dans son numéro du 5 janvier : « Oui, il en reste encore des kollaborateurs [le k est toujours de rigueur], ils sont libres, vont la tête haute, arrogants ; ils ont l'air de vous dire : Vous pouvez y aller, nous nous en f... ; ils ont les poches pleines, ils n'ont pas eu froid. Les patriotes ont eu faim et froid. »

Un arrêté du commissaire de la République, en date du 24 novembre 1944, avait institué une commission d'épuration des entreprises où siégeaient un juge au tribunal et des représentants des ouvriers, des techniciens, des employés et des employeurs. Dans son numéro du 25 mai, le journal du M.L.N. pouvait enfin donner libre cours à sa satisfaction : « Enfin ! [C'était le titre.] Une information vient d'être ouverte contre les dirigeants de la société de Wendel. Cette information s'appuie sur l'article 75 du Code pénal visant les atteintes à la sûreté de l'État et le commerce avec l'ennemi [...]. Voici ouvert le procès Nation française contre la société de Wendel. La France fut trahie par les trusts. Les trusts doivent rendre des comptes : ceux de Goering comme ceux des de Wendel et consorts... »

Le nombre peu élevé d'exécutions en Meurthe-et-Moselle s'explique vraisemblablement par celui des arrestations qui furent très nombreuses. Quel qu'ait été leur aspect préjudiciable, il est indéniable que les internements constituaient une protection contre toutes les formes d'excès, à condition que la surveillance et l'administration fussent confiées à des responsables, qui avaient su raison garder.

Nous n'insisterons jamais assez, par ailleurs, sur le fait que la situation fut largement tributaire de la bonne volonté, de la volonté tout court et de l'esprit de décision des commissaires de la République et des nouveaux préfets. Ils eurent à affronter des problèmes différents selon les régions. La présence des armées libératrices pouvait, parfois, leur faciliter la tâche, leur marge de manœuvre était différente selon l'appartenance politique des maquis, la place qu'ils avaient tenue dans la Libération elle-même ; les réactions des populations et leur atavisme étaient déterminants. Il n'empêche que la personnalité des nouveaux détenteurs du pouvoir se révélait souvent décisive.

Dans le cas du Haut-Rhin, comme dans d'autres régions dont nous avons déjà parlé, les faits parlent d'eux-mêmes et vont dans le bon sens. Les exécutions sommaires y furent très rares. Or, à cette situation dans l'ensemble favorable, Robert Aron trouve une explication dans l'attitude de M. Jacques Fonlupt-Esperaber, nommé préfet du Haut-Rhin (il sera plus tard député M.R.P. du département) : « Arrivé à Colmar avec les premiers militaires français, au début de février [1945], écrit Robert Aron[1], il fit effort pour éviter bien des excès. Il eut l'intelligence d'admettre que certains juristes alsaciens, qui avaient été contraints de siéger sous l'Occupation dans des tribunaux allemands continuassent leurs fonctions lorsque la croix de Lorraine eut remplacé la croix gammée sur les papiers officiels. Il instaura des organismes provisoires, nommés commissariats de contrôle, pour vérifier le bien-fondé des mesures prises dans l'effervescence de la Libération et pour remettre en liberté ceux qui ne méritaient pas d'être poursuivis. Grâce à lui, les exécutions sommaires, accomplies avant que son autorité ne fût reconnue, se limitèrent à cinq ou six. Dans un département, où les problèmes étaient spécialement difficiles à résoudre, où les sensibilités étaient particulièrement à vif, il évita que de nouvelles discordes, nées de la Libération, ne

---

1. Robert Aron, *op. cit.*, t. I, p. 545.

s'ajoutassent à celles qu'avaient produites l'Occupation et l'annexion à l'Allemagne. »

Pourtant, M. Fonlupt-Esperaber évalua à 800 le nombre des « personnes exécutées sans jugement lors de la Libération[1]. Il dressait, dans la même communication, le panorama suivant de l'épuration officielle pour l'ensemble de l'Alsace : « L'action des cours de justice a été moins sévère que dans le reste de la France, tandis que celle des chambres civiques s'est révélée beaucoup plus brutale. En effet, bien que le ressort de la cour d'appel de Colmar soit un des plus grands de France, Colmar ne vient qu'en vingt-quatrième rang (sur vingt-sept) pour le chiffre des condamnations à mort, alors que pour celui des condamnations portées par les chambres civiques, il occupe le deuxième rang... »

Dans le territoire de Belfort, l'action de M. Dreyfus-Schmidt fut tout aussi positive. Revenu à la mairie de Belfort, d'où il avait été destitué par le gouvernement de Vichy en raison de ses origines juives, il s'opposa avec courage aux revendications d'éléments de la Résistance prêts à passer aux actes d'une justice expéditive.

Comme un peu partout en France, le retour des déportés, en ce printemps 1945, correspond à une recrudescence des lynchages et des exécutions sommaires. La tension est surtout vive en Moselle où les anciens exilés, contraints de quitter leur foyer par les mesures allemandes, s'en prennent parfois à des personnes réputées comme collaboratrices. Au mois de mai, plusieurs d'entre elles sont lynchées à Hagondange. La police doit intervenir pour éviter la contagion des gestes de représailles, mais le 16 juin, à Montigny-lès-Metz, la foule prend à partie deux collaborateurs et les blesse grièvement. À Metz et à Nancy, notamment, des bombes explosent, ou des grenades sont lancées, à l'automne 1945, contre les domiciles de personnes suspectes d'avoir trop facilement échappé à l'épuration.

---

1. Dans une communication parue dans les *Cahiers des intellectuels chrétiens-sociaux d'Alsace*, n° 3.

La vallée de la Saône connaît un climat tout à fait différent et figure parmi les régions de France les plus touchées par l'épuration violente. En Saône-et-Loire, pour remonter du sud vers les sources de la rivière, les exécutions s'apparentent à un véritable massacre, tant elles sont nombreuses et paraissent préméditées. À Sennecey-le-Grand, on ne compte pas moins de 10 exécutions sommaires, une source d'informations nous donnant le chiffre de 15. Les noms, titres, professions ou fonctions des victimes nous orientent sur les motivations des épurateurs qui opèrent dans le département. Le 14 juillet 1944 – un symbole ? –, le comte Alain de Maigret, père du futur député de la Sarthe, est assassiné devant sa famille dans sa propriété de Saint-Romain près de Perrecy-les-Forges, après que les auteurs du crime ont exigé le versement d'une forte somme. « Crime crapuleux », diront certains, mais pas forcément si l'on en croit le principal assassin qui, comparaissant devant le tribunal d'Autun, se vantera d'avoir « abattu » 67 personnes et déclarera qu'il avait tué le comte de Maigret pour le punir d'avoir dit : « J'ai toujours été derrière le Maréchal et je continuerai à suivre ses consignes... » L'homme sera poursuivi pour d'autres exactions mais bénéficiera jusqu'au bout d'une étonnante mansuétude. À Saint-Bonnet-de-Joux, c'est le docteur Nourrisat. On l'exécute dans la nuit du 19 au 20 août 1944. Motif, une fois de plus, des opinions « maréchalistes », et bien qu'en juin précédent il ait sauvé plusieurs dizaines d'otages qui allaient être fusillés par les Allemands.

À Saint-de-Cray, le curé, et à Mont-Saint-Vincent, le maire, sont voués au même sort. À La Guiche, M. Ducloux, huissier. Mᵉ Maurin, notaire, échappe de justesse à un attentat. Mais le baron de Mengin-Fondragon n'échappera pas, lui, aux « résistants » qui l'exécuteront dans sa propriété de la Comelle, près de Saint-Léger-sous-Beuvray, à peu près en même temps que le comte de Galembert, âgé de 20 ans, dans la commune de Poil, près de Luzy (Nièvre). L'affaire de l'assassinat de M. de Mengin-Fondragon sera portée devant le tribunal militaire de Paris mais close par un non-lieu en vertu de la loi d'amnistie.

Passant devant les assises de Chalon-sur-Saône, un ancien déporté, représentant en vins à Paray-le-Monial est acquitté, bien qu'il soit tenu pour responsable de l'assassinat d'un couple de cultivateurs à Poisson. L'enquête, entreprise en septembre 1950, quatre ans après les événements, pas plus que les débats, n'apportera la preuve que les deux victimes avaient dénoncé l'accusé.

C'est en Haute-Saône que se situeront les événements les plus dramatiques de l'épuration violente. Certains d'entre eux viendront en pleine lumière en 1986, en raison du retentissement que leur donna la presse nationale[1]. Le tabou était pour une fois levé, et avec d'autant plus d'efficacité, il faut le reconnaître, que nombre de journaux – et pour la télévision Antenne 2 – qui couvraient l'information se situaient politiquement « à gauche » et n'étaient pas suspects de vouloir régler des comptes anciens, raviver de vieilles querelles ou chercher à « salir l'honneur de la Résistance ».

L'affaire commence avec une histoire de Légion d'honneur. Le héros en est un ancien résistant, maire communiste, depuis quarante-deux ans, de Saint-B., un bourg de quelque seize cents âmes, tout proche de Mélisey, le chef-lieu de canton, à une dizaine de kilomètres de Lure. M. G. est une forte personnalité, enracinée dans son terroir, autocrate envi-

---

1. Dont *Libération* et *Le Quotidien de Paris*. Dans la presse régionale, *L'Est républicain* s'intéressa également à l'affaire. Des informations avaient commencé à filtrer après la Seconde Guerre mondiale – notamment dans *La Liberté de l'Est*, en 1947, et les *Écrits de Paris* en 1950 –, à une époque où la vérité sur l'épuration revêtait un caractère scandaleux et provocateur. Mais le drame de cette région de la Haute-Saône a trouvé son historien, courageux et remarquablement documenté, dans la personne de Jean-Pierre Perrin qui lui a consacré un ouvrage sous le titre *L'Honneur perdu d'un résistant*, éd. La Lanterne, Besançon, 1987. Poursuivis en diffamation, l'auteur et son éditeur furent relaxés en première instance, jugement confirmé par la cour d'appel de Besançon en septembre 1988. C'est à ces différentes sources que l'auteur a puisées pour recueillir ses propres informations. Nous avons toutefois choisi de désigner le principal responsable par ses initiales, estimant qu'il a déjà été suffisamment atteint dans son honneur.

ronné de crainte et de respect, auréolé d'une gloire locale dont les origines remontent à l'année 1944 et aux mois de la Libération. Né en 1911 à Mélisey – enfant du pays par conséquent –, fils d'une très nombreuse famille (catholique), il travaille dans une entreprise locale avant de s'engager, en 1938, dans la Garde républicaine. Il se bat avec courage en 1940, est affecté dans le sud de la France et renouvelle son engagement. On pense qu'il est alors versé dans les G.M.R., police supplétive de Vichy. Mais, en février 1944, il regagne son village. Le 7 juin, lendemain du jour du Débarquement, il est recruté par la Résistance. Au maquis de la montagne de Ternuay, il sert sous les ordres de Louis Barrey, de l'Armée secrète, dont le groupe est rattaché au commandement des Vosges.

Le 1er août 1944, des unités allemandes – en fait des « cosaques » de l'armée Vlassov encadrés par des Feldgendarmes – montent à la rencontre du maquis de Ternuay. Selon la version officielle, les quelque 100 F.F.I. livrent aux assaillants un combat héroïque et en tuent 27, faisant par ailleurs de nombreux blessés. Des témoins fourniront un récit moins glorieux, affirmant, comme l'abbé Thomassey, curé du village, que « la Résistance riposte mais faiblement... », qu'« elle est nettement surprise et s'enfuit dans les bois environnants... ».

Les « cosaques » relèvent, semble-t-il, un mort et quelques blessés. C'en est encore trop puisqu'ils commencent à se livrer au pillage, incendient des fermes, prennent des otages et fusillent cinq d'entre eux. La répression restera pendant de longues années gravée dans les mémoires, mais plus de quarante ans après, la colère des parents des victimes sera encore tenace contre les maquisards qu'ils accuseront d'avoir manqué aux règles les plus élémentaires de précaution et de les avoir abandonnés alors que, pendant des semaines, ils avaient été nourris par des fermiers. La tornade passée, Louis Barrey demande à ses hommes de se disperser, de se scinder en trois groupes, par mesure de sécurité. M. G. prend le commandement d'un de ces groupes, soit une trentaine d'hommes, dont trois de ses frères. Il est libre de ses mouvements et de ses initiatives. « Loba » Barrey a donné l'ordre d'arrêter les collaborateurs. Il ne faut pas le dire deux fois à G. Les exécutions sommaires vont rapidement prendre le pas sur les simples arrestations.

Déjà détenteur de la croix du combattant volontaire, de la croix de guerre avec étoile d'argent et palme obtenues pour son attitude courageuse en 1940 – pour la première – et à la Libération, pour la seconde, M. G. ambitionne d'ajouter, suprême distinction, la Légion d'honneur à titre militaire. Le 4 mai 1986, il réalise son rêve. Le *Journal officiel* mentionne son nom, parmi beaucoup d'autres, dans la dernière promotion. Les étapes nécessaires à l'obtention ont été franchies sans encombre. Aucune objection n'a été présentée par la préfecture de la Haute-Saône. Tout a été prévu pour une remise solennelle. Un parlementaire, des conseillers généraux, les maires du canton, pratiquement au complet, entoureront le récipiendaire ; l'État sera représenté par le sous-préfet de Lure. C'est le général Alfred Kopf, commandeur de l'Ordre, qui remettra la décoration devant un peloton du 1er dragons de Lure, le 3 août, qui marque chaque année, dans le déploiement des drapeaux, le souvenir de la bataille de la montagne de Ternuay.

Tout a été prévu, mais l'imprévisible arrive. Des murmures d'abord, des souvenirs longtemps enfouis qui remontent à la surface, des rancunes contenues depuis des lustres.

Le premier coup de semonce vient le 17 juin 1986 sous la forme d'une lettre que « Paul-Louis Barrey, *alias* capitaine Loba, ex-chef de la zone sud des Vosges, médaillé militaire, croix de guerre, médaille de la Résistance », adresse au ministre de l'Intérieur. Cette intervention est importante puisque Louis Barrey a été le chef direct de G. Les termes s'apparentent à un réquisitoire, et Barrey se reproche d'avoir « couvert » pendant trop longtemps les actes qu'il dénonce :

« En tant qu'ancien chef de la zone sud des Vosges pendant la Résistance, écrit Louis Barrey, je viens protester contre la nomination de M. G., né le 17 avril 1914, au grade de chevalier de la Légion d'honneur, par décret du 2 mai 1986.

« M. G., ancien policier de Vichy jusqu'au 20 février 1944, a été recruté par le maquis des Beuchots à Ternuay, le 7 juin

1944, où il a été chargé des fonctions de chef de sixaine, puis de chef de groupe adjoint au chef de la première section.

« Cet homme, en août 1944, s'est livré à des exactions, notamment l'exécution peu exemplaire et sans jugement de civils présumés collaborateurs, dont les corps atrocement mutilés furent exhumés sous contrôle de la police judiciaire, après la guerre.

« Devant le tribunal militaire du fort Montluc, à Lyon, où j'étais appelé à témoigner, j'ai dû à contrecœur couvrir ces faits, pour préserver l'honneur de la Résistance.

« Je trouve inadmissible que soit ainsi honoré un homme qui est gravement entaché par ses actes, lesquels ont discrédité devant la conscience publique l'honorabilité de l'organisation de résistance que j'ai commandée.

« Je sollicite une enquête complémentaire qui vous permettrait de connaître les données politiques de cette affaire.

« Pour la paix de nos morts et pour l'honneur de notre pays, je vous remercie par avance, et je vous prie de croire... »

« Apparemment, écrit Jean-Pierre Perrin, la lettre de l'ancien supérieur de M. G. ne fait guère bouger les choses... » Mais d'autres prennent le relais, des tracts sont diffusés qui invitent à contre-manifester le jour de la cérémonie. Une enquête de la gendarmerie s'ensuit. Un rapport est transmis à la préfecture. Les autorités reculent. Invoquant des « risques de troubles de l'ordre public », elles décident que M. G. ne recevra pas la Légion d'honneur le jour de la commémoration de la bataille de Ternuay. Du côté de la Fédération des résistants de la Haute-Saône, on se tait. Seule la Fédération du parti communiste proteste, invective, et va jusqu'à impliquer le parti socialiste dans une sombre machination dirigée contre le maire de Saint-B.

Les victimes du groupe de M. G. et leurs familles remportaient ainsi une seconde bataille de Ternuay. Il avait fallu l'initiative d'un homme assoiffé d'honneurs pour que la vérité éclatât au grand jour après quarante ans de silence.

L'enquête officielle avait pourtant débuté trente-trois ans plus tôt, en 1953, après que la fille d'un couple exécuté par les maquisards, Renée Ligier, elle-même poursuivie et acquittée par le tribunal militaire de Lyon, eut obtenu une ouverture du dossier consécutive à une « plainte contre X ». Confiées à la police judiciaire, les investigations se révélèrent extrêmement difficiles sur le terrain, bien que, sur les quatre enquêteurs, trois fussent d'anciens résistants. Interrogés, les témoins opposaient, à de rares exceptions près, le mutisme. Louis Barrey, lorsqu'il est entendu, dédouane son ancien subordonné, et cela à plusieurs reprises, y compris, comme il l'explique dans sa lettre du 17 juin 1986 au ministre de l'Intérieur, devant le tribunal militaire de Lyon. Divers incidents émaillent l'enquête des hommes de la P.J. Jean-Pierre Perrin cite cet exemple, parmi d'autres, qui donne un aperçu des obstacles qu'ils rencontrent. Plusieurs cadavres ont été découverts, « ces cadavres, impossible dans un premier temps de leur trouver un cercueil, écrit J.-P. Perrin. Tous les menuisiers refusaient. Par peur. Nous avons dû en réquisitionner un, se rappelle un policier... ».

Il y avait près de dix ans que la Haute-Saône était libérée...

L'enquête est close en 1956. On peut alors établir une liste des exécutions sommaires – il y en aura plus d'une centaine dans le département – mais dans le secteur de Saint-B., les cas, répertoriés, seront soigneusement cachés au public pendant quarante années.

Il s'agit d'abord d'une rivalité entre maquis. En effet, depuis juillet 1944, ont pris souche autour de Lure des groupes de F.T.P. dont un, celui dit de la Lanterne, du nom du village le plus proche, intrigue M. G. et commence à lui déplaire, lui qui a fait du moulin des Oiseaux l'un de ses repaires favoris. G. a reçu mission de s'intéresser de près aux collaborateurs ou suspects, mais il ne voit pas pourquoi il n'y ajouterait pas des maquisards concurrents, communistes (il n'a pas encore rejoint le Parti) qu'il accuse de se livrer au pillage. Ce dernier grief s'appuie d'ailleurs sur des preuves peu contestables. À de tels griefs, M. G. ajoute – ce qui est beaucoup plus grave – l'exécution d'un de ses hommes, nommé Mouton, par les maquisards de la Lanterne.

La vendetta entre maquis rivaux est donc engagée. Elle a des précédents. Avant d'en découdre, on se pose des traquenards et, à ce jeu sanglant, les hommes de la Lanterne prennent d'abord l'avantage, mais à la suite d'un subterfuge, G. réussit à mettre la main sur l'équipe des quatre Sage – Maurice et Henri, les deux frères, Joseph et Georges, leur cousin et leur neveu. Maurice et Henri sont exécutés et leurs corps seront exhumés en 1945. Georges, qui réussit à échapper aux gardiens, racontera ainsi son aventure : « Ils m'ont arrêté, je ne sais pas pourquoi. Ils m'ont matraqué, puis lacéré le dos avec une baïonnette pour me faire avouer que je connaissais un homme qui se trouvait être mon cousin. Cela se passait en présence de M. G. Avec Maurice Sage, nous avons sauté sur un des frères G. qui nous gardait. Nous l'avons maîtrisé. Ils ont cependant repris mon cousin qui n'avançait pas vite à cause de sa jambe artificielle. [Blessé en 1940, Maurice Sage marche avec une jambe de bois.] Moi, j'avais été tellement battu que je devais tirer sur mes paupières pour voir clair. J'ai finalement pu regagner un autre maquis... »

Maurice Sage, lui, nous l'avons dit, sera exécuté, et la femme de Georges ajoutera : « Peu après, deux hommes sont venus me rançonner. Ils ont pris tout ce qu'ils ont pu emporter... »

Dans l'ordre chronologique des disparitions et des exécutions de ce mois d'août 1944, prennent place Marcel Baverey et Camille Hacquemand. Pour les Sage, on avait invoqué leur appartenance à un « faux maquis » de pillards et de rançonneurs. À Marcel Baverey, on colle l'étiquette d'« indicateur », pour couvrir plus facilement une « affaire de femme ». Il est arrêté le 20 août, assassiné quatre jours plus tard. En avril 1945, son père et ses deux frères, Jean et Robert, décident de partir à la recherche de son corps. Ils le découvrent aux côtés de deux autres cadavres, ceux des Ligier, dont nous reparlerons. Robert Baverey donnera ces précisions atroces : « Mon frère était nu. Il avait le sexe coupé, les yeux crevés et la langue tranchée... »

Sur Camille Hacquemand pèsent des soupçons de compromission avec les Allemands. Les maquisards viennent le chercher, le même jour que Marcel Baverey. Il est interrogé, il « reconnaît » avoir dénoncé une postière de Lure qui travaillait pour la Résistance. « Après qu'il eut signé sa confession, écrit Jean-Pierre Perrin, plusieurs maquisards le prennent par les pieds et le tirent à toute allure au bas de la colline (au Mont-de-Vannes, au-dessus du moulin des Oiseaux), lui brisant les reins sur les pierres du chemin. Il est ensuite jeté dans une fosse, qui avait déjà été préparée. Celle-ci est trop petite. Les F.F.I. s'emploient alors à lui sauter dessus pour le faire entrer dans le trou. Ils le frapperont enfin avec des bâtons. Le mineur [Hacquemand travaillait à la mine de Ronchamp] agonisera deux jours avant de mourir... »

Le cas des époux Ligier est tout aussi dramatique, les conditions de leur exécution sont non moins atroces [1].

Pierre Ligier est un homme d'action, entreprenant et inventif. Ses dons, il les a mis au service d'une usine de Mélisey dont le propriétaire est Georges Bohly. Contremaître-chef, il est le véritable animateur de l'affaire, rude à la tâche et exigeant, d'opinions de droite, proche de l'extrême droite, dit-on, et l'on rapporte que son attitude pendant les fameuses grèves de 1936 lui a valu d'être séquestré, comme bien d'autres patrons d'ailleurs, par le personnel de l'usine. Or les événements de 1936 marqueront profondément les mémoires et pèseront sur l'avenir.

L'Occupation arrivant, l'usine Bohly travaille pour les Allemands – elle n'est pas la seule ! – tout en aidant la Résistance.

Il est inévitable que Ligier entre en relation avec des représentants du Reich, mais on lui reproche de s'être opposé à l'arrêt des machines, le 11 novembre 1943, alors qu'un certain nombre d'ouvriers et d'employés entendaient

---

1. Jean Pleyber, pseudonyme d'Émile Grandjean, ancien gouverneur de l'Annam, avait signalé cette double exécution dans les *Écrits de Paris* d'avril 1950. Pleyber fut un des tout premiers à lever le voile sur les exécutions sommaires dont il effectua un recensement impressionnant grâce aux témoignages de ses correspondants.

manifester leurs sentiments patriotiques. Alice, son épouse, et sa fille, Renée, font le reste pour compromettre la famille : elles se sont abonnées au journal *Collaboration*, fréquentent des Allemands. Le groupe des résistants de l'usine a, dès mars 1943, « condamné à mort » les Ligier.

Pierre et Alice Ligier sont interpellés par des maquisards, le 25 août, au sortir de l'usine et conduits au lieu-dit Les Gouttes, après avoir été traduits devant un « conseil de guerre ». Ils seront abattus – le mot n'est pas trop fort – dans des conditions que nous tairons pour ne pas ajouter des précisions atroces à ce récit des exécutions sommaires en Saône-et-Loire déjà trop chargé d'horreurs. Absente de Mélisey, leur fille, Renée, avait échappé au massacre.

Libération que nous avons déjà cité donne à propos de cette affaire des précisions on ne peut plus explicites sur les moyens mis en œuvre pour l'exécution du couple Ligier et d'autres « condamnés ». On imagine qu'ils furent particulièrement terribles pour que les auteurs aient été marqués à ce point dans leur propre souvenir : « Les exécuteurs, écrivent Jean-Patrick Voudenay et Dominique Besnard, ont presque tous été identifiés. Au moins trois d'entre eux, assurent quasiment tous les témoins, sont morts en état de démence. Celui que l'on surnommait "La Poisse" ou encore "Le Boucher", on le voyait passer dans la rue en hurlant : "Non, pas moi !" On a dû aller chercher le curé pour le calmer. Pourtant, il était incroyant, assure l'un des témoins. À Mélisey, H. G. [1], un petit homme qui maniait la hache lors des exécutions, se bagarre avec ses remords : "Faut pas me foutre tout sur le dos. Je ne les ai pas tous tués. Et prétendre qu'ils criaient, c'est des conneries. Ceux qui disent ça n'ont rien vu", se défend-il. Pourquoi des exécutions à la hache et au couteau [avec les "résultats" qu'on imagine...] ? On ne pouvait pas faire autrement. Les balles, ça s'entend de loin... »

Sur les motifs de l'arrestation d'André Dubois, agriculteur de Lure, le 25 août 1944, et de son exécution, quelques jours plus tard dans un lieu demeuré inconnu, la lumière ne sera jamais faite. Lorsque les enquêteurs interrogeront les

---

1. Nom cité en toutes lettres dans l'article.

auteurs présumés de l'assassinat, ils se réfugieront dans des explications embrouillées, émettront de vagues hypothèses et se rejetteront mutuellement les responsabilités. Mme Dubois essaiera de percer le mystère – la seule certitude acquise étant que son mari avait été « convié » par deux maquisards à les suivre, alors qu'il fauchait du regain dans la prairie au Mortard, aux portes de Lure –, mais ses recherches resteront sans lendemain. « Collabo ou pas, on veut savoir, affirmaient, en août 1986, Pierre et Andrée, les enfants d'André Dubois, lorsque éclata le scandale de la Haute-Saône [1]. Si notre père a fait une connerie, il faut nous le dire. Puisqu'ils avaient le droit (*sic*) de tuer, pourquoi les maquisards ne nous montrent-ils pas leur jugement ? »

Tout comme en 1944, ils étaient, on s'en doute, incapables de le faire. Non qu'ils n'aient pas su ce qui s'était passé, que les exécuteurs n'aient pas été connus, mais un lien de solidarité continuait, malgré les années, à les tenir au silence.

Mme Dubois et ses enfants n'auraient pas accès, en 1986, à la vérité, pas plus qu'ils n'obtiendront réparation. Tel était le sort de centaines, voire de milliers de familles à travers la France. D'autres, dans cette région de la Haute-Saône, avaient au moins gagné une bataille, et avec elle ceux qui ne désespéraient pas d'une certaine forme de justice.

Jean-Pierre Perrin et Jean Pleyber citent bien d'autres cas exemplaires dans la Haute-Saône, qui fut décidément un foyer de violences peu commun. Et ce qui étonne le plus est la légèreté ou l'inanité des charges qui pesaient sur les victimes. À ce propos, l'histoire de Marie-Thérèse Tourdot, rapportée par Perrin, contient tous les éléments d'un drame de l'absurde.

Jeune, svelte, élégante, Marie-Thérèse exerce à Ternuay, à la Libération, le métier d'infirmière, profession utile s'il en fut. Plutôt distante, elle n'a pas réussi et peut-être pas cherché, à attirer des sympathies. Son père est riche, il est notamment propriétaire de la plus belle maison du village, mais on lui reproche d'avoir acquis tout ce bien sur le dos

---

1. Déclarations à *L'Est républicain*, n° du 16 août 1986.

de ses ouvriers agricoles, de les avoir accablés sous la tâche, de les avoir mal payés, en un mot de les avoir « exploités ».

Les traits de caractère de Marie-Thérèse Tourdot et les griefs faits à son père, sa réussite, les inimitiés de ceux qui ont travaillé pour lui constituent un bilan qui explique le règlement de comptes à venir. On accuse Marie-Thérèse d'avoir livré aux Allemands le maquis de Ternuay, donc de porter la responsabilité de l'exécution des otages. « On », ce sont les chefs eux-mêmes, et non pas la rumeur anonyme. Or, aucune preuve, aucun indice sérieux ne viendra étayer cette accusation très grave. Toutes les personnes appelées à témoigner par la suite s'inscriront en faux contre cette version des faits. Il n'empêche qu'un jour du début de septembre, des maquisards s'emparent de la jeune fille pour la conduire dans une maison en ruine, près de Fresse.

Marie-Thérèse Tourdot restera prisonnière pendant deux semaines, soumise à des supplices dont nous nous abstiendrons de donner les détails. Sa maison sera pillée. Elle sera relâchée, reprise et internée de nouveau. Profondément traumatisée par ce qu'elle avait vécu, elle sera internée dans un asile psychiatrique puis s'« installera » à Paris pour y finir dans la misère. « Ne payant plus l'électricité de la chambre de bonne où elle se cloîtrait, près des Galeries Lafayette, nous apprend Jean-Pierre Perrin, elle s'éclairait avec une bougie. En 1984, la chandelle se renversera et mettra le feu à de vieux journaux. Marie-Thérèse Tourdot périra asphyxiée. »

Le Nord

Du 19 au 24 novembre 1944, se produisent à Maubeuge de graves incidents dont il est peu d'exemples dans la France de l'après-Libération. Certes, la situation est bien loin d'être revenue à la normale dans cette région particulièrement touchée par l'Occupation, des risques de désordre subsistent çà et là mais l'autorité de l'administration du Gouvernement provisoire semble en bonne voie de s'affirmer sans complications majeures.

Dans le département du Nord, le nouveau commissaire de la République, Francis-Louis Closon – ancien de la France libre, directeur au commissariat à l'Intérieur du C.F.L.N. et chargé de missions importantes en France occupée –, a noué des relations confiantes avec les représentants non communistes de la Résistance. Le socialiste Augustin Laurent, qui deviendra prochainement député, se révèle un interlocuteur très ouvert. Mais la pression exercée par le parti communiste se fait, ici comme ailleurs, lourdement sentir. Avec lui, se souviendra Closon, avec le P.C. «jouant les excitateurs à travers les multiples organisations qu'il contrôlait, la partie serait plus longue et plus dure à mener[1]...». Parmi d'autres manifestations violentes, les exécutions sommaires de ce mois d'octobre 1944 à Maubeuge sont l'un des signes les plus visibles d'une volonté d'entretenir l'agitation en pleine période d'épuration, au moment où la rumeur commence à se propager d'une prochaine dissolution des Milices patriotiques[2] où le parti communiste exerce une influence prépondérante.

Des indices aussi significatifs que des débrayages dans les usines de la région confortent l'hypothèse d'une préméditation et d'une orchestration de l'événement. Le 17 octobre, on apprend que le maire communiste de Maubeuge et président du Comité départemental de libération, Abel Michaux, vient d'être enlevé par un «groupe fasciste» et d'autres suppôts de la 5e Colonne, selon la terminologie de l'époque. La foule, à l'annonce de la nouvelle, se rassemble, les Milices patriotiques se mettent sur le pied de guerre et la chasse aux «collabos» s'organise. On croit revivre certaines scènes de la Libération, les jours héroïques où la colère du peuple pouvait se donner libre cours pour traquer les complices de Pétain et de Hitler, forcer les portes des prisons d'une épuration trop timide, arracher les détenus à leurs geôles, voire les lyncher ou les pendre haut et court.

---

1. Cf. l'ouvrage de Francis-Louis Closon, _Commissaire de la République du général de Gaulle. Lille, septembre 1944 – mars 1946_, Julliard, 1980.

2. Ce qui sera fait le 28 octobre.

Effectivement, la foule devient furieuse, qui demande le « châtiment des traîtres », en l'occurrence cinq personnes internées qui attendent de passer en jugement. « Qu'on les fasse passer devant un tribunal populaire ! » ; « Assez d'indulgence pour les collaborateurs ! » ; « Condamnez les complices de ceux qui ont enlevé Michaux ! » s'écrient les plus excités.

Ces appels sont entendus... Contacté, le préfet Verlomme accepte la formation d'une cour martiale, faute de pouvoir s'y opposer : « Le préfet fit de son mieux, observera Francis-Louis Closon, mais il était dépassé par une fureur populaire savamment organisée dans ce pays de longue tradition révolutionnaire. Je savais l'instabilité de la vallée de la Sambre sur laquelle la police, aux faibles ressources [et en cours d'épuration], me renseignait mal en profondeur, et ce secteur n'était pas le seul point chaud de la région... »

En fait, ce qui reste de la police est impuissant à maintenir l'ordre, le nord de la France subit la règle commune, et les Milices patriotiques continuent à opérer. Il ne faut pas négliger non plus le fait que les combats sont loin d'être terminés. Certes, Amiens a été libéré le 31 août, Arras le 1er septembre, Douai et Cambrai le lendemain, Lille le 3, mais les troupes alliées ne sont entrées dans Boulogne que le 22, à Calais le 25, et la poche de Dunkerque ne sera résorbée que le 9 mai 1945. À l'est, les forces allemandes qui se sont ressaisies opposent une résistance inquiétante. Le climat reste donc tendu, propice à la propagation des informations alarmistes, aux rumeurs infondées qui prendront une nouvelle ampleur lorsque la Wehrmacht lancera sa foudroyante contre-offensive dans les Ardennes en décembre.

Mais ce qui n'est ni explicable ni excusable, c'est l'abdication de l'autorité, en particulier militaire, devant des manifestations de caractère insurrectionnel dans un territoire libéré. Le préfet du Nord, comme on l'a vu, se résigne et laisse faire. En mission à Paris, le commissaire de la République sera mis devant le fait accompli. Mais c'est bien avec le consentement, la complicité, plus, la participation du pouvoir militaire qu'une cour martiale se met en place au soir du 19 octobre, répondant ainsi aux injonctions de la foule et soumise à la volonté des fauteurs de troubles. Le colonel Lajouanie, chef d'état-major du général Deligne, commandant de la région, préside la cour martiale, assisté du commandant de gendarmerie Plaisant, du capitaine F.F.I. Cornu, du lieutenant F.T.P. Fontaine et de l'adjudant Wacquet. On choisit comme commissaire du gouvernement un avocat du nom de Caille et, pour aller jusqu'au bout du paradoxe, on désigne comme défenseurs un médecin, le Dr Lassere, et un autre adjudant, Sachet. Cinq personnes sont extraites de la prison et comparaissent devant ce tribunal hétéroclite et d'une illégalité flagrante. Les cinq hommes sont condamnés à mort dans la nuit du 19 au 20 octobre. Deux d'entre eux sont fusillés.

Revenant à Lille dans la matinée du 20, Francis-Louis Closon aura, écrit-il, une « orageuse explication » avec le général Deligne. Mais l'affaire n'en reste pas là puisque, la semaine suivante, les trois condamnés survivants sont graciés par le général de Gaulle.

Le commissaire de la République entend que, cette fois, les choses évoluent dans les règles : « Bien que l'affaire ressortît à l'autorité militaire, écrit-il, je décidai de me rendre personnellement à Maubeuge pour m'assurer des conditions de transfert des graciés vers Lille. Le 25 octobre, le général commandant la région, que j'avais convoqué la veille de mon déplacement, me déclara que je pouvais faire confiance, pour bien mener les choses, au commandant d'armes de Maubeuge, dit "Prosper", officier F.T.P. dont il se portait garant... »

« Prosper » est donc investi de la responsabilité du transfert des bénéficiaires de la grâce, il s'adjoint le commandant « Arthur » et le lieutenant C. Le trio s'introduit dans la prison... et exécute deux des rescapés.

Selon Francis-Louis Closon, le « commissaire du gouvernement » lui-même « qui avait requis cinq fois la peine de mort, convenait aisément quelques jours plus tard qu'aucun des cas n'aurait mérité une peine supérieure à vingt-cinq ans de prison... ».

Cependant, « Prosper » et « Arthur » sont mis aux arrêts de rigueur et transférés à Paris où ils auront à répondre du double assassinat devant le tribunal militaire. La légalité semble reprendre le dessus. Pas pour longtemps puisque, le 14 décembre, le commissaire de la République apprend par la presse que le commandant « Prosper » est à nouveau investi de son commandement. *Nord libre*, organe du Front national, qui partage avec *Liberté*, mais en fait sous le même drapeau, la clientèle d'extrême gauche, affiche sa satisfaction avec des accents martiaux : « La réception au mess des officiers du commandant d'armes a été chaleureuse. Le commandant Prosper salua le drapeau du régiment, tandis qu'au son des marches militaires défilait le bataillon des F.F.I... »

Pris de court – une fois de plus –, le commissaire de la République intervient auprès du ministre de l'Intérieur pour lui faire part de son étonnement :

« 1° Comment, après un incident d'une telle gravité, interroge-t-il, ces trois officiers ont-ils pu être renvoyés dans la région sans que le cabinet du ministre de la Guerre n'eût informé ni le commissaire régional de la République ni le général commandant la région sur le retour de ces officiers qui n'ont pas fait l'objet d'une mesure de non-lieu et encore moins d'un acquittement mais seulement d'une mise en liberté provisoire ?

« 2° Comment le général commandant la région a-t-il pu rendre au commandant Prosper son poste de commandant d'armes alors que cet officier est seulement placé en état de liberté provisoire, c'est-à-dire qu'il est toujours sous le coup d'une condamnation ou d'une simple mesure disciplinaire qui risque de l'empêcher de continuer ses fonctions ?

« 3° Comment peut-il se faire que le général commandant la région n'ait pris, au préalable, les précautions nécessaires pour éviter que le retour des officiers ne soit salué par une prise d'armes sanctionnant ici, d'une étrange manière, le grave manquement à la discipline du commandant Prosper ?

« Je n'ai, certes pas, à porter un jugement sur la décision qu'a semblé bon de prendre le ministre de la Guerre mais je ne puis m'empêcher de penser que, si une sanction judiciaire ou seulement disciplinaire devait intervenir ultérieurement contre les officiers mentionnés ci-dessus, le climat créé par le retour des intéressés rendra pour le moins difficile l'application de cette sanction.

« L'ordre public pouvant être, de nouveau, mis en jeu il me paraît indispensable que le ministre de l'Intérieur saisisse, d'urgence, le ministre de la Guerre de cette affaire pour renseigner clairement et définitivement le commissaire de la République. »

Les 11 et 12 janvier 1945, le tribunal militaire de Paris condamnait les auteurs du double assassinat à cinq ans de réclusion et à la dégradation militaire. Mais un puissant mouvement de solidarité s'organisait en leur faveur[1] ; des personnalités parmi les plus notoires, tant régionales que nationales, demandaient au général de Gaulle d'user de son droit de grâce. L'affaire était portée jusqu'à l'Assemblée consultative où, en février 1945, le communiste Arthur Ramette, le démocrate-chrétien Maurice Schumann, le R.P. Philippe, provincial des Carmes, supérieur du couvent d'Avon, demandaient la clémence.

Le 26 mai 1945, le général de Gaulle accordait sa grâce. On pouvait être sûr que cette fois elle ne serait pas contestée...

L'un des trois justicialistes se retrouva devant les tribunaux quelques années plus tard pour des actions qui n'avaient rien de « patriotique ». Il avait, avec l'aide d'un complice, assommé à Beuilly-l'Abbaye la propriétaire d'une épicerie avant de la dévaliser. Il fut condamné à huit ans de travaux forcés par la cour d'assises de Douai.

Préoccupé d'élucider l'affaire de l'« enlèvement » du maire provisoire de Maubeuge, le commissaire de la République Francis-Louis Closon aboutit, après diverses investigations, à la conclusion d'une mise en scène, Abel Michaux ayant été, comme par hasard, retrouvé sain et sauf : « L'opération de Maubeuge, écrit-il, n'est pas un accident, un sursaut d'indignation. Elle est un coup monté dans un climat passionnel. Elle a été conduite avec des moyens non négligeables, une excellente discrétion qui portait la marque de professionnels politiques... »

---

1. Nous avons cité un exemple identique à Grenoble.

Francis-Louis Closon n'est pas au bout de ses peines dans un climat alourdi par les nouvelles des contre-attaques allemandes. Les communistes et leurs alliés demandent la formation de « gardes civiques » en remplacement des Milices patriotiques dissoutes, et dont il est à craindre qu'elles ne mettent à profit la situation pour relancer l'épuration à leur guise, débordant ainsi un pouvoir civil toujours fragile. Dans le Pas-de-Calais, qui donne du fil à retordre au représentant du Gouvernement provisoire, le Comité départemental de libération n'a-t-il pas pris les devants en votant, au cours de sa séance du 26 décembre, une motion demandant la formation de telles unités ?

Du côté de l'épuration, on en est à la surenchère. Surenchère par voie de presse. Dès le 6 septembre, trois jours après la libération définitive de Lille, *Liberté* donne l'alarme : « Le peuple de France, écrit l'organe du parti communiste, attend que les pouvoirs publics fassent preuve d'énergie contre les traîtres. Jusqu'à présent, seule la tête de Pucheu est tombée, mais le peuple attend d'autres châtiments exemplaires... » Et *Liberté* emploie cette expression lapidaire qui évoque le temps de la Terreur : « Il ne s'agit plus de couper les cheveux, il faut couper les têtes ! »

Les arrestations sont nombreuses et souvent désordonnées, qui se déroulent, selon le commissaire de la République, dans une « effervescence fiévreuse ». C'est le moins que l'on puisse dire, mais le commissaire de la République intervient pour mettre de l'ordre dans le désordre, endiguer la frénésie épuratrice, exiger qu'aucune interpellation ou libération ne soit effectuée sans ses instructions ou celles de ses subordonnés. Il crée enfin des commissions de criblage. Selon M. Daniel Laurent[1], 3 736 personnes auront été arrêtées dans le département du Nord du 1er septembre 1944 au 15 janvier 1945. M. Closon qui retient un chiffre beaucoup plus faible – ce qui démontre la difficulté à établir des chiffres incontestables, même lorsqu'il s'agit de l'épuration

---

1. Daniel Laurent, *Statistiques de la répression des faits de collaboration dans le département du Nord, 1940-1948*, Université de Lille III.

officielle – avance celui de 2 767 en ce qui concerne le Pas-de-Calais. On arrive ainsi, selon M. Laurent, à une moyenne de 1 000 arrestations par mois dans le Nord pendant cette période cruciale.

M. Daniel Laurent distingue les exécutions à caractère politique et militaire de ce qui s'apparente à des règlements de comptes personnels. L'entreprise n'est pas aisée et pose l'un des problèmes majeurs de l'évaluation des exécutions sommaires. Comment reconnaître les « vraies » exécutions sommaires des fausses ? Toujours est-il que M. Laurent conclut à un chiffre de 156 pour le département du Nord, soit nettement au-dessous de la moyenne nationale par nombre d'habitants, et notamment en comparaison du Pas-de-Calais – environ 180. Nous avons déjà noté cette tendance dans les départements de l'Est où le nombre des exécutions nous apparaissait inversement proportionnel à la somme des épreuves endurées par la population.

Plus de la moitié de ces exécutions sont intervenues du 6 juin au 1er septembre 1944, date des combats de la Libération dans le Nord. Les statistiques relatives à la répartition des victimes entre les catégories socio-professionnelles apprennent que les artisans, commerçants et agriculteurs représentent le même pourcentage que les employés et ouvriers – 23 % – contre 2,5 % seulement pour les cadres et les professions libérales. La proportion des gendarmes et des policiers dans l'ensemble des exécutions sommaires est par contre élevée – 14 % –, une part notable des victimes n'entrant dans aucune catégorie précise. Les femmes sont 12 % du chiffre total.

L'examen de la répartition géographique fait apparaître un net déséquilibre, les régions rurales étant largement en retrait par rapport aux centres urbains. Très faible dans la région de Dunkerque, le nombre des exécutions s'accroît dans l'agglomération Lille-Roubaix-Tourcoing et plus encore dans le bassin minier et les arrondissements de Douai et de Valenciennes. On signale peu de violences dans l'arrondissement de Cambrai. Dans l'arrondissement d'Avesnes, la région agricole, très modérée, fait contraste avec la vallée de la Sambre (Maubeuge), industrielle et agitée.

« Les statistiques portant sur 5 598 personnes, écrit M. Daniel Laurent, 4 155 personnes ont été sanctionnées par les tribunaux militaires, les cours de justice, des exécutions sommaires » dans le département du Nord. Le chiffre global des « sanctionnés » confirme celui des victimes des exécutions sommaires sur le plan de la répartition socio-professionnelle : « L'écrasante majorité [...] appartient à la catégorie des ouvriers, employés et petits fonctionnaires, ils comptent en effet pour 57,3 %. Ce pourcentage, opposé au 1 % de patrons, 16,1 % de commerçants, artisans, agriculteurs, aux 1,6 % de cadres et 0,8 % de professions libérales, semble prouver que l'on a plus sanctionné les défavorisés que les nantis... » Cette observation pour le Nord sera vérifiée à l'échelle nationale. Ces statistiques, valables en 1946, seront corrigées par le recensement de 1954 qui accentuera le pourcentage des employés, ouvriers et cadres moyens : 72,4 %.

On est frappé par la proportion de jeunes (de moins de vingt-cinq ans) qui furent frappés de sanctions : 37,1 % de l'ensemble.

Les chambres civiques prononcèrent 575 peines de dégradation nationale et 359 acquittements.

307 personnes furent condamnées à mort dans le ressort des cours de justice de Lille, Douai et Valenciennes de 1944 à 1948. Cependant, 38 seulement des condamnations à mort furent suivies d'effet. « Les condamnations à mort, par rapport au nombre des affaires jugées comme par rapport à la population du Nord, comptent dans les plus faibles pourcentages de France », observe M. Laurent.

L'une des régions les plus touchées par la guerre et l'Occupation[1] avait fait le choix de la modération.

---

1. Qu'il suffise de rappeler le massacre de 86 personnes à Villeneuve-d'Ascq, le 1er août 1944.

CONCLUSION ET CHIFFRES

L'épuration que nous avons appelée « sauvage », sans pour autant prétendre à la paternité du terme, doit être considérée comme un phénomène lié non seulement à la libération du territoire et comme une séquelle de l'Occupation, mais comme une manifestation de caractère révolutionnaire. Elle est davantage, dans le contexte d'une guerre civile qui connaît ses ultimes soubresauts, une arme politique que le fruit d'une exaspération contre les souffrances de la guerre.

Arme politique, disions-nous, mais nous savons bien également ce qui revient dans les milliers d'exécutions sommaires aux vengeances personnelles, aux règlements de comptes de villages et de quartiers ; nous savons en même temps la difficulté à distinguer sans erreur les crimes de droit commun que leurs auteurs commettent parfois sous le couvert de la Résistance, des actions partisanes. L'un des faits les plus saillants qui se dégagent de notre enquête est l'extrême désordre qui s'instaure dans un certain nombre de régions de France à l'occasion de la vacuité du pouvoir, entre la disparition du régime de Vichy et l'installation de celui du Gouvernement provisoire issu de la France libre et de la Résistance.

Exerçant sa fragile autorité par l'entremise des commissaires de la République, le gouvernement du général de Gaulle découvre une sorte de vide et ne tarde pas à mesurer, en dépit de l'assurance que nous livrent certains souvenirs et Mémoires, la faiblesse des moyens dont il dispose pour ce qu'il faut bien appeler le rétablissement de l'ordre. Manquant d'une police en raison de l'éclatement du régime de Vichy, il n'a d'autre ressource que de composer avec ce qui en reste, bien que ses représentants répugnent à y avoir recours. Contrôlant mal non seulement les Milices patriotiques, qu'il devra se résoudre à dissoudre, mais encore les innombrables comités de libération qui trop souvent dépassent leurs pouvoirs, il en est l'obligé quand il n'en devient pas l'otage. Combien sont, à cet égard, révélateurs les appels de certains commissaires de la République et des nouveaux préfets que nous avons vus à l'œuvre pour tenter de reprendre la situation en main, et pour endiguer la vague de l'anarchie – le mot n'est pas trop fort – ou des initiatives intempestives de groupes qui, surgis de l'ombre de la lutte clandestine ou des maquis, entendent mener l'épuration à leur guise et perpétuer après la Libération les méthodes de la guerre subversive contre l'occupant.

L'écho est encore présent des incitations répétées de la France libre et de la Résistance intérieure à l'insurrection nationale, au châtiment des traîtres et à la lutte contre Vichy et ses agents. Il n'y avait qu'un pas à franchir pour que fussent confondus l'agent de l'ennemi certifié et le pétainiste de fidélité, le délateur, le gestapiste français, l'ultra-collaborationniste et le notable de convictions maréchalistes ou le patron honni de 1936.

La pression du parti communiste qui revendique les premiers rôles dans l'action résistante s'exerce aussi bien sur le terrain où ses forces sont nombreuses et efficaces, que par les moyens d'une presse pléthorique[1] qui se lance dans une campagne effrénée de surenchère. Il est d'ailleurs soutenu par des journaux qui, pour ne pas se réclamer de lui directe-

---

1. Le parti communiste dispose alors de 50 quotidiens à travers la France contre 5 avant la guerre. La conquête sur le terrain de l'information lui a été facilitée par les mesures de confiscation qui frappent de nombreux journaux dont tous avaient paru après l'armistice mais ne s'étaient pas fatalement engagés dans la collaboration.

ment, martèlent les mêmes slogans, appellent à une justice expéditive et n'hésitent pas à désigner les coupables aux foudres de l'épuration. Le phénomène est clair dans plusieurs régions de France où nous avons relevé des exemples précis.

La surenchère d'une certaine presse gagnait les plus hauts niveaux du Gouvernement provisoire, suspect, au regard des extrémistes, d'indulgence et de modération. Le parti communiste qui battait alors ses records historiques – 26,2 % des voix avec les apparentés progressistes aux législatives de juin 1946 et 28,6 % en novembre – menait également l'offensive à l'Assemblée. Le 6 août, ses députés[1] interpellaient le gouvernement de Georges Bidault sur les insuffisances de l'épuration dans la magistrature et obtenaient cette réponse du garde des Sceaux, Pierre-Henri Teitgen, qui profitait de l'occasion pour dresser un bilan de l'épuration : « On sourit de ces chiffres, en disant qu'après tout 150 000 condamnations ou à peu près, c'est bien peu. Je voudrais, pour permettre à l'Assemblée de mesurer l'énormité de la tâche, comparer ces résultats à ceux d'une autre épuration qu'a faite la France, au temps de la Grande Révolution, à une époque où la République bénéficiait de gardes des Sceaux qui étaient de vrais patriotes et des hommes énergiques, dont l'Histoire célèbre à la fois l'audace et le courage. (*Sourires, au centre et à droite*, note le compte rendu des débats.) Vous pensez, sans doute, que par rapport à Robespierre, Danton et d'autres, le garde des Sceaux qui est devant vous est un enfant. Eh bien ! ce sont eux qui sont des enfants... »

Quels furent les chiffres de l'épuration gouvernementale ? Si l'on se réfère aux statistiques publiées le 31 décembre 1948, que nous avons légèrement complétées avec d'autres sources, un peu plus de 163 000 dossiers furent instruits. 50 000 affaires environ passèrent devant les cours de justice qui prononcèrent 7 037 condamnations à mort dont 791 furent exécutées. Dans la Seine, par exemple, 372 condamnations à mort furent prononcées et près d'un tiers – soit

---

1. Le président de séance était Jacques Duclos.

110, proportion exceptionnelle, suivies d'effets[1]. Il est vrai que, selon certaines sources, 75 % des jurés à Paris et dans la Seine étaient d'obédience communiste[2]. 482 condamnations à mort furent prononcées dans les Bouches-du-Rhône, mais 28 seulement furent effectivement appliquées.

Les cours de justice prononcèrent 26 289 peines de prison et de réclusion, 10 434 aux travaux forcés à temps et 2 777 à perpétuité. La Seine apparaît dans le chiffre global des condamnations aux travaux forcés pour 2 038.

Il y avait 250 000 internés en novembre 1944 ; elles étaient encore 60 000 à la mi-1945 et 20 000 le 1er janvier 1947.

67 965 personnes comparurent devant les chambres civiques et 48 286 furent frappées d'indignité nationale. Dans la Seine, on compte 6 547 sanctions pour 5 751 acquittements. Dans les Bouches-du-Rhône, 1 141 contre 1 480.

Les conséquences des peines de dégradation nationale, dont la moindre objectivité exige de reconnaître qu'elles furent appliquées fréquemment selon des critères contestables, sous l'impulsion du moment, sur de vagues suspicions ou pour des faits bénins, ces conséquences pouvaient être lourdes puisqu'elles impliquaient, en dehors de la privation des droits civiques, l'exclusion de toute une série de professions. Elles n'avaient pas échappé, en tout cas, aux cardinaux et archevêques de France qui demandaient une « large amnistie » lors de leur assemblée générale, en 1948, et déclaraient notamment à propos des condamnés à l'indignité nationale : « Sans doute ils sont en liberté, mais empêchés la plupart du temps d'exercer leur profession. Plaie douloureuse qui entretient dans la misère des cen-

---

1. Selon les chiffres fournis par M. Marcel Baudot, in *L'Épuration, bilan chiffré*, Bulletin trimestriel n° 25, septembre 1986, Institut d'histoire du temps présent.

2. L'ordonnance du 26 juin 1944 stipulait dans son article 10 : « La liste définitive [des jurés] est dressé dans chaque ressort de cour de justice par une commission composée du premier président près la cour d'appel assosté de deux représentants désignés par l'ensemble des comités départementaux du ressort... »

taines de milliers de Français, hommes, femmes et enfants, à laquelle il conviendrait de mettre fin rapidement... »

La répartition socio-professionnelle des sanctionnés par l'épuration officielle était généralement conforme à l'image socio-professionnelle des départements et ne semblait pas « privilégier » la classe dirigeante. L'épuration violente accentuait non seulement le caractère politique de la répression, mais manifestait une volonté d'élimination sociale.

Est-il possible de fixer, sans risques d'erreurs importantes, et en se dégageant de tous les a priori partisans, le nombre des exécutions sommaires en prenant pour cadre de référence les années de 1943 à 1945 ?

La récapitulation chronologique des évaluations est à elle seule éloquente.

On ne dispose jusqu'en 1948 que de supputations très vagues qui s'expliquent par la proximité de l'événement. Cependant, la thèse maximaliste se réfère à une déclaration de M. Adrien Tixier qui, récemment nommé ministre de l'Intérieur, confiait au colonel Passy, en novembre 1944, que le chiffre de 105 000 était reconnu comme plausible. M. Tixier ne confirmera ni n'infirmera cette évaluation avant sa mort, en 1946.

Le débat prenant de l'ampleur, des personnalités aussi autorisées que MM. Beuve-Méry dans *Le Monde* et Jean-Louis Vigier dans *L'Époque* attiraient l'attention sur cet aspect mal éclairci de l'épuration. Plusieurs quotidiens se faisaient l'écho de précisions données par M. François Mitterrand, ministre des Anciens Combattants. Les chiffres de M. Mitterrand, publiés au *Journal officiel* du 26 mai 1948, concernaient les « pertes humaines dues à la guerre de 1939-1945 ». La référence du ministre à 97 000 « victimes civiles pour causes diverses » sur les 620 000 recensées, la mention de « 36 000 victimes civiles (dossiers à ouvrir) » soulevaient les interrogations, et pour certains tenaient lieu de preuves. Le chiffre de 97 000 retenu hors de toutes les catégories énumérées [1] ne donnait-il pas la clef d'une évaluation crédible du nombre des exécutions sommaires ?

---

1. Combattants 1939-1940 : 92 233. Combattants des armées de la Libération 1940-1945 : 57 221. Combattants des F.F.I. : 24 440. Incorporés de force dans la Wehrmarcht : 27 000. Dispa-

En novembre 1948, des enquêtes préfectorales conduites à la demande du ministère de l'Intérieur donnaient les résultats suivants : 5 234 avant la Libération ; 4 439 – dont 3 114 sans jugement et 1 325 après un jugement *de facto* – pendant et après la Libération. Soit un total de 9 673.

Une nouvelle enquête, en 1952, modifiait les chiffres de 1948 : 8 867 avant et après la Libération, et s'agissant de personnes « soupçonnées de collaboration ». Elle introduisait une nouvelle catégorie de « victimes de meurtres ou d'exécutions pour lesquels on n'a pu établir le mobile », soit 1955. Et un total de 10 822.

Le général de Gaulle reprenait à son compte ces statistiques [1], du moins dans leur récapitulation globale : « Parmi les Français qui ont, par le meurtre et la délation, causé la mort de combattants de la Résistance, écrivait-il, il en aura été tué, sans procès régulier, 10 842, dont 6 675 pendant les combats des maquis avant la Libération, le reste après, au cours de représailles. D'autres part, 779 auront été exécutés en vertu de jugements normalement rendus par les cours de justice et les tribunaux militaires... »

Les 10 842 victimes étaient donc rejetées par le général de Gaulle dans la géhenne des meurtriers et des délateurs...

Robert Aron rouvrait le dossier des exécutions sommaires et, contestant les chiffres officiels à l'issue de sa propre enquête, établissait une fourchette [2] comprise entre 30 000 et 40 000. Il accréditait notamment les chiffres retenus pour nombre de départements où l'épuration avait été modérée, mais estimait qu'ils avaient été considérablement sous-estimés ailleurs. Ainsi, à titre d'exemples, et en comparaison des chiffres officiels : 1 000 minimum pour la Dordogne contre 528 ; 800 pour les Bouches-du-Rhône (310) ; 800 pour le Rhône (294) ; 1 000 (environ) pour la Haute-

---

rus des catégories précédentes : 10 000. Prisonniers de guerre : 38 000. Déportés : 150 000. Victimes civiles par bombardements : 55 000. Fusillés : 30 000.

1. Dans ses *Mémoires de guerre*, t. III, *Le Salut – 1944-1946*, p. 38, Plon.

2. Essentiellement dans son *Histoire de l'épuration*.

Vienne, (260) Robert Aron comptabilisait donc 3 600 exécutions sommaires environ dans ces quatre départements et les opposait aux 1 392 des recensements.

Mais Peter Novick, dans un ouvrage initialement publié en anglais[1], réfutait la thèse d'Aron en se basant sur ses recherches personnelles et rejoignait à peu de choses près les statistiques des ministères. Le Comité d'histoire de la Seconde Guerre mondiale en 1971, puis l'Institut du temps présent en 1986 entreprenaient des enquêtes par l'intermédiaire de leurs correspondants. Les résultats, portant dans un premier temps sur 22 départements, aboutissaient à la conclusion de 7 306 exécutions extra-judiciaires pour 73 départements.

Les chiffres et certaines méthodes d'investigation soulèvent cependant des interrogations.

Comparés aux statistiques ministérielles de 1948, les résultats concernant des départements où l'épuration fut très forte laissent apparaître des différences importantes. Plusieurs exemples méritent d'être relevés, étant entendu que nous nous référons aux publications du Comité d'histoire de la Seconde Guerre mondiale de 1971 et de l'Institut d'histoire du temps présent de 1986.

Alors que l'Institut d'histoire du temps présent fait état de 154 exécutions sommaires pour les Bouches-du-Rhône, la source préfectorale en mentionne 310, soit légèrement plus du double.

En Dordogne, 375 pour l'IHTP contre 628, source préfectorale.

Dans le Puy-de-Dôme, 83 contre 174.

Dans le Finistère, 117 contre... 475.

Dans l'Yonne, 82 contre... 283.

Dans le Rhône, 170 contre 294.

Dans la Haute-Saône, 106 contre 178.

---

1. Peter Novick, *The Resistance versus Vichy. The purge of collaborators in liberated France*, New York, Columbia University Press, 1968. Traduit en français sous le titre *L'Épuration française – 1944-1949*, appendice C, Balland, 1985.

En Ardèche, le correspondant du Comité d'histoire de la Seconde Guerre mondiale fixait le nombre des exécutions extra-judiciaires à 250, opposées aux 627 d'origine préfectorale. Là encore, la marge était de taille et s'expliquait par le fait que le correspondant n'avait pris en compte que les exécutions opérées par des maquis authentifiés, à l'exclusion de « faux maquis » qui avaient commis des crimes sous couvert de la Résistance. Les bases d'évaluation étaient donc faussées au départ puisqu'il s'agissait bien d'exécutions sommaires, quels que fussent les couleurs politiques des maquis et leur comportement sur le terrain. On essaie d'imaginer l'incidence finale d'évaluations aussi restrictives si elles étaient appelées à se multiplier.

Pour d'autres cas, on constate une évolution dans les statistiques. De 124 en 1971, les exécutions sommaires en Corrèze, par exemple, tombent à 85 en 1986. Mais un mouvement inverse est noté à propos du Vaucluse qui évolue de 97 à 120.

Nos propres informations nous conduisent à avancer des chiffres différents et majorés dans nombre de départements : par exemple, environ 130 dans le Puy-de-Dôme, au lieu de 83. Dans le Gard, nous ne pouvons retenir comme valable le chiffre de 92 qui, pour nous, doit être majoré d'un tiers. En Dordogne, nous nous en tenons à près de 600, soit à peu près l'évaluation ministérielle, au lieu de 375. Nous nous fixons à quelque 600 pour l'Ardèche – 627 selon la source préfectorale – contre 250. Pour le Rhône, et en nous référant notamment aux chiffres de la ville de Lyon, environ 350.

Comment, par contre ne pas ratifier avec satisfaction les évaluations des exécutions sommaires qui n'excèdent pas une dizaine d'unités dans l'Est – nous en avons déjà parlé –, mais également dans les Deux-Sèvres, la Mayenne, la Vendée ? La Corse dément sa réputation de violence avec un nombre d'exécutions extra-judiciaires d'approximativement 20.

Les moyens d'investigation dans le domaine des exécutions sommaires souffrent d'un handicap majeur qui n'est sans doute pas près d'être résolu. Les enquêtes de gendarmerie ou les consultations d'état civil ne réussissent pas toujours à rendre compte d'une réalité que les familles des victimes ont, d'autre part, parfois cherché à dissimuler. Comment, avec quelles chances de réussite distinguer un crime crapuleux d'une exécution qui se veut politique ?

Une évaluation raisonnable devrait, selon nous, situer le chiffre des exécutions sommaires à mi-chemin entre 10 000 et 15 000. On aurait tort, au reste, de privilégier à l'excès les statistiques dont nous avons montré la fragilité et les contradictions sur un terrain aussi mouvant. Toutes les classes sociales, nous l'avons vu, ont été touchées. Toutes les régions de France, mais à des degrés divers, ainsi qu'il ressort de notre enquête, ont été concernées. Hormis les traîtres patentés qui méritaient tôt ou tard un juste châtiment, des milliers de victimes innocentes ont été sacrifiées à une perversion du noble idéal de la liberté.

Annexes

1.

REPÈRES CHRONOLOGIQUES

1943

30 janvier : Création de la Milice française.
15 février : Entrée en application du Service du travail obligatoire (S.T.O.) en Allemagne.
27 mai : Fondation du Conseil national de la Résistance (C.N.R.).
3 juin : Le Comité français de libération nationale – C.F.L.N. – est créé à Alger.
21 juin : Arrestation de Jean Moulin.
5 octobre : Fin de la Libération de la Corse.

1944

Janvier
1er : Joseph Darnand est nommé secrétaire général au maintien de l'ordre.
6 : Philippe Henriot est nommé secrétaire d'État à l'Information et à la Propagande.
10 : Ordonnance du C.F.L.N. relative à la création de commissaires de la République qui seront chargés de l'administration du territoire à la Libération.

20 : Institution par le gouvernement de Vichy des cours martiales qui reçoivent mission d'appliquer des mesures
immédiates contre les responsables d'actes de « terrorisme ».

Mars
20 : Pierre Pucheu est exécuté à Alger.
23 : Circulaire du C.N.R. relative aux Comités départementaux de libération.
26 : Troupes allemandes et miliciens attaquent les maquisards du plateau des Gilières.
27 mai : Bombardements massifs par l'aviation alliée de
25 villes françaises.

Juin
2 : Le Gouvernement provisoire de la République française
(G.P.R.F.) se substitue au C.F.L.N.
6 : Débarquement allié en Normandie et début de l'opération « Overlord ».
8 : Libération de Bayeux.
10 : Massacre d'Oradour.
14 : Le général de Gaulle débarque sur la plage de Cour-
seulles.
26 : Libération de Cherbourg.
Ordonnance relative à la répression des faits de collaboration. Création des cours de justice.
27 : Ordonnance relative à l'épuration administrative sur le
territoire métropolitain.
28 : Philippe Henriot est tué par la Résistance.

Juillet
7 : Georges Mandel est tué par la Milice.
9 : Libération de Caen.
12 : Le Conseil des ministres tient sa dernière réunion à
Vichy.
19 : Libération de Saint-Lô.
21 : Les troupes allemandes commencent leur offensive
contre le maquis du Vercors.

Août

5 : Libération de Rennes.

9 : Libération du Mans, d'Alençon et de Chartres.

10 : Ordonnance relative aux Milices patriotiques.

15 : Les troupes franco-américaines débarquent sur les côtes de Provence.

20 : Le maréchal Pétain est contraint par les Allemands à quitter Vichy pour Belfort avant d'être dirigé vers le territoire du Reich.

21 : « Autolibération » de Toulouse.

23 : Libération de Grenoble et le même jour d'Aix-en-Provence.

25 : Le général von Choltitz signe la capitulation des troupes allemandes de la place de Paris.

26 : Ordonnance relative à l'indignité nationale.

27 : Libération de Toulon.

28 : Libération de Marseille.

29 : Libération de Nîmes, Montpellier, Narbonne et Nice.

30-31 : Libération de Rouen, Amiens, Reims, Epernay, Châlons-sur-Marne et Saint-Dizier.

Septembre

2 : Le G.P.R.F. tient sa première réunion à Paris.

3 : Libération de Lyon et de Lille.

14 : Le général de Gaulle commence par Lyon sa visite de plusieurs grandes villes de province, dont Marseille, Toulouse et Bordeaux.

15 : Libération de Nancy.

30 : Ordonnance relative à la presse.

Octobre

23 : Première affaire devant la cour de justice de Paris qui condamne Georges Suarez à la peine de mort.

28 : Dissolution des Milices patriotiques.

Novembre

9 : Exécution de Georges Suarez.

18 : Ordonnance relative à la création de la Haute Cour de justice.

23 : La 2ᵉ Division blindée entre dans Strasbourg.

28 : Ordonnance relative à la création des chambres civiques.

16 décembre : Début de la contre-offensive allemande dans les Ardennes.

1945

Janvier

2 : Échec définitif de la contre-offensive allemande.

19 : Procès de Robert Brasillach qui est condamné à mort.

27 : Procès de Charles Maurras qui est condamné à la détention perpétuelle par la cour de justice de Lyon.

6 février : Exécution de Robert Brasillach après que le général de Gaulle eut rejeté sa demande de grâce.

13-18 mars : Premier procès devant la Haute Cour de justice. L'amiral Esteva est condamné à la détention à perpétuité.

8 mai : Capitulation de l'Allemagne.

23 juillet : Premier jour du procès du maréchal Pétain.

Août

6 : Explosion de la bombe d'Hiroshima.

15 : Le maréchal Pétain est condamné à mort. Se conformant au vœu exprimé par la Haute Cour de justice qui se référait au « grand âge de l'accusé », le général de Gaulle transformera deux jours plus tard la condamnation en détention à perpétuité.

Ce 15 août également, le Japon capitule.

4-9 octobre : Procès de Pierre Laval qui est condamné à mort et sera exécuté le 15.

20 novembre : Début du procès de Nuremberg.

1947

7 mars : Fernand de Brinon, ancien représentant du gouvernement de Vichy auprès des autorités allemandes pendant l'Occupation et le dernier de ses dirigeants à être jugé, est condamné à mort par la Haute Cour. Il sera exécuté après que le président de la République Vincent Auriol eut refusé de lui accorder sa grâce.

2.

CONSIGNES POUR L'INSURRECTION

Le 15 octobre 1943, le Comité central des M.U.R. (Mouvements unis de Résistance) adressait à ses « chefs de régions et chefs de services » des instructions en vue de la libération et de l'épuration. Voici des extraits qui contribuent à expliquer les excès de l'été et de l'automne 1944.

Nous désignerons par jour « J » la crise décisive qui doit amener non seulement la Libération du territoire, mais encore et surtout la disparition et le châtiment du régime de Vichy et de ses complices [...].

[...] Il n'y a pas de Libération sans insurrection. Ce que la Résistance a préparé et qu'elle doit à elle-même et à ses martyrs est autre chose qu'un coup d'État, une révolution de palais ou un simple mouvement préfectoral...

... L'insurrection a, en effet, pour but :

1. De paralyser, dans toutes les hypothèses, à la fois l'appareil de défense allemand et de commandement vichyssois [...].

2. De garantir l'élimination, en quelques heures, de tous les fonctionnaires d'autorité et leur remplacement afin de présenter aux autorités alliées un appareil administratif fonctionnant normalement et issu de la volonté de la France

résistante, de sorte que celles-ci se trouveront placées devant un fait accompli.

3. De garantir, en quelques heures, la répression révolutionnaire de la trahison, conforme aux légitimes aspirations de représailles des militants de la Résistance [...].

4. D'imposer au Gouvernement provisoire des mesures immédiates révolutionnaires au point de vue social, économique, etc.

Une juste volonté de vengeance

Pendant la période dite « insurrectionnelle », les « Comités régionaux » de la Libération disposeront d'une véritable délégation au nom du peuple français et du C.F.L.N., de la souveraineté politique de l'État.

Les Comités de la Libération prendront toutes mesures immédiates qu'imposera la situation et, en particulier, les mesures de répression révolutionnaire de la trahison.

... Si même les conditions, du fait de la Libération, étaient telles que, par l'écroulement spontané du Gouvernement de Vichy, la transmission des pouvoirs puisse se faire sans aucune violence de celui-ci au C.F.L.N. et au Gouvernement provisoire, il serait absurde et, en tout cas, outrageant, pour le peuple français, d'imaginer l'absence de tout soulèvement de masse armé d'une juste volonté de vengeance ; par ailleurs, une éventuelle passivité des masses, se contentant de manifestations d'allégresse et d'arcs de triomphe à l'arrivée des libérateurs, ne présagerait rien de bon quant à l'indépendance future de notre pays.

[...] Jamais des mots d'ordre de modération ne devront être donnés publiquement tant que la certitude n'est pas absolue qu'ils seront suivis...

L'action populaire des masses apporte à l'insurrection deux facteurs décisifs :

a) une force passive d'intimidation ;

b) une force positive de pression : la grève générale...

Dresser une liste de traîtres

[...] Les éléments hostiles doivent immédiatement être arrêtés ou abattus en cas de résistance. Le Plan d'insurrection doit comporter une liste complète de ces individus, avec adresse personnelle, bureaux, propriété à la campagne en cas de fuite, etc.

[...] Tous les journaux, à des degrés plus ou moins nets, ont trahi [...].

Il faut prévoir l'occupation des imprimeries des quotidiens et la publication, par des moyens de fortune, d'un journal provisoire de la Résistance...

[...] EXÉCUTIONS SOMMAIRES. – La question se pose de savoir s'il est souhaitable que l'insurrection triomphante soit marquée par des exécutions sans jugement.

Nous vous proposons la méthode suivante, qui s'efforce de tenir compte du légitime besoin de vengeance des Français opprimés et de la nécessité d'éviter des troubles trop sanglants.

Dès maintenant, dans chaque département, on dressera une liste des traîtres les plus notoires dont l'exécution sommaire serait considérée par toute la population comme un acte de justice.

Après accord, et au jour « J », les incriminés seront immédiatement arrêtés et exécutés, mais des affiches apposées partout annonceront leur exécution sur condamnation du Comité de la Libération.

3

L'ÉGLISE ET L'ÉPURATION

Le 28 février 1945, les cardinaux et archevêques de France adressaient un appel à la Nation :

Chassons définitivement l'esprit de délation, de suspicion et de vengeance : il n'est pas de chez nous. Cessons les accusations exagérées ou injustes contre nos frères. Soyons unanimes à réprouver les meurtres commis sur des Français par d'autres Français ! Abandonnons à la justice de l'État ceux dont le crime de trahison volontaire est juridiquement prouvé. Mais soyons convaincus que l'ensemble des Français a voulu servir sa Patrie et lui demeurer fidèle.

Le dimanche des Rameaux 1945, le R.P. Panici prononça du haut de la chaire de Notre-Dame un sermon qui, selon l'usage en vigueur pour les dimanches de carême, fut radiodiffusé :

Hélas ! que de disciples les Allemands ont trouvés.
Nous attendions avec ferveur notre libération et quelle joie l'accompagna ! Nous attendions avec non moins de ferveur notre libération des procédés allemands. Malgré les protestations de la presse nouvelle, malgré les efforts des hautes autorités, notre joie d'être délivrés des Allemands fut

vite en partie gâtée par l'évidence que nous restions loin d'être affranchis en entier des cruautés à l'allemande ! Que de preuves de l'empoisonnement de certains Français par les pires des toxines ! D'innombrables arrestations illégales, bien plus, tout à fait arbitraires, quand ce n'étaient pas de simples vengeances ; d'innombrables emprisonnements tout aussi peu défendables ; des lieux de détention privés, où des hommes sans nulle fonction publique séquestraient des citoyens, la plupart du temps sans cause objective ; des massacres sans jugement, des tortures exercées sur des prisonniers par leurs geôliers irréguliers, exercées même sur des condamnés avant leur exécution ; des assassinats de personnes condamnés, acquittées ou graciées, par des misérables envahissant les prisons pour assouvir leur vengeance ; la délation élevée à la hauteur d'une institution [...].

Avez-vous réfléchi à l'avenir qu'appellent sur nous, messieurs, ce développement de la violence, cette éducation de la cruauté relancée depuis cinquante ans ?...

On imagine le retentissement d'une telle intervention répandue par la radio. Aussitôt, le ministre de la Justice fit savoir au cardinal Suhard que le R.P. Panici serait arrêté le soir même. Le cardinal répondit :

Cette mesure serait plus préjudiciable au ministre qu'au prédicateur [...]. Ce qu'il affirme est malheureusement exact.

On n'arrêta pas le père Panici, mais le ministre de l'Information l'avertit que s'il prêchait encore le carême l'année suivante, il interdirait à la radio de diffuser ses sermons. Il préféra se retirer.

Le 13 novembre 1945, l'Épiscopat revenait sur ce thème :

Que l'État ait seul le pouvoir d'arrêter les citoyens et de les faire juger par des magistrats qualifiés, compétents et consciencieux...

Que la justice soit prompte ! Pas de pression sur les juges par des menaces individuelles ou collectives.

Que la justice soit vraie ! Quelle frappe ceux dont la culpabilité, définie par les lois, est régulièrement démontrée ! Le « délit d'opinion », dans un peuple libre, ne doit pas exister [...].

Que la justice soit humaine et, même dans un être tombé, qu'elle respecte toujours la personne humaine [...].

4.

ORDONNANCE DU 26 AOÛT 1944
INSTITUANT L'INDIGNITÉ NATIONALE

EXPOSÉ DES MOTIFS

L'ordonnance du 26 juin 1944 relative à la répression des faits de collaboration et l'ordonnance du 27 juin 1944 relative à l'épuration administrative sur le territoire de la France métropolitaine ne permettent pas de résoudre tous les problèmes soulevés par la nécessité d'une purification de la patrie au lendemain de la Libération.

Les agissements criminels des collaborateurs de l'ennemi n'ont pas toujours revêtu l'aspect de faits individuels susceptibles de recevoir une qualification pénale précise aux termes d'une règle juridique soumise à une interprétation de droit strict. Ils ont souvent composé une activité antinationale répréhensible en elle-même. Par ailleurs, les sanctions disciplinaires qui écartent les fonctionnaires indignes de l'Administration laissent en dehors de leur champ d'application les autres catégories sociales. Or, il est aussi nécessaire d'interdire à certains individus diverses fonctions électives, économiques ou professionnelles qui donnent une influence politique à leurs titulaires, que d'en éliminer d'autres des cadres administratifs.

Le concept de l'indignité nationale est né de cette double préoccupation ; il répond à l'idée suivante : tout Français qui, même sans enfreindre une loi pénale existante, s'est rendu coupable d'une activité antinationale caractérisée, s'est déclassé ; il est un citoyen indigne dont les droits doivent être restreints dans la mesure où il a méconnu ses devoirs.

Une telle discrimination juridique entre les citoyens peut paraître grave car la démocratie répugne à toute mesure discriminatoire. Mais le principe de l'égalité devant la loi ne s'oppose pas à ce que la nation fasse le partage des bons et des mauvais citoyens à l'effet d'éloigner des postes de commandement et d'influence ceux d'entre les Français qui ont méconnu l'idéal et l'intérêt de la France au cours de la plus douloureuse épreuve de son histoire.

L'ordonnance soumise à votre agrément tend à réaliser cette œuvre d'épuration nécessaire et à l'entourer des garanties indispensables exigées par le souci d'une justice dont la sévérité n'altère pas la sérénité.

De prime abord, elle revêt un aspect rétroactif susceptible de créer une opposition entre le principe qu'elle consacre et la règle formulée par l'article IV du Code pénal. Mais il semble que la non-rétroactivité ne doit pas se poser à propos de l'indignité nationale ; il ne s'agit pas, en effet, de prononcer une peine afflictive ou même privative de liberté, mais d'édicter une échéance. Le système de l'indignité nationale ne trouve pas sa place sur le terrain de l'ordre pénal proprement dit. Il s'introduit délibérément sur celui de la justice politique où le législateur retrouve son entière liberté et plus particulièrement celle de tirer à tout moment les conséquences de droit que comporte un état de fait.

Enfin, la volonté d'opérer un prompt retour à la vie politique normale est à la base de la disposition qui limite à six mois après la libération totale du territoire métropolitain le délai dans lequel l'indignité nationale peut être prononcée.

Signé : Queuille, de Menthon, Emmanuel d'Astier de la Vigerie, Giaccobi, Tixier, Pleven, Grenier, Jacquinot, Bonnet, Frenay.

Vu l'ordonnance du 3 juin 1943 portant institution du Comité français de la libération nationale, ensemble l'ordonnance du 3 juin 1944 ;

Vu l'ordonnance du 26 juin 1944 relative à la répression des faits de collaboration ;

Vu l'avis émis par l'Assemblée consultative provisoire à sa séance du 10 juillet 1944 ;

Vu le décret du 18 août 1944 relatif à l'exercice de la présidence du gouvernement provisoire de la République française pendant l'absence du général de Gaulle :

Article Premier. – Est coupable du crime d'indignité nationale et frappé des peines prévues à l'article 9 sans préjudice de plus fortes peines dans les cas où les faits reprochés constitueraient une infraction plus grave, tout Français qui est reconnu coupable d'avoir, postérieurement au 16 juin 1940, soit apporté volontairement en France ou à l'étranger une aide directe à l'Allemagne ou à ses alliés, soit porté volontairement atteinte à l'unité de la nation ou à la liberté et à l'égalité des Français.

Constitue notamment le crime d'indignité nationale le fait :

1° D'avoir fait partie sous quelques dénominations que ce soit, des gouvernements ou pseudo-gouvernements ayant exercé leur autorité en France entre le 16 juin 1940 et l'établissement du gouvernement provisoire de la République française ;

2° D'avoir occupé une fonction de direction dans les services centraux, régionaux ou départementaux de la propagande desdits gouvernements ;

3° D'avoir occupé une fonction de direction dans les services centraux, régionaux ou départementaux du commissariat aux questions juives ;

4° D'avoir participé à un organisme de collaboration quel qu'il soit et spécialement à l'un des organismes suivants :

Le service d'ordre légionnaire,

La milice,

Le groupe collaboration,

La milice antibolchevique,

La légion tricolore,

Le rassemblement national populaire,

Le comité ouvrier de secours immédiats,

La jeunesse de France et d'outre-mer,

L'association nationale des travailleurs français en Allemagne,

Le « mouvement prisonnier »,

Le « service d'ordre prisonnier ».

5° D'avoir adhéré ou continué d'adhérer au parti populaire français, au parti franciste ou au mouvement social révolutionnaire et ce, postérieurement au 1er janvier 1942 ;

6° D'avoir volontairement participé à l'organisation de manifestations artistiques, économiques, politiques ou autres en faveur de la collaboration avec l'ennemi ;

7° D'avoir publié des articles, brochures ou livres ou fait des conférences en faveur de l'ennemi, de la collaboration avec l'ennemi, du racisme ou des doctrines totalitaires.

Art. 2. – L'indignité nationale est prononcée par les sections spéciales qui seront instituées au fur et à mesure de la libération du territoire métropolitain auprès de chacune des cours de justice prévues par l'ordonnance du 26 juin 1944 relative à la répression des faits de collaboration.

Pour l'appréciation de la culpabilité et lorsqu'il s'agit de faits visés aux paragraphes 6 et 7 de l'article premier, la section spéciale peut tenir compte de l'importance et de la fréquence des agissements ou de la pression exercée sur ceux qui les ont commis.

Elle peut également, sur une question subsidiaire, à elle obligatoirement posée, relever de l'indignité nationale dans tous les cas prévus à l'article premier, les personnes qui, postérieurement aux agissements retenus contre elles, se sont réhabilitées en se distinguant par des actions de guerre contre l'Allemagne ou ses alliés ou par la participation active à la résistance contre l'occupant ou le pseudo-gouvernement de l'État français.

Art. 3. – La section spéciale est composée de 5 membres. Elle est présidée par un magistrat ayant rang au moins de conseiller à la Cour d'appel et désigné par le premier président de la Cour d'appel.

Les noms des quatre jurés sont tirés au sort en audience publique sur la liste prévue par l'ordonnance du 26 juin 1944 susvisée, par le premier président de la Cour d'appel en présence du commissaire du gouvernement assisté du greffier de la Cour de Justice.

Cette section spéciale ainsi composée siège durant un mois. Elle est renouvelée dans les mêmes conditions. Sa compétence territoriale est déterminée d'après les règles du droit commun.

Art. 4. – La section spéciale est saisie par requête du commissaire du gouvernement auprès de la Cour de justice ou l'un des comités départementaux de libération du ressort de cette cour. En toute hypothèse, le commissaire du gouvernement constitue un dossier sur les faits invoqués.

Art. 5. – La personne mise en cause est citée à comparaître dans un délai de huit jours francs, pendant lesquels son dossier est tenu à sa disposition ou à celle de son conseil au greffe de la Cour de justice.

Art. 6. – Les débats ont lieu en séance publique.

Après le rapport du président et l'audition des témoins appelés de part et d'autre, le commissaire du gouvernement est entendu en ses conclusions et la personne citée ou son conseil en leurs explications.

Le président et les jurés se retirent pour délibérer. Ils décident si l'inculpé est ou non coupable d'indignité nationale, ou ordonnent un supplément d'information qui est confié au commissaire du gouvernement.

Art. 7. – La seule voie de recours est celle du pourvoi en cassation. Elle s'exerce dans les conditions prévues par l'ordonnance du 26 juin 1944 susvisée.

Art. 8. – Lorsque la personne citée n'a pas comparu, il est procédé comme il est indiqué aux articles 6 et 23 de l'ordonnance du 26 juin 1944 susvisée.

Art. 9. – L'indignité nationale comporte :

1° *La privation des droits de vote, d'élection, d'éligibilité et, en général, de tous les droits civiques et politiques et du droit de porter aucune décoration ;*

2° *La destitution et l'exclusion des condamnés de toutes fonctions, emplois, offices publics et corps constitués ;*

3° *La perte de tous grades dans l'armée de terre, de l'air et de mer ;*

4° La destitution et l'exclusion des condamnés de toutes fonctions d'administrateur, directeur, secrétaire général dans les entreprises bénéficiaires de concessions ou de subventions accordées par une collectivité publique, *ainsi que toutes fonctions à la nomination du gouvernement des départements, communes et personnes publiques, dans les entreprises et services d'intérêt général ;*

5° L'incapacité d'être juré, expert, arbitre, d'être employé comme témoin dans les actes et de déposer en justice autrement que pour donner de simples renseignements ;

6° Les destitutions et l'exclusion des condamnés *des professions d'avocat, de défenseur agréé, de notaire, d'avoué et généralement de tous les officiers ministériels ;*

7° *La privation du droit de tenir école ou d'enseigner et d'être employé dans aucun établissement d'instruction à titre de professeur, maître ou surveillant, et également du droit de faire partie de tout groupement ayant pour but d'assurer ou de développer l'enseignement moral, intellectuel ou physique de la jeunesse ;*

8° La destination ou l'exclusion des condamnés de tous organismes, *associations et syndicats* chargés de représenter les professions et d'en assurer la discipline ;

9° La destitution et l'exclusion des comités exécutifs, conseils d'administration et autres organes directeurs des institutions chargées de l'application des lois et règlements relatifs au travail, à la prévoyance sociale, à la santé et à l'assistance publique ;

10° *La privation du droit de diriger une entreprise de presse, de radio ou de cinéma ou d'y collaborer régulièrement ;*

11° *L'incapacité de faire partie d'un conseil de famille et d'être tuteur, curateur subrogé tuteur ou conseil judiciaire, si ce n'est pas de ses propres enfants sur l'avis conforme de la famille,*

12° La privation du droit de détention et de port d'armes ;

13° *L'interdiction d'être administrateur ou gérant de sociétés ;*

14° *L'interdiction d'être directeur au siège central ou directeur général ou secrétaire général d'une entreprise de banque ou d'assurances.*

Art. 10. – La section spéciale, en déclarant l'indignité nationale, peut décider qu'il sera interdit à la personne déclarée indigne de résider dans un certain nombre de localités de France, d'Algérie et des colonies qu'elle désignera.

Dans le cas où, par application du deuxième alinéa de l'art. 2, la section spéciale aurait admis les circonstances atténuantes, la durée des déchéances prévues à l'article 9 peut être réduite à une période qui ne sera cependant pas inférieure à cinq ans.

Art. 11. – L'indignité nationale ne peut être déclarée par la section spéciale que sur les requêtes déposées avant l'expiration d'un délai de six mois après la libération totale du territoire métropolitain.

Art. 12. – La décision portant indignité nationale reçoit la publicité prévue par l'article 36 du code pénal. Il en est fait mention, avec indication de la durée de la peine, en marge de l'acte de naissance.

Art. 13. – La violation par une personne condamnée pour crime d'indignité nationale, des dispositions de la présente ordonnance, est punie d'un emprisonnement de un à cinq ans et d'une amende de 10 000 à 100 000 francs, ou de l'une de ces deux peines seulement. En outre, la confiscation des biens du condamné peut être ordonnée.

Les dirigeants des administrations, concessions, entreprises ou régies convaincus de complicité sont frappés des mêmes peines.

Art. 14. – La présente ordonnance est applicable en Algérie et aux colonies.

Un décret réglera ses conditions d'application dans les territoires relevant du commissariat aux Colonies.

5.

ANCIENS COMMUNISTES, SYNDICALISTES, SOCIALISTES...

Le parti communiste a commencé très tôt l'épuration de ses transfuges et de dirigeants syndicalistes accusés de compromissions avec Vichy et de collaboration avec l'occupant. Certains d'entre eux, ainsi que des personnalités socialistes furent, comme nous l'avons vu, exécutés en province à la Libération.

L'une des toutes premières victimes parmi les plus connues est Marcel Gitton, ex-secrétaire du P.C.F., abattu aux Lilas, devant le 18 de la rue de Bagnolet, le 4 septembre 1941. Gitton avait signé, avec un certain nombre de ses camarades, une « Lettre aux ouvriers communistes » qui était considérée comme un encouragement à s'engager dans la politique de collaboration. Le 22 décembre suivant, Fernand Soupé, ancien maire de Montreuil, est visé par un attentat.

Ex-rédacteur en chef de *La Vie ouvrière* jusqu'en 1939, Albert Clément, qui avait rejoint le P.P.F. de Jacques Doriot, est assassiné le 2 juin 1942, rue Vivienne, à Paris, par un commando qui l'avait pris en filature. Le 29 juillet, c'est un ancien conseiller municipal communiste, Delozelles, qui est victime d'un attentat. Frey, ancien secrétaire de la Fédération des cheminots, succombe également à une agression armée en décembre.

Jean-Marie Clamamus, ancien sénateur et maire de Bobigny, échappe à plusieurs tentatives d'assassinat pendant l'Occupation, et pour la première fois le 28 avril 1942. Les F.T.P. ne l'ayant pas trouvé à son domicile à la Libération s'emparent de son fils et l'exécutent non loin de Bobigny.

Le maire et conseiller général du Kremlin-Bicêtre, Gérard, est abattu à la même époque, une heure après qu'il eut été dénoncé par les émissions de la radio de Londres.

Piginnier, maire de Malakoff, est arrêté le 19 août et fusillé cinq jours plus tard. Toujours pendant ce mois de la Libération, le 31, Brun, maire de Draveil, est exécuté après avoir comparu devant une cour martiale.

Les exécutions sommaires continuent en septembre : Ambrogelli, secrétaire général de l'Alimentation pour la région parisienne, est enlevé puis assassiné en forêt de Sénart.

En province, Bourneton, ancien secrétaire de la Fédération métallurgique du Nord, est abattu devant son domicile.

Sont également victimes d'exécutions sommaires : le secrétaire du syndicat des mineurs de la Loire, Arnaud ; le secrétaire du syndicat des mineurs de Montceau-les-Mines, Mathus ; Ferdinand Valat, ancien député et maire d'Alès ; l'ancien maire d'Athis-Mons, Paquereaux, qui avait travaillé à l'œuvre des Restaurants communautaires avec Piginnier.

Barthélemy, député-maire socialiste de Puteaux, sera lui aussi victime d'une exécution sommaire en 1944 parce qu'il avait été le rapporteur de la loi portant déchéance des députés communistes, loi qui fut votée le 20 janvier 1940 à l'initiative du gouvernement Daladier. D'autres socialistes seront exécutés, comme Hubert Carmagnolle, ancien député du Var, à Entrecasteaux ; dans le Centre le conseiller général de Chamberet, Buisson, et de Saint-Mathieu, Saumon.

6.

L'ÉPURATION DANS LA POLICE

Selon les chiffres du ministère de la Justice publiés fin 1950, 11 343 fonctionnaires ont été frappés par des mesures d'épuration pour, estime-t-on, 50 000 dossiers ouverts à ce titre. Mais ces statistiques ne prennent pas en compte les agents de l'État sanctionnés par les chambres civiques et ayant encouru des peines d'indignité nationale.

2 760 fonctionnaires de la préfecture de police furent traduits devant le comité d'épuration qui prononça 1 732 sanctions dont 631 révocations sans pension.

66 commissaires de police furent nommés à la suite des mesures d'épuration, la plupart d'entre eux n'étant que de simples gardiens de la paix. Un arrêté du 17 février 1946 les confirma en bloc dans leurs fonctions mais cet arrêté fut attaqué devant le conseil de préfecture par le syndicat des officiers de police. En novembre 1947 le tribunal administratif cassait l'arrêté de 1946 qu'il jugeait illégal et arbitraire.

Jean Buffet, directeur de la Sûreté, était condamné à mort par la cour martiale de l'Allier, le 3 octobre 1944, et fusillé le 30, à Cusset.

Seront également condamnés à mort et exécutés : le directeur général des Renseignements généraux, Rottée ; le chef de la première section des R.G., organisateur de la brigade spéciale anticommuniste puis directeur adjoint des R.G., Baillet ; le commissaire David, qui a succédé à Baillet à la B.S. ; le secrétaire adjoint de la B.S.2[1], Jourdan, dont on affirmera lors de son procès qu'il n'y avait « rien dans son dossier ».

Le cas de l'inspecteur Jean Giot est hors du commun... Membre de la « B.S. » sous les ordres du commissaire David, Jean Giot quitte la police en 1944 et s'engage dans la Division Leclerc à la Libération. Officier, il est décoré pour s'être illustré pendant la prise de Baccarat ; un obus lui arrache les deux jambes devant Strasbourg. Cependant, ramené à Paris, il est cité à comparaître devant la cour de justice. Il se présente sur une civière devant ses juges. Une lettre du général Leclerc est lue au cours de l'audience : « Quels que soient les torts passés de Jean Giot, je pense qu'il a largement expié... » Et le commissaire du gouvernement conclut ainsi son réquisitoire : « Le magistrat a été dans l'obligation de requérir, l'homme s'y refuse. Je m'incline devant ce héros qui a bien mérité de la Patrie... »

Jean Giot est condamné à mort. Il passe en prison un hiver très dur. Sa peine sera commuée en travaux forcés à perpétuité, puis il sera gracié par le président de la République, Vincent Auriol. On avait accordé au grand blessé des jambes articulées et une petite voiture, mais l'Administration les lui supprimera parce que la condamnation lui avait enlevé, en même temps que le droit à la pension, les avantages qui en découlaient.

Plusieurs policiers sont victimes d'exécutions sommaires[2]... Le commissaire Gauthier de la Sûreté, à Juvisy, dont l'anticommunisme est notoire, et qui avait appartenu à un réseau de Résistance, est abattu alors qu'il est sur le point de partir pour Londres avec, dit-on, un dossier très « compromettant ». Des inspecteurs des services répressifs

---

1. La B.S. a été dédoublée en janvier 1942.
2. En dehors de ceux dont nous évoquions précédemment la mort, principalement à Marseille, p. 157 et suiv.

anticommunistes BS 1 et BS 2 sont, à la Libération, frappés et torturés par des policiers se réclamant de la Résistance. Arrêté, l'inspecteur Bauval se serait suicidé pendant qu'il était interrogé. On lui avait, par précaution, enlevé sa cravate et les lacets de ses chaussures, mais on affirmera qu'il avait pris un revolver dans le tiroir d'un bureau, profitant d'un moment d'inattention d'un des « épurateurs ».

Les circonstances de la mort du commissaire Siri sont tout aussi suspectes... Siri, qui est en poste au quartier Clignancourt, et qui a succédé au commissaire Silvestri, dont nous reparlerons, est arrêté à la Libération et est détenu pendant quelques jours au poste central. On le soumet à diverses brimades. Selon la version officielle, il a cherché à s'enfuir et c'est alors que ses gardiens l'ont abattu. Mais une autre version rétablit les faits de la manière suivante : informé qu'il était libre, et tout à la joie d'apprendre la nouvelle, Siri sort de la pièce où il était détenu lorsque les gardiens affectés à sa surveillance l'abattent de plusieurs coups de revolver dans le dos...

Également peu commune est l'affaire Silvestri... Le 20 ou le 21 août, des policiers résistants décident d'arrêter le commissaire au siège du 4e district, rue de Lyon à Paris. Au moment où ils arrivent passe une des dernières patrouilles allemandes qui, intriguée par le remue-ménage, décide un peu plus tard d'aller se rendre compte ce qui se trame. Lorsqu'ils entendent les soldats allemands monter dans l'escalier, les policiers qui ont mis le commissaire Silvestri en état d'arrestation s'empressent de jeter leurs armes dans la corbeille à papiers et de « cacher » leurs brassards sous le tapis. Mais l'officier et les deux *Feldgraue* qui l'accompagnent n'ont pas de mal à découvrir les armes et les brassards. Mis en joue et appréhendés, Silvestri et les policiers qui l'entourent sont alors transférés au fort de Vincennes où ils sont livrés aux SS.

Le dimanche 20 août, les SS désignèrent les policiers qui allaient être fusillés et obligèrent les autres à creuser une fosse. Pris à part, Silvestri fut contraint de courir dans les fossés en portant à bout de bras une grosse pierre, puis un lourd madrier. Les armes automatiques crépitèrent. Alors, sous la menace des armes, les policiers descendirent les corps de leurs camarades dans la fosse où Silvestri les plaça côte à côte. Les Allemands interrogèrent une dernière fois le commissaire. Quelque temps plus tard, il était à son tour conduit au bord de la fosse pour être fusillé. « Calmement, racontera un policier survivant, il boutonna sa chemise, son gilet et son veston, il arrangea ses cheveux et sa cravate. Puis, se mettant au garde-à-vous, il regarda bien droit dans les yeux de ses assassins qui le mettaient en joue et tomba en murmurant : « Vive la France ! »

Arrêté par les policiers qui prétendaient agir au nom de la Résistance, le commissaire Silvestri est resté solidaire de ses camarades en les accompagnant dans la mort. Il s'était engagé pour la durée de la guerre, en 1915, à l'âge de dix-neuf ans et, blessé, avait reçu une citation. Titulaire de la croix du combattant volontaire, son courage lui avait valu la médaille militaire et la croix de guerre.

Bien qu'elle se situe sur un plan tout à fait différent, l'affaire du commissaire Porte confirme les problèmes qu'eurent à affronter les policiers de haut niveau pendant la « drôle de guerre » et l'Occupation et montre la difficulté à les résoudre par des réponses simples. Cette remarque peut d'ailleurs être étendue à toute l'administration de 1940 à 1944. Or le commissaire Porte en fit personnellement la pénible expérience, qui manqua certainement de peu le peloton d'exécution ou l'exécution sommaire.

Le commissaire Porte est en poste à Chartres depuis juillet 1939, Jean Moulin étant alors préfet d'Eure-et-Loir. En janvier 1940, soit après la déclaration de guerre – le parti communiste a été dissous en septembre 1939 par le gouvernement Daladier –, il fait arrêter un militant métallurgiste dont les activités sont jugées dangereuses pour la Défense nationale[1]. Consulté sur l'opportunité de cette arrestation,

---

1. Une situation qui rappelle celle du commissaire Bonnet, à Cognac. Voir p. 402 et suiv. du présent ouvrage.

Jean Moulin, dont l'accord était de toute manière nécessaire, donne son aval.

Le commissaire Porte se dévoue tant et plus en faveur des populations lors de l'exode et connaît à cette époque Frédéric-Henri Manhès, ami de Pierre Cot et bientôt collaborateur de Jean Moulin dans la Résistance. Quand Moulin est révoqué par le gouvernement de Vichy, il lui fait savoir qu'il tient à garder le contact avec lui. Moulin lui demande de rester à son poste où, lui assure-t-il, il sera bien placé pour rendre des services. Ce pronostic est vite confirmé puisque le commissaire entre en relation avec le B.O.A. et participe, notamment, à un parachutage d'armes à Meslay-le-Grenet, à quinze kilomètres de Chartres.

Cependant la situation commence sérieusement à se compliquer pour le commissaire Porte... En mars 1942, en effet, une bouteille d'essence enflammée ayant été déposée devant la Librairie allemande de Chartres, les auteurs de l'attentat sont arrêtés par la police française et conduits au commissariat où ils sont interrogés. Ils sont jugés, quatre d'entre eux condamnés à mort et fusillés, le 30 avril, à Chavannes.

Porte, toujours en poste à Chartres, poursuit ses activités dans la Résistance. Le 12 mai 1943, il est révoqué par Vichy, se planque à Neuilly-sur-Seine, et, gardant toujours le contact avec Jean Moulin, entre au service de sécurité du C.N.R. qui lui confie des missions importantes. Il est arrêté, « balancé » par un de ses confrères, interrogé, interné à Fresnes, déporté le 27 avril 1944. Le 7 mai 1945, il revient, squelettique, de Buchenwald. Mais à peine a-t-il renoué avec la vie normale qu'il reçoit, en guise de réception d'accueil, un mandat d'amener du juge d'instruction de Chartres agissant à la suite d'une plainte du Comité départemental de libération d'Eure-et-Loir.

Comprenant, bien évidemment, les motifs de la procédure dont il est l'objet, le commissaire Porte décide de replonger dans la clandestinité. Des indices ne trompent pas son instinct professionnel, il sait qu'il est suivi, aussi va-t-il de cache en cache, frappe à toutes les portes possibles, obtenant notamment de l'aide de Laure, sœur de Jean Moulin. Il apprend qu'on le recherche, entre autres lieux, à Marseille où l'on est venu interroger sa première femme.

En 1951, le commissaire Porte sort de l'ombre. Réintégré dans la police, il est nommé à Melun en 1951. Médaillé de la Résistance, il est fait officier de la Légion d'honneur. Le parti communiste trouva d'autres occasions de se rappeler au souvenir du commissaire dans ses nouvelles fonctions, mais on n'en était plus au temps de la justice arbitraire.

SOURCES

Les sources que nous donnons ci-dessous ne concernent que les ouvrages effectivement publiés, les journaux et les revues qui ont servi à la documentation de l'auteur. En raison de la volonté que la grande majorité d'entre eux ont exprimée de demeurer dans l'anonymat, les noms des témoins, des acteurs et en règle générale des nombreux informateurs qui ont apporté une contribution essentielle à cet ouvrage ne sont pas mentionnés. Nous leur renouvelons notre gratitude.

Parmi les ouvrages d'intérêt général
sur la période 1940-1944

Robert ARON, *Histoire de la Libération de la France*, Fayard, 1959

Jean-Pierre AZÉMA, *De Munich à la Libération, 1938-1944*, éd. du Seuil, 1979

Jacques BENOIST-MÉCHIN, *De la défaite au désastre*, t. 1, *Les Occasions manquées, juillet 1940-avril 1942*, Albin Michel, 1984.

Jean-Paul BRUNET, *Jacques DORIOT*, Balland, 1986.

Michel COTTA, *La Collaboration, 1940-1944*, « Kiosque », Armand Colin, 1965.

Stéphane Courtois, Denis Peschanski et Adam Rayski, *Le Sang de l'étranger – Les immigrés de la MOI dans la Résistance*, Fayard, 1989.

Michel Debré, *Trois Républiques pour une France, Mémoires*, t. 1, Albin Michel, 1984.

Jacques Delarue, *Trafics et crimes sous l'Occupation*, Fayard, 1969.

Jacques Delperrie de bayac, *Histoire de la Milice*, Fayard, 1969.

Marc Ferro, *Pétain*, Fayard, 1987.

Général de Gaulle, *Mémoires de guerre*, t. 3, *Le Salut*, Plon, 1959.

Rémy Handourtzel et Cyril Buffet, *La Collaboration, la gauche aussi*, Perrin, 1989.

Stanley Hoffmann, *Essais sur la France*, éd. du Seuil, 1973.

Fred Kupferman, *Laval, 1883-1945*, Balland, 1987.

Henri Noguères en collaboration avec Marcel Degliame-Fouché, *Histoire de la Résistance en France*, t. 4 : octobre 1943-mai 1944 ; t. 5 : juin 1944-mai 1945, Robert Laffont.

Robert Paxton, *La France de Vichy*, 1940-1944, éd. du Seuil, 1973.

Jean-Pierre Rioux, *La France de la IVe République*, t. 1, *L'Ardeur et la nécessité*, éd. du Seuil, 1980.

Vichy, 1940-1944, archives de guerre d'Angelo Tasca, éd. du C.N.R.S., Paris ; Feltrinelli, Milan, 1986.

Documents, articles et revues pour la même période

L'Avant-Garde, numéro spécial, janvier 1944.

L'Humanité, numéro spécial, janvier 1944.

Mouvements unis de Résistance, communiqué du 15 octobre 1944.

Presse de la collaboration, et en particulier collection du *Matin*, juin 1944.

Le Procès du maréchal Pétain, compte rendu *in extenso* des audiences, Haute Cour de justice, 23 juillet-14 août 1945, Imprimerie des journaux officiels.

Les Procès de collaboration, compte rendu sténographique, sous la direction de Me Maurice Garçon, Albin Michel, 1948.

Le Journal de la France, de l'Occupation à la Libération :
« La Légion des combattants », article de Jean-Paul Dunières, n° 127 – « Honoré d'Estienne d'Orves, fusillé au Mont-Valérien », art. d'Hervé Cras, n° 132 – « Joseph Darnand, héros de 14 et 39 dans l'engrenage de la collaboration », art. de François Milles, n° 142 – « La Milice de Darnand à l'œuvre », art. de Jacques Delperrie de Bayac, n° 151 – « La Milice au "maintien de l'ordre" », art. de Jacques Delperrie de Bayac, n° 163 – « Georges Mandel interné au Portalet, déporté à Oranienburg, assassiné par la Milice dans la forêt de Fontainebleau », art. de Robert Aron, portant également sur l'assassinat de Jean Zay, n° 163.

Ouvrages, témoignages, documents articles et revues plus spécialement consacrés ou traitant de l'épuration

Jean-Pierre Abel, *L'Âge de Caïn*, Nouvelles Éditions Latines, 1947.

Raymond Abellio, *Ma dernière mémoire – Sol invictus 1939-1947*, Ramsay, 1980.

Robert Aron, *Histoire de l'épuration : 1. De l'indulgence aux massacres, nov. 1942-sept. 1944. 2. Des prisons clandestines aux tribunaux d'exception, sept. 1944-juin 1949*, Fayard.

Pierre Assouline, *L'Épuration des intellectuels*, Complexe, 1990.

Jacques Benoist-Méchin, *À l'épreuve du temps*, t. 2, *1940-1947*, Julliard, 1989.

Henri Béraud, *Quinze Jours avec la mort ou la chasse au lampiste*, Plon, 1951.

Jean Galtier-Boissière, *Mémoires d'un Parisien*, t. 3, La Table Ronde, 1963.

Sacha Guitry, *Quatre Ans d'Occupations*, éd. de l'Élan, 1947 ; *Soixante Jours de prison*, Perrin, 1949.

Jacques Isorni, *Mémoires*, Laffont, 1984.
Herbert Lottman, *l'Épuration, 1943-1953*, Fayard, 1986.
Peter Novick, *L'Épuration française, 1944-1949*, Balland, 1985.

Actes du colloque – octobre 1974 – organisé par le Comité d'histoire de la Seconde Guerre mondiale : « La Libération de la France », Paris, C.A.R.S., 1976.
Le Crapouillot, « L'Épuration », nouvelle série n° 81, avril-mai, 1945.
Écrits de Paris, série d'articles depuis 1950 sous la rubrique « Les travaux et les jours ».
L'Histoire, n° 5, octobre 1978.
Historia, hors série, n° 41, 1975.
L'Épuration, arme politique, Cahiers de la France libérée, Défense des libertés françaises, Éditions de la Nouvelle France, 1947.
L'Épuration, ouvrage collectif, les Sept Couleurs, janvier-février 1967.
Requête aux Nations unies sur les violations des droits de l'homme, Union pour la restauration et la défense du service public, 1951.

Le Journal de la France, de l'Occupation à la Libération :
« L'Heure des justiciers des maquis est arrivée », art. de Robert Aron, n° 165 – « Psychologie de l'épuration », art. de Henri Amouroux et « Comité national judiciaire et légalité de l'épuration », art. de Robert Aron, n° 179.

Chapitre 1. Une guerre civile dans la guerre

Les sources de ce chapitre proviennent de plusieurs ouvrages précédemment cités.

Chapitre 2. Tolérance en Normandie.
Drames clandestins à Paris

Pour la Normandie
Marcel BAUDOT, *Libération de la Normandie*, Hachette, 1974.
Jeanne GRALL. *Le Calvados dans la guerre*, Horvath.
Catherine GUSEL, *La Haute-Normandie dans la guerre*, Horvath.
Georges PAILHES, *Rouen et sa région pendant la guerre de 39-45*, Desfontaine, Rouen.
Raymond RUFFIN, *Les Lucioles de la nuit*, Presses de la Cité, 1976.
Normandie 44 – Du débarquement à la Libération, colloque, sous la direction de François BEDARIDA, Albin Michel, 1987.

Presse : *La Presse cherbourgeoise*.
Témoignages recueillis par l'auteur.

Pour Paris et sa région
Jean-Pierre ABEL, *L'Âge de Caïn*, Les Éditions Nouvelles, 1948.
Jacques CHARPENTIER, *Au service de la liberté*, Fayard, 1949.
Jacques DELARUE et Anne MANSON, *Docteur Petiot, 21, rue Lesueur,* dans *Le Roman vrai de la Quatrième République*, Denoël, 1962.
Henri DENIS, *Le Comité parisien de libération*, Presses Universitaires de France, 1963.
Sacha GUITRY, *Quatre Ans d'Occupations*, éd. de l'Élan, et *Soixante Jours de prison*, Perrin, 1949.
Rémy HANDOURTZEL et Cyril BUFFET, *La Collaboration... à gauche aussi*, Perrin, 1989.
Laurent LEMIRE, *L'Homme de l'ombre, Georges Albertini, 1911-1983*, Balland, 1989.
Mary MARQUET, *Cellule 209*, Fayard, 1949.
Henri MICHEL, *Paris résistant*, Albin Michel, 1982.
Pierre TAITTINGER, *Et Paris ne fut pas détruit*, éd. de l'Élan, 1948.

Témoignages recueillis par l'auteur.

Chapitre 3. Situation maîtrisée en Anjou.
Fortes turbulences en Bretagne

Marcel BAUDOT, *Libération de la Bretagne*, Hachette, 1973.

Michel DEBRÉ, *Trois Républiques pour une France, Mémoires*, t. 1, Albin Michel, 1984.

Christian BOUGEARD, « Un département breton dans la fièvre de la Libération : les Côtes-du-Nord, juin-septembre 1944 », 107e congrès des Sociétés savantes, Brest, 1982.

Bertrand FRELAUT, *Les Nationalistes bretons de 1939 à 1945*, Beltan, 1986.

Thierry GUIDET, *Qui a tué Yann-Vari Perrot ? Enquête sur une mort obscure*, Beltan, 1986.

Roger LEROUX, *Le Morbihan dans la guerre, 1939-1945*, Imprimerie de la Manutention, Mayenne, 1986.

Presse : *La Province, Le Télégramme de Brest.*

Chapitre 4. Des prisons clandestines de Marseille
aux « fusillades » du Vaucluse

Maurice AGULHON et Fernand BARRAT, *C.R.S. à Marseille, la police au service du peuple, 1944-1947*, Armand Colin, 1971.

Madeleine BAUDOUIN, *Histoire des groupes francs des Bouches-du-Rhône de septembre 1943 à la Libération*, Presses universitaires de France, 1962.

Madeleine BAUDOUIN, *Témoins de la Résistance en Région 2*, thèse pour le doctorat d'État présentée à l'Université de Provence Aix-Marseille 1, 1979.

Pierre GUIRAL, *Libération de Marseille*, Hachette, 1974.

Bulletin officiel du Commissariat de la République, région de Marseille.

Presse : *La France de Marseille et du Sud-Est, La Marseillaise, Le Méridional, Le Provençal.*

Témoignages recueillis par l'auteur.

Chapitre 5. Des ombres sur la Côte d'Azur

Joseph GIRARD, *la Résistance dans les Alpes-Maritimes*, thèse, faculté des lettres de Nice, 2 t., 1973.

David KNOUT, *Contribution à l'histoire de la Résistance juive en France, 1940-1944*, Éditions du Centre, 1947.

Jean-Louis PANICACCI, « Le Comité départemental de libération des Alpes-Maritimes, 1944-1947 », *Revue d'histoire de la Deuxième Guerre mondiale*, n° 127, 1982.

Jean-Louis PANICACCI, *Nice pendant la Deuxième Guerre mondiale – De l'occupation italienne à la fin de la guerre, 11 novembre 1942-1er septembre 1945*, faculté des lettres et des sciences humaines de Nice, 1970.

Ralph SCHORR, *Monseigneur Paul Rémond*, Serre, Nice, 1984.

Alain TARICO, *Monseigneur Daumas, un prêtre dans la mêlée de son temps, 1936-1945*, mémoire de maîtrise d'histoire, Nice, 1984.

Presse : *L'Ergot, L'Espoir de Nice et du Sud-Est, Le Patriote*.
Témoignages recueillis par l'auteur.

Chapitre 6. Les brigades infernales de l'Ardèche

Chanoine ARMAND, *La Dure Épreuve du loyalisme français*, éd. I.G.C., Saint-Étienne, 1953.

Louis-Frédéric DUCROC, *Montagnes ardéchoises dans la guerre*, 3 t., 1974, 1977 et 1981.

Yves FARGE, *Rebelles, soldats et citoyens*, Grasset 1946.

Fernand RUDE, *Libération de Lyon et de sa région*, Hachette, 1974.

André SIEGFRIED, *Géographie électorale de l'Ardèche sous la IIIe République*, Armand Colin, 1949.

Bulletin n° 129 – janvier-février 1976 – du Comité d'histoire de la Deuxième Guerre mondiale.

Presse : *L'Ardèche socialiste, L'Assaut-Valmy, Le Réveil du Vivarais, La Terre vivaroise*.
Témoignages recueillis par l'auteur.

Chapitre 7. Dans la capitale de la Résistance

Henri AMORETTI, *Lyon capitale, 1940-1944*, France-Empire, 1974.

Bernard AULAS, *Vie et Mort des Lyonnais, 1939-1945*, Horvath, Roanne, 1974.

Gérard CHAUVY, *Lyon des années bleues, Libération-épuration*, Plon, 1987.

Yves FARGE, *op. cit.*

René LAPLACE, *Le Combat d'Oullins*, Lyon, L'Hermès, 1945 et 1977.

Fernand RUDE, *op. cit.*

Presse : *Le Figaro* du 7 mai 1946, *Lyon Libéré, Lyon Libre, Les Nouvelles, Le Patriote, Le Progrès de Lyon, La Voix du peuple.*

Chapitre 8. Alpes et Dauphiné, une violence qui n'en finit pas

Yves FARGE, *op. cit.*

Michel GERMAIN, *La Liberté est au bout du fusil – Libération de la Haute-Savoie.* Postface de Joseph Lambroschini-Nizier.

Gilbert JOSEPH, *Combattant du Vercors*, Fayard, 1972 et « La libération de Grenoble » dans *Histoire Magazine*, janvier 1981.

Christian MARIE, *L'Évolution du comportement politique dans une ville en pleine expansion, 1871-1965, Grenoble.*

Commandant NAL et Joseph PERRIN, *la Bataille de Grenoble*, éd. des Deux Miroirs, 1964.

Fernand RUDE, *op. cit.*

Grenoble et le Vercors, de la Résistance à la Libération, 1940-1944, Actes du colloque à l'Institut d'études politiques de Grenoble, 1985.

Presse : *Les Allobroges, Le Progrès de Lyon, Le Travailleur alpin.*

Chapitre 9. Auvergne et Loire : « Camps de police », justiciers clandestins et caserne officielle

Robert ARON, *op. cit.*, t. 2.

René DAZY, *Fusillez ces chiens enragés – Le Génocide des trots-kistes*, Olivier Orban, 1981.

Jacques DELPERRIE DE BAYAC, *op. cit.*

Nicole GAUTHIER-TUROTOSKI, *J'étais à Tronçay*, 1985, et *Un été 1944*, 1988, publiés par l'auteur.

Henri INGRAND, *Libération de l'Auvergne*, Hachette, 1974.

Georges ROUGERON, *L'Épuration dans l'Allier*, 1943-1946, Imprimerie Typocentre, Montluçon, 1982.

Vichy 1940-1944 – Archives de guerre d'Angelo Tasca, C.N.R.S., Paris, et Feltrinelli, Milan, 1986.

Presse : *L'Avenir, Le Courrier du Centre, L'Éveil, L'Espoir, La Montagne, Paris-Centre, Le Progrès de Moulin.*
Témoignages recueillis par l'auteur.

Chapitre 10. Le Limousin ou le champ clos de la violence

Jacques DELPERRIE DE BAYAC, *op. cit.*

Roger FALIGOT et Rémi KAUFFER, *Le Croissant et la Croix gam-mée*, Albin Michel, 1990.

Georges GUINGOUIN, *Quatre Ans de lutte sur le sol limousin*, Hachette, 1974.

Jean MEYNIER, *La Justice en Limousin au temps de la Libéra-tion. Les tribunaux d'exception 1944-1946*, éd. René Des-sagne, Limoges.

Henri NOGUÈRES, *op. cit.*, t. IV, octobre 1943-mai 1944.

Pierre-Henri RIX, *Carnets de guerre, juillet-décembre 1944*, t. 2.

Pierre TROUILLÉ, *Journal d'un préfet pendant l'Occupation*, Gal-limard, 1964.

Presse : *Le Crapouillot, op. cit., Historia, op. cit., Le Monde* du 9 juillet 1985, *Le Populaire du Centre, Sud-Ouest.*
Témoignages recueillis par l'auteur.

Chapitre 11. Languedoc-Roussillon. Des souvenirs des arènes à Toulouse « la Rouge »

Robert Aron, *op. cit.*, t. 1.

Pierre Bertaux, *Libération de Toulouse et de sa région*, Hachette, 1973.

Jacques Bounin, *Beaucoup d'imprudence*, Stock, 1974.

Roger Bourderon, *Libération du Languedoc méditerranéen*, Hachette, 1974.

Jacques Delperrie de Bayac, *op. cit.*

Hary-Mitchell, *Les Massacres de septembre 1944*, Nouvelles Éditions latines, 1959.

Jean-Marie Lustiger, *Le Choix de Dieu*, entretiens avec Jean-Louis Missika et Dominique Wolton, éd. de Fallois, 1987.

Louis Nogueres, *op. cit.*, t. 4.

David Wingeate Pike, *Jours de gloire-Jours de honte. Le parti communiste d'Espagne depuis son arrivée en France en 1939 jusqu'à son départ en 1950*, Sedes, 1984.

Colloque organisé par les Universités de Toulouse-Le Mirail et Paul-Valéry de Montpellier, les 7 et 8 juin 1985, sur le thème « La Libération dans le Midi de la France ».

Presse : *La Démocratie, Le Patriote du Sud-Ouest, Le Populaire* du Bas-Languedoc, du Rouergue et du Roussillon, *La Renaissance du Gard, La Voix du Midi.*
Témoignages recueillis par l'auteur.

Chapitre 12. Bordeaux : le succès de l'intelligence... et l'art des transitions

Pierre Becamps, *Libération de Bordeaux*, Hachette, 1974.

Jacques Chaban-Delmas, *L'Ardeur*, 1975.

Robert Dufourg, *Adrien Marquet devant la Haute Cour*, édit. Jammaray, 1948.

Hary-Mitchell, *op. cit.*

Histoire de Bordeaux, publiée sous la direction de Charles Higounet, Privat, 1980.

Presse : *La Gironde populaire, Sud-Ouest.*

**Chapitre 13. Est et Nord. Des taches sombres,
mais une volonté de raison garder**

Pour l'Est :
Robert ARON, *op. cit.*, t. 1.
Jacques DELPERRIE DE BAYAC, *op. cit.*
G. GRANDVAL et A. J. COLIN, *Libération de l'Est de la France*,
Hachette, 1974.
Jean-Pierre PERRIN, *L'Honneur perdu d'un résistant*, La Lan-
terne, 1987.
Presse : *L'Est Républicain, Libération, La Liberté de l'Est, Lor-
raine, Le Quotidien de Paris*.

Pour le Nord :
Francis-Louis CLOSON, *Commissaire de la République du général de Gaulle-Lille, septembre 1944-mars 1946*, Julliard,
1980.
Daniel LAURENT, « Statistique de la répression des faits de collaboration dans le département du Nord, 1940-1948 »,
Université de Lille 3, juin 1971.

Presse : *Liberté, Nord libre, La Voix du Nord*.

Conclusion et chiffres

Robert ARON, *op. cit.*
Général de GAULLE, *op. cit.*
Peter NOVICK, *L'Épuration française 1944-1949*, Balland,
1985.
Assemblée nationale constituante, séance du 6 août 1946.
Assemblée nationale, 3e séance du 4 septembre 1951,
réponse du ministre de l'Intérieur à une question de
Me ISORNI, député de Paris, en date du 19 juillet 1951.
Institut d'histoire du temps présent, bulletin trimestriel
no 25, sept. 1986, Centre national de la recherche scienti-
fique : « L'épuration, bilan chiffré », sous la signature de
M. Marcel BAUDOT.

Table

collection tempus
Perrin

Déjà paru

À PARAÎTRE

Dépôt légal : août 2008

Achevé d'imprimer par
Normandie Roto Impression s.a.s.
61250 Lonrai
N° d'impression : 2204647
Dépôt légal : août 2008

Imprimé en France